Jacob Grimm

Deutsche Grammatik

Jacob Grimm

Deutsche Grammatik

ISBN/EAN: 9783741173035

Hergestellt in Europa, USA, Kanada, Australien, Japan

Cover: Foto ©Andreas Hilbeck / pixelio.de

Manufactured and distributed by brebook publishing software (www.brebook.com)

Jacob Grimm

Deutsche Grammatik

DEUTSCHE GRAMMATIK

VON

JACOB GRIMM

ERSTER THEIL

ZWEITE AUSGABE NEUER VERMEHRTER

ERSTE HÄLFTE (BOGEN 1–72)

BERLIN
FERD. DÜMMLERS VERLAGSBUCHHANDLUNG
HARRWITZ UND GOSSMANN
1869.

II. *goth. fubft. ftarkes mafc. dritte u. vierte decl.*

regelmäßig aw, dort nur in der ausnahme ei. Ausnahmsweife
treten wiederum vermengungen ein; Luc. 4, 3. der nom. funans
f. funus; Luc. 1, 79. der gen. dáupus ft. dáupaus; Luc. 1, 54.
der dat. magu ft. magau; Luc. 9, 38. der dat. funu; mehr
dergl. in den eigennamen. Übrigens hat au ohne rückficht
auf kürze oder länge der vorgängigen filbe überall ftatt.
3) im nom. und gen. pl. kommt noch ein i ins fpiel, funjus
ftände nach obiger mutbmaßung für funuds; funivé f. funué;
dat. und acc. pl. bedürfen keines i, weil fie fich genugfam
auszeichnen, der nom. funjus würde ohne i mit dem fing. zuf.
treffen. In ftubjus, affarjus [drunjus] und dem f. raddjus
herrfcht ein folches l durch alle cafus: ftubjus, ftubjaus, ftub-
jau, ftubju; der pl. (wenn er vorkommt) würde lauten: ftub-
jus, ftubivė, ftubjum, ftubjuns, folglich nom. fg. und pl. über-
eins. Oder ließe fich ein ftubivós, ftubivé und gar ftubivam,
ftubivans (wie þivós, þivé in decl. 1.) annehmen?
4) das gefchlecht mancher wörter bleibt ungewiß; f. die fem.
und neutr. auf u.
5) fremde wörter fchwanken mit dem nom. pl. in decl. 4; als:
aggileis Marc. 1, 13. (daher auch gen. plur. aggilé L. 9, 26.
15, 10.) apaúftaúleis Marc. 6, 30. fareifáieis Luc. 15, 2. [gen.
pl. fareifáié Marc. 12, 13.] praúfēteis Luc. 10, 24. [gen. pl.
praúfete Marc. 6, 15.] neben aggiljus Marc. 12, 25. Luc.
2, 15. etc.

Starkes mafculinum. vierte declination.

beifpiel :   balg-s   pl. balg-eis
             balg-is   balg-é
             balg-a   balg-im
             balg   balg-ins
             balg

enthält wenige wörter: áivs (aevum) arms (brachium) banfts (hor-
reum) barms (gremium) baúrs (genitus) [in baúrim Matth. 11, 11.
Luc. 7, 28; aber im nom. fg. baúr; frumabaúr, áinabaúr] gadraúhts
(miles) fabs (dux) [frafts (τέκνον)] gards (domus) gafts (peregri-
nus) láuhs (homo) mats (cibus) [muns (cogitatio)] naus (mor-
tuus: navis, nava, nau? oder nav?; pl. naveis Luc. 7, 22. navé,
navim, navins Luc. 9, 60.) puggs (marfupium) fáuds (facrificium)
faggvs (cantus) flahs (ictus) fpaúrds (ftadium) ftads (locus) [ftabs
(στοιχεῖον) ftaks (nota) vaúrms (weil ahd. pl. wurmi) vunns (paflio)]
végs (fluctus).

Anmerkungen.

1) da nur der nom. dat. und acc. pl. fich von den formen der
erften decl. abfcheiden und der ganze fg. zufammenfällt, fo
bleiben viele wörter ungewiß zwifchen beiden decl. *(f. tom. f.*
anm. 1.)

514 II. *goth. subst. starkes fem. erste decl.*

2) einige schwanken erweislich; so steht neben dem acc. áivins Matth. 6, 13. der dat. áivam Rom. 11, 36. Es könnte demnach bald snáivins bald snáivans (nives) gelten. [ands, acc. pl. andins Rom. 10, 18 statt andjans von andeis.]
3) zuweilen unsicherheit zwischen masc. und fem. derselben decl., wenn die wörter nur im pl. vorkommen und das geschlecht sonst unentschieden bleibt. So habe ich pugga, spaúrds bloß der analogie wegen hierher gesetzt; ahaks (columba) scheint eher fem.

Starkes femininum. erste declination.

beispiel: gib-a   pl. gib-ôs
           gib-ôs   gib-ô
           gib-ai   gib-ôm
           gib-a   gib-ôs

1) einfache wörter: aírþa (terra) anns (negotium) arka (cista) bida (petitio) bôka (liber) [bôta (ὄφελος) gabinda (vinculum)] gabruka (fragmentum) [dáila (μετοχή) flahta (torques)] suþa (sepes) fêra (regio) gaírda (zona) giba (donum) gilþa (falx) grôba (fovea) baírda (grex) hansa (cohors) [háima (l. 3, 393) hlamma (laqueus) hvôta (minae)] hrugga (baculus) hveila (hora) láibôs (reliquiae) [liuga (γάμος)] marka (regio) mulda (terra) páida (tunica) rasta (stadium) razda (loquela) id-reiga (poenitentia) rûna (consilium) saúrga (cura) sleiþa (damnum) smarna (stercus) spilda (tabula) staíga (semita) stáua (judicium) [sûþa (ratio) skanda (confusio) têva (ordo) vinna (neben vinnô) vulva (rapina) usvaúrpa (ἀποβολή)] vamba (venter) vraka (persequutio) þiuda (gens) [þarba (deficientia) þaúrftn (utilitas)].
2) mit der bildung l: nêþla (acus) sáivala (anima).
3) mit der bildung ein, in, n: alleina (cubitus) saírina (crimen) saírzna (calx) draúbsna (mica) hláivasna (sepulcrum) stibna (vox) [arhvazna (sagitta)].
4) mit der bildung r: bleiþra (tabernaculum).
5) mit der bildung s: gáitsa (caper).
6) mit der bildung v: ahva (fluvius) saliþva (mansio) [frisþva (amor) fiaþva (odium) f. nachtr.] triggva (pactio) ubizva (porticus).
7) mit der bildung iþ: aírziþa (seductio) diupiþa (profunditas) und alle ähnlichen.
8) mit der bildung i: sunja (veritas) vrakja (persequutio) Marc. 4, 17. neben dem dat. pl. vrakôm Marc. 10, 30. Vielleicht noch andere [kurzsilbige], s. anm. zur folg. decl. [banja. brakja. halja. ludja. skalja.] —

Anmerkung: einige wenige wörter, die bloß im dat. sg. vorkommen, können zwar dieser, aber auch der vierten decl. zu-

fallen, als: jundui (juventute) Luc. 18, 21. môtai (telonio) Matth.
9, 9. Marc. 2, 14. [litai (fimulatione) Gal. 2, 13.] — Wiederum
folche, von denen bloß der nom. pl. vorkommt, dürften auch
mafc. 1. decl. feyn.

Starkes femininum. zweite declination.

beifpiel: þiv-i   pl. þiu-jôs
           þiu-jôs   þiu-jô
           þiu-jai   þiu-jôm
           þiu-ja   þiu-jôs
           þiv-i

auch diefe decl. muß gleich der zweiten männl. untheoretifch
aufgeftellt werden. An fich und urfprünglich war ihr para-
digma völlig das von giba, gibôs, folglich þivi (f. þiuj-a) þiuj-ôs,
þiuj-ai, þiuj-a etc. Der beweis liegt in den unter 8. der vori-
gen decl. angeführten vollftändigen formen funja und vrakja.
Andere wörter haben das -a des uom. abgeworfen, wie einige
mafc. das -s des nom. Dem mafc. war diefes abwerfen nach-
theilig, weil es nom. und acc. mengte; dem fem. bringt es vor-
theil, weil es umgekehrt uom. und acc. unterfcheidet. Vielleicht
verurfachte der das -a ablegende voc. (mavi Luc. 8, 54.) den
nom. -i ftatt -ja. Ausnahmsweife legt es auch der acc. ab (kunþi,
notitiam Luc. 1, 77.).

Das kennzeichen diefer decl. d. h. den nom. auf -i, haben
nun beleglich folgende wörter:

1) einfache: þivi (ancilla) mavi (virgo: maujôs, maujai etc.)
[nivi (virgo)?] bandi (vinculum) [ga-bundi (vinculum)] kunþi
(cognitio [f. ftarkes neutrum, decl. 2.]) þiudangardi (regnum).

2) bildungen: aíhvatundi (rubus) hulundi (fpelunca) þûfundi
(mille) laúhmôni (fulgur) aquizi (fecuris) [jukuzi (jugum)
hvôftuli (gloriatio)]. Vermuthlich gehören ebendahin die ähn-
lichen: fraiftubni (tentatio) vundufni (vulnus) frijôndi (amica)
aúrahi (fepulcrum) deren nom. mangelt. —

Weitere belege müßen lehren, ob der nom. fg. folgender
fem. -i, oder -ja habe; in beiden fällen gehen alle übrigen cafus
gleich: banjôs (plagas) háiþjôs (agri) haljai (tartaro) hvilftrjôm
(feretris) kalkjôm (meretricibus) ludja (faciem) plapjô (platearum)
fkaljôs (tegulae) fuljôm (fandaliis) vaftjôs (pallii) vinja (pafcuam)
vipja (coronam).

Zweifel zwifchen einem acc. fg. f. oder acc. pl. neutr. waltet
bei faúradaúrja (πλατεία:) Luc. 10, 10. und haúrja (ἄνθραχας Rom.
12, 20. ἀνθραχάν Joh. 18, 18. [f. nachtr.]

Starkes femininum. dritte declination.

Stimmt in allem zu der dritten männlichen. Mit ficherheit
fallen hierher bloß: handus (manus) afilus (afina) kinnus (maxilla)

516   II. *goth. subst. starkes fem. vierte decl.*

vaddjus (vallum) vriþus (grex); muthmaßlich etwan auch: qvaír-
nus (mola) ulbandus (camelus).

Starkes femininum. vierte declination.

beifpiel: anſt-s   pl. anſt-eis
           anſt-ais   anſt-ê
           anſt-ai   anſt-im
           anſt   anſt-ins.

1) einfache wörter: alds (aetas) anſts (gratia) [áihts (poſſeſſio)
faúr-baúhts (ἀπολύτρωσις)] brûþs (nurus) dáuns (odor) dêds
(facinus) dulþs (feſtum) fragibts (deſponſatio) [fram-gahts (pro-
greſſus) inna-gahts (ingreſſus) grids (βαθμός) baiſts (pugna)]
haúrds (oſtium) knôds (genus) fraluſts (perditio) mahts (vis)
[ana-minþs (ſuſpicio) náuþs (neceſſitas) andanumſts (aſſumtio)
qvêns, qveins (uxor) [ſri-fahts (f. nachtr.) ſáuls (columna)
fôkns (ζήτησις)] faúhts (morbus) manna-ſêþs (virorum lutio,
i. e. mundus) ſiuns (viſio) af-ſtaſſ (repudium) us-ſtaſſ (refur-
rectio) vaſhts (res) [us-vaúrps (abjectio)] fra-vaúrhts (pecca-
tum) vaúrts (radix) vêns (ſpes) þaúrſts (inopia). Mit der
vorſilbe ga: gabaúrþs (nativitas) gafaúrds (conſeſſus) gakuṅþs
(aeſtimatio) gamáinþs (ἐκκλησία) gamunds (memoria) [ganiſts
(ſalus)] gaqvumþs (concilium) garuns (forum) gaſkafts (creatio)
[gawiſſ (ἀφή)].

2) bildungen mit -n, an: afans (meſſis) anabuſns (lex) rôhſns
(atrium) táikns (ſignum) mit -um: midums (medium) [mit r:
nadrs (ἔχιδνα)].

3) bildungen mit -aþ, -aiþ, -id: magaþs (virgo) mitaþs (men-
ſura) gamáindáiþs (κοινωνία) ſabêds (laetitia).

605 4) von fchwachen *infinitiven* auf -an, ôn, jan gebildete fubſt.
z. b. báusins (habitatio) laþôns (vocatio) dáupeins (baptifmus).
Ihrer gibt es viele.

Anmerkungen.

1) nach anm. 2. zur erſten männl. decl. unterbleibt auch hier
das nom. -s, fobald das wort felbſt auf s oder gar ſſ endigt;
fo ſteht garuns gen. garunſais, aſſlaſſ gen. aſſlaſſais, vrôhs,
gen. pl. vrôhiê für garuuls, aſſtoiſs, vrôhis. In dáuns gen.
dáunais iſt es hingegen caſus -s.

2) einige wörter fcheinen den fing. nach dieſer vierten, den pl.
nach der erſten decl. zu machen. So findet ſich Luc. 15, 12.
dáil (portionem, μέρος) Luc. 19, 13. dáilôs (portiones, μνᾶς);
háim (vicum) háimai (vico) aber háimôs (vicos) háunô (vi-
corum). Vielleicht gehörten noch andere dahin; vgl. náitei-
nôs (blafphemiae Marc. 3, 28.) [birôdeinôs (murmurationes)
uſſvalleinôs (inflationes) II Cor. 12, 20] neben náiteinins (bla-
ſphemias, Marc. 2, 7. Luc. 5, 21.) und láifeinô (doctrinarum

II. *goth. fubft. ftarkes neutr. erfte decl.* 517

Marc. 1, 27.) [gaþraffleinô (confolationum) gableiþeinô (mifericordiarum) Phil. 2, 1. gôdeinô. hazeinô Phil. 4, 8].
3) wo gen. und dat. fg. abgeht, ift der form nach auch ein mafc. vierter decl. möglich; folche unflehere find: ahaka (columba) us-drufts (alpredo) daúhts (coena) [f. nachtr.] vrôhs (perfequutio) [ftaks (ftigma)].

Starkes neutrum. erfte declination.

beifpiel: vaúrd   pl. vaúrd-a
         vaúrd-is   vaúrd-ô
         vaúrd-a   vaúrd-am
         vaúrd   vaúrd-a

1) einfache wörter: [aviliud (pl. εὐχαριστία Eph. 5, 4. 1 Theff. 3, 9.)] barn (filius) baúrd (tabula) blôþ (fanguis) [ga-baúr (collectio) beift (fermentum) dius (fera)] daúr (oftium) [gafah (captura)] fill (cutis) fôn (ignis) gud (idolum) haúrn (cornu) hûs (domus) huzd (thef.) [hund (pl. hunda) tehund (gen. tehundis)] jêr (annus) juk (jugum) kas (vas) kaúrn (granum) lamb (agnus) land (terra) leik (corpus) lein (linum) mêl (tempus) mês (menfa) [us-mêt (converfio, converfatio) neiþ (invidia)] raus (arundo) hrôt (tectum) falt (fal) fkip (navis) fvein (fus) fvês (proprietas) [fáir (dolor) fpill (fabula) þeihs (tempus) þiuþ (bonum) un-þiuþ (malum)] gaþrafk (area) vaúrd (verbum) vis (malacia).
2) bildungen mit -*l*, -*il*, -*fl*: tagl (capillus) faull (fol) bunfl (facrificium) fkôhfl (daemon) fvumfl (natatorium).
3) bildungen init -*n*, -*in*, -*an*; [aþn (annus)] kêlikn (turris) razn (domus) vêpn (arma) áigin (proprietas) ahan (palea) akran (fructus).
4) mit -*r*: áibr (munus) maúrþr (caedes) filubr (argentum).
5) mit -*arn*: eifarn (ferrum) lukarn (lucerna).
6) mit -*s*, -*is*: [ahs (fpica)] veihs (vicus) dihs (? dius, fera) agis (timor) hatis (odium) riqvis (caligo) [þêvis (mancipium) rimis (filentium) figis (victoria)].
7) mit -þ: haubiþ (caput) liuhaþ (lumen) miliþ (mel) vitôþ (lex).
8) mit -*v*, -u: alêv (oleum) fráiv (femen) hláiv (fepulcrum) vaúrftv (opus) [gáidv (defectus) þiv-adv (fervitus)] kniu (genu) triu (arbor).

Anmerkung. einige unvollftändig vorkommende find zweifelhaft, z. b. der gen. beiftis Marc. 8, 15. könnte einem neutr. beift oder mafc. beifts gehören; faull (fol) fteht im nom. ohne -a (Marc. 1, 32. 13, 24.) fonft würde ich das mafc. vorziehen.

Starkes neutrum. zweite declination.

beifpiel: kun-i   pl. kun-ja
           kun-jis   kun-jé
           kun-ja   kun-jam
           kun-i   kun-ja

gleich der zweiten männl. decl. theoretifch eigentlich mit der erften eins: kuni, kunj-is, kunj-a, kuni etc., weil i bloßes bildungsmittel ift. Doch finde ich hier kein analoges -eis f. jis im gen. bei vorftehender langer filbe, vgl. fnûra-gaggjis Luc. 16, 2. [alaþnjis Ioh. 18, 13. vitubnjis Rom. 11, 33. fairgunjis Luc. 19, 37. 4, 29. avéhjis I Cor. 9, 7. áivifkjis II Cor. 4, 2. kunþjis II Cor. 2, 14. reikjis I Cor. 15, 24. faúrnfilljis Gal. 2, 7. gavairþjis Eph. 6, 15. andbahtjis Eph. 4, 12; doch gavairþeis Eph. 4, 3. II Cor. 13, 11. II Theff. 3, 16. Phil. 4, 9. andbahteis Luc. 1, 23. trâufteis Eph. 2, 12.] Diefe decl. begreift folgende wörter:

1) mit der bloſsen bildung -i: arbi (hereditas) [azêti (facilitas)] badi (lectus) bafi (bacca) biuhti (mos) fani (lutum) [fra]þi (mens) faúrn-filli (praeputium)] fafki (fafcia) faúra-gaggi (praefectura) faúra-tani (portentum) faúra-daúri (platea) gavi (regio) havi (foenum) háili (fanitas) [haúri (pruna) kunþi (notitia)] kuni (genus) [lubi? (venenum) un-lêdi (paupertas) manauli (habitus) gaminþi (memoria)] ufar-meli (infcriptio) nati (rete) andanahti (vefper) reiki (imperium) garúni (συμβούλιον) [gariudi (caflitas) gafkalki (confervitium) fliviti (tolerantia) tráufti (teftamentum)] tavi (opus) [undaúrni? (hora matutina: nur in undaúrninnats) vadi (pignus)] gavairþi (pax) gavaúrki (lucrum) anda-vairþi (pretium) and-vairþi (facies) anda-vaúrþi (refponfum).

2) mit -ni, uni: ataþni (annus) fairguni (mons) [fulbfni (abfconditum, myflerium)].

3) mit *-ubni*: faftubni (jejunium) valdubni (poteftas) vitubni (fapientia).

4) mit *-ifki*: [aivifki (dedecus)] barnifki (infantia).

5) mit *-ifti*: haúhifti (altitudo).

[6] mit *-êþi*: avêþi (grex).]

Anmerkung: unvollftändig belegte können auch mafc. 2ter decl. feyn, namentlich: aúralja (fudario) aúrkjê (urceorum) flêgrja (latibulo).

Starkes neutrum. dritte declination.

hierber bloß faihu (pecunia) [und gáiru (ftimulus)] gen. faihaus, dat. faíhau, acc. faíhu, pl. kommt nicht vor [faiháu zu vermuthen, nach analogie des dat. fg. funau (wie viga und barna), vgl. auch ahd. dat. fg. funiu, n. acc. pl. vihiu].

Schwaches mafculinum. erfte declination.

beifpiel: han-a   pl. han-ans
           han-ins   han-anê
           han-in   han-am
           han-an   han-ans

1) einfache: aba (maritus) aha (mens) ara (aquila) atta (pater) [aúhfa (bos)] blôma (flos) brunna (fons) funa (pannus) fula (pullus) funa (ignis) galga (patibulum) hôha (aratrum) unhulþa (daemon) [gajuka (focius)] man-leika (effigies) ûs-liþa (paralyticus) liuta (hypocrita) lôfa (vola manus) manna (homo) mêla (modius) mêna (luna) [malma (arena) maþa (vermis) ganaúha (fufficientia)] nuta (captor) [papa (prefbyter) Rôma (fubftantia) fmiþa (faber) áiza-fmiþa (aerarius)] fkeima (fplendor) fnagn (pannus) fmakka (ficus) ftáua (judex, gen. ftáuïns, dat. ftáuïn) funua (fol) ga-taúra (fiffura) [veiha (pontifex)].
2) bildungen mit -l -ul: gibla (pinnaculum) magula (puerulus).
3) mit -m: ahma (fpiritus) hiuhma (turba) milhma (nubes).
4) mit -r: fvaihra (focer).
5) mit -v: nidva (aerugo) vilva (raptor) fparva (paffer) gavaúrftva (cooperarius) bidagva (mendicus) [fkuggva (fpeculum)].
6) mit -aħ: brôþraha (frater).
7) fremde wörter: aípiftula (epiftola) fpyreida (σπυρίς) wovon jedoch nur die acc. pl. auf -ans vorkommen Neh. 8, 17, 19. Marc. 8, 8, 20. [drakma (dat. drakmin Luc. 15, 8; acc. drakman (nicht drakmein) 15, 9. acc. pl. drakmans) jôta Matth. 5, 18. fatana (fatanine II Cor. 11, 14. 12, 7)].
[8) nom. pr. die bei lat. fchriftftellern ae im genitiv haben: Attila, Attilae. Vamba? oder fem. nach vamba?]

Anmerkungen.

1) ift bloß der acc. pl. vorhanden, fo kann das wort der erften ftarken decl. mafc. gehören: amfans (humeros) viduvairnans (viduos).
2) háizam (facibus) Joh. 18, 3. vielleicht mafc. oder neutr. ftarker decl.
3) nôtin (puppi) vaíhftins (anguli) vaíhftam (angulis) funins (ignis) funin (igne) fchwerlich neutr. fchwacher form.
[4) gen. pl. abnê (maritorum) aúhfnê (boum: f. 2, 267) dat. pl. abnam.]

Schwaches mafculinum. zweite declination.

beifpiel: vil-ja   pl. vil-jans
            vil-jins   vil-janê
            vil-jin   vil-jam
            vil-jan   vil-jans.

eigentlich wieder mit der vorigen eins und vilj-a, vilj-ins etc. aufzuftellen; die vorkommenden wörter find: arbja (heres) aúrtja

(hortulanus) bandja (vinctus) váidêdja (maleficus) af-étja (vorator)
fêrja (infidiator) fiſkja (pifcator) [faſkja (initita)] fráuja (dominus) gáuja (incola) gudja (facerdos) dulga-háitja (creditor) [biháitja (jactator) blija? (f. nachtr.)] haúrnja (buccinator) kaſja (figulus) maúrþrja (homicida) nêhvundja (proximus) arbi-numja
(heres) gafinþja (comes) [bi-funja? ſkilja (macellum) ſkankja
(pincerna, aus fcantia zu folgern)] ſkatja (nummularius) fviglja
(tibiccn) timrja (faber) [unkja (uncia, gen. pl. unkjans f. unkjanê
in den quittungen)] vardja (cuſtos) vaúrſtvja (operarius) vilja
(voluntas); bis auf das letzte lauter perfönliche wörter. Der dat.
Iddaljin (defcenfu) könnte im nom. Iddalja oder Iddaljô (neutr.)
haben [letzteres wahrſcheinlich].

Schwaches femininum. erſte declination.

beiſpiel: tugg-ô   pl. tugg-ôns
            tugg-ôns   tugg-ônô
            tugg-ôn   tugg-ôm
            tugg-ôn   tugg-ôns

1) aglô (moleſtia) armáiô (uiſericordia) azgô (cinis) [avô (avia)]
brinnô (febris) daúrô (janus) driufô (praecipitium) dûbô (columba) faúbô (vulpes) fullô (fupplementum) [us-farþô (egreffus) faíhu-geirô (avaritia)] heitô (febris) hvaþô (ſpuma) unhulþô (daemon) juggô (pullus) ga-jukô (par) [kliſmô (cymbalum) brôþru-lubô (caritas fraternitatis) malô (tinea) mammô
(caro) mizdô (merces) [pſalmô (neben pſalma)] qvinô (mulier) ga-raznô (vicina) rinnô (torrens) [reirô (tremor) ſtaírô
(στεῖρα f. nachtr.)] vinþi-ſkaúrô (ventilabrum) ſtaírnô (ſtella)
fvaihrô (focrus) funnô (fol) tuggô (lingua) [trigô (triſtitia)
þabô (lutum, argilla) vinnô (neben vinna) vruggô (παγίς)]
vikô (ordo) vardô (cuſtos).
2) bildungen mit -il: Inilô (excufatio) mavilô (puella) vairilô
(labrum).
3) bildungen mit -v: handvô (fignum) gatvô (platea) taíhſvô (dextera) uhtvô (crepufculum) vahtvô (vigilia) vidôvô (vidua)
[þeihvô (tonitru)].
[4) n. pr. Ultrogotho, gen. -gothonis bei Ven. Fortun. = Vulthragutô (ahd. Woldargozâ).]
    Anmerkung: von fravcitô (vindicta) reirô (motus) findet
fich nur der nom. fg., fchwerlich aber find es neutra, fondern
hierher gehörig. [— Voc. fing. qvinôn f. qvinô I Cor. 7, 16.]

Schwaches femininum. zweite declination.

beiſpiel: raþ-jô   pl. raþ-jôns
            raþ-jôns   raþ-jônô
            raþ-jôn   raþ-jôm
            raþ-jon   raþ-jôns

hiernach: aíkklêſjò (eccleſia) aívaggêljò (evangelium) [urþjò (heres f.) brunjò (lorica)] hêþjò (cubiculum) ïumjò (turba) [ǎavúſjò (cautio) kalkjò (meretrix)] mitaþjò (menſura) niþjò (cognata) raþjò (ratio) ga-runjò (inundatio) [Iakjò (lis) ſnúrjò (ϲοφϱύνη) ſuljò (ſolea, hieher oder ſtark? nur dat. pl. ſuljòm)] taìnjò (corbis) [uſjò (ſuperfluitas)]. Es verhält ſich ebenſo, wie mit der zweiten männl.

Schwaches femininum. dritte declination.

beiſpiel: manag-ei   pl. manag-eins
           manag-eins   manag-einò
           manag-ein   manag-eim
           manag-ein   manag-eins

enthält meiſtens bildungen aus adjectiven, als: aglûitei (laſcivia) baírgahei (regio montana) bleiþei (miſericordia) faúrhtei (timor) ûa-fìlmei (terror) fródei (ſapientia) ſaíbufrikei (avaritia) uſar-ſullei (abundantia) ga-gudei (pietas) arma-haírtei (miſericordia) handugei (ſapientia) hleidumei (ſiniſtra) kilþei (uterus) annláugnei (nooultatio) managei (multitudo) mikilei (magnitudo) ga-raíhtei (juſtitia) un-ſêlei (nequitia) ûs-ſliurei (effrenatio) ſiukei (aegritudo) ſvinþei (fortitudo) fihi-vaúrdei (multiloquium) [ferner: bráidei. laggei. bánhei. diupei. frijei. gódei. balþei. baírhtei. Gludeiſei. báitrei. áinfalþei. baúrþei. gaírnei. gáurei. mukamòdei. laggamòdei. mundrei. unvêrei. láusqviþrei. latei. unſvêrei. hindarveiſei. ſviknei. þvaírhei. þaúrſtei. vrêkei. drugkanei. gaſraþjei. anaviljei]. Folgende ſtammen aber aus ſtarken ſubſt.: äiþei (mater) gabei (divitiae) gáitei (capra) hvaírnei (calvaria) liutei (ſimulatio) magaþei (virginitas) marei (mare) þramſtei (locuſta); über gumei und quinei f. unten vierte anomalie. Von verbis ließen ſich leiten: veitvòdei (teſtimonium) miþ-viſſei (conſcientia) vaja-mêrei (blaſphemia) un-agei (ſecuritas). — Da der acc. ſg. [und gen. pl.] dieſer decl. dem der wörter auf -eins nach der vierten ſtarken weibl. begegnet, ſo dürfte der nom. von inmáidein (mutationem) maþlein (ſermonem) ſowohl inmáidei, maþlei, als inmáideins, maþleins heißen.

Schwaches neutrum.

beiſpiel: haírt-ô   pl. haírt-òna
           haírt-ins   haírt-òné [1])
           haírt-in   haírt-am (-nam)
           haírt-ô   haírt-òna

nur wenige wörter: áugô (oculus) áuſô (auris) [áuga-daúrô (feneſtra)] haíriô (cor) kaúrnô (granum) namô (nomen) haírkô (foramen) vatô (aqua) barnilô (infans) [qviþlô (dictum, Skeir.

---

[1]) l. haírt-ané: berichtigt von mir wim. jb. 1829. 46, 219 und gramm. 3, 543.

522   II. *gothifches fubftantiv. anomalien.*

5, 28) **figljô** (fignaculum) iddaljô (defcenfus) ga-jukô (focius, Philipp. 4, 3)].
Anmerkungen: 1) es findet fich der pl. namna (nomina) Luc. 10, 20. Marc. 3, 17. ftatt namôns. 2) der dat. pl. vatnam (aquis) ebenfo ftatt vatônam und diefes merkwürdig für vatam. Vermuthlich heißt es alfo auch namnam und vatna. Oder wäre für beide wörter außer der fchwachen form namô, vatô eine ftarke namn, vatn (wie razn, vêpn) gültig? oder gienge der fg. fchwach, der pl. ftark? (vgl. am fchluße diefes capitels über die bedeutung der fchwachen form.) — 3) die beim fchwachen mafc. anm. 3. angeführten formen find vielleicht neutral. — 4) malô (tinea) Matth. 6, 19, 20. zweifelhaft. fem. oder neutr. Das entfprechende altn. mölr ift ftarkes mafc.

Anomalien des gothifchen fubftantivs.

Anomalien der decl. überhaupt gründen fich theils auf abfchleifung und contraction der gewöhnlichen formen, theils auf vermifchung zweier declinationen, theils auf vermifchung ftarker und fchwacher form.

[1ᵃ) **gab** (Deus) gen. guþs, f. nachtr.]
1) *brôþar* (frater) Luc. 15, 27. Rom. 14, 15. macht den gen. brôþrs Luc. 6, 41, 43. den dat. brôþr. Marc. 3, 17. Luc. 6, 42. Rom. 14, 10. acc. brôþar Rom. 14, 10. voc. brôþar Luc. 6, 42; den pl. regelrecht nach der dritten: brôþrjus Marc. 3, 31, 35. Joh. 7, 3. acc. brôþruns Marc. 10, 30. Luc. 16, 29. [gen. pl. brôþrê Matth. 25, 40. I Cor. 15, 6. Gal. 2, 4. Phil. 1, 14.] — Ebenfo *fadar* (pater) und] die fem. *daúhtar* (filia) und *fviftar* (foror) gen. fviftrs Marc. 3, 25. dat. daúhtr Marc. 7, 26. acc. daúhtar Marc. 6, 22. plur. fviftrjus Marc. 3, 32. 6, 3. Joh. 11, 3. dat. daúhtrum Luc. 1, 5. acc. fviftruns Marc. 10, 30.

2) das mafc. *mênôþs* (menfis) Luc. 1, 36. und die fem. *alhs* (templum) *baúrgs* (civitas) *brufts* (pectus) *nahts* (nox) *mitaþs* (menfura) werfen im gen. und dat. fg. die caſusvocale aus, alfo gen. mênôþs (ft. mênôdis) alhs (ft. albais) Matth. 27, 51. baúrgs (ft. baúrgais) Luc. 9, 10. nahts (ft. nahtais) Luc. 2, 8. — dat. mênôþ (ft. mênôda) Luc. 1, 26. alh (ft. albai) Luc. 1, 21. 2, 46. Marc. 12, 35. 14, 49. baúrg (ft. baúrgai) Matth. 9, 1. 10, 23. Marc. 5, 14. 6, 11. mitaþ (ft. mitadai) Marc. 4, 24. naht (ft. nahtai) Marc. 4, 27. Luc. 17, 34. — Ebenfo find die nom. und acc. plur. diefer wörter contrahiert: mênôþs (ft. mênôdans) Luc. 1, 24, 56. baúrgs (ft. baúrgins) Matth. 9, 35. 10, 23. 11, 1. brufts (ft. bruftios) Philem. 5, 12. Luc. 18, 13. Im dat. finde ich [mênôþam Gal. 4, 10] nahtam Marc. 5, 5. — Vermuthlich gab es noch mehrere, auch das mafc. *reiks* (princeps) Matth. 9, 18. macht zwar den gen. reikis Matth. 9, 23. aber den pl. reiks (ft. reikôs) Joh. 7, 26. [*galiugavcitôds* (telles falß) I Cor.

15,15. *miluks* gen. milnks 1 Cor. 9,7. vgl. gefchirr voll milchs. Opitz Arg. 2, 191. Ein folcher gen. *pruts* ferner in þrutsfill (lepra) gr. 2,598. Vgl. *anaks* (fubito)? gr. 2, 281; aber 3,580. Dat. *dulþ* von dulþs (feftum) neben dulþái; us *afar* (ex genere) Luc. 1, 5. Nom. acc. pl. *fijands, bifitands* f. 1017. Löbe gramm. 66 auch noch *spaúrds, taíhts*.]

3) auch *mann* (homo) gehört darunter, mifcht fich aber noch außerdem mit fchwachen formen; nom. fg. *manna* Matth. 8, 2, 9. 27, 57. gen. *mans* (ft. mannis) Matth. 8, 20. 9, 6. Marc. 7, 15. Luc. 7, 34. dat. *mann* (ft. manna) Matth. 7, 26. 8, 4. Luc. 8, 33. acc. *mannan* Matth. 10, 35. 9, 9, 32. voc. manna 611 Luc. 5, 20. nom. pl. *mans* (ft. mannôs) Matth. 7, 12. 8, 27. Luc. 2, 15. und daneben *mannans* Marc. 7, 8. gen. *mansé* Luc. 14, 24. dat. *mannam* Matth. 6, 2. 9, 8. Marc. 11, 30. acc. *mans* (ft. mannans) Matth. 5, 19. Marc. 8, 24.

4) *fadrein* (parentes) fteht als pl. mafc. im nom. und acc. unveränderlich, Luc. 8, 56. 18, 29. Joh. 9, 2. 3. 18. 20. 22. Käme bloß der acc. vor, fo würde ich ihn auf einen nom. fadrei (ftatus parentis) beziehen, fo wie die acc. *gumein* (ἄρσεν) *quinein* (θῆλυ) Marc. 10, 6. auf nom. gumei, quinei nach der dritten fchw. decl. fem. Richtiger alfo wird man fie als fubftantiv gebrauchte neutra adjectiver form betrachten (von ihrer conftruction in der fyntax).

5) von den fem. die den fg. nach der vierten, den pl. nach der erften decl. bilden oben f. 605 [und 3, 505].

6) von den fchwachen neutr. mit vielleicht ftarkem pl. vorhin f. 609.

7) außer manna haben ftarke und fchwache form fón und funa (ignis); quêns und quinô. Für das gr. ἥλιος gebraucht Ulphilas drei goth. wörter: faúıl Marc. 1, 32. 13, 24. funna Marc. 4, 6. 16, 2. und funnô Matth. 5, 45. Luc. 4, 40.

[8) fremde fubftantiva unregelmäſsig: bald fynagôgs, gen. fynagôgáis Luc. 8, 41. Joh. 9, 22 oder fynagôgei, dat. fynagôgein, bald beibehaltung griechifcher form: fynagôgê (συναγωγή) Marc. 6, 2. Joh. 6, 59.]

Althochdeutfche declination.

Starkes mafculinum. erfte declination.

beifpiel: nom. vifc.   pl. vifc-â
          gen. vifc-es   vifc-ô
          dat. vifc-a   vifc-um
          acc. vifc   vifc-â
          inftr. vifc-u

II. *alth. subst. starkes masc. erste decl.*

¹) die länge oder kürze der cafusvocale kann nicht zur gewisheit gebracht werden; doch die â des nom. und acc. pl. find höchſtwahrfcheinlich, theils nach der vergleichung des goth. -ôs, -ans (vgl. gâs fl. gans f. 286.) theils weil N. zuweilen noch ausdrücklich â circumflectiert [Boeth. 137. wegâ (vias) fcalchâ (fervi) 121. fcazâ. Cap. 15. zartâ (blandimenta)], wiewohl nicht durchall. Diefe -â fcheiden auch den nom. und acc. pl. vom dat. fg. mit kurzem -a. Das û des inſtr. und das ô des gen. pl. (unterfchieden von dem kurzen o des fchwachen maſc.) nehme ich nach analogie des goth. ê an, N. hat keinen inſtr. mehr und wenn er, wie es fcheint, im gen. pl. o, nicht ô fchreibt, fo kann dies fpätere abfchwächung feyn [N. Ariſt. 52. teilô: für die länge des ô im gen. pl. fpricht noch der reim in der genefis: dô : wortô Diut. 3, 72. 82. vrô : antwurtô 3, 69 : geheizô, wortô 72.]. O. und T. behalten im inſtr. u, wie im pl. a bei, während fie das dative kurze a in e fchwächen; dies fpricht für die länge des û wie des â. Endlich geht das û des inſtr. nicht in o über, da doch gerade das kurze u des dat. pl. bei O. und T. zu o wird [f. nachtr.]. Die verderbnis des m diefes cafus in n fcheint mit dem neunten jahrh. zu beginnen, O. und T. haben entfchieden *on* ſtatt des früheren *um, om*. N. endlich fetzt -e im dat. und inſtr. fg. und -en (nicht -ên) im dat. pl., behält aber a im nom. acc. und o im gen. pl. Diefe decl. begreift:

1) einfache wörter*): ampaht (minifter) chnëht (fervus) danch (gratiae) diop (fur) dorn (fpina) eid (jusjur.) hals (collum) ant-heiz (votum) heid (perfona) bleip (panis) hnol (collis) hlôz (fors) hrinc (annulus) bund (canis) hof (aula) kanc (iter) keift (fpiritus) krif (tactus) kot (Deus) locch (cincinnus) mâc (cognatus) muot (animus) mund (os) nîd (invidia) kinôz (fodalis) pauc (umbo) poum (arbor) plicch (fulgur) pocch (hircus) rinc (procer) roup (fpolium) runs (curfus) fouro (farcina) fcaz (numus) fcalh (fervus) fcoup (fafc. ſtraminis) fcuof (poëta) find (iter) ſtrit (lis) fcrit (paffus) ſtap (baculus) ſtuol (fella) ſtrûz (ſtruthio) ſtouf (calix) ſtein (lapis) ſpêr (haſta) [f. nachtr.] urfprinc (origo) tac (dies) trôſt (folatium) tuom (judicium) turs (gigas) viſc (pifcis) vrofc (rana) walt (nemus) wêc (via) wîc (bellum) wint (ventus) wirt (hofpes) wolf (lupus) zins (cenfus) [urt (modus) chapf (N. Boeth. 219. 265.) ober (iter N. 39, 5) duf (labarum: thuf kcr. 185 vgl. agf. þuf, pufas)

---

¹) Voe. û, o in der wurzel. — Gen. fing. as (z. b. Hantfcohasheim. tr. fuld. Schannai nr. 84 s. 788. Godasman polypt. Irmin.) nom. acc. pl. as aus urkunden Mones anz. 1836 p. 371-373.

*) Beſtimmte belege der alth. fprache können die fchreihweife einzelner quellen befolgen; allgemeine beifpiele müffen, anderer rückfichten halben, der theorie gemäß gefchrieben werden, welches, fo lange diefe felbſt noch nicht feſtſteht, nur mislich, hin und wieder fchwankend auszuführen iſt. Die bemerkung gilt für alle alth. beifpiele in meiner grammatik.

halm (calamus) hëlm (galea) hruom (clamor, gloria) hual (mitra Diut. 1, 495ᵃ 529ᵃ) huer (lebes) lîp (vita) lôh (silva) lût (sonus) rât (consilium) reif (funis ker. 243) reiʒ (linea N. Ar. 41. 42) scâh (praeda Diut. 1, 499ᵇ) scrig (ascensus N. Cap. 152) stad (littus N. Boeth. 211. 229.) stal (locus, persona N. 17, 40. 108, 1) stam (stipes Diut. 1, 498ᵇ) stupf (punctum N. Ar. 42) sueib (umschwung N. Boeth. 215) trût (eunuchus, dilectus) urlag (fatum) vald (plica N. Ar. 42) veim (spuma) wân (opinio N. Ar. 236. 241.) warb (vertigo N. Cap. 146.) zart (teneritudo, pl. blandimenta)].

2) bildungen mit -al, -il, -el, -ol: fëkal (velum) hakal (grando) nakal (clavus) vokal (avis) puhil (collis) himil (caelum) chisil (calculus) stedil (fundamentum) livol (liber) linnol (linea) etc.

3) bildungen mit -am, -um: aram (brachium) [faram (filix)] param (sinus) suaram (turba) âtum (spiritus) fadum (filum) eidum (gener) etc.

4) mit -an, -in: dëkan (miles) [hraban (corvus)] morkan (mane) rëkan (pluvia) sëkan (benedictio) wakan (currus) truhtîn (dominus) etc.

5) mit -ar, -er: achar (ager) ëtar (sepes) vinkar (digitus) humkar (fumes) wuldar (gloria) etc.

6) mit -ôd: mânôd (mensis) wiʒôd (lex, sacramentum).
[6ᵃ) mit -at: jâr-marchat, pl. marchatâ gl. monf. 340.]

7) mit -ac, -uc: përac (mons) haruc (lucus).

8) mit -ah, -ih: vëdah (ala) potah (corpus) storah (ciconia) habuh, habih (accipiter) eʒih (acetum).

9) mit -isc: eʒisc (leges).

10) mit -ist: henkist (equus admiss.) herpist (autumnus) ewist (ovile).

11) mit -uʒ -iʒ: churpiʒ (cucurbita) alpiʒ (cignus) [N. hat den pl. albiʒe] hiruʒ (cervus) hornuʒ (crabro) etc.

12) mit -inc, -linc, -olf etc.

13) substantive participia: viant (inimicus) vriunt (amicus).

14) bildungen mit -w, welches auslautend zu o geworden ist: [triso, trisewes (thesaurus) N. 38, 7.] palo (pernicies) palawes, palawa; falo (salix) falawes [gl. jun. 227 falawa falices, l. falawa? N. 136, 2 felewa falices]; [scato (umbra, vgl. scatu decl. 3)]; snëo (nix) snëwes; sëo (so O. I. 5, 109. II. 1, 5.] (mare) sëwes; chlëo (trifolium) chlëwes; blëo (agger) blëwes; dëo, dëwes oder diu, diwes (servus) [deos, deoes oder deos: Sindeo, Sindeoes].

Anmerkungen.

1) persönliche wörter zeigen noch zuweilen den alten acc. sg. auf -an, wie er sich bei eigennamen und adj. findet, als: kotan (Deum) truhtinan (dominum) [O. Sal. 17 druhtin, nicht mehr druhtinan] etc. — 2) mehrsilbige wörter assimiliren und stoßen

526   II. *alth. fubft. ftark. mafc. erfte u. zweite decl.*

ihre vocale zuweilen aus, z. b. pĕrac, pĕrekes; vinkar, vinkrea, vinkurû; fuabal, fuabeles, fuabulû (O. I. 25, 55.) allein dicſe regeln werden ſchwankend befolgt und greifen nicht durch. — 3) da der ſg. dieſer decl. mit dem der vierten zuſ. fällt, ſo entſpringt für einzelne wörter, deren pl. nicht vorliegt, ungewisheit, zu welcher von beiden decl. man ſie rechnen will. Einige bilden denn auch, nach verſchiedenheit der denkmähler, ihren pl. bald mit der erſten, bald mit der vierten, vgl. [N. kenge (greſſus);] gl. jun. 212. cruagâ (lagenas) O. II. 8, 57. kruagî; T. 43, 1. wintâ K. 18ᵇ wiuti [und windĕo (ventorum) ker. 124.]; T. 4, 18. fuozâ (pedes) 95. 138. fuozi; gl. monſ. 391. fuozi; O. I. 1, 42. IV. 27, 40. fuazt I. 25, 56. fuazin; K. 17ᵇ 47ᵃ fuazum, O. I. 27, 118. V. 8, 37. 7, 111. fuazon; N. 13, 5. 100, 8. gebraucht liutâ, râtâ fl. des üblicheren liuti, râti etc. — (4) dat. ſg. ohne vocal: ſinemu kanôz miſc. 2, 290. ſinemo gnôz Docen denkm. 5.]

Starkes maſculinum. zweite declination.

beiſpiel:	hirt-i	pl. hirt-â
	hirt-es	hirt-ô
	hirt-a	hirt-um
	hirt-i	hirt-â
	hirt-û	

614 nach der ſ. 599. gemachten bemerkung eigentlich ganz die vorige decl. und theoretiſch aufzuſtellen: hirti, hirt-es (ſt. hirtj-es) hirt-a (ſt. hirtj-a) etc. Das practiſch unterſcheidende i des nom. und acc. gehört der bildung, nicht der flexion, um ſomehr, als es in den übrigen caſibus wegfällt. Ich habe i und nicht î angeſetzt, jenes gebührt dem acc. ſchon nach dem goth.; im nom. könnte man unterſcheiden und auf kurze ſilbe i, auf lange î vermuthen, z. b. riſi, wiui, aber bueizi, hirtî. Für i ſpricht auch das ſpätere -e bei N. (riſe, hirte) der in der zweiten weibl. decl. î behält.

Der wörter mit der bloßen bildung -i gibt es nur wenige (einige goth. ſind hier neutral, z. b. heri, exercitus; enti, finis): aſni (mercenarius) lant-deri (latro T. 199, 8. von derjen, nocere) birſi (milium) hirti (cuſtos) hrucki (dorſum) bueizi (triticum) lâbhi (medicus) puzzi (puteus) riſi (gigas) wini (amicus) [folchete (aſlenſor, ſautor N. Graff 4, 648) IIetli (n. pr. Pertz 3, 469) môri (aethiops Diut. 146.) mezi (cibus, nach dem. altſ. meti, agſ. mete vermuthet rechtsalterth. p. 735) tili (anethum) wlâri (vivarium O. III. 4, 6)]. — Deſto häufiger iſt die bildung -ari, -eri, dem goth. -areis entſprechend, lautet aber bei andern -âri.

Der dat. pl. endigt auf -um [urſpr. -ium wie goth. hairdjam: IIild. untar herinn tuêm], vgl. wehchârum (hebdomadariis) K. 43ᵃ artârum (cultoribus) gl. jun. 198. lêrârum (doctoribus) K. 24ᵇ; O. und T. geben inzwiſchen -in: hirtin T. 6, 5. lêrarin T. 12, 4. arnarin (meſſoribus) T. 72, 6. lachin (medicis) T. 60, 3. buoh-

II. *alth. fubft. ftarkes mafc. dritte u. vierte decl.*

herin (fcribis) T. 57, 1. 169, 1. fcualârin O. III. 16, 18. brêdigârin O. I. 22, 66, wiewohl fie den nom. pl. ftets auf -â eudigen laßen. [— Auffallend endigt gl. hrab. 959ᵃ 906ᵃ bei denen auf -ari der nom. pl. auf -e; meldare (proditores) irrare (heretici).]

Starkes mafculinum. dritte declination.

beifpiel: fun-u   pl. fun-î
           fun-es   fun-eô
           fun-ju   fun-im
           fun-u   fun-î

das bildende i dauert nur im dat. fg. vgl. fidju (more) J. 343. fitju [Diut. 1, 504ᵇ] K. 42ᵇ gl. monf. 402. fridju K. 41ᵃ 57ᵃ hugju Mifc. 2, 290. funju J. 343. [Diut. 1, 492ᵃ 494ᵃ. fona falliu (ex ruinis) ker. 238. Diut. 1, 271ᵇ. fuaziu (pede) hymn. 19, 2. hugiu (animo) Graff 4, 784. lougiu (von louc flamma) Musp. 57. za figiu fr. th. II, 12 Matth. 12, 20. in flegiu (ictu) Diut. 1, 505ᵃ Graff 6, 772. ftediu (litore) Graff 6, 644. az waldiu gramm. 3, 424.]; fpâtere haben hier entw. bloßes -u, oder auch fchon -e. Wie der inftr. in diefer decl. lauten könne, weiß ich nicht, fchwerlich funjû [mit fridû ift inftr. bei Otfr., da er im dat. -e fetzt, vgl. huge I. 7, 2.]. Spâter geht das u in o über und gleicht im nom. den wörtern no. 14. der erften decl. [Gen. fing. vridoo K. 17ᵇ pacis: f. nachtr.] — Der ganze pl. ift eigentlich in die vierte übergetreten [doch fuozu hymn. 19, 7. pedes, acc. pl. = fôtuns. Auffallend zuc = figjus von zuc = figus. Gen. pl. funô N. Cap. 157].

Hierher gehören nur noch: haru (linum) gl. jun. 211. [haro Diut. 1, 494ᵃ. aber dat. harue (byffo) 1, 495ᵃ wie fcatuç (umbra) 1, 492ᵃ] huku (mens) môtu (mußum) fiku (victoria) fitu (mos) funu (filius) vridu (pax); muthmaßlich viele andere, z. b. maku 613 (puer) êru (nuntius) hêru (gladius) [f. nachtr. ferner ehu (equus) tôdn (mors) thornu (ker. 236. ramus, l. rhamnus) lagu (aequor) ftabu (baculus) walu (baculus, fr. gaule) wartu (cuftos) waltu (filva) rantu? (altn. rönd f. goth. randus) chazu (catus) vielleicht êro im fr. weffobr. oder zu I, 14? zu erwägen: chiol (navis) buog (armus) galz (verres) hiruz (cervus)] etc. dann noch einige fremde wörter, als apoftolu, magu (magus, fapiens) wenigftens nach dem pl. magi, dat. magin (T. 8, 1, 4. 10, 1,) zu fchließen. — funu lautet bei O. und T. fchon gänzlich fun, d. h. folgt auch im fg. der vierten decl.

Starkes mafculinum. vierte declination.

beifpiel: palc   pl. pelk-î
           palk-es   pelk-jô (eo)
           palk-a   pelk-im
           palc   pelk-î
           palk-û

II. *alth. fubft. ftark. mafc. vierte decl.*

¹) der fg. ift dem der erften decl. gleich; im pl. rechtfertigt fich
l aus dem goth. -eis, -ins und der analogie des -â (-ôs, -ans)
obgleich der fpätere N. hier fchon -e zeigt, fo daß wenigftens
diefes i früher verkürzt worden feyn mag, als das der zweiten
weibl. decl. — *-jó, eó* [litbĕo (membrorum) ker. 283., windĕo (ventorum) ker. 124. fceftĕo ker. 125. keftĕo (hofpitum) ibid.] des
gen. pl. wird allmählig zu -ô, wie im goth. durchgehends -ê (in
bulgê) für -jê zu ftehen fcheint. — Diefe decl. zählt weniger
wörter, als die erfte:

1) einfache (ich führe den nom. fg. und pl. an): arn, ernî (aquila)
aft, efti (ramus) châs, châfî (cafeus) chorp, chorpî (corbis)
chruoc, chruoki (urceus) halm, helmî (calamus) heit, heiti
(perfona) houk, houki (tumulus) caft, kefti (hofpes) cruoz,
cruozi (falutatio) lid, lidi (membrum) liut, liuti (pop.) naph,
nephi (catillum) pah, pehhi (rivus) palc, pelki (cutis) polz,
polzi (puls) priaf, prievi (literae) hart-pûr, hartpûri (magiftratus) phad, phedi (femita) phar, pherri (taurus) phluoc,
phluoki (aratrum) phuuc, phuuki (marfupium) rand, rendi
(margo) rât, râti (conf.) falm, felmi (pfalmus) fcilt, fcilti (clipeus) fcûr, fcûri (imber) fcrit, fcriti (paffus) flak, fleki (ictus)
fpurt, fpurti (ftadium) ftaph, ftephi (paffus) ftouf, ftoufi (cyathus) fun, funi (filius) tifk, tifki (menfa) vuoz, vuozi (pes)
vlins, vlinfî (filex) wâk, wâki (unda) wân, wâni (fpes) [f.
nachtr.] zau, zeni; zand, zendi (dens) [albiz, albizi (cygnus
f. I, 11: N. Cap. 37 albize wohl fem. weil 38 fteht: dô fî
dia burdi erliden netrûweta) ars, erfî (podex) kang, genge
(greffus N. 36, 23, 31) niz (lens monf. 400.) ars-belli (clunes
ker. 266. arspello Diut. 1, 506ᵇ natium. vom fg. ars-bal. vgl.
ballôn gen. pl. N. Boeth. 138 von ballo oder balla?) ftanc,
ftenkhe (odor, ker. 203. 205.) ftapf, ftepfi (afcenfus N. Cap.
152) ftôz, ftôzi (ftôzim contufionibus Diut. 1, 516ᵃ) ftranc,
ftrenki (funis: T. 117 ftrengin funiculis) fpurt, fpurti (fpurtim
fr. th. XV, 19 oder fem.?) pifuartim (Haupt 3, 466ᵃ) fuibbi
(fcandala fragm. Matth. 13, 41) turr (turris, dat. pl. turrin
N. 47, 13) val (ruina) vurt, vurti (vadum) wint, winti (ventus,
wahrfch. hierher) zein, zeini (zeini farmenta ker. 224.) zûn,
zûni (fepes)].

2) bildungen mit *-al, -ol:* aphol, ephili (malum) [livol, livoli
O. epil. 190].

3) mit *-ar:* zahar, zahari (lacrima).

4) mit *-ah:* firahim (hominibus) weffobr.

5) mit *-hs:* luhs, luhfi (lynx) ruhs, ruhfi (vulpes).

6) mit *-ft:* umpi-huurft (circuitus) luft, lufti (aer) blouft, bloufti
(curfus) fcaft, fcefti (hafta) funft, funfti (palus).

---

¹) Vocal i, u in der wurzel. — Dat. fg. früher palki (pifangi, articulo. Graff 3, 413) wie pacis, paci (rivus) dat. pacia Fürftem. 2, 154.

II. alth. fubft. ftarkes femin. erfte decl.

7) mit *-ant*, *unt*: liumunt (fama) wifant, wifunt (bubalus).
8) mit *ôd*: chërröd, chërrödi (ftridor) felpwaltôd (privilegium).

Anmerkungen. 1) vom fchwanken in die erfte f. dort.
2) manche wörter rühren fichtbar aus der dritten her, welcher
fie noch in früheren quellen zuftehen, z. b. vnoz, fun.

Starkes femininum. erfte declination.

beifpiel:	këp-a	pl. këp-ô
	këp-ô	këp-ônô
	këp-ô	këp-ôm
	këp-a	këp-ô

die länge des ô erhellt fowohl aus dem goth., als aus der not-
kerifchen circumflectierung und ift merkwürdige fpur uralter
übereinkunft des alth. mit dem goth. laut, da in der regel dem
goth. ô alth. *uo* entfpricht (f. 96.) Niemahls zeigt fich hier ein
këpuo, gëbua. Der gen pl. fteht unorg. in der fchwachen form,
këpônô¹) f. këpô, offenbar theils zur unterfcheidung von dem
gen. pl. mafc. vifcô (goth. fifkê, gibô) theils weil ô mit dem
gen. fg. und nom. pl. zuf. treffen würde (nachdem die muthmaß-
lich frühere form këpôr, goth. gibôs aufgegeben war). Der letzte
grund paßt freilich nicht auf diejenigen quellen, welche im gen.
und dat. fg., nom. und acc. pl. kein ô zeigen.

Nämlich das aufgeftellte paradigma findet fich völlig be-
obachtet nur in den monf. gl., fodann, was den nom. acc. fg.
und dat. pl. angeht, auch in allen übrigen denkmählern; für
den gen. dat. fg. und nom. acc. pl. bemerke ich folgende ver-
fchiedenheiten:

a) K. gibt dem gen. fg. -â, dem dat. fg. -u, dem nom. und acc.
pl. -ô, hat folglich: këpa, këpâ, këpu, këpa; këpô, këpônô,
këpôm, këpô. Hiermit ftimmen die gl. hrab. exhort. o. a. m.
Das lange -â gen. fg. folgere ich theils aus der nöthigen
unterfcheidung vom nom. und acc., theils aus der analogie
des nom. pl. mafc. (vifcâ verhält fich zu këpâ wie fifcôs:
gibôs). Diefer analogie halben fcheint -â fogar confequenter
als -ô, diefes aber ftimmt doch mehr zu dem ô des nom.
und dat. pl. — Das -u dat. fg. könnte vielleicht -â feyn, es
entfpricht dem goth. -*ai*.

β) die weichere mundart bei [Hildebr. fr. theot.] I. O. T. bildet
den fg. wie K. führt aber auch im nom. acc. pl. -â ftatt ô,
decliniert alfo: gëba, gëbâ, gëbu, gëba; gëbâ, gëbônô, gëbôm

---

¹) Den langen vocal in -ôno beweifet filihbaono (numorum) ker. 264; da-
neben kepano (dosorum) ker. 134. fûrano (regionum) 221. fërono 72. felrono
(negotiorum) 279. Noch genetf. Diut. 3, 46 fantône (peccatorum) 61 mimúne
(: fevno) 55 wunnône. 89 gnâlône. 90 êrône. 87 êrône. — O. ad Lud. 22 hat
noch den gen. plur. thero redino (gen. fg. wifera redina 14.) ft. redinono: vgl.
mhd. an f. 673.

(-ôn) gëbâ. Diefe weiterführung des â ift folgerichtig, aber nicht durchgreifend, weil im gen. und dat. pl. noch das alte ô beharrt.
γ) N. macht den fing. ganz nach dem paradigma, hat aber â ftatt ô im nom. acc. pl. [und fchreibt a, o, nicht â, ô], folglich: këba, këbâ, këba; këbâ, këbôn (ft. këbônô) [Boeth. 207. fundôno galla] këbôn (ft. -ôm).

Vergleicht man diefe viererlei weifen miteinander, fo fcheint das aufgeftellte paradigma, welches die meiften ô enthält, abgefehn vom dat. fg. (der zum goth. ai nicht ftimmt) biftorifch die getreuefte. Unleugbar hingegen treten die einzelnen cafus individuell gefchieden in der weife α. am beften vor. Die beiden letztern fchwächen diefe individualität wieder und jede anders.

In diefe decl. gehören nun

1) einfache wörter: aha (aqua), archa (cifta), chara (lamentatio) chiulla (pera), chlaka (querela), chripha (praefepe), diupa (furtum), drown (minae), ëa, ëwa (lex), cilca (poftulatio), ëra (honor), ërda (terra), haufa (cohors), harta (durities), bëlfa (auxilium), hella (inferi), billa (pugna), hiza (aeftus), blancha (lumbus), hriwa (poenitentia), hunda (captura), hulla (mora), ila (fellinatio), këpa (donum), kërta (virga), couma (coena), cruopa (forea), lapa (refectio), aleipa (reliquiae), lip-leita (victus), lëra (doctrina), ki-louba (fides) [bei O. III. 14, 48 mit giloubu, aber auch fchwach III. 10, 41 thera gilouhun] luoka (fpelunca), kimahha (rei conditio), mëlda (delatio), minna (amor), mieta (munus), molta (terra), mûra (murus), ki-nâda (gratia), nara (victus) [f. nachtr.] pâka (contentio), pëta (preces), pila (expectatio), pîna (cruciatus), phorta (porta), prawa (fupercilium), puoza (fatisfactio), quâla (nex), rahha (res), râhba (vindicta), rawa (quies), reda (ratio), reifa (iter), ribs (mufculus tibiarum, gl. jun. 227.) rualm (numerus), fuka (narratio), fëla (anima), fippa (pax), fîta (latus), fcama (pudor), fciura (horreum), fcôza (finus), fcuola (fchola), fmërza (dolor), fprâhha (lingua), ftimna (vox), ftulla (momentum), ftunta (hora), ftrâza (via), fuona (judicium), funta (peccatum), teilu (divifio), toufa (baptismus), trencha (aquare), triwa (fides), tuâla (mora), unda (fluctus), valka (occafio), vâra (dolus), vaza (farcinula), vîra (celebratio), volma (manus), vrâka (quaeftio), vruma (commodum), vuora (paftus), ki-wâda (fpiritus gl. monf. 390.), wampa (venter), wara (cura), warta (fpecula), weida (pafcuum), ki-woas (mos), wunta (vulnus), wunna (gaudium), zâla (infidiae), zala (numerus) [ftn (zu folgern aus atahaft continuus) widar-chëta (contradictio N. Ar. 213) darpa (egeftas, Hild. darba und haba N. Ar. oft) ëlla (uftrina gl. monf.) heida (thymus), hërta (grex N. 39, 7) hlina (recubitus ker. 273) iba (conditio N. Boeth. 154) krana (barba ker. 141) leiba (refiduum) mûla (os, oris N. Cap. 65) falzmuorra (falfuginem N. 106, 33) pleza (affumentum T. 56, 7) polla (rundes ding, fchwach?) urpora (reditus) rarta (vox,

II. *alth. fubft. ftark. fem. erfte u. zweite decl.*

modnlamen) raita (milliare: Graff 2,551 aus cod. dipl. zaringob. nr. 1 a. 676, auch bei Bouquet 4, 654) reita (currus) feira (cura, negotium ker. 25. 279) fida (feide N. Cap. 103) flaka (reftigium) fpëha (N. Cap. 102) fpîfa (cibus O. III. 15, 15) ftûda (frutex) thoua (palmes Diut. 2,312ᵃ) fera, fiara (regio, latus) wâra (foedus, tutela O. II. 21, 73. Diut. 1, 503ᵇ 532ᵇ) warna (praeparatio, munitio) wêwa (malum O. III. 10, 11) wintworfa (ventilabrum) zeiga (N. Arift. 22) zuëlga (ramus T. 73, 2. 146)].
2) die häufigen bildungen mit -*id*, als: falpida (unctio) fpâbida (fapientia) etc.
3) bildungen mit -*unk*: herjunka (direptio) famanunka (congregatio) etc. [f. nachtr.].
4) mit -*nifj*: drinifîa (trinitas) etc.
[4ᵃ) mit -*ifc*: râtifca (quaeftio) N. 41, 5.]
5) mit -*inn*: mûkinna (cognata) etc.
6) mit -*in, an*: chubhina (culina) [fegina (fugena T. 77)] vërfana (calx)
[6ᵃ) mit -*al*: nâdala (acus); mit -*ar* f. nachtr.]
7) mit -*ah*: malaha (pera)
8) mit -*ht*: ahta (cura) flahta (genus) trahta (cogitatio) wahta (cuftodia) zuahta (generatio) vorahta (metus) vëhta (pugna) [tihta (poofis) O. I. 1, 35.]
9) mit -*f*: lëffa (labium)
10) mit -*aw*: varawa (color) [O. I. 5, 35 farawa colorem, aber I. 4, 49 farawun]
11) mit -*i, e*: funtja (peccatum) fippea (cognatio) chriphea (praefepe) minnea (amor) [dat. minniu fr. th. XXV, 12] hizea (calor) kartea (virga) feechea (lis) [chevia (cavea N. Boeth. 118) biltia (pugna, dat. hiltiu Hild.) buttia (tugurium Diut. 2, 173) kundea (pugna, vgl. Hild. gûdea) rorrea (calamus, gen. pl. rorreono Diut. 1, 497ᵃ) fuechea (odor gl. hrab. 963ᵇ) undea (fluctus, vgl. agf. ýd) wunnin (gen. pl. wunnióno Ludw. lied)] etc. meiftens ift aber das bildende i, e völlig ausgefallen [wie in dûfunta f. dûfuntju (chilias) ouwa f. ouwia (vgl. alto. cy)? der umlaut verräth trenka, gerta, kipeinna, gen. pl. kapeinnôuo Graff 3, 130]¹)
12) einige fremde wörter, wie nâtûra, martira, phâlanza etc.

Starkes femininum. zweite declination.

beifpiel:	heil-f	pl. heil-f
	heil-f	heil-ôno
	heil-f	heil-im
	heil-f	heil-f

¹) Im vocab. S. Galli 182. gerta (virgas) 184. planta (claufura) 185. wifa (prata) uada (fluctus) 186. prucga (pontas) 199. fecca (rixa).

34*

diefe decl. Nimmt nicht recht zu der goth. zweiten, überhaupt nicht zu dem begriff der zweiten decl. masc. und neutr., wonach man eher die bei der erften unter II. augefūhrten fuutja, fippja etc. den wörtern hirti und chunni gleichfetzen follte. Inzwifchen war im goth. gerade auch der nom. fg. feines -a entblößt worden, was eine analogie von þivi: heili begrūndet. Die übrigen cafus fūgen fich wenig, noch mehr widerfpricht die ganz verfchiedene formation der wörter in der goth. und alth. zweiten decl. Kein einzelnes begegnet fich, wenn man kunþi abrechnet.

Das thema heili (die länge des i erwiefen aus den fchreibungen antreitii, abulkii K. 16ᵃ 23ᵇ, auch aus N. beibehaltung diefes i)¹) bietet weniger eine decl. dar, als vielmehr auflöfung. frūherer cafus, für den fing. erftarrung in einem einzigen. Den feltenen gen. pl. belegt meri-miunōnō (fyrenarum) gl. monf. 324., den dat. andreidim J. 386. menigin (turbis) T. 60. gāhin O. II. 14, 187. [rehtfeftin (juftificationibus) T. 2, 2; den nom. pl. z. b. milti O. II. 14, 227.] — Wahrfcheinlich ftammen alle hierher gehörigen wörter aus der dritten fchwachen, indem fie das -n allmählig abwarfen.

1) die meiften find mittelft des i aus adj. oder part. abgeleitet: alti (fenectus) chundi (notitia) chrumpi (flexuofitas) pidirpi (fructus) ēpani (rectitudo) ar-hapani (celfitudo) hēri (gloria) heili (falus) herti (durities) huldi (favor) kāhi (praecipitatio) kuallibhi (gloria) kuati (bonitas) it-māli (feftivitas) meniki (multitudo) milti (manfuetudo) nāhi (proximitas) plinti (coecitas) minnafami (amabilitas) fcōni (pulcritudo) flihti (planities) ftilli (tranquillitas) fuozi (dulcedo) tiufi (profunditas) tiuri (pretiofitas) trunchani (ebrietas) vravali (faftus) weihhi (mollities) wihi (fanctitas) ziori (decus) [giliwi (aerugo gl. monf. 328) jungi (O. II. 11, 2) ariuhi (dirae Diut. 1, 526ᵃ) feti (fatietas O. II. 16, 30) trāgi (tarditas) fruoi (N. 120, 6)]

2) anderen urfprung haben: heli (amictus) decchi (tegumentum) antreiti (ordo) apulki (ira) meriniuni (fyrena) mendi (gaudium) toufi (baptifma) [cheli (tormentum N. 16, 9. 36, 28.) iliki (precatio N. 38, 13) eidi (mater) fuotar-eidi (nutrix) gebi (opes) meni (maunitio l. fal.) muohi (labor. N. 105, 30) ftedi (locus N. Boeth. 163) fnelli (bafis Diut. 1, 517ᵃ) fuendi (perditio N. Cap. 28) fundi (gang: danafundi exitus) weli (optio: weli deliberatione monf. 388. felp-weli arbitrio ib. 348) weri (defenfio O. II. 11, 56); ibfeli (exilium)] etc.

---

¹) N. hat oft -i, z. b. fcōni, garewi, fkīnbari Cap. 63, heiteri 64, doch Cap. 49 wāhi (es ftebt wāhi) Boeth. 75 vēfti. 78 gianst. fcōnī. 113 fcōnī.

²) Diwi, gen. diwīō; niwi, gen. niwīō? f. auffatz über niwi, Kuhn-Aufrecht 1, 434.

3) ableitungen auf -niſſ: pĕrahtniſſi (claritas) volniſſi (plenitudo) etc.

Starkes femininum. dritte declination. mangelt.

[man erwäge den dat. ſg. hant (Graff 4, 966) neben henti, ſowie den gen. pl. hanto neben heuteo und den dat. pl. hantum.]

Starkes femininum. vierte declination.

beiſpiel: anſt   pl. enſt-i
        enſt-i   enſt-jô (eô)
        enſt-i   enſt-im
        anſt   enſt-i

der pl. ſtimmt genau zur vierten maſc., die langen i nom. und acc. beruhen auf denſelben gründen; ob etwa zur unterſcheidung ein kurzes i des gen. dat. ſg. angenommen werden dürfe, bezweifle ich, weil auch in der erſten weibl. decl. gen. ſg. und nom. pl. übereinkommen. Das goth. ais und eis führt auf ô, i, doch iſt mir ein alth. ê im gen. dat. ſg. nie vorgekommen; N. ſpäteres kurzes e gilt für ſg. und pl. — Dieſer decl. folgen: ankuſt (angor) anſt (gratia) apanſt (invidia) arapeit (labor) arn (mellis) vrumi-chiſt (primitiae) urchiſt (reditus) cbluſt (emunctorium) chunot (natura) chraſt (vis) chuo, chuoſ (vacca) chumiſt (adventus) chuſt (guſtus) achuſt (vitium) unchuſt (turpitudo) diu, gen. diwi (ſerva) duruſt (neceſſitas) êht (ſubſtantia) eih (quercus) pi-giht (confeſſio) hant (manus) -heit in komaheit, dêo-heit etc. hlouſt (curſus) prûthlouſt (nuptiae) huf (femur) bût (cutis) jugund (juventus) kans (anſer) kriz (capra) kiſt (donum) kir (cupido) êra-kreht (dignitas) kluot (fervor) laſt (onus) [f. nachtr.] liſt (frans) liumunt (fama) luſt (voluptas) makad (virgo) maht (vis) miluh (lac) munt (tutela) naht (nox) nât, nâti (futura) kiniſt (ſalvatio) nôt (neceſſitas) nuot (incaſtratura, gl. jun. 209.) ka-nuht (abundantia) numſt, nuſt (ſumtio) nôt-numſt, ſiki-numſt etc. nuz (nux) pluot (flos) prunſt (incendium) pruſt (pectus) prût (ſponſa) ki-pulaht (ira, aemulatio) puruc (urbs) kipurt (nativitas) vuri-purt (abſtinentius) eid-puſt (jus jurandum) quirn (mola) quiſt (calamitas) ki-riht (vindicta) ſât, ſâti (ſatio) ki-ſcaft (creatura) ki-ſciht (hiſtoria) niu-ſciht (prodigium) ſcriſt (ſcriptura) ſculd (debitum) ki-ſiht (facies) ſlaht (occiſio) man-ſlaht (homicidium) ki-ſpauſt (perſuaſio) ſpuot (proſperitas) ſtat (locus) ſû, gen. ſuwi, ſûwi? (ſus) ſuht (tabes) ſûl (columna) eid-ſuart (conſuratio) tac-alt (recreatio) (bei N. nach zweiter decl. tagalti) tât, tâti (factum) trub (vinculum T. 53, 4.) tuld (ſolemnitus) tur (porta) [turrio (portarum) ker. 70] vart (iter) vluob (rupes) vluht (fuga) vluot (fluxus) vlôh (pulex) vol-luſt, vol-leiſt (auxilium) vraht, vreht? (meritum) vriſt (occaſio) vûſt (pugnus) ki-wahſt (pubertas) vrumi-wahſt (primitiae) vgl. owahſt (ſtirps, gl. hr. 952ᵃ) ki-walt (poteſtas) ana-walt (latibulum) wât, wâtî (veſtis) wëralt, worolt (mundus) wiſt (alimentum, ſubſtantia) und viele compoſita wie heim-wiſt, nab-wiſt, ſaman-wiſt etc. wurt (farcimen) wurt (fatum) ki-wurt (dignitas) zît (tempus) zuht (educatio) ki-zumſt (pactum) [drût (virgo, femina: in compoſitis) heiſt (vehementia, nur zu ſchließen aus dem adj. heiſtic miſc. 1, 37) in-huet (ſenſus, conſcientia) raſtŸ gen. pl. reſtô O. I. 28, 36. dat. reſtim V. 4, 58 (requies) tunc (hypogeum) furub (ruga)].

Anmerkungen: 1) der gen. pl. nimmt bei den ſpäteren ſchon -ô ſtatt *eo, jo* an. — 2) im dat. pl. zuweilen *-um, un, on* ſtatt *-im, in*, namentlich in hantum K. 25ᵃ 45ᵇ hanton O. I. 20, 33. II. 3, 35. III. 10, 68. (bei dieſem worte vielleicht nachwirkung des alten -u, vgl. goth. dritte decl.) mngadon O. I. 6, 14 etc. — 3) im dat. ſg. Miſc. 2, 290. auſt ſtatt enſt. — 4) unvollſtändig belegte wörter gehören unſicher dieſer oder der vierten männl. und verſchiedene ſchwanken wirklich, was erſt im dritten buch bei der lehre vom geſchlecht näher erörtert werden kann.

Starkes neutrum. erſte declination.

beiſpiel:	wort	pl. wort
	wort-es	wort-ô
	wort-a	wort-um
	wort	wort
	wort-û	

621 die caſus denen der erſten männl. in allem gleich, außer daß nom. und acc. pl. jede endung abgelegt haben, folglich wie im ſg. lauten (daß dieſe früher vorhandene endung -u war, erhellt aus der zweiten decl.) [ſpuren eines älteren nom. pl. auf -a in dem ortsnamen vildira Neug. nr. 25 a. 759.] Gewiſſe wörter (wovon anm. 2.) ſchieben aber im pl. ein bildungs-*ir* ein. — Hierher ſind zu rechnen

1) einfache wörter: chalp (vitulus) char (vas) chint (infans) chorn (granum) chrût (herba) dinc (cauſa) diob (femur) ei (ovum) hâr (crinis) hol (foramen) holz (lignum) horn (cornu) hort (theſaurus) hrad (rota) brint (armentum) hris (virgultum) hros (equus) huon (pullus) hûs (domus) jâr (annus) joh (jugum) âkêg (oblivio) krap (ſepulcrum) upkot (idolum) knot (bonum) lamp (agnus) lant (terra) leit (dolor) lob (foramen) pi-lob (clauſtrum) lop (laus) lôn (praemium) lonp (folium) maz (panis) muos (cibus) muot (animus) nôg (jumentum) pant (vinculum) parn (infans) prin (os) plat (ſolium) plêh (lamina) pli, pliwes (plumbum) porſt (ſeta) prêt (aſſer) prôt (panis) prôz (groſſus, groſſulus) phant (pignus) ſank (cantus) ſcâf (ovis) ſeif (navis) ſeil (laqueus) fêr (dolor) piſêz (obſeſſio) ſpêr (haſta) ſpor (veſtigium) ſuërt (enſis) ſuin (ſus) tal (vallis) teil (pars) tior (fera) tuom (judicium) valis (crinis)

vaz (vas) vêrs (verſus) vleiſc (caro) wahs (ceru) wûr (veritas) wiht (res, ſpiritus) wîc (bellum) wîp (femina) zuic (ramus) [chês (mons glaciei) chlëp (rupes) garn (filum lini) gor (fimus) houc (collis) lîd (ũcern) nord (aquilo N. 88, 13) pëh (infernus) im-bot (mandatum) riod (carex) ſêh (voucr) lol (? wirzb. und hamelb. grenzurk.) ſou (ſuccus ,N. Boeth. 167) icërn (ſcurrilitas K.) ſuh (moenia ker. 195) var (fretum O. III. 8, 16) vël (pellis) volh (cohors, gens) wërd (pretium N. 48, 9) f. nachtr.]

2) bildungen -al, -il: ſedul (ſedile) zuival (dubium) bregil (veſtis) etc.
3) bildungen -am, um: kadum (camera).
4) bildungen -an, in, ara: kaman (gaudium) wâfan (arma) wolchan (nubes) zeihhan (ſignum) mekin (vis) pecchin (pelvis) ifarn (ferrum).
5) bildungen -ar, ir, r: ahar (ſpica) altar (ſenectus) chuphar (cuprum) chortar (grex) hunkar (fames) ſilapar (argentum) wazar (aqua) viur (ignis) [ziter (plectrum N. Cap. 109)] etc.
6) bildungen -it, t: houpit (caput) lioht (lux).
7) bildungen -az: opaz (pomum).
8) bildungen -ôſt: dionôſt (ſervitium).
9) bildungen -ah: vërah (anima) wërah (opus).
10) bildungen -ec: honëc (mel).
11) bildungen -o, u: hrëo, hrëwes (cadaver) mëlo, mëlewes (far) chnëo, chnëwes (genu) horo, horewes (lutum) lëo, lëwes (malum) [bei O. lê IV. 6, 94 und ebenſo wû (malum) wëwes, vgl. zu fem. I, 2.] ſpriu, ſpriwes, ſpriuwes (palea) trëo, trëwes (arbor) ſaro, ſuerewes (inſidiae) [ſmëro, ſmërewes (unguentum)].
12) comp. mit ki-: ki-ſcrip, ki-heiz, ki-mah etc.

Anmerkungen: 1) ſchwanken zwiſchen maſc. und neutr. iſt begreiflich; näheres in der lehre vom genus. 2) die merkwürdige anſchiebung der ſilbe -ir (niemahls -ar; ſpäterhin aber -er) iſt ein bildungsmittel*) und der decl. weſentlich fremd, daher auch dieſem erweiterten pl. die gewöhnlichen gen. und dat. endungen zutreten: hûſir, hûſir-ô, hûſir-um, hûſir. Practiſch läſſt ſich indeſſen von dem ſing. hûs ein pl. hûſ-ir, hûſ-irô, hûſ-irum, hûſ-ir annehmen. Dieſe pluralform tritt erweislich bei folgenden wörtern ein: charir, cherir (vaſa, vgl. picherir, alvearia, gl. caſſ. 855ᵃ) chalpir. chrûtir. eigir (ova) härir. holir. holzir. huonir. hûſir. hredir (rotae) hrêwir. hrindir. hriſir. apkotir. krepir. lempir. lohhir. pilohhir. loupir. nôzir (pecora) pantir, pentir, plôhhir. pletir. porſtir. prëtir [britir Graff 3, 289]. ſpriuwir, ſprinr. ſuinir. tiorir (ferae) telir (valles) varbir (porculi) welſir (catuli) wihtir (creaturae) [luakir (luakirum ſpecubus Diut. 1, 520ᵃ 530ᵃ) luckir

*) in chalhira drijârigemo, vitulo trimo Diut. 1, 521ᵇ. kelbirisbach ch. a. 1029 MB. 29ᵃ, 24, 64. pleurobabe MB. 28ᵇ, 72 a 887. rindares Diut. 1, 511ᵃ.

II. *alth. subst. starkes neutrum. zweite decl.*

(cubilia Diut. 1, 526ᵃ N. Cap. 19.) reodir (Meichelb. 97, 303.) fnebilazir (gl. fchlettft. 36, 67) diufilir (O. III. 14, 103) treftir (Schm. 1, 500) trebir (fenceiae altd. bll. 1, 351. Graff 5, 481) feldir (Diut. 145) zoagir (farmenta Diut. 1, 279ᵃ)]; zweifelhaft bleiben mir: halßrom (habenis gl. flor. 985ᵃ) welches eher einen fg. hulßra als hals zu haben fcheint; feidir (tendiculae, gl. doc.) juhbir (centuriae, mon. boic. VII. 373. juhhiran l. juhhirun) wahßr (gl. cafl. 854ᵇ wo fülfchlich waheir gedruckt, gloffe des dunkelen wortes uuafa?) fcheint pl. von wahs (cera) — 3) bisweilen wirft fchon der dat. fg. feine endung ab, fo fteht T. 44, 8, 9. hûs fl. hûfe [f. nachtr.].

Starkes neutrum. zweite declination.

beifpiel: chunn-i   pl. chunn-i (-ju, -u)
         chunn-es   chunn-jô (-cô)
         chunn-e   chunn-um
         chunn-i   chunn-i (-ju, -u)
         chunn-ju

das kurze i fcheidet diefe cafus von dem -i der pl. mafc. fem. vierter und dem der fem. zweiter überhaupt; N. hat fchon -e für -i. Im gen. und dat. fg. gilt -es, -e für ein früheres -jes, je (ja) das noch zuweilen vorkommt, z. b. in berjes, herje, perjes, oljes [ufter ruckje Diut. 1, 268ᵇ]; die volle form des inftr. hat T. 138: mit oljñ falbôn (oleo ungere) [T. 178 in ftediu neben 77 bt ftedu, 70 in themu ftedu; herju O. IV. 4, 123. in Barnbehhiu Schaunat tr. fuld. nr. 320. zi iperiu gramm. 3, 146.]. Von diefem -jû fcheide ich dann das -ju, -u nom. und acc. pl., welches fich merkwürdigerweife bei dem einzigen T. obwohl fchwankend erhalten hat. Während nämlich die übrigen quellen chunni, kunni, peri etc. fetzen, hat T. cunnu, beru, [gufu; Diut. 1, 513ᵃ nezza zuei? l. nezzu] zuweilen auch: nezzju (retia) gifcuohju (calceamenta) giwâtju (veftimenta) [tr. fuld. 1, 95 betiu (lecton) Diut. 1, 492ᵇ ftanefazziliu, 495ᵃ effiliu (poma) Hanpt 3, 464ᵇ kenefiidin. gl. trev. 52ᵇ 53ᵇ nuofcheljn (bullae) ehelennelju (catenulae) vingerju (annuli) kucheljn (frixillae) vgl. unten p. 631] etc. Diefes -ju -u ift zwar die ältere form, allein unfolgerichtig, da fich in der erften decl. bei T. niemahls wortu, kindu, meginu, fondern wort, kind, megin findet. Neben dem -ju, -u liefert, wenigftens die f. galler hf. T. auch die pl. cunni, giwâti, urcundi etc. — Vom dat. pl. gilt das bei der zweiten männl. decl. bemerkte, die regel heifcht -um, un und die ältern quellen haben es auch: endum J. 394. pettum K. 48ᵃ; auch O. III. 14, 147. gowon, T. hingegen 19, 3. uezzin, 107. wizin, [125. berin, vgl. ftukinn cillahan ker. 73. uparâzilim Diut. 1, 524ᵃ] etc. — In diefe decl. fallen:

1) bildungen mit bloßem -i: arpi (hereditas) aupahti (mini-

ſterium) chetti (? ſepulcrum) chruci (crux) chunni (genus) churni (frumentum) enti (finis) heri (exercitus) hirni (cerebrum) iunpi (progenies) kewi (pagus) kulfi (inundatio) aplâzi (remiſſio) elilendi (exſilium) pilipi (panis) antlutti (facies) mâri (faina) [f. nachtr.] mutti (modius) nezzi (rete) oli (oleum) peri (bacca) petti (lectus) piladi (imago) âpulki (ira) wola-quêti (falutatio) rihhi (regnum) rippi (coſta) ruomi (ambitio) ſêltſâni (miraculum) wabar-ſiuni (ſpectaculum, ſo iſt T. 210, 3. zu leſen) ſtuppi (pulvis) urteili (judicium) tenni (area) vlezzi (atrium) weppi (tela) waſtweldi (ſolitudo) wizi (tormentum) antwurti (reſponſum) az-zâſi (ſupellex) [andi (frons, frontis) chliwe (N. Boeth. 176) chutti (grex T. 53) houwi (foenum) ana-liute (vultus N.) frô-lutti (N. Cap. 11) menui (monile) pilli (ſecuris, bild. der inſtr. pilljô) quiti (dictum) ana-ruaſti (O. III. 10, 4) ana-ſiune (facies) uber-ſloufe (N. Cap. 102) ana-ſloufe (N. Cap. 101) ſtedi (littus) ſtucchi (fruſtum) tilli (anctum T. 141) ſenni (palus) wenti (wic enti, weſſobr.) weri (arma gl. monſ. 338. 393) wetti (pignus monſ. 360) wihti (O. II. 16, 34. III. 9, 10 aber pl. wihtir IV. 6, 46)]

2) bildungen mit -il, ir: kipili (frons) innôdili (inteſtina) hôhſetli (thronus) ſteinili (calculus) vingiri (annulus) eimperi (urnula) etc.

3) bildungen mit -ink: heiminki (patria)

4) mit -unt: mammunti (lenitas) arunti (nuntius)

5) mit -ôt: hêrôti (dignitas) einôti (ſolitudo)

6) mit -iſe: hiwiſki (familia) kumiſki (genus hum.)

7) mit -niſſ: ſuoznifli (dulcedo) etc.

8) viele mit der vorſilbe ki: kiwâti (veſtitus) kiwikki (bivium) kidikini (famulitium) kiſtirni (militia) kizimpari (aedificium) etc.

[9) fremdw. daz gramatichi (grammatica) gen. gramatichis N. Cap. 113. Ariſt. 108. dat. gramatiche N. Ariſt. 67. 133.]

Anmerkungen: 1) bedenklich iſt die decl. der unter 2. angeführten bildungen -ili, iri, wovon hernach in der ſiebenten anomalie. — 2) ſchwanken zwiſchen dieſer und der zweiten weibl. decl. begreift ſich; bei O. âbulgi neutral, bei K. âpulki weiblich (mehr hiervon in der abhandl. des genus). — 3) wie bei der vorigen decl. ſcheint der pl. auch hier zuweilen -ir nachzuſchieben, vgl. keſildir (campi) N. 95, 13. vom ſg. kofilde; geteleren (convallibus) miſc. 1, 39. vom ſg. getele.

Starkes neutrum. dritte declination.

enthält bloß rihu (pecus) witu (lignum) welche wie ſunu declinieren, außer daß der nom. und acc. pl. (wenn ein pl. vorkommt) dem nom. acc. ſg. gleich ſeyn würde. [diniu veho, animalia tua N. 67, 11. ir feho, jumenta eorum N. 77, 48. 106, 38. aber fihiu jumenta Diut. 1, 499ᵃ.]

Schwaches masculinum. erste declination.

beispiel: han-o   han-un (on)
           han-in   han-ôuð
           han-in   han-òm
           han-un (ou) han-un (on)

die langen ô im gen. und dat. pl. gründen fich theils auf N., theils auf difcoom, willoom K. 25ᵃ [kipuroom (contribulibus) Diut. 1, 508ᵇ. waloom Zeuß tr. wizeub. p. 80]; nach dem goth. hanam hätte ich eher hanom unterfchieden von zunkôm (tuggôm) und hanonô (hanané) angefetzt. [Gen. pl. neßo (nepotum) N. Cap. 7. 83. der vorderôno Diut. 3, 83 : näme; noch Maria 54 heiligôn (fanctorum): lôn.] Statt -in des gen. dat. fg. haben die fpäteren -en. Im acc. fg. [brunnan : man Samarit.] nom. und acc. pl. fcheint u alter als o; im nom. fg. nie u für o. N. behält dies o des nom. fg. und die ô gen. dat. pl., vertaufcht aber das in u fchwankende o überall mit e (er decliniert folglich: hano, hanen, hanen, hauen : hanen, hanôn, hanôn, hanen). —

1) einfache wörter: ano (avus) anto (iracundia) anko (cardo) aro (aquila) afco (thymallus) chappo (gallus) chempho (pugil) cherno (granum) chimo (germen) chlinko (torrens) chlopo (decipula) chnapo (puer) cholo (carbo) cholpo (fuftis) choccho (navis) chrampho (fpafmus) chrapho (uncus) chreito (calathus) chrêllo (thymallus) chuocho (panis tortus) difco (difcipulus) draccho (draco) drêno (fucus) dûmo (pollex) encho (rufticus) erpo (heres) heit-hufto (facerdos) baccho (uncinus) [f. nachtr.] joh-halmo (lorum) ô-halto (pontifex) lih-hamo (corpus) hano (gallus) fora-haro (praeco) hafo (lepus) hcimo (grillus) fculdheizo (exactor) hêrro (dominus) hêrdo (vellus N. 71, 6.) hinfo (tribulus) hloufo (curfor) hnacco (occiput) wituhopho (upupa) hraltho (fublingnium) breinno (admißarius) hûfo (cumulus) hûfo (echinus) huofto (tuffis) huêrpo (vortex) kalko (patibulum) kanzo (anetus) karto (hortus) lêdarkarwo (coriarius) win-kêpo (caupo) kiofo (fretum maris) kinko (O. gingo, fpes, defiderium) kiumo (koumo, palatum) kneifto (fcintilla) komo homo) fifi-komo (pelicanus) krûvo (comes) krapo (vallum) kriupo (gremium) lappo (palmula) lêddo (argilla) lodo (lodix) mado (tarmes) mâgo (papaver) mako (ftomachus) manko (machina) mâno (luna) [f. nachtr.] mêzzo (lapicida) naccho (navis) namo (gen. namin und nemin; nomen) nardo (nardus) narro (ftultus) nêvo (nepos) nioro (ren) niumo (modulatio) ohfo (bos) ordo (ordo) paccho (mandibula) palcho (trabs) pano (mors) pafto (altile T. 125.) prôt-peccho (panificus) eli-benzo (O. III. 18, 28. alienigena) pêro (urfus) phapho (ecclefiafticus) phâwo (pavo) phofo (marfupium) piko (acervus) piuko (finus) pizo (buccella) wolfpizo (lycifcus) phuomo (flos) poko (arcus) porto (cingulum) poto (nuntius) prâmo (vepris) prâto

II. alth. subst. schwaches mascul. erste decl. 539

(caro) prēmo (oeſtrus) pruoko (terror) pruuno (fons) puzo (navis) cbnie-rado (poples) reccho (mitellum) rifo (pruina) alt-rifo (filicernius) riumo (ligumentum) rudo (moloffus) ôr-rûno (ſuſurro) forn-fako (propheta) ĉ-fako (juridicus) lämo (femen) fcado (damnum) ſcahho (lingua maris) troum-fccido (interpres fomnii) fcelo (adminiſtarius) teepho (creator) ſuĉlmo (peltis) fcincho (tibia) fcēllo (rupes) fcirno (tourra) fcollo (gleba) hewi-fcreecho (locuſta) fcuzo (ſagittarius) luki-fcripo (pfeudographus) frito (laqueus, chorda) filo (funis) man-flecco (homicida) plinti-flihho (coeculus) flito (traha) ſuĉcco (limax) ſuĉpho (perdix) fparo (paſſer) fparro (tignum) fpizo (ſorex) fporo (calcar) fprĉhho (locutor) hewi-ſtapho (locuſta) ſtēbho (palus) ſtĉrno (ſtella) ſtiuro (gubernator) fuono-tako (dies judicii) tiuto (mamma) toſto (origanum) toto (patrinus) trado (fimbria) trĉko (dolor) trincho (potator) tropho (ſtilla) trûbo (uva) tuomo (judex) vāho (captator) valcho (falco) vano (vexillum) hant-vano (mautile) reine-vano (tauacetum) vuoz-vendo (pedifequus) vincho (fringilla) vlado (placenta) vlĉccho (macula) vloccho (lanugo) ort-vrumo (auctor) volo (puledrus) wapo (favus) waſo (cefpes) ĉwarto (pontifex) wildi-wahſo (nervus colli) wĉwo (malum) wcifo (papillus) willo (voluntas) wlo (milvius) wolo, wĉlo (deliciae) kote-wuoto (tyrannus) zapho (duciculam) zincho (albugo) beri-zoho (dux) maka-zoho (paedagogus) zuivo (dubium) [ancho (butyrum) chaſto (area) chnodo (knôchel N. Cap. 78) chozzo (camifile fubtile ac grande feu chozzonem Neug. 667 a. 908) chrezzo (calathus, corbis) dilo (pluteus, brettwerk) ubardono (fudarium) druho (ciſta) durdo (avena Diut. 2, 329ᵇ) ello (aemulus Diut. 1, 521ᵇ) ĉzzo (edax ker. 106) hôdo (teſticulus, haodun pubes Diut. 1, 269ᶜ) hopho (humulus, gen. hophin MII. 22, 133) kleimo (nitela gl. doc. 216ᵃ) in-goumen (lares N. Cap. 142) grifo (vogel greif) leimo (lutum T. 132) mana-lihho (imago) loupfo (curfor N. Ar. 105) parno (praefepe Haupt 3, 462. 463) munt-poro (defenfor) pricko (fletus) fcĉf-procho (naufragus ker. 107) bungo (bulbus bonn. 20) phaurro (Haupt 5, 83) rono (truncus N. Boeth.) falmo (pifcis) fcaro (difpenfator ker. 19) fcĉro (talpa) fkezko (N. Cap. 52) fcimo (fplendor O. II. 12, 185) fcôzo (gremium N. Cap. 86) feranno (fcamnum O. II. 11, 33) fenno (opilio) flindo (gluto ker. 106) flubbo (idem ibid.) fmoccho (interula) fpizzo (hinnulus) ſtiuro (nauta) ſuuarpo (gurges ker. 142) fuĉlco (ker. 106) toldo (coma Diut. 2, 312ᵃ) torfo (thyrfus) trĉno (fucus) tutto (uber N. Cap. 29) wifo (dux) zinco (quinio N. Cap. 91) zougo (palmes N. 79, 12)]..

2) bildungen mit -al, ú: napalo (umbilicus) neſtilo (vitta) cbinnipablo (maxilla) tumphilo (gurges) [ringilo (caltha) lant-fidilo (colonus) Taffilo (mons Taffilimperc Simacher 2, 145) widillo (hermaphroditus Graff 1, 653)].

3) mit *-am, ni:* wahſamo (fructus) phraſamo (uſura) roſamo (rubor) pêſamo, pêſmô (ſcopa) deiſmo (fermentum) chuhmo (cucabus) phêdemo (pepo) haramo (migale) kliꞅamo (nitor).
[3ᵃ) mit *-an:* Hugano.]
4) mit *-ir, r:* vetiro (patruelis) heigero (ardea) chêvero (brucus) zantru (calendus) habero (avena) totoro (vitellius) choloro (cholera) [eltiro (parens, eldiron parentes T. 12, 1) ſordaro (ſordronem l. ripuar. 33, 4)] etc. hierher auch die comp. jungôro (diſcipulus) heriro (dominus).
5) mit *-id, ôd:* holôdo (foramen) juhhôdo (prurigo) prunnido (odor) fuêrido, ſuêrdo (dolor) Hêhhido (pleureſs).
[5ᵇ) mit *-at, et:* hrachato? (ad Hrachatôm cod. fuld. 160) lepeto (naevus).]
6) andere ableitungen: ekiſo (horror) elabo (alce) vêlaho (conditor) charopho (cyprinus) mennilko (homo).
7) compoſ. mit *ki-:* kaltro (coaevus) kilanto (indigena) kifello (focius) kibleipo (conſervus) kiſippo (cognatus) kituolo (haereticus) kivatero (patrinus) etc.
[8) fremdw. apoſtolo (apoſtolôno fragm. 36, 4).]

Schwaches maſculinum. zweite declination.

beiſpiel: will-jo   pl. will-jun
              will-jen   will-jônô
              will-jen   will-jôm
              will-jun   will-jun

kommt nur in den älteſten denkmählern und neben: -eo, -eon, eônô, eôm vor; bald fällt dies i und e ganz aus und die wörter ſchlagen ſich zur erſten decl. will-o, will-in etc. Beiſpiele ſind: arpeo (heres) êvangeljo. hreecheo (exſul) einhurnjo (unicornus) murdreo (homicida) inoupurjo (incola) ſlapheo (pallus) verjo (remex) willeo (voluntas) [erjo (arator Diut. 1, 506ᵇ) liljo (lilium N. 47, 10) marceo (martius ker. 203) ka-marchjo (collimitaneus gl. monſ. 404) purgeun (vades Diut. 1, 277ᵇ) rotheo (moloſſus, rüde ker. 193) ſcaphjo (creator cat. theot.) ſcirmeo (defenſor ker. 46. 287) ſibteo (ſautor Diut. 1, 119) thagebio (architectus ker. 19) fendeo (phalanx gl. brab. 963ᵃ fendeônô peditum Diut. 1, 527ᵇ) waltjo (valtator hymn. 1, 3)] die part. nerendeo (ſalvator) waldendeo (imperans) [ruchenteo (narrator Diut. 1, 119)] etc.

Schwaches femininum. erſte declination.

beiſpiel: zunk-a   pl. zunk-ûn
              zunk-ûn   zunk-ônô
              zunk-ûn   zunk-ôm
              zunk-ûn   zunk-ûn

das ô im gen. dat. pl. iſt hier nicht zu bezweifeln und gleich dem û aus N. erweiſlich; das û folgt auch aus dem völlig analogen fchwachen adj. cotchundunn K. 40ᵃ [kēha pezziſtuuu K. 40ᵃ. f. nachtr.]. An die ſtelle des durchgreifenden goth. ō iſt alſo hier theils ů, theils ů getreten und im nom. ſg. ſogar kurzes a [doch f. nachtr. O. hat im nom. acc. pl. gewöhnlich uu (wurzelm I. 8, 27. zua dunichim III. 14, 95. zua queuun Hartm. 41) aber zuweilen on (zua dübono gimachon I. 14, 23); der gen. pl. bei O. lautet ono (vgl. noch bimentône : ſcône Diut. 3, 67) der dat. pl. ou].

1) einfache wörter: alpa (mons) amma (nutrix) ana (avia) afca (cinis) chieva (branchia) chruſta (cruſta) dāha (teſta) dola (cloaca) halpa (latus) harra (ſaccus) hērra (domina) hinta (cerva) hofa (femorale) hutta (tugurium) huorra (adultera) kāha (feſtinatio) kallo (fel) kouma (cura) linta (tilia) linta (fuſcia) loupa (umbraculum) luccha (foramen) lūta (vox) māla (cicatrix) minza (menta) morna (moeſtitia) mucca (culex) muoma (amita) nālda (acus) uuſca (fibula) paſa (amita) bila (tremor K. 48ᵃ) piuta (fuſcia) pluoma (flos) proſa (proſa) phanna (frixorium) phīfa (pipa) phlanza (planta) quēna (uxor) rēpa (vitis) rinna (canalis) riuta (cortex) rorra (calamus) runza (ruga) ſalpa (unguentum) ſecida (vagina) ſcēlta (jurgium) ſehna (mauiſeſtatio) ſcipa (globus) fēha (viſus) ſmērza (dolor) ſnita (buccella) ſnuda (deriſio) ſpinna (aranea) ſprata (linea) ſteinna (olla)ſtunta (hora) ſunna (ſol) taſca (pera) tincta (atramentum) tota (commater) tila (uber, gl. monſ. 322. gr. θηλή) trumpa (tuba) tůba (columba) vaſca (fomentum) vaſta (jejunium) vēſa (ptiſana) vīga (ficus) vliuga (muſca) voha (vulpec f.) vreiſa (periculum) vrouwa (femina) waka (cunae) wanua (vannus) wēbba (hebd.) wēſſa (veſpa) winta (trochlea) wiſa (modus) zāta (lanugo) zēha (dig. pedis) zeiuna (porta) zika (hoedus) zila (linea) zuhha (ruga) zunka (lingua) [chēla (guttur) chērza (N. Cap. 169) chiulla (pera) chliha (lappa) chliuga (torrens N. 35, 9) gedinga (conditio N.) drozza (guttur) harta (rigor N. Cap. 32) ida (vena N. Cap. 6. 12) garawa (n. plautae) gazza (platea) lieza (fortilega N. Cap. 55) in linun (accubitu Diut. 1, 525ᵇ) varmana (contemptus gl. jun. 197) miza (liuen) pleiza (livor Diut. 1, 491ᵇ) puohha (fagus bamelb. grenzurk.) reita (currus) rīga (linea N. Ar. 61) rīha (torrens gl. Lipſ.) rinka (lucta N. 42, 2) ruocha (cura N. 39, 18) rūta (ruta) ſaga (N. Ariſt. 163) foreſaga (N. Ar. 179) ſahba (res Schilt. 2, 239) ſcala (N. Cap. 150) ſcranna (ſcamnum) ſculpa (gleba Graff 6, 480) ſcifa (ſapo) ſnora (nurus N. Cap. 151. 13) ſola (hymn. 13, 3) ſpizza (vallum) traka (gerula) trata (conculcatio gl. monſ. 333) drāda (fimbria O. III. 14, 19. 45) tuolla (vallicula gl. monſ. 322) faſta (jejunium Haupt 3, 466ᵃ) vēhta (pugna N. 30, 8) vlaſca. waba (favus N. 117, 12) wahha (vigilia N. Boeth. 101) wēlla (unda) witta (vinculum N. Cap. 12)]. — Man bemerkt leicht, daß fem. in denen an, rr, ſc vorkommt,

meiftens fchwach declinieren, vgl. phanna, wanna, fpinna, rinna, fteinna, zeinna, funna, (ausg. minna, wunna) barra, bërra, rorra (vgl. die fchwachen mafc. bërro, narro, fparro) afca, tafca, vafca, nufca etc.

2) bildungen mit -*al*, -*il*: fëmmala (fimilago) fnëgala (calamus) fnuobila (catenula) bufila (gena) liuzila (parvitas) niphtila (neptis) fcuzila (patera) keifila (flagellum) purkila (caftellum) filtbila (falx) etc.

3) mit -*an*, *in*: vërfana (calx) miftina (ftcrquilinium)

4) mit -*ar*, *ir*: avara (imago) natara (anguis) lankara (deambulatio) platara (vefica) falpara (unguentaria) fcultira (humerus) zimpira (aedificatio) ritera (cribrum)

5) mit -*arr*, *irr*: chumbarra, chumbirra (tribus) chilpurra (agna) zâturra (meretrix gl. Jun. 225.) zimpirra (aedificatio)

6) mit -*ahh*, -*ihh*: fuarahha (tendicula) lërahha (alauda) menihha (armilla) chirihha (ecclefia) merihha (equa) volihha (puledra) tunihha (tunica)

7) mit -*aw*: fualawa (hirundo) witawa (vidua) zêfawa (dextra) [huliwa (uligo, fordes)]

8) mit -*orn*: diorna (virgo)

9) mit -*ent*: olpenta (camelus) fcephenta (parca)

[9*) mit -*ifc*, *ifo*: heidefca (paganifmus N.) diutifca (germanifmus? N.)]

10) comp. mit *ki*-: ki-vatera (commater) ki-mâla (fponfa)

11) fremde wörter, als: antiphôna, alamuofa (gl. wircrb. 978*b*) [kheminata (ker. 266) chriftalla, lëoparta (tigris monf. 405) turtura (Haupt 3, 464*b*)]

Anmerkung: einzelne wörter fchwanken zwifchen diefer und der erften ftarken decl. [namentlich ërda, gewöhnlich ftark, zuweilen fchwach bei O. T. nur ftark bei J. K. N.], erklärlich, da in beiden nom. fg. gen. dat. pl. übereintreffen.

Schwaches femininum zweite declination.

beifpiel: red-ja   pl. red-jôn
           red-jûn   red-jônô
           red-jûn   red-jôm
           red-jûn   red-jûn

nur in wenigen wörtern der älteften denkmähler, als câlizja (caliga) lecija (leczja, lectio) winja (amica) chripia (Haupt 3, 462*a*) kevia (cavea Diut. 2, 312*b*) hulia (cloaca Diut. 1, 517*b*) lantkenkja (Diut. 1, 268*b*) fkeitelia (N. Cap. 21) wirdria (dilatura l. sal.) zubtaria (altrix Diut. 1, 141)] redja (ratio), welches aber zuweilen ftark decliniert. Das vorhin bemerkte *nn*, *rr* entfpringt manchmahl durch ausftoß diefes *i*, fteinna aus fteinja, rorra aus rôrja [ebenfo ll in tuolla, tt iu witta].

Schwaches femininum. dritte declination.

beifpiel:
	sg.	pl.
	manek-în	manek-în
	manek-în	manek-înô
	manek-în	manek-îm (?)
	manek-în	manek-în

die ganze auſtellung hat bedenken wegen des zwiefpalts der hierher bezüglichen wörter mit der zweiten und vierten ſtarken decl. Nämlich 1) die von adj. abgeleiteten ſubſt. angehend, fo ſtimmte der zur zweiten geſchlagene nom. manaki, fiohhi völlig mit dem goth. managei, fiukei, wenn fich dazu der gen. managkin (manageins) weiſen ließe; es erſcheint aber das unwandelbare manaki. Andere analoge bildungen haben inzwiſchen unleugbar -în und nicht allein im gen. dat. acc. ſondern auch unorganiſch im nom. ſg. vgl. guotlîhhîn (gloria) J. 369. guotlîhhîn (gloriam) J. 353.355.386. gotlîhhîn (divinitati) J.367.*) urchundîn (auctoritate) J.340.361. ôdhîn (vaſtitas) J.381. fcuouîn (decore) J.383. huldîn (gratiae) J. 385. grimmîn (pervicaciam) J. 394. antwerdîn (conſpectu) J. 397. armherzîn (pietate) J. 403. weshalb 365. maneghîu (pluralitas) in maueghîn zu ändern iſt. [Fragm. Matth. 9, 2. 23, 23 galaupîn (fidem) 13, 5 tiufîn (altitudinem) 20, 28. 26, 28 âlôsnîn (redemptionem) 20, 31 thiu managîn (turba) 24, 30 almahtigîn (majeſtate) 25, 14 in chilentîn faranti. fragm. 33, 12 antreitîn (ordine) 35, 29 az antwurtîn (praeſentia) 31, 7 gotlîhhîu (gloria) 36, 22 fpâtîn (tarditas) 17 feſtîn (firmitate).] Die gl. jun. gewähren: 195. monflîn (arrogantia) 221. flechilîn (praecipitium) 672 258. keilîn (ſuperbia) 253. chaltîn (torpor) 251. unreinîn (immunditiea) 238. rûmîn (amplitudo) 254. kinuhtſamîn (ubertas) 239. fîchîn (1. fiochîn, morbus) 244. ſniumîn (pernicitas) 249. ſtrengîn (robur) 250. waſſîn (ſagacitas) 260. krimmîn (furore) 259. waſſîn (ſagacitate) 260. wôtagîn (furore); gl. herrad. 188ᵃ ſerpfîn (feritas) 191ᵇ ſterchîn 194ᵇ kergîn (aſtus). Bei K. 42ᵇ it-niwîn (renovatione). Späterhin wurde bei dieſen wörtern mit weggeworfnem n die zweite decl. üblich, doch, wie es ſcheint, das lange î behalten. — 2) von den movierten femininis (dem goth. aíþei, gáitei, þramltei, quinei entſprechend) gilt daſſelbe; nur dauern fie länger, da noch O. I.16, 5. foraſagîn (propheciſſa) T. 142. henîn (gallina, gl. caſſ. 854. hanîn) 97. zikîn (hoedum) 116. eſilîn (aſina) 57, 5. cuningîn (regina); gl. caſſ. 854. phûîn (pavo fem.) gl. monſ. 414. tâmîn (damula) gewähren. Hierher rechne man auch die lebloſen: burdîn (onus) T. 67, 9. 109. O. III. 24, 131. burdîn (oneris) O. IV. 25, 24. acc. IV. 5, 16, 24. V. 4, 31. pl. T. 141. putîn (dolium) gl. caſſ. 854ᵇ lentîn (humeri) T. 13, 11. 150. lendînô (lumborum) J. 404.; die monſ. gl. 334. 351. ſetzen purdî (onus) im

---

*) Die adj. cotlîh (divinus) and cuotlîh (gloriofus) find durchaus zweierlei; im weſſobr. denkmahl daher côtlîhhê geiſtâ: ſpiritus excellentes und nicht: divini.

dat. pl. purdinon (vgl. unten fiebente anomalie) hingegen 357. portin (ligatura). — 3) die aus fchwachen verbis entfpringenden ruhin (rugitus) lewin (? luhin, lujin, rugitus) mendin (gaudium) gl. jun. 249. 253. chilaubin (fide) J. 357. 405. aláfnin (redemtionem) J. 385. dauftin (baptifmatis) J. 388. urfuohnin (examine) gl. jun. 257. fcheinen anfänglich nach vierter ftarker: mendin, gen. mendini, dat. mendini, acc. mendin gehabt zu haben. Übergänge veranlaßte fchon im goth. der gleichlautende acc. fg. beider decl.

Schwaches neutrum.

beifpiel: hërz-a   pl. hërz-ûn
           hërz-in   hërz-ônô
           hërz-in   hërz-ôm
           hërz-a   hërz-ûn

befallt nur die drei wörter hërza (cor) ouga (oculus) ôra (auris) [auch wauka (gena). ougatora (feueftra)? tunna (f. 3, 402)? urfa? (denn diu urfun nocent Mones anz. 1838, 609) den pl. biun (mancipia) (Graff 4, 1067). Zuweilen kommen diefe wörter weiblich vor, O. II. 9, 23. [II. 4, 44.] hërzâ gidigano (f. angelf. und altfrief. fchw. fem.) K. 17ª fogar hërzâ iwerju (corda veftra) und 27ᵇ augâ (oculi) ohne adj. fo daß alfo auch der neutr. fchwachen form ausnahmsweife gleichheit des nom. pl. und fg. zugeftanden haben mag. — T. 21, 2. lieft die f. gall. hf. richtig wazzar n. wazzarun.

Anomalien der alth. fubftantive.

1) fatar, pruodar, muotar, fuéftar, tohtar pflegen im fing. unverändert zu bleiben, alfo im gen. pruader K. 21ª fater O. IV. 33, 32. 51. T. 165, 3. 232, 3. 242, 2. Ausnahmsweife fateres (patris) K. 16ᵇ 49ᵇ. [Dat. fatere hymn. I. 1, 4. III. 8, 3. XXIV. 16, 3. Acc. fater hymn. XXVI, 1, 3. 5, 3. fateran II. 6, 3. III. 3, 2]. Im pl. lauten nom. und acc. ebenfalls denen des fg. gleich: bruoder T. 78. 239, 4. fuäfter O. IV. 29, 114. V. 23, 250. T. 78 [f. nachtr.], doch findet daneben faterâ T. 82. 87. pruadrâ K. 17ᵇ und tohterâ (filiae) N. 44, 13. [tohterun N. Cap. 43.] ftatt. Der gen. und dat. pl. muß vaterô, muoterô [bruodero N. Cap. 32. 40. hymn. VII. 3, 1. 4, 3. XXVI. 6, 2], vaterum, muoterum etc. lauten.

2) man macht den gen. bald mannes O. V. 24, 11. bald man V. 21, 22; den acc. mannan J. 349. K. 24ª oder man O. I. 22, 81; den dat. manne; nom. acc. pl. man O. IV. 5, 60. T. 141; gen. mannô, dat. mannum.

3) naht und puruc haben im gen. dat. fg. neben nahti, puruki zuweilen unveränderlich burg O. I. 14, 37. T. 21, 11. O. I. 12, 37. naht (noctis) hymn. noct. 11. [in ftillidu naht brah.

II. alth. subst. anomalien. 545

967ᵇ in tempeſtate noctis; adv. gen. nahtes. Plur. f. nachtr. dat. nahtum Graff 2, 1020 (später nahtim.] Ähnlich *itis* O. 1. 5, 12. ſt. itrîî (feminae).

4) das goth. bôka, bôkôs (liber) würde analog heißen puohba, pl. puohbô; allein K. und O. die diefes wort zwar weiblich gebrauchen, haben den pl. *puah*, buah, alfo in neutraler form. Der gen. fg. lautet buachi O. ad Sal. 9. ad Lud. 181. Bei T. 240, 2. ſteht der pl. fem. buoh, 18, 1. aber der acc. fg. maſc. then buob (librum) fo wie K. 30ᵇ 31ᵃ der dat. puache, N. 105, 23. aba dînemo puocho. Mithin fchwanken form und genus. Der gen. dat. pl. hôbbô, buohhum bei J. entſcheidet nichts über die andern cafus.

5) dem goth. þiuda, þiudôs gemäß gehet das fem. *dhēoda*, gen. dhēodâ, dat. dhēodu, dat. pl. dhēodôm bei J., fo wie *thiota*, thiotâ, pl. thiotâ, gen. thiotônô, dat. thiotôn bei T. Daneben braucht aber auch J. den nom. pl. dhēodûn (gentes) fchwach und T. 124. den fchwachen dat. fg. thiotûn. [fr. th. II, 13 deotûn (gentes) II, 8 dēotônô (gentium) dēotôm (gentibus)].
— Neutrum ift *thiot* thiotes, thiote bei O., gen. pl. thiotô, ja der acc. fg. ſtehet fogar männlich I. 2, 28. 15, 72. V. 6, 28. Auch T. hat 145. thiot (ſt. thiota) widar thiotû und 128. thiotô (gentium ſt. thiotônô): 69, 3. thintogo bei Palthen ift fehler f. thiotâ, wie cod. f. gall. lieſt; gl. monſ. und hrab. 965ᵃ haben dēotâ (gentes). — N. endlich läßt *diet* nach der vierten männl. ſtark gehen, gen. diete, pl. diete, gen. dietô. [N. 42, 1 fone unheiligemo diete. 46, 9 ēnen diet. 45, 3. 46, 8. 10 dietin (gentibus).]

[5ᵇ) *liut* f. nachtr.]

6) der anomalie des im pl. neutr. eingefchobenen -*ir* ift f. 621. ⁶³¹ gedacht.

7) nicht unähnlich diefem -ir ſind einſchiebungen der ſilbe -*in*, welchen man vorzüglich bei N. begegnet; ſie ſcheinen der fchweizerifchen mundart gemäß und haben ſich auch in ihr bis auf heute erhalten. ja weiter ausgebreitet (vgl. Stalder dial. p. 209. 210. 212. 213.) Nämlich α) aus adj. gebildete fem. zweiter ſtarker decl. läßt auch N. im fing. unverändert, fügt ihnen aber im pl. *in* zu und decliniert ſie nach der erſten, alſo: heili (falus) heili, beili, beili; pl. heilinâ, beilinôn, heilinôn, beilinâ und gleicherweife: witî (amplitudo) wiolichî (qualitas) breitî (latitudo) finsterî (caligo) hôhî (altitudo) arnahērzî (misericordia) wazzermicheli (abyſſus) liebſamî (affectio) etc. pl. witinâ, wiolichinâ etc. [auch ker. 78 zôquêmi (adventus) pl. zôquemina ker. 252.] Dieſe declinationsform ift ihm ganz geläufig, weder findet ein pl. witî, noch ein fg. witina ſtatt. Da folche wörter im goth. zur dritten ſchw. gehörten, fo wird das n begreiflich und ferner, warum andere, auch im alth. der dritten fchwachen beigezählte ſich in

diese weife verirren. Wenigftens haben die monf. gl. neben
dem nom. purdî (onus) 334. 351. den dat. pl. purdinum, pur-
dinôm 405. gl. jun. 227. [auch falzfutî (falina, falfugo) gen.
fg. falzfutî monf. 337. 397. acc. falzfutî 349. geu. pl. falzfutinô
327.] Muthmaßlich fetzt N. purdi, pl. purdinâ; menigi (ma-
nigî) pl. menigina (weder manigi nach 2 ft., noch manigîn
nach 3 fchw.) — β) die movierten fem. behandelt N. wie-
derum verfchieden, er gibt ihnen im nom. fing. -en oder -in,
im gen. und pl. aber enn mit ftarker decl. als: guten (des)
gen. gutennô, dat. gutennô, plur. gutennâ, gen. gutennôn.
So gehen wirten (conjux) herzogen (ducifla) mânen (luna)
etc., die mifchung der beiden bildungsformen -in und inna
ift bei N. zur decl. form geworden. — γ) neutra auf -î mit
dem begriffe der verkleinerung fchieben im gen. dat. fing.
und pl. ein folches n ein, fo declinicrt: fugeli (avicula) fuge-
lines, fugeline, fugeli; fugelju, fugelinô, fugelinen, fugelju —
eimberi (urnula, vom einfachen eimpar, urna, ficla ft. einpar,
wie zuipar gerula; neuh. eimer, zuber) eimberines, eimberine;
eimberju, eimberinô etc. — becchi (pelvis) becchines etc. —
mageti (puella) magetines etc. Ich bin zweifelhaft, ob nicht
auch bei eingefchaltetem n langes i bleibe? andern wörtern
zweiter fchw. decl. gibt N. durchgängig fchon -e (chunne,
riche, pere, ftubbe; gen. chunnes, riches etc.); nicht unwahr-
fcheinlich aber ift jenen anomalen im nom. und acc. das n
apocopiert, fo daß die eigentliche geftalt fugelîn, eimberîn,
becchîn, magetîn lautete, und fie der erften decl. zugehörten.
Erweislich hat T. 60, 13, 14. den nom. magatin, 97. den acc.
fingirin (annulum) 160, 5. kindilîn (filioli) wie auch O. I.
9, 14. IV. 13, 6. Inzwifchen bekennen außer N. felbft die
älteren ftrengalth. denkmähler den anomalen nom. auf -i mit
dem gen. -ines oder -ines, z. b. hûfili (domicilium) chindili
(filiolus) charili (vafculum) lewinchili (leunculus) gen. lewin-
chilinô (gl. monf. 339. 344.) fingiri (annulus) gl. jun. 195.
Weitere hier nöthige auffchlüße werden fich erft buch III.
in der lehre von den diminutiven ergeben. Die heutige
fchweizerfprache fchiebt das -n, meiner meinung nach un-
organifch, noch andern neutris ein, die keine deminutiva
find, z. b. bêri (bacca) pl. bêrini, netzi (rete) pl. netzini (N.
pere, pl. pere) *).

---

*) Schlüpfrig ift die form des wortes lûge J. 595. luginû (mendacium) luginô
(mendaciorum) mit ungewiß gelaffenem genus; ebenfo N. 24, 5. den acc. lugin
und fonft den gen. pl. luginô, dat. luginen; daneben den nom. mafc. lug (139, 9.)
dat. luge (58, 12.). Den nom. pl. (neutr.) lugju (Stalder p. 213.) beweifto. O.
III. 13, 91. V. 25, 85. und T. 131. gewähren das entfchiedne fem. lugina, dat. pl.
luginôn (alfo gen. pl. luginônô). — [endi (frons) gen. andines? dat. andine J. 394.
dat. pl. andinum J. 407.]

II. altf. subst. starkes masc. erste decl.

Altsächsisches substantivum*).

Starkes masculinum. erste declination.

beispiel: fisc   pl. fisc-ôs
           fisc-as (es)   fisc-ô
           fisc-a (e)   fisc-un (on)
           fisc   fisc-ôs
           fisc-û

as, a im gen. dat. sg. noch zuweilen der cod. cott., gewöhnlich es beide *es, e* [gen. as lu urk. namen: bergashâvid. clanasfeld. reasford. ch. a. 803 bei Möser. — dat. werodæ f. weroda Hel. 102, 12 wie im verbo fidodæ]; *un* im dat. pl. cod. monac., *on* cod. cott. (keiner um, om). Die übrigen casus stehen in beiden fest, namentlich auch der instr., nur bemerke ich im cott. (Temler p. 143.) einmahl den acc. pl. flutilâ (claves) st. flutilôs [gl. argent. wasdôma incrementa], nach alth. weise, während sonst überall der acc. gleich dem nom. endigt [im monac. flutilas Hel. 94, 18 vgl. ballingas (obolos) Diut. 2, 170. suênas (tubulci) gl. launspring. hôcas (pali) Erhard 1, 8. genôtas (consortes) abren. dish. und im indic. superstit. aus derselben hs. dudsisas, nimidas, frias, was schwerlich lat. acc. pl. fem. sind: dagegen beichtf. bei Lacomblet biscupos, prêstros, fillulos]. — Hierher gehören: 1) einfache wörter: bôm (arbor) hord (clypeus) dag (dies) dêl (pars) duom (judicium) drôm (somnium) fisc (piscis) gard (domus) gêst (spiritus) hlôt (sors) hof (hobhôs, aula) holm (insula) hund (canis) kuss (osculum) muth (os) rinc (procer) sind (arena) sidh (iter) scalc (servus) scat (pecunia) slâp (somnus) stên (lapis) stôl (thronus) strôm (fluvius) strîd (lis) thanc (gratiae) thiob (fur) thorn (spina) thurst (sitis) wang (campus) ward (custos) wëg (via) wêr (vir) wih (templum) wôp (ploratus) [solm (munus) solmôs Hel. 152, 9. huëlp (catulus) hôc (palus) bagastald (servus) Hel. 78, 1. mâgôs (parentes) 43, 21. ord (cuspis) ordôs 113, 10. wall (murus) wallôs 113, 12.]. — 2) auf -*al, -il, l*: bodl (villa) diubil (diabolus) engil (angelus) êrl (vir nobilis) fugl (avis) himil (coelum) nagal (naglôs, clavus). — 3) auf -*am, -om, m*: atham (spiritus) baram, barm (sinus) fadm (amplexus) farm (onus) harm (dolor) mêdm (thesaurus) wastm (statura) — 4) auf -*an, în*: hëbban

---

*) Die länge oder kürze der flexionsvocale setze ich muthmaßlich an, so gut sie sich aus der goth. und alth. analogie schließen läßt. Einen wink gibt vielleicht die verschiedenheit beider hss., nämlich die cott. gebraucht o in suno (filius) dagon (diebus) wo die münchn. suno, dagon; dagegen im instr. masc. im dat. st. fem. und im schw. fem. n, kein o, slâpa (somno) quâla (nece) rastan. Folglich sind die u der münchn. hs. offenbar zweierlei, kurz in sunu, dagun; lang in slâpû, quâlû, rastân. Ferner erscheinet in der münchn. häufiger als in der cott. e statt den kurzen a im gen. dat. sg. masc. neutr. und im nom. acc. sg. fem. nicht aber im gen. sg. und nom. pl. fem., zum zeichen, daß hier ein langes â eintritt.

(coelum) fuëbban (fomnium) thēgan (thēguôs, minifter) thiodan (rex) morgan (mane) drohtin (dominus) — 5) -or, er: ēdor (fepes) hamor (malleus) rador (coelum) fingar (digitus) wintar (hiems) hungar (fames) — 6) -ing: cuning (rex) gaduling (cognatus) — 7) -and: wigand (heros) hettcand (perfequntor) ûband (vefper) wâpan-bërand (armiger) — 8) -ôd, id: mētôd (creator) helid (heros) rakud (domus) — 9) -ah, -ug, -ic, alah (templum) bërug (bërgôs, mons) këlic (calix) — 10) -is: felis (rupes) — 11) comp. mit gi: gifith (comes) — 12) auf -ʼo, o: hëo (nix) gen. fnëwes; fëo (mare) fëwes; ëo (lex) gen. ëwes, dat. ëwe, acc. ëo; feado (umbra) gen. feadowes.

Starkes mafculinum. zweite declination.

beifpiel: hird-i   pl. hird-jôs
          hird-ens (-jes)   hird-jô
          hird-es (-je)   hird-jun
          hird-i   hird-jôs
          hird-jû

nur wenige wörter 1) auf bloßes -i: hërdi oder hirdi (cuftos) hugi (mens) maki (gladius) meti (cibus) feli (aula) [dat. felia: in Afningfelia Werdener reg. 246 (in Afningfeli 235) Hoonfelia 246. (Gundingfelia 247] flegi (homicida) wini (amicus) [heti (odinm) gër-heti Hel. 149, 16. hrori (ruina) ovarmôdi (fuperbia) bifprâki (columnia) eigennamen der trad. corb. Pumi Buni Sini (gen. Sinies) Dendi etc.] vermuthlich noch andere, die bei unvollftändigen belegen auch für neutr. zweiter decl. gelten können, z. b. tiri (decus) endi (finis); die comp. mit -feipi, fcëpi fchwanken angenfcheinlich zwifchen mafc. und neutr.; heri (multitudo) und meri (mare) find im altf. weiblich. — 2) auf -âri, eri: altari (altare) foleri (coenuculum) garderi (hortulanus) [döperi (täufer) Hel. 48, 2. driegirios (falfatores) 116, 23. muniterias (monetarii) 114, 15. Stedieraburg? Widukind Pertz 5, 442]. — Zuweilen wird das i ausgeworfen, namentlich in bërdôs.

Starkes mafculinum. dritte declination.

hierher die wörter: [ëru (nuntius) pl. eri 17, 3] fridu (pax) hëru (gladius) lagu (aequor) magu (puer) fidu (mos) funu (filius) wifu (princeps oder wifo fchwach?) die faſt nur im nom. und acc. fg. vorkommen. Doch fimu macht den gen. funjes [Hel. 4, 19. funieus 3, 1. aber funo 171, 17] und einmahl, wo die lesart richtig, den dat. funu (nicht funje) [funie 60, 24. 66, 17. 71, 17. 86, 9. funo 69, 10. 174, 32]. Den pl. von funu gewähren meine bruchftücke nicht, ich vermuthe aber nicht funjôs, fondern funi.

Starkes masculinum. vierte declination.

spuren; liudî (homines) gen. liudjô, dat. liudjun; fôt (pes) pl. fôti, gen. fôtô lt. fôtjô, dat. fôtou lt. fôtjun; fegg (vir) pl. feggi, gen. feggjô; fcild (clypeus) dat. pl. fcildjun; galt (hofpes) dat. pl. gaftjun; thrum (fonitus) dat. pl. thrumeon; vielleicht auch râd (conf.) pl. râdî? Ich finde den pl. trahui (lacrimae) bin aber des geschlechtes ungewifs, der sg. muß truhen, truhau lauten. — Die decl. des sg. fällt mit der erften decl. zufammen, im dat. pl. aber follte man eher *-in* als *-jun* erwarten, wirklich fteht einmal trahuin (lacrimis).

Starkes femininum. erfte declination.

beifpiel: gëb-a   pl. gëb-â
         gëb-â   gëb-ônô
         gëb-ô   gëb-un
         gëb-u   gëb-â

ftatt des kurzen a im nom. acc. fg. zuweilen fchon e. [Gen. pl. giltôrithano Eflener beichte.] — Hierher gehören aha (aqua) bëda (preces) gibada (feramen) buota (emendatio) ërtha (terra) folda (terra) forhta (timor) fruma (utilitas) galla (bilis) gëba (donum) gôma (prandium) halba (latus) halla (aula) hëlpa (auxilium) huila (tempus) kara (querela, luctus) lëra (doctrina) logna (ignis) mëda (merces) pëda (tunica) pîna (cruciatus) quâla (nex) rafta (requies) faka (caufa) fëola (anima) haramfcara (poena) forga (cura) fprâka (fermo) ftrâta (via) ftëmna (vox) wahta (cuftodia) asa wifa (modus); fodann die bildungen *-idha*, *-ina*, als: tiuridha (laudatio) Grina (fcelus) etc. *-ea*, *-ja* haben: minnea (amor) fundea (peccatum) fpunfja (fpongia) wunnea (gaudium) [eggia (acies) hëtbionuffia (puganin) fkëthia (vagina)].

Starkes femininum. zweite declination.

im fing. unveränderlich auf *-i*: bendi (vinculum) dôpi (baptifma) eldi (aetas) [dat. fg. an ira eldiu Hel. 6, 11] gôdi (benignitas) heri (exercitus) huldi (favor) menegi (turba) meri (mare) ôdmuodi (humilitas) meunifki (humanitas) [hiti (morfns) Hel. 149, 4. 20. kinni (maxilla) 98, 18, 24. trâgi (tarditas) Eflener beichte. Wie declinieren aber mendiflo, herdiflo? f. zu gramm. 2, 108.]

Starkes femininum. dritte declination.

gebricht; hand (manus) macht den pl. hendi, gen. handô, dat. handon (handun).

Starkes femininum. vierte declination.

beifpiel: dâd   pl. dâd-i
         dâd-i   dâd-jô
         dâd-i   dâd-jun
         dâd   dâd-i

hiernach: bank (benki, lcamuum) buok (liber) giburd (genus) burg (arx) brûd (conjux) dâd (factum) farnl (iter) hand (manus) hel (tartarus) idis (mulier) jugudh (juventus) craft (virtus) lift (fcientia) magad (virgo) maht (poteftas) nôd (neceffitas) fculd (debitum) fuht (morbus) tîd (tempus) githaht (cogitatio) wêrold (mundus) giwald (vis) [wand (paries) dat. pl. wendiun Pertz 3, 264] wiht (res) wurt (radix) wurd (fatiun) und gewife manche andere. — *anmerkung*: dat. pl. -*jun* ft. *in*, wie bei der vierten mafc. [Tadelhaft der dat. fg. -iu: theru idifiu 8, 19. te brûdiu 9, 12 (wo die andere hf. -i) daneben dat. idis 15, 5. 164, 14 nach anom. 4. gen. pl. idifia vifo.]

Starkes neutrum. erfte declination.

beifpiel: word   pl. word   2) fat-u
           word-as (es)   word-ô   fat-ô
           word-a (e)   word-un   fat-un
           word   word   fat-u.
           word-û

[gen. pl. -a: borfadal (roftal) Widukind h. Pertz 5, 456.] 1) einfache wörter: bac (tergum) blad (folium) barn (infans) fat (vas) fiur (ignis) flêfc (corpus) folc (populus) gold (aurum) graf (fepulcrum, gen. grabes, grabhes) hûs (domus) hros (equus) jâr (annus) kind (proles) corn (granum) crûd (herba) land (terra) lîn (linum) lioht (lux) mên (noxa) môs (cibus) niud (defiderium) rêht (jus) fioc (pecuuia) fpêr (hafta) tal (numerus) wîf (mulier) wîn (vinum) word (verbum) thrac (labor) thinc (caufa) [ei (ovum) gl. argent. eia ovo. clib (rupes) wiod (lolium) Hel. 78, 21]. — 2) bildungen mit l, m, n, r: cumbal (fignum) tungal (fidus) fêgal (velum) enuoft (genus) brahtm (ftridor) têcan (fignum) lacan (pannus) wâpan (arma) wolcan (nubes) bôcan (nutus) lêgar (cubile) filubar (arg.) fêtar (compes) watar (aqua) wêdar (tempeftas). — 3) mit -*id, -ôd*: hôbid (caput) wêrud (turba). — 4) mit -*ah*: fêrah (vita). — 5) mit -*êo, êo*: hlêo (umbra) gen. hlêwes; brêo (cadaver) gen. brêwes; kuêo (genu) gen. kuêohes; trêo (arbor) gen. trêwes. — 6) comp. mit *gi-*: giwin (bellum) gimang (turba) gilag (fatum) gibod (mandatum) giwand (? mutatio) gifuêre (nubes) gifeap (decretum) githuing (coâctio).

Anmerkungen: 1) der bildungsvoc. wird bei zutretendem flexionsvoc. oft ausgeftoßen, als: cumbal, cumbles; filubar, filubres; hôbid, hôbdes, hôbde, hôbdû. — 2) wichtig ift der doppelte, aber nicht willkürliche nom. acc. pl. Die regel feheint: alle kurzfilbigen wörter haben im pl. die alte endung -u behauptet: bacu, bladu, fatu, grabu, gifeapu, talu, thracu [clibu]; langfilbige aber machen ihn dem fg. gleich: barn, crûd, thing, wîb, word. Die zweifilbigen fchwanken, neben têcan, fêgal

II. altf. fubft. fchwaches mafc. erfte decl. 551

(und nicht tëcnu, fëglu) finde ich brahtunu (ft. brahtemu, ftridores). — 3) das gefchlecht mancher wörter ift unficher, z. b. hofc (contumelia) gëlp (fuperbia) drôr (fanguis) können mafc. und neutr. feyn.

Starkes neutrum. zweite declination.

beifpiel: kunn-i   pl. kunn-i
         kunn-eas (jes)   kunn-jô
         kunn-ea (je)   kunn-jun
         kunn-i   kunn-i
         kunn-jû

arbêdi (labor) arundi (nuntius) bilidi (imago) endi (finis) fletti (atrium) gigengi (mos) kunni (genus) curni (frumentum) elilendi (exfilium) urlagi (bellum) riki (regnum) girfuni (myfterium) gifiuni (vifio) gifithi (cohors) mût-fpëlli (mutatio?) giwâdi (veflitus) witi (fupplicium) webbi (tela) giwirki (opus) [kumi (adventus) giftridi (rixa) thiuftri Hel. 104, 5. 110, 18. 111, 17]; biwifki (familia) comp. mit -fcipi etc. *Anmerkung:* zuweilen wird im nom. und acc. das i nebft einem der geminierten conf. abgeworfen, z. b. bed (lectus) flet (atrium) inwid (dolus) giwit (folertia) ft. beddi, fletti, inwiddi, giwitti; im gen. nothwendig: beddjes [inftr. ex villa Heribeddiu Pertz 2, 680], inwiddjes, giwittjes.

Starkes neutrum. dritte declination.

fihu (pecus) vermuthlich auch widu (lignum).

Schwaches mafculinum. erfte declination.

beifpiel: han-o   pl. han-on
         han-en (-on)   han-ônô
         han-en (-on)   han-ôn
         han-on   han-on

im gen. dat. fg. ift fchon die endung -on für -en häufig eingeriſſen. [In paderb. urk. des 10. 11. jh. -a, -an Wigands arch. 5, 114-130, nur zuweilen bringt ein fchreiber -o hinein p. 124. vgl. Hrutan-ftên Wig. 1, 4, 87. Hemmanhûs 5, 114. Baddanhûs 5, 117. Givekanftên bei Pertz 5. Welanao. Willianftedi Pertz 2, 387. dat. Hodan vom nom. Hodo Schrader 219. pro filio fuo Ennan trad. corb. 559. — Gen. pl. Ofnabrugga f. ôsana GDS. 657.]
1) einfache wörter: bano (homicida) bodo (nuntius) mund-boro (protector) en-dago (dies ultimus) fano (pannus) frôbo (dominus) ord-frumo (auctor) galgo (patibulum) bag-gëbo (epularum largitor) gramo (furor) gruomo (mica) gumo (vir) fëther-hamo (induviae plumofae) lik-hamo (exuviae) bërro (dominus) wis-cumo (hofpes) mâno (luna) naco (cymba) namo (nomen) fëbo (mens) fîmo (vinculum) fcatho (latro) fcimo (fplendor) wâr-fago (veridicus) wider-faco (inimicus) ftërbo (peftis) ftuopo (gradus) ftërro

(ftella) tiono (injuria) heri-togo (dux) tuého, tuého? (dubium) wēlo (divitiae) [dreo? (woher drevonomeri?) bigihto (confeſſio) liro (torus, muſculus)? pl. lyran Erfurter gL Haupt 2, 207. nēſſo (vermis) felmo (cubile) fefpilo? (Eſſener beichtſ.) fcio (nebula)] — 2) bildungen mit -*ar*: abharon (filii) eldiron (parentes) jungaron (diſcipuli) — 3) mit -*is*: egifo (timor) — 4) mit der vorſilbe *gi-*: gilôbo (fides) ginueo (par) gigado (conjux). — *Anm.* einige nach bloßer analogie angefetzte find unficher, z. b. fîmo (alto. flmi) wovon mir nur dat. pl. fîmon vorkommt.

Schwaches mafculinum. zweite declination.

brunnjo (fons) urkundeo (teſtis) feenkeo (pincerna) willeo (vol.) wrekkjo (exſul) gibeddeo, gibenkeo (confors lecti, fcamni) [olbundeo (camelus) Hel. 101, 15. mennio tr. corb. 273. wracchio 247.]

Schwaches femininum. erfte declination.

beifpiel: tung-a   pl. tung-ûn
         tung-ûn   tung-ônô
         tung-ûn   tung-ûn
         tung-ûn   tung-ûn

[weſtphälifch -e, gen. -au: nom. Imike Wigand 5, 111. Geppe 125. gen. Gêlan-thorp Schrader 219 (1017) Môſiunſtên Falke tr. corb. 695. Dalpanhûsun zeitfchr. f. arch. 2, 151. Puttanpatha, Lullanbrunnan etc. Hildesh.grenzurk.] fo gehen: dûbba (columba) êrdha (terra) hiwa (conjux) porta (porta) quêna (mulier) ruſta (requies) ruoda (crux) funnu (fol) ſtêuuna (vox) ſtrâta (via) thiorna (virgo) wanga (gena); einige (z. h. êrtha) find auch in der ſtarken decl. aufgeführt und fchwanken zwifchen beiden. Einigemahl findet fich hier, wie dort, e ſtatt a im nom. fg.

Schwaches femininum. zweite declination.

hellja (gehenna) fundja (peccatum) uthja (unda) gehen mitunter ſtark. [Ikkia n. pr. Pertz 2, 387.]

Schwaches femininum. dritte declination. fehlt.

Schwaches neutrum.

hêrta (cor) ôga (oculus) ôra (auris).

Anomalien des altſächſifchen fubftantivs.

1) *fader, muoder* lautet im gen. dat. fg. ebenfo; zu dohter, fueſter feblen belege [brôthar (fratres) fueſtar (forores) Eſſener beichte dobter (filias) Hel. 133, 12].

2) *man*, gen. mannes [dat. man und manne, ahw. vom agf. men]; pl. man, gen. mannô.
3) vom neutr. *ſri* finde ich bloß den nom. pl. fri (mulieres).
4) die fem. *naht, magad, idis, hand* haben im dat. ſg. ebenſo (ſt. nahti, magadi, idiſi, hendi); wie es ſcheint zuweilen im gen. ſg., *naht* auch im pl. (noctes) ſ. nahti.
5) *thiod* iſt weiblich und bleibt im ſg. unverändert; daneben gilt aber auch thioda nach erſter ſtarker.
6) die fem. vierter decl. *wërold* und *craft* erſcheinen zuweilen als maſc. [? theſaro weroldes wie noch ſpäter wereldes Köne f. 883. werldis (feculi) nd. pſ. 60, 9] vierter: wërold, wëroldes; craft, craftes [himilcraftes Hel. 132, 13]. inſtr. craftû; ebenſo findet ſich der gen. *nahtes* [thera nahtes Hel. 89, 12] und *wihtes*. [at thera *burges* dore Hel. 66, 14. burges ward 85, 3. 163, 25. burges wal 113, 2. vgl. Schm. gloſſ. 16ᵇ. thero *cuſtes* Hel. 82, 19 (cott. cuſteo) *acunſtes* (invidiae) Eſſener beichte; ſogar *erthes* nd. pſ. 60, 3.]
7) einſchiebungen des *-ir* und *-is* kommen nicht vor.

Angelſächſiſches ſubſtantivum*).

Starkes masculinum. erſte declination.

beiſpiel:	fiſc	pl.	fiſc-as
	fiſc-es		fiſc-a
	fiſc-e		fiſc-um
	fiſc		fiſc-as

1) einfache wörter: ar (nuntius) âd (rogus) âdh (jusjur.) beáh (annulus) beám (trabs) beorg (mons) beorn (vir fortis) beód (menſa) blæd, blædas (flatus) brand (titio) ceáp (pecus) ceol (navis) cledh (veſtis) cnoll (cacumen) copp (calix) colp (compes) cräft (vis) däg, dagas (dies) dæl, dælas (pars) diſc, diſcas und dixas (ferculum) dôm (judicium) dreám (jubilum) drinc (potus) eard (ſolum) ent (gigas) eſt (amor) feld (campus) fiſc, fiſcas und fixas (piſcis) forſt (gelu) fyrs (rubus) gâr (jaculum) gäſt (hoſpes) gäſt (ſpiritus) gnätt (culex) grund (ſolum) häd (perſona) helm (caſſis) heáp (cumulus) heóf (ululatus) beor (cardo) hrân (rangifer) hreác (acervus) hring (annulus) hrôf (culmen) hrûl, hvalas (balaena) hveolp (catulus) hyll (collis) hyſſ (juvenis) lâſt (veſtigium) luſt (voluptas) mäg, magas (filius) miſt (caligo) môr (palus) mudh (os) nidh (homo) orc (crater) pädh, padhas (callis) râp (funis) ræd, rædas (conſilium) ræs, ræſas (impetus)

---

*) Die langen vocale der flexionen zu beſtimmen enthalte ich mich ganz, da die analogie des goth. und alth. zu ferne liegt und bei den verwandteren altn. flexionsvocalen dieſelbe unſicherheit herrſcht.

rand (margo) rêc (fumus) fâl (lorum) fcróf (manipulus) fcěat,
fcŕattas (pecunia) fcěld (clypeus) fcôp (poëta) fěcg (vir) feám
(onus) fěol (phoca) fmidh (faber) ftáf, ftafas (baculus) ftân (la-
pis) bâg-ftěald (coclebs) ftrœl, ftrœlas (fagitta) ftreám (fluentum)
fvěg (ftrepitus) těar (lacrima) torr (turris) vœg, vœgas (fluctus)
vamm (malum) věall (vallum) věard (cuftos) věg (via) věr (vir)
viud (ventus) vulf (lupus) vyrm (vermis) þěóf (fur) [äfc (fraxi-
nus) blœd (fructus) fklfæt (iter) folm (manus) gǽlm (manipulus)
hǽt (pileus) hǽm (patria) bôc (uncus) hôd (cucullus) holm (mare
altum) hvom (angulus) il (planta pedis) mecg (vir) rinc (procer)
fcýp (affumentum) fpréót (contus) ftor (thus, ladanum) trud (tibi-
cen) vylm (fervor) þreát (turma, phalanx) þrófm (vapor) þruh
(cifta) þrym (multitudo, magnificentia)]. — 2) bildungen mit -l,
m, n, r: ěarl (vir nob.) cěorl (rufticus) efol (afinus) fengel (prin-
ceps) fugel (avis) nǽgel (clavus) fagal (vectis) ǽdhm (fpiritus)
bôfm (finus) édhm (odor) fǽdhm (amplexus) váftm (ftatura)
ǽdhum (gener) mádhum (cimelium) dribten (dominus) ěoten (gi-
gas) hěofon (coelum) brǽfn (corvus) régn (pluvia) fěgn (fignum)
þěgn (miles) þěóden (rex) ǽcer (ager) baldor (princeps) cěafor
(fcarabaeus) éaldor (fenior, dominus) ědor (fepes) éofor (aper)
égor (aequor) fînger (digitus) háfer (caper) nicer (monftr. maris
rodor (coelum) figor (victoria) vělor (labium) vuldor (gloria)
þunor (tonitru) — 3) mit -ing: cyning (rex) hrunting (n. pr.)
[bafing (pallium)] etc. — 4) mit -els: byrgels, byrgelfas (fepul-
crum) fǽtels (vafculum) rěcels (thus) fcyccels (chlamys) fticels
(aculeus) vǽfels (tegmen) — 5) mit -adh, edh, odh, od: mónadh
(menfis) věarodh (littus) báledh (vir fortis) hacod (lupus pifc.)
[recéd (domus)] — 6) mit -ot: běorot (cervus) — 7) mit -h:
měarh (equus) pl. měaras ft. měarhas. — 8) mit -oc: hafoc (acci-
piter) věoloc (cochlea) — 9) mit -eft: hěngeft (equus) — 10) mit
-ord, erd: bláford (dominus) facerd (facerdos) — 11) mit -v und
-o (ftatt -v): fnáv, fnávas (nix) hræv, hrævas (cadaver) [mǽv
(larus)] þeáv, þeávas (mos) þěóv, þěóvas (fervus) běaro, běarvas
(lucus) běalo, běalvas (malum) fcéado, fccaduvas (umbra). —
Anmerkungen: 1) die auf -els fcheinen zuweilen im nom. acc. pl.
das -as abzuwerfen, bleiben aber doch männl. z. b. Orof. p. 28.
ivégen fǽtels ft. fǽtelfas. 2) bei denen von 2 bis 7 wird der
bildungsvocal oft, jedoch fchwankend, ausgeftoßen, z. b. bófom
bófm, năglas, fingras, mádhm, mádhmas, mónðhe (menfc) etc.
[3) fpur des inftrum. (vgl. zu 615) mid þy folcy Schmid p. 10
(übrigens neutrum)].

Starkes mafculinum. zweite declination.

beifpiel:	hird-e	pl. hird-as
	bird-es	bird-a
	hird-e	hird-um
	bird-e	bird-as

II. *angelf. fubft. ftark. mafc. zweite u. dritte decl.*

der einzige unterfchied von der erften decl. beruht auf dem im nom. acc. fg. gebliebenen bildungs-e; alle übrigen cafus werfen es weg und birdes, hirdas ift dem fifces, fifcas gleich. Ohne zweifel war früher das e noch im pl. fichtbar, es hieß: hirdeas, hirdea, hirdeum und fpurweife fichet Beov. 165. meceas (enfes) neben 110. mecas; 166. fvengeas (vibrationes) anderwärts ligeas (flammae) liges (flammarum) [orcneas Beov. 11. tô þàm finie (Armi) Kemble 5, 194. für here (exercitus) auch herige, berge, pl. heriges Lye f. v.]. Späterhin löft fich auch öfters das e im nom. acc. fg. ab und erfolgt völliger übertritt in die erfte; bei Cädm. bereits lig für lige. Solche wörter erfter decl., die vorher der zweiten gehörten, find oft am umlaut zu kennen, rêc (fumus) fvêg (fragor) tveng (vibratio) weift auf ein älteres rêce, fvêge, fvenge (d. h. ohne umlaut: reáce, fvôge, fvange). — Man kann noch hierher zählen 1) einfache wörter mit bloßem bildungs-e: bere (hordeum) bryne (incendium) cvide (dictum) ele (oleum) ege (timor) ende (finis) efne (fervus) fridhe (pax) hále (vir, dem pl. hâlas bin ich nirgends begegnet) here (exercitus pl. hergas, herigeas) hyge (animus) hryre (ruina) hvæte (triticum) læce (medicus) aldor-, feorhlege (exilium) lige (flamma) mece (enfis) mene (monile) mere (lacus) mete (cibus) ryne (curfus) fele (aula) fige (victoria) viele comp. mit fcipe als finfcipe (conjugium) etc. vlite (nitor) þúfe (vexillum) þyle (orator) [byre (filius) Beov. 182. 195. gryre (horror) Beov. 2565. hete (odium) hryre (cafus) Beov. 3358. hyfe, hefe (puer) pl. hyfas, hyffas. Ine (n. pr.) gen. Ines. nǽſſe (promontorium) pl. nǽſſas Beov. 19. 45. 103. neffas Caedm. 92. pyte (fovea, puteus?) ylpe? (elephas) pl. ylpas.]. — 2) viele mit der bildung -ere: fifcere (pifcator) huntere (venator) etc.

Starkes mafculinum. dritte declination.

[beifpiel:	fun-u	pl. fun-a
	fun-a	fun-a
	fun-a	fun-am
	fun-u	fun-a (u)]

hierher fallen wenige wörter: bregu (dux) heoru (enfis, cardo) lagu (aequor) magu (puer) mêdu (mulfum) lalu (aula) fidu (mos) funu (filius) vudu (lignum) welche dazu größtentheils nur im nom. acc. fg. oder in der compofition vorkommen, z. b. bregufól (thronus) heoru-grim (alti. bêru-grim, mittelh. fwërt-grim) mêdu-gâl (ebrius). Alleinftehend ift mit ablegung des bildungs-u heor pl. beoras, ganz in die erfte decl., mit verwandlung des -u in -e, hyge, fige, fele (ft. hugu, figu, falu) in die zweite getreten. Die flexion der häufigften unter diefen fubft. (nämlich funu, vudu) erfcheint aber faft anomal und auch untereinander abweichend. funu macht den gen. funa (ft. funes) [z. b. Boeth. p. 114. Beov.

556 II. *angelf. fubft. ftark. mafc. vierte decl. fem. erfte decl.*

4915. 5220.] dat. funa (fl. fune) [Beov. 2453. 5454. El. 1200] acc. funu; pl. funa (fl. funas oder func?) [nom. funa B. 4756. exon. 66, 21. funo Caedm. 97, 19. acc. funa Caedm. 104, 3. funu 157, 17. funo exon. 431, 27. 30. Caedm. 97, 19.] gen. funa, zuweilen fchwach funena, dat. funum; belege hat Lye h. v. Von vudu hingegen findet fich zwar der dat. fg. vudu und Booth. p. 54. der gen. fg. vuda, aber daneben rudes und nom. pl. vudas [Kemble 2, 398]; möglich daß beide letztere cafus fchon nach der zweiten decl. zu nehmen find, weil neben vudu zuweilen die form vude, vyde gilt. [Sonftige dat. auf a: apoftola (apoftolo) Kemble 1, 114. felda 2, 46. forda (vado) 2, 249. flôra Caedm. 271, 24 (doch Beov. 2632 flôre) funiera (Caedm. 233, 15) vealda Kemble 2, 228. vintra. Zur decl. ferner ragu (n. herbae) engl. ragwort? könnte aber auch fem. fein.]

Starkes *mafculinum*. *vierte declination*.

die meiften wörter diefer decl. find theils zur erften übergegangen. (feild, fcildas, clypeus; ræd, rædas, confilium etc.) theils zur zweiten, indem fich das e aus dem pl. gleichfam in den fg. drängte (fo ftünde mete, metas, cibus für mat, mete und fele, felas für fal, fele?). Übrig bleiben wenige pl. auf -e: leóde (homines) byre filii, Beov. 91., wo aber auch 195. 216. der fg. byre, (filius) [ylfe (genii) Beov. 11. het-vare (Chattuarii)] burhvare (cives) cant-vare (cantium habitantes)*) deue (dani) engle (angli) wonehen ich gleichwohl, zwar nicht leódas, aber byrns (Cädm. 29, 4.) burhvaras, cantvaras antreffe. Der gen. pl. lautet leóda, dat. leódum (fl. leódem).

Starkes *femininum*. *erfte declination*.

beifpiel:
gif-u pl. gif-a
gif-e gif-ena
gif-e gif-um
gif-e gif-a

nur noch wenige wörter: duru (porta) faru (iter) färbu (color) fremu (commodum) gifu (gratia) lufu (amor) ladhu (invitatio) nafu (modiolus rotae) notu (ufus, officium) racu (narratio) facu (caufa) fagu (dictum) fcamu (pudor) hearm-fcearu (fupplicium) fcólu (fchola) fnoru (nurus) ftigu (fcala) ftudu (columna) fvadhu (veftigium) -varu (complexus incolarum, land-varu, provincia; burh-varu, civitas; cealter-varu, arx) vrocu (ultio) vradhu (fulcrum) ydhu (unda) [vielmehr ydb nach vierter; dagegen hierher

---

*) Die völkernamen auf -vare haben (wie die parallelen altn. auf -verjar) eigentlich keinen fing., aber das weibl. collectivum burh-varu (civitas) cant-varu (complexus cantuarienfium) fteht ihnen zur feite; vër (vir) ift damit unverwandt [vgl. Zeufs herkunft p. 12].

noch: cearu (follicitudo) Beov. 99. cinu (fiſſura) homil. 2, 154. denu (vallis) Thorpe gr. 107. daru (laefio: tô dare exon. 144, 2) coru (ovis f.) Jn. 56. fadhu (amita) seó lacu Kemble 2, 250. nofu (nares) fciru (cura, negotium) teru? (pix fluida) þëgu (fervitium) beórþegu Audr. 3064. fincþego Beov. 5763. þelu (tabula) ableitungen auf -þu: vergdhu etc.]. — Zuweilen findet fich auch der acc. fg. auf -u und gen. pl. auf -a ſtatt -ena [z. b. gróvendra gifu C. 55, 5. ára (honorum) C. 92, 23]; doch iſt den ausgaben, am wenigſten dem lyeſchen wörterbuche, nicht zu trauen.

Starkes femininum. zweite declination.

eine dem alth. I entſprechende, im ſg. unveränderliche endung -o begegnet in ſubſt. welche aus adj. entſpringen, als: âdhelo (nobilitas) brædo (latitudo) hælo (falus) hyldo (favor) ofermetto (luxuria) menigo (multitudo) ſnytro (prudentia) ſtreugo (rigor) þeoſtro (caligo)*) yldo (fenectus) etc. Später ſcheint aber -e einzutreten: bæle, menige etc. — Ob auch den bildungen mit -dh (goth. -iþ, alth. -id) z. b. ſtrengdho (auſteritas) yrmdho (paupertas) ein ſolches -o rechtmäßig zuſtehe, müſſen die älteſten bſſ. entſcheiden; der theorie nach fallen ſie vielmehr der erſten decl. zu, practiſch ſchwanken ſie aber auch in die vierte und machen den nom. ſtrengdh, yrmdh.

Starkes femininum. dritte declination.

mangelt (vgl. anom. 3.)

Starkes femininum. vierte declination.

beiſpiel: dæd   pl. dæd-a
           dæd-e   dæd-a
           dæd-e   dæd-um
           dæd-e   dæd-a

die zahlreichſte and gewöhnliche abwandelung angelſ. fem. der auch viele zufallen, die in den übrigen ſprachen zur erſten gehören [gen. pl. árena, lárena (Kemble ad 2375) übergang in die erſte, auch wol beſſer im nom. ſg. áre, láre]: 1) einfache wörter: âr (honor) âht (patrimonium) bær (feretrum) ben, benne (vulnus) bên (preces) bend (vinculum) blis gen. bliſſe (gaudium) blêd (fructus) breóſt (pectus) brŷd (fponfa) bôt (emendatio) burg (arx) dæd (facinus) dûn (mons) farc (ciſta) ecg (acies) folm (manus) glêd (ardor) hêal, heaſſe (aula)*bel, helle (tartarus) hen, henne (gallina) bild (pugna) lád (via) láf (reliquiae) lis gen. liſſe (gratia) lâr (doctrina) mâg (virgô) miſare (fignum) mêd (merces) miht (potentia) niht (nox) rád (equitatio) rêord (fermo) reſt (quies) rôd (crux) rûn (myſterium) fealf (unguentum) gefceaft (creatura)

*) Mit unrecht hält Raſk p. 27. dieſe beiden für neutra plur.

fib, fibbe (pax) fpræc (fermo) fpêd (fucceſſus) ſtôv (locus) ſtræt (platea) fyn, fynne (peccatum) tíd (tempus) vên (ſpes) vomb (venter) voruld (mundus) vund (vulnus) vyn, vynne (gaudium) vyrd (fatum) ydh (unda) þrag (tempus, curfus) þearf (neceſſitas) þêôd (gens) [côdb (morbus) cvild (lues, peſtis) firſt (ſpatium, terminus) flôr (pavimentum) fyl (ſtrages) geoc (auxilium, falus) glôf (chirotheca) gudh (pugna) hudh (praeda) læl (naevus) lind (tilia, fcutum) mund (manus) ſlibt (occifio) fæl (tempus opportunum) turf (cefpes, folum) êdhel-turf (patria)]. Man fiebt, die mit 648 kurzem voc. und einfachem conſ. geminieren letzteren. — 2) wenige bildungen mit -l: àdl (morbus) fâvel oder fâvl (anima). — 3) viele mit -en, n: byrgen (fepultura) byrdhen (onus) byſen (exemplum) elfen (lamia) ellen (vis) gŷmen (cura) gyden (dea) lenden (lumbus) metten (parca) menuen (ancilla) râden (ordo) ſtêfen (vox) vyleu (ferva) þêôven (ancilla) þiuen (ancilla) [aſſeu (afina) vyrgen Ncov. 3036]; die übrigen cafus pflegen das e der bildung auszuſtoſſen, z. b. ſtêfue (vocis) vylne (fervae) ſt. ſtêfene, vylene; auch wohl den conſ. zu geminieren, z. b. þinenne (miniſtrae) râdenne (conditionis) ſt. þinene, râdene. — 4) wenige mit -er [und -ſ]: frôfer, frêfer (folatium) gen. frôfre, cêaſter (arx) lifer (hepas) [àdl (morbus) nædl (acus)]. — 5) viele mit -ung: blêtſung (benedictio) famnung (congregatio). — 6) viele mit -nis, -nes: nêovelnis (abyſſus) etc. im gen. nêovelneſſe. — 7) einige auf -es: ides (femina) gen. idefe [acc. ſg. idefe Judith 132, 58. 65]. — 8) auf -oe: mêoloc (lac) gen. mêolece. — 9) auf -odh, udh: dugudh (virtus) gêogodh (juventus) — 10) auf -dh (ſ. die bem. zur zweiten decl.) als: yrmdh (miferies) fældh (felicitas) etc.

Starken neutrum. erſte declination.

beiſpiele:	vord	pl. vord	fàt	pl. fat-u
	vord-es	vord-a	fàt-es	fat-a
	vord-e	vord-um	fàt-e	fat-um
	vord	vord	fàt	fat-u

1) einfache: ǽg (ovum) bäc (tergum) bädh (balneum) bàn (os) bearn (infans) bil, billes (fecuris) brêd (after) brim (aequor) broc (miferia) cêalf (vitulus) cild (infans) dêor (animal) fäc (ſpatium) fäs (fimbria) fät (vas) fuäd (fimbria) flôd (flumen) fŷr (ignis) gêat (porta) gläs (vitrum) gôd (bonum) gräs (gramen) grin (laqueus) hilt (globus capuli) hors (equus) hlidh (jugum montis) lamb (agnus) leáf (folium) lêôdh (carmen) lêôht (lux) land (terra) lîc (corpus) ncát (jumentum) rêuf (ſpolium) fcæp, nicht fcêap (ovis) fcip (navis) fpêll (narratio) fvêôrd (enfis) fvín (fus) tûn (oppidum) tvig (ramus) vêorc (opus) vîf (femina) vicg (equus) vord (verbum) þing (res) [beót (minae) clif (littus) crät (currus) däl (vallis) denn (cubile) ful (poculum) gräf (fepulcrum) gridh (pax) Schmid 110. hol (antrum) leán (praemium) lot (dolus)

Boeth. p. 5. môd (animus) ibid. p. 4. nôn (hora nona) rip (meſſis) ſcræf (ſpelunca) ſcëorp (veſtitus) Beov. 161. trâf (tentorium)]. —
2) bildungen mit -el, en, er: fëtel (thronus) tungel (ſidus) yſel (malum) beácen (nutus) cicen (pullus) fâcen (dolus) mæden (virgo) mâgen (vis) nýten (pecus) tâcen (ſignum) ticcen (hoedus) væpen (arma) vâſten (deſertum) volcen (nubes) clyſter (clauſtrum) eher, ſpåter ëar (ſpica) fëdher (ala) lëdher (lorum) tiber (ſacri-ficium) timber (aedificium) vundor (miraculum) väter (aqua). — 644
3) mit -od, ed, et: heáfod (caput) hîred (familia) hundred (cen-turia) vëofod (altare) liget (fulmen). — 4) die mit -h werfen dieſes im gen. und dat. gerne fort, als: fëoh (pecunia) gen. fëos dat. fëo; plëoh (periculum) gen. plëos, dat. plëo; þëoh (femur) gen. þëos, dat. þëo; fëorh (vita) gen. fëores, dat. fëore (vgl. maſc. erſte decl. no. 7.) — 4) auf -v und o: cnëóv, cnëóves (genu) trëóv, trëóves (arbor) mëlo, mëleves (farina) ëalo (cereviſia) gen. ëaleves; fëaro (inſidiae) gen. pl. fëarva; vielleicht auch bëado, bëadves (bellum) [bealo, bealoves (malum)].

Anmerkungen: 1) den pl. auf -u machen a) wie im altſ. die kurzſilbigen wörter, es heißt: bacu, badhu, brëdu, brimu, brocu, faſu, ſatu, ſnadu, gëatu, glaſu, grinu, hlidhu, hoſu, ſcipu, tvigu (auch tviggu); hingegen bëarn, hors, lëodh, leáf, ſcæp, tûn, vif etc. Das von Lye angeführte bânu (oſſa) wäre hiernach fälſch und in bân zu beſſern. β) die bildungen mit -el, en, er: fëtlu, tunglu, nýtenu, volcnu, fëdheru, lëdheru, väteru etc.; feltner findet ſich daneben fëtel (throni) tungel (ſidera) väter (aquae). γ) auch die andern mehrſilbigen, z. b. vëofodu (altaria) heáfdu (capita). δ) die mit den vorſilben ge- und be- zuſ. geſetzten, obgleich ihre wurzelſilbe kurz iſt, z. b. gebodu (mandata) bebodu (id.) genipu (tenebrae) vom ſg. gebod, bebod, genip. — 2) die wörter äg, cëalf, cild, lamb ſchieben im pl. (wie die althd. ano-malie) ein er ein und haben dann die endung -u: ägeru oder ägru (ova) gen. ägra, dat. ägrum; ebenſo cëalfru (vituli) cildru (infantes) lambru (agni). Das analoge hrydheru (armenta) hat auch im ſg. brydher, hrydheres [ebenſo lomber (agnus) ſg. exon. 164, 22] und geht ganz regelmäßig, wie väter [hôteru (veſtes) ſcheint pl. von hât].

Starkes neutrum. zweite declination.

beiſpiel: ric-e   pl. ric-u
          ric-es   ric-a
          ric-e   ric-um
          ric-e   ric-u

ſo geben: inne (domus) vîte (ſupplicium) yrfe (hereditas) [ſidhre (ala) pl. ſidhru], diminutiva auf -incle, beſonders comp. mit ge-: gemære (limes) gelæte (exitus) getimbre (aedificium) [gebinge, gen. pl. gebingea Beov. 1045. gevrite (ſcriptum)] etc., im ganzen iſt dieſe decl. hier ärmer, als in den übrigen ſprachen, deshalb,

560 *II. angelf. fubft. fchwaches mafculinum.*

weil viele wörter mit abwerfung des bildungs-e in die erfte übertreten. So gilt nicht mehr denne (cubile) pl. dennu; cynue (genue) pl. cynnu; bedde (lectus) pl. beddu; flette (coenaculum) nette (rete) etc. fondern deun, denues, pl. denu (Beov. 205. 226.) cynu, cynnes, pl. cyan; bedd, beddes, bedd etc. Verfchiedne gehören auch zur zweiten männl. decl., die im altb. neutral find, als: ende, mere, mene etc.

Schwaches mafculinum.

beifpiel: hun-a pl. han-an
           han-an   han-ena
           han-an   han-um
           han-an   han-an

[gen. pl. værlogona C. 145, 22. hierher auch fullvona C. 117, 9?] aus der menge diefer wörter hier nur einige: 1) einfache: bana (mors) bëna (rogans) brôga (terror) cempa (miles) côfa (cubile) lind-crôda (vexillum) cuma (adveua) dropa (ftilla) flëma (profugus) uht-floga (draco, i. e. tempore volans antelucano) guma (vir) hana (gallus) hlifa (fama) licboma (corpus) huuta (venator) bildlata (ignavus, ad pugnam tardus Beov. 211.) melda (delator) maga (cognatus) mon-lica (flatua) môna (luna) mudha (os flum.) nama (nomen) nëfa (nepos) oxa (bos) plëga (ludus) fëfa (mens) fima (vinclum) fecadba (latro) fcîma (fplendor) hædh-flapa, môrflapa (locus deferta, paludinofa transmeans) fteorra (ftella) fvëora (collum) tîma (tempus) tëona (damnum) trega (dolor) vära (malum) vëla (opulentia) viga (bellator) rifa (rector) villa (voluntas) udh-vita (philofophus) vrecca (exul) þûma (pollex) [ata (avena) bita (offa) bëorma (fermentum) fe crëda (das credo, engl. creed) ebba (receflus) enca (augmentum) þone ofer cácan Schmid p. 84. 87. fedba (agmen) finta (cauda, fequela) föca (placenta) glida (milvus) gôma (palatum) greáda (finus) haga (domus) hraca (guttur, tuflis, faliva) hvëalfa (fornix) Boeth. p. 142. læva (proditor) lira (torus, mufculus) madha (vermis) muga (ftrues) oma (rubigo) pidha (medulla) fcalma (cubile) fcanca (tibia) fena, feúva (umbra) flaga (interfector) fpârca (fcintilla) fvëora (cutis) ficca (baculus, paxillus) in-tinga (caufa) heretoga (dux) vita (nobilis) vlätta (naufca) voma (horror)]. — 2) bilduugen mit *-el*: hafela (vgl. oben f. 247.) nafela (umbilicus). — 3) mit *-em, -m [-n]*: fmëdema, fmëdma (fimilago) vielleicht auch hodhma (? nubes, Beov. 183.) [ftefna (prora)]. — 4) mit *-or*: eafora (proles mafcula) gëongra (difcipulus) [fuhterga (fratruelis)]. — 5) mit *-re*: egefa (terror). — 6) mit *v*: rifva (dux). — 7) mit *ge-*: gemaca (focius) geleáfa (fides) geftëalla (confors) [genidhla. getcóna (hoftis) gevuna (mos)] etc.

Anmerkungen: 1) *freá* (dominus) gen. freán fleht genau betrachtet für freán oder freába, freáan oder freáhan (vgl. das goth. fráuja, altf. frôho) im pl. kommt es nicht vor, glaublich

II. *angelf. fubft. fchwaches femininum.* 561

müſte der gen. pl. freánå (f. freácna) lauten. Ebenſo verſchlingt
in *tveo* (dubium) gen. tvëon (altſ. tuëho, tuëhen; altb. zuivo,
zuivin) der wurzelvocal den des caſus; die volle form wäre
tvëoa, tvëoan oder tvëoba, tvëohun. [Ebenſo geſeá (gaudium)
Svëó, pl. Svëón (Sueci) f. unten 778.] — 2) die zweite ſchwache
decl. hört durch abwerfung des bildungs-e auf, ſpurweiſe findet
ſich zuweilen vreccea ſt. vrecca, Beov. 188. 190. 193. 215. aglæcea
(creatum infelix) — 3) fehlt der nom. ſg. ſo kann ein wort auch
ſchw. fem. ſeyn, z. b. ich bin ungewiſs, ob der pl. bunan (po- 646
cula Beov. 206. 226.) einem maſc. buna oder fem. bune zuſteht,
wiewohl das ſeltnere fem. unwahrſcheinlicher iſt.

Schwaches femininum.

beiſpiel:
tung-e	pl. tung-an
tung-an	tung-ena
tung-an	tung-um
tung-an	tung-an

1) einfache wörter: burne (latex) hýtne (tuba) byrne (lorica)
eordhe (terra) folde (terra) héorte (cor) hrúfe (terra) hyrne (an-
gulus) mage (cognata) minte (menta) myre (equa) panne (patina)
funne (fol) ſyrce (induſium) tunge (liugua) viſe (modus) vuce
(hebdomas) þróte (guttur) [ätc (avena) hicce (canicula) bucge
(cimex, nach Kemble on names p. 16) bune (poculum) cliſe (lappa)
docce (lapathum) ebbe (refluxus maris) ſlicce (perna) geareve
(n. plantae) ioce (dubitatio) Mone 4196. mile (linea) mýſe (menſa)
molde (terra) ſápe (ſeife) ſcyte (linteum) tohte (expeditio mili-
taris) þróte (cataracta) þyrne (Kemble 5, 326) úle (ulula) væge
(libra) váſe (coenum) yce (rana)] — 2) bildungen mit -l: ſimble
(fabula) mëavle (puella) onmädle (arrogantia) býrele (pocillatrix)
yſle (favilla)] — 3) mit -n: fämne (femina) cycene (coquina) [on
þá ealdun icenan Kemble 4, 95. vgl. 5, 40] — 4) mit -r: blädre
(vefica) nädre (anguis) culuſre (columba) [þyndre] — 5) mit
-es: ciſeſe (pellex) — 6) mit -ig: hlæfdige (domina) — 7) mit
v: ſvaleve (hirundo) vuduve (vidua). — [8) fremdw. älmyſſe
(eleemoſyna)].

Anmerkungen: 1) ſpuren der zweiten ſchw. decl. (mit dem
bildungs-e) z. b. in cyrice (ecclefia) gen. cyricean; ſo ſtehet
Beov. 189. 205. fércean (induſium) f. fercan. [berige (bacca) pl.
berigean. väl-cyrie (parca) micge (urina) acc. micgean. modhdhe
(linea) monige (admonitio) þære pirian (piri) Kemble 3, 52. 4, 286.
väter-frylie Kemble 6, 220. làdige, tädic (bufo) vicce (faga, engl.
witch) viligie (ſporta ex viminibus ſaligneis contexta) n. pl. vili-
gëan, gen. pl. viligena.] — 2) auch hier *tá* (digitus pedis) pl.
tán f. tàe, tàan (altb. zêha, zêhûn); dat. pl. hat vollſtändig táum,
gen. tâena oder daſür tâna. [bcó (apis) pl. béon (nach Boſw. auch
beoan) f. anom. 6. ſcó (pupilla) acc. ſeón, ſeán, pl. ſeón. Vealh-
þeóv, Vealhþeó, dat. Vealhþeón Deov. 1252.]

II. *angelf. fubft. fchw. neutrum. anomalien.*

Schwaches neutrum.

decliniert wie das fem., außer daß der acc. fg. dem nom. gleich ift; hierher mit ficherheit nur eáge (oculus) eáre (auris), nach Rafks muthmaßung auch lunge (pulmo) clive (glomus).

Anomalien des angelfächfifchen fubftantivs.

1) *fäder* ift im fg. unveränderlich (nur felten im gen. fäderes ft. fäder) [fignum Fäder (nicht -es) Kemble 1, 162], hat aber den pl. regelmäßig: fäderas, fädera, fäderum. *bródhor*, gen. bródhor, pl. bródhra (wie funa); ebenfo *módor, dóhtor, fveoftor*; von den dat. fg. fogleich.

2) verfchiedene mafc. und fem. mit den vocalen a, u, ó und ú lauten im dat. fg., meiftens auch nom. und acc. pl. um; *man* (homo) dat. men, pl. men [wie man auch væpnedman, vifman]; *bródhor*, dat. brédher; *módor*, dat. méder; *dóhtor*, dat. déhter; *fót* (pes) fét (pedi) fét (pedes); *tódh* (dens) dat. tédh, pl. tédh; *bóc* (liber) béc (libro) béc (libri); *bróc* (bracca) dat. brèc, pl. brèc; *gós* (anfer) gès (anferi) gès (anferes); *turf* (cefpes) tyrf (cefpiti) tyrf (cefpites); *burh* (arx) dat. byrh, pl. byrh [gen. fg. borges. Lye f. v. borg. altf. burges]; *cú* (vacca) dat. cý, pl. cý [gen. fg. cús Ine 59; vgl. eovu (agnus) gen. fg. eoves Ine 55]; *lús* (pediculus) dat. lýs, pl. lýs; *mús* (mus) dat. mýs, pl. mýs. Im gen. fg. (mannes, fótes, tódhes, bóce, bróce, góse, múfe) gen. pl. (manna, fóta, bóca, múfa etc.) dat. pl. (mannum, fótum, múfum etc.) kein umlaut. Der umlaut deutet auf eine untergegangene endung -i (-e).

3) das fem. *hand* hat zuweilen im gen. band ft. hande, im dat. handa ft. hande (Deov. 58. 202. 224.); ebenfo *duru* zuweilen im dat. dura; eine fpur der alten dritten decl. (da auch funu, vudu den dat. funa, vuda bilden).

4) *niht* (nox) *riht* oder vuht (res) haben im nom. acc. pl. wiederum niht, riht (nicht nihta, vihta) gen. pl. nihta, vihta; fie ftimmen mithin zu bóc, mús und ihr alter nom. pl. war vermuthlich nihte, vihte.

5) einige zweifilbige mafc. pflegen im pl. die endung -*as* wegzulaßen, z. b. häledh (heroes) f. häledhas; fätels f. fätellas (f. anm. 1. zur erften decl.) [auch f. mägedh virgines. exon. 434, 9. ferner alodh in agf. urkunden bei Kemble 1, 203 full blótres alodh. full ltdhes alodh. cumb fulne velifces alodh. 293 ombra gódes velefces alodh. 303 britig ombra alodh. 2, 46 tva tunnan fulle luhtres (l. blútres) alodh. ten mittan valfces alodh].

6) die fem. *fæ* (mare) *œ* (lex) *ëa* (flumen) *bëd* (apis) ftehen im fg. unverändert, zuweilen aber wird im gen. fg. und nom. pl. die männl. form fæs (f. fæes, fæns) und ëas (fluminis) gefunden; dat. pl. fæm (f. fæum); von bëó führt Lye den fchwachen

pl. bēón (für bēóan? wie tvēon) au; *frēó* (mulier, altf. frī) kommt mir nur im nom. oder acc. vor.

[6ᵃ)] zu denen auf urfpr. -h, -v vgl. noch þreá (minae) dat. pl. þreáum Beov. 16, anderwärts þreám. bleó (color) âncs bleós unicolor Wright vocab. 46ᵃ. gleó (gaudium) gen. gleós. fceó (calceus) gen. fceós. veó, pl. veós cxon. 341, 28. hð (calx) gen. hós (n. fg. Clofeshòb Kemble 1,227. Clofeshóas 201.204. 276.278. Clofeshós 222. at Clofeshóum 223.280) drý (magus) pl. drías dríäs, dreás?]

7) wie die ftarken fem. erfter decl. ihren gen. pl. fchwach auf -ena ft. -a bilden, fo erfcheint ausnahmweife auch im mafc. funena f. funa oder dagena f. daga. Andere mifchung ftarker und fchw. decl. zeigen duru (porta) lufu (amor) und bēofon (coelum) indem fie den gen. und dat. fg. zuweilen fchwach bilden: duran, lufan und bēofenan; letzteres wird alsdann auch weiblich conftruiert (þære bēofenan).

8) von einfchaltung des -*er* im pl. neutr. vorhin f. 644.

Altfriefifches fubftantioum.

Starkes mafculinum. erfte declination.

beifpiel:
fifk   pl. fifk-ar
fifk-es   fifk-a
fifk-e   fifk-um
fifk   fifk-ar

die fpäteren denkmähler nehmen bald im nom., vorzüglich gern im acc. pl. *a* (vermutblich â) ftatt -*ar* und im dat. -*on* ftatt -*um*. Beifpiele einfacher wörter find: bâm (arbor) bon (interdictum) pl. bonnar, bûr (vicinus) dei (dies) gen. deis, pl. degar; dôl (pars) erm (brachium) êth (juramentum) fifk (pifcis) hiri-gong (bellum) hâp (acervus) kêd (praeco) pl. kêdar oder kêddar; klâth (veftis) fith (comes) ftef (baculus) tâm (infans) tufk (dens) therm (ile) wêi (via) pl. wêgar etc. Beifpiele von bildungen: dröppel, pl. dröpplar (limen) neil, pl. neilar (clavus) dēgan, pl. dêgnar (vir) finger, pl. fingrar (digitus) fkilling pl. fkillingar, monath pl. monathar (menfis).

Übrige declinationen des ftarken mafculinum.

die zweite enthält wörter auf -*e* (here, exercitus) und -*ere* (clagere, actor; mênotere, monetarius); von der dritten bloß die fpuren funu (filius) [gen. fg. funa Richth. 133, 26] pl. funa, frêtho (pax) [gen. fg. fretha Richth. 760ᵃ pl. frethar, acc. fretha]; von der vierten bloß liod (gens) pl. liude, dat. liudem. Auffallend

find mir die pl. auf *-er*: filer und flater (Br. §. 162. 163.) von
fil (catarracta) und flat (fofia) [déler (partes) Emf. 72. báper
(acervi) Emf. 84. Richth. 210, 31. fcillinger 226, 29.].

Starkes femininum.

hier find die erfte und vierte decl. erkennbar, doch fchwer zu
fcheiden, weil fuft nur der nom. fg. und gen. pl. ficheres kenn-
zeichen gibt. Die zweite ift ganz zur erften gefallen, obgleich
von wörtern wie bête (calor) kalde (algor) etc. kaum der pl.
vorkommt.

beifpiele: I. bôt-e   pl. bôt-a   IV. wrald   pl. wrald-a
              bôt-e   bôt-ena   wrald-e   wrald-a
              bôt-e   bôt-um   wrald-e   wrald-um
              bôt-e   bôt-a   wrald   wrald-a

nach I. gehen: bêre (feretrum) bôte (fatisfactio) ierde (terra)
kêfe (dens max.) nofe (nafus) fêle (anima) feke (caufa) fine (ner-
vus) fprêce (lingua) were (labium) [dene (vallis) fende (peccatum)
fwethe (limes)], fodann die bildungen mit *-ene*, *-inge*, *-ethe* als:
blenffene (compago) thampene (fuffocatio) bivinge (motus) thiu-
vethe (furtum) etc.; lâve (reliquiae) kommt, wenigftens in der be-
deutung von erbfchaft, nur im pl. vor; lâva, gen. lâvena (Br. 94.).
Zuweilen im dat. pl. *-en* ftatt *um*: lâven (Br. 116. 117.). Der pl.
kêrar (leges, Br. 215.) vom fg. kêr oder kêre (Br. 159.) befremdet.
— Nach IV. gehen: dêd (facinus) glêd (ignis) nêd (neceffitas)
tîd (tempus) und (vulnus) wrald (mundus) etc.

Starkes neutrum.

hat die gewöhnlichen beiden decl. die *erfte* mit dem fächf. unter-
fchied des pl. a) entw. dem nom. fg. gleich: bên (os) bern (in-
fans) dôk (pannus) hêr (crinis) hûs (domus) kind (infans) lâf
(folium) riucht (jus) thing (judicium). b) oder auf -u (o) endi-
gend, als bodu (mandata) hef (mare) hefu (maria) gerfu (gramina
f. grefu) muth (os) pl. muthu; fkipu (naves); muthmaßlich auch
die mehrfilbigen: hâved (caput) pl. hâvedu; dolekh (vulnus) Br.
194. pl. dolekhu? colekh (fovea) Br. 190. — Der zweiten folgen:
rîke (regnum) etc. — Spuren der einfchiebung *-er* im pl. kinderu
(liberi) Br. 113. kinder [clâther Emf. 81.]; aber fchon (wie im
angelf.) fg. rither (armentum) gen. ritheres.

Schwaches mafculinum.

beifpiel: hon-a   pl. hon-a
             hon-a   hon-ena (ona)
             hon-a   hon-um
             hon-a   hon-a

boda (nuntius) crocha (olla? Br. 146. 147.) fona (vexillum) frâna
(judex) grêva (comes) hona (gallus) hâna (mifer) hêra (dominus)

II. *altfrief. fubft. fchw. fem. neutr. anomalien.*

-jēva (-dator) campa (pugil) knapa (fervus) maga (ftomachus) mutha (os flum.) nēva (nepos) noma (nomen) omma (fpiritus) afega (juridicus) fwima (vertigo) thùma (pollex) willa (voluntas) brēcma (mulcta) mennifka (homo) [bona (homicida) ebba (receſſus) kuda (ictus?) Emf. 4. fatha (cefpes) pl. fatha. Richth. 210, 23. 28. oder fem. vgl. RA. 113. felma (cubile) fkunka (tibia) fnabba (os) Emf. 6.] etc. [Bei Ehrentraut I, 110-117 die namen Enkiſſena, Evordiſna, Lubhana, Pholperdiſina, Aibana, Fekana, Bemmana. Altfrief. fcheint der gen. fg. Siboda (ahd. Sikipotin) im chr. corbeicnfe ad a. 932.].

Schwaches femininum.

beifpiel:	tung-e	pl. tung-a
	tung-a	tung-ena
	tung-a	tung-um
	tung-a	tung-a

[gen. pl. nēdlana, bunkana. Emf. 4.] fovne (femina) bërne (angulus) hērte (cor) lunge (pulmo) nichte (neptis) ponne (patella) funne (fol) fwarde (cutis) fzēreke (ecclefia) tāne (digitus pedis) tunge (lingua) [vāfe (coenum) 243, 37. vidze (lectica) dat. vidzia] etc.

Schwaches neutrum.

geht dem fem. völlig [ausgen. acc. fg. f. p. 646] gleich und begreift nur die wörter āge (oculus) āre (auris).

Anomalien der altfriefifchen declination.

1) *mon,* monnes, monne; pl. men, monna, monnem. 2) *fōt*, pl. fēt, ohne zweifel auch *tōth* (dens) pl. tēth. 3) *hond* (manus) also gen. hond, dat. hond, pl. honda. 4) *feder, mōder, fufter, brōther* fcheinen bald indeclinabel, bald declinabel, vgl. Br. 104. 111. die dat. feder und federe, mōdere; 112. ftehen die pl. brōtbere, fuftere, 118. hingegen brōther [gen. fg. mōders Emf. 88. feiders anda mōders 68. ēnes mōders 44 vgl. frowes noma 62.]. Aus beſſeren quellen würden fich diefe und andere anomala deutlicher ergeben.

---

*Altnordifches fubftantivum**).

Starkes mafculinum. erfte declination.

beifpiel:	fifk-r	pl. fifk-ar
	fifk-s	fifk-a
	fifk-i	fifk-um (om)
	fifk	fifk-a

---

*) Gewifs waren vormahls manche flexionsvocale *lang*, ich wage fie aber nicht zu bezeichnen, da weder die hff. noch die in der vocalbeftimmung ge-

1) einfache wörter: âlfr (genius) armr (brachium) baugr (annulus) bôgr (armus) brunnr (fons) dagr (dies) dolgr (inimicus) dômr (judicium) draumr (somnium) dvergr (nanus) eidhr (jusj.) eldr (ignis) fifkr (pifcis) gaumr (vultur) gångr (greſſus) gardhr (domus) greppr (vir fortis) harmr (dolor) haukr (accipiter) heimr (mundus) heſtr (equus) hluonr (phalangae) hringr (annulus) hrútr (aries) leikr (ludus) lundr (nemus) mågr (affinis) môdhr (animus) rafr (fuccinum) ſtockr (lignum) úlfr (lupus) vargr (lupus) vindr (ventus) þjófr (fur) [ſākr (equus) hattr (pileus) baugr. hjálmr. hvammr (angulus) klipr (ſcalmus nav.) kroppr (corpus, truncus) vagr (finus maris, mare)]. Wurzeln auf l und n affimilieren das r des nom. fg. als: höll (collis) ſtöll (ſella) þrœll (ſervus) bœll (calx) ſteinn (lapis) breinn (rangifer) ſveinu (juvenis) ſtatt ſtölr, þrælr, bœlr, ſteinr, hreinr; gen. ſtöls, acc. ſtöl; die auf ll und nn behalten es aber, z. b. hallr (ſilex) brunnr (fons) gen. brunns, acc. brunn. Wurzeln auf r. f. x apocopieren es, als: vĕr (vir) geir (cuspis) leir (argilla) aur (lutum) mûr (murus) þiór (taurus) [mar (equus) res (gigas) Thorl. fp. VII, 125] ås (pertica) is (glacies) lås (fera) ôs (os flum.) bås (ſtabulum) huans (ceſpes) håls (collum) lax (ſalmo) ſtatt vĕrr, leirr, aurr, ifr, hålfr, laxr, obwohl einige geirr, leirr, aurr und aſſimilierend åſſ, iſſ, låſſ fchreiben, welches letztere verwerflich ſcheint, da dem gen. åſſ (åſ-s) iſſ (iſ-s) gebührt. — 2) bildungen mit -al, il, ul, welche das r des uom. fg. beſtändig aſſimilieren, als: kadball (funis) engill (angelus) eckill (viduus) befill (elevator) ketill (lebes) böggull (fafciculus) jökull (mons glaciei) ſt. kadbalr, engilr, böggulr, jökulr; die mit blofsem -l (alfo ſyncopiertem bildungsvocal) apocopieren das r, als: fugl (avis) iarl (vir nob.) karl (mas) ſt. fuglr, iarlr. — 3) die bildung -m kommt nur im pl. meidhmar (cimelia) vor, der fg. würde meidhmr lauten (goth. máiþms) — 4) bildungen mit -an, in, un, -n, apocopieren das r, als þiódhan (rex) aptan (vesper) berjan (bellator) himin (coelum) morgun (mane) iötun (gigas) brafn (corvus) ſveſn (ſomnus) vagn (currus) ſt. himinr, hrafnr etc. wiewohl einige aſſimilierend himinn, iötunn fchreiben. — 5) bildungen mit -ar, -ur, -r apocopieren das r nom. fg. als: hamar (malleus) akur (ager) blåfur (ſlatus) blátur (rifus) iöfur (rex) figur (victoria) hafr (caper) ſtatt hamarr — hafrr; zuweilen findet ſich aber auch hamarr, iöfurr etc. geſchrieben. — 6) bildungen mit -ûng, als: konûngr (rex) þumlûngr (pollex) etc. —

Anmerkungen: 1) die geſchichte der bildungsvocale wird erſt im dritten buche abgehandelt und dort gezeigt werden, daß akur unorganiſch für akar, akr ſtehe. Hierher gehört bloß, daß der bildungsvocal der wörter von 2. 4. 5. ausfällt, ſobald ein

---

nauften neuisländ. fchriftfteller und grammatiker irgend vorangehen. Heutzutage mögen alle vocale der cafus mit dem ton die alte länge eingebüßet haben. Vermuthungen gibt die analogie von ſelbſt an hand.

II. altn. subst. starkes masc. erste decl.

cafusvocal hinzutritt, alfo: engill, engils, engli, engil; englar, engla, englum, engla; hamar, hamars, hamri; hamrar, hamra, hömrum, hamra [dröttin, dröttnar; himinn, himnum] flatt *ragili* — hamara. Rückumlaut in ketill, ketils, katli, pl. katlar; fetill (balteus) dat. fatli, pl. fatlar; vielleicht heßill, haflar; engill, eckill behalten aber englar, ecklar, fo wie lykill (clavis) im pl. lyklar (nicht luklar) [iötun, iötuns, iötni, iötnar, iötna (nicht iatnar, iatna) iöfur, iöfurs, iöfri, iöfrar, iöfra (nicht iafrar) iökul, iökuls, iökli, iöklar, iökla (nicht iaklar)]; bikar (calix) nikur (hippopotamus) erleiden gar keine fyncope, pl. bikarar, nikurar. — 2) der umlaut des a in ö im dat. pl. richtet fich nach den regeln f. 303. 304; z. b. dögum (diebus) örmum (brachiis) hröfnum (corvis) ft. hröfunum; hömrum ft. hömurum. — 3) das -i des dat. fg. pflegt in einfilbigen wörtern mit langem vocal bisweilen wegzufallen und diefer cafus dann dem acc. gleich zu lauten, z. b. hring (annulo) hœl (calce) böl (colle) is (glacie). Oft hängt die eine oder andere form von der wortftellung ab (Rafk §. 140.) — 4) überhaupt fcheint dies dative i unorganifch deshalb, weil es keinen umlaut wirkt; (oben f. 282. 283.) es heißt: harmi, gamni, hrafni, katli (und nicht hermi, brefni, ketli, = ketili) hlunni, dömi (nicht hlynni, dœmi). Bemerkenswerthe ausnahme macht dagr (dies) dat. *degi* (ft. dagi) pl. dagar, welches degi offenbar in die dritte decl. überfpielt, wo das i organifch, d. h. vom umlaut begleitet ift. Dies beftätigen andere wörter, die nicht bloß den dat. fg. fondern auch den ganzen pl. bald nach erfter, bald nach dritter decl. abwandeln, z. b. neben bögr (armus) bögs, högi, pl. bögar gilt högr, bögar, bœgi, pl. bœgir (vgl. fötr bei den anomalien) grautr (puls) fkögr (filva) vindr (ventus) machen den fg. nach dritter, den pl. nach erfter. — 5) verfchiedene fchwanken in die vierte decl., bald nur mit dem gen. fg. (z. b. fifkjar neben fifks; pl. aber fifkar, nicht fifkir) bald bilden fie den pl. nach beiden (z. b. vêgr, via; pl. vêgir und vêgar; mar, equus pl. marir und marar) — 6) neben fer (mare) fnær (nix) finden fich fiár und fiör; fniár und fniör; gen. fiós und fiöar, fiávar, fiáfur; fniós, fniöar, fniáfar; dat. fió, fnió oder fiá, fnió, fniövi. biör (gladius) macht den gen. hiörs, dat. biörvi nach der erften, zuweilen (richtiger) hiarar, biri (?) nach der dritten. — 7) vêr (vir) und nidbr (cognatus) fchieben im ganzen pl. j ein: vêrjar, nidbjar etc. [nidbjar fæm. 164ᵇ 245ᵇ (von einem fchw. fg. nidbi, wie gloff. edd. II. vermuthet); vêrjar ift falfch, denn der plur. lautet vêrar fæm. 66ᵃ acc. vêra 41ᵃ gen. vêra z. b. vera-tyr. — 8) môr (argilla) môs. Mâr, Mâs, Mâ Ol. Tr. 2, 7. þŷr (famulus) þŷs: Hamþŷr, wofür Hamdir, gen. Hamdis. gnŷr (ftrepitus) gnŷs, gnŷ. — 9) hörr, gen. hörs f. hörs, acc. hör und hö (letzteres fæm. 79ᵃ); ebenfo vefs f. vers in blaudrefs fæm. 234ᵃ].

II. *altn. fubft. ftark. mafc. zweite u. dritte decl.*

Starkes mafculinum. zweite declination.

beifpiel: hird-ir   pl. hird-ar
           hird-is   hird-a
           hird-i   hird-um
           hird-i   hird-a

im fg. hat fich das bildungs-i erhalten, im pl. verloren, denn da follte es hirdjar, hirdja, hirdjum heißen (wie bei denen anm. 7. zur vorigen decl. genannten). Der dat. fg. fcheint genau betrachtet für hirdji, der gen. für hirdjis (wie fifks f. fifkis) zu ftehen. [Zuweilen im gen. irs ft. is, vifirs (regis) Hervar. p. 172. pâlnirs f. pâlnis etc. Freyrs (fornald. 2, 12) f. Freys.] — Umfaßt bloß bildungen mit -i (die mit -ari gehen fchwach) die aber noch zahlreich find und meiftens perfonen, feltner fachen (zumahl gewächfe) bezeichnen: bœtir (emendator) einir (juniperus) endir (terminus) eyrir (uncia) fylkir (dux) hellir (antrum) herfir (dux) hirdir (opilio) læknir (medicus) lêttir (levamen) mækir (enfis) mælir (modius) miffir (jactura) nennir (hippopotamus) reynir (forbus filv.) fkölmir (nequam) ftillir (rex) ftyrir (imperator) vidhir (falix) þyrnir (fentis) œgir (mare) [ëgdir (aquila) fellir (dejector) öglir (coluber) vifir (index, rex)] etc. — Rückumlaut findet im pl. nicht ftatt, wodurch das ältere -jar, ja, jum bewährt wird. aurar (opes) fcheint weniger der pl. von eyrir, als von einem verlorenen aur.

Starkes mafculinum. dritte declination.

hått-r   pl. hætt-ir | fon-r   pl. fyn-ir
hått-ar   hått-a | fon-ar   fon-a
hætt-i   hått-um | fyn-i   fon-um
håtl   hått-u | fon   fon-u

mög-r   pl. meg-ir | kiöl-r   pl. kil-ir
mag-ar   mag-a | kial-ar   kial-a
meg-i   mög-um | kil-i   kiöl-um
mög   mög-u | kiöl   kiöl-u

ich fetze vier beifpiele, um die eintretenden umlaute darzuftellen; die cafus find ganz diefelben. Diefe umlaute lehren 1) daß i in dat. fg. und nom. pl. hier organifch, alfo vom i dat. fg. erfter decl. zu unterfcheiden ift. 2) daß mögr und kiölr für ein früheres mögur, kiölur, folglich der acc. mög, kiöl f. mögu, kiölu ftehen. Ohne umlaut war mithin ältere form: mag-ur, kial-ur fo wie hått-ur, fon-ur, vidh-ur. — Hierher fallen folgende wörter: örn (aquila) biörn (urfus) börkr (cortex) högr (armus) bögar, bœgi; bœgir, bóga, bógum, bógu. dråttr (tractus) feldr (pellis) fiördhr (finus) fridhr (pax) göltr (verres) [im dat. fg. fteht Sn. 370 gialti f. gelti] håttr (mos) hiörtr (cervus) kiölr (navis) knörr, knarrar (navis mercator.) knöttr (pila) költr (catus) lidhr (articulus) limr (membrum) litr (color) lögr (aqua) måttr (vis) miödhr

II. altn. fubft. ſtarkes maſc. dritte u. vierte decl.

(mulſum) fidhr (mos) ſkiöldr (ſcutum) ſonr (filius) ſpånn (ramentum ligni) dat. ſpæni. ſiódhr (marſupium) vidhr (lignum) völlr (vallum) völr (baculus) vöndr (virga) vördhr (cuſtos) þáttr (ſectio carminis) þrädhr (filum) [åss (deus) år (miniſter) dörr (haſta) hör (linum fractum) konr (vir nobilis) köſtr (ſtrues) knöttr (pila) löſtr (vitium) Mördhr. Sköll (n. pr. lupi) Sn. 12. Ullr. vöxtr (incrementum) þór, dat. þórr (goth. þuarus, ahd. donar, donaru?) þröſtr (turdus)].

Anmerkungen: 1) das r nom. ſg. apocopieren örn, biörn (niemahls ſteht örnr, biörnr) neben ſonr gilt anch ſon im nom. [ſon Ol. Tr. 2, 2 (lin. 10) 2, 79 (15) 2, 162 (1) ſonr 2, 69 (3)]; knörr ſteht für knörr'r, knörrur ſpånn f. ſpånr. 2) zuweilen lautet der dat. dem acc. gleich: lit (colore) ſidh (more) kiöl (navi) lög (mari) etc, neben liti, kili, legi; (vgl. dritte anm. zur erſten decl.). — 3) eigentlich iſt dieſe hinneigung zur vierten decl., da, ſobald der dat. ſg. nicht auf -i endigt, dieſe endung für den acc. pl. freiſteht und ſtatt ſonu, knöttu, örnu, þáttu etc. geſagt werden kann: ſyni, knetti, erni, þætti (Raſk §. 151.). Die abwandlung nach der dritten ſcheint in ſolchen fällen immer beſſer und alterthümlicher. Manche wörter bewahren nur den acc. pl. auf -u, gehen übrigens ganz nach der vierten, z. b. konu (propinquos) neben koni. — 4) ſchwanken zwiſchen dritter und erſter dort in der vierten anm.; der dat. degi verlangt einen nom. dögr, gen. dagar; bögr und ſpånn machen den gen. ſg. lieber ſpåns, bögs als ſpånar, bögar. Neben hiör, biörs (gladius) gilt das ältere hiarar; vielleicht auch neben dörr (haſta) dörs und hörr, hörs (linum) ein älteres dörur, hörur, gen. darar, harar, dat. deri, heri. Raſk gibt dem worte ſmidhr (faber) §. 138. den gen. ſmidhs, §. 148. ſmidhar und neben fridhar findet ſich fridhs (§. 155.); ås (numen ethn.) hat im gen. åſs, dat. ås, im pl. aber æſir, åſa, åſum, åſu, ebenſo geht qviſtr (ramus) im ſg. nach I, im pl. nach III.

Starkes maſculinum. vierte declination.

beiſpiele:	belg-r	pl. belg-ir	brag-r	pl. brag-ir
	belg-jar	belg-ja	brag-ar	brag-a
	belg	belg-jum	brag	brög-um
	belg	belg-i	brag	brag-i

Hier fallen dat. und acc. ſg. immer zuſammen; ein dat. ſg. auf -i würde dem acc. pl. begegnen. Zu achten iſt 1) auf die wörter, welche im gen. ſg. gen. und dat. pl. i einſchieben, es ſind meiſtens ſolche, deren wurzel auf l, r, k, gg, lg, ng, rg, ausgeht, namentlich: beckr (ſcamnum) belgr (follis) byrr (turbo) byr (ventus ferens) drengr (vir) dryckr (potus) her (exercitus) hryggr (dorſum) hylr (gurges) hyr (ignis) lækr (rivus) leggr (crus) mergr (medulla) reykr (fumus) ſeggr (vir) ſeckr (ſaccus)

ſtyr (bellum) veggr (cuneus) verkr (dolor)*) þvengr (corrigia);
außerdem noch bœr, bœjar (urbs) bedhr (lectus) vefr (tela).
Augenfcheinlich haben alle diefe wörter umgelauteten vocal,
nicht bloß in den cafus, welche i einfchieben, fondern überall;
theils fcheint eine mifchung mit der zweiten decl. vorgefallen,
vgl. her, bedhr, vefr mit dem alth. neutr. heri, petti, webbi (man
berichtige oben f. 148. vĕfr, wĕbbi in vefr, webbi), theils, wo
keine folche mifchung erweislich ift, umlaut und einfchiebung
des i unorganifch, d. h. belgr, gen. pl. belgja ſtehend für balgr,
balga; der nom. und acc. pl. belgir, belgi wäre untadelhaft. —
2) folgende fchieben kein i ein: bolr (truncus) bragr (carmen)
breftr (defectus) hur (filius) dalr (vallis) geftr (hofpes) gramr
(heros) hamr (cutis) hugr (conditio) blutr (res) hugr (mens) hvalr
(balaena) hver (thermae) konr (propinquus) lýdhr (populus) mar
(equus) matr (cibus) munr (difcrimen) qviſtr (ramus) refr (vul-
pes) rôttr (jus) falr (aula) faudhr (aries) ſtadhr (locus) ſtafr (ba-
culus) vĕgr (via) vinr (amicus) etc. 3) einige der unter 1., noch
mehrere der unter 2. angeführten wörter pflegen den gen. fg.
auf -s nach der erſten (ſtatt -jar oder -ur) zu bilden, namentlich:
drengr, þvengr, hylr, feckr; bolr, breftr, dalr, geftr, gramr, hvalr,
hver, lýdhr, mar, qviſtr, refr, ſtafr. Verfchiedene fchwanken,
z. b. her macht: hers und herjar, falr: fala und falar, [Yggr:
Yggs (Egilss. 656) Yggjar (ibid. 657)] wie das f. 652. angeführte
ſîks, ſîkjar. Diefer gen. auf -s führt denn auch zuweilen den
dat. auf -i herbei; fo findet ſich geſti f. geſt. —

Anmerkungen: 1) die nom. bur, mar, byr, hyr, her, hver,
ſtyr ſtehen für burr, marr etc. für vinr zuweilen vin [vin Ol.
Tr. 2, 64. 2, 67. vinr 2, 162]. — 2) fonderbar, daß die endung
-ir, i, des nom. acc. pl. keinen umlaut wirkt, es heißt bragir,
falir, dalir, konir, hlutir, munir etc. nicht aber bregir, delir, ky-
nir, blytir etc. der umlaut müſte denn unorg. durchs ganze wort
laufen, wie in her, geſtr, bylr etc. Um fo auffallender, als wörter
dritter decl. im nom. pl. und wenn fie den acc. pl. auf -i ſtatt
-u bilden (f. dort anm. 3.) allerdings umlauten. Zwifchen fýnir
und konir (von fonr, konr) legir und bragir (von lögr, bragr)
alſo keine analogie.

Starkes femininum. erſte declination.

beifpiel: giöf pl. giaſ-ar
giaſ-ar giaſ-a
giöf (-u) giöf-um
giöf giaſ-ar

1) einfache wörter: ál (lorum) önn (labor) örk (ciſta) giöf (do-
num) giördh (cingulum) gröf (fovea) grön (barba) höll (aula)

---

*) Dän. fchwed. vark, angelf. vĕarce; zu unterfcheiden von vĕrk (opus) dän.
fchwed. verk, angelf. vĕorc.

II. altn. fubft. ftarkes fem. .erfte decl.

hlein (tibicen telae) iördh (terra) mön (juba) miöll (niz) nös (nafus) öl (funis) qvöl (fupplicium) röd (ratio) rödd (vox) röft (requies, milliare) rûn (runa) ſin (nervus) ſeil (funis) ſök (caufa) ſkeidh (pecten telae) ſkömm (pudor) ſôl (ſol) tåg (vimen) vömb (venter) vör (labium) [år (remus) öf, afar (nimietna) ök, akar (dolor) öſp, aſpar (populus tremula) böd, bödvar (pugna) biörg (auxilium) hein (cos) hlömm (fuftis) hnot (nux? Sn. p. 83) kös (cougeries) lödh (invitatio) mön (juba equina) qverk (faux) ſkål (crater) ſkör (ſinciput) ſkor (rima) ſkiålf (tremor) npa, upſar. valböſt (capulus enſis) ſæm. 142^b 194^b. vök (forsmen in glacie) vörn (defenſio) þiöl (lima)]. — 2) bildungen mit -n, -n (ſelten): miödhm (coxendix) höfn (portus). — 3) mit -ul, -l, -ur, -r (wenige wörter): göndul (bellona) ſkögul (parca) öxl (humerus) nål (acus) fiödhur (penna) lifur (hepns) ædhr (veus) gen. ædhrar, neunord. ædh, ædhar. — 4) mit -ing, -ing (häufig): hörmúng (moeror) ſigling (navigatio) etc. — [Ungewiſſe plurale: beit (paſcuum) reik (capillus) ſinátt (apertura) ſneis (ramus arb.) ſpiör (telum) ſveit (tribus)].

Anmerkungen: 1) die rückumlaute ergeben ſich nach allgemeinen regeln, z. b. önn, annar; grön, granar; rödd, raddar; göndul, gondlar; fiödhur, fiadhrar; miödhm, miadhmar; höfn, hafnar; öxl, axlar; der umlaut des nom. und acc. ſg. deutet auf einen alten caſus -u und giöſ, önn, göndul, öxl, höfn etc. ſteht für ein früheres giöſu, önnu, göndlu, öxlu, höfnu oder vollformig: göndulu, öxulu, höfunu (axlar, ſkaglar ſ. axalar, ſkagalar); folglich ſöl, tåg, rûn für ſölu, tågu, rûnu. — 2) die meiſten wörter dieſer decl. neigen ſich allmählig in die vierte und ſtatt des pl. giaſar, iardhar, ſölar, hafnar, fiadhrar etc. der älteren denkmähler zeigt ſich bald und heutzutage entſchieden: giaſir, ſölir, hafnir, fiadhrir. Es iſt aber ſchwierig, aus der heutigen vierten mit gewisheit die ſubſt. anzugeben, welche vordem zur erſten gehörten, wo nicht der umlaut ö auf den alten nom. -u führt. Nach alth. analogie würden mold (terra) ull (luna) þiödh (gens) etc. früherhin moldu, ullu, þiödhu gehabt haben. Die hernach anm. 4. 5. zu nennenden, ſo wie die bildungen -ûng, ing bleiben jedoch ſelbſt im neuiſl. der erſten decl. getreu. — 3) dieſe bildungen machen auch den dat. ſg. auf -u; es ſcheinen daher die dat. giöſu, grönu, röddu, göndlu, liſru etc. ältere form ſtatt des ſpäteren giöſ, grön etc., das ſich bei dem ſchwanken in die vierte leicht eindrängte. — 4) die mit dem umlaut ö, deren wurzel auf gg, r und d ausgeht, ſchieben bei zutretendem caſus-vocal gerne v ein, als: dögg (ros) rögg (plica veſtis) ör (telum) ſtödh (locus) pl. döggvar, röggvar, örvar, ſtödhvar, welches v dann auch rückumzulauten hindert; ſpäterhin gilt auch daggar, ſo wie insgemein vör (labium) varar, kein vörvar. — 5) ähnlich ſchieben die mit dem umlaut e und y gerne j ein, als: ben (cicatrix) egg (acies) fit (membrana pedis avium) hel (lethum) il (beßer wöhl yl? planta pedis) [iljar Grottas. 117] klyſ (ſarcina) nyt (fructus) ſyn (negatio) pl. benjar, eggjar — ſynjar. menjar (veſtigia) hat keinen ſg. [eng (pratum) ſkel (cruſta, concha) diu, dys (tumulus) gen. diſjar, dyſjar. Frigg hat auch Friggjar Sn. 113.]

Starkes femininum. zweite declination.

beiſpiel:
feſt-i	pl. feſt-ar	æf-i	pl. æf-ir
feſt-ar	feſt-a	æf-i	æf-a
feſt-i	feſt-um	æf-i	æf-um
feſt-i	feſt-ar	æf-i	æf-ir

von beiden weiſen wenige wörter 1) byrdhi (onus) elfi (fluvius) ermi (manica) eyri (ora campi) feſti (catena) heidhi (teſqua) lygi (mendacium) meri (equa) myri (palus) veidhi (venatio) öxi (ſecuris) goth. aqizi. væli (deceptrix) maſc. vælir.]. — 2) æfi (aevum) elli (ſenectus) gledhi (hilaritas) mildi (lenitas) rètt-vîſi (juſtitia) etc., welche gewöhnlich nur im ſg. vorkommen. [Gói (n. pr. virginis). Skadhi (n. p. dexe, doch Sn. 82 der gen. Skadha). þyri (n. pr. virg.) gen. auch þyri. Ol. Tr. 1, 116.] — 3) neben byrdhi und elfi gilt zuweilen byrdlır, elfr im nom. ſg. [Hildr acc. Hildi. Heidhr acc. Heidhi fæm. 4ᵇ. veidhr (venatio) acc. veidhi. vgl. gygr, gen. gygjar, dat. acc. gygi.]

Starkes femininum. dritte declination.

beiſpiele:
tönn	pl. tenn-r	rót	pl. rœt-r
tenn-ar	tenn-a	rót-ar	rót-a
tönn	tönn-um	rót	rót-um
tönn	tenn-r	rót	rœt-r

Die umlaute zeigen an, daß dem nom. dat. acc. ſg. früher ein caſus -u, dem nom. acc. pl. aber ein -i gebührt, folglich die decl. mit der dritten männlichen weſentlich übereingeſtimmt hat. Steht demnach tönn für tönnu, tennr ſ. tennir, rœtr ſ. rœtir; ſo wird auch röt, hind, hindr ſtehen für rötu, hindu, hindir. — Dieſe decl. begreift 1) einfache wörter: önd (anima) ört (anas) bók (liber) bót (emendatio) eik (quercus) geit (capra) glódh (pruna) grind (cancelli) hönd (manus) hönk (funiculus) hind (cerva) kinn (maxilla) miölk (lac) mörk (ſaltus) nit (lens, -dis) nót (ſagina) nyt (nux) rönd (margo) rót (radix) ſpöng (lamina) ſteik (caro frixa) ſtöng (pertica) ſtrönd (littus) töng (forceps) tönn (dens) vîk (ſinus) [boen (petitio gl. Nial. bæn und bön) brók (hoſe) döck (fovea) fönn (nix condenſata) höm (clunis equorum) hrönn (unda) ſkör (barba) tîk (canis) þöll (pinus) þömb (arcus)]. 2) von bildungen wüſte ich das einzige nögl (unguis) gen. naglar, pl. neglr.

Anmerkungen: 1) die auf g und k ausgehenden wurzeln machen den gen. ſg. meiſtens dem nom. pl. gleich, alſo eik, eikr; ſteik, ſteikr; vîk, vîkr; mörk, merkr; miölk, miölkr; ſpöng, ſpengr, gen. pl. fpånga; hönk, henkr, hánka; töng, tengr, tånga (weil nach iíländ. mundart áng, ånk ft. ang, ank eintritt, (oben f. 286. 287.) pflegt Rafk aung, aunk ft. öng, önk und eing, eink ft. eng, enk zu fchreiben, mithin fpaung, gen. fpringr pl. fpeingr, fpånga, fpaungum); bók hat im gen. bókar, uicht bækr. Neben dem gen. fg. merkr, fpengr, tengr, henkr kommt jedoch auch der gewöhnliche markar, fpångar, hånkar vor. [Acc. pl. markir fornald. 2, 103. — nom. fg. lIùnmörk fæm. 246ª; gen. Danmarkar fæm. 215. Danmerkr fornald. 1,4; dat. Danmörk fæm. 171. Danmörku fæm. 232ᵇ.] — 2) der dat. fg. ift in der regel dem nom. und acc. gleich; ausnahmsweife findet fich öndu, mörku, und noch merkwürdiger *hendi* (manu) dem dat. fg. der dritten männl. gleich. — 3) da fich die fingg. der erften, dritten und vierten weibl. decl. in der regel gleichen, fo entfpringt zumahl für umlautsunfähige wurzeln unficherheit, nach welcher ihr pl. abgewandelt werde. Es ift daher nicht zu verwundern, daß die gen. markar, randar, ftångar zuweilen den nom. acc. pl. markir, randir, ftångir nach vierter bilden. — 4) einige fchreiben fehlerhaft im nom. acc. pl. -*ur* ft. -*r*, da diefes -r für org. -*ir* und nicht -*ur* fteht, auch in letztern fall den umlaut ö wirken müfte. Inzwifchen erklärt diefes -ur vielleicht einige übergänge in den fchwachen gen. pl. (f. anomalien).

Starkes femininum. vierte declination.

beifpiel: åft   pl. åft-ir
           åft-ar   åft-a
           åft (-u)   åft-um
           åft   åft-ir

1) einfache: åft (amor) braut (via) dådh (facinus) drós (virgo) ferdh (iter) förn (victima) greiu (fectio) grund (folum) hiålp (auxilium) idh (negotium) krås (cibus) leidh (via) naudh (neceffitas) norn (laga) fión (vifus) föl (fol) tidh (tempus) fúl (columna) und (vulnus) unn (unda) vådh (veftis) [brådh (efca) hoen (preces) hierher? biörg (auxilium) pl. biargir (Iliörn f. v. nábiargir) dís (femina) pl. difir. eik (quercus) gunn (pugna) hlidh (latus montis) bvönn (angelica) pl. hvannir Ol. Tr. 2, 244. kynd, kind (natura, ens) fæm. 1ª. öfk (electio) öfkir Hervararf. 220. qván (uxor) fnót (femina) fnótir fæm. 259ᵇ 268ᵃ urdh (faxetum)] etc. Einige diefer, z. b. hiålp, föl, und, unn mögen vor alters zur erften gehört haben; heutzutag fallen auch folgende der vierten zu: giöf, gröf, fkömm, röft, vör etc. — 2) bildungen mit -*n*: audhn (defertum) eign (proprietas) fökn (curia) höfn (portus). — 3) mit -*in* nur: alin (cubitus) gen. ålnar (ft. alinar). — 4) mit -*an* (fehr viele): andvarpan (gemitus) ragan (exprobratio timiditatis) leiptran (fulgur) etc. der bildungsvoc. wird nicht fyncopiert: gen. andvarpanar, pl. andvarpanir, gen. andvarpana, dat. (affimilierend) andvörpunum; aus diefem dat. pl. entfpann fich

die fpätere nebenform andvörpun, andvörpunar, rögun, rögunar.
— 5) mit -dh: dygdh (virtus) gcrdh (actio) hefndh (ultio) etc.
— 6) [mit -t: alpt oder älft (olor) heipt (odium) töpt (aula)]
mit -tt (alth. ht): ætt (genus) frëtt (oraculum) ambótt (ancilla)
fótt (morbus) vætt (pondus) vættr (genius).
Anmerkungen: 1) der dat. fg. fchwankt zwifchen -u und
dem zuf. fallen mit acc. — 2) wie in der vierten männl. begleitet
kein umlaut die endung -ir nom. acc. pl. Es heißt giafir,
varir, fölir, nnnir und nicht etwa gifir, verir, foelir, ynnir. Die
häufige herkunft diefer wörter aus der erften decl. (giafar, varar,
fölar) lehrt diefe unwirkfamkeit der endung ir zum theil begreifen.
— 3) brúdhr (fponfa) hildr (bellona) [gridhr (gigas f.)]
und verfchiedene eigennamen [Audhr, Gudhr, Urdhr] bewahren
das -r nom. fg., pflegen aber auch den dat. acc. fg. auf -i zu
endigen [vgl. zur zweiten declination, 8].

Starkes neutrum. erfte declination.

beifpiel: ordh   pl. ordh   2) föt
           ordh-s   ordh-s   fót-s
           ordh-i   ordh-um   föt-um
           ordh   ordh   föt

1) einfache wörter: ax (fpica) bak (tergum) bál (rogus) band
(vinculum) barn (infans) bladh (folium) bordh (menfa) fäng (captura)
fat (vas) fiall (mons) glas (vitrum) gler (idem) gras (gramen)
gull (aurum) haf (mare) hof (aula) holt (afpretum) hrofs
(equus) iódh (proles) lamb (agnus) lidh (auxilium) lín (linum)
mál (tempus) man (mancipium) ordh (verbum) rak (foenum madidum)
rán (rapina) rúm (fpatium) fax (culter) fkap (animus)
fkip (navis) ftridh (certamen) tal (loquela) tál (dolus) tiald (tentorium)
tún (viridarium) vaf (trama) vax (cera) víg (caedes) vigg
(equus) v. gloff. edd. fæm. II. vin (vinum) þak (tectum) þing (judicium)
[þrim (mare aeftuans) hiul (fermocinatio) hold (caro)
hvarf (difceffus) kiöt (caro) knun (ulcus) laun (merces) lag (lex)
ós (oftium fluminis) fkäld (poeta) tól (inftrumenta)] und viele
andere. — 2) bildungen mit -al, -l: ódhal (praedium) hagl
(grando) tagl (cauda equina) [gagl (avis) tafl (alea, ludus)] etc.
3) mit -n -in: magn oder megin (robur) nafn (nomen) ragn (imprecatio)
regin (numen) vatn (aqua) etc. — 4) mit -ar, -r: fumar
(aeftas) fódhr (pabulum) fëtr (fedes) fílfr (argent.) [fiötur (pedica)
gen. pl. fiötra (nicht fiatra, vgl. f. 651) myrkr (tenebrae)] etc. —
5) mit -dh: höfudh (caput) beradh (tribus).

Anmerkungen: 1) alle mit wurzelhaftem kurzen a lauten
im nom. acc. und dat. pl. in ö um, welches einen früheren nom.
acc. pl. auf -u beweift: öxu, böku, börnu etc. ftatt des heutigen
öx, bök, börn; folglich lauteten auch hof, vig etc. vormahls hofu,
vigu. Gleichviel, ob einf. oder dopp. conf. dem a folgt, es heißt

II. *altn. subst. starkes neutr. erste u. zweite decl.*

sowohl fôt, glös als lömb und felbſt fàng (weil es für fang ſteht)
bekommt föng (Raſk faung); màl, tàl, ràn etc. bleiben hingegen
im pl. unveränderlich. Auch die mehrſilbigen lauten ihr a in
ö um, durch aſſimilation des bildungsvoc., denn wie fumar, ödbal
den pl. fumur, ödhul (== fumuru, ödbulu) machen, ebenſo maſtur
(malus navis) den pl. möſtr (== möſtru, möſturu) und die ſyn-
copierten vatn, tagl, magn (== megin) den pl. vötn, tögl, mögn
(== vötnu, vötunu) — 2) das -i dat. ſg. iſt wie beim maſc. (vor-
hin f. 651.) von keinem umlaut begleitet. [Aus þeſſu-megin, hinu-
megin ſcheint ein dat. megin zu folgen.] — 3) der umlaut der
nom. ſg. fiör (vita) miöl (farina) ſkrök (figmentum) föl (alga ſac-
charifera) weiſt auf ein abgelegtes bildungs- (nicht caſus-) u,
welches vor flexionsvocalen als v vortritt, gen. föls, dat. fölvi,
pl. föl, gen. fölva, dat. fölvum etc. [oben f. 312; es kommt auch
in unumlauthbaren vor z. b. lîng, lŷng (erica) dat. lîngvi, lŷngvi.]
— 4) keine ſpur von wörtern, die im pl. -ir einſchöben [doch
eine: hoens f. 2, 270].

Starkes neutrum. zweite declination.

beiſpiele:	*kyn	pl. kyn	rîk-i	pl. rîk-i
	kyn-s	kyn-ja	rîk-is	rîk-ja (-a)
	kyn-i	kyn-jum	rîk-i	rîk-jum (-um)
	kyn	kyn	rîk-i	rîk-i

das erſte paradigma ſtellt wörter vor, die urſprünglich denen
des zweiten gleichförmig waren, in der folge aber das i in den
nom. acc. ſg. pl. und im gen. ſg. auswarfen; kyn, men ſteht für
kyni, meni; kyns, mens f. kynis, menis. Alle umlautsfähigen
wurzelvocale in dieſer decl. ſind umgelautet und offenbar umfaßt
die erſte weiſe lauter kurzſilbige, die zweite lauter langſilbige
wörter. Der erſten weiſe folgen: egg (ovum) flet (ſtratum) kyn
(genus) men (monile) nef (naſus) nes (lingula terrae) net (rete)
rif (coſta) ſel (tugurium) ſkegg (barba) ſker (ſcopulus) vedh
(pignus) þil (tabulatum) [fet (greſſus) fyl (pullus equinus) gil
(kluft) byr (ignis, pruna)? goth. haúri, bei Biörn m. ker (vas)
vel (cauda avium) ver (locus) gen. vers oder veſs]. Der zweiten
mehrere: býli (habitaculum) dœmi (exemplum) engi (pratum)
enni (frons) epli (pomum) erendi (negotium) erfi (epulae funebr.)
erfidhi (labor) fylki (provincia) herbergi (diverſorium) klædhi
(veſtis) mæli (loquela) merki (ſignum) mynni (oſtium) qvædhi
(carmen) vigi (propugnaculum) víti (culpa) ríki (regnum) trŷni
(roſtrum) yndi (gaudium) [boeli (luſtrum ferarum) brŷni (cos)
inni (domus) ſkolli (vulpes) Laxd. 278. ſtŷri (gubernaculum)] etc.
Wörter der zweiten weiſe, deren wurzel nicht auf die gutt. g
und k ſchließt, pflegen im gen. und dat. pl. das i auszulaſſen,
alſo: epla, eplum; enna, ennum; qvædha, qvædhum etc. ſtatt
eplja, ennja, epljum, ennjum, wie es ſicher einmahl geheißen
hat, eben weil dieſe caſus nicht rückumlauten (nicht: apln, öplum;

qvádha, qvádbum). Bemerkenswerthe ausnahme macht hiervon
læti (gestus) mit dem rückuml. gen. dat. pl. láta, látum. [Steht
læti für látu?] — Zuweilen gelten beide formen, z. b. fullting
und fulltíngi (auxilium). [Biörn gibt þil und þili an, lær und
læri (femur).]

Starkes neutrum. dritte declination.

fé (pecunia) macht den gen. fiár. [Hierher fmiör (oleum)? wohl
zu l wie fiör; aber tröll, gen. trölls, dat. trölli, acc. tröll, pl. tröll,
trölla, tröllum? goth. trallu?]

Schwaches masculinum. erste declination.

þeispiel: han-i   pl. han-ar
            han-a   han-a
            han-a   hön-um
            han-a   han-a

1) einfache: andi (animus) ángi (suavis odor) api (simia) ari
(aquila) arfi (heres) bani (interfector) bogi (arcus) daudhi (mors)
dreyri (sanguis) dropi (gutta) ecki (aerumna) fäni (satmus) fari
(viator) faxi (coluber i. e. jubatus) funi (ignis) galgi (patib.) goti
(equus) gumi (homo) haki (uncus) hani (gallus) héri (lepus)
kappi (pugil) fë-lagi (socius) limi (onus) maki (par) máni (luna)
néfi (frater) rifi (gigas) rúni (collocutor) féfi (mens) fími (funis)
fkati (rex) fkuggi (umbra) tángi (cuspis) uxi (bos) vandi (peri-
culum) þauki (mens) [backi (ripa) bolli (tina) breki (unda) díli
(macula) endi (finis, anus) gunn-fani (vexillum) floti (classis) glöfi
(chirotheca) granni (vicinus) hali (cauda) bráki (sputum) hiarfi
(finciput) liodhi (dux) fæm. 135ª. moli (mica) pali (rumor) fegi
(pulpa) fkáli (cubile) fpeni (papilla) ftióri (gubernator) fvíri (cer-
vix, guttur) ái (multitudo infectorum) vádhi (periculum) vífi (dux)
þari (alga)] und viele andere. — 2) bildungen mit -l, n: geifli
(radius) nagli (clavus) afni (finus) — 3) mit -ari: dómari (judex)
léfari (lector) etc. — [4) mit -v: lingvi (serpens)].

Anmerkungen: 1) das -i nom. fg. weckt keinen umlaut; wo
er fich zuweilen findet, hat er einen andern grund, z. b. ecki,
dreyri mögen urfprünglich zur zweiten fchw. decl. gehören. —
2) die mit -ari affimilieren im dat. pl., z. b. bakari (piftor) léfari,
dat. pl. bökurum, léfurum. — 3) daß der gen. pl., wie im fem.
und neutr., vormahls -na ft. -a lautete beweisen die in den älte-
ften denkmählern noch vorfindlichen formen gumna (virorum)
bragna (militum) gotna (equorum) flotna (idem) fkatna (regum)
oxna (boum) von gumi, bragi (veraltet) floti, fkati, oxi (ft. uxi);
felbft im nom. zeigt fich gumnar, gotnar [bragnar Su. 212ᵇ] etc.
neben gumar, gotar. — 4) nach neutraler weife bilden den nom.
fg. auf -a ft. -i die wörter hérra (herus) fíra (dominus).

II. *altn. fubft. fchw. mafc. zweite decl. fchw. fem. erfte decl.* 577

Schwaches mafculinum. zweite declination.

beifpiel:
	vil-i	pl.	vil-jar
	vil-ja		vil-ja
	vil-ja		vil-jum
	vil-ja		vil-ja

der nom. i ftehet fůr -ji (Rafk -i). 1) bildungen mit bloßem -i nur einige wörter: ftedhi (incus) tiggi (rex) vili (voluntas) einheri (monoheros) ey-fkeggi (infulanus) fkip-veri (nauta) ill-virki (nequam) [adhili (auctor) bryti (promus condus) fkyli (rex) gl. nial. 633ª. n. pr. Beli. Gylfi. Skeggi, gen. Skeggjar Ol. Tr. cap. 78.]. — 2) mit *ingi*: frêlfingi (libertus) hœfdhingi (princeps) rænlngi (latro) etc.

Schwaches femininum. erfte declination.

beifp.:
	tûng-a	pl.	tûng-ur		harp-a	pl.	hörp-ur
	tûng-u		tûng-na		hörp-u		harp-na
	tûng-u		tûng-um		hörp-u		hörp-um
	tûng-u		tûng-ur		hörp-u		hörp-ur

1) einfache: amma (avia) afka (cinis) bâra (unda) edda (proavia) egda (aquila f.) dûfa (columba) flafka (lagena) gånga (iter) gata 662 (platea) gåta (aenigma) grîma (larva) haka (mentum) harpa (lyra) hofa (caliga) orrufta (pugna) pîpa (fiftula) qviga (bucula) faga (relatio) fkata (raja, pifc.) fkemma (gynaeceum) flaka (verius) tala (oratio) tûnga (lingua) vala (fatidica) villa (error) vika (hebdomas) pûfa (tuber) [âma (amphora) adha (concha) brecka (clivus) drápa (carmen) fiara (littus) fora (abies) gêdda (lupus pifc.) livlín (cubile) inta (praefepe) kölgn (unda) krymma (ungula) kylfa (clava) leiga (locarium) mæna (medulla fpinalis) riupa (perdix) rôma (pugna) fåpa (fapo) fîa (fcintilla) dat. fg. þeirri fio Sn. 12. dat. pl. fium 5. acc. pl. ftur 9. acc. fg. iarnfîu 115) fkata (raja) fkûta (liburna) fvadha (lubricitas) fvala (hirundo) tîa (equa) vagga (cunae) varta (papilla) veifa (coenum)] u. a. m. — 2) bildungen: veitfla (convivium) [tafla (tabula) andra pl. öadrur].

Anmerkungen: 1) die mit n fchließenden wurzeln machen den gen. pl. auf -a ftatt -na, weil fonft zwei n zuf. ftoßen würden, alfo gleichlautend mit dem nom. fg. z. b. lína (linea) tinna (filex) tina (cantharus ftann.) kanna (cantharus) kona und qvenna (femina) fkepna (creatura) — 2) vala heißt zuweilen mit vorbrechendem bildungs-u: völva, gen. völvu, gen. pl. völuna oder valna. — [3) Grôa n. pr. (fo im nom. Landn. p. 85. 89. 106. 149. 158. 204 hat im nom. auch Grô Landn. 139, gen. Grô 61, acc. Grô 109. 152. 154. 202. — 4) mehrere find männernamen: Kempa, Rama, Leira, Slefa, und fo die appellativa lydda Su. 197. fkreia 196. leyra, fleyma, teydha, dugga, kempa; daher im pl. kempur Sn. 196.]

578 II. *altn. subst. schw. fem. zweite u. dritte decl. neutr. anom.*

Schwaches femininum. zweite declination.

beispiel: kirk-ja   pl. kirk-jur
         kirk-ju   kirk-na
         kirk-ju   kirk-jum
         kirk-ju   kirk-jur

hierher: hylgja (unda) dryckja (potatio) eckja (vidua) fylgja (genius famil.) ferja (linter) gryfja (fovea) gydhja (dea) bækja (grallae) hyggja (opinio) kirkja (ecclefia) lilja (lilia) mannefkja (homo) reckja (lectus) fmidhja (opificina) fylgja (umbella) ylgja (lupa) [hikkja (canis fem.) kelja (hasta) val-kyrja (parca) qvickja (fcintilla) felja (largitrix) fkickja (pallium) fneckja (navis) iarnvidja (veueſica) Sn. 13.]. Zu merken, daſs alle, denen kein kehllaut vor dem j hergeht, den gen. pl. ohne n, alſo dem nom. ſg. gleich machen, z. b. lilja (liliorum) gryfja (fovearum). [Männernamen: hetja (vir fortis) Laxd. p. 26. 132. telgja.]

Schwaches femininum. dritte declination.

vielleicht könnte man die zur zweiten ſtarken gezählten, welche im ſg. unveränderlich bleiben und kaum einen pl. beſitzen, hierhernehmen?

Schwaches neutrum.

beispiel: hiart-a   pl. hiört-u
         hiart-a   hiart-na
         hiart-a   hiört-um
         hiart-a   hiört-u

nur wenige wörter: auga (oculus) bióga (farcimen) eyra (auris) eylla (teſticulus) hiarta (cor) knodha (glomus) lûnga (pulmo) uyra (ren). [Spur des ſchwachen n außer gumna 661 noch in hion pl. neutr. gen. hiona = ahd. hiwo pl. hîun hîon, gen. hîôno? Graff 4, 1066; agſ. hívan: vgl. gothl. þauu (unten zu 792) und lion, leon, franz. lion, ſp. leon, it. leone, lionc.]

Anomalien der altn. ſubſtantivdeclinationen.

1) *fadhir, bródhir, módhir, dóttir, fystir* machen übereinſtimmend den gen. dat. acc. ſg. auf -ur: födhur, bródhur (zuweilen gen. födhurs, bródhurs) módhur, dóttur, fystur; den nom. acc. pl. auf -r: fedhr, brædhr, mædhr, dætr, fystr; den gen. dat. pl. auf -a, um: fedhra, fedhrum; brædhra, brædhrum; mædhra, mædhrum; dœtra, dœtrum; fystra, fystrum. Die umlaute oder unumlaute offenbaren, daß das -ir nom. ſg. für ein älteres -ar, das -r pl. für ein älteres -ir eingetreten iſt, folglich die frühere form: fadhar, födhur, pl. fedhir lautete; die aſſimilierten bildungsvocale weiſen aber auf noch ältere caſusvocale hin. Im gen. und dat. pl. ſollte man theoretiſch fadhra, bródhra, födhrum, bródhrum etc. vermuthen.

II. *altnordische subst. anomalien.*

2) *madhr* (ft. mannr) im fg. regelmäßig manns, manni, mann (nicht madh); im pl. aber menn (offenbar ft. mennir) manna, mönnum.

3) *fótr*, gen. fótar, dat. fœti, acc. fót; pl. fœtr, fóta, fótum, fœtr; alſo nach der dritten männl. bisweilen aber im gen. dat. fg. fóts, fóti nach der erſten.

4) *vëtur* (hiems) auch nach der dritten, nur mit apocopen und ſyncopen, nämlich der nom. acc. fg. vëtur ſteht für vëturur, der gen. vëtrar f. vëturar, dat. vëtri f. vëtiri; nom. acc. pl. vëtr f. vëtirir, vëturu; gen. vëtra f. vëtara, dat. vëtrum f. vëturum. Zuweilen im gen. fg. vëturs neben vëtrar.

5) *fingur* (digitus) im fg. nach der erſten männl. gen. fingurs, dat. fingri; pl. aber nom. acc. fingur (ft. fingrar, fingra) gen. fingra, dat. fingrum.

6) das fem. *hönd* (manus) nach dritter weibl. außer daß es im dat. die alte endung hendi bewahrt.

7) *nátt* (nox) nach der vierten: gen. náttar, dat. acc. nátt; pl. nom. acc. nætr (ft. nættir) gen. nátta, dat. náttum. Es gilt aber die (durch verwechſlung des pl. nætr mit nœtr veranlaßte) nebenform *nótt* nach der vierten: gen. nœtr [wovon das comp. nœtr-gali], dat. acc. nótt; pl. nœtr, gen. nótta, dat. nóttum. [Mit nótt vgl. ahd. nuohturn, nhd. nüchtern.]

8) *gás* (anſer) *mús* (mus) *lús* (pedic.) *brún* (supercilium) im fg. nach der vierten weibl.; im nom. acc. pl. aber nach dritter umlautend und apocopierend: gæſſ (ft. gæſir, gæſr) mỳs (ft. mỳſir, mỳſr) lỳs (ft. lỳſir, lỳſr) brỳn (ft. brỳnir, brỳnr) gen. dat. gáſa, gáſum; múſa, múſum etc. Zuweilen auch: mỳſſ, lỳſſ, brỳnn. Die alten gebrauchen auf dieſe weiſe den pl. *dyr* oder *dyrr* (porta) ft. dyrar, dyrir, gen. dura, dat. durum.

9) einfilbige, auf vocal auslaufende wörter werfen anſtoßende caſusvocale weg, nur nicht im gen. pl. [vgl. zu 652, 8 und 9.] a) männliche: *nár* (corpus exanime) gen. nás, dat. acc. ná; pl. nár, gen. náa, dat. nám; *fkór* (calceus) fkós, dat. fkó (ft. fkói) acc. fkó; pl. fkór, fkóa, fkóm, fkó, zuweilen fkúnr, gen. acc. fkña; ſo im fg. *freyr* (n. pr.) froys, frey, frey; *liár* (falx) gen. liñs; *tyr*, tỳs, tỳ, (n. pr.) *gr* (arcus) ỳs, ỳ; *iór* (equus) iós, ió; *fniár* (nix) fniávar, dat. ſniá; *fuár* (marc) ſúvar, dat. ſiá; dat. pl. ſniám, ſiám (nebenform: ſnær, ſær; ſnævar, ſøvar; dat. pl. ſræm) *már* (larus) gen. mávar [dagegen *már* (mare) gen. máſs Vigagl. p. 237ª]; *bœr* (urbs) gen. bœjar [auch bỳr, bỳar; hár (ſcalmus) hárs]. — β) weibliche: *á* (flumen) gen. ár (ft. áar) pl. ár (f. áar) gen. áa, dat. ám (f. áum); ebenſo gehen *brá* (cilium) *giá* (ruptura montis) *krá* (angulus) *liá* (gramen demenſum) *rá* (caprea) *fkrá* (ſera) *flá* (ſubfus) *ſpá* (vaticinium) *þá* (terra egelida) [gnå (n. pr.) gen. gnár. Sn. p. 38. 39. fká (obliquitas)] etc. Alle dieſe nach der erſten; *ey* (infula) *mey* (virgo) *þy* (ſerva) gen. eyjar,

II. *altnordische subst. anomalien.*

meyjar, þyjar; nom. pl. eyjar, gen. eyja, dat. eyjum etc. Der dritten decl. folgen: *tá* (dig. pedis) gen. tår (f. tåar) pl. tær, gen. tåa, dat. tåm; *á* (aqua) gen. ær, pl. ær, gen. åa [contr. å Sn. 114], dat. åm; *ló* (corylus) gen. lóar; pl. lœr, gen. lóa, dat. lóm (f. lóum) ebenfo *fró* (quies) *fló* (pulex) *kló* (unguis) *ró* (quies) *tó* (cefpes) *þró* (cavum excifum) [*ftó* (focus) vgl. Grö zu f. 602]. *frú* (domina) gen. frúr, pl. frúr (f. frúar) gen. frúa, dat. frúm nach der erften; *kú* (vacca) gen. fg. und nom. pl. kýr (nach der dritten) gen. kúa, dat. kúm; *brú* (pons) nach beiden im pl. bald brúr, bald brýr [trú (fides) gen. trúar]. Man merke, daß folgende drei bisweilen im nom. fg. das alte cafus-r zeigen: mær (virgo) kýr (vacca) ær (agnu) [fýr (fcrofa)] vgl. anm. 3. zur zweiten und vierten weibl. decl. — γ) neutrale: *ftrá* (ftramen) *frœ* oder *frió* (femen) [*læ* (malum) gen. lævis oder læs? dat. lævi fæm. 5ᵇ] *hey* (foenum) *bú* (rus) *klé* (umbra) *kné* (genu) *fpé* (ludibrium) *tré* (arbor) gehen meift regelrecht, außer daß die vier letzten den dat. fg. dem nom. gleichmachen, bú hat búi, fræ ebenfalls fræ oder friövi; der dat. pl. lautet ftråm, búm, heyjum (?) triåm, kniåm; die andern find ohne pl. *ré* (templum) [Rafk §. 134 ve] geht im fg. [kommt der fing. vor?] wie kné, hat aber im gen. dat. pl. véa, véum; *fé* (opes) macht den gen. fg. fiår, gen. dat. pl. fiå, fiåm.

10) übergänge der declinationen find einzeln angemerkt. Alle mit -*fkapr* und -*adhr* componierten mafc. gehen im fg. nach dritter (nur ohne umlaut des -i dat. fg.) im pl. nach vierter; neben -adbr gilt die form -*udhr* z. b. månadhr (menfis) gen. månadhar, dat. månadhi, pl. månadhir, månadha, månudhum; oder månudhr, månadhur etc. — Die fpätere fprache führt beim mafc. und fem. pl. auf -*ir* ftatt der früheren -*ar* ein.

11) mifchung *ftarker* und *fchwacher* form zeigt fich theils in durchgängiger ausftoßung des fchwachen n im dat. pl. und theilweifer im gen. pl. mafc. auch einiger fem. fchw. form, theils umgedreht in anwendung diefes n auf einige gen. pl. fem. ftarker form: fo findet fich fålna (animarum) eikna (quercuum) f. fålа, eika, wo nicht befondere fchwache nebenformen vollftändig anzunehmen find, z. b. erweiflich fåla (anima) gen. fålu. Neben blutr (res) likamr (corpus) und den comp. mit -leikr (Rafk §. 147.) gilt bluti, likami, -leiki; neben den fem. ey, þý fpäter eyja, þýja etc.

12) manchen wörtern mangelt der fg., manchen der pl. (Rafk §. 129. 146.) einige åndern im pl. das gefchlecht (Rafk §. 136.).

Mittelhochdeutsches substantivum.

Starkes masculinum. erste declination.

beispiele:	visch	pl. visch-e	tac	pl. tag-e
	visch-es	visch-e	tag-es	tag-e
	visch-e	visch-en	tag-e	tag-en
	visch	visch-e	tac	tag-e

1) einfache wörter: âl (anguilla) arc, -ges (pravitas) arm (brachium) art, -des (genus) asch (fraxinus) bâc, -ges (lis) bal, -lles (pila) ban, -nnes (interdictum) [pl. benne Walth. 28, 17. Renner 314ᵃ benne: Avicenne] bërc, -ges (mons) bîl (momentum conficiendi feram) biuz (talitrum) biz (morsus) blic, -ckes (fulgur) boc, -ckes (hircus) bolz (sagitta) bort (latus navis) anebôz (incus) bouc, -ges (annulus) boum (arbor) braht (stridor) brief, -ves (literae) bûch (venter) danc, -kes (gratiae) diep (fur) dorn (sentis) dôz (fragor) druc, -ckes (compressio) dunc, -kes (arbitrium) eit, -des (jusj.) eiz (ulcus) galm (clamor) gart (stimulus) geist (spiritus) gëlt (solutio) gêr (jaculum) gies (stultus) giel (faux) gîr (vultur) [s. nachtr.] glast (splendor) glaz, -tzes (calvities) glêt (tugurium) got, -tes (Deus) gouch (cuculus) griez (arena) grif, -ffes (raptus) grin (clamor) grûs (horror) grûz (glarea) ur-gûl (aper) hac, -ges (nemus) halp (manubrium) halm (calamus) urhap (origo) har, hars (linum) hart (silva) baz (odium) hëlm (galea) heiz (appellatio) bërt (solum) hof, -ves (aula) houf (acervus) hunt (canis) kam, -mmes (pecten) [s. nachtr.] kampf (pugna) kërn (nucleus) kil, kils (caulis) kîl, kîles (cuneus) kiel, kieles (navis) kip (contentio) klëp (viscus) klôz (gleba) knëht (servus) kouf (emtio) kraz, -tzes (frictio) krach (fragor) kreiz (circus) kriec, -ges (bellum) kus, -sses (osculum) last (onus) leich (ludus) leim (argilla) leip (panis) vol-leist (adjutor) lîm (gluten) lip (vita) list (ars) liut (populus) [s. nachtr.] loc, ckes (capilli) lop (laus) louch (cepe) louc, -ges (flamma) louf (cursus) lôz (sors) lût (sonitus) mâc, -ges (cognatus) man (juba En. 40ᵃ Wigal. 91. 96.) mast (malus) mat, -ttes (interitus) [s. nachtr.] mëlm (pulvis) mist (fimus) mort (caedes) munt (os, oris) muot (animus) nît (invidia) ort (cuspis) pfîl (sagitta) pflûm (flumen) pîn (dolor) prîs (laus) qualm (vapor) rant (umbo) reif (annulus) rîn (rhenus) rinc, -ges (annulus) ric, -ckes (nexus visceris) riz (fissura) roc, -ckes (tunica) roch (figura ludi latr.) [s. nachtr.] rôst (craticula) rost (aerugo) rouch (fumus) roup (spolium) rûm (spatium) rûn (susurrus) ruom (gloria) sal, sals (aula) sant (arena) schâch (praeda) schal, -lles (sonus) schalc, -kes (servus) schaz, -tzes (opes) schilt (scutum) schimpf (jocus) schin (splendor) schoup (stramen) schranc, -kes (fraus) schrîn (scrinium) schrit, -tes (gressus) schûm (spuma) schûr (imber) seim (succus) sin, -nnes (animus) slâf (somnus) slich (astutia) slûch (uter) slûr (homo piger) Bon. 51. smac, -ckes (odor) smit, -des

(faber) fmuc, -ckes (ornatus) [f. nachtr.] fnal, -lles (projectio digitis facta) fnar, -rres (ftridor) folt (ftipendium) foum (farcina) fpat (fuffrago) Parc. 27ᶜ fpëht (picus) fpot, -ttes (ludibrium) fprunc, -ges (faltus) ftal, -lles (ftabulum) ftam, -mmes (truncus) ftanc, -kes (odor) ftap (baculus) ftat, -des (littus) ftein (lapis) ftëc, -ges (ponticulus) ftich (ictus) ftil, ftils (manubrium) ftoc, -ckes (fuftis) ftoup (pulvis) ftric, -ckes (laqueus) ftrit (certamen) ftrûch (frutex) ftrûz (ftruthio) ftûs (ftridor) fwam, -mmes (fungus) fwanc, -kes (vibratio) fweif (cauda) fweiz (fudor) tac, -ges (dies) tam, -mmes (agger) tan, -nnes (nemus) teic, -ges (maſſa) teil (pars) tich (palus) tifch (menfa) touf (baptifmus)*) tôt (mors) triel (roftrum) trit, -tes (ingreffus) trôn (thronus) trôft (folatium) troum (fomnium) trunc, -kes (potus) trût (dilectus) tuc, -ckes (geftus) tunc, -kes (baratrum) twalm (vapor) twôrc, -ges (nanus) [f. nachtr.] unc, -kes (vipera) uop (mos) ûr (urus) val, -lles (cafus) valfch (falfitas) vär (dolus) vent (figura ludi latr.) [f. nachtr.] vilz (lana coacta) [f. nachtr.] vifch (pifcis) vlins (filex) vliz (folertia) vluc, -ges (volatus) vluoch (maledictio) vrofch (rana) vroft (frigus) wal, -lles (ebullitio) walm (fervor) wân (opinio) wanc, -kes (receffus) wëc, -ges (via) wert (infula) wif, -ffes M. S. 2, 71ᵇ wic, -ges (bellum) win (vinum) wint (ventus) wirt (hofpes) wis (modus) wifch (terforium) wolf, -ves (lupus) wûr (urus) Wilb. 2, 151ᵃ zart (adulatio) zein (telum) zins (cenfus) zol, -lles (telonium) zorn (ira) zoum (frenum) zuc, -ckes (raptus) zûn (fepes) zwic, -ges (ramus) [ur-bot Parc. 106ᶜ. duz (fragor) Parc. 25ᵃ. eit (ignis) gal (cantus) liederf. 1, 131. harm (muftela) kër Parc. 137ᶜ Wilb. 2, 8ᵇ kip (riza) Diut. 114. klam (angina) kolocz. 185. koch (coquus) dat. pl. kochen Walth. 17, 11. kranc Parc. 111ᵃ MS. 1, 174ᵃ 2, 27ᵃ kranz pl. kranze Lanz. 658. kriege (bella) troj. 1294. lôch (lucus) Ulr. Trift. luoc (fpelunca) Mar. 188. mein (nefas) MS. 2, 8ᵃ. mies (mufcus) Gudr. Cᵇ. nak (collum) Walth. 49, 19. farc, farkes (farcophagus) fchäht? fchaht Feldb. 253: bräht, 337: naht. fcheiz (crepitus ventr.) c. vind. 428. no. 181. fchrôt a. w. 2, 55. fchric, fchrickes (terror) flôc, flëckes Reinh. 2171. fint (via) Roth. mehrmahls (20ᵇ 23ᶜ) fnit, fnites (dolus) MS. 2, 258ᵇ. fpät (ein mineral). Feldb. 311. fpan, fpannes (tenfio) Parc. 43ᶜ. ftrich, ftriches (iter) fwant (depraedatio, vaftatio) Servat. 1018. 1285. 1456. trift muf. 2, 36. vlec (macula) Diut. 3, 80. Barl. vluot Gudr. 60ᵇ 62ᵇ. vrum (utilitas) walc, walkes (pugna) livl. chr. 38ᵃ. wiht (daemon) Georg 35ᵃ 36ᵇ. ite-wiz (opprobrium) zopf (cirrus) dat. pl. zopfen : klopfen mart. 219ᵈ]. Dahin auch die mit der vorfilbe ge-, als: gebûr (rufticus) gedanc, -kes (cogitatio) geheiz (votum) gelimpf (convenientia) gemach (commoditas) genôz (confors) gerich (vindicta) gewërp (negotium) gewin (lucrum)

---

*) d. h. jam peractus, religio baptizatorum; verfchieden von dem fem. tôufa (actus baptifmi) vgl. Wilh. 2, 1ᵇ 3ᵃ.

II. mittelh. subst. starkes masc. erste decl.

[gebǎr (gestus) Trist.] etc. — 2) bildungen mit *-el, -em, -en, -er*, als: nagel (clavus) vogel (avis) kradem (clamor) ātem (spiritus) dëgen (miles) meiden (equus castratus) wagen (currus) [hagen (spina) varn (filix) barn (lotium)] vinger (digitus) ōter (septum, tectum) ēber (aper) und viele ähnl. — 3) mit *-ic, -ich, -ine, -line*, als: kūnic, -ges (rex) habich (accip.) bertinc (barbatus) nidinc (invidiosus) kiselinc (calculus) etc. — 4) mit lingualen, als: mānot (mensis) [f. nachtr.] helt (heros) voget (advocatus) hirz (cervus) krëbz (caucer) imbiz (prandium) [vielmehr st. in-biz] ernest (labor) etc. — 5) participiale subst. als: ābent (vesper) wīgant (pugil) wīsent (bubalus) vâlant (daemon) vriunt (amicus) viant (inim.) — 6) wurzeln mit voc. auslaut: klé (trifolium) lé (agger) rê (funus) sê (lacus) snê (nix) schuo (calceus) [f. nachtr.] bû (aedificium).

Anmerkungen: 1) die grenze zwischen der ersten und vierten decl. ist nicht rein abzustecken, da beide den sg. ganz überein haben und viele wörter gar nicht im pl. vorkommen, z. b. art, asch, bāo, bst, sal (Nib. 322. ist der dat. sg. sal die richtige lesart, vgl. 2459.) [f. nachtr.] etc. Außer dieser unsicherheit sind, weil auch die plur. casus beider zus. fallen, also nur am umgelauteten wurzelvocale die alte verschiedenheit der endungen vierter decl. erkennbar wird, wirkliche mischungen und übergänge anzunehmen, theils practisch aller umlautsunfähigen wörter aus der vierten in die erste (z. b. tifch, fchilt, liut), theils umlautsfähiger aus der ersten in die vierte. Manche übertritte letzterer art haben sich erst gegen den schluß des 13. und im 14. jahrh. [f. nachtr.] entwickelt, als das nachgefühl der ursprünglichen verschiedenheit verloren gieng und die analogie der umlaute blind fortwirkte. Im zweifel dürfen daher plurale vierter decl., für die gute mittelh. zeit, nur aus reimen bewiesen werden, nicht aus fehlern der hst. Erweisen läßt sich z. b. kein pl. rende, gedenke, schelke, stebe, göte etc. da vielmehr rande, gedanke, schalke, stabe, gote aus randen Bit. 37ᵃ 94ᵃ gedanken Parc. 1ᵃ schalken Wilh. 2, 178ᵇ staben Wilh. 2, 65ᵃ Parc. 26ᵘ [f. nachtr.] Georg 19ᵇ gote Wilh. 2, 99ᵇ goten Parc. 11ᵃ Wilh. 2, 20ᵇ Barl. 822. [boume (arbores): goume Parc. 49ᵇ. halme (culmi): galme Wilh. 2, 175ᵃ (helmer Mor. 361) garten (stimulis): warten Wilh. 2, 158ᵇ] etc. hervorgehen. Masc. mit geminierender consonanz scheinen mir beständig [f. nachtr.] der ersten decl. zu folgen (val, valle; kam, kamme; ban, banne; kus, kusse; boc, bocke); die form *-une, -kes* war, nach f. 337., keines umlauts fähig. Auch zu den sg. mit dem voc. ou, iu; ob einige bildungen mit *-el, -en, -er* den pl. umlauten? unten bei der vierten decl. Im 14. jahrh. haben sich freilich die pl. velle, küsse, zölle, böcke, göuche, setele, bevene etc. entwickelt. — 2) wichtig ist die beobachtung der *syncope* und *apocope* des casus-e. Man merke α) das *stumme e*

584   *II. mittelh. subst. starkes masc. erste decl.*

fällt infolge der regel f. 374. nach einfacher liq. auf kurzen voc. nothwendig aus und hier entspringt eine den neutris mit demselben buchstabenverhältnis völlig gleiche decl. Es gehören hierher wenig masc. mit wurzelhafter liq. (sal, kil, stil, man, har) [vrum (utilitas) zwêne vrum MS. 2, 255ᵃ] und von ihnen kann ich den pl. nur vermuthen, nicht belegen; wohl aber alle bildungen mit -el, -em, -en, -er, deren bildungsvocal *lange* wurzelsilbe voransteht. Die mit wurzelhaftem n. behalten jedoch im dat. pl. das stumme e bei (manen st. man-n) die mit -en werfen es sammt dem n fort (meiden st. meiden-n; oben f. 374.). Die mit -em werden im dat. pl. die volle form behaupten, obgleich sich zu âtem kein pl. belegen läßt. Zum paradigma dienen:

kil	pl. kil	man	pl. man	har	pl. har
kil-s	kil	man-s	man	har-s	har
kil	kil-n	man	man-en	har	har-n
kil	kil	man	man	har	har

engel	pl. engel	âtem	pl. âtem
engel-s	engel	âtem-s	âtem
engel	engel-n	âtem	âtem-en
engel	engel	âtem	âtem

meiden	pl. meiden	acker	pl. acker
meiden-s	meiden	acker-s	acker
meiden	meiden	acker	acker-n
meiden	meiden	acker	acker

Zur vergleichung setze ich beispiele der bildungen -el, -em, -en, -er mit kurzer wurzelsilbe her, welche, da ihr bildungsvocal stumm ist, das tonlose casus-e nicht ablegen, folglich volle declinationsform behalten:

nagel	pl. nagel-e	kradem	pl. kradem-e
nagel-es	nagel-e	kradem-es	kradem-e
nagel-e	nagel-en	kradem-e	kradem-en
nagel	nagel-e	kradem	kradem-e
sëgen	pl. sëgen-e	ëber	pl. ëber-e
sëgen-es	sëgen-e	ëber-es	ëber-e
sëgen-e	sëgen-en	ëber-e	ëber-en
sëgen	sëgen-e	ëber	ëber-e

fehlerhaft wird zuweilen bei denen mit n das *en* dat. pl. apocopiert, z. b. Wig. 312 man f. manen Nib. 2402. dëgen f. dëgenen. [Doch selbst nom. acc. pl. raben: begraben Gudr. 47ᵇ snabel; zabel MS. 2, 246ᵇ dëgen: pflëgen Georg 11ᵃ. Dat. pl. sogar mit den sprenzel (f. -ln) MS. 2, 72ᵃ]. — β) nach andern (nicht liquiden) consonanzen bleibt das *stumme* e in der regel und fällt bloß ausnahmsweise weg. Diese ausnahme ereignet sich zumeist nach t im dat. sg. also bei den wörtern spat, got, spot, vgl. spat (fuffragine) Parc. 27ᵉ got (Deo) Wigal. 72. kolocz. 315. 354. Barl. 7. etc. für fpate, gote; unzuläßiger fcheint der gen. gots f. gotes; Barl. 53. ftehet got (deos) Parc. 178ᵇ got (dii) f. gote. (vgl. vriunt bei der decl. des part. praef.) Nach lab. und gutt. find folche apocopen ganz zu meiden, z. b. kein lop, tac, hac f. lobe, tage, hage. — γ) das umftumme, tonlofe e pflegt aus- nahmsweife in fubft. mit geminiertem conf. wegzufallen, vgl. fchal (fonitu) Parc. 28ᶜ Wilh. 2, 19ᵃ ftatt des üblicheren: fchalle und gleichergeftalt würde kus, fin, tan, val etc. wohl für kuffe, finne, tanne, valle hingehen, vgl. die anomalie man f. manne. [MS. 2, 7ᵃ tam f. tamme (aggere): zam. Ben. 175 baz (f. hazze): haz.] Der gen. kuff f. kuffes ift tadelnswerth [kus (nom.) Wh. 156, 22. kuff (gen.) ibid.]. — δ) ähnliche ausnahmsweife dativ- kürzungen (bei tonlofem e) auch in andern fällen, vgl. grâl Parc. 105ᵃ 106ᵇ 113ᵇ ft. grâle; ltp ft. libe Nib. 1363. 6720. tôt ft. tôde Nib. 4402, [wirt f. wirtc Parc. 87ᵈ genôz f. genôze 132ᵉ] zumahl, wenn ein anderes fubft. im gen. vornfteht und gleichfam incli- niert. Genitive wie priff (? priff) f. priffes, äbents f. äbendes (oben f. 367.) vriunts f. vriundes etc. find nicht nachzuahmen (vgl. vriunt bei der decl. des part. praef.). [Nom. pl. hovewart, êwart (ft. -warte) MS. 2, 146ᵇ 153ᵃ nachgebûr: fchûr MS. 2, 254ᵃ hunt (ft. hunde) Ren. 847.] — 3) vom fchwanken des gefchlechts (manche wörter find mundartifch neutra z. b. hal, tonf, zil, lop etc.; einige fem. z. b. man (juba) im dritten buche. — 4) die unter 6. genannten vocalauslautigen fchieben im gen. und dat. ⁶⁷⁰ w ein: fê, fêwes, fêwe; bû, hûwes oder houwes; doch gilt ab- wechfelnd der gekürzte dat. fê, fnê etc.; fchuo bekommt h: fchuohes.

Starkes mafculinum. zweite declination.

beifpiel: hirt-e   pl. hirt-e
              hirt-es   hirt-e
              hirt-e   hirt-en
              hirt-e   hirt-e

befaßt 1) wenige mit der bloßen bildung -e, namentlich ende (finis) êre (aes) hirfe (milium) birte (cuftos) kæfe (cafeus) pfelle (pallium) rücke (dorfum) wine (amicus) weize (triticum) [wecke (cuneus) Reinb. 1542. 1551. pl. wecke troj. 28ᶜ. Erge, Sunne (nom. bovis) Helmbr. 828. 831 (oder ergio, funnio? wie fcherge, fcarjo) gedinge, acc. gedinge Lachm. zu Walther 7, 37]. 2) viele mit *arre*, als: fciltære (pictor fcuti) vifchære (pifcator) etc. [Gen. pl. der Bernære muot Nib. 2210, 1 nhd. der Berner.] — *Anmer- kungen*: 1) in dem an fich feltenen wine (Nib. 3606. 8642.) fcheint das alte ableitungs-i zu dauern (vgl. die dritte decl.) da fonft die gekürzte form win mittelhochdeutfcher wäre (Bit. 44ᵇ 70ᵃ win: hin, ßn) vgl. Parc. 54ᶜ win: erfchin (? erfchine [Lachm. Parz. 228, 6 wine: erfchine], f. unten vorbem. 1, β zur conjug.).

2) ende ist häufig neutral, ebenso êr (acu) st. êre; vielleicht auch Wig. 261. (z. 7078.) êr statt êre zu setzen? — 3) hirte geht häufiger entw. stark nach erster decl. hirt, hirtes (M. S. 1, 192ᵃ) oder schwach hirte, hirten (Parc. 76ᵇ troj. 13ᵃ 14ᵃ). — 4) einige auf -rre, gehen in -er und damit in die erste decl. über (vgl. oben f. 369.); so stehet Parc. 38ᵃ kochære (pharetra) in den Nib. meist kocher (nicht unrichtig, vgl. gl. jun. 174. das alth. cohhar (und M. S. 2, 195ᵃᵇ wanger (cervical) st. wangære, 2, 196ᵇ diener; häufig ritter, zuweilen riter st. des früheren ritære (f. 384.). [Spuren des alten -ari (neben âri) im mhd. -er bei langer wurzel: diener, kocher; und -re bei kurzer: venre (vexillifer) gen. venres, dat. acc. venre; holre (fistula)].

Starkes masculinum. dritte declination.

Trümmer in wenigen wörtern, die -e statt des alten -u bewahren, unerachtet kurzer wurzelvocal vorausgeht und zumahl nach t das stummgewordene -e leicht abzufallen pflegt; es sind: mête (mulsum) schate (umbra) bei Gottfr. Wirnt; sige (victoria) site (mos) vride (pax) wite (? lignum, troj. 81ᵃ) [cod. vindob. 428 no. 181 ein brastelnnder wit: mit; Eracl. 3734 der wite) welche den sg. (der pl. wird kaum eintreten) ganz nach hirte, wine etc. abwandeln, aber nicht zur zweiten decl. gezählt werden können, weil das -e dritter keinen umlaut wirkt (d. h. kein altes i war). Für schate wird sich nirgendwo schete finden. Daß thite, trite, schrite hierher hören, bezweifle ich oben f. 417. Im verlaufe des 13. jahrh. weicht aber das e allmählig und nur vride bleibt durchaus; sige, schate gewöhnlich: mêt, sit, wit gehen in die erste über, zuweilen schat und sic, -ges, — sun (filius) st, wie vuog (pes) zan (dens) schon im alth. vierter decl., d. h. der sg. sune, vuoge kommt gar nicht vor. [nom. und acc. sune Nib. 698,3. Kl. 947 von Lachmann hergestellt, wie noch ahd. ach sone, liebster sone mein Uhland 300.]

Starkes masculinum. vierte declination.

beispiel:	balc	pl. belg-e
	balg-es	belg-o
	balg-e	belg-en
	balc	belg-o

befaßt jetzo bloß umlautsfähige wörter 1) einfache: alt, este (ramus) bach, beche (rivus) balc, belge (cutis) bart, berte (barba) bast, beste (cortex) brant, brende (titio) brât, bræte (lumbus) bruch, brüche (fractio) darm, derme (intest.) dôn, dœne (sonus) drât, dræte (fil. ferri) ganc, genge (greßus) gatt, gelte (hospes) grât, græte (cacumen) grunt, gründe (fundus) gruoz, grueze (salutatio) guz, güzze (effusio) harm, herme [? harme: arme cod. vind. 428. no. 211] (mustela) hals, helse (collum) huof, hueve (ungula) huot, huete (pileus) klanc, klenge (sonus) knopf, knöpfe (nodus) koch, köche (coquus) [f. nachtr.] kopf, köpfe (modius) korp, körbe (fporta) kräm, kræme (mercimonium) kranz, krenze (corona) krät, kræte (galli cantus) [f. nachtr.] kropf, kröpfe (ſtruma) lôn, læne (merces) luft, lüfte (aër) lahs, lühſe (lynx) môr, mœre (equus) munf, münde (os) napf, nepfe (catillum) pfil, pfælo (ſudes) pfat, pfede (callis) pfluoc, pflnege (aratrum) pfuol, pfuele (palus) râm, ræme (fordes) rât, ræte (conſ.) ruoz, rueze (fuligo) runs, rünſe (fluentum) [ſac, ſecke f. nachtr.] farc, ſerke (ſarcophagus) ſchaft, ſchefte (contus) ſchopf, ſchöpfe (cirrus) ſchranz, ſchrenze (fiſſura) ſchuz, ſchüzze (emiſſio teli) flac, flege (plaga) flât, flæte (infumibulum) ſpân, ſpæne (feſtuca) fprät, fpræte (torrens) fpruch, fprüche (dictum) ſtapf, ſtepfe (paſſus) ſtranc, ſtrenge (funis) ſtuol, ſtuele (fella) ſturm, ſtürme (procella) ſun, ſüne (filius) ſwanz, fwenze (cauda) fwarm, fwerme (examen) tanz, tenze (chorea) topf, töpfe (olla) tuft, tüfte (vapor) turn, türne (turris) vanc, venge (captura) varm, verme (filix) vlans, vlenfe (roſtrum) vluz, vlüzze (fluvius) vuhs, vühſe (vulpes) vunt, vünde (inventum) vurt, vürte (vadum) ruoc, vuege (decor) vuoz, vueze (pes) wâc, wæge (aequor) walt, welde (filva) wunfch, wünſche (votum) wurf, würfe (jactus) wurm, würme (vermis) zan, zene (dens) zopf, zöpfe (cirrus) [âl, æle (anguilla)? f. Reinh. 721. 791. 835. ban, benne Renn. 21417. buc Ben. 388. bunt, bünde (vinculum) muſ. 2, 38. 50. buoc (armus) büſch (ictus) biuſche: kiniſche Otto B. 93d. dahs, dehſe. duz (fragor) Parc. 25a. dunſt (vapor)? galf miſc. 1, 125. glatt (fplendor) glatz, gletze (calvities) kolocz. 123. harft, herfte (agmen) freib. urk. no. 166 (a. 1367) hâz (veſtis) muſ. 2, 40. hæze? klank, klenke Ben. 319. kratz, kretze kolocz. 123. kruoc Parc. 138a. kach (cachinnus) fragm. 24a. lahs, lehſe (eſox) luc (mendacium) mart. 34b. pfnaſt Parc. 138b. ram, remme (aries) Diut. 3, 84. rant, dat. pl. renden Bit. 12064. flac, flege Ulr. Triſt. 2578. flunt, flünde (hauſtus vini) föt (puteus) Barl. gen. fôdes, pl. ſœda Rud. weltchr. ſtraut, ſtrende (littus) livl. chron. 8a 40a. fuc, fuges Pilat. 301. tâht, tæhte (ellychnium) Rud. weltchr. trâm, træme (trabs) Servat. 1847. truc, trüge (fraus) Walth. 33, 18. tuc, tücke (fraus) Mart. 34b. valt (plica) Triſt. 10816. vant (weide) Reinh. p. 346. vlôch, vlœhe (pulex) Cod. wind. 428 no. 154. Mart. 123a froſch, fröfche Walth. 65, 21. vrâz, vræze (gluto) Berth. 19. wâz, wæze (odor) zauberhech. 1597. winwahs, winwehſe. wuor (piſcina) MB. 17, 44 (1342) zol, zölle. zuc, züge]; desgl. verſchiedene mit vorſtehendem *ge-*: gedranc, gedrenge (turba) geluſt, gelüſte (cupiditas) etc. wofern die pl. eintreten. — 2) mit *-el*, *-er* gebildete; gewifs apfel, pl. epfel (pomum) zäher, pl. zæher (lacrima), richtiger zaher, pl. zehere (vgl. oben f. 438.); ob noch andere?

Anmerkungen: 1) unter den angeführten plur. find einige (beſte, fpræte, vlenſe etc.) nur analogiſch angenommen und noch unbelegt; ſie können daher (ſo wie andere zu belegende mund-

588 II. *mittelh. ſubſt. ſtark. maſc. vierte decl. fem. erſte decl.*

artiſch) in die erſte decl. fallen, z. b. ſtatt des paradigma belge folgt balge aus dem reime bláshalgen: walgen M. S. 1, 134ᵃ. Die conſ. verbindungen entſcheiden nicht gerade immer, arm, laſt, maſt folgen der erſten, aſt, gaſt, darm der vierten decl., gleichwohl ſcheinen gewiſſe verbindungen, z. b. -nt gern zu ſchwanken (Bit. 122ᵇ reimt renden: henden, wiewohl man randen: banden ändern dürfte) und offenbar begünſtigt die verb. rm, rn, rt, ng, ns, ns den umlaut [unumlaut aber auch in ſarken: ſtarken Wilh. I, 161ᵃ ſurke: marke 177ᵃ]. Häufig inzwiſchen legen bloß ungenaue und ſpätere hſſ. wörtern erſter decl. den pl. umlaut der vierten zu, vgl. gedenke, fröſche, zölle, böven, böcke, löcke, göte etc. M. S. 2, 178ᵃ 198ᵃ 171ᵃ⁻ᵇ 134ᵇ 214ᵇ troj. 145ᵇ 97ᵃ 113ᵃ etc. wo meiner anſicht nach überall der unumlaut herzuſtellen iſt. Für ungrammatiſch halte ich namentlich e ſtatt æ in den wurzeln vieler bildungen mit -el, -en, -er, welche im altb. ſtrenge der erſten decl. angehören; ſo leſen die älteſten Nib. hſſ. mitunter hevene (ollae) ſetele (ephippia) ſchemele (ſcabella) trebeue (lacrimae) wegene (currus) etc. (noch dazu meiſt fehlerhaft mit æ geſchrieben) daneben aber ſchwankend das richtige a, wie 4502 wagene, 2620ᶜ nagelen etc. [ſ. nachtr.] Es zwingt nichts, dieſe umlaute für gültig zu achten, und ich würde Nib. 1507 trabenen 2295 ſchamele Wigal. 33 zagele etc. beßern. — 2) die weglaßung des caſus-e erfolgt wie in der erſten decl., nämlich α) die des ſtummen nach liquidis; es kommt hier keine wurzel mit l oder r vor, hingegen zweie mit n: zan und ſun, gen. zans, ſuns; dat. zan, ſun; der pl. behält das e (zene Parc. 31ᵇ troj. 26ᵇ ſüne Parc. 42ᵇ troj. 9ᵃ 128ᵃ 135ᵃ 136ᵃ; dat. zenen Parc. 138ᵇ troj. 72ᵃ) vielleicht nachwirkung des alten bildungsvocals (vgl. dritte decl.); daneben ſteht doch der gen. pl. ſun: tuon gereimt Parc. 88ᶜ; apfel und zäher gehen nach engel und acker (oder zaher nach eber) außer daß ſie im pl. umlauten: epſel, epfel, epſeln; zæher, zæber, zæbern (oder zebere, zebere, zeberen) vgl. den gen. pl. zæber Parc. 46ᶜ — β) wurzeln mit kurzem vocal und t fehlen hier. — γ) ausnahmsweiſe wegfall des tonloſen e in dativkürzungen: wāc, walt, aſt, krām, vurt Parc. 105ᵃ 108ᵃ 127ᵃ 159ᵃ Barl. 62. ſtatt: wāge, walde, aſte, krāme, vurte etc. [Dat. ſg. mit umlaut: erſe f. arſe. Schreiber 1, 386].

Starkes femininum. erſte declination.

beiſpiel: gëb-e   pl. gëb-e
            gëb-e   gëb-en
            gëb-e   gëb-en
            gëb-e   gëb-e

1) einfache: abte (cura) arke (ciſta) bëte (preces) her-bërge (caſtrum) bīte (mora) bôie (catena) brünne (thorax) buoʒe (ſatisfactio) ërde (terra) êre (honor) gäbe (donum) gëbe (gratia) gerte

II. *mittelh.-subst. starkes fem. erste decl.* 589

(virga) gimme (gemma) goume (cura) grêde (gradus) habe (portus) halde (clivus) helfe (auxilium) helle (tartarus) huobe (mensura agri) huote (cuſtodia) hurte (pugna) Parc. 94ᶜ jëbe (fama) île (feſtinatio) klage (querela) klinge (lamina) koſte (ſumptus) krippe (praeſepe) króne (corona) labe (refectio) lade (ciſta) lâge (dolus) lêre (doctrina) linge (ſucceſſus) marke (limes) mâʒe (modus) mëlde (delatio) miete (merces) minne (amor) mîle (milliare) muoʒe (otium) mûre (murus) ouwe (campus) pſahte (pactum) pflëge (cura) pîne (cruciatus) quâle (ſupplicium) râche (vindicta) rede (ratio, cauſa) reiſe (iter) rinke (fibula) rippe (coſta) Tit. 89. riuwe (dolor) rote, rotte (cohors) ruoche (cura) ſage (relatio) ſache (cauſa) ſange (manipulus) ſchanze (periculum) ſchande (dedecus) ſchiure (horreum) ſchôʒe (gremium) ſchuole (ſchola) ſêle (anima) ſippe (cognatio) hërzeflage (palpitatio cordis) Triſt. 8ᵃ ſlahte (genus) ſmiuge (parcimonia) ſnîde (acies) ſorge (cura) ſpîſe (cibus) ſprâche (ſermo) ſtate (occaſio) ſtimme (vox) ſtiure (fulcrum) ſtrâle (ſagitta) ſtrâʒe (via) ſtroufe (caſtigatio?) Nib. 8096. Friged. 31ᶜ [Georg 11ᵇ] ſtunde (hora) ſuoche (perquiſitio) ſuone (compoſitio) toufe (bapt. Tit. 24.? altb. toufa) trahte (cogitatio) triuwe (fides) trouſe (ſtillicidium) twâle (mora) unde (unda) valde (ſcrinium) vëhte (pugna) vîle (lima) vîre (celebratio) vorhte (timor) volge (ſequela) vreide (ſeceſſus) kl. 3827. Gudr. 26ᵃ Bit. 115ᵇ vreiſe (periculum) vuoge (aptitudo) vuore (alimonia) wâge (libra) wâge (auſum) wahte (cuſtodia) wamme (venter) [oder wambe MS. 2, 257ᵃ] warte (ſpecula) waſte (ſolitudo) wîde (ſalix) wîle (tempus) wîſe (modus) wunde (vulnus) wunne (jubilum) zange (forceps) zarge (ſeptum) zëche (computus) zîle (linea) zinne (pinnaculum) [albe Serv. 1075. Parz. 190, 22. âme (modius) Georg 3ᵇ Ben. 329. bâre (feretrum) barke (cymba) Gudr. 50ᵃ. barre. erbarme Parc. 112ᵃ. beize (venatio) bihte (confeſſio) ungebite (impatientia) Bit. 7942. biunde Mart. 88ᵇ. bône Triſt. 115ᵉ Ben. 90. eſſe (uſtrina) gülte (debitum) gruoʒe (ſalutatio) harre (expectatio) höre (anditio) a. Tit. 154. Parc. 85ᶜ. kalte (frigus) Ben. 340. Gute fr. 628. Tund. 45, 43. En. 2942. klaffe liederſ. 2, 700. krâme Gudr. 14ᵃ 17ᵇ Ben. 329. 347. belange (deſiderium) leide (dolor) lûne (fortuna) lûte (vox) Georg 30ᵃ 38ᵃ meine (opinio) muſ. 2, 42. miſſe (error) raſte (milliare) riſe (praecipitium montis) Lichtenſt. 365, 31. 366, 9. 375, 22. riuſe (naſſa) ſchære (forfex) fragm. 34ᶜ ſcheide (vagina) Freid. 152, 12. MS. 2, 151ᵇ ſchonwe (aſpectus) ſêge (ſera) Georg 48ᵃ ſëhe (acies oculi) Georg 45ᵃ ſlage (flâ ſ. p. 841) ſloufe (veſtis) Diut. 354. ſmiuge Ben. 339. ſpëhe (inquiſitio) Georg 15ᵇ. ſtirne (frons) ſünde (peccatum) vaſte (jej.) Parc. 109ᶜ virre (longinquitas) Parc. 43ᶜ 44ᵇ flamme Servat. 2312. wache (cuſtodia) Wilh. 2, 33ᵃ wicke fragm. 29ᵇ wide (vinculum) wîʒe (ſupplicium) Barl. 101, 6.]. Verſchiedene mit vorgeſetztem ge-: genâde (gratia) ungehabe (triſtitia) etc. — 2) bildungen mit -d (alth. -id) als: bevilde (ſepultura) ſelde (aedes) fælde (felicitas) gebærde (geſtus) frŏude (gaudium) [ſende Parc. 113ᵃ. gezierde] etc. — 3) mit *-ung*: handelunge (actio) manunge (admonitio) etc. — 4) mit *-niſſ*: vancniſſe (captivitas) vinſterniſſe (tenebrae) etc. — 5) mit *-inn*: kûnigiune (regina) mæninne (Inna) mœrinne (aethiopiſſa) wûlpinne (lupa) etc. — 6) mit *-en*: kêtene (catena) kûchen (coquina) metten (matutina) vêrſen (calx) [mit *-el*: nâdel (acus); mit *-er*: marter (dolor) troj. 68ᵇ 122ᵇ [ander Ben. 401]. — 7) mit *-h*: malhe (pera) [ſ. nachtr.] furhe (ſulcus). — 8) mit *-w*: varwe (color) ſwalwe (hirundo). — 9) mit *-eſt*: dierneſte (ſerva) Nib. 3382. (altn. þiónuſta). — 10) das bildende *-e* iſt überall getilgt, aber noch am umlaut kenntlich, vgl. minne, krippe, rippe, ſippe, hitze, gerte, brünne, ſünde [wünne] etc. — 11) einige fremde: brêdige, bêrie [perſône MS. 2, 170ᵇ auch die fremden auf *-ûre, -iure*: natûre, figûre, âventiure, creâtiure] etc. —

Anmerkungen: 1) wegfall des ſtummen e und zwar α) unerläßlich nach liquidis; hierher gehören: nahtegal (luſcinia) ſal (traditio, conceſſio) ſchal (lanx) ſwal (gekûrzt aus ſwalwe M. S. 1, 51ᵇ) wal (electio) zal (numerus) el (cubitus) kolocz. 297. 325. kêl (gula) [f. nachtr.] dol (paſſio) ſol (ſolea) nam (captura) Parc. 55ᵇ ram (inſtrumenti genus) Iw. 45ᶜ ſcham und ſchëm (pudor) gran (myſtax) man (juba) Parc. 61ᶜ Triſt. 125ᵇ won, gewon (conſuetudo) nar (alimentum) ſchar (cohors) var (iter) var (gekûrzt ſtatt varwe) war (cura) ſchêr (forfex) [bir (birne) bar? MS. 2, 14ᵇ von ſueller par; war. büne, bün (laquear, tabulatum) ſchin (aſſula) troj. 3013. 5935. gan (ſcintilla) Mai 10, 6. ban (via trita) gemeinlam Karl 78ᵃ 104ᵇ 118ᵃ urbor (reditus) Ben. 1, 151]; die decl. lautet ſo:

zal	pl. zal	ſchar	pl. ſchar
zal	zalu	ſchar	ſcharu
zal	zalu	ſchar	ſcharn
zal	zal	ſchar	ſchar

vgl. ſchar (cohortes) Bit. 80ᵃ 93ᵃ etc.; die auf *n* machen jedoch den gen. dat. pl. *-en*, manen (jubis); kûchen macht dieſe caſus kûchen (fl. kûcheun) N. 3874.; ebenſo vêrſen; kêtene aber kêtenen Triſt. 38ᶜ β) ausnahmsweiſe nach t; ſo ſtehet bët f. bëte; ſtat f. ſtate; gehört auch ſtrut (ſilva) Tit. 129. hierher? — 2) wegfall des tonloſen e iſt ſelten [ſ. nachtr.]; ich finde mehrmahls aht, ſlaht, z. b. Nib. 5518; ſodann ſtl Wigal. 224. M. S. 2, 125ᵃ buoz f. buoze [min f. minne liederſ. 1, 205. 206. 207. 208] etc. — 3) ſchwanken zwiſchen ſtarker und ſchwacher form wegen einſtimmung der gen. dat. pl. begreiflich; namentlich wechſeln beide bei den wörtern bâre (feretrum) ërde (terra) [wichtige dialectiſche verſchiedenheit: Wolfr. ërde und ërden, Hartm. Rud. ërde. Strick. Conr. ërden] porte (porta) brûcke (pons) ſtrâze (via ſtrata) [ſcheide (Iw. p. 471) ſîte (ſtark Bit. 107ᵃ)] u. a. m. — 4) folgende

II. mittelh. subst. stark. fem. erste u. zweite decl.

vocalifch auslautende wurzeln find im fg. ohne alle cafus-endung: brâ (fupercilium) klâ (ungula) flâ (veftigium) ê (lex) drô (minae) [vlê (preces) Freib. Trift. 5944. jâmers flê Lf. 3, 637. (àn allez ilê Lf. 1, 114) f. vlêhe. wê (malum) MS. 2, 117ᵇ 139ᵃ fem. fpê (fpion) Dietr. abn. 35ᵇ pf. Clunonr. 2466 f. fpŵhe Lf. 3, 545. krâ MS. 1, 109ᵃ fchâ Ben. 304. trâ (fluvius) Parc. 121ᵇ.] (Neben folglich für brâe, klâc, flâe, êe, drôc); die drei letzten haben keinen pl., die beiden erften den gen. dut. pl. brân, klân, den nom. acc. pl. bald ftark brâ M. S. 2, 48ᵃ 181ᵇ klâ Wigal. 234; bald fchwach: brâu, klân Parc. 25ᶜ 75ᶜ. Zuweilen macht der pl. noch brâwen, klâwen M. S. 2, 47ᵇ troj. 44ᵃ 45ᶜ. Die auf -i behalten hingegen das cafus-e, als: bie (apis) Tit. 77. Wilh. 2, 73ᵇ drfe (trias) klfe (furfur) krfe und fchrîe (clamor) famt vielen fremden: maffente etc., den pl. infofern er üblich ift bilden fie fchwach: bien (apes) M. S. 1, 84ᵃ Kolocz 151. Wilh. 2, 124ᵃ 53ᵃ (wo bien zu lefen?)*) und amfe fchon den fg., vgl. auffen Wigal. 104. 105. — (5) der umlaut verräth alth. -ja: vgl. mûl, bûn, fünde. — 6) gen. pl. auf -e: ftrâle Lachm. zu Iw. 3266. zweier varwe (colorum) Parz. 57, 16. krône Wh. 3, 377ᵃ wille (villarum) Wh. 3, 394ᵃ. rafte Nib. 453, 3. kurzer mîle Iw. 554 und Lachm. zu der ftelle; vgl. ahd. redino zu 616. — 7) alterthümliche flexionsformen f. zum fchwachen mafc. anm. 7 und zum fchw. fem. anm. 6.]

Starkes femininum. zweite declination.

practifch find, feit auflöfung des alth. o und i in e, alle fem. erfter und zweiter decl. zuf. gefallen. Doch behalte ich die befondere auffellung bei, theils weil die fubft. zweiter in der regel keinen pl. gebrauchen (ausnahme macht der dat. pl. z. b. von hulde) [fchœnen dat. pl. MSII. 2, 317ᵃ gueten Parc. 120ᵇ 137ᵃ; aber auch nom. zwô fchœne Trift. 17584. fröude Kl. 301. und gen. fröuden Kl. 316. gueten Walth. 115, 21.] theils in der fchweizerifchen mundart die alte endung i geblieben zu feyn fcheint; man vgl. gueti, grimmi, decki, fnelli etc. in bff. des Barl. und Boner. und Stalder dial. p. 208. Gleichwohl glaube ich, daß Rudolf felbft eher das gemeinmittelh. o gefetzt habe, als jenes mundartifche i. [Wigal. vorbericht XLIII, XLIV. gehörfamt: bî Martina 98ᵇ : frî 47ᵈ.] — In diefe decl. gehören 1) eine menge aus adj. gebildeter fubft. z. b. blenke (albor) brœde (fragilitas) dræte (vehementia) erge (pravitas) grimme (aufteritas) herte (durities)

---

*) Neben ble, pl. bien (oder bigen Maria 47 : mârien gereimt, vgl. inzwifchen oben f. 437. blge) gilt die andere form hîs pl. bîn (nach vierter decl.) Parc. 71ᶜ Wilh. 2, 40ᵇ Wigal. 234. Barl. 176. M. S. 2, 3ᵃ 40ᵃ koloes 24. (obgleich ich diefes nie auf bin, in, bîn (fnm) reimen finde). Ebenfo alth. entw. pia, piûn (gl. jun. 204. der gen. pl. piânô ft. piûnô? vielleicht war die urfprügliche geftalt pio, pêo, pia? = angelf. beó, altn. bý) oder pin, gen. pinî, pl. pinî; oder pîna, pl. pînâs? (oben f. 93.)

kelte (frigus) krenke (debilitas) krümbe (flexuofitas) leide (odium)
liebe (amor) milte (largitas) menige (multitudo) muede (laſſitudo)
rœte (rubor) fenfte (lenitas) fterke (fortitudo) ſtæte (conſtantia)
fueʒe (dulcedo) vefte (arx) wilde (folitudo) witze (intelligentia)
witʒe (albedo) [gilwe (flavedo) grífe Ben. 362. 439. hulde amgb.
17ᶜ. küene (audacia) Doc. mifc. 2, 306. leme Parc. 15354. ge-
tæue (ſtatura) cod. pal. 361, 69ᵈ. fnle (putredo) Mar. 208. zerte
Diut. 359.] etc. — 2) Andere meift von verbis abgeleitete: er-
berme (miſericordia) bürde (onus) decke (tegmen) ecke (acies)
übergulde (inauratio) gulte (debitum) Barl. 124. 153. 252. heide
(tefqua) hüge (fomnium) M. S. 1, 58ᵃ 2, 132ᵃ hulde (favor) rihte
(directio) flihte (aequitas) urteile (fententia) toufe (baptifmus)
[wefte (veftis) troj. wefterlege l'arz. 818, 16. urftende (refurr.)
Karl 86ᵇ merke amgb. 17ᶜ. wele (optio) Roth. 2224.] etc.

Anmerkungen: 1) zwar haben alle umlautsfähigen wurzel-
vocale diefer decl. (hulde, gulde, gulte nach f. 337. abgerechnet)
den umlaut; doch gibt er kein ficheres merkmahl ab, theils
wegen der feiner unfähigen wörter (liebe, grimme etc.) theils
wegen der auch in erfter decl. omlautenden (unter no. 10.) —
2) apocope des ſtummen e in: ner (fervatio) Trift. 40ᵃ wer (de-
fenfio) zer (confumptio) Wilh. 2, 12ᵇ (alth. nerl, werl, zerf) [hûl
(fpelunca) a. w. 3, 162 : fûl]. Zweifelhaft gehört das häufige ger
oder gir (voluntas animi, cupiditas) hierher, oder in die vierte,
nachdem ſich ein alth. nom. fg. kiri oder kir (wie ich vorhin
f. 620. angenommen) beweifen läßt. Von zweifilbigen adj. ge-
bildete feminina legen das e nur ab, wenn die erfte filbe lang
ift, alfo z. b. diu vinfter (caligo) bitter (amaritudo) tougen (fe-
cretum) alth. viuſterî, tonkanî; fehlerhaft aber, wenn ſie kurz
ift, es heißt: diu übele (pravitas) vrevele (audacia) ebene (pla-
nities). Die hff. verfehlen oft beides. — 3) zuweilen fallen
wörter aus der vierten declin. hierher, namentlich: arbeite (labor)
Nib. 4248. M. S. 2, 73ᵇ zuweilen wörter aus der zweiten in die
vierte, als: urteil.

Starkes femininum. dritte declination. mangelt.

[bande gen. pl. Nib. 1804, 3 und in aller, maneger bande. dat. pl.
banden Nib. 1891, 3. henden 1899, 2.]

Starkes femininum. vierte declination.

beifpiel:	kraft	pl. kreft-e
	kreft-e	kreft-e
	kreft-e	kreft-en
	kraft	kreft-e

alp, elbe (genius) M. S. 1, 50ᵇ meifterg. 2ᵇ 37ᵇ angeft, engefte?
(anguſtia) ant, ente (anas) Bon. 79, 19. ax, exe (fecuris) arbeit,
arbeite (labor) bluot, blnete (flos) brunft, brünfte (incendium)
bruft, brüſte [f. nachtr.] (pectus) brût, briute (fponfa) burc, burge

II. mittelh. subst. stark. fem. vierte decl. 593

(arx) geburt, gebürte (nativitas) miſſedâht, -dæhte (ſuſpicio) diet, diete (gens) gedult, gedulte (patientia) eich, eiche (quercus) gans, genſe (auſer) geiz, geize (capra) gluot, gluete (ardor) gunſt, günſte (conceſſio) haſt, heſte (manubrium) Ben. p. 195. hant, hende (manus) comp. mit -heit, als: mauheit, manheite etc. huf, hüffe (femur) hurt, hürte (clathrum) hût, hiute (cutis) jugent, jügende (juventus) kraft, krefte (vis) kunſt, künſte (adventus) kunſt, künſte (ars) âkuſt, âküſte (nequitia) leis (nix recens) l'arc. 67° volleit (auxilium) lich, liche (corpus) brût-louſt, lönſte (nuptiae) lûs, linſe (pediculus) luſt, lüſte (voluptas) maget, megede; meit, meide (virgo) maht, mehte (poteſtas) âmaht (languor) milch, milhe (lac) comp. mit -muot, als: übermuot, übermuete etc. mûs, miuſe (mus) naht, nehte (nox) nât, næte (futura) nôt, næte (neceſſ.) genuht,[677] genühte (abundantia) comp. mit -nunſt, als: ſigenunſt, -nünſte (victoria) pfeit, pfeite (tunica) pſliht, pſlihte (nexus) rât, ræte (conſilium) M. S. 1, 131ᵃ 169ᵇ 176ᵇ Parc. 121ᵇ Wigam. 40ᵃ (wiewohl der nom. ſg. rât unbewieſen und vielleicht ein ræte nach zweiter decl. anzunehmen iſt?) [ſ. nachtr. von Lachm. zu Walth. 30, 11 geleugnet] ſât, ſæte (ſeges) comp. mit -ſchaft, als: riterſchaft, riterſchefte. geſchiht, geſchihte (eventus) ſchrift, ſchrifte (ſcriptura) ſchult, ſchulde*) (debitum) angeſiht, angeſihte (facies) ſnuor, ſnuere (funis) ſtat, ſtete oder ſtet (locus) ſtuot, ſtuete (equa) ſûl, ſule (columna) tât, tæte (factum) tagalt, tagalte (jocus) der bildung nach vielleicht richtiger tagelte nach zweiter. tugent, tügende (virtus) tubt, tühte (valor) Ben. p. 165. tult, tulde (celebratio) vart, verte (iter) vluot, vluete (fluctus) vluſt, vlüſte (jactura) vruht, vrühte (fructus) vûſt, viuſte (pugnus) want, wende (paries) wât, wæte (veſtis) wërlt, wërlde (mundus) inziht, inzihte (inculpatio) zît, zîte (tempus) zuht, zühte (diſciplina) [bach (rivus) livl. chr. 19ᵇ. andâht, andâhte Wh. 459, 18. gift (venenum) Georg 67ᵇ. grûz (ſubulum) griuze Ben. 420. harſt, herſte? (copiae) Schilt. 434ᵃ hërt (ſcapula) pl. hërte Nib. 3623. dat. ſg. hërt troj. 10744: wërt. dat. pl. hërten cod. pal. 361, 77ᶜ. krât, kræte (galli cantus) En. 11ᶜ 20ᶜ. kruft MS. 2, 14ᵇ. klaſt, kleſte Helbl. 2, 1390. mugent (valor) g. ſchm. 1692. tragemunt (genus navigii) Wilh. 2, 193ᵇ 197ᵇ. underſcheit Barl. 51. Parz. 169, 28. ſchiht Feldb. 71. 175. 471. geſpenſt Bon. geſpunſt (filum ductum) troj. 116ᵇ ſpuot (proſperitas) MS. 1, 178ᵃ geturſt (audacia) vluor (ſolum) livl. chr. 3ᵇ vriſt (mora, tempus) vurch (ſulcus) En. 7753. wie (ſinus maris) livl. chr. 16ᵇ. zerwurft, âu zerwürfte Helbl. 2, 5. ziht (inculpatio) liederſ. 385. zunſt Parc. 29ᶜ.]

Anmerkungen: 1) die vocalauslautenden vlô (pulex) [Bon. 48, 1] kuo (vacca) vluo (rupes) ſû (ſus) ſcheinen im ſg. unver-

---

*) Daneben kommt nach zweiter decl. der nom. ſg. ſchulde unſchulde vor M. S. 1, 69ᵃ 2, 29ᵇ Wilh. 2, 37ᵃ Parc. 64ᵃ 74ᵇ; ſchult ſcheint mehr debitum, ſchulde mehr culpa auszudrücken.

sonderlich, im pl. vluohe, kneje, vluohe, liuwe zu bekommen. klû M.
S. 2, 182ᵃ im reim auf vlû st. vluo ist mir unklar. [ûf der glanzen
gruo MSH. 3, 392ᵇ klâ ungelâ? MSH. 3, 224ᵇ. ein alte briu MSH.
3, 228ᵈ. diu (ancilla) gen. diuwe c. pal. 361, 75ᵇ·ᵈ.] — 2) nach
wegfallendem stummen e könnte nur in den wörtern kur (arbi-
trium) tur (porta) gir, gër (cupiditas) bin (apis) frage feyn. Die
beiden erften würden dann den nom. acc. fg. kur, tur¹), die übri-
gen cafus unlautend kür, tür machen; jenen nom. und acc. ver-
mag ich aber nicht ftrenge zu erweifen, da felbft die alth. tur
und kir nicht über den zweifel hinaus find, ob fie vielleicht
turî, churî, kirî nach decl. II. lauteten? bin hat den pl. nom.
bin, gen. bin, dat. binen. — 3) *alle* wörter diefer decl. *können*
im gen. und dat. fg. das e ablegen, alfo beide cafus dem nom.
und acc. gänzlich gleich machen [f. nachtr.]. Seltner gefchieht
es im gen. (vruht Parc. 126ᵃ vart Parc. 24ᶜ bruft Parc. 1ᶜ diet
Parc. 46ᵃ zuht Parc. 39ᵇ nôt Tit. 102. 110. tât Tit. 14. etc.) häufi-
ger im dat. (nôt Iw. 20ᶜ Parc. 105ᶜ kraft Parc. 28ᵃ 107ᵇ 123ᵃ
hant Parc. 102ᵇ 106ᵃ wât Parc. 108ᵃ angeft Tit. 43. vruht Parc.
106ᶜ diet Parc. 110ᵃ etc.) Mit den unveränderlichen formen
vruht, vart etc. wechfeln die declinierenden gen. dat. vrühte,
verte ab. Ich fehe hier keine apocope des tonlofen flexions-
vocals (wie in decl. 1. anm. 2.) und zwar α) weil bei apocope,
wenigftens des ftummen e, der wurzellaut *bleibt*; es heifst
z. b. ner, her (alth. neri, heri) nicht nar, har; hier aber umge-
kehrt vruht, tât, vart, nôt und nicht vrüht, vert, tæt, nœt.
β) weil die in gleichem buchftabenverhältnifs befindlichen nom.
gen. acc. pl. das e nie ablegen (kein tât, vart für tæte facta,
verte itinera). γ) weil die, folglich blofs den fg. angehende in-
declinabilität fpurweife bereits im alth. vorkam (oben f. 620.
no. 4. 630. no. 3.) wo an keine apocope des unbetonten cafus-
vocals zu denken ift. δ) weil dies e im neuh. nothwendig weg-
fällt, nicht blofs, wie das tonlofe, wegfallen *kann*. — 4) vom
fem. *art* (natura, cultura, genus) finde ich nur die unveränder-
liche form des fg., niemahls den gen. dat. erte; daneben be-
dienen fich diefelben denkmähler wechfelnd und häufiger des
masc. *art*, ardes, arde, (wie im ungefl. hard) doch auch nicht
im pl. Letzteres fcheint mir ftets die bedeutung von genus,
indoles zu befitzen, während das fem. zugleich den abftracten
begriff von modus (art und weife) ausdrückt. — 5) ich zähle
noch die nur im fg. und ganz unveränderlich vorkommende
form -*in* hierher: königin, meifterin, herzogin etc.; kürzung der
daneben gültigen form -*inne* (erfte ft. decl. no. 5.). Infofern
auch -*in* eintritt, dürfte diefes der erften decl. angehören und
wie küchen, vörlen beurtheilt werden; vgl. oben f. 368. und
unten die dritte fchwache decl. [— 6) einzelheiten: miner kreften

---

¹) im gegentheil reimt der nom. tür: vor Parc. 137ᶜ.

drî MS. 1, 157ᵇ. acc. fg. wclte f. werlt Nib. 1063, 2. in die werlte Maria 147, 6. 150, 17 (oder pl.?) auch nom. fg. diu werlte Mar. 154,'33. ir maget (virgines) Ben. 342. magde Ben. 352. magden (virginibus) 328. magde (virginis) 380. der magede (virgini) Parz. 413, 7.]

Starkes neutrum. erfte declination.

beifpiel: wort   pl. wort
           wort-es   wort-e
           wort-e   wort-en
           wort   wort

1) einfache: âs (cadaver) bal, -lles (pila) Wigal. 199. baut, -des (vinclum) barn (infans) bat, -des (balneum) blat, -tes (folium) bloch (truncus) brôt (panis) buut, -des (pellis) bnoch (liber) dach (tectum) diech, -hes (femur) dinc, -ges (res) gelt (praeftatio) glas (vitrum) golt (aurum) abgot (idolum) gôz (junctura tecti) Trift. 122ᶜ 124ᵃ grap, -bes (fepulcr.) gras (gramen) guot (bonum) hap, -bes (portus) Parc. 187ᵃ hâr (crinis) heil (falus) horn (cornu) hûs (domus) huon (pullus) jâr (annus) is (glacies) kar (vas) kint, -des (infans) kleit, -des (veftis) krût (herba) lamp, -bes (agnus) lant, -des (terra) liet, -des (carmen) lit, -des 579 (membrum) loch (foramen) loup, -bes (folium) mâl (fignum) maz (cibus) mêz (menfura) mein (nefas) mies, mos (mufcus) nêft (nidus) ort, -tes (cufpis) ors (equus) pfant (pignus) pflue, -ges (morticinium) Bon. 73. 26. rat, -des (rota) rêch, -hes (caprea) riet, -des (carex) rint, -des (armentum) ris (virgultum) rôr (arundo) ros, -ſſes (equus) ſahs (culter) ſant, -des (littus) underfcheit, -des (difcrimen) fchâf (ovis) fchif (navis) fchrîn (fcrinium) feil (funis) fêr (dolor) befêz (obfidium) flôz (clauftrum) ſpêr (hafta) fpor (veftigium) fpil (ludus) ftat, -des (littus) fwêrt (enfis) fwîn (fus) tal (vallis) teil (pars) tier (animal) tor (porta) trân (flumen) tuoch (pannus) vahs (capilli) vaz (vas) viur, viuwer (ignis) volc, -kes (pop.) wal (campus) wêrc, -kes (opus) wiht (creatura) wîp, -bes (femina) wort (verbum) zil (terminus) [brât vgl. willbrât En. 4789. bâht (belege f. 341) blâs (laterna) augb. 11ᵃ 15ᵃ hac (faltus) liederf. 1,199. kês (gletfcher) Lanz. (:Dodines). kis (arena) Arnsb. urk. 681. lat (onus) gcn. lades Uolr. 1156. lap g. fchm. 1611. lint Gudr. 24ᵇ. lôt (pondus) marc (fignum) Greg. 1065. miſt (ſtercus) kolocz. 366. riht (fercnlum) w. galt 5ᵇ roch (fig. ludi latr.) urſchln Mar. 54. fchit (affer) unflit gen. unflides Feldb. 467. înit (mellis) Helbl. 1, 828. 894. vûrſpan Parc. 41ᵃ hirnſtal (frons) mifc. 2, 73. fwil (callus) Herb. 5590. 8567. 12282. tcic (maſſa) Karl 43ᵇ toum (vapor) Karl 125ᵇ trêf (ictus) myſt. 316, 1. tûs MS. 2, 124ᵇ twêre (nauas) vêch, vêhes (animal quoddam) vêl (pellis) warc (virus) Ottoc. 590ᵃ welf (catulus) w. gaſt 20ᵇ ziu (ſtannum) zwi, zwic (ramus)] — 2) bilduugen, -el, -em, -en, -er,

als: fchapel (fertum) [f. nachtr.] gadem (aedes) elleu (virtus) îfen (ferrum) lachen (pannus) wâpen (arma) wolken (nubes) zeichen (fignum) [eher (fpica)] eiter (virus) îfer (ferrum cufum, bei Wolfr. von ifen dem unverarbeiteten metall unterfchieden) lafter (vitium) lëger (cubile) luoder (efca) waber (vilio) wazzer (aqua) wêter (tempeftas)*) etc. [diminutiva auf *-lîn* (dat. pl. kröpfelînen : fchînen Parc. 118ᵇ. die infin. auf *-en*: daz lachen, daz kumen Wh. 439, 25. gen. fg. trinkennes, lebennes, wefennes. dat. trinkenne, fpäter trinkende. gen. pl. fô guoter trinken Wh. 448, 5.] — 3) lingualbildungen: houbet (caput) lieht (lux) pfert (equus) obez (pomum) dienft (miniflerium) etc. — 4) gutturalbildungen: honec, -ges (mel) march [f. nachtr.] (equus) vêrch (vita) — 5) vocalauslautige mit vorbrechendem w als [wê, wêwes (malum)] rê, rêwes (funus) knie, kniewes (genu) tou, touwes (ros) blî, blîwes (plumbum) mël, mëlwes (far) hor, horwes (lutum), ei (ovum) hat eiges. — 6) comp. mit ge-, als: gebot (mandatum) etc.

Anmerkungen: 1) vom ftummen *e* gelten die oben f. 668. beim mafc. vorgetragenen regeln; nun decliniere folglich:

zil	pl. zil	fpër	pl. fpër
zil-s	zil	fpër-s	fpër
zil	zil-n	fpër	fpër-n
zil	zil	fpër	fpër

und nach zil weiter: fpil (ludus) [fwil] tal (vallis) mal (ferculum, verfch. von mâl, mâles?) wal (campus ftragis) hol (foramen) [dol MSH. 3, 456ᵃ]: nach fpër aber: [fmër Feldb. 380. var (trajectus)] kar (vas) [Apollon. 11888. 90) fpor (veftigium) tor (porta); ebenfo gehen wël (far) hor (lutum) wenn fie im obliquen cafus das alte *w* nicht mehr brauchen. Der gen. pl. fpër (und nicht fpëre) findet fich häufig, z. b. Tit. 67. Parc. 17ᵇ 19ᶜ 23ᵇ 82ᵇ 84ᵃ·ᵇ 92ᵃ 93ᵃ Wigal. 129. (z. 3440.) 246. (z. 6667. wo alle bif. fpër lefen) fpil (ludorum) Bit. 122ᵃ mal (ferculorum) kolocz 163. Wigal. 7. (z. 121.) lefe man hor oder mit cod. C. horwe. — lîen, lafter etc. declinieren völlig wie meiden, acker f. 669. gadem und lëger aber wie wort. — 2) das tonlofe *e* wird ausnahmsweise gekürzt in vël (ente) ft. vëlle Parc. 64ᵇ 122ᵃ; ros (equo) ft. rofie Wigal. z. 2005. und 11112 ros (equorum) ft. roffe; pfert ft. pferde Parc. 125ᵃ hâr ft. hâre Wilh. 2, 7ᵇ wip ft. wibe Nib. 3516; lant f. lande in den Nib. mehrmahls und ähnliche fälle mehr [zin ft. zinne Trift. 123ᵇ vûrfpan ft. vûrfpanne Parc. 40ᶜ vogellin ft. vogelline MS. 2, 91ᵃ: aber hûs f. nachtr. — gen. pl. jâr MS. 2, 222ᵃ wort (: gehört) kolocz 273. fwert Kl. 1260. korngruop Helbl. 8, 114 wenn neutr. vgl. auch Helmbr. 283 zehen rint alter und junger.]. — 3) folgende haben im pl. das para-

---

*) Nicht wëtter; alfo im dat. wëtere, nicht wëtter: man lefe amur 13ᵇ wëtere : ftere (fefamento, tecto), und berichtige hiernach oben f. 417.

II. *mittelh. subst. stark. neutr. erste u. zweite decl.*

gogifche (umlaut wirkende) *er*: bender. bleter. blöcher. buecher dicher. dörfer. eiger [f. nachtr.] abgöter. greber. huener. hiufer. kelber. kinder. kleider. kriuter. lember. lider. lieder. löcher. löuber. örter. pfender. reder. röher [Türl. krone 71. röhern hohes lied p. 154. beger: rör Albr. v. H. 442ª] rieder [H. Meyer no. 32]. rinder. rifer. röffer. telr [dat. pl. taln ft. telren: bezain Wh. 22ᵇ, 18]. tuecher. welfer (catuli) wiber. zwier (rami) und wohl andere, die mir noch nicht vorgekommen find. (beder (balnea) Mart. 46ᶜ beiner (töten beiner Georg 52ª) dach, decher troj. 154ᶜ dinger (: vinger) Laurin Röns 75. elber Herb. 6ª empter? liederf. 224. glefern (vitris) Pantal. 1229. höubeter liederf 1, 539. Bon. 84, 12. corner Alex. 1721. 1745. lider Trift. 12784. Wh. 274, 8. gelider Diut. 41. glider Laurin Röns 111. liehtern (luminibus) MS. 2, 213ᵇ luoger Ben. 373. uber diu möfer ellin e. vind. 653, 182ª. meregriezer Kelle fpec. 145. nefter auf. 2, 215. 216. pfeiler (calles) Mart. 46ᶜ (: beder) no. 32. fchilter MSH. 3, 211ᵇ myft. 1, 279, 1. fteiner liederf. 1, 497. tierer (beftiae) Diemer 165, 5. worter Servat. 1071.] Von den meiften gilt zugleich der pl. ohne -*er*, einige haben immer -*er*, andere nie; das nähere gehört nicht hierher in die flexionslehre. Die decl. der pl. auf -*er* richtet fich nach dem fo eben für das bildungs-*er* in löger und lafter entwickelten unterfchiede; es heißt:

reder	und	wiber
reder-e		wiber
reder-en		wiber-n
reder		wiber

daher mit recht: klage 3692 (4027.) fwörter (enfium) Parc. 123ᶜ wiber (feminarum). telr (valles) vermuthlich auch bölr (foramina) weil in ihnen (nach f. 374) das ftumme e der zweiten filbe erlifcht, machen die gen. dat. telre, telren; hölre, hölren [holren (: telren) v. d. geloub. 3142]. — (4) gen. fg. hûs f. hûfes Parc. 350, 18. glas f. glafes Parz. 490, 27. fpar des inftrum. von andern nihtiu Parz. 544, 15. pl. -e: armiu liute Mar. 4043. 4282. ledigin liute 1099. auch Barl. diu liute. kinde anm. zu Iw. p. 358. gen. pl. fchwach: worten, werken, kinden (: blinden MS. 1, 29ᵇ) Pfeiffer f. u. kr. 1, 82. dat. pl. fchrîn ft. fchrînen im reim auf fîn Parc. 18ª 87ª Conrad aber fwînen (finibus) troj. 105ª; cleider f. cleidern Altfw. 50, 10.]

Starkes neutrum. zweite declination.

künn-e	pl. künn-e		ber	pl. ber
künn-es	künn-e		ber-s	ber
künn-e	künn-en		ber	ber-n
künn-e	künn-e		ber	ber

1) bildungen mit bloßem -*e*: bette (lectus) bilde (imago) erbe (hereditas) ende (finis) ecke (acies Bit. 110ª) ellende (exfilium)

598   II. *mittelh. subst. stark. neutr. zweite u. dritte decl.*

abgründe (abyſſus) heile (ſalus) leich des von ruge p. 459. hirne
(cerebrum) kinne (mentum) kleinœde (xenium, clenodium) kriuze
(crux) künne (genus) urlinge (bellum) antlützze (facies) mære (fa-
bula) mütte (modius) netze. (rete) œle (oleum) [ſ. nachtr.] pâra-
diſe (paradiſus) riche (regnum) rippe (coſta) Parc. 10ᵉ [vgl. riben:
vertriben Parc. 44ᶜ] ſtücke (fruſtum) ſwelle (limen) ſtüppe (pul-
vis) tenne (area) timue (tempus capitis) wette (pignus, obligatio)
wize (fupplicium) antwürte (reſponſum) [erende (nuntium) Herb.
90ᵇ eſſe (monas) MS. 2, 9ᵃ Wilh. 2, 20ᵇ bæze (veſtis) Mart. 46ᵃ
49. 220. liederſ. 2, 677. rîſe a. w. 2, 57. riſte (carpus) reſti Diut.
2, 292. fletze Diut. 347. 360.] — 2) mit der vorſilbe *ge-*: gebeine
(oſſa) gedigene (ſaumſitium) gedürne (dumetum) gegihte (arthri-
tis) gehilze (capulus) gelücke (fortuna) gemuete (animus) ge-
ſlehte (genus) getihte (carmen) gevilde (planities) uud viele ähn-
liche (gedrœnge MS. 2, 58ᵃ 145ᵃ gelæze nmgb. 32ᵇ geweppe (tela)
geverte. ungeverte. gewille (nodatio) Mart. liederſ. 338. 344 ge-
rüne (fruticetum) Wigal. 5918. — 3) bildungen mit *-niſſe*: daz
vinſterniſſe MS. 2, 9ᵃ u. a.].

Anmerkungen: 1) umlautsfähige wurzelvocale lauten beſtän-
dig um; ob es mit kleinœde feine richtigkeit hat? die meiſten
hſſ. liefern kleinôde Parc. 146ᵃ 186ᶜ Triſt. 16ᵃ 78ᵃ Barl. 250. hin-
gegen kleinéde Wig. 53 und 151. das verkürzte kleinêt; Ottoc.
598ᵇ kleinêt (: hêt gereimt); En. 92ᵇ 98ᵇ clînôte (? clênôde) [ſ.
nachtr.] — 2) die durch wegfall des ſtummen e verkürzten wörter
können practiſch der erſten decl. beigezählt werden, wie das
paradigma her zeigt. Es ſiud folgende: her (bacca) her (exer-
citus) mer (mare) [wer (arma) Barl. 61, 14. Wigal. 301.] und
mehrſilbige wie gewæfen (armatura) gezimber (tabulatum) alth.
kiwâfani, kizimpari. Den gen. pl. belege ich mit win-ber (welt-
chron. Schütze p. 210.) wibe-her (Parc. 85ᵇ) — 3) gôu (pagus)
hön (foenum) ſind kürzung der danebeu gültigen formen göuwe,
höuwe. — 4) einſchiebung des *-er* im pl. finde ich in kleinœter
Flore 7ᵇ; gevilder von gevilde uud getel, pl. getelre iſt mir
noch nicht vorgekommen. (— 5) pl. ſchæfeliu (oviculae) Griesh.
2, 28. kembeliu (cameli) 2, 29. lägelliu (vaſa) 2, 94. ſg. lägelli.
kindlen Megenberg 16, 19.]

Starkes neutrum.   dritte declination.

ſpuren in vihe (pecus) wite (lignum), welches letztere meiſtens
maſc. erſcheint, auch iu wit apocopiert wird.

Schwaches maſculinum.

beiſpiel: haſ-e   pl. haſ-en
           haſ-en   haſ-en
           haſ-en   haſ-en
           haſ-en   haſ-en

1) einfache: affe (ſimia) an oder en (avus) ande (ira) ar (aquila)

bache (porcus) balle (musculus manus) balme (palma) Barl. 114. bër (ursus) bluome (flos) boge (arcus) bote (nuntius) bracke (canis) brunne (fons) buole (amator) [amur 2309 2372.] dil (assis) georg 38ᵃ enke (servus) erbe (heres) garte (hortus) gêre (sinus vestis) ginge (desiderium) grabe (fossa) grâve (comes) grîfe (gryphus) gupfe (culmen) Parc. 39ᵃ ortkabe (auctor) ham (hamus) hamme (poples) hase (lepus) hërre (dominus) einhûrne (unicornis)*) kempfe (pugil) knabe (puer) knappe (armiger) knolle (nodus) knurre (truncus) koche (navis) kol (carbo) lewe, leu (leo) mâne (luna) mâse (cicatrix) meige (majus) merze (martius) nam, name (nomen) narre (stultus) ohse (bos) pfaffe (clericus) pflage (equus) pfarre (taurus) troj. 68ᵃ 71ᵃ·ᶜ pfâwe, pfâ (pavo) quelle Parc. 28ᵃ rappe (corvus) recke (vir fortis) rife (pruina) rise (gigas) rite (febris) ron (truncus) rûde (canis) sâme (semen) schade (damnum) schate (umbra) bei Wolfr. Conr. u. a. seite (chorda) schenke (pincerna) sil (funis) slange (serpens) slite (traha) smërze (dolor) spache (ramus) spar (passer) spor (calcar) sprunge (saltator) stêr (vervex) kolocz 395. stërne (stella) stolle (fulcrum) widerstrite (adversarius) swan (cignus) swalme (hirundo) waltswende (lignum perdens, i. e. heros) sunne (sol) tôre (stultus) tote (patrinus) trache (draco) trappe (tarda) tûme (pollex) turse (gigas) van (pannus, vexillum) vanke (scintilla) vinke (fringilla) volle (abundantia) Nib. 8347. 9433. vol (pullus equi) sachwalte (caulidicus) griezwarte (praeco) wase (cespes) weise (orphanus) witweide (late pascens) wër (vas, -dis, satisdans) wërre (secundalum) wille (voluntas) zapfe (duciculum) her-zoge (dux) und viele andere, namentlich aus verbis gebildete. [âmeize (formica) Reinh. Kolocz 394. asche (piscis) balke (trabs) butze (spectrum) Walth. 28, 37. brêm (b. Wolfr. brême, oestrus) brûte. Aberdon. gate (par, aequalis) Roth. 12ᵃ Georg 52ᵃ gire (vultur) Karl 66ᵇ Parc. 93ᶜ glime (feuerwurm) Renner 268ᵃ graine (ira) fr. Susannae. mergrieze (unio) gülle (gulosus?) Ben. 261. vgl. giule Georg 36ᵃ gume (vir) Roth. 8ᵇ hage (taurus) MS. 2, 178ᵇ? oder hagen? 2, 149ᵃ hame Mart. 51ᵃ helme s. helm Nib. 1775, 2. 1779, 1. pf. Chuonr. 5661. Lampr. Alex. 836. hûse (domesticus) imme (apis) liederf. 1, 89. 90. këruc (granum) kudlle (lolium) kolbe (fustis) koppe (corvus) wartb. kr. jen. 25. 26. kote (domus rust.) Pilat. 268. 94. krage (gula) krebe (corbis) Rudolf Vilm. 72. lude Wigal. h. v. mâge s. nachtr. mëlme? Gudr. 76ᵃ stein-metze. narwe (cicatrix) Herb. 89ᵃ om, ome (rubigo) Diet. 36ᵃ Wh. 1, 19ᵃ 3, 7ᵃ s. 3, 733. Liutoldo milite dicto omo Pupikofer nr. 11. (a. 1275) Eberhardo dicto omen 17 (1284) Eglossen dem ômen 41 (1340) im siegel steht S. Eglosti militis dicti om. Meinerts volksl. 43 ohm und brand; aber Renner 18306 mit omen (mit speise?)

---

*) Barl. 116. 118. 119. schmiede 257. wogegen Bit. 110ᵃ einhorn und einhorns neutral.

bewaren, 19364 grôzen omen (fpeife) zuo fueren. — rache (faux) chnie-rade (poples) Diut. 3, 46. ratte (lolium) reie (chorea) MS. 2, 16ᵃ riuwe Hpt 7, 158. Bon. runge? (gigas) Herb. 9ᵈ leitfage (index viae) trubfæge (dapifer) fchaffe (orca) liederf. 514. fchache (lingua terrae vel maris) Parc. 96ᵇ fchêr (talpa) fcholle (gleba) fchrecke fragm. 24ᵇ fchûlle (gulofus?) Hen. 261. fôte (magenbrand) Hpt 6, 493. fpar (paffer) Berth. 207. 208. Mart. 54ᶠ fporte (cauda) Grieah. 1, 125. 2, 42. ftar (fturnus) Wh. 1, 76ᵇ ftûren (remiges) Lampr. Alex. 6499 (6849) torfe lang 2, 177 (1228) 2, 307 (1240) vende (fig. ludi intr.) MS. 2, 146ᵇ 222ᵃ 228ᵃ kolorz 182. vlade (placenta) vlecke (macula) MS. 2, 202ᵃ walbe (favus) wade (crus) walbe, wolhe (fornix) Serv. 489. wâze (odor) weife (lapis egregius) wêrre (vortex) Parc. 145ᵇ wêwe (dolor) Oberl. 2007. grundr. 550. Ulr. Triſt. 3290.] — 2) bildungen mit -el, -em, -en, -er als: nabele (umbilicus) einfidele (eremita) balfem (balfamus) bêfme (fcopa) heideu (ethnicus) chriſten (chriſtianus) kêvere (brucus) habere (avena) reiger (ardea) vetere oder vetter (patruus)*) (dotter, acc. den dottern Berth. 287]. — 3) andere bildungen: menfche (homo) fwêrde (dolor) [fumfte Griesh. 2, 125. fûlze (fufpirium) blikze (fulgor) MS. 2, 166ᵇ krêbeze (cancer)]. — 4) verfchiedene fremde wörter: aberêlle (aprilis) criſtalle, cocatrille (crocodilus) liebarte (leopardus) Karl 41ᵃ primâte pl. primâten MS. 2, 134ᵃ] etc. — 5) compoſita mit ge- gebûre (ruſticus) gedinge (fpes) geloube (fides) gefelle (focius) gevatere (patrinus) [geulter (coaevus) Mar. 3107. gefchol (reus) Gudr. 72ᵇ] etc. — (6) unorgan. fride, friden (f. frides) fchou Diut. 1, 399. fchate, fchaten fl. fchatewes. trêfe, trêfen fl. trêfewes.]

Anmerkungen: 1) das ſtumme e fällt nach l, r nothwendig und gänzlich weg; man decliniere

	kol**)	pl. kol-n	ar	pl. ar-n
	kol-n	kol-n	ar-n	ar-n
	kol-n	kol-n	ar-n	ar-n
	kol-n	kol-n	ar-n	ar-n

und darnach: dil, fil, vol, fpar, bör, flôr, wêr, fpor. Nach m und n fällt es nur im nom. fg. weg, nicht in den übrigen cafus, weil mn oder nn mislauten würde. Die älteren dichter legen es hier auch noch im nom. fg. Wolfr. namentlich gebraucht

*) Nöthigen die f. 417. angeführten reime, da kein bleters anzunehmen iſt, zu bletter und vetter? Freilich gilt fchon im altb. pletir, nicht mehr pletiro, aber letzteres galt doch früher einmahl und fo mochte noch im mittelh. bleter: veter (pletiru : vetiro) ſtampf reimen und veter für vetere ſtehen dürfen.

**) Wolfr. gebraucht kol auf obige weife als fchw. mafc. (Parc. 48ᵇ 111ᵇ Wilh. 2, 199ᵃ); andere als ſtarkes neutr. (Wigal. 281.) oder ſt. mafc. (a. wäld. 3, 176.); der nom. fg. kol ſtimmt zu allen dreien ſillen.

II. *mittelh. ſubſt. ſchwaches maſculinum.*

name (nomen) geſchieden von nam (cepit); die ſtrengmittelh. decl. lautet aber:

nam	pl. nam-en	van	pl. van-en
nam-en	nam-en	van-en	van-en
nam-en	nam-en	van-en	van-en
nam-en	nam-en	van-en	van-en

ebenſo gehen: ham, su, han, ſwan, ron; ſpätere denkmähler geſtatten ſich zuweilen den dat. ranne, vanen (im Tit. auf manne gereimt), wozu theils der nom. van, theils die richtig kurze ausſprache des a in vanen (beinahe van'n) verleitete [ebenſo hanne (: pfanne) f. hauen Helbl. 1, 663]; doch findet ſich kein analoges anne, ſwanne, ronne. [Lanz. 1416 wart ze han (f. banen, ahd. panin).] Mehrſilbige bildungen -en mit ſtummen e (alſo langer erſter ſilbe) namentlich *chriſten*, *heiden* (alth. chriſtano, heidano) können entw. nach van gehen, pl. chriſtenen, heidenen, oder (wie die ſtarken ſubſt. meiden, wolken im dat. pl.) das flexions-en überall wegwerfen, in welchem falle ſie ganz indeclinabel alle caſus dem nom. ſg. gleichmachen, (dies darf nicht verleiten, ſie für ſtark zu halten, denn nie gilt der gen. heidens, chriſtens) [ſ. nachtr.]. — 2) nach t fällt das ſtumme e nicht regelmäßig weg, ſondern nur ausnahmsweiſe bisweilen im nom. ſg. als: bot. tot, ſchat, rit ſtatt bote, tote, ſchate, rite; in den übrigen caſus aber boten etc. kein botn. — 3) das tonloſe (unſtumme) e muß immer bleiben und buol, man ſ. buole, mane wären fehlerhaft; aus gleichem grunde einſidel, gevater ſtatt einſidele, gevatere. [w. gaſt fehlerhaft man (lunae, lunam): han 24ᵇ 25ᵇ 26ᵃ 29ᵃ 125ᵃ. über her f. herre vgl. p. 443.] — 4) umlaut in dieſer decl. zeigt die alth. zweite decl. an, z. b. recke, einhürne, ſchenke ein hreckjo, einhurnjo, ſcenkjo: da ſich neben col (Parc. 132ᵇ M. S. 2, 152ᵇ troj. 110ᵇ) *rül* (M. S. 1, 80. Vribêre 16ᶜ) findet, mag auch ein alth. rnljo neben volo behauptet werden. [ver (nauta) ſt. verje. trubiæge. vortenze. vorkempfe. ene (avus) troj. 5341. 5743. ſt. ane. ſcherge, erge, ræne, ſünne (nom. boum) gülle, ſchölle MSH. 1, 172ᵇ knölle.] — [5) der *tre* (dolor) neben wêwe, ahd. wêwo: Krone 12269. dat. wên Krone 12386. acc. wên Servat. 1077. Mai 204, 25. der *bri* (puls) ahd. prio, ſpäter brie, acc. den brin Helbl. 1, 623 (brien Freid. 58, 21. 83, 27) *burzgri* Tit. 41, 4. 84, 4. gen. burzgrien 43, 1. 158, 4. *ſchuo?* den ſchuon Roth. 2071. pl. 2185. ſchön (calceorum) 2096, doch ſchöhe 2040. — 6) acc. ſg. den gedinge f. -en Ben. 1, 2. Walth. 7, 37. den brunne myſt. 361, 36. 371, 27. dat. ûz dem brunne 371, 33. 363, 6. vgl. mnd. und mnl. Umgekehrt noim. ſg. -en: waben g. ſchm. 206. willen ancg. 20, 14. namen Bon. 97, 2. — 7) in eigennamen der urkunden dauert -o des nom. ſg. :Reinbodo, Raſpo in urk. von 1252 zeitſchr. f. thür. geſch. 4, 181. ebenſo Siboto, Poppo, ſchenho. rinderſchinko. ſtuhſo. Heiligenkr. 1, 119 (1250) cherpho 1, 116. Zuweilen noch

-on für -en f. zu 749, befonders im gen. dat. pl.; den nahgeburon freib. urk. 24 (a. 1275); der unhkomindon ibid. tòton (mortuis) Griesh. 110. rappon (corvis) 107. gen. pl. -o für -on: Mone 8, 491 der òblo menfcho. Griesh. 54. 55 der hailigo. 52 der tòto êwarto gebain. 152 der tòto gebaiu. 44 fiumf joch ohfa. 49 der behalteuo. 154 der rehte (juftorum) 77 tùfent tòto. 109 vier layge tòto. 166 vil hàligo (fanctorum) vgl. unfa finer wundo 153. roller wundo 43. tùfent felo 160. vil kròuo 29. vil fliugo 46.]

Schwaches femininum. erfte declination.

beifpiel: zung-e   pl. zung-en
           zung-en   zung-en
           zung-en   zung-en
           zung-en   zung-en

1) einfache: albe (mons) ameize (formica) amme (nutrix) au (avia) afche, efche (cinis) barte (afcia) bafe (amita) bir (pirum) binle (ulcus) blate (thorax) bütte (dolium) brücke (pons) galle (fel) garbe (manipulus) gëlle (pellex) gërfte (hordeum) glocke (campana) gruobe (fovea) halbe (latus) halfe (collare) harpfe (nablium) henne (gallina) hinde (cerva) hofe (braccae) hütte (tugurium) kanne (cnatharus) kappe (cucullus) katze (felis) kefle (capfula) kirche (eccl.) kifte (cifta) kiule (fuftis) kon (uxor) kreie (cornix) [f. nachtr.] lache (palus-dis) linde (tilia) lîte (clivus) loube (umbraculum) lücke (lacuna) mâfe (cicatrix, oder männl.? vgl. Wilh. 2, 42ᵃ) minze (mentha) mûl (mola) muome (amita) nafe (nafus) olbende (camelus) ouwe (pratum) pfanne (frixorium) pfîfe (tibia) porte (porta) rëbe (vitis) rinde (cortex) rinne (canalis) rære (calamus Parc. 123ᵃ) ruote (virga) fchalte (remus) fcharte (incifura) fchîbe (orbis) fchirbe (tefta) fchmitte (officina) fchruude (fiffura) fchuppe (fquama) fêhe (vifus) fîde (fericum) fîte (latus) fiure (acarus) flinge (laqueus) fnite (buccella) fpinne (aranea) fprize (feftuca) ftange (contus) ftande (cupa) ftrange (reftis) ftrieme (virga) ftuobe (vaporarium) funne (fol) fwarte (cutis) tanne (abies) tafche (pera) tinete (atramentum) tûbe (columba) valte (plica) vafte (jejunium) veile (linteolum) vîge (ficus) vliege (mufca) vrouwe (femina) wage (cunae) wanne (vannus) wëlle (unda) wîde (falix) wicke (vicia) woche (feptimana) wûlpe (lupa) wunde (vulnus) zange (forceps) zêhe (dig. pedis) zunge (lingua) [barke Gudr. 1212, 4. derreblahe Ben. 389. blicke? Roth. 27ᵇ bolle (calyx) troj. 7515. 19839. buhfe (pixis) bulge (crumena) Orm. bnoche (fagus) Wilh. 2, 89ᵃ dol (cloaca, canalis: Lang 2, 91 a. 1218 aquaeductus fubterraneus qui thol vocatur) drie (trias) MS. 2, 124ᵇ drîhe a. Tit. 131. ecke MS. 2, 10ᵃ efle (ultrina) gelte (vas ligneum) gerte (virga) gîge (burbitos) gurre (equa) Eracl. 1598. wolkengûzze MS. 2, 140ᵇ haeche MS. 1, 180ᵇ kalte (kalte zeit) gute frau 628. Türl. krone 88. kël (guttur) troj. 146ᵃ

kërſe (ceraſum) kerze. kſche (tuſſis) Lſ. 2, 237. 238. klaſſe (crepitaculum) klette amgb. 45ᵃ klinge Parc. 17ᵃ krïde (creta) krote (bufo) krücke (fulcrum ſubalare) kürſe (pellis) kuoſe (dolium) kolocz 374. Perz. 166, 30. laune (catena, obex, im Roth. mehrm.) lappe (lacinia) Hpt. 1, 275. lunerlate Geo 25ᵃ lohe (ignis) Herb. 102ᶜ mize (tinea) molte (pulvis) Wilh. 2, 189ᵇ mūl ſelten ſchwach (MS. 2, 150ᵇ) nunne (monialis) pflihte (prom) Maurit. 967. platte (calvities) rige (rivus) Wigal. 240. rotte Parc. 12ᵃ ruebe (rapa) ſcheide (vagina) Wilh. 115, 2. ſchelle (tintinnabulum) ſchiune (horreum) kolocz 121. 123. ſchramne (ſcamnum) ſchumpfe (meretrix) ſrawn. 36. ſol (ſandalium) kolocz 164. 179. ſpache (ſcheit) Er. 8132. ſtrūche (ſchnupfen) liederſ. 1, 403. ſtube Ben 375. 382. ſtūde (frutex) ſwelle (limen) unterthāne (ancilla) Karl 113ᵇ 119ᵇ tol (monedula) miſc. 1, 125. valle (decipula) ſeine (ſee) vëſe (res nihili) Geo. 27ᵇ u. w. 3, 24. m. Alex. 143ᵃ vohe (vulpes) (anewende (ſolſtitium) zeine (corbis) Diut. 3, 97. zieche (endurenm) u. a. m. — 2) bildungen mit -el, -er: buckel (umbo) geiſel (flagrum) gugele (cucullus) gürtel (cingulum) inſel (inſula) nëſtel (vitta) niſtel (neptis) tavel (tabula) twehele (mappa) vackel (taeda) videle (fides, -ium) zwiſele (furca) äder (vena) ågelſter (pica) gålander (galerita) kamere (camera) kulter (culcitra) natere (vipera) vëdere (penna) ſtompfel (? teppich) Rud. welthr. iule (noctua) ſt. iuwele. kicher (cicer) Diut. 3.] u. a. m. — 3) mit -ewe: ſënewe (nervus) ſwalewe (hirundo) witewe (vidua) [hulewe (ſordes) kalwe (calvities) hund. not 175] — 4) mit der vorſilbe ge-: geſpil (ſocia) gefatere (commater) gemåle (ſpouſa) [geniſtel Er. 9716. 9737.] etc. — [5) fremde wörter: jūmente Wilh. 395, 7. keminäte. kriſtalle Triſt. qualſchiure Parc. 40ᵃ ſalveie Wilh. 2, 147ᵃ ziſterne Parc. 158ᵃ.]

Anmerkungen: 1) regelmäßiger wegfall des ſtummen e nach liq. wie beim maſc., mûl, geſpil, nëſtel, niſtel etc. gehen wie kol; bir, åder, ågelſter [auch vër, vörn ſ. vrouwe, vrouwen (ſ. 443. 444)] etc. gehen wie ar; kon gehet wie van. — 2) ausnahmsweiſer wegfall des ſtummen e nach t könnte im nom. ſg. blat. ſnit eintreten. — 3) ob die bildung -en bei dieſer decl. auch in betracht kommt? iſt zweifelhaft, da z. b. küchen, vërſen ſchwach gerade ſo wie ſtark lauten müſten, nämlich der ſtarke gen. küchen ſtände ſ. küchene, der ſchwache gen. küchen ſ. küchenen (wie wolken, heiden ſ. wolkenen, heidenen). Sonſt ſcheint mir das ſeltene dieren (ancilla, virgo) Parc. 62ᵃ allerdings hierher gehörig, und ſteht für dierene, dierne, lautet aber dirne (gen. dirnen?) ſchmiede 355. 1797. verkürzt dirn M. S. 2, 82ᵃ — 4) ſchwanken zwiſchen ſchw. und ſt. form ſ. oben ſ. 674. anm. 3. 4. [zunge (lingua) ſ. zungen MS. 2, 166ᵇ] — (5) din krä, der krän Helmbr. 631. — 6) n. ſg. garba Grieſh. 70. viga 80. kirchu 67. ebenſo aber im plural ſwalwa (hirundines) 128. ſträza und galla (plateas et vicos) 44. krota (bufones) 46. māſa 153. wunda (vulnera) 2. flinga (mufcnc) 45. 46. mugga 107. brofema (unicae) 110. fchutſela 46. vacella (faculae) 125. fpaichella. geifela 153. zwò tavelu 23. entfprechend ſtark ſelu (animae) 3 65. 78, 79. 135. 146. die lehara (cohortes) 29. 63. 124. turn (portae) 12. wirtenna (uxores) 10. ferſenna 168. vriundinna und nāhgebūrina 50. tōhtera (filiae) 3. 24: wobei übrigens die grenzen zwiſchen ſtark und ſchwach vielfach ſchwanken. Gen. pl. -an für -ōno, vgl. an f. ōn ſchw. conj.: hennan (: han) liederſ. 3, 400. bōnan (: man) 410. dat. pl. Freib. urk. nr. 72 (1304) 73 (1304) ze oſtran. nr. 101 (1316) 189 (1347) reban. 45 (1280) den frowan; vgl. 101 (1316) fweſteran. 107 (1318) den telan. 182 (1343) veſtinan. Oſt haben außerdem alemann. urk. des 13. 14. jh. noch -un ſt. -en, entfprechend dem abd. -ūn: freib. 30 (1282) an der milchun. 47 (1291) fine wirtinnun. 89 (1314) gaſtun. fwellun. 135 (1327) kilchunſatz. 109 (1319) kornloubun. -on: Griesh. 32 an gallon. 54. 151 die fmunon. 60 ſnitou. 72 bi der witiwon. 77 ze eſchon. vgl. zu p. 772.]

Schwaches femininum zweite declination.

in die erſte übergegangen; die wörter oft erkennbar am umlaut (mūl, rœre) oder an gemin. conf. (ſchnitte alth. ſmitja?) [gerte Wilh. 202, 7. güzze. krücke].

Schwaches femininum. dritte declination.

fpuren in mengin (multitudo) Flore 49ᵃ 55ᵇ 59ᵃ menigin (multitudine) M. S. 1, 38ᵇ [menegin Lanz. 1326. 5489. Er. 9656. Karaj. 25, 9. durftigin kchr. 2673. diemuotin Karaj. 15, 6. 39, 14. 23, 23. guotin Karaj. 11, 11. 15, 5. 14, 25. 23, 29. ādin, prōdin 20, 22. äbulgin 20, 25. mendin (gaudio) 36, 16. routin (riuti) 5, 12. 6, 3. 7, 1. gehōrſamin Wilh. 3, 127ᵃ fenſtin Reinh. 799 alt. fr. vinſterin Haupt 4. 526. Freid. 25. 16. Reinh. 1713. Karnj. 21, 5. MSH. 3, 456ᵇ] bürden (onus) Frib. 21ᵇ bürden (oneris) Flore 5ᵇ Wilh. 3, 176ᵃ gewöhnlich gehen jetzt menige. bürde (troj. 8ᵃ 12ᵃ Wilh. 2, 36ᵇ) nach zweiter ſtarker. Vielleicht dürfen noch andere, z. b. mænin (luna) hèrzogin, heidenin, als aus den maſc. mâne, herzoge, heiden moviert hierher genommen werden, wiewohl ich kein alth. mánin, herzogin, heidenin (goth. menei, haritaúhei, háiþnei?) zu belegen vermag; vgl. anm. 5. zur vierten decl.

Schwaches neutrum.

beifpiel:	hĕrz-e	pl. hĕrz-en
	hĕrz-en	hĕrz-en
	hĕrz-en	hĕrz-en
	hĕrz-e	hĕrz-en

nur die wörter hĕrze (cor) ōre (auris) ouge (oculus) wange (gena)*)

---

*) p. 629. iſt wanka durch verſehen ausgelaſſen; p. 609. ein goth. vaggō zu vermuthen, obwohl Ulph. Matth. 5, 30. hinaus braeoht.

[daz menfche Berth. 268. tinne (tempus cap.) daz ome? fundgr. 1, 201. vielleicht daz klâwe (glomus) Herb. 7ᶜ 8ᵃ]. Wie im alth. gilt ausnahmsweife bërze, ouge, ôre, wange im nom. acc. pl. Nib. 3251. Trift. 75ᵃ 86ᵃ 88ᵃ 121ᵇ Parc. 5ᵃ [Wigal. 1335. Walth. 8, 8. MSH. 3, 219ᵃ] etc. Selbft im dat. fg. hërze Trift. 35ᵇ Tit. 30. M. S. 1, 174ᵃ [Parz. 734, 24] wange Trift. 9ᶜ.

Anomalien der mittelhochdeutfchen fubftantire. 646

[1ᵃ) *got* gen. Nib. 2308, 3. (? 4, 464. 762) Albr. v. H. 119ᵃ (ed. 1. 36ᶜ) an dem tag Bachi des wines got: fpot. auch im dat. got (nicht gote) bei Griesh.]

1) *vater, bruoder, muoter, fvefter, tohter* im fg. unveränderlich (gen. ir alten vaters tod. gehugde 395. des vaters pall. 116, 37. dagegen dines vater fundgr. 2, 91. dines pruoderes pluot Diut. 3, 58. dagegen bruoder tôt (fratris mors) Ben. 362.]; den pl. lauten einzelne hff. um in veter, bruoder, muoter, töhter, doch fcheint das fpätere verderbnis (f. nachtr. vatere (patres) Trift. 3946. veter (patres) troj. 5391.]. Nicht mehr beweiskraft haben die fchwachen pl. tohteren, fwëtteren troj. 81ᶜ 82ᵃ 97ᵇ 101ᶜ 107ᵃ. Zu unterfuchen bleibt, ob *fvëher, fwëher* (socer) Wilh. 2, 83ᵇ 182ᵇ *fwiger* (socrus) *fwâger* (maritus sororis) Wilh. 3, 63ᵃ auf träger (tardius) reimend, gleichfalls unveränderlich find; nach dem goth. svaihra, svaihrô follte man die fchwache form fwëhere, fwigere erwarten, allein auch im alth. gilt fuchur, fwigar, kein fuchero, fwigera [fines fueher fundgr. 2, 90].

2) *man* fowohl ganz unveränderlich für alle cafus fg. und pl. (gen. fg. Iw. 21ᶜ [Er. 1383. 9578. Iw. 7089] Parc. 48ᵃ dat. fg. Parc. 43ᵃ gen. pl. Nib. 308. Bit. 58ᵃ dat. pl. Bit. 56ᵃ 90ᶜ) als nach der erften ft. mafc. decl., gen. mannes, dat. manne; gen. pl. manne, dat. mannen. Doch lautet nom. acc. pl. immer man, niemahls manne. Oft beiderlei form nebeneinander, z. b. von manne ze man Wilh. 2, 35ᵇ.

[2ᵇ) *farazîn* zuweilen im plur. ganz unflectiert. dat. pl. farazîn ft. farazînen Wilh. 2, 197ᵇ Ortn. 1560. Georg 2ᵇ vgl. die chërubin Georg 40ᵇ von den venezian Wh. 240, 30. 242, 28. — *friunt, fient* C. 1017.]

3) *naht* nach vierter weibl. gen. dat. *nehte* M. S. 2, 185ᵇ fragm. 31ᶜ; zuweilen ohne umlaut nahte M. S. 2, 66ᵇ 108ᵇ; zuweilen das indecl. naht (noctis) M. S. 1, 63ᵇ; feltner männlich, mit dem gen. *nahtes* (vgl. M. S. 1, 37ᵃ des nahtes) der aber häufig adverbialiter vorkommt [der dritten nahtes Lohengr. 175. des andern nahtes a. Heinr. 514. vgl. 3, 133; dat. pl. winahten MS. 2, 66ᵇ in fivin. nachtin Roth. 3865.] — *diet* fcheint im mittelh. überall weibl. und nur in niederd. quellen (Ev. Roth. etc.) zeigt es fich männlich. — *buoch* ift

entschieden neutrum. [— *burc. liut* f. nachtr. *bruſt* acc. pl. Parz. 35, 30.]

4) von einſchiebung des *-er* vorhin ſ. 680.; einſchiebung des *-en* kommt nicht vor, ſelbſt nicht bei aus der ſchweiz gebürtigen dichtern, nur lüge (mendacium) zeigt Nib. 8227. den pl. lügene. Man vgl. aber die zur dritten ſchw. weibl. decl. angemerkten ſpuren des -in, in, -en. Neutrale diminutiva gehen ſchon im nom. ſg. auf -lîn, ſehr ſelten auf -li aus (vgl. vingerlî, griffelî Flore 11ᵃ 35ᶜ trûtlî amur 14ᶜ minnerlî fragm. 15ᵃ; näheres bei der wortbildung).

[5ᵃ) perſönliche wörter mit dem acc. ſg. -en (vgl. unten 770): minen trohtînen Kelle ſpec. 183. 184. den jünglingen (juvenem) Wolfd. 1767. ern körte balderichen ie (den gürtel?) Trift. 8966.]

5) ſchwanken zwiſchen ſt. und ſchw. form z. b. gebûr, gebûre f. 667. 682 u. a. m. vgl. 674.

Mittelniederdeutſches ſubſtantivum.

Die beſchränktheit der quellen läßt keine eigentliche darſtellung der declinationsflexionen zu; bedeutende abweichungen vom mittelhochdeutſch, wenn ſie ſtatt fänden, würden ſich immerhin verrathen. Ich nehme daher im ganzen die gültigkeit der mittelh. declinationen an, doch ſcheint 1) der umlaut enger begrenzt, weshalb z. b. die vierte männl. decl. vielleicht nur die wörter begreifen könnte, welche das *a* ſing. im pl. zu *e* verwandeln. 2) der plur. neutr. noch öfter auf *-e* endigend, z. b. vate (vaſa) hövede (capita) [jâre (annos) : bâre En. 8028] etc. 3) vom altſ. *-s* des pl. maſc. erſter und zweiter decl. iſt keine ſpur. [? umſoweniger glaublich, da die plattdeutſche heutige volksſpr. noch dergl. *-s* hat: die hanens (galli) fruens (feminae) gy deerens! Laurenberg. die kerls; daher ſogar ein ſteifer kerls Lazarillo 110. Ältere belege: frundes (amici!) Bruns 225. 244. (frunden! 235) ſones (filii) pl. Detm. 2, 224. 312. manns (viri) 2, 88. ſunteres (peccatores) Wiggert 7, 9. 11, 4. uveleteres (malefici) 13, 6. juw guden vrundes! a. 1407 in Spangenb. arch. 1828. II. p. 3163. dingers, gebieters, maners, vorbieterſche (f. vorbieters) holzſelder w. (a. 1473); daher ſogar den inwoners (incolis) Detm. 2, 38.] 4) ob die kürzung des ſtummen *e* nach den mittelh. grundſätzen erfolge, wage ich nicht zu behaupten. [ſchottelkregerès : des Eilhart 1609. ſilberès : des 2396]. — (5) gen. ſg. fem. auf *-s* (vgl. weridos zu f. 638) : ſtades (urbis) bei Detmar 1, 3. 4 der ſtades croniken. 1, 413 borghermeſtere der ſtades tho Lubeke. kemerere der ſtades. der ſtades voghede. 1, 419 buten der ſtades muren. 1, 420 bode der ſtades van Rozſloke. Wigand arch. 5, 57 der ſtades vellene. 62 der ſtades frone. 66 van der ſtades wegene. 67 ſtades kracht. 60 als ſtades recht is. Daneben Detm. 1, 440 den heren des ſtades. 1, 66 des ſtades to Lubeke, darauf: to der ſtilven ſtad. Ferner Detm. 2, 73. 138 rades und dades unſchuldich. 1, 64 in ſcriften wiſe. Vgl. mhd. Herſantes gen. ſg., nhd. aller welts narr, aller welts klage. — 6) ſchw. acc. maſc. auf -e: wille (voluntatem): Camille En. 8849. 8887. 8999. 9250. 9372. : ſtille 1914. 2658. 8821. 9824. 10146. : Sibille 2898. vere (nautam): here En. 2995. grabe (foſſam): abc 6298. 7073. 7175. 9126. name (nomen): ſehanne 10447. bote (miniſtrum): gote 11425. boge (arcum): herzoge 6114. 7606. ewarte (ſacerdotem) 9035. Desgleichen dat. wille: Camille 8733. 9320. 12954. grabe: abc 11375. 11942. 9856; gen. aber willen 2828. — Einzelne wörter die im mittelh. mangeln: veme (judicium) ſtarkes fem. erſter decl. möwe (ermel) dergl. En. 12035.]

Mittelniederländiſches ſubſtantivum.

Starkes maſculinum. erſte declination.

beiſpiel:	viſſe	pl.	viſſe-e
	viſſe-es		viſſe-e
	viſſe-e		viſſe-en
	viſſe		viſſe-e

1) einfache, als: aern, aerme (brachium) baert, baerde (barba) berch, berghe (mons) dach, daghe (dies) dief, dieve (fur) dwaes, dwaſe (ſtultus) èt, éde (juramentum) galt, gaſte (hoſpes) god, gode (Deus) hont, honde (canis) kër, kère (iter) mnech, maghe (propinquus) moet, moete (animus) mont, monde (os) mûr, mure (murus) nap, nappe (crater) [nol, nolle (occiput)] pat, pade (ſemita) ram, ramme (aries) raet, rade (conſilium) ries, rieſe (ſtultus) ſaerc, ſaerke (ſarcophagus) ſcale, ſcalke (ſervus) ſeat, ſeatte (thef.) ſcilt, ſcilde (clypeus) ſin, ſinue (ſenſus) ſlach, ſlaghe (ictus) ſprone, ſpronghe (ſaltus) ſtaf, ſtave (baculus) ſtên, ſtêne (lapis) ſtier, ſtiere (taurus) top, toppe (cirrus) truen, trane (lacrima) vnec, vake (ſomnus) wolf, wolve (lupus) worp, worpe (jactus) und viele andere. — 2) bildungen mit -el, -en, -er, als: appel (pomum) crekel (cicada) inghel (angelus) ſlötel (clavis) raven (corvus) Ever (aper) lachter (vitium) vingher (digitus) etc. — 3) mit -ine, -inc: jongheline, jongelinghe; balline (maleficus) conine, coninghe etc.

Anmerkungen: 1) die voc. und conſ. veränderungen richten ſich nach der buchſtabenlehre, man halte aerm; traen, trane;

voet, voele etc. für keinen umlaut (in hochd. finne) — 2) die
mittelh. regeln vom ftummen e find unanwendbar; zuweilen wird
das e im gen. fg. ausgeftoßen, als bërchs, diefs, honts, maechs,
frats, coniux neben bërghes, dieves, hondes, mughes, fcattes,
coninghes. Das dative cafus-e bleibt immer. — 3) dagegen
kann das e der bildungen el, er wegfallen, z. b. vogle, apple,
applen ft. vogbele, apprle, appelen. — 4) der fichf. pl. auf -s
zeigt fich nur in der anomalie mans und zuweilen in den aus
der zweiten decl. übertretenden bildungen -er ftatt -ere (f. die
zweite decl.) 5) übergänge der pl. cafus in die fchwache form
finden fich zwar verfchiedentlich in den denkmählern, meiftens
aber an unbeglaubigten ftellen, d. h. außerhalb dem reim. So
lieft man Maerl. 3, 159. zeile 45 duvelen (diaboli), zeile 48 rich-
tiger duvele; 3, 206. inghelen (angelorum) 1, 47. wolven, voffen
(lupos, vulpes) 2, 118. corven (corbes) 3, 119. zeile 23 ftënen
(lapides) zeile 25 richtiger ftëue; 1, 48. appelen (poma) 1, 403.
daghen (dies) Rein. 366. daghen etc.; nichts hindert hier überall
-e herzuftellen und das -en für einen fehler der hf. oder der aus-
gabe zu nehmen. Im reim, wo die lesart unabweislich ift, fteht
faft durchaus ftarke form; Maerl. 3, 71. finde ich daghen: cla-
ghen, man könnte gleichwohl ft. des inf. das fubft. claghe fetzen,
und Rein. 361. ift ficher trane: grane f. tranen: granen zu lefen;
(vgl. die anm. zur erften weibl. decl.) — 6) viant und vrient
machen den pl. vlande, vriende Maerl. 2, 125. doch ftehet Rein.
332. Maerl. 2, 135. auch der pl. vrient (: verdient).

Starkes mafculinum. zweite declination.

1) die wenigen auf bloßes -e, als hërde (cuftos) rugge (dorfum)
weite (triticum) gehen fchwach, gen. hërden, weiten, ruggen. —
2) die zahlreichen bildungen auf -are, -ere find fchwankend, näm-
lich α) die auf -are — welche form gewöhnlich eintritt, fobald
ein unbetontes -el, -en, -er vorausfteht, z. b. loghenare (mendax)
droghenare (fallax) mordenare (homicida) molenare (molitor)
maertelare (martyr) körfelare (cerafus) wiffelare (numularius) tö-
verare (veneficus) etc. doch finden fich außerdem: pilare (ful-
crum) outare (altare) fondare (peccator) u. e. a. — pflegen fchwach
zu declinieren, alfo im gen. fg. und nom. pl. maertelaren etc. —
β) die auf -ere — eintretend, wenn diefe bildung unmittelbar
an die wurzel rührt, als: backere (piftor) voetganghere (pedefter)
dëlvere (foffor) dorpere (rufticanus) ghëvere (dator) hocdere (cu-
ftos) jaghere (venator) lëfere (lector) drömfpëlre (fomniorum in-
terpres) riddere (eques) [foutre (pfalter) Maerl. 3, 293] u. a. m.
— gehen bald fchwach, pl. backeren, jagheren, ridderen; bald
ftark: backers, jaghers, ridders, fpëlres [folres (föller) Maerl. b.
Käftn. 30ª minres (amatores) Rofe 9467] etc. und in diefer form
fcheinen fie auch gern das e im nom. acc. fg. zu apocopieren.
Man decliniert alfo z. b. wëvere (textor) entweder

II. *mittelniederl. fubst. stark. masc. dritte u. vierte decl.*

wĕver-e	pl. wĕver-en	oder: wĕver	pl. wĕver-s
wĕver-en	wĕver-en	wĕver-s	wĕver-s
wĕver-en	wĕver-en	wĕver-e	wĕver-s
wĕver-e	wĕver-en	wĕver	wĕver-s

der gen. und dat. diefer erstarrten pluralform bedarf einiger belege: dienres (miniftris) Maerl. 2, 47. hollanders (batavorum) Stoke 3, 239. jongbers (difcipulis) Maerl. 2, 144. 164. 3, 170 [onfen miores (amatoribus) Rofe 10092. in kelres 12224. finen jonghers 12244. den dieners (fervitoribus) Maerl. 2, 47.] freilich ftehen alle folche pl. auf -s niemahls in beweifendem reim. Selten zeigen fie fich bei den unter a. genannten auf -are, doch fteliet Maerl. 3, 146. mordeners 1, 172. loghenaers ft. des üblichen mordenaren, loghenaren, wodurch auch ein nom. fg. loghenaer möglich wird, vgl. outaer (: daer) Maerl. 1, 57. ft. outare.

Starkes mafculinum. dritte declination. mangelt.

die hierher fallenden wörter haben zwar das -e im nom. fg. bewahrt, als: fone (filius) auf ghone, ghewone reimend; mēde (mulfum) Rein. 338. fēde (mos) gewöhnlich fem. zuweilen noch masc.; fēghe (victoria) vrēde (pax); declinieren aber nunmehr fchwach, vgl. fonen (filios) Maerl. 1, 57. 438. 3, 14. fonen (filiorum) Rein. 285. fēghen (victoriae) Maerl. 3, 104. vrēden (pacis) Maerl. 1, 115. vrēden (paces) Rein. 375. zum theil in beweifender reimform.

Starkes mafculinum. vierte declination.

mangelt gleichfalls gänzlich, weil die fprache keinen umlaut anerkennt; alle hierher bezüglichen wörter find in die erfte decl. übergetreten als: gaft, gafte; pal, pade; nap, nappe; rael, rade; appel, appele etc.

Starkes femininum. erfte declination.

beifpiel:	mied-e	pl. mied-en
	mied-e	mied-en
	mied-e	mied-en
	mied-e	mied-en

1) einfache wörter: bēde (preces) bie (apis) blafe (bulla) [dēre (damnum)] haghedochte (latebrae) ēre (honor) ghile (fruus) grano (barba) haghe (nemus) [have (opes)] helle (tartarus) kēle (gula) laghe (infidiae) miede (remuneratio) miere (formica) micke (furca) moude (terra) nēfe (ufus) ghenade (gratia) pine (dolor) [rufte (quies) Maerl. 1, 12 feltner rafte Stoke 3, 399] faghe (relatio) fake (caufa) fale (aula) Maerl. 3, 137. fcale (cortex) fcure (agmen) fiele (anima) fmade (dedecus) fmake (guftus) fmērte (dolor) fpife (cibus) foene (reconciliatio) foghe (fus) foude (peccatum) ftonde (hora) tale (fermo) trouwe (fides) voere (ritus) wile (momentum) wife (modus) wrake (ultio) etc. — 2) bildungen mit -t (ftatt -ed)

ghemênte (communio) clênte (parvitas) diepte profunditas). —
3) mit -*ingh*: caerminghe (querela) grakinghe (crepuſculum) etc.
— 4) mit -*en*: havene (portus) loghene (mendacium) rêdene
(ratio). — 5) mit -*inn*: apinne (ſimia) couingbinne etc. — 6) mit
-*ru*: dierne (ancilla) — 7) mit -*eſſ*: abdeſſe, propheteſſe etc.

Anmerkung: da der pl. ſchwache form angenommen hat,
hingegen die ſchwache decl. im acc. ſg. ſtarke, ſo beruht der
ganze unterſchied auf dem gen. und dat. ſg., weshalb nicht zu
wundern iſt, daß dieſe caſus neben -e häufig auf -en ausgehen,
ſelbſt im reim, vgl. Rein. 289. mouden : bouden; Maerl. 1, 273.
mieden : lieden; 1, 160. êren : kêren; 3, 223. ſcaren : waren; 3, 2.
talen : dalen etc. Inzwiſchen ſind · dergleichen fälle durch die
unachtſamkeit der herausgeber noch vermehrt worden und man
darf Maerl. 3, 315. haghen : daghen in haghe : daghe beßern,
wenn ſchon 3, 97. haghen im reim auf draghen geduldet wer-
den muß.

Starkes femininum. zweite declination.

die ehemahls hierher gehörigen wörter ſind theils an der ab-
kunſt aus adj. (coude, frigus; conde, notitia; hulde, gratia) theils
an dem *alten* ableitungsumlaut des a in e (= ë) z. b. bëke (ri-
vus) ſtêde (locus) nêre (ſervatio) têre (conſumptio) endlich auch
an dem abgehenden plur. erkennbar.

Starkes femininum. dritte declination. mangelt.

Starkes femininum. vierte declination.

beiſpiele:	daet	pl. dad-e	gans	pl. ganſ-e
	daet	dad-e	gans	ganſ-e
	daet	dad-en	gans	ganſ-en
	daet	dad-e	gans	ganſ-e

hiernach: aert, aerde (genus) aex, aexe (ſecuris) borch, borghe
(arx) borſt, borſte (pectus) brût, brude (ſponſa) conſt, conſte
(ars) coemſt, coemſte (adventus) cracht, crachte (vis) daet, dade
(facinus) dinc, dinghe (cauſa) dôt, dode (mors) gans, ganſe (an-
ſer) ghêt, ghête (capella) ghift, ghifte (donum) haeſt, haeſte (feſti-
natio) hant, hande (manus) hort, horde (clathrum) joghet, joghede
(juventus) jonſt, jonſte (favor) brûlucht (nuptiae) macht, machte
(vis) maghet, maghede (virgo) molen, molene (mola) mûs, muſe
(mus) nacht, nachte (nox) nôt, node (neceſſ.) quërn, quërne (mola)
Maerl. 3, 117. daghe-raet, -rade (crepuſculum) ſcout, ſcoude (de-
bitum) [ſuaer (ſocrus) dat. ſnare] ſpoet, ſpoede (ſucceſſus) ſtat,
ſtade (civitas) tit, tide (tempus) tucht, tuchte (diſciplina) vaert,
vaerde (iter) vliet (fluentum) ghewëlt, ghewëlde und ghewout,
ghewoude (poteſtas) wërelt, wërelde (mundus) wët, wëtte (lex)
[Maerl. 1, 97. 98. 100. 101.] u. a. m.

Anmerkungen: 1) felten nehmen gen. und dat. fg. die endung -e an, dade, ganfe etc. [bijechte fpreken Maerl. 4, 85] — 2) häufig fchwankt der pl. in fchwache form, zumahl außer dem reim, z. b. inufen Maerl. 1, 323. (vgl. das richtige mufe : hufe Rein. 308.) magheden Maerl. 2, 183. 184. 3, 142. und fo anderwärts wetten, dinghen, fcouden etc. [gen. pl. wat ghiften Rein. 3140. wat talen 246]. Meift läßt fich critifch die ftarke endung herftellen.

Starkes neutrum. erfte declination.

beifpiele:	wòrt	pl. wòrt	vat	pl. vat-e
	wòrd-es	wòrd-e	vat-es	vat-e
	wòrd-e	wòrd-en	vat-e	vat-en
	wòrt	wòrt	vat	vat-e

1) einfache: bēn (os) caf (palea) calf (vitulus) dal (vallis) dier (beftia) ei (ovum) gat (foramen) gras, gaers (gramen) haer (crinis) hof (aula) hol (cavea) hûs (domus) jaer (annus) kint (infans) lant (terra) lēt (membrum) lëcht (lux) lier (gena) liet (carmen) lôf (folium) lôt (plumbum) paert (equus) ris (virgultum) fant (arena) fcaep (ovis) fcëp (navis) fwërc (nubes) fwēt (fudor) vat (vas) vēl (cutis) vēlt (campus) wîf (femina) wòrt (verbum) [blat (folium) der (damnum) Potter 4, 460. crît (orbis) Karel 2, 313. 355. mês (culter) ftrec (laqueus) Rein. 1201. 1276.] u. a. m. — 2) bildungen -en, -er: horen (cornu) coren (granum) lēven (vita) laken (pannus) tēkin (fignum) wapen (arma) îfer (ferrum) lēger (caftrum) water (aqua) etc. — 3) diminutiva, als: voghelîn (avicula) fonekin (filiolus) wëlpekin (catulus) etc. — 4) mit der vorfilbe ghe-, als: ghelût (fonitus) ghemanc (clamor) etc.

Anmerkungen: 1) den pl. auf -e machen a) alle mit kurzer wurzel, alfo dalc (valles) vate (vafe) fcëpe (naves) lëde (membra) gate (foramina) β) alle deren wurzel noch bildungsfilben zuwachfen, wapene, watere, îfere, vogheline, wëlpekine. Schwankend find γ) die einfilbigen langen, in der regel ift ihr nom. pl. dem des fg. gleich, man fehe bēn : fchēn, amēn Rein. 312. 334. Maerl. 3, 134. dier : hier, fier Rein. 329. 340. lier : dier Rein. 297. 300. 304. daneben aber diere : baniere; liere : riviere Rein. 345. 301. Von haer, jaer, wîf kann der pl. entw. ebenfo, oder hare, jare, wive lauten [auch wifs Rofe 2503. 7703. 12295. 12558. 13529. und wiven, vgl. die hoveden Ferg. 770. 775. 684. fcicht Ferg. 1238 pl. fcichten 1239. 1244. dat. pl. allen goeden reinen wive (für wiven) Blommart Lucidarius 146ᵇ vgl. frief. adj. auf -e f. 736]. — 2) -er können im pl. einfchieben: calf, ei, boen, kint, klēt, lôf, ris: calvere, eiere, boenre, kindere [kinder Maerl. 1, 92. kindre Karel 2, 350], klëdere, lôvere [lover Maerl. 1, 90], rifere und wohl a. m. [elf, pl. elver nach elverfelc]. — 3) von vie (pecus) die (femur) ift mir der gen. fg. unerinnerlich; letzteres hat den fchw. pl. dien Maerl. 1, 64. 176.

612   II. *mittelniederl. subst. schwaches masc. fem.*

Starkes neutrum, zweite declination.

die hierher gehörigen neutra find, gleich den mafc. zweiter decl. in die fchwache form übergetreten, alfo bědde (lectus) bólde (imago) hēre (exercitus) mudde (modius) orloghe (bellum) rīke (regnum) etc. bilden den pl. bědden etc. Gleichergeftalt die bildungen *-isse*: vonněsse (sententia) etc. bědde, něste kürzen sich zuweilen in bět, nět Rein. 318.

Schwaches masculinum.

beispiel: han-e   pl. han-en
             han-en   han-en
             han-en   hau-en
             han-e   hau-en

[zu dem acc. fg. ohne u vgl. das mnd. zu f. 687] so gehen: ape (fimia) bake (porcus) běre (ursus) bode (nuntius) cnape (minifter) drake (draco) grave (comes) lichame, lachame (corpus) hane (gallus) hafe (lepus) hēre (dominus) mane (luna) menfce (homo) něve (nepos) offe (bos) pape (clericus) rofe (gigas) rouwe (dolor) fcinke (pincerna) vane (pannus) wille (voluntas) [borne (aqua fontana) Maerl. 3, 332. druffate (dapifer) nane (nanus, meift ftark nāen) vode (nequam) Rein. 1942. den vuden Maerl. 3, 318.] u. s. w.

Anmerkungen: 1) viele sonft zur zweiten und dritten ftarken decl. gehörige fallen hierher; beispiele find dort angeführt. 2) verschiedene im hochdeutfch fchw. mafc. find hier oft weiblich, z. b. name (nomen) Maerl. 1, 11. 36. 2, 175. 197. ftěrre (ftella) Maerl. 2, 70 etc. Näheres bei erörterung des geschlechts; das völlige zuf. fallen der flexion befördert folche übergänge. [3) vau dien quadien Rofe 9571. bi quadien 11125. wie der pl. quadien? (malefactores) doctrin Jongbl. f. v. und Huyd. op St. 1, 425. Jezus 38. 207. Rofe 3833. 7979. 11025. Karel 1, 598. 2, 4180. Rein. 4536. Velth. 51, 45. vgl. philofophien (philofophus) Maerl. 2, 151. pharifeen: geen Rein. 4794. Rofe 10696. philiftiene Rofe 8591.]

Schwaches femininum.

paradigma genau wie das des fchw. mafc.; hierher gehören 1) einfache: affce (cinis) bate (commodum) baerde (afein) bile (fecuris) bloeme (flos) crūne (corona) golghe (patib.) huerpe (nablium) hěrte (cor) Maerl. 3, 89, 161. Rein. 290. 306. 326. 339. 342. hinde (cerva) hinne (gallina) kěrke (eccl.) linde (tilia) line (funis) mamme (mamma) pēre (pirum) roede (virga) fonne (fol) fpille (fufus) ftěrre (ftella) tēute (tentorium) tēve (canis fem.) tonge (lingua) wěke (hebd.) [ebbe (receffus) M. 2, 207. kaerre, kerre (currus) Rein. 209. 2408. kele (gula) lanke (latus) de mammen (mammae) Rofe 12079. muule (roftrum) Rein. 693. queue (femina)

Lanc. 167. 179. honichrate (favus) Rein. 1113. vierſcare (gerichts-
bank) M. 3, 78. fwëpe (flagellum) etc. — 2) bildungen mit -*el*,
-*in*, -*er*: navele, naſle (umbilicus) Maerl. 3, 134. wôſtine (deſer-
tum) adere, adre (vena) etc.
Anmerkungen: 1) ſchwanken der meiſten wörter erſter ſtar-
ker decl. hierher. 2) geſchlechtsübergänge; namentlich im dat. ſg.
gelten gerne weiblich: name (nomen) ſcade (damnum) u. a. m.

Schwaches neutrum.

decliniert gleich dem maſc. und fem.; ôghe (oculus) ôre (auris);
außerdem dürfte man die vordem der zweiten ſtarken decl. zuge-
hörigen (bëdde, rike) nun hierher rechnen; bërte iſt weiblich.

Anomalien des mittelniederländiſchen ſubſtantivum.

1) *vader*, *broeder*, *môder*, *dochter*, *ſuſter* im ſg. unveränderlich
und namentlich nehmen die beiden erſten kein -*s* im gen. (vgl.
Huyd. op St. 1, 158-162). [Clign. vorr. zu Teuton. LI-LIX. mins
lieve vader Rofe 10137]. Die plur. form bedarf noch unter-
ſuchungen; Maerl. 3, 340. vadere: gadere; Rein. 284. broeders;
Maerl. 2, 178. dochtren, aber außerhalb reims. — 2) *man* entw.
unveränderlich, (vgl. die pl. raetsman, quërneman Maerl. 1, 122.
3, 117.) oder mit dem gen. ſg und dem pl. mans (vgl. lëmmer-
mans Rein. 294. Maerl. 3, 325.) oder mit dem gen. mannes, dat.
manne, pl. manne Maerl. 3, 133. — 3) *liede* (homines) gilt nur
im plur. und ſcheint männlich; der nom. liede ſteht im reim
Rein. 369. Maerl. 2, 99, 107, 163. 3, 212. 224. 228; außerhalb
reims zuweilen die ſchwache form lieden, höchſt ſelten in reim
(Maerl. 1, 16.); den gen. pl. lieder (Maerl. 1, 160.) [2, 327. 356.
Rofe 10483. 10747. 10871.) der ein unerweiſliches neutr. mit
dem nom. liedere vorausſetzt, halte ich für fehlerhaft, wie denn
auch ſonſt das richtige liede (Maerl. 1,163.) vorkommt. — 4) *diet*
(gens) iſt regelmäßiges neutr.; gen. diedes, dat. diede; *boec* (liber)
bald neutr. bald maſc., vielleicht mit dem unterſchiede, daß
jenes das ganze werk, dieſes die abtheilung des ganzen aus-
drückt; der pl. lautet boeke. — 5) vom eingeſchobnen -*er* f.
oben ſtarkes neutr.

Mittelengliſches ſubſtantivum.

Die eingetretene erſchlaffung und vermengung der decli-
nationsunterſchiede bewirkt
1) einen allgemeinen plur. -*es* für alle geſchlechter und caſus,
ohne rückſicht auf die ehmalige ſtarke oder ſchwache form;
ſtarke maſc.: fiſhes (piſces) ëtenes (gigantes) houndes (canes)

fwevines (fomnia) fones (filii) fõfe (inimici fl. foes); *ſtarke fem.*: brynies (thoraces) giftes (dona) craftes (vires) nihtes (noctes) wondes (vulnera); *ſtarke neutr.*: barnes (liberi) bônes (offa) hôvedes (capita) wordes (verba) wĕrkes (opera); *ſchwache maſc.*: bēres (urſi) ſtĕrres (ſtellae) hûsbondes (mariti) ſelawes (ſocii); *ſchw. fem.*: tonges (linguae) woukes (hebdomades); *ſchw. neutra*: êres (aures) bĕrtes (corda).

2) der *genitiv* wird nur gebraucht, wenn er dem regierenden fubſt. voranſteht, z. b. godes love (amor Dei) fomers day, kinges blôd, cockes crowe (galli cantus) the foxes tayles (caudae vulpium) at the yêres ende (in fine annorum) the beggares rowe (mendicorum ordo). In dieſer ſtellung bleiben die fem. bald ohne -s, als: chirche dor (porta ecclefiae) fonne bēm (radius folis) bald wird es ihnen unorganiſch beigelegt: worldes ende (finis ſeculi) fortunes errour (error fortunae). — Steht das regierte fubſt. nach dem regierenden, ſo wird der gen. ſtets in die praep. of mit dem dativ aufgelöſt, z. b. the king of londe (rex terrae) the lawe of londes (lex regionum).

3) der *dativ* ſing. nimmt noch oft die endung -e an, z. b. winde (vento) hāvene (coelo); der *dat. pl.* zeigt nie mehr -m oder -n, ſondern gleicht dem nom. z. b. to the windes (ventis) [dayn (diebus) Triſt. 3, 17].

4) ausnahmsweiſe bilden fem. und neutr. zuweilen den pl. ohne -es, als: dêde (facta) honde (manus) yêre (anni) londe (terrae).

5) auch der nom. ſg. bewahrt oft ſein altes bildungs- oder flexions-e, als: fone (filius) fiſhere (piſcator) wille (voluntas) bĕrte (cor) quêne (femina) ſmocke (veſtis).

6) ſpurweiſe ſteht im plur. das *-en* ſchwacher form, z. b. feren (ſocii) oxen (boves) crabben (cancri) gomen (viri) eighen (oculi) êren (aures) und ſo auch im dat. êren (auribus) oxen (bobus) welches man nicht für das dative -en, ein halte. Unorganiſche ausdehnung dieſes *-en* auf ſtarke wörter: honden (manus) lamben (agni).

7) beibehaltung alter *anomalien*. men (viri) brĕthern (fratres) fête (pedes) têthe (dentes) aber dieſes ê wird häufig auch dem ſing. ſtatt des alten ô gegeben, fête ſt. fôte (pes) vgl. oben f. 509. 510. blôde und blêde (ſanguis) und ſtête (grando) Ritſ. 1, 17. engl. fleet, hochd. ſchlôſſe (mittelh. flôȝe). [mous, mees. kine (vaccae) C. T. 14837.] — Das paragogiſche r im plur. einiger neutr. als: children (liberi) airen (ova) und wohl noch anderer. [lambrer (agnelli) Ploughman p. 603ᵇ].

II. *neuhochd. fubft. ſtarken maſc. erſte decl.* 615

Neuhochdeutſches ſubſtantivum.

Starkes maſculinum. *erſte declination.*

das paradigma fiſch, tâg behält die mittelh. flexion bei; hierher zähle ich 1) folgende einfache: âl. arm. berg. biß. blick. blitz. brief. dieb. eid. ernſt. filz. fiſch. flins. feind. freund. geiſt. grieß. griff. grimm. halm. hâg. hecht. hengſt. helm. hêrd. hirſch. hund. kelch. kern. kíl (caulis) keil. knecht. krebs. kreiſſ. krieg. leich. leim (argilla) leim (viſcus) leib. laut. luchs. miſt. mord. mûth. neid. pelz. pfeil. pilz. preis. reif (circulus) reif (pruina) rein. rhein. ring. riß. ſchild. ſchimpf. ſchein. ſchrein. ſchritt. ſchn. ſeuf. ſig. ſinn. ſitz. ſcherz. ſchlich. ſchmied. ſchuh. ſpecht. ſpêr. ſtêg. ſtein. ſtil. ſtich. ſtrick. ſchweif. ſchweiß. tâg. teig. theil. teich. tiſch. trib. tritt. weg. wein. wind. wink. wirth. wiſch. zins. zwerg. zweig. — 2) bildungen mit *-el, -em, -en, -er*. — 3) mit *-ig, -ich, -ling*. — 4) mit *-at:* monat. — 5) vocalauslautige: klê, ſê, ſchnê, bau, gau, thau. — 6) mit der vorſilbe *ge-*: gewinn. genoß. glimpf.

Anmerkungen: 1) aufhören des mittelh. wechſels auslautender conſonanzen ergibt ſich aus buch I. (f. 524.)

2) durch erweiterung des umlauts ſind noch mehr wörter in die vierte übergegangen, d. h. alle umlautsſähigen mit ausnahme von: âl, arm, hâg, tâg, halm, hund, luchs, ſchuh, laut, welche den pl. âle, arme, tâge, hâge, hunde, luchſe, ſchuhe, laute (nur volksdialectiſch ale, arme, tage, hülme, lüchſe) bilden, während die analogen: darm, ſchlag, qualm, mund, ſchlund, fuchs der vierten decl. folgen. Selbſt die mehrſilbigen bildungen -el, -en, -er, ſobald der umlaut ihren wurzelvocal treffen kann, unterliegen ihm und fallen in die vierte decl. (ausg. morgen, pl. morgen, nicht mörgen) [pl. vogel noch Felſenb. 2, 525. 526].

3) umlautsſähige wörter, deren pl. ungebräuchlich iſt, entſcheiden ſich für keine von beiden decl. z. b. bann, dank, fand, baß, haſt, horn, amboß, troſt, röſt, roſt, hort, ſtolz, tôd, zorn, rûm, mûth, graus (horror) ſtaub, bau, thau etc. Einige ſind durch veränderung des geſchlechts dem zweifel über um- oder nichtumlaut entgangen, z. b. die jetzigen neutra: lôs, lôb etc., oder ſemin. locke, mane (juba) etc.

4) einige ſind theilweiſe oder ganz in die ſchwache form ausgewichen. Die letztere art gebe ich unten bei der ſchw. decl. an. Bloß den pl. machen ſchwach, mit bleibendem ſtarken ſing., folgende: ſê, ſêen; dorn, dornen; maſt, maſten; bolz, bolzen; ſtachel, ſtacheln; einige ſchwanken, z. b. gau, thrôn im pl. bald -e, bald -en.

5) dagegen treten weit mehrere, org. ſchwache, in die ſtarke form über; ihr verzeichnis bei der ſchw. decl.

616   II. *neuhochd. subst. starkes masc. erste decl.*

6) *wegfall des casus -e.* α) des *stummen* wie im mittelh. durchgehends nach liquidis. Nur sind wegen beschränkung des stummen e die fälle nicht mehr dieselben. Da nämlich (f. 518.) kil und stil jetzt zu kīl, ſtīl (geschrieben kiel, stiel) werden, erscheint in ihren flexionen kein stummer vocal, sondern ein bloß tonloser, der nicht weggeworfen wird. Dagegen tritt in *allen* mehrsilbigen kürzung ein, sowohl in denen mit organisch langer wurzel (engel, reigen, finger) als mit org. kurzer, unorg. verlängerter (êsel, rêgen, êber). Vergleicht man hier das neuh. mit dem mittelh. so declinieren in beiden perioden wörter wie engel, reigen, finger völlig übereins, wörter wie kīl und êber:

(mhd.)   kil   pl. kil   êber   pl. êber-e
         kil-s   kil   êber-es   êber-e
         kil   kil-n   êber-e   êber-en
         kil   kil   êber   êber-e

(nhd.)   kīl   pl. kīl-e   êber   pl. êber
         kīl-es   kīl-e   êber-s   êber
         kīl-e   kīl-en   êber   êber-n
         kīl   kīl-e   êber   êber

in anscheinender umdrehung, die sich aus der verschiedenen quantität der wurzelvocale erläutert. Die mittelh. einsilbigen masc. būr (domuncula) schūr (imber) gīr (vultur) welche ganz wie visch gehen, erweitert in die neuh. zweisilb. formen bauer, schauer, geier*), declinieren wie finger, êber, obschon ihre endung kein wahres bildunge-*er* ist (weshalb auch der pl. schauer, nicht schäuer, wie sonst acker, äcker). Bildungen mit -*en* machen übrigens den dat. pl. dem nom. gleich, z. b. rêgen (pluviis) st. rêgen'n [so auch in neutris: zeichen (signa) ahd. zeichanōn. vgl. anm. 1 zu f. 525 (446)]. — β) das unstumme, *tonlose* e fällt nie im gen. oder dat pl. weg (nie tāg,

---

*) Ich trage zu f. 524. einen wichtigen grundsatz der buchstabenlehre nach. Die neuh. sprache leidet nicht, daſs auf ihre diphth. au, eu, ei (= mittelh. û, iu, î) unmittelbar ein r folge, (während sie die übrigen liquidae sufsixt z. b. maul, beule, eule, raum, reim, sein, lein) sondern schiebt ein anorganisches e zwischen, welches sich mit dem r in eine neue silbe verbindet. So erwachsen die zweisilbigen (klingenden): auer, bauer, mauer, sauer, schauer, trauer, feuer, heuer, scheuer, steuer, abenteuer, theuer, feier, geier, leier, steier statt aur, baur, geir etc. aus der mittelh. meistens einsilb. (stumpfreimigen) form. Nämlich da, wo dergleichen wurzeln durch endung und flexion im mittelh. zweisilbig sind (z. b. mûr-e, gîr-en, fiuur-e, fiur-en) entspringt ein neuh. stummes e, fällt aber nach r aus, folglich sieht mauer, geiern, steuer, sauern für die volle form mauere, geieren, steuere, saueren und nicht etwa durch versetzung für maure, geiern, steure, sauren, daher es höchst fehlerhaft wäre, mit einigen trauren für trauern zu setzen [vgl. f. 982]; (über sâure sūten f. 700.) [aventiure ward zu abenteuer, doch figûre, natûre, creatûre nicht zu figauer, natauer, sondern zu figur, natur.]
— Einigemahl zeigt sich die einschiebung des e doch auch vor dem l in: greuel (horror) neben greulich (horrendus, nicht greuelich) und bleuel (fustis).

fifch f. tâge, fifche; tâgn, fifchn f. tâgen, fifchen) *kann* aber im gen. dat. fg. wegfallen [wie in den partikeln zurück f. zurücke. zumal. zugleich, bei Fleming noch zugleiche]. Man fagt bald tâges, tâge; hundes, bunde; fchrittes, fchritte; bald tâgs, tâg; hunds, hund; fchritts, fchritt; doch mag, wegen häufung der conf., fchrittes, hundes edler fcheinen. Bei den bildungen -ig, -ling, -at, gilt der wegfall; kœniges, jünglinges, mônates würde heutzutag geziert lauten, fo wie in einzelnen andern fällen, namentlich zuf. fetzungen, gebrauch und gehör für oder wider die fyncope entfcheiden, z. b. kriegesrath, tôdsfurcht find unleidlich. [Der henneberg. dialect hat im nom. waald (wald) im dat. wull (walde) ebenfo feeld dat. fell, laand dat. lann Cafp. Neumanns ged. p. 199.]

7) fê, fohnê, klê, bau, thau fchieben kein w mehr ein, fondern bilden den gen. fês oder fêes, den dat. fê.

(8) nom. pl. -s regelmäßig nur im plattd. (Wiggers 27) de engels, wagens, hamera, düvels, kerls, unorg. auch in fchwachen: de jungens, galgens, fruens. Nhd. (vgl. unten neutrum) das comma, die commas. der uhu, die uhus (Adel. will uhu) der fakir, die fakirs. der frack, die fracks (ft. fräcke). mit ihren galans irrg. d. liebe 488. degens Felfenb. 4, 318. bratens 329. fpions 307. 317. 320. barmherzige fumariters 252. wagens 181 (in wagens 434) unfern magens (dat. pl.) 302. die betlers perf. rofenth. 7, 20 f. 86ᵇ. die diadems Gotter 1, 110. die decemvirs Heeren handb. der gefch. der ftaaten des alterth. (1810) f. 417. die confuls 427. 456. die prätors, quäftors 456. die mamfells Goethe 25, 357. 368. die warums 10, 188. kerls fogar im fing. (f. zum mnd. fubft. 3) Weifes 3 klügfte leute p. 238. Phil. v. S. 2, 590. 592. ein redlich kerls 2, 724. einen kerls 2, 741. kerles Garg. 148ᵇ 163ᵃ 191ᵇ (nom. pl. kerles Garg. 180ᵃ). Andere decl. des wortes: ihr kerle! drei erzn. 351. der gute kerle 243. ein kerlen (n. fg.) pol. ftockf. 215. meinem kerln drei erzn. 16. dielem kerlen ftockr. 271. kerlen (acc. fg.) pol. ftockf. 243. 252. 312.]

Starkes mafculinum. zweite declination.

hört (mit ausnahme des einzigen kæfe, cafeus, gen. kæfes, pl. kæfe) auf; 1) hirte, hirfe, weize gehen fchwach. 2) die alten bildungen -ers find zu -er gefchwächt in die erfte decl. eingetreten und declinieren ganz wie finger, eber etc. Die unorg. natur ihres -er folgt theils aus dem fchon im fg. ftattfindenden alten umlaut (z. b. jæger, mittelh. jegere) theils aus dem unumlaut des pl., z. b. mäler, (nicht mæler nach der analogie von acker, äcker).

Starkes mafculinum. dritte declination.

gleichfalls erlofchen; fig, mêth gehen ftark nach erfter; fôn, fuß

618 II. *neuhochd. ſubſt. ſtark. maſc. vierte decl. ſem. erſte decl.*

nach vierter; fride, ſchatte ſchwach; ſitte iſt weiblich. [Aber noch: den todte leiden H. Suchs 1, 428ᵈ ſune 1, 430ᵈ].

Starkes *maſculinum.* *vierte declination.*

beiſpiel: balg   pl. bälg-e
           balg-es   bälg-e
           balg-e   bälg-en
           balg   bälg-e

1) umlautbare einfache: aſt. bach. balg. ball. band. bart. baſt. baum. bauch. block. bock. brand. bruch. verdacht. darm. dunſt. druck. duft. fall. fang. floh. floch. fng. fluß. froſch. froſt. fund. fuß. fuchs. gang. gauch. gaul. glanz. grund. hall. hals. hang. hof. huf. kamm. kampf. kän (cymba) kauf. klang. kloß. knauf. knopf. korb. koch. krach. kram. kranz. kropf. krug. lauch. lauf. mund. napf. pfūl. pfad. pflůg. pfūl. qualm. ratb. rand. rang. raub. raum. rauch. rock. ſaft. ſal. ſarg. ſaum. ſchaſt. ſchacht. ſchall. ſchalk. ſchatz. ſchaum. ſchlag. ſchlauch. ſchlund. ſchmuck. ſchrank. ſchopf. ſchwamm. ſchwan. ſchwank. ſchwanz. ſchwarm. ſchwung. ſchuß. ſon. ſold. ſpan. ſpruch. ſprung. ſtab [aber buchſtab, buchſtaben] ſtall. ſtamm. ſtand. ſtock. ſtrang. ſtrauch. ſtrauß. ſtrom. ſtrumpf. ſtrunk. ſtul. ſturm. ſumpf. tand. tanz. ton (tonus) topf. traum. trog. tropf. trunk. thurm. wall. wolf. wunſch. wurf. wurm. zan. zaum. zoll. zopf. — 2) umlautbare bildungen -el, -en, -er als: apfel, nagel, vogel, hafen, hammer, acker etc. im pl. äpfel, nägel, vögel, häfen, hämmer, äcker. [unorg. vortel f. vortheil, pl. vörtel Simpl. p. 265. 425. model pl. mödel ibid. 422]. — 3) mit der vorſilbe ge-: geſang, geruch, geſchmack, geſtank.

Anmerkungen: 1) man vgl. anm. 1. 2. 3. zur erſten decl. — 2) über den wegfall des caſus -e gelten die dort anm. 6. entwickelten regeln. ſal, ſales, pl. ſæle; nagel, nagels, pl. nægel etc. bilden denſelben gegenſatz zum mittelh. ſal, ſals; nagel, nagels, pl. nagele (negele) — 3) altar, pl. altære iſt eine abnormität.

Starkes *femininum.* *erſte declination.*

aus dem früheren ſchwanken zwiſchen ſt. und ſchw. form hat ſich eine gemiſchte in der weiſe feſtgeſetzt, daß alle org. ſchwachen fem. den ſing. nunmehr ſtark, die org. ſtarken erſter decl. hingegen den pl. ſchwach bilden. Folglich gehen gäbe und zunge einſtimmig:

    gäb-e   pl. gäb-en   zung-e   pl. zung-en
    gäb-e   gäb-en   zung-e   zung-en
    gäb-e   gäb-en   zung-e   zung-en
    gäb-e   gäb-en   zung-e   zung-en

hierher gehören 1) einfache z. b. amme. bare. bere. bitte. bluue. brücke. decke. ēre. eile. ecke. erde. feige. fichte. fliege. furche. gäbe. galle. halle. henne. hölle. hülfe. kerze. kläge. klaue. krone.

lêre. linde. minne. mûme. nâfe. nichte. pfeife. quelle. rache. rêde. rinde. rûte. fåge. fache. falbe. fchwalbe. fchwarte. fêne (nervus) fpråche. fpeife. fonne. ftimme. ftråße. fünde. tanne. taube. taufe. tonne. treue. wache. weile. weife. witwe. woche. wonne. wunde. zange. zinne. zunge und viele ähnliche, deren anführung überflüßig fcheint. — 2) bildungen mit *-el*, *-en*, *-er*. — 3) mit *-d*: freude. zierde. — 4) mit *-ung*, *-in*, *-inne*. — 5) mit *ge-*: genåde, gebærde etc.

Anmerkungen 1) *aynverfung des -e*. α) des *ftummen*, kann nur in den bildungen *-el*, *-er* vorkommen, findet aber in ihnen allen ftatt, da nach f. 518. der kurze vocal fich vor einf. confonanz verlängert hat; beifpiele find fidel, gåbel, infel, neßel, fpindel, wurzel, åder, natter, kammer, feder etc. die im fg. ganz indeclinabel bleiben, im pl. fideln, ådern etc. bekommen. Die mittelh. einfilbigen fem. mit kurzem voc. vor liquidis (f. 674., 684.) haben entw. nach verlängerung des vocals das flexions-e wieder angenommen: fchåle, kêle, mûle, bine (apis) mæne (juba) bére (bacca) thûre etc. oder es, der verlängerung unerachtet, im fing. weggelaßen: fchåm, zål, fchår, (diefer letzte feltnere fall gehört eigentlich unter β.). Es erfcheinen alfo wie beim mafc. ähnliche gegenfätze der mittel- und neuh. flexion (dort: kël, këln; videle, videlen; hier: kêle, kêlen; fidel, fideln). lauer, trauer, mauer, fcheuer, ftauer, feier, leier find nach f. 697. zu beurtheilen. — β) das *tonlofe* e fällt nie im pl., nur im fing. weg und zwar a) nach liq. in: quål, zål, fchåm, fchår, gefår (peric.) pl. quålen, zålen etc. nachtigall. pl. -gallen. b) nach *cht*: acht (ohne pl.) furcht (ohne pl.) pacht, pracht [pl. prachten bei Logau, auch Goethe 13, 242], fchlacht, wacht pl. fchlachten, wachten. [nach *ft*: raft (quies) laft (onus) maft.] c) nach au, frau, pl. auen, frauen; mark pl. marken; fchuld pl. fchulden. hût (cuftodia) pein (dolor) ohne pl. u. a. m. d) nach den bildungen -in (ftatt -inn, mittelh. -inne) und *-ung*, als: kœnigin, freundin, pl. kœniginnen, freundinnen; ladung, meinung, pl. ladungen etc. [e) in fremden auf -ûr: natûr, figûr, mixtûr, creatûr.] — 2) übergang einiger wörter aus der vierten hierher, namentlich: eiche, gefchichte, blûte, fåule, beide letztere mit unorg. umlaut.

Starkes femininum. zweite declination.

alle hiftorifch hierher bezüglichen wörter (z. b. güte, füße, ræte, länge, breite, menge und viele folche) fallen völlig zur erften decl. d. h. fie machen die cafus fg. gleich; allein ermangeln meift des plur., welcher inzwifchen, wenn er bisweilen gewagt wird, ebenfalls fchwache form annimmt, z. b. mengen (multitudines).

Anmerkungen: 1) entfpringen dergleichen fem. aus zweifilb. adj. auf -el, -en, -er; fo follten fie das ftumme e abwerfen, folglich: dunkel (caligo) eben (planities) bitter (amaritudo) lauten.

Weil fie fich dann aber nicht von den adj. unterfchieden, ftoßen
fie lieber das e vor der liq. aus und behalten das hintere:
dunkle, ebne, bittre. Fehlerhaft fcheint mir ebene, bittere (doch
vgl. die nçuh. adj. decl.). Auch fäure (nicht fäuere) fteht für
fäuer (mittelh. fiure, wie gemäuer = gemiure). — 2) wo in um-
lautbaren wörtern umlaut fehlt, namentlich in kunde, taufe (alth.
chundi, touff) fcheiut fchon im mittelh. künde, töufe mit kunde,
toufe abgewechfelt zu haben. huld (mittelh. hulde, nicht hülde)
legt das e ab.

Starkes femininum. dritte declination. mangelt.

Starkes femininum. vierte declination.

beifpiel: kraft   pl. kräft-e
           kraft   kräft-e
           kraft   kräft-en
           kraft   kräft-e

befaßt nur noch umlautsfähige wörter: angft. art. bank. braut.
brunft. bruft. fauft. frucht. gans. gruft. gunft (ohne pl.) hand.
haut. kluft. kraft. küh. kunft. laus. luft. luft. macht. magd. maus.
nacht. nát. noth. vernunft (ohne pl.) nüt (fuge, zapfe bei haud-
werkern) nuß. fau. fchnur. ftadt. wand. wurft. zucht. zunft.

Anmerkungen: 1) alle umlautsunfähigen bilden, wie die
fem. erfter decl., den pl. fchwach auf -en ftatt -e, obfchon fie
im fg. kein -e annehmen. Sie gleichen daher den dort anm. 1
unter β. angeführten. Es find folgende: arbeit, die comp. mit
-fchaft und -heit (-keit) pflicht, mitgift, fchrift, lift, velt, zeit;
milch hat keinen pl. Einzige ausnahme macht niffe (lendes)
dem der fg. gebricht. — 2) diefem beifpiel folgen auch die um-
lautbaren: brut (foetus) bucht, burg, geburt, fürt, glut, fät, fucht,
fchlucht, that, jugend, tugend; pl. bruten, burgen, geburten etc.
gedult, armuth, demuth, unmuth etc. find ohne pl. — 3) die
völlig (d. h. auch mit dem fg.) in die erfte eintretenden find dort
anm. 2. genannt. [— 4) von that bildet Keiferab. noch den pl.
thäte, dat. woltäten par. der feel. 5ᵇ. gen. der woltät ibid. mit
woltät 8ᵈ. II. Sachs noch dal. fg. häwt (hiute) 5, 347ᶜ. Phil. v.
Sitt. 2, 605 mit lifte. 585 nach wollüfte. 686 mit geringer lifte.
— 5) gen. fg. -s: mehr furchts und noths Gryph. Leo 284. an
milchs ftatt Opitz 1, 89.]

Starkes neutrum. erfte declination.

beifpiel: wort   pl. wort-e
           wort-es   wort-e
           wort-e   wort-en
           wort   wort-e

völlig der erften ft. männl. gleich und durch den nom. acc. pl.
auf -e vom mittelh. neutr. gefchieden. 1) einfache: band. beil.

bein. blech. blei. böt. bröt. ding. eis. erz. fell. fleifch. garn. gift. gold. bâr. hêr. heu. jâr. knie. land. löt. mâß. mël. unêr. môs. obft. pferd. rê. recht. rör. roß. fchâf. fchiff. fchwein. fchwert. feil. fpil. ftift. thier. vih. wachs. werk. wild. wort. zelt. zil. zinn u. a. namentlich die, deren pl. hernach in der zweiten anm. vorkommen. — 2) bildungen mit *-el, -en, -er*. — 3) mit *-nis*, niffes. — 4) verkleinerungen mit *-lein*. — 5) vorgefetztes ge-: gefûl, gewerk, gemach.

Anmerkungen: 1) wegfall des cafus-e gerade wie beim mafc. folglich α) des *ftummen* in den zweifilb. bildungen -el, -en, -er; bûndel, figel, lafter, füder, nieder etc. bleiben unveränderlich, nur daß fie im gen. fg. ein s, im dat. pl. ein n aubängen: bündels, bûndeln; füder, füdern. Die mit -en laffen auch das dative n weg: zeichen, zeichens, zeichen (ft. zeichen'n). Ilingegen die einfilbigen thâl, mêl, fpil, zil, hêr, mêr, fpêr haben durch die 701 verlängerung wieder ein unftummes e bekommen. — β) das unftumme e haftet in der regel überall im pl., alfo: bande, beile, fpile, dat. banden etc.; im gen. dat. fg. *kann* es wegfallen: bandes, beiles oder bands, beils etc. Ausnahmsweife laffen es die mit *-lein* überall und nothwendig aus: kindlein, gen. kindleins, dat. kindlein; pl. kindlein, gen. und dat. kindlein; nicht kindleines, kindleinen. — 2) einfügungen des plur. *-er* haben fich vermehrt und da hier (nach 1. α.) das ftumme e durchgehends fortfällt, geht häufer gerade wie füder, nur daß das eingefchobene *-er* überall umlaut wirkt, das bildungs-*er* nicht (der umlautende pl. klœfter vom fg. klôfter ift höchft abnorm; es follte klôfter wie lafter heißen; klœfter forderte den fg. klôft). Solcher erweiterten pl. find die wichtigften (in volksmundarten gibt es noch mehrere): æler, ämter, bæder, bänder, bilder, blätter, blecher, bretter, bûcher, dächer, dinger, dörfer, eier, fächer, fäßer, felder, gelder, glæfer, glieder, græber, græfer, güter, häupter, häufer, hemder, hölzer, hörner, häuer, jöcher, kälber, kinder, kleider, körner, kräuter, lämmer, länder, läuber [aber läuberhütte], lichter, lieder, löcher, mæler, mäuler, menfcher [Leffing 1, 222. Pierot 2, 56], nefter, pfänder, ræder, reifer, rinder, fcheiter, fchilder, fchlößer, fchwerter, foiler, ftifter, ftöcker, thæler, trümmer, -thümer, tücher, völker, wämmfer, weiber, wörter, zelter (Hebel fagt führer pl. von fhür (feuer). knechtloner Conr. v. Weinsb. 14. botenloner 16. röffer (pferde) Wallenft. br. 153. geßnder ring 52ᵃ, 25. treber (feneciae) ohne den fg. trab. handwerker Pierot 2, 56]; fodann: gemächer, gemüther, geßchter, gefpenfter, gewänder. Was hierbei fonft zu erörtern ift, gehört nicht in die flexionslehre. — 3) leid macht den fchw. pl. leiden ft. leide (oder ift leiden der pl. inf.? fg. das leiden]. — [4) plurale auf *-s* zum theil fchon oben f. 697 aufgeführt: das eingefandt, die eingefandts. das mädel, die mädels Schiller 822ᵇ mädchens Leffing 1, 538. fränleins Gellert 4, 197. Von wörtern auf -lein mundartl. pl. -lach: fräwlach Keller erz. 180, 22. merlach 190, 8].

Starkes neutrum. zweite declination.

hat aufgehört, indem nicht nur das ſtumme e von bündel (fasciculus) mündel (pupillus) — ſolcher verkleinerungen hat die ſchriftſprache wenige, die oberd. volksſprache viele; vgl. oben f. 686. — gemäuer, gotzfel, gezimmer etc.; ſondern auch das tonloſe von den übrigen gefallen iſt. Alle dieſe wörter gehören nun zur erſten decl. z. b. bett. bild. glück. hemd. kinn. reich. ſtück. geſchlecht. elend. gleichnis etc. wiewohl man vor hundert jahren noch bette, bilde, glücke, hemde ſchrieb. Bloß gemælde, gemüſe, geſinde, gewölbe [gewälde Phil. v. S. 2, 595. 624. 631.] erhalten ſich. [Doch noch das erbe (hereditas) ende (finis) pl. die enden, wie betten, hemden.] Übrigens iſt in umlautbaren die alte endung e an dem nothwendigen umlaut zu merken.

Schwaches masculinum.

beiſpiel: haſ-e   pl. haſ-en
            haſ-en   haſ-en
            haſ-en   haſ-en
            haſ-en   haſ-en

dieſem paradigma treu geblieben ſind folgende 1) einfache: affe. harde. bote. bube. bürge. bule. drache. erbe. falke. farre. gatte. götze. haſe. heide. junge. knabe. knappe. knolle. laie. löwe. neffe. ochſe. pathe. pfaffe. rappe. rüſſe. rüde. ſchütze. trappe. waiſe. zeuge; dahin gehört auch bauer, gen. hauern, pl. bauern, inſofern es dem mittelh. gehüre entſpricht, desgl. nachbär, nachbärn f. nachbauer. — 2) mit der vorſilbe *ge*-: gefærte, gehülfe etc.

Anmerkungen: 1) nachſtehende ſchneiden das (unſtumme) e des nom. ſg. ab, ohne darum die übrigen caſus zu ändern: an (avus) bær (urſus) chriſt (chriſtianus) fink. fürſt. geck. gräf. greif. herr. menſch [meulche (homo) Etn. hebamne 819]. narr [narre Leſſing 2, 446. 438. voc. ach narro! Peter Len (narrenb. p. 362)]. ochs. pfau. ſchenk. ſpatz. geſell und man erlaubt ſich auch wohl: bub. knab. pfaff. jung; roher wäre: aff, has, ris, falk, ganz verwerflich: drach, erb, knapp, wais, zeug. Hin und wieder erſcheinende acc. ſg. bær, fürſt, gräf etc. ſt. bæren, fürſten, gräfen ſind zu tadeln. Die apocope des nom. kann man ſich erklären, theils aus beibehaltung der mittelh. apocope des ſtummen e (wie auch beim fem. zäl, ſchär gelten), welches jedoch nur auf die beiden erſtgenannten an und bær paßt; theils aus der allgemeinen, beim fem. durchgedrungenen neigung des ſg. in die ſtarke form. — 2) dieſe neigung hat ſich bei andern anders entwickelt, die ſprache verwechſelt die ſchwache flexion -*en* mit der bildung -*en* bei ſtarken wörtern und trägt ſtarke form auf den nom. und gen. ſg. organiſch ſchwacher wörter aber:

ehmahls:	bog-e	pl. bog-en	jetzo:	bôgen	pl. bôgen
	bog-en	bog-en		bôgen-s	bôgen
	bog-en	bog-en		bôgen	bôgen
	bog-en	bog-en		bôgen	bôgen

ſo declinieren: balken, backen, biſſen, bögen, bråten, brunnen, daumen, fåden, flecken, funken, galgen, garten, gaumen, glauben, gråben, haufen [Bacchus und ſein haufen Opitz 1, 387. aber: der helle haufe 1, 260. Gellert 1, 175 der gröſſte hauf]. håken, hüften, krågen, küchen, mågen, nåmen, [råfen, reiben (chorea)], riemen, ſåmen, ſchåden, ſchlitten, ſpåten, tropfen, wåfen, willen, zapfen, [vielleicht auch hierher thon (argilla) f. dåhe, mohn (papaver) f. måhe.] In böſen (ſcopa) iſt bloß der gen. böſens unorganiſch da der nom. böſen f. böſene und der pl. böſen f. böſen'n ſteht. Die urſprüngliche geſtalt der übrigen erweiſt ſich aber theils in dem vorbrechenden nom. ſg. balke, backe, glaube, name, ſåme, wille etc. theils in dem umunlaut des pl., da doch organiſch ſtarke bildungen -en heutzutage nach vierter decl. umlauten (wågen, wægen; låden, læden; boden, bœden); es heiſt aber im pl. nicht: bålken, bœgen, brœten, brünnen, dåumen etc. und nur fehlerhaft gårten, græben, krægen, mægen. Aus dem mittelh. ſpor, gen. ſporn füllte folgerecht ſpôre, ſpören oder (nach bögen) ſpören, ſpörens (etwan auch ſporn, ſporns) geworden ſeyn; es hat ſich aber die anomale miſchform ſporn, ſpornes, pl. ſpornen entwickelt [ebenſo bair. der brein. In andern fällen hat ſich das -n in nominal. nicht feſtſetzen können: Ettner Cain 48. Cornel. Paulſen 33. 167. Leſſing 2, 479 der monden, teufels netz 5528 lowen (leo) wie lion, leone. Philand. 1, 613 der habern (avena), der kerlen f. 697. Gen. ſg. -ens neben nom. -e iſt regel in name, wille, friede, ſame etc.; vgl. gefellens ſpielen Fiſchart ſpiele nr. 410. des knabens Gellert 1, 123.] — 3) die in der vorigen anm. verhandelten wörter können zwar für ſtarkformig, ihrem plur. und dat. acc. ſg. nach aber zugleich noch für ſchwachformig gelten. Folgende org. ſchwache maſc. treten ganz unzweideutig in die ſtarke decl. über, nämlich a) in die erſte: år (aquila) pl. åre und ebenſo adler, pl. adler (mittelh. adelar, adelarn) april (oder aprill) chriſtall, mai, märz, mond (luna, pl. monde; mond für menſis ſcheint mir aus monat, monet, moned gekürzt) [käfer (pl. früher käfern; käfern haben blumen lieb Degenfeld 42] keim, reif (pruina) ſchelm [den ſchelmen, die ſchelmen Goethe 9, 241]. ſchmerz (doch mit behaltnem ſchw. pl.) ſtern, vetter, gevatter. β) in die vierte: hån [håhne ſchon Keiſersb. 59ᵉ hen, aber noch Stillings leben 1, 90 den hahnen geſpannt!] ſalm, ſchwån, herzôg, nåbel, pl. næbel. — 4) ſchwache form ſt. der alten ſtarken haben angenommen a) aus der erſten ſtarken: held, gen. helden, pl. helden; [heide (paganus) ſchon Luther. f. heiden] rabe, gen. raben, pl. raben ſt. raben, rabens, rabens (umdrehung des falls in aum. 2.) gedanke, gen. -en, pl. -en (neben dem ſtarken bleibenden dank). b) aus der zweiten: hirte. hirſe. rocke. weize und letztere (nach anm. 2.) wieder rückkehrend in die ſtarke form: weizen, weizens; rocken, -ens. c) ebenſo iſt aus dem alten fride, ſchute der dritten decl. mittelſt eines ſpäteren fride, friden; ſchatte, ſchatten wieder ein ſtarkes friden, fridens; ſchatten, ſchattens entſprungen. — 5) die aus verbis ſtammenden mittelh. ſchwachen maſc. nehmen meiſt (doch nicht alle) im neuh. die ſtarke form -er an: kämpfer, ſachwalter etc.) — 6) weiblich ſind jetzo: blume, fahne, kehle, ſchlange, ſaite, ſonne u. a. [— 7) pl. auf -e; jungens! die jungens Leſſing 10, 185. bei den geſundbrunnens irrg. d. liebe 467.]

Schwaches femininum.

vermiſcht mit der ſtarken form und iſt oben unter der erſten decl. mitabgehandelt. In der zuſ. ſetzung oder im adverb. hat ſich nicht ſelten der alte ſchwache caſus erhalten, welches anderwärts näher ausgeführt werden wird. [Die frühere ſprache, welcher im obliquen caſus das en noch geläufig war, ſchob dieſes, wie beim maſc., auch in den nom. vor: z. b. da man erde erden, aſche aſchen ſagte, wagte man auch den nom. erden, aſchen, z. b. Gryphius 1, 209. 221. 233. Cardenio 2, 45. die ſonnen Card. 5, 294. eine leichen 5, 250. wegen ihrer dicken und ſchweren (gen. ſg.) Mauric. 148. 149.]

Schwaches neutrum.

1) *herz*, gen. herzens, dat. herzen; pl. ſchwach. 2) *auge*, gen. auges, dat. auge; pl ſchwach. 3) *ör*, öres, dat. öre [hinter dem ohrn Leſſing 2, 370]; pl. ſchwach. 4) wange iſt fem. 5) die ſchwachen pl. betten, leiden von bett, leid fallen jetzt hierher.

Neuhochdeutſche anomala.

1) *väter*, *brüder*, *ſchwäger* declinieren regelmäßig ſtark nach der vierten (wie acker); *mutter*, *tochter* machen den ſg. unveränderlich, den pl. umlautend mütter, töchter [meine beide töchteren unw. doct. 390. die töchtern 419] (da ſonſt die vierte weibl. keine bildungen -er kennt). *ſchweſter* und *ſchwieger*, im ſg. indecl., gehen, weil ſie im pl. nicht umlauten können, ſchwach.

2) *mann*, mannes, manne (oder mann) pl. mannen (in der bedeutung von vaſallen) gewöhnlich *männer*. Dieſe einſchiebung des urſprünglich neutralen plurals -er erleiden noch folg. maſc.: *geiſt*, *geiſter*; *gott*, *götter*; *dorn*, *dörner*; *rand*, *ränder*; *halm*, *hälmer*; *ort*, *örter*; *wald*, *wälder*; *leib*, *leiber*; *ſtrauch*, *ſträucher* [*ſtand*, *ſtänder* (: länder) H. Sachs]; die

comp. mit -thům, irrthum, *irrthümer* etc. Theils waren fie ehdem neutra, theils fcheinen fie falfchverftandne analogie.
(3) *nacht*: noch weihnachten, aber fonft nächten. gen. nachts: üins nachts fälln. 754. in nachtes rub umfangen Hoflm. gefellfch. f. 14. — an *hendes* lift (ohne hand) faftn. 807, 5.]

Neuniederländifches fubftantivum.

Starkes und fchwaches mafculinum.

beifpiele:	ftên	pl. ftên-en	hân	pl. hân-en
	ftên-s	ftên-en	hân-s	hân-en
	ftén	ftén-en	hán	hán-en
	ftèn	ftèn-en	hàn	hàn-en

1) die vormahls ftarken mafc. bilden den fing. wie fonft, den pl. aber fchwach: a) einfache wörter: àrd (genus) arm (brachium) balk (trabs) barm (finus) bêr (urfus) berg (mons) bôm (arbor) buik (venter) dàg (dies) dank (gratiae) dans (chorea) [den (abies)] dief (fur) difch (menfa) dôd (mors) drunk (potus) dwerg (nanus) êd (jusj.) gang (greffus) gaft (hofpes) gêft (fpiritus) glans (fplendor) god (Dens) grond (fundus) halm (ftipula) hals (collum) hart (cervus) helm (galea) hoed (pileus) hôf (hortus) hond (canis) hôp (cumulus) kam (pecten) kelk (calix) kôl (braffica) krans (fertum) krôp (ftruma) kus (ofculum) lach (rifus) laft (onus) mág (affinis) meft (fimus) moed (animus) mond (os) môrd (caedes) môs (muicus) moft (muftum) nek (cervix) nid (invidia) pels (pellis) pil (pilum) rád (conf.) rêp (funis) rîm (pruina) roem (gloria) rok (tunica) rôk (fumus) rug (dorfum) fchat (thef.) fcherm (tutela) fchîn (fplendor) fchôt (gremium) flâp (fomnus) fmàk (guftus) fmid (faber) ftâk (baculus) ftên (lapis) ftier (taurus) ftoel (fedes) ftorm (tempeftas) ftrik (nodus) ftrîd (bellum) tand (dens) torf (cefpes) twîn (filum duplex) [vank (fopor)] vifch (pifcis) vloed (fluctus) voet (pes) vond (inventum) vos (vulpes) vriend (amicus) wal (vallum) wêg (via) welp (catellus) wîn (vinum) wind (ventus) wolf (lupus) worm (vermis) zak (faccus) zêm (melligo) zêt (fedes) zin (fenfus) zôp (hauftus) zwam (fungus) etc. — b) bildungen mit -*el*, -*em*, -*en*, -*er*, als: àdel (genus) appel (pomum) àdem (halitus) zêgen (benedictio) akker (ager) vinger (dig.) etc. — c) mit -*ing*, -*ling*. — d) mit -*er*, -*är*, als: ridder (eques) lêrâr (doctor) — e) andere bildungen: êdik (acetum) ernft (ferium) etc. — 2) die vormahls fchwachen bilden den pl. fchwach, den fing. aber ftark. als: àp (fimius) bôg (arcus) erf (heres) grâf (comes) hân (gallus) hâs (lepus) hoeft (tuffis) knâp (puer) hêr (dominus) nâm (nomen) nêf (fratruelis)

os (bos) riem (corrigia) tap (obturamentum) vlek (macula) vorft (princeps) wil (voluntas) etc.

Anmerkungen: 1) fchließt die wurzel mit den conf. cht, ft, lt, fch fo bekommt der gen. fg. -es ftatt -s, als: knechtes, göftes, vifches, oder man umfchreibt ihn durch praepofitionen; dem dat. fg. gibt die edle fchreibart [auch die gemeine in gewiffen freilich feltnen fällen] noch die flexion e bei vorftehendem artikel, z. b. ten dâge (illa die) den voffe (vulpi) etc. — 2) die bildungen mit -el, -em, -en, -er, -àr pflegen, zumahl im gemeinen ftil, den plur. auf s zu bilden, als: gèvels (faftigia) bèzems (fcopae) wâgens (currus) vàders (patres) dienârs (miniftri) welche endung allen pl. cafus zufteht und nur theoretifch von einigen grammatikern auf den nom. und acc. befchränkt wird. Die edlere fchreibart zieht gleichwohl bei den meiften folcher wörter fchwache form vor und fetzt: gèvelen, bèzemen, vàderen, dienâren, nur bei denen auf -en nicht wâgenen fondern wâgens oder wâgen. — 3) zuweilen und fchwankend erfcheint im fg. das urfprünglich bildende oder fchwache -e, als: vrède (pax) rugge (dorfum) bòde (nuntius) erve (heres) bâze (lepus) jonge (puer) nâme (nomen) etc. — 4) felten hat fich die fchwache endung in eine unorg. bildung -en verwandelt, z. b. in veulen (pullus equi) gen. veulens; fo bildet auch jonge (puer) den pl. jongens. — 5) ausnahmsweife gilt noch der org. fchwache gen. fg. in hèren (domini) grâven (comitis) menfchen (hominis) hertôgen (ducis).

Starkes und fchwaches femininum.

beifpiele:	kracht	pl. kracht-en	tong	pl. tong-en
	kracht-e	kracht-en	tong-e	tong-en
	kracht-e	kracht-en	tong-e	tong-en
	kracht	kracht-en	tong	tong-en

diefelbe mifchung ftarker und fchw. form, wie beim mafc. 1) urfprünglich ftarke: a) einfache: âr (fpica) bâr (feretrum) borft (pectus) bruid (fponfa) dâd (facinus) deugd (virtus) deur (porta) èr (honos) eud (anas) gans (anfer) geit (capra) geut (fcrobs) hal (aula) comp. mit -heid, als fchönheid etc. im pl. -hèden; hel (infernus) heup (coxa) jeugd (juventus) klôf (fiffura) kracht (vis) lèr (doctrina) lift (fraus) lucht (aer) luis (pediculus) macht (poteftas) mâgd (virgo) mât (modus) meid (virgo) melk (lac) min (amor) muis (mus) nâld (acus) nôd und nôddruft (necefl.) pôrt (porta) rèf (rima) ruft (quies) fchâl (phiala) febort (fupparum) fchrift (fcriptura) fchuld (debitum) flèf (cochlear) fprâk (fermo) ftad (urbs) ftang (hafta) ftèg (femita) tûl (lingua) tang (forceps) tèn (virgula) trouw (fides) vârd (iter) vlag (vexillum) vlucht (fuga) vrouw (uxor) wèr (defenfio) wereld (mundus) wet (lex) wik (vicus) wråk (vindicta) zâk (res) ziel (anima) etc.

II. *neuniederl. subst. femininum. neutrum.* 627

b) bildungen mit -el, -en, -er, als: netel (urtica) haven (portus) leugen (mendacium) kamer (cubiculum) splinter (festuca) etc. — c) mit -ing: maning (monitio) losfing (redemtio) etc. -nis: droefnis (moestitia) etc. — 2) ursprünglich schwache, als: bloem (flos) bôn (faba) gal (bilis) kan (cantharus) kerk (ecclesia) kist (cista) krôn (corona) mâg (stomachus) mân (luna) rôs (rosa) star (stella) stôf (hypocaustum) tong (lingua) wang (gena) wêk (hebdomas) wol (lana) zon (sol) etc.

Anmerkungen: 1) auch die fem. auf -el, -en, -er können den unorg. pl. -s annehmen, als: netels, leugens, splinters. — 2) sehr häufig erscheint bei den fem. ursprünglich erster und zweiter starker oder schwacher decl. im nom. acc. sg. die endung -e, so daß sich alle casus sg. gleich sind, z. b. ârde (terra) bêde (precatio) boete (poenitentia) duive (columba) groeve (fovea) hulde (favor) henne (gallina) koude (frigus) longe (pulmo) nichte (neptis) reize (iter) stemme (vox) wize (modus) etc. bildungen mit -t, -d entbehren dieses e niemahls, z. b. diepte (profunditas) dikte (crassities) begêrte (cupiditas) vreugde (laetitia). Zumeist schwanken die mit geminierter liq., man schreibt gleichrichtig gal, stem, hen, star und galle, stemme, henne, sterre. — 3) kein solches e anzunehmen die aus vierter decl. stammenden: borst, bruid, dâd etc. ja diese können es umgedreht im gen. dat. ablegen, folglich den ganzen sg. ohne alle endung machen. Bei vorstehendem artikel läßt man das -e gen. und dat. sg. gern stehen, z. b. ter borste.

Starkes und schwaches neutrum.

decliniert dem masc. völlig gleich. Hierher gehören eine menge einfacher, als: bâd (balneum) bed (lectus) blâd (folium) bloed (sanguis) boek (liber) bord (aster) brôd (panis) dak (tectum) dal (vallis) dêl (pars) dier (animal) ding (res) doek (linteum) dorp (pagus) erf (hereditas) gat (foramen) geld (pecunia) glâs (vitrum) goed (opes) grân (semen) goud (aurum) grâs (gramen) hâr (crinis) heil (salus) heir (exercitus) hôfd (caput) huis (domus) jâr (annus) jok (jugum) kâf (stipula) kalf (vitulus) kind (infans) klêd (vestis) koren (frumentum) kruis (crux) lam (agnus) land (terra) lêd (dolor) lêm (argilla) licht (lux) lid (articulus) lied (carmen) lik (cadaver) lôd (plumbum) lôt (sors) luik (operculum) mêl (farina) moes (legumen) mout (polenta) mud (modius) net (rete) pond (pondus) recht (justitia) riet (juncus) rik (regnum) rot (putredo) schâp (ovis) schip (navis) slot (arx) spel (lusus) spôr (vestigium) getâl (numerus) vat (vas) vel (cutis) veld (ager) vlêsch (caro) vlôt (ratis) vâd (vadum) werk (opus) wôrd (verbum) zâd (semen) zêr (ulcus) zout (sal) zwêrd (ensis) zwin (sus) u. s. m. — 2) bildungen mit -el, -en, -er, als: euvel (malum) lâken (mappa) wâter (aqua) etc. — 3) diminutiva auf -ken, -eken, -je, -mpje, -ltje, -ntje (vgl. oben f. 536.) als: vrouken, boedeken

40*

etc — 4) mit -*fel*, als: bliffel (reliquiae) etc. — 5) mit -t. als: gebéute, gebergte. — 6) nur wenige urfpr. fchwache: óg (oculus) ôr (auris) licbàm (funus) hert (cor).

Anmerkungen: 1) die unter 2. 3. 4 genannten nehmen einen unorg. pl. auf -s an, als: euvels, làkens, wàters [alle waters Hoffm. lieder 156. Willems 183], vroukens, meiſjes, bloempjes, bliffels [enapjes Hoffm. lieder 156. traentjes Willems lied. 175. vogeltjes (gen. pl.) Hoffm. 156]; die unter 5. fügen zu dem fchw. -en das -s hinzu: gebéntens (offa). — 2) nachſtehende fchieben -er an und haben dann in der edleren fprache die flexion -en, in der gemeinen -s, als: bèn (os) pl. bènderen oder bènders; berd (barba) berderen; blàd (folium) blàderen; ey (ovum) eyeren; goed (opes) goederen; hoen (pullus) hoenderen; kalf (vitulus) kalveren; kind, kinderen; kléd, kléderen; lam, lammeren; lied, liederen; gemoed, gemoederen; ràd (rota) ràderen; rund (armentum) runderen; ſpàn (feſſnea) ſpànderen; volk (gens) volkeren [wicht, wichteren]. Da nun einige derfelben zugleich ohne einfchiebung des -er den pl. regelmäſſig bilden, z. b. blàd, blàden; ràd, ràden; volk, volken etc. fo befteht für fie eine dreifache pl. flexion (blàden, blàderen, blàders). — 3) das urfprüngliche -e zeigt fich zuweilen im fg. der vormahligen fchwachen oder zweiten ſtarken decl. als: herte, bedde, mudde, gebéute, gebergte etc., neben bert, bed, mud.

Anomalien des neuniederländifchen fubftantivum.

1) *vàder*, *broeder* haben jetzt im gen. fg. vàders, broeders [Bild. ad Hooft 1, 54 behauptet noch ein nul. vader, broeder im gen.]; im pl. vàders, broeders oder vàderen, broederen; *moeder*, *dochter*, *zuſter* im fg. unveränderlich, im pl. wie vàder. — 2) *man*, gen. mannes, dat. manne; pl. mannen und mans; auch *zôn* (filius) macht den pl. zôns und zônen. — 3) die durchgreifende mifchung ſt. und fchw. formen fo wie die abwefenheit des umlants hat in der lehre vom genus mehr unficherheit und abweichung verurfacht, als dies im hochd. der fall ift; davon im folg. buche das nähere.

Neuenglifches fubftantivum.

Das plurale -s (zuweilen -es, wo fich confonanten dràngen) wird allen fubft. ohne rückficht auf ihr gefchlecht gegeben, ebenfo das -s gen. fg., wenn diefer cafus dem regierenden fubft. vorfteht, gebraucht. Einige überrefte der alten flexionen erhulten fich in folgenden *anomalien*: 1) *brother* (frater) pl. brothers oder brethren. 2) *man* (homo) pl. men. 3) *föt* (pes) *tôth* (dens) *gôfe* (anfer) pl. fèt, tèth, gèfe. 4) *mouſe* (mus) *louſa* (ped.) pl. mice, lice; *cow* (vacca) *fow* (fus) pl. kine, *fwine*. 5) *ox* (bos) pl. oxen; chick (pullus) pl. chicken. 6) *child* (infans) mit ein- geschobnem r pl. children. egg (ovum) macht aber eggs, nicht mehr egren.

Schwedisches substantivum.

Starkes masculinum. erste declination.

beispiel: fisk   pl. fisk-ar
          fisk-s   fisk-ars
          fisk   fisk-ar
          fisk   fisk-ar

1) viele einfache, z. b. arm (brachium) ask (capsa) bock (hircus) dåg (dies) dal (vallis) dverg (nanus) fisk (piscis) gast (spiritus) gud (Deus) häst (equus) hund (canis) høg (tumulus) låg (lex) lem-mar (membr.) orm (vermis) pilt (puer) qvist (ramus) skalk (servus) skog (silva) sten (lapis) stol (sedes) træl (servus) ulf (lupus) etc. — 2) bildungen *-el, -en, -er, -ar*, als: engel (angelus) fågel (avis) stöfvel (ocrea) regn (pluvia) finger (digitus) hammar (malleus) etc. — 3) mit *-ung, -ling*: konung (rex) yngling (juv.).

Anmerkungen: 1) die unter 2. syncopieren im pl. den bildungsvocal, als: englar, ståflar, fingrar, hamrar f. engelar, stöfvelar, hammarar. — 2) einige schieben im pl. i ein, so: dreng (famulus) drengjar, neben drengar. — 3) die altschwed. spruche besaß noch das *-er* des nom. sg. [kära du Ulfver! sv. folkv. 3, 68. 69. dvärgher (nanus) Fr. af Norm. 574. dagher (dies) 82. sidher (mos) 514], das *-a* gen. pl. und das *-om* des dat. pl. z. b. dåger (dies) dåga (dierum) dågom (diebus). Diese bemerkung gilt für alle männl. declinationen. [— 4) im Fr. af Norm. findet sich, auf dän. weise, in der ersten decl. der nom. und acc. pl. *-a* (nicht *-ar*) z. b. svena (pueri) 212. konunga (reges) 202. dverga (nani) 307. stena (lapides) 158. 352. maga (cognati) 731. hiorta (cervi) 63. bunda (canes) 65. Die vierte decl. hat aber *-er*: viner alla fränder 573. fränder 218.]

Starkes masculinum. zweite declination.

beispiel: fiskar-e   pl. fiskar-e
          fiskar-es   fiskar-es
          fiskar-e   fiskar-e
          fiskar-e   fiskar-e

enthält viele bildungen mit *-are*, deren pl. und sg. immer gleichlauten: älskare (amator) gångare (equus tolutarius) etc.

Starkes masculinum. dritte declination.

beispiel:	ſőn	pl. ſœn-er
	ſőn-s	ſœn-ers
	ſőn	ſœn-er
	ſőn	ſœn-er

711 hierher zähle ich die wenigen pl. auf -er mit umlautender wurzel: brand (titio) bränder; főt (pes) főtter; lědamőt (membrum) ledamœter; ſtád (urbs) ſtæder; ſőn (filius) ſœner und vielleicht noch einige. Die meiſten altn. dritter decl. ſind in die erſte übergetreten, theils mit beibehaltenem, verhärtetem u-umlaut z. b. őrn (aquila) őrnar; biőrn (urſus) biőrnar; theils mit abgelegtem, z. b. galt (aper) galtar; vall (vallum) vallar; ſpån (ſegmen) ſpånar; tråd (filum) trådar.

Starkes masculinum. vierte declination.

beispiel:	væn	pl. vånn-er
	væn-s	vånn-ers
	væn	vånn-er
	væn	vånn-er

1) einfache wörter in geringerer zahl als bei erſter decl. z. b. balk (interſeptum) bőld (ulcus) ěd (jusj.) flőd (fluvius) gäſt (hoſpes) gång (iter) lěd (articulus) ort (locus) rätt (jus) ſěd (mos) ſkald (poeta) ſvěn (puer) [pl. ſvenner] ſång (cantus) væn (amicus) etc. — 2) einige bildungen: månad (menſis).

Anmerkungen: 1) kein umlaut; die pl. lauten: balker, flőder, orter, ſkalder. [aber bokſtaf bokſtäfver, man männer.] — 2) manche ehedem hierher gehörige ſind in die erſte übergegangen, z. b. bälg (follis) bälgar; væg (via) vægar etc.

Starkes femininum. erſte declination.

beispiel:	ſől	pl. ſől-ar
	ſől-s	ſől-ars
	ſől	ſől-ar
	ſől	ſől-ar

1) wenige einfache, z. b. aln (cubitus) bœk (fagus) ěk (quercus) grěn (ramus) grind (janua) hůd (cutis) jord (terra) mån (juba) qvarn (mola) ſjæl (anima) ſkåm (pudor) ſől (ſol) värld (mundus) etc. — 2) die häußgen bildungen mit -ing: drottning (regina) lemning (reliquiae) etc. — *Anmerkung:* manche ſonſt hierherfallende ſind in die vierte oder in die ſchw. decl. übergetreten.

Starkes femininum. zweite declination. mangelt.

Starkes femininum. dritte declination.

beifpiel: tand   pl. tänd-er
           tand-s   tänd-ers
           tand   tänd-er
           tand   tänd-er

kennzeichen ist hier wieder der pl. umlaut: and (anas) änder; böt (mulcta) böter; bôk (liber) böker; hand (manus) händer; nat (nox) nätter; rôt (radix) rötter; ſtrand (littus) ſtränder; ſtång (contus) ſtänger; tand (dens) tänder; tång (forceps) tänger. — *Anmerkung*: unumlautbare rechne ich zur vierten, z. b. gnet (lens, -dis) gnetter. [Ansgar p. 30 handis gen. ſg., hendi dat.]

Starkes femininum. vierte declination.

beifpiel: kraft   pl. kraft-er
           kraft-s   kraft-ers
           kraft   kraft-er
           kraft   kraft-er

kennzeichen ist der unumlaut, 1) einfache, als: bœn (preces) drift (motus) gnet, guetter; håfd (mos) hielp (auxil.) hind (cerva) kind (gena) kraft (vis) lœn (merces) mark (campus) maſt (malus) min (geſtus) nœd (neceſſitas) ört (herba) ſak (cauſa) ſôt, ſotter (morbus) ſkrift (ſcriptum) tid (tempus) u. a. m. — 2) comp. -ſkap und -het.

Starkes neutrum. erfte declination.

beifpiel: ord   pl. ord
           ord-s   ord-s
           ord   ord
           ord   ord

1) eine menge einfacher, als: år (annus) båd (balneum) band (vinclum) barn (infans) bên (os) berg (mons) blåd (folium) diur (animal) folk (gens) glas (vitrum) håf (mare) hår (crinis) låg (ſocietas) lamb (agnus) land (terra) lius (lux) ord (verbum) rœr (juncus) får (vulnus) fvärd (enſis) torg (forum) [träd (arbor)] u. a. m. 2) bildungen: tågel (cauda equina) namn (nomen) vatten (aqua) finger (digitus) hufvud (caput) etc. — *Anmerkung*: neben dem ordentlichen pl. kommt von land (terra) ſtånd (ſtatus) tỹg (utenſile) vin (vinum) der paragogiſche pl. länder, ſtänder, tỹger, viner vor.

Starkes neutrum. zweite declination.

beifpiel[1]: kynn-e pl. kynn-e
             kynn-es   kynn-es
             kynn-e   kynn-e
             kynn-e   kynn-e

---

[1] Lieber zum paradigma äple (pomum): alle grammatiker geben dem pl. kynnen, kynnens (aufser Botin auch Sjöborg p. 49. Tullberg p. 13) und mit angelehntem artikel kynnena, kynnenas. Dieſe miſchung ſchwacher form und des ſuffixes verdient auseinanderſetzung.

II. *fchwed. fubft. fchwaches mafc. fem.*

hiernach: ærende (nuntius) äpple (pomum) belæte (imago) gille (tribus) bræte (triticum) klæde (vestis) kyune (genus) krype (latebra) lyte (vitium) löfte (votum) minne (memoria) näfte (nidus) finne (animus) rike (regnum) värde (pretium) [œde (fatum) skœte (gremium)] u. a. m. — *Anmerkungen*: 1) der pl. ift nach analogie des altn. und des schwed. masc. zweiter decl. (also dem sg. gleich) aufgestellt; kaum aber wird er so heute gebraucht; sondern meistens mit anhängendem artikel: kyunen, gillen, lyten, riken, welches Botin p. 93. 104. irrthümlich für die indefinitive endung hält, welche durch ein weiter zugefügtes -a definitiv werde: kynnena, gyllena. Mehr hiervon da, wo die anhängung des artikels verhandelt werden wird. — 2) auch hier können einige -r anschieben, als klæder (vestes) fängelser (captivitates) belæter (imagines).

Schwaches masculinum.

beispiel: hån-e   pl. hån-ar
         hån-es (-as)   hån-ars
         hån-e (-a)   hån-ar (-om)
         hån-e (-a)   hån-ar

ande (spiritus) biälke (trabs) böge (arcus) håre (lepus) håne (gallus) galge (patib.) kämpe (athleta) lunge (pulmo) måne (luna) niure (ren) oxe (bos) vilje (vol.) [dåre. herre. hjeſſe. vinge] u. s. w. *Anmerkung*: die eingeklammerten, beßern flexionen find noch der bibelsprache gemäß, aber heutigestags veraltet. [Das unorganische s in den gen. sg. hanas, tungos, hiertas erweist sich aus den uneigentlichen compositis: boga-skott, tungomål etc.]

Schwaches femininum.

beispiel: tung-a   pl. tung-or
         tung-as (-os)   tung-ors
         tung-a (-o)   tung-or (om)
         tung-a (-o)   tung-or

afka (cinis) bœna (faba) frilla (pellex) helfa (salus) hœna (gallina) kunna (cautharus) myra (formica) mygga (culex) människa (homo) näfa (nasus) piga (virgo) pipa (fiſtula) qvinna (femina) ſtierna (ſtella) ſtuga (hypocauſtum) tärna (virgo) vifa (modulatio) [ana. åga. ådra. elfva (elfin) källa. klippa. klinga. krona. låga. lunga. möja (virgo, gen. pl. möjors ſv. viſ. 1, 889) planta. planka. réſa (iter) ſåpa. ſkugga. ſmula (mica) ſpilta. ſtämma. våga.] und viele andere. *Anmerkungen*: 1) auch hier zeigen die eingeklammerten flexionen den früheren, jetzt veralteten organismus an. — 2) einige machen den sg. ohne -a, namentlich: gräns (limes) röſ (rota) våg (unda).

II. *dänifches fubft. ftarkes mafc. erfte decl.*

Schwaches neutrum.

beifpiele: hiert-a   pl. hiert-an | œg-a   pl. œg-on
          hiert-as   hiert-ans | œg-as   œg-ons
          hiert-a   hiert-un | œg-a   œg-on
          hiert-a   hiert-an | œg-a   œg-on

wie hierta (cor) gehet nyfta, nöftn (glomus) [anch öftra (aufter) [714] nach fv. ukad. p. 96 vgl. Tullberg p. 96]; wie œgn (oculus) aber œra (auris). Die pl. endung -an, -on [-un : altfchwed. örun (aures) Upl. lagh] fcheint mir kein infügierter artikel (vgl. die zweite ftarke decl.) fondern fpur der alten fchwachen form [hjertan (corda) ift unbeftimmt und beftimmt Tullb. p. 21; in fv. ak. p. 96 wird hjertan unbeft. form genannt].

Anomalien des fchwedifchen fubftantioum.

1) *fåder, bróder*, pl. *fæder, brœder* oder *fædrar, brœdrar; móder, dotter* pl. *mœdrar, dottrar*. — 2) *man*, pl. *männer*, in comp. -män. — 3) die fem. *gås* (anfer) *lûs* (ped.) *mûs* (mus) machen den pl. *gäff, löff, möff*. — 4) voculauslautige wurzeln gehen in der regel vollftändig und werfen nur zuweilen den anftoßenden flexionsvocal weg. a) männliche: fā (fitula) brö (pons) bö (arceus) lö (lynx) fkö (calceus) fnœ (nix) fiö (mare) by (aedificium) hy (color) pl. fåar, höar, fköar, byar. — ß) weibliche: å (amnis) rå (antenna) vrå (angulus) pl. aar, raar, vraar; tå (dig. pedis) bekommt tænnr: mö (terra inculta) kö (vacca) klö (ungula) rö (quies) trö (fides) pl. mör, klör; mœ (puella) œ (infula) pl. mœar, œar, zuweilen mœjar, œjar; dy (palus) pl. dyar; frû (femina) pl. frûar und frûer; bûftrû, jungfrû aber bûftrûr, jungfrûr. — γ) neutrale lauten im fg. und pl. gleich: knæ (genu) rå (placenta) fkrå (tribus) ftrå (ftramen) bi (apis) bly (plumbum) bry (angor) bö (nidus) tö (linum) bœ (foenum). — 5) von einfchiebung des *er* beim ft. neutr.

Dänifchen fubftantieum.

Starkes mafculinum. erfte declination.

beifpiel: fifk   pl. fifk-e
            fifk-s   fifk-es
            fifk   fifk-e
            fifk   fifk-e

1) einfache: biörn (urfus) brand (titio) dàg (dies) dàl (vallis) döm, pl. domme (judicium) dreng (famulus) drœm, drönme (fomnium) dverg (nanus) fifk (pifcis) gang (iter) gris (porcellus) hat, hatte (pileus) heft (equus) huud (canis) luud (nemus) örn

634   II. dän. ſubſt. ſtark. maſc. zweite bis vierte decl. fem.

(aquila) ſvend, ſvenne (famulus) ſköv (ſilva) træl (ſervus) tyv (ſur) u. s. m. — 2) bildungen mit -el, -er: himmel (coelum) engel (ang.) finger (dig.) åger (ager) ſejer (victoria) etc. ſo wie mit ſyncopiertem bildungsvocal -l, -n, -r: ſugl (avis) ravn (corvus) ſeir (victoria). Die erſtgenannten werfen ihn aber im pl. weg, als: himle, fingre (nicht: himmele, fingere).

Starkes maſculinum. zweite declination.

beiſpiel:	fiſker	pl.	fiſker-e
	fiſker-s		fiſker-es
	fiſker		fiſker-e
	fiſker		fiſker-e

viele bildungen mit -er (altn. -ari), welche ſich von denen auf -er erſter decl. dadurch unterſcheiden, daß ſie im pl. den bild. voc. nicht ſyncopieren, es darf nur fiſkere, ſkippere, tienere heißen, nicht fiſkre, tienre; dort umgekehrt fingre, ågre, nicht fingere, ågere.

Starkes maſculinum. dritte declination.

beiſpiel:	föd	pl.	född-er
	föd-s		född-ers
	föd		född-er
	föd		född-er

nur wenige wörter mit pluralumlauten: ſtöd, ſtæder (urbs) ſtand, ſtänder (ſtatus) föd, födder (pes); ſön, ſönner (filius) hat unorganiſch den umlaut auch in den ſg. übergetragen [vaand (virga) ohne pl., altd. vænder und vinder (Fyens aktſt. p. 193)].

Starkes maſculinum. vierte declination.

beiſpiel:	vên	pl.	venn-er
	vên-s		venn-ers
	vên		venn-er
	vên		venn-er

wörter, am unumlautenden pl. erkennbar: bålg (pellis) êd (jusj.) flod (fluvius) gieſt (hoſpes) gud (Deus) lem, lemmer (membrum) reſt, retter (jus) ſkielm (nebulo) von ſæd (mos) gilt bloß der pl. ſæder; ſodann die bildungen aſten (veſpera) morgen (temp. mat.) maaned (menſis) pl. aſtener, morgener, maaneder.

Starkes femininum. erſte declination.

beiſpiel:	ſöl	pl.	ſöl-e
	ſöl-s		ſöl-es
	ſöl		ſöl-e
	ſöl		ſöl-e

wenige wörter: bœg (fagus) borg (arx) brûd (ſponſa) êg (quercus) grên (ramus) grind (clathrum) hiord (grex) ſkåm, ſkamme (pudor) ſiæl (anima) ſöl (ſol) alen, alne (cubitus).

1. *dän. subst. stark. fem. zweite bis vierte decl. neutr.* 635

Starkes femininum. zweite declination. mangelt.

Starkes femininum. dritte declination.

beifpiel:	tand	pl.	tänd-er
	tand-s		tänd-ers
	tand		tänd-er
	tand		tänd-er

and, ånder (anas) hög, bæger (liber) böd, bæder (mulcta) hånd, händer (manns) kraft, kräfter (vis) nat, nätter (nox) röd, rödder (radix) ftang, ftänger (contus) tand, tänder (dens).

Starkes femininum. vierte declination.

beifpiel:	fåg	pl.	fåg-er
	fåg-s		fåg-ers
	fåg		fåg-er.
	fåg		fåg-er

ohne pluralumlaut: art (modus) bøn, bønner (preces) drift (motus animi) dýd (virtus) géd (capra) hóv (ungula) hûd (cutis) jord (terra) kind (gena) malt (malus) nödd (nux) fåg (caufa) fkaal (pelvis) tíd (tempus) urt (herba) verden, verdener (mundus) etc.; alle bildungen mit *-ing* und comp. mit *-hed*, *-skab*. kraft geht nach 3.

Starkes neutrum. erfte declination.

beifpiele:	ord	pl. ord	fåd	pl. fåd-e
	ord-s	ord-s	fåd-s	fåd-es
	ord	ord	fåd	fåd-e
	ord	ord	fåd	fåd-e

hierher eine menge wörter: aar (annus) æg (ovum) ax (fpica) bierg (mons) blad (folium) dýr (animal) fåd (vas) haar (crinis) horn (cornu) lèd (membrum) liv (vita) lýs (lux) maal (fermo) ord (verbum) faar (vulnus) falt (fal) ting (res) u. v. a. — *Anmerkungen:* 1) die pl. endung *-e* tritt in wörtern mit urfprünglich kurzer wurzelfilbe ein, wenn fie auch nunmehr lang geworden ift, alfo: bläde (folia) fåde (vafa) fkibe (naves); früher gewis blad, blade; fad, fade; fkib, fkibe, wie man aus glas (vitrum) pl. glaffe fieht, wo der kurze vocal geminiertes f wirkte, alfo früher glas, glafe galt. Urfprünglich lange machen den pl. dem fg. gleich: aar, maal, ord etc. — 2) ausnahmsweife haben auch langfilbige folches *-e*, als: land (terra) lande; brýft (pectus) brýfte; flot (arx) flotte; hûs (domus) hûfe; krûs (crater) krûfe etc. — 3) der entfprung diefer endung *-e* aus altem *-u* ift oben f. 659. dargethan und merkwürdige fpur des durch u gewirkten vocalumlauts erhält fich im dän. barn (infans) pl. börn (vgl. oben f. 563.) ftatt des analogeren barn oder barne. — 4) folgende erweitern den pl. durch *-er:* brädt (affer) brädter; brýft (pectus) brýfter (neben brýfte) bäkken (pelvis) bäkkener; hoved (caput) höveder; höf (aula) hoffer; lem, lemmer (membr.) [lem geben einige für ein fem.] pandt (pignus) pandter; ñêd (locus) Rêder [bogſtav, bogſtaver; träe, träer]; alle bildungen mit -*ſel*: bidſel, bidſler; ſängſel, ſängſler etc.

Starkes neutrum. zweite declination.

1) viele ſonſt hierher gehörige wörter ſind mit abgelegtem bildungs-e in die erſte decl. übergegangen, z. b. kiœn (genus) ſind (mens) etc. — 2) die gebliebenen bilden den ſg. wie im ſchwed. z. b. klæde (veſtis) rige (regnum) äble (pomum) billede (imago) embede (officium) [menneſke (homo)] etc. Ihr pl. iſt eutw. ungebräuchlich, oder wird mit angehängtem artikel gemacht, oder ſchiebt *-er* an: billeder, embeder, riger [menneſker].

Schwaches maſculinum.

beiſpiel: hån-e   pl. hån-er
           hån-es   hån-ers
           hån-e   hån-er
           hån-e   hån-er

åbe (ſimius) bûe (arcus) gaſſe (anſer mas) håne (gallus) håre (lepus) kiempe (pugil) iſſe (ſinciput) leje (pulpa)] u. v. a. Einige apocopieren das -e im ſg. als: aand (ſpiritus); oxe (bos) macht den pl. öxene, öxne, nicht oxer; vermutblich ſtammt er von einem ſg. öxen (nach erſter ſtarker). Wegen des umlautenden pl. bönder von bonde (agricola) verweiſe ich auf die decl. der particip. Verſchiedene wörter ſind in die ſtarke form eingetreten, z. b. nar, pl. narre (altn. narri).

Schwaches femininum.

ſtimmt gänzlich mit der decl. des maſc. überein; beiſpiele ſind: dûe (columba) klåge (querela) kône (femina) pige (puella) qvinde (mulier) tunge (lingua) viſe (modulatio) [læbe (ſupo)] u. v. a.

Schwaches neutrum.

beiſpiel: hiert-e   pl. hiert-en
           hiert-es   hiert-ens
           hiert-e   hiert-en
           hiert-e   hiert-en

nur: hierte (cor) œje (oculus) [pl. öjne] œre (auris). [Der gen. ſg. hiertes ſteht dem altdän. gen. mit ſuff. artikel hiertens entgegen (vgl. Nyerup digtek. hiſt. 1, 108. 109. 2, 150. 167 etc.) wo man hiertens für keinen gen. pl. nehmen kann. Späterhin drängte ſich für dieſes hiertens die unorgan. form hierteta ein.]

Anomalien des däniſchen ſubſtantirs.

1) *fader, bröder, möder, datter* pl. fædre, brœdre, mödre, döttre. 2) *mand,* pl. mänd. 3) *gaas,* pl. giæs, gæs; *mûs, lûs* behalten

auch im pl. mûs, lûs, gen. pl. mûſes, lûſes. — 4) mit vocalauslaut z) männl. und weibl.: aa (fluvius) raa (antenna) faa (palea) taa (dig. pedis) ſkê (cochlear) bî (apis) brô (pons) kô (vacca) klô (ungula) ſû (ſus) mœ (virgo) œ (inſula) bŷ (urbs) etc. pl. aaer, raeer, faaer, taeer, ſkêr, bíer, brôer, kœer, klœer, ſœer, mœer, œer, bŷer. β) neutrale: hœ (foenum) ſtraa (ſtramen). Mit vielen ſchon im ſg. aae, bíe, œe, ſtraae etc. zu ſchreiben ſcheint verwerflich, weil ein ſolches e nur ſchwachen wörtern wie bûe, dûe etc. gebührt. — 5) von einſchiebung des -er beim ſt. neutr.

Gothiſches adjectivum.

Starkes adjectivum. erſte declination.

	maſc.	fem.	neutr.
ſing.	blind-s	blind-a	blind-ata [blind]
	blind-is	blind-áizôs	blind-is
	blind-amma	blind-ái	blind-amma
	blind-ana	blind-a	blind-ata [blind]
pl.	blind-ái	blind-ôs	blind-a
	blind-áizê	blind-áizô	blind-áizê
	blind-áim	blind-áim	blind-áim
	blind-ans	blind-ôs	blind-a

1) einfache: alls (omnis) arms (pauper) baírhts (manifeſtus) balþs (audax) blinds (caecus) bráids (latus) dumbs (ſtupidus) us-dáuds (ſollicitus, nach dem adv. usdáudô) dáuþs (mortuus) diups (profundus) -dôgs (-ἡμερης, -tägig) dumbs (mutus) dvals (ſtultus) -falþs (-plex) faúrhts (timidus) þrutsfills (leproſus) usfilms (pavidus) friks (cupidus) frôds (prudens) fûls (putris) fulls (plenus) gaúrs (moeſtus) gôds (καλός) hafts (capax) hiaíhs (luſcus) háils (ſanus) halbs (dimidius) halts (claudus) hanfs (manens) haúhs (altus) hlas (hilaris) hulþs (propitius) hveits (albus) juggs (juvenis) kalds (frigidus) klahs (puſillus) -kunds (oriundus) kunþs (notus) laggs (longus) láns (ſolutus) unlêds (pauper) liubs (carus) qvius, gen. qvivis (vivus) raíhts (rectus) rûms (amplus) fads (ſatur) ſiuks (aeger) ſlaíhts (planus) ſtamms (balbus)*) ſvarts (niger) ſvês (proprius) ſvinþs (fortis) untals (inobediens) triggvs (fidus) þarbs (egenus) mikil-þuhts (arrogans) tvaírhs (iratus) þvaſts (certus) unvahs (inculpatus) usvaúrhts (perfectus) filuvaúrds

---

*) Ein goth. adj. ſtaírs (ſterilis) iſt aus l'lph. unerweiſlich, ſtaírô (Luc. 1, 7.) aber ein ſchw. weibl. ſubſt. (στεῖρα) nach Luxgô; im adjectiven faß würde auch ſtaírs ſtehen.

(multiloquus) vairþs (dignus) veihs (fanctus) invinds (injuftus) rôds (infanus) vraiqvs (obliquus) fnahs (prudens) bauds (furdus, fatuus) fâus (paucus) faurhts (timidus) gails (nach dem n. pr. geilamir) gans (integer)? vgl. gansjan (praebere) halks (vacuus, mifer) I Cor. 15, 11. (val. 4, 9. hveihts (levis) II Cor. 4, 17 l. leihts, galauhs (pretiofus) galiugs (falfus) II Cor. 4, 2. 6, 16. muks (lenis) qramms (humidus, altn. kramr) garinds (σεμνός) urrugks Eph. 2, 3. usfkuns, usfkavis I Theff. 5, 8. taihſvs (dexter)? nur fchw. taihſva. gataff (ordinatus) vars (cautus) I Theff. 5, 6. fravaúrhts (peccaminofus) vilvs (rapax) I Cor. 5, 11. vunds (faucius) Marc. 12, 4.]. — 2) bildungen mit -il [-l]: leitils (parvus) mikils (magnus) ubils (malus) [agls (turpis)]. — 3) mit -n: ihns (aequalis) analaugns (occultus) fvikns (innoxius). — 4) mit -r: abrs (validus) baitrs (acerbus) fagrs (pulcher) wundrs (?) fnutrs (callidus) [hlutrs (fincerus)] etc. — 5) mit -ag, -eig, -uk: audags (dives) gredugs (famelicus) manags (multus) gabeigs (opulentus) þiuþeigs (benedictus) þhuks (retrogradus) etc. — 6) mit -ah: unharnahs (ἄτακνος) ſtáinahs (lapidofus). — 7) mit -in: filleins (pelliceus) liuhadeins (lucidus) þaurneins (fpineus) etc. — [8°] mit -is: valis (optatus) gavalis (electus).] — 8) mit -ifk: mannifks (humanus) halþiviſks (filveſtris). — 9) mit -ad, als: naqvaþs (nudus). — 10) mit der vorſilbe ga-: gahvairbs (fubjectus) gadôfs (convenicus) filu-galauhs (πολύτιμος) gaguds (honeſtus) galeiks (fimilis) gamáids (mancus) ganôhs (uber) garnihts (juftus) gaſkôhs (calceatus) gntils (opportunus) gavammms (maculatus) etc.

Anmerkungen: 1) das nominative -s bleibt weg, wenn die wurzel felbſt auf f auslautet, alfo fvês, blas f. fvêf-s, blaf-s gen. fvêfis, blafis (oben f. 599.); hingegen ſteht r-s, als: gaûr-s. Luc. 18, 23. fvêr-s (honoratus) Marc. 6, 4. Luc. 7, 2. gen. gaúris, fvêris (oder fvêrjis?) und vermuthlich galt auch mêrs, (clarus) f. oben f. 37. (von dem wurzelhaften rs, wie in 'vaírs etc. ilt hier keine rede). — 2) die neutrale endung des nom. acc. fg. -ata [vgl. wichtigata (album) hveitjata? bei Busbeq] kann, ohne rückſicht auf vorhergehende confonanz, bald ſtehen, bald wegbleiben; weiteres in der fyntax. — 3) fchwanken zwifchen erſter und zweiter declination; wörter der letzteren pflegen im nom. fg. mafc. und nom. acc. fg. neutr. (ohne -ata) ihr bildungs-i auszuſtoßen, folglich denen erſter decl. zu gleichen; belege: bleiþs Luc. 6, 36. hráins Matth. 8, 3. Luc. 5, 13. 9, 39. hráin Matth. 8, 3. Tit. 1, 15. gamain Rom. 14, 14. fêl Marc. 7, 22. andanêm Luc. 4, 19. andafêt Luc. 16, 15. Vermuthlich gehören hierher auch die anm. 1. genannten fvêrs und mêrs, (fvêrs, ἔντιμος, geehrt, von anfehen und gewicht; alth. ſuâr, ſuâri, gravis), nicht aber gaûrs, weil Matth. 6, 16. gaûrrái und kein gaûrjái ſteht. — 4) zu faviû (pauci) finde ich keinen fg., er würde faus lauten.

II. goth. *ſtarkes adject. zweite decl.*

Starkes adjectivum. zweite declination.

ſing.	mid-is	mid-ja	mid-jata [mid-i]
	mid-jis	mid-jáizôs	mid-jis
	mid-jamma	mid-jái	mid-jamma
	mid-jana	mid-ja	mid-jata [mid-i]
plur.	mid-jái	mid-jôs	mid-ja
	mid-jáizê	mid-jáizô	mid-jáizê
	mid-jáim	mid-jáim	mid-jáim
	mid-jans	mid-jôs	mid-ja

hierher: aírzis (erroneus) uſiiljis (ἐνόρκος) alêris (oliviſer) arnis (tutus) arvis (fruſtraneus) azeitis, azêtis, (ἄζυμος) áuþis (deſertus) bleiþis (mitis) unbrûkis (inutilis) faírnis (vetus) framaþis (alienus) fris (liber) láushandis (vacuus) hráinis (purus) unkaris (incurius) midis (medius) andanêmis (gratus) nivis gen. ninjis (novus) raþis (εὔκοπος) birêkis (periclitans) reikis (dives) ſêlis (bonus) andaſêtis (abominabilis) fibis (cognatus) fleidis (ſaevus) ſpêdis (ſerus) ſvêris (gravis) ſutis (ἄνικτος) fullatôjis (perſectus) vilþis (ferus) [dáuþublis (ἐπιθανάτιος) I Cor. 4, 9. gafaurs (ornatus, ſobrius) unſaurs (verboſus) anaháimis. kaurs (gravis) hierher? II Cor. 10, 10 kaurjôs n. pl. f. aljakuns. navis (mortuus)? unqvêþis (ineffabilis) II Cor. 12, 4. riurs (corruptibilis)] und mit der vorſilbe *ga*: gabaúris (voluptuoſus) gamáiuis (communis) gabahis (conſequens) gavilis (voluntarius).

Anmerkungen: 1) paradigma und angabe der nom. maſc. ſind der theorie gemäß, aber nicht vollſtändig zu belegen. Nämlich für den nom. ſg. maſc. iſt fullatôjis Matth. 6, 48. nbiltôjis Joh. 18, 30. einziger beleg; für den nom. ſg. neutr. (ohne -ata) faírni Luc. 5, 39. vilþi Marc. 1, 6. (randgloſſe). Für die theorie ſpricht die analogie theils der ſubſtantive (ſ. 599.) theils der adj. dritter decl. (hardus vgl. mit bráinis). Wie inzwiſchen ſchon beim ſubſt. ein unorg. nom. -jis ſtatt -is (ſ. 600.) eindrang, ſo könnte er auch hier beim adj. eintreten; ferner die dort beobachtete rückſicht auf kurze oder lange wurzelſilbe eben ſo beim adj. geſucht werden, d. h. ein nom. und gen. maſc. aírzeis, hráineis, allein dergleichen habe ich nirgends gefunden (ſo wenig als beim ſtarken ſubſt. neutr. einen analogen gen. -eis; oben ſ. 606.) Für ein theoretiſches fris (liber) gen. fris oder frijis; nom. pl. frijái Joh. 8, 36. wäre die analogie des pron. Is, gen. Is, plur. ijái [es gilt aber freis]. — 2) ſtatt dieſes theoretiſchen nom. ſg. maſc. und neutr. bedient ſich der Gothe lieber a) der ſchwachen form, z. b. im voc. unlêlja (improbe) Luc. 19, 22. 3) gewöhnlich aber, mit ſyncopiertem i, der ſtarken form nach erſter decl. (belege dort anm. 3.) [ſo auch analáugn (occultum) Marc. 4, 22. Luc. 8, 17. analáugnjam II Cor. 4, 2.] — 4) ſolche unorganiſche bráins, gamáins, ſêls. ſvêrs, andanêm, andaſêt etc.

benehmen der zweiten decl. für alle übrigen cafus nichts, d. h.
es muß hráinjamma, hráinjana, hráinjái, hráinjáizé, féljamma,
ninjamma, undanêmjamma, andaſétjái Tit. 1, 16. etc. und darf
nicht hráinmama, nivamma etc. heißen. Im ganzen fem. gilt
das paradigma unverletzt. — 5) verfchiedene adj. diefer zweiten
decl. abftrahiere ich bloß aus den comparativen -iz-, und ad-
verbien -iba, -jaba, -jô, die adjective form des pofitivs mangelt
in den ulph. bruchftücken; namentlich: arvis, arvis, azétis, futis,
gabaúris, gahalis. Das verbum fkeirjan beweift noch nicht für
ein adj. fkeiris (clarus), da z. b. natjan (rigare) eher auf nats
(madidus) führt, als auf natis. Näheres bei der wortbildung.
— 6) vom fchwanken zwifchen zweiter und dritter decl. gleich
hernach.

Starkes adjectivum. dritte declination.

Überrefte der mittelft -u gebildeten adj., aus denen fich kein
vollftändiges paradigma auftellen läßt, fondern nur der nom.
fg. mafc. hard-us fem. hard-us neutr. hard-u; man rechne hier-
her: aggvus (anguftus) aglus (moleftus) glaggvus (folers) har-
dus (durus) hnafqvus (tener) manvus (paratus) þaúrfus (ficcus)
þlaqvus (mollis) [fáihus (πоíκιλоς) kaúrus (gravis)? qaírrus (man-
fuetus) tulgus (firmus) II Tim. 2, 19.]; das adv. filu [leiþu]
läßt auf ein gänzlich ungebräuchliches adj. filus (multus)
[feiþus (ferus)] fchließen [gen. filáus II Cor. 7, 13. 8, 23 ad-
verbialifch].

Anmerkungen: 1) die merkwürdige gleichheit des weibl.
nom. mit dem männl. [wozu das epifche γλυκύς γλυκύς (ſtatt γλυ-
αεία) γλυκό ſtimmt, Buttmann 1, 251. anm.] verdient den beleg
þaúrfus Luc. 6, 6. — 2) ob der gen. fg. hardáus lauten könne
und wie die übrigen cafus? beruht auf bloßer muthmaßung.
Schwerlich entbehrte der dat. acc. mafc. fein adjectivifches -mma,
-na, vielleicht hieß es hardvamma, hardvana? — 3) wo andere
cafus (oder auch das neutr. mit -ata) vorkommen, zeigt fich mit
verwandlung des u in i, übertritt in die zweite decl. alfo þaúrf-
jana (aridum) Marc. 11, 20. manvjata Marc. 14, 16. ft. þaúrivana,
manvata? Nur im nom. fg. haftet u, kein hardis, þaúrfis etc. er-
fcheint noch; daher ich auch zu dem dat. pl. hnafqvjáim Matth.
11, 8. Luc. 7, 25. den nom. hnafqvus dem nom. hnafqvis vor-
ziehe. — 4) ohne zweifel gibt es folcher wörter auf -us noch
andere und gab ihrer in früherer zeit viel mehr.

Schwaches adjectivum. erfte declination.

fg. blind-a blind-ô blind-ô
blind-ins blind-ôns blind-ins
blind-in blind-ôu blind-in
blind-an blind-ôn blind-ô

II. goth. schwaches adj. zweite u. dritte decl.

pl. blind-ans   blind-ôns   blind-ôna
    blind-anê   blind-ônô   blind-anê
    blind-am   blind-ôm   blind-am
    blind-ans   blind-ôns   blind-ôna

Anmerkung: verschiedene wörter begegnen nur in schwacher form, z. b. inkilþô (gravida) aftuma (ultimus) iftuma (posterus) etc.; die erörterung anderswo.

Schwaches adjectivum. zweite declination.

fg. mid-ja   mid-jô   mid-jô
     mid-jins   mid-jôns   mid-jins
     mid-jin   mid-jôn   mid-jin
     mid-jan   mid-jôn   mid-jô
pl. mid-jans   mid-jôns   mid-jôns
     mid-janê   mid-jônô   mid-janê
     mid-jam · mid-jôm   mid-jam
     mid-jans   mid-jôns   mid-jôns

Anm. beftimmte belege des dat. fg. masc. und neutr. gewähren standhaft *-jin* (z. b. bráinjin Marc. 9, 25. Luc. 9, 42. niujin Luc. 5, 36. unsêljin Matth. 5, 39. Joh. 17, 15.) kein *-ein* nach der analogie von f. 599. [merkwürdig der gen. fg. þis unsêleins (st. unsêljins) τοῦ πονηροῦ Eph. 6, 16.]

Schwaches adjectivum. dritte declination. mangelt, vermuthlich declinieren alle adj. auf -us schwach nach zweiter, also hardja, hardjô. [Eph. 3, 10 fô filufaibô handugei. Zu erwägen svartva im nom. pr. Svartva, aber das adj. lautet fvarts, nicht fvartus.]

Althochdeutsches adjectivum.

Starkes adjectivum. erste declination.

fg. plint-êr [plint]   plint-u (-ju) [plint]   plint-aʒ [plint]
     plint-es   plint-êrà   plint-es
     plint-emu (-emo)   plint-êru   plint-emu (-emo)
     plint-an   plint-a   plint-aʒ [plint]
     plint-û   —   plint-û
pl. plint-ê [plint]   plint-ô [plint]   plint-u (-ju) [plint]
     plint-êrô   plint-ôrô   plint-êrô
     plint-êm   plint-êm   plint-êm
     plint-ê (? -a)   plint-ô   plint-u (-ju) [plint]

1) ausgemacht ist das *-êm* dat. pl., theils nach dem goth. *-dim*,[723] theils dem bei K. häufigen *-eem**), theils dem beständigen *-ên*

---

*) Auch gl. brab. 964ᵇ fafcibus *virdikên* (fo accentuiert die wien. hf.), wo der gloffator honoribus mit honorificis verwechfelte.

(ſtatt -êm) bei N. [Dat. pl. auf *-an* neben ſubſt. -un (zuweilen allerdings auch -an): mit râʒalan eppungun (rapidis aeſtibus) IIpt. 10, 367. mit dioʒantan (loquacibus) ibid. kirigilotan (convolutis) ibid. mit aidarſeigigan viſclîhan (beluinis) willuntan, uudultantan (aeſtuantibus) kiferettan (divaricatis) 368. in den untartânan. mit ubilliſtigan 370. rihlîban (ditibus) 371. Auch im Ludwigsl. ſinun (ſuis) mînan liutin.] — 2) zu dem *-êr* nom. ſg. maſc. gebricht goth. analogie, indem der vocal vor dem -s überall ausbleibt. Allein K. liefert *-eer* ziemlich oft, und N. durchgängig *-êr* [gl. hrab. 955ᵇ nahær offenbar f. nähèr. Diut. 1, 520ᵃ anahabanęr. 522ᵃ altęr. 524ᵇ fculdikęr, liſtikęr, picurtęr; noch im 12. jh. geloubigêr Diut. 1, 284. *-eir*: fpeteir (ferotinus) Diut. 2, 53ᵇ. *-ar*: nordarônar Graff 2, 1097. fozkôſar (lepidus) Graff 4, 505. chrônar 612. kihônlar, itawîʒantar, arlôſtar, webantar IIpt. 10, 368. Dies *-êr* ſcheint aus i in -ier entſprungen, das ſich im demonſtr. diu, diô, diô, diêm einſchleicht, vgl. das altf. thic (qui), und wie das goth. lehrt unorg. iſt.] — 3) den nom. pl. maſc. nehme ich nach dem goth. *-ai* an wenn ſchon K. kein *-ee*, N. kein *-ê* gewähren [doch N. Ariſt. 102 in beiden codd. zornmuotige u. ſinnclôſè. K. 31ᵇ andree. O. III. 6, 5 ſinè : lantſè. T. 84, 7 beidue]; doch ſie haben es in der analogen tert. praeſ. ſg. conjunct., wo ein gleiches goth. *-di*. Spur eines richtigen unterſchiedes zwiſchen nom. und acc. pl. m. (alſo plintè, plintâ; goth. blindái, blindans) verrâth ſich J. 392. 398. minâ (meos) dhinâ (tuos) vgl. mit 400. dhînê (tui); inzwiſchen ſtehen 347. 368. die acc. hruomegè, ſînînè, ſine und 360. der nom. chifeſtinôdâ, wie es ſcheint, mit übergeſchriebenem è. Die unterſcheidung verlangt daher beßern beweis und hat gegen ſich, daß beim ſubſt. nom. und acc. ebenfalls zuſ. fallen. [Nom. pl. maſc. unflectiert: fum ʒaltun O. III. 15, 81. quedent fum O. III. 12, 25. fumè ſteht III. 12, 21. 23.] — 4) auch dem gen. dat. ſg. fem. und gen. pl. comm., uneracbtet bei K. und N. immer *-er-*, kein *-eer-*, *-êr-* ſteht, wage ich ê. beizulegen, weil das goth. *-diʒ-*, *-dia* überall zum alth. *-êr-*, *-êr* wird. — 5) gen. dat. ſg. maſc. und neutr. haben ohne zweifel kurzes e, *-emu* antwortet dem goth. *-amma* [dinamo (tuo) Diut. 1, 514ᵃ 516ᵇ mînamo 520ᵃ reinamo 533ᵇ], dem goth. *-is* (alſo eigentlich *-as*); aus gleichem grunde gebührt kürze dem ſpäteren notkeriſchen *-eʒ* (ſtatt *-aʒ*, *-ata*) im nom. acc. ſg. neutr. — 6) die auslautenden *-ô* gen. pl. comm. *-u* inſtr. maſc. neutr. ſtehn oder fallen mit der analogen annahme beim ſubſt. [mid aldu waiſſu viod. baſil. ê für û: (irſtantent) mit themo felben beine, anderê nihein O. V. 20, 29; kaum nom. pl.] — 7) die auslaute der weibl. caſus ſind denen des ſubſt. erſter weibl. decl. parallel. Denkmähler, welche im gen. ſg. kępâ, dat. kępâ zeigen, ſetzen auch hier *-êrô*, *-êrô*; die mit gębâ, gębu hingegen *-irû*, *-êru*; doch behält der nom. acc. pl. immer *-ô* auch bei denen mit gębâ. — 8) eigene ſchwierigkeit hat der nom. ſg. fem. und der ihm gleiche nom. acc. pl. neutr. Mir fcheint feine flexion auf -u organifch und der analogie der prima praef. ftarker conj. fo wie den fpuren des -u nom. fg. erfter ft. decl. (wovon am fchluße des capitels) angemeßen. Sie findet fich durchgehends bei O., hin und wieder bei J. und T. Die übrigen (gerade älteften und ftrengalth. quellen, namentlich K. gl. monf. jun. etc. bis auf N. herab) endigen diefen cafus auf -iu = ju, welches 721 fich offenbar aus der zweiten decl. eingefchlichen hat, während fie doch in der ftarken prima praef. das richtige -u ausbalten, oder in -o verwandeln, nicht mit dem fchw. -ju vermifchen. Mehr über dies -ju bei der zweiten decl. — 9) dat. fg. mafc. neutr. lautet früher auf -emu, fpäter auf -emo aus, welcher wechfel die kürze des vocals beftätigt. —

1) folgende einfache adj.: ákaleiz (ftudiofus) âpah (perverfus) âriup (dirus) al, -lles (omnis) alt (vetus) arac, arc (tenax) aram, arın (mifer) chalt (frigidus) chluoc (prudens) chranh (debilis) chrump (curvus) chund (notus) churt, churz (brevis) haft (capax) bald (vergens) halp (dimidius) halz (claudus) ham, -mmes (mancus) heil (falvus) heis (raucus) heiz (calidus) hêl, -lles (clarus) hêr (illuftris) blût (fonorus) hôh (altus) hol (cavus) hold (propitius) horfc (celer) hriup (leprofus) huns, -fles (acer) huêl, -lles (procax) huiz (albus) junc (juvenis) kâh (praeceps) kauz (integer) unkâz (incoenatus) keil (elatus animo) kêlf (fuperbus) kêr (cupidus) kêrn (pronus) klanz (nitidus) klat (laetus) kleif (obliquus) kram (iratus) krim, -mmes [f. nachtr.] (ferus) krôz (crafius) kuot (bonus) lam (claudus) lanc (longus) laz (tardus) leid (exofus) liht (levis) liup (gratus) lôs (liber) nâh (vicinus) naz (madidus) pald (audax) par (nudus) planh (albus) pleih (pallidus) plint (coecus) plûc? (timidus) preit (latus) prûn (fufcus) quêb (vivus) rafc (alacer) rêht (rectus) hlûtreift (clamofus) rôt (ruber) rûh (afper) farf, fcarf (acer) fat (fatur) fêr (dolorofus) fiht (vadofus) fiub (aeger) fcam, -mmes (brevis) fcior (citus) flaf (remiffus) flêht (planus) fmal (parvus) fnêl, -lles (celer) vramfpuot (profper) ftam, -mmes (balbus) ftarh, ftarah (fortis) ftum, -mmes (mutus) ftur, ftiur (magnus) fuarz (niger) fuâs (privatus) fûr (acidus) tiuf (profundus) tôt (mortuus) toup (furdus) trût (dilectus) tump (mutus) twêrh, tuêrah (transverfus) vêh (multicolor) vlah (planus) vol, -lles (plenus) vrad (ftrenuus) vrat (faucius) vrôh (avarus) vruot (prudens) vûl (putris) vuns (promptus) wâr (verus) warm, waram (calidus) weih (mollis) finawêl, -lles (rotundus) wûlh (marcidus) wêrd (dignus) wih (facer) wit (amplus) wunt (faucius) wuot (rabidus) zâm (manfuetus) zeiz (tener) [clager (lugubre) elwang. 13ᶜ chrôn (garrulus) Graff 4, 612. dêrp, dêrap (azymus) draft not. ad hymn. p. 31. êrpf (fufcus) altn. iarpr. heift oder heifli (violentus, impetuofus) hêrp, hêrap (afper) hrat (velox) Diut. 1, 173. lêoz (deformis) lint (lenis) O. II. 7, 71 muates lind. niet (avidus). gerad. ungerad. N.

Cap. 93. ran (macilentus) liederfaal 161. (382 ron) vgl. Frifch h. v. âriup (dirus) fcam (klein, kurz) tr. fuld. fcammun fulda. fcîn (manifeftus) O. I. 17, 36 fcîmaz. fnium (citus : fniumrât Meichelb. 554). wal (tepidus: nach walo tepide K. 25ᵃ) wan (vacuus, obfcurus)? wanemo, obfcuro. Diut. 2, 303ᵇ. anawart O. I. 18, 26. weis (pupillus) N. 81, 2. wis (certus) O. I. 4, 127. III. 24, 169.] und vermutblich noch einige; manche verlorene kann man aus den gebliebenen adv. fchließen, z. b. chûm (aeger) kràz (vehemens). Mit -haft, -bald, -kêrn, -lîh, -lôs, -luom, -muot, -fam, -valt, -vol, -wart find eine menge adj. zuf. gefügt, deren aufzählung im dritten buch. — 2) mit der vorfilbe ki-: kihlos (exaudiens) kihêl (confonus) kilih (aequalis) kimah (idoneus) kimeit (vanus) kinuoc (abundans) [unkapart (impubes) gl. hrab. 966ᵃ] unkiffaht (degener) kiwis, lîes (certus) kiwon (affuetus) kizal (celer) u. a. m. — (2ᵇ) mit der vorfilbe bi-: biruoh, O. umbiruah. —] 3) viele bildungen mit -al, -il: flâfal (fomnolentus) ital (vacnus) êzal (edax) zunkal (linguofus) fufkal (taciturnus) kamal (vetus) etc. mibhil (magnus) liuzil (parvus) etc. upil (malus) — 4) mit -am? wenn man die unter den einfachen aufgezählten arm, warm unter die erweifliche form arani, waram bringt. — 5) einige mit -an, -n: ênan (aequalis) eikan (proprius) [êrchan (egregius)] toukan (clandeftinus) loukan (occultus) tarchan (obfcurus) truccban (ficcus) f. die participia —. 6) viele mit -in: durnîn (fpineus) alparîn (populeus) liuhtîn (lucidus) etc. — 7) viele mit -ar, -ur: wacchar (vigil) fmêcchar (venuftus) vinftar (obfcurus) fihhur (fecurus) etc. — 8) viele mit -ac, -ic: pluotac (cruentus) nôtac (coactus) fcamac (verecundus) flâfac (fomno deditus) vreidac (apoftaticus) wahfmfc (fertilis) etc.; vielleicht fteht das unter den einfachen benannte arc für arac. — 9) mit -aht, -oht: pêraht (clarus) zoraht (lucidus) bornoht (cornutus) poumoht (nemorofus) [foraht. unforaht n. pr. Goldaft nr. 46] etc. — 10) mit -afc, -ifc: mannafc, mennifc (humanus) irdifc (terrenus) vrônifc (fplendens) unadalifc (degener) etc. vielleicht auch das unter 1. angeführte horfc (horifc gl. monf. 368.) — 11) einige mit -ot, -it: nahhot (nudus) liohit (lucidus) veizit (pinguis) etc. — 12) vocalauslautige, nur in den fällen, wo das paradigma ein unflectiertes plint zeigt, fonft aber in w übergebend; es find folgende: kràò, kràwêr (vanus) lào, làwêr (tepidus) plào, plàwêr (lividus) klao, kluwêr (callidus) vrao, vrawêr (laetus) rao, rawêr (crudus) ftatt welcher jedoch auch krû, là, plà, klou, vrou, ron vorkommt, (vgl. crâju oben f. 262.) ferner: chalo, chalewêr (calvus) falo, falewêr (ater) valo, valewêr (fulvus) êlo, gêlo, êlewêr, gêlewêr (flavus) karo, karewêr (paratus) maro, murewêr (marcidus) [pato, patawêr (pugnax, fortis)? vgl. unpatu lentus Diut. 1, 237. ker. 143.] varo, varewêr (tinctus) zêfo, zêfewêr (dexter). —

Anmerkungen: 1) *umlaut* kann, weil keine flexion i hat, in diefer decl. nicht vorkommen, namentlich wirkt ihn das unorg.

II. alth.ſtarkes adj. erſte u. zweite decl.

-ju ſtatt -u im nom. ſg. f. und nom. acc. pl. neutr. nicht, es heißt ſmalu, zamu, ſmalju, zamju. Auffallend zeigen aber dieſe caſus in dem adj. allêr bei O. durchgehends *ellu*, bei I. ſchwankend allju (392. 405.) *ellju* (376. 402. wo dem a ein e übergeſchrieben) [ælliu Diut. 1, 514*]; die übrigen quellen, namentlich K. und N. haben nur allju, T. bald allju (38, 6.) bald allu (67, 8.). Da nun gerade O., welcher beſtändig -u, niemahls -ju flectiert, dieſen umlaut hegt, ſo iſt er vielleicht von dem vocal u abhängig und ſpur einer ſolchen einwirkung außerhalb dem nord. ſprachſtamm (ellu = öll, öllu). Ich bemerke noch, daſs das inſtrum. û bei O. keinen umlaut zeugt, vgl. mit allû III. 1, 54. V. 16, 38. — 2) zweiſilbige adj., ſobald ſie durch flexion dreiſilbig werden, *aſſimilieren* (ſ. 117. 118.), doch in den verſchiedenen quellen unübereinſtimmend und unregelmäßig, beiſpiele ſind: pittar (amarus) pitturu, pitterê, pittorô, pitterôm; karo, karowêr, karawaz, karowô. Noch unſicherer ſind eintretende ſyncopen, z. b. veiztêrô ſt. veizitêrô, pitres ſt. pittires; ſie erſcheinen erſt allmählig bei den ſpäteren, namentlich N. und nähern ſich großentheils ſchon den mittelb. auswerfungsregeln, N. ſetzt z. b. iſenînro (ferreâ) hungerge (eſurientes) T. hungaragê [nûbulgiu N. Cap. 22. ſuêbelgiu 23. eitergûn (venenoſam) N. Boeth. 229. wacherro (vigilum) ſ. wacherero N. Cap. 47]. — 3) die adj. zweiter decl. legen noch häufiger ihr bildungs-i ab, als im goth. (ſ. die zweite decl.); nur iſt den ſ. 719. gegebenen fällen die apocope des i vom unflectierten adj. beſonders ähnlich und ſo ſtehet *ſuár* (grave) K. 43ᵃ O. I. 18, 76. IV. 24, 32. für und neben ſuári O. V. 19, 13. oder *hart* (durum) T. 83. 149. für das gewöhnliche herti.

Starkes adjectivum. zweite declination.

das paradigma ſollte lauten und hat auch in früherer zeit gewis gelautet:

ſg.	mit-jêr [mit-i]	mit-ju [mit-i]	mit-jaz [mit-i]
	mit-jes	mit-jêrâ	mit-jes
	mit-jemu	mit-jêru	mit-jemu
	mit-jan	mit-ja	mit-jaz [mit-i]
	mit-jû	—	mit-jû
pl.	mit-jê [mit-i]	mit-jô [mit-i]	mit-ju [mit-i]
	mit-jêrô	mit-jêrô	mit-jêrô
	mit-jêm	mit-jêm	mit-jêm
	mit-ja	mit-jô	mit-ju [mit-i]

allein hiervon iſt nichts übrig, als 1) der unaufgegebene gebrauch des unflectierten *miti* [ſ. nachtr.], ganz analog dem ſubſtantiven *hirti* und *chunni* (ſ. 613. 622.) wodurch ſich adj. zweiter decl. fortwährend von denen erſter ſcheiden. [nb. trakii (iners) ker. 173]. 2) die *hier* organiſche flexion *-ju* des nom. ſg. fem.

und nom. acc. pl. neutr. welche fich jedoch auch in den meiſten quellen uurechtmäßig der erſten decl. bemächtigt, alſo kein unterſcheidendes merkmahl abgibt. O. hingegen gebraucht hier wie in der erſten decl. bloßes -u, als märu, ſcônu, was auch ganz couſequent iſt. Jenes urkundliche -iu näher in -ju zu beſtimmen berechtigt α) der urſprung dieſes bildungsvocals. β) die leichtigkeit ſeines wegfalls bei zutretender flexion. γ) die goth. analogie. δ) ſollte N., welches mir Füglisaller angibt, in dieſer adj. endung -iu accentuieren (Stalder dial. 268. 269. ſteht gleichwohl manigiu, alliu, niniu), ſo balte ich es für ſpätere, unorg. entwickelung des diphthongiſchen iu aus ju, die auch durch übertritte in -eu, etc beſtärkt wird (vgl. hernach die mittelh. decl.). 3) höchſt ſelten erhält ſich i in anderen flexionen; O. I. 1, 149. redjê (prompti) [thornohteo (ſpinoſae) ker. 183. inſtr. àtumu pirnantiu hymn. p. 55.] Gewöhnlich geben alle caſus (die unter 1. und 2. genannten fälle abgerechnet) völlig nach dem paradigma erſter decl. und es heißt: mittêr, mittes, mittemu, mittan etc., in welchem worte conſ. gemination das alte j vertritt. Gerade ſo ſtehet K. 15ᵇ 43ᵇ 42ᵃ 45ᵇ ſuarre, ſuarriu, ſuarrera, ſuarrun ſt. des theoretiſchen ſuâri, ſuârju, ſuârjêrâ, ſuârjûn (vgl. oben ſ. 123. 167.).

1) einfache mit bloßem -i: chûſci (caſtus) chleini (ſubtilis) chriſtâni (chriſtianus) chuoli (frigidulus) chuoni (audax) dicchi (craſſus) drâti (ſubitaneus) dunni (tenuis) durri (aridus) viorecchi (quadrangulus) enki (anguſtus) hâli (lubricus) [hâlemo (luhrico) N. Cap. 30] wit-hendi (ſpatioſus manibus) herti (durus) armhërzi (miſericors) hôni (irriſus) hreini (purus) irri (iratus) kâpi (acceptus) kiri (avidus) kruoni (viridis) lâri (vacuus) clilenti (exſul) lindi (lenis) lanclipi (longaevus) liſſ (ſubmiſſus) lukki (ſallus) mâri (famoſus) milti (largus) niti (medius); kommt aber nicht unflectiert vor, ſondern entw. mittêr oder ſchwach mitto) muodi (feſſus) nâmi (acceptus) niuwi (novus) nuzi (utilis) ôdi (facilis) plîdi (laetus) plôdi (ignavus) prôdi (fragilis) râzi (rapax) redi (promptus) O. III. 19, 4. [ungiredi Graff 2, 449. 471.] reiti (paratus) O. V. 19, 99. riſi (maturus) gl. hrnb. 351ᵃ rîhbi (dives) rinki (levis) rûmi (amplus) ſamſti (lenis) ſêltſâni (rarus) ſcêſlouſi (naufragus) ſcôni (pulcher) vior-ſcôzi (quadrangulus) ſmâhi (vilis) ſpâti (ſerus) ſpâhi (ſagax) ſtâti (conſtans) ſtilli (quietus) ſtrenki (fortis) ſuozi (dulcis) ſuâri (gravis) tiuri (pretioſus) trâki (iners) triuwi (fidus) truopi (obſcurus) lancvari (longaevus) veiki (moribuudus) veili (venalis) [gl. ſ. Galli 199 ſali (wie altn. falr)] veſti (firmus) virni (vetus) ruhti (madidus) wâhi (venuſtus) wâki (utilis) wildi (ferus) wiſi (ſapiens) wuoſti (deſertus) wârwurti (verax) zâhi (tenax) ziori (decorus) [decchi (gratus, carus) drâhi (fragrans) nach dem adv. drâho bei W. melchi (ſoctus) Diut. I, 523ᵇ 531ᵃ krimmi (auſterus) liutpâri Graff 2, 197. miſſi (diverſus) miſſemo muate O. V. 25, 159. pôſi (fragilis) N. Boeth. 191

bôfe. uoprâchi (rigidus) ker. 238. elirerti (barbarus) gl. hrab. 954ᵇ elirartêr. fippi (Hild. mit fus fippan) fuiumi (celer) Diut. 1, 273ᵃ 277ᵇ fpizi (acutus) gl. jun. 227. fuorki (anxius)? unfuorgi (fecurus) T. 222, 3. leidwendi? vgl. agf. ládvende und N. Boeth. daʒ leidwende, calamitas.] Hierher auch die comp. mit -mäʒi, -muoti, [729] -pári. [Hierher auch die partic. praef. 1016.] — 2) mit der vorfilbe *ki-*: kihiuri (manfuetus) kiloupi (nemorofus) kiluppi (toxicatus) kimcini (communis) kiminni (dilectus) kimuati (gratus) kifprâhhi (difertus) unkiftuomi (violens) kifunti (incolumis gl. monf. 364. 368.) kivuoki (aptus) kivâri (dolofus) [kewâri (fidus, foederatus) Diut. 1, 507ᵃ] kizâni (decens) kizenki (attingens) etc. — 3) mit der vorfilbe *ein-*: einharti (conflans) einhluʒi (folitarius) [einkunni (unius ftirpis) O. I. 4, 8] einftimmi (unanimis) einftriti (pertinax) einwilli (confors) — 4) desgl. mit vorftehenden praep.: pidêrpi (utilis) piquâmi (commodus) antphenki (acceptus) aninâmi (idem) [widirehramfi (repandus) elwang. 31ᵇ] widarpërki (arduus) widarzâmi (abfurdus) miliwâri (manfuetus, bei einigen mundwâri, mandwâri) urbêrzi (excors) urblôʒi (exfors) urmâri (eximius) [urminni O. I. 4, 100. urguoli (infignis) Mone p. 278ᵇ] urpluoti (exfanguis) urfêli (exanimis) urfcruofi (fpurius gl. monf. 326.) urwâfni (inermis) urwâni (defperans) anawâni (fperans) etc. — 5) wenige bildungen mit -*al*, -*ar* (das zu -*il*, -*ir* affimiliert): edili (nobilis) vravili (elatus) fûpiri (purus) eivari (zelofus) [widere N. 38, 2. 40, 4.]; desgl. einige andere: arandi (afper) mammunti (mitis) vremidi (alienus) [eccherôde (exilis) N. fichure, unfichure N. Boeth. 130.]. —

Anmerkungen: 1) *umlaut* des wurzelhaften a *kann* hier eintreten, tritt aber nur allmählig und fchwankend ein (f. 76. 79.) z. b. O. I. 4, 145. anfangi, T. 18, 2. antphengi. Bei N. (welchem -i zu -e geworden) kommt umlaut des â in iu hinzu, alfo: chiufoe, viuhte. 2) fchwanken der unflectierten fälle in die erfte decl. ift fchon dort anm. 3. befprochen und begreiflich, da die eigentliche flexion beider ganz zuf. fällt. Auch ërachar (antelucanus) O. I. 19, 31. ftehet für êrachari, êrachiri (gl. monf. 358. 356.); glauhlich untarthioh (fubjectus) O. I. 22, 113. f. untarthiohi. Einzelne abweichungen begründet zeit und mundart, z. b. neben dem alth. wârwurti gilt ein goth. láufavaúrds, pl. -vaúrdái, nicht vaúrdjái. Ungewis bleibt die erfte oder zweite decl. für adj. deren unflectierte erfcheinung mangelt; z. b. ich weiß nicht, ob vlât oder vláti (venuftus) zuom oder zuomi (vacuus) ftattfindet, auch fporju (rudia) gerju (calida) gl. monf. 408. 356. find mir unficher. — 3) die vocalauslautigen *eri* (liber) und *eruo* (praecox) zeigen das bildungs-i noch in allen flexionen; vri macht vrigêr, vriju, vrijaʒ (oder vriu, vrinaʒ) gen. vriges, vrigêrâ (vgl. oben f. 93.) vruo (oder vrua) vruojêr, vruoju etc. das unflectierte vruo fteht genau genommen für vruoi; niuwi, triuwi kürzen fich zuweilen in niu, triu, zumahl vorftehend in

II. *alth. schwaches adj. erste decl.*

den, comp. niukërn, triulôs, welches letztere vielmehr das fubst. triuwa verkürzt.

Starkes adjectivum. dritte declination.

ist ausgestorben und wörter wie enki, durri, herti folgen der zweiten; in klau (perſpicax) nach der erſten vertritt u das v im goth. glaggvus, nicht das u. Aber in dem u der fubſt. bildung ernuſt (ſedulitas) ſpüre ich ein altes adj. ernu, arnu, das ſchon dem Gothen zu arni geworden ist.

Schwaches adjectivum. erſte declination.

ſg.	plint-o	plint-a	plint-a
	plint-in	plint-ûn	plint-in
	plint-in	plint-ûn	plint-in
	plint-un (on)	plint-ûn	plint-a
pl.	plint-un (on)	plint-ûn	plint-ûn
	plint-ônô	plint-ônô	plint-ônô
	plint-ôm	plint-ôm	plint-ôm
	plint-un (on)	plint-ûn	plint-ûn

alle flexionen ſtimmen mit denen der ſchw. fubſt. decl. überein und bedürfen keiner andern erörterung. [In der grenzurkunde bei Ecc. 1, 674. 675 das -on acc. m. vom -un acc. f. genau geſchieden: in den ſteinſnon furt, in den rôrinon ſêo; in die hurwinun ſtrut. O. gibt dem nom. acc. pl. maſc. -un, da er doch den ſchw. ſubſt. m. -on läſſt (jungoron, ſordoron) III. 10, 17 thie willigun man. 14, 55 thie ſiechun. 19, 3 thie ſine boldun thegana. V. 8, 2 thie ſoônun; doch auch II. 22, 13 thie ſrônisgon hluomon.] Auffallend aber verletzt N. im dat. pl. dieſen parallelismus, da er blindên, blindên, blindên (wie in ſtarker form) ſetzt, neben hanôn, zungôn, hërzôn. Den gen. pl. bildet er blindôn, blindôn, blindôn, wie hanôn, zungôn, hërzôn und auch die übrigen caſus den fubſtantiviſchen gemäß. [Noch Maria 54 heiligûn.] — Verſchiedene wörter ſtehen lieber ſchwach als ſtark, z. b. zuko (ignavus) këro (avidus) vgl. O. IV. 28, 39. gëro mit dem ſtarken kër N. 118, 104. Näheres in der ſyntax.

Schwaches adjectivum. zweite declination.

mangelt, indem ſtatt mitjo, mitja; mârjo, mârja nach erſter decl. mitto, mitta; mâro, mâra etc. gilt; ſpurweiſe mâreo = mârjo im wellohr. denkmahl. [Mildeo n. pr. Dronke tr. fuld. p. 161. 169. 171. ſoôniûn Neug. 189 (a. 816) ſcônes Schannat tr. fuld. no. 366.]

II. altfächf. ftarkes adj. erfte decl.

Altfächfifches adjectivum.

Starkes adjectivum. erfte declination.

fg. blind blind blind
    blind-as (-es) blind-ârô (-êrô) blind-as (-es)
    blind-umu blind-ârô (-êrô) blind-umu
    blind-an (-ana) blind-a (-e) blind
    blind-û — blind-û

pl. blind-â (-ê) blind-â blind (-u)
    blind-ârô (-êrô) blind-ârô (-êrô) blind-ârô (-êrô)
    blind-on (-un) blind-on (-nn) blind-on (-un)
    blind-â (-ê) blind-â blind (-u)

1) den flexionsvocalen lege ich nur muthmaßlich länge und kürze bei; -as und -es, -ârô und -êrô fchwanken nach beiden hff.; im pl. mafc. überwiegt -â ftatt des mehr hochd. -ê; im dat. pl. ift das ê völlig verwifcht. — 2) den acc. -ana pflegen noch compofita und mehrfilb. adj. zu behalten (langfamana, niudfamana, unfundigana) oder das vordere a zu fyncopieren (hêlagna, mahtigna, luttilna) einfilbige dagegen das hintere a zu apocopieren als: blindan, langan, ftarkan etc. Doch wechfeln bêlagan und hêlagna. — 3) dem nom. fg. geht alle flexion ab, d. h. nie ftehet blinder, blindu, blindat [fuâfat, f. unten 803, vgl. den bundnamen Bonikt]. — 4) zuweilen fcheint der nom. acc. pl. gleich dem fubft. (f. 636.) auf -u zu endigen, z. b. minu (mea); ob dies auf den nom. fg. fem. auszudehnen ift? — [5] gen. pl. Halvaraftedi a. 932 Pertz 4, 18. a. 895 ib. 3, 561 (Halbarfteti 4, 24) f. balbaro, dimidiorum. —] Zu diefer decl. gehören 1) einfaches: ald (vetus) all (omnis) arm (mifer) habt (audax) blêc (pallidus) blind (coecus) diop (profundus) fruod (fapiens) ful (plenus) fûs (promptus) gêl (fuperbiens) gërn (cupidus) glad (laetus) gnorn (moeftus) grim (ferox) grôt (magnus) guod (bonus) haft (captus) bêr (clarus) hêl (calidus) blûd (fonorus) hôh (altus) hold (carus) huat (alacer) huit (albus) jung (juvenis) kald (frigidus) kuth (notus) lang (longus) lêth (exofus) liof (gratus) lôs (liber) lung oder lungar? (celer) quic (vivus) ruof (famofus) fcarp (acer) fiok (aeger) fcîn (lucidus) fuoth (verus) ftark (fortis) ftum (mutus) fuart (niger) fuâs (privatus) fuith (fortis) thim (obfcurus) torn (fervidus) wâr (verus) warm (calidus) wêk (mollis) wid (latus) wrêth (iratus) [dol (infipidus) 106, 10. hâf, hâbb (mancus) 67, 24. harm, nach dem adv. harmo 174, 11. lat (piger) 107, 23. lêf (debilis) 63, 23. 67, 24. 70, 16. malfo (petulans) 150, 12. gimêd 108, 10. fcard 149, 3. ftrang 28, 12.] etc. fo wie dir comp. mit -faft, -full, -hêrt, -llc, -muod, -fam, -ruof, -ward etc.; untergegangene folgen aus adv. und verbis z. b. aus tulgo, atuomjan ein tulg (validus) tuom (liber) — 2) bildungen mit -il, -an, -in, -ar, -ur: mikil (magnus) êgan (proprius) liulu

(linteus) bittar (amarus) hêdar (ferenus) ficur (certus) etc. —
3) mit -ag, -ig: manag (multus) hêlag (fanctus) mahtig (potens)
etc. — 4) mit -aht, -ht: toraht (lucidus) fêraht (contifus) bêrht
(illuftris) lioht (lucidus) [foroht (timidus)] — 5) vocalauslautige,
die in der flexion -w oder -h annehmen, als: glau (perfpicax)
glawû; blâu (lividus); garu (paratus) pl. garowâ; naru (anguftus)
pl. narawn; frâ oder frâu (?) (hilaris) pl. fráhâ etc.

Anmerkungen: 1) kein umlaut möglich. — 2) fchwankende
affimilation, z. b. wârôrô ft. wârârô. — 3) vocalfyncope bedarf
näherer unterfuchung; beifpiele: hlutrô (cum limpido) bitres
(amari) etc. — 4) übertritt adj. zweiter decl. hierher im un-
flectierten fall; ich finde: diur (pretiofus) faft (firmus) hart (du-
rus) hrên (purus) mild (placidus) mirk (obfcurus) fuot (dulcis)
fuâr (gravis) thrift (audax) doch fcheinen faft, hard, fuâr auch
für die übrigen cafus der erften decl. zu folgen, da fich z. b.
im acc. fg. m. hardan, faftan, fuâran und kein herdeau, feftean,
fuârean zeigt.

Starkes adjectivum. zweite declination.

fg. midd-i   midd-i   midd-i
    midd-eas (-jes) midd-eârô (jêrô)   midd-eas (-jes)
    midd-jumu   midd-eârô (jêrô)   midd-jumu
    midd-ean (-jan) midd-ea (ja)   midd-i
    midd-jû   — —   midd-jû
pl. midd-eâ (-jê)   midd-ea (jâ)   midd-ju
    midd-eârô (-jêrô) midd-eârô (-jêrô) midd-eârô (-jêrô)
    midd-jun   midd-jun   midd-jun
    midd-eâ (-jê)   midd-eâ (-jâ)   midd-ju

das thema ift zum theil problematifch, da ich dem dat. fg. aller
gefchl. und gen. fg. fem. nirgends begegne; nicht unwahrfchein-
lich gelten hier und im gen. pl. die flexionen erfter decl.: midd-
umo, middârô oder middêrô; im gen. pl. finde ich wirklich dern-
êrô ft. dernjêrô, derneârô. Dem nom. fg. fem. könnte nach ana-
logie des nom. pl. neutr. -ju zuftehen. [luggiomo (falfo) effen-
beichte, derebeun (audacibus) 137, 11. fuiumia (perpetes) Diut.
2, 193ª]. — Hierher gehören: blîthi (laetus) derni (occultus)
dêrebi (audax) diuri (pretiofus) druobi (obfcurus) gruoni (viri-
dis) unhiuri (immanis) hriwi (poenitens) lâri (vacuus) mâri (exi-
mius) mildi (lenis) middi (medius) niwi (novus) ôftrôni (auftralis)
ôthi (facilis) rîki (dives) fkîri (purus) fcôni (pulcher) fpâhi (fa-
piens) ftrengi (fortis) fuoti (ducis) hitengi (immineus) thrifti
(audax) thiuftri (caliginofus) wêki (mollis) [edili (nobilis) fêgni
Hel. 36, 22. 24. (fcui 78, 8. 151, 9. 159, 19. andhêti (devotus)
huoti (infenfus) lêhni (exilis) 46, 11. 16. fhiumi, githingi (inter-
cedens) eff. beichte.] u. a. m.

Anmerkung: der in die erfte decl. theilweife oder ganz (faft,
hard, fuâr) übertretenden ift dort gedacht.

II. *angelſächſ. ſtarken adj. erſte decl.*

Altſächſiſches ſchwaches adjectivum.

blindo, blinda, blindu gehen völlig wie die ſubſt. hano, tunga, hêrta; middjo (-eo) midden (-je) middea (-je) aber wie die ſubſt. willeo, ſunden. [Eſſener beichte acc. maſc. hêlagon, fem. hêlagûn. Weſtfäl. nom. -a, -e wie die ſubſt. ororan duergian Wigand 5, 119. midliſtan Pertz 2, 388. weſtriſtan ibid. daneben aber 389 ſcmalon.]

Angelſächſiſches adjectivum.

Starkes adjectivum. erſte declination.

ſg. blind   blind (-u)   blind
     blind-es   blind-re   blind-es
     blind-um   blind-re   blind-um
     blind-ne   blind-e   blind
     [blind-ê]   [blind-ê]
pl. blind-e   blind-e   blind-u
     blind-ra   blind-ra   blind-ra
     blind-um   blind-um   blind-um
     blind-e   blind-e   blind-u

nähere vocalbeſtimmung der flexionen unterlaße ich, wie beim ſubſt. Von den ſpuren des inſtr. unten in den erläuterungen (maſc. und neutr. -ê (Raſk p. 37) ôdhre ſidhe (altera vice) altn. ôdhru ſinni. med miele flôde. mid viſitce nide Oroſ. p. 35. mid godcunde fultume p. 37. þine lîfe Beov. 4269. vgl. gramm. 4, 752.]. Der nom. ſg. fem. ſchwankt zwiſchen ablegen aller flexion (welches entſchieden für maſc. und neutr. gilt) und beibehalten des -u; es ſcheinen hierüber folgende regeln zu gelten a) alle kurzſilbigen wörter ſtehen nicht ohne -u, als: tilu, ſmalu. β) mehrſilbige bildungen behalten es meiſtentheils, als: eádign, gäſtlicu, âgenu, fâgeru, micelu; doch die beiden letzteren auf -er, -el apocopieren es häufig: fâger, micel. γ) langſilbige legen es ab, als: blind, heálf, gôd, fûſt, bât etc. Offenbar vergleichen ſich dieſe grundſätze den beim ſubſt. ſ. 644. vorgetragenen und walten ebenſo bei der erſten decl. des ſtarken fem., welche kurze wurzeln wie gifu, ſacu, ſceamu umfaßt, während lange zur vierten decl. übertreten, wie bær, lâr, ſpræc. Ganz ſtreng iſt es doch nicht damit zu nehmen; da ſ. 641. ſcôlu, ſnôru; ſ. 644. bánu der theorie widerſtreiten, ſo muß ich auch hier ein ausnahmsweiſes beardu ſt. hêard etc. zugeben. Auch ſcheint der ſonſt dem nom. ſg. fem. parallele nom. acc. pl. gern bei dem -u zu beharren, unerachtet der langen wurzelſilben.

Dieſe decl. begreift 1) einfache: bald, beald (audax) bär (nudus) beorht (lucidus) blác (pallidus) blanc (albus) blind (coecus) brád (latus) cald, cëald (frigidus) cól (frigidulus) cranc (debilis) crumb (curvus) cudh (notus) cund (oriundus) cûfc (caftus) cvic (vivus) deád (mortuus) deáf (furdus) dëarn (occultus) dëóp (profundus) dëorc (tenebrofus) dumb (ftolidus) dvæs (hebes) ëal, -lles (omnis) ëald (vetus) ëarg (pravus) ëarm (mifer) ëorp (fufcus) fift (firmus) fæt, -ttes (pinguis) fáh (verficolor) feá (paucus) fëax (crinitus) fërfc (integer) forht (pavidus) frëc (vorax) from (probus) fród (fapiens) ful, -lles (plenus) fûl (putris) fûs (pronus) gál (lafcivus) gëalh (triftis) gëap (fubdolus) gëong (juvenis) gëorn (avidus) glád (hilaris) gleáv (prudens) gnorn (moeftus) gód (bonus) gram (offenfus) greát (magnus) grim, -mmes (atrox) hál (fanus) hár (canus) [unhár Beov. 29] hás (raucus) hát (calidus) heáh (altus) hëalf (dimidius) bëald (pronus) hëalt (claudus) bëard (durus) hlûd (fonorus) hneáv (parcus) hnáfc (mollis) hol (cavus) hold (propitius) hráđ (citus) hreáv (crudus) hvät (acer) hvëalf (convexus) hvít (albus) lam (claudus) ládh (exofus) lát (tardus) lang (longus) leás (liber) lëóht (lucidus) lëóf (carus) neáh (propinquus) uyt, -ttes (utilis) rád (paratus), reád (ruber) rëód (rubicundus) rëht (rectus) róf (clarus) rot (hilaris) rûh (hirfutus) rûm (fpatiofus) fár (gravis) fcëarp (acer) fcin (fplendens) fcir (limpidus) fcort (brevis) fëalt (falfus) fëóc (æger) fíd (amplus) flëac (piger) fmál (gracilis) fmolt (ferenus) [imfolt Andr. 3160] fnël, -lles (velox) fódh (verus) fpár (parcus) ftëap (altus) ftidh (rigidus) ftirn (afper) ftrang (fortis) ftunt (ftultus) fvær (gravis) fvæs (proprius) fvëart (niger) fvidh (fortis) fvift (pernix) tát (tener) tëart (afper) til (aptus) torht (lucens) trum (firmus) þëarl (vehemens) [þëarlra gen. pl. Andr. 3193] þyn, -nnes (tennis) þyr, -rres (aridus) vác (mollis) van [von], -nnes (teter) vár (cautus) vært (udus) ftnevëalt (rotundus) vëordh (dignus) víd (latus) vís (fapiens) bilvit (ftmplex) [Btb. metr. 20, 510. 538. Andr. 1996.] vlanc (fuperbus) vlác (tepidus) vrádh (iratus) vund (vulneratus) [blát Andr. 2558. bleádh (timidus) bront H. 475. 1130. Hel. 475. brant Andr. 550. cäf (acer) cáfoft (fummus) clam (humidus) dëal, -lles (fretus, clarus, f. zu Andr. 1097) dim, -mmes (obfcurus) dol (ftolidus) fáh (gefäh inimicus: unfáh Schmid p. 95) fäd, -ddes (ornatus, politus) Beov. 132. fæc? Beov. 155 der acc. m. unfæcne. feor, acc. feorne (longinquum) Andr. 2345. gin (amplus) Beov. 117. Cädm. 5. Jud. 9. gil? Lye v. vídgil, -lles (fpatiofus) gneádh (parcus) hals? exon. 426, 28 mollis. hæft oder hæfte? ardens, vehemens (goth. háiftts) heán (humilis) goth. háuns. hlanc (macilentus) hnúb (humilis) B. 53. 73. 145. hnágran Andr. 3195. hrëob (turbidus, ferus) hror (caducus) B. 5. 123. Bocth. p. 146. lef (infirmus) unlæd (improbus, mifer) mäctor (comparativ) leg. Edv. II, 1. nëovol, nëol (pronus) nift (nebulofus) nifian næs Andr. 2607. ranc (fuperbus) reóv Andr. 2627. 2667. fäd (fatur) fcrid? Andr. 996. unflav (unflavne acc. m. El. 403. Andr. 3419.) flidh (laevis, lubricus) fmódh (lævis,

II. angelsächs. starkes adj. erste decl. 653

planus) engl. smooth. sprind (adultus) Mone 3310. 3581. sum (aliquis) anlůnd (integer) Lye h. v. stif (rigidus) engl. stiff. streac El. 1231. torn (iratus) Beov. 159. trag El. 650. 1912. tvæd (duplex) von tvâ (duo)? þeorf (azymus) vlôh? Cädm. 87. ânvlôh (firmus) Cädm. 4107. gevlô? (ornatus) Cädm. 1786. vlisp (blaesus) Mone 2981. vôd (rabidus) vôh (curvus, tortus) vôge gemeta Schmid p. 122. vräst (fortis)?] — 2) viele bildungen mit *-ol, -el, -en, -or, -er*: hnitol (petulcus) micel (magnus) âgen (proprius) stænen (lapideus) snotor (prudens) etc. — 3) mit *-ig*: eádig (felix) etc. — 4) mit *-iht*: stæniht (lapidosus) etc. — 5) mit *-isc*: cildisc (puerilis) etc. — [5ᵇ] mit *-od -ed, -d*: nacod (nudus) forod (labefactatus?) fracod (vilis) vered (dulcis) fæted. unscynd (ungeschändet) El. 2405. 2500. untveond (indubitatus) El. 1596 part. prät.? —] 6) mit der vorsilbe *ge*: gemêt (aptus) gevis, -sses (certus) [gecost El. 515. gevlät (turpis) Doeth. p. 113. gesüfelne hlâf Schmid p. 89] etc. — 7) eine menge comp. mit *-cund, -fäst, -feald, -feax, -ful, -sum, -georn, -heard, -heort, -leás, -môd, -rôf, -sum, -veard u. s. m.* —

Anmerkungen: 1) der umlaut derer mit kurzem ä in e ist nach s. 224. 232. 233. zu beurtheilen und gehört, da er die flexionen nichts angeht, insofern nicht hierher, wie er auch beim subst. (s. 638. 643.) keiner besonderen darstellung bedurfte. Indessen zeigt sich eine verschiedenheit, der flexionsvocal e führt beim adj. überall das reine a der wurzel zurück, während beim subst. ä bleibt (däges, däge; sätes, säte); sollte dies auf eine frühere flexion *-a, -as* statt *-e, -es* deuten? Der anschaulichkeit wegen setze ich ein paradigma her:

sg.	hvät	hvät-u	hvät
	hvät-es	hvät-re	hvät-es
	hvät-um	hvät-re	hvät-um
	hvät-ne	hvät-e	hvät
pl.	hvat-e	hvat-e	hvat-u
	hvät-ra	hvät-ra	hvät-ra
	hvat-um	hvat-um	hvat-um
	hvat-e	hvat-e	hvat-u

wonach folgende gehen: bär, gläd, hräd, lät, smäl, spär, vär nicht aber die langen dvä's, svä's, ræt, die im dat. etc. dvæsum, svæsum, rætum behalten. — 2) wurzeln mit geminierter consf. vereinfachen sie vor den flexionen *-ne, -re, -ra*, es heißt also grim, grimmes, grimmum, grimme, grimra etc., desgl. vanne, vanre; ealne, ealre; gevisne, gevisre etc. — 3) ob wurzeln auf n und r mit langem vocal diesen kürzen, wenn durch den anstoß des *-ne, -re* gemination entspringt? ich meine z. b. anne (unum) scinne (lucidum) gedonne (factum) svärre (gravi) st. ân-ne, scín-ne, gedôn-ne, svær-re. — 4) mehrsilbige auf *-el, -en, -er, -ig* syncopieren den bildungsvocal, wenn die flexion vocalisch an-

II. *angelfächf. ftarkes adj. erfte u. zweite decl.*

lautet, nicht, wenn n oder r anſtößt, alſo: fägru, fägres, fägrum, fägerne, fägerre; hálgu, hálges, hálgum, háligne, háligre. [gylden, acc. m. gyldenne; ſo die part. pr. boren, acc. m. borenne. Beov. 232 bebongen f. behongenne.] Doch bei denen auf -el, -en, -ig unterbleibt die ausſtoßung auch häufig, z. b. mánigu, hátenu (vocata) etc. — 5) vocalauslautige wie fëalo (fulvus) gëolo (flavus) mëaro (tener) [gëaro (paratus) nëaro (anguſtus) baſo (purpureus)] entwickeln ein v: fëalves etc.; dri (aridus) fri (liber) ein g. [feá (paucus) pl. fëave, fëavum oder auch feáum (Beov. 83) vgl. þreáum f. 647. fá (hoſtilis) dat. pl. fáum. Von gëaro finde ich Cädm. 11, 24 den acc. maſc. gëarone, nicht gëarvne, Beov. 146. Andr. 3074 den acc. maſc. fëalone, aber fealuvne Andr. 845. Woher aber das o ſtatt e in: gecorone Beov. 18. þurhötone 226. ricone 221.] — 6) wörter zweiter decl. ſind mit abgelegtem -e häufig in dieſe übergegangen, als ſvær, nyt, þyn etc. ſtatt ſvære, nytte, þynne (vgl. f. 645. denn, cynn etc.).

Starkes adjectivum. zweite declination.

das bildungs-e hat ſich bloß im nom. ſg. aller geſchlechter bewahrt und im nom. pl. neutr., vielleicht im nom. pl. maſc. fem.; wenn ſich ein middè, middè verſchieden von midde, midde annehmen ließe. Im nom. ſg. fem. und nom. acc. pl. neutr. ſcheint die flexion -u ohne rückſicht auf vorausgehenden langen oder kurzen vocal zu beſtehen. Alle übrigen caſus folgen mit ſyncopiertem e der erſten decl.; ohne zweifel galt aber in früherer zeit middeum, èceum etc. ſtatt middum, ècum.

Hierher fallen: comp. mit -bære, als: luſtbære (delectabilis) etc. blidhe (laetus) cêne (audax) clæne (purus) gecynde (genuinus) gedèfe (congruus) dëore, dýre (pretioſus) drèfe (turbidus) eádhe (facilis) èce (aeternus) fæge (moribundus) fæle (venalis) gefëge (aptus) fêórfête (quadrupes) grêne (viridis) heáne (contemptus) gehende (propinquus) blæne (macer) unbýre (ferus) læne (fragilis) gemæne (communis) unmæne (ſincerus) mære (clarus) mèdhe (feſſus) midde (medius) milde (mitis) nëove, nive (novus) rèdhe (trux) rice (dives) ripe (maturus) fæne (tardus) andfæte (abominab.) fcëóne, ſcicne (pulcher) fêſte (placidus) ſmèdhe (laevis) ſmylte (ſerenus) ſtille (quietus) ſvære (gravis) ſvéte (dulcis) untæle (irreprehenſibilis) getæfe (dexter) êaltæve (bonus) bitenge (incumbens) trëóve, trýve (fidus) þicce (craſſus) þýſtre (obſc.) þriſte (temerarius) geþvære, mödþvære (mitis) unvemme (immaculatus) vëſte (defertus) vilde (ferus) vræne (laſcivus) vyrdhe (dignus) yrre (iratus) [blere (calvus) brême oder brême (clarus) Mone 150. Beov. 30. exon. 155, 4. Cädm. 222, 13. clympe (plump) exon. 426, 18. orcnæve (cognoſcibilis) El. 456. drême (canorus) Mone 2538. gedrême 9437. dryge (aridus) Andr. 8161. Cädm. 195, 28. undyrne (inocculus) enge (anguſtus) èſte (gratioſus) Beov. 73. fræte Andr. 3010. eádhfýnde Beov. 13. údhgenge (caducus) Beov. 159. hnefce El. 1231. mæte (inodoratus) ânræd (conſtans) Beov. 116. 119. geſcrêpe (aptus) ſmæte El. 2623. untyddre (improlis) Andr. 2508. getynge (facundus) þëóve (ſervilis) Ine 74. acc. þëóvne Ine 11. þicce (denſus) lâdlıvende (exoſus) Câdm. 2, 17. 11, 20. 24, 7. vêdbe (dulcis, ſuavis) pſ. 103, 22. vêſte (deſertus) ſëoſonvintre (ſeptennis) Beov. 181.].

Anmerkungen: 1) nach anm. 3. zur vorigen wäre auch hier im acc. maſc. grënne, cënne, lënne, ſënne etc. zu mutbmaßen. — 2) gleichergeſtalt gilt ſtilne, þicne, yrne, unvemue, ſtilre, þicre, yrre, unvemre etc. — 3) der dort 1. abgehandelte umlaut kann hier nicht vorkommen. — 4) übergänge und ſchwanken ſind dort anm. G. berührt; man findet ſvær und ſvære, ſtil und ſtille, luſtbær und luſtbære etc.

Schwaches adjectivum. erſte declination.

blinda, blinde, blinde gänzlich nach hana, tunge, eáge; man merke 1) die ſ. 734. genannten haben hier in allen caſibus a und nirgend ä, namentlich auch im nom. ſg. fem. neutr. und gen. pl. comm. ſeó late, þät late, þâra latena, welches wieder beweiſt, daß das e in dieſen flexionen unorg. iſt. — 2) einige adj. gelten nur in ſchwacher form, z. b. vana (carens) vrücca (exſul).

Schwaches adjectivum. zweite declination.

mit der vorigen decl. einſtimmig; nur in den älteren quellen hin und wieder ſpuren des bildungs-e, als: middea, êcea, middean, êcean ſt. des üblicheren midda, êca, middan, êcan, vgl. ſ. 645 [þäs blerian (calvi) Kemble 2, 135.].

Altfrieſiſches ſtarkes adjectivum.

ſg.	blind	blind-e	blind
	blind-es	blind-ere	blind-es
	blind-e	blind-ere	blind-e
	blind-ene	blind-e	blind
pl.	blind-e	blind-e	blind-e
	blind-era	blind-era	blind-era
	blind-e	blind-e	blind-e
	blind-e	blind-e	blind-e

das auffallendſte iſt die apocope des dativen m, ſowohl im ſg. maſc. neutr. als pl. comm., früher galt gewis blindem ſt. dieſes blinde. Br. §. 127. finde ich auch noch: mith ſinem, neben: mith ſine monnum. Die kürzungen des -ene, -ere, -era in -ne,

-re, -ra müſſen nach beſſeren quellen beurtheilt werden. Spuren der zweiten decl. in den nominativen rike, diore etc.

Altfriefifches fchwaches adjectivum.
blinda, blinde, blinde wie bona, tunge, âge (f. 649.).

Altnordifches adjectivum.

Starkes adjectivum. erfte declination.

fg.	blind-r	blind	blin-t
	blind-s	blind-rar	blind-s
	blind-um	blind-ri	blind-u
	blind-an	blind-a	blin-t
pl.	blind-ir	blind-ar	blind
	blind-ra	blind-ra	blind-ra
	blind-um	blind-um	blind-um
	blind-s	blind-ar	blind

1) das -r nom. fg. maſc. und -t nom. acc. neutr. ſind unerläßlich und ihre in den übrigen ſprachen mehr oder minder eingeriſſene *apocope* hat keine ſtatt; folgende ausnahmen abgerechnet a) das -r unterbleibt, wenn das wort mit r, rr, ſ, ſſ, ſn, gn, rn ſchließt; hier fallen nom. maſc. und fem. (wo in dieſem kein umlaut waltet) zuſammen; beiſpiele: ſnar, ſnör; þurr, þurr; laus, laus; vis, vis; hvaſſ, hvöſſ; viſſ, viſſ; iafn, iöfn; ſkygn, ſkygn; giarn, giörn. β) das -t nur im einzigen nôg (copioſum) f. Raſk erſte ausg. p. 78.; in der zweiten ausg. fehlt dieſe behauptung. — 2) verſchieden von jenem abfall des männl. -r (unter 1, α) iſt ſeine *aſſimilation* mit dem anſtoßenden einfachen l und n, in einſilbig langen oder mehrſilbigen; ſtatt l-r, n-r heißt es ll, nn (oben f. 306. 307.); beiſpiele: heill, ſeinn ſt. heilr, ſeinr; gamall, eiginn ſt. gamalr, eiginr. Stößt gemin. ll, nn an, ſo bleibt das -r, als: illr, ſinnr. — 3) das neutrale -t wird nicht, wohl aber werden ihm anſtoßende dh *aſſimiliert*, wenn vocal vorausgeht; für gladh-t, gôdh-t, blîdh-t gilt glatt (und mit vocalverkürzung) gott, blitt (oben f. 318.). Bei anſtoßendem nd, rdh wird d, dh verſchluckt, z. b. blint für blindt, hart f. hardht. Vocalauslautige wörter geminieren das neutr. t, wie mir ſcheint, ohne noth, als: hâtt, nýtt (oben f. 319. no. 7.). — 4) gegenſatz zu der bewahrung des -r, -t bildet die durchgedrungene *apocope* der vocaliſchen flexion, welche im nom. fg. fem. und nom. acc. pl. neutr. ohne zweifel früherhin gegolten hat. Der gebliebene, nothwendige umlaut des wurzelhaften a in ö lehrt, daß dieſe flexion (wie beim ſubſt. f. 656. 659.) -u war. Stehet öll, hög für öllu,

högu, fo muß auch blind, blå, flår ftehen für blindu, blåu, flóru.
— 5) das i im dat. fg. fem. und nom. pl. mafc. muß, weil es
keinen umlaut zeugt, unorganifch feyn. — Die ein- und nicht
eintretenden umlaute macht folgendes paradigma anfchaulich:

fg.	hvat-r	hvöt	hvat-t
	hvat-s	hvat-rar	hvat-s
	hvöt-um	hvat-ri	hvöt-u
	hvat-an	hvat-a	hvat-t
pl.	hvat-ir	hvat-ar	hvöt
	hvat-ra	hvat-ra	hvat-ra
	hvöt-um	hvöt-um	hvöt-um
	hvat-s	hvat-ar	hvöt

Diefe decl. enthält 1) einfache adj.: allr (omnis) àngr (anguftus)
apr (afper) ær (aunuus) argr (ignavus) arinr (pauper) atr (edulis)
audhr (vacuus) aumr (mifer) bàgr (difficilis) ballr (pugnax)
beinn (rectus) beitr (acutus) ber (nudus) biartr (lucidus) biúgr
(curvus) blackr (fufcus) blåukr (albus) blår (coeruleus, inanis)
blaudbr (mollis) blautr (nudus) bleikr (pallidus) blidhr (blondus)
blindr (coecus) bliúgr (verecundus) bràdhr (praeceps) breidhr
(latus) brûnn (furvus) brŷnn (confpicuus) býll (habitabilis) byltr
(revolutus) bær (capax) dàr (vehemens) daudhr (mortuus) daufr
(furdus) deigr (mollis) dimmr (opacus) diúpr (prof.) döckr (niger)
dreifr (fparfus) driúgr (continuus) driúpr (humilis) drngr (tole-
rabilis) dumbr (mutus) dyggr (fidus) dŷr (pretiofus) daell (mitis)
fådhr (ornatus) falr (venalis) får (paucus) faftr (firmus) fær
(meabilis) feigr (morti vicinus) feitr (pinguis) flatr (planus) forn
(vetus) fölr (pallidus) frackr (liber) framr (audax) fråun (niteus)
fràr (celer) frêkr (nimius) fridhr (formofus) friun (venuftus) friófr
(foecundus) frömr (probus) fródhr (prudens) frór (quietus) frœgr
(clarus) fûll (putridus) fullr (plenus) fûs (pronus) gætr (para-
bilis) geipr (apertus) giarn (proclivis) gladhr (laetus) gliúpr (bi-
bulus) glöggr (perfpicax) gnógr (abundans) gódhr (bonus) gör
(factus) gramr (iratus) gràr (grifeus) greidhr (expeditus) greipr
(cernuus) grettr (torvus) grimmr (faevus) grófr (rudis) grunnr
(vadofus) grŷttr (lapidofus) grænn (viridis) hådhr (commiffus)
hagr (aptus) hålfr (dimidius) håll (lubricus) haltr (claudus) hallr
(proclivis) hàr (celfus) hardhr (durus) hås (raucus) haftr (trux)
heill (integer) heitr (fervidus) hirdhr (tutus) blàr (laxus) bliódhr
(taciturnus) hlŷr (tepidus) hnappr (arctus) hnår (ftrenuus) hollr
(fidus) holr (cavus) bofkr (fortis) hradhr (celer) hràr (crudus)
hreinn (purus) hrefl (vivax) hryggr (triftis) hvafl (acer) hvatr
(alacer) hvëllr (fonorus) hvítr (albus) bŷr (mitis) hœfr (aptus)
hœgr (quietus) hœpr (lubricus) hætir (periculofus) iarpr (badius)
illr (malus) kaldr (frigidus) klår (clarus) kleipr (anguftus) klókr
(prudens) krànkr (aeger) kringr (aptus) kræfr (fortis) kunnr
(notus) kyrr (quietus) kær (carus) làgr (humilis) laugr (longus)

II. altnord. ſtarkes adject. erſte declination.

latr (piger) laus (liber) leidhr (inviſus) léttr (levis) likr (ſimilis) linr (lenis) liós (clarus) liúfr (carus) lægr (vicinus) læs (literatus) midhr (medius) mildr (clemens) miór (teuer) módhr (feſſus) mylkr (lactans) myrkr (tenebroſus) mær (clarus) mætr (inſignis) napr (frigidus) nipr (pulcher) nógr (abundans) nýr (novus) nýtr (utilis) nœgr (fufficiens) uæmr (capax) ódhr (rabidus) ölr (ebrius) œr (amens) öngr (angultus) ör (celer) plumpr (rulticus) prúdhr (urbanus) qvikr (vivus) qvæmr (commodus) ragr (timidus) rackr (fortis) rammr (amarus) ramr (fortis) rámr (raucus) rángr (obliquus) raudhr (ruber) reidhr (iratus) reimr (ſonorus) réttr (rectus) rifr (largus) rikr (dives) riódhr (facie rubicundus) rör (quietus) röſkr (ſtrenuus) rúmr (amplus) rækr (extorris) rænn (ſimilis) ſadr (ſatur) ſannr (verus) ſár (ſaucius) ſeigr (lentus) ſeinn (tardus) ſekr (ſons) ſéttr (modeſtus) ſidhr (laxus) ſinkr (tenax) ſiúkr (aeger) ſkakr (obliquus) ſkammr (brevis) ſkarpr (acer) ſkeifr (obliq.) ſkiar (ſagax) ſkilmr (quaſſatus) ſkiótr (celer) 739 ſkír (clarus) ſkær (limpidus) ſlakr (remiſſus) ſleipr (lubricus) ſléttr (planus) ſliár, ſlióſr, ſlær (hebes) ſlíngr (callidus) ſlippr (nudus) ſlægr (vafer) ſlæmr (vilis) ſmár (parvus) ſmeikr (lubricus) ſmëltr (liquidus) ſnádbr (lanuginoſus) ſnar (celer) ſnarpr (acer) ſnaudhr (inops) ſniallr (fortis) ſnöggr (glaber) ſöggr (madidus) ſpakr (prudens) ſprækr (fortis) ſtamr (balbus) ſterkr (robuſtus) ſtiúpr (priviguus) ſtoltr (ſuperbus) ſtór (magnus) ſtrángr (ſeverus) ſtridhr (aſper) ſtuttr (brevis) ſtýfr (rigidus) ſvalr (frigidus) ſvángr (ſamelicus) ſvartr (niger) ſvás (proprius, dulcis) ſveipr (criſpus) ſvidhr, ſvinnr (prudens) ſúr (acidus) ſýnn (evidens) ſæll (beatus) ſæmr (decens) ſœtr (dulcis) tamr (aſſuetus) teitr (laetus) tentr (deutatus) tídhr (frequens) tómr (vacuus) traudhr (invitus) trëgr (ſegnis) treiſkr (diſficilis) trúr (fidus) tryggr (fidelis) tviſtr (triſtis) tæpr (anguſtus) tær (limpidus) þeckr (gratus) þrár (contumax) þröngr (anguſtus) þreyttr (feſſus) þrumr (tonans) þvèr (transverſus) þúngr (gravis) þunnr (tener) þurr (aridus) þýdr (egelidus) þyckr (ſpiſſus) þyrſtr (ſitiens) úngr (juvenis) vandr (difficilis) vanr (inops) vanr (aſſuetus) var (cautus) varmr (tepidus) vaſkr (ſtrenuus) vátr, votr (humidus) veikr (infirmus) -verdhr (vergens) vídhr (amplus) vígr (bellicoſus) vildhr (acceptus) villr (ſilveſtris) virkr (profeſtus) vis (ſapiens) viſkr (ſagax) viſſ (certus) vædhr (vadoſus) vægr (mitis) vænn (formoſus) vænn (ſperandus) vær (hilaris) ýgr (ferus) [ſimr (dexter, celer) ſiotr (ſedulus) Lazd. p. 186. giallr (ſonorus) grannr (gracilis) gulr (flavus) haptr. hvérfr. kramr (mollis, fluidus) liotr (deformis) ſœmleitr (aſpectu decorus) edd. ſœm. 267[b] fiöl-mennr (frequens) miukr (mollis) öncifs. rír (exilis) ſkárr (ſecans) ſtinnr (fortis) Sæm. 28[a] ſvarr (gravis) teiſtr (auſterus) þvalr (madidus) veill (ſcaber) Ol. Tr. 2, 203. 204]. — 2) viele comp. mit -látr, -leitr, -ligr, -ordhr, -ſamr, -verdhr [adj. mit ein- gebildet z. b. einſtadhr (ſolitarius) einſtakr (infrequens) etc. ſ. bei Biörn]. —

II. altnord. starkes adject. erste declination. 659

3) viele bildungen mit *-al, -il*, n (statt -an) *-in*, -r (statt -ar): gamall (vetus) litill (parvus) iafn (planus) filfrinn (argenteus) bitr (acer) dapr (obscurus) fagr (venustus) gifr (vehemens) itr (eximius) lipr (agilis) magr (macilentus) fnotr (callidus) vitr (sapiens) [i'ftlhr (vehemens)] u. a. m. Diefe letztern mit -r halte man nur nicht den einfachen unter 1. genannten gleich, indem bitr, dapr, magr für bitar, dapar, magar stehen (vgl. oben f. 304.) alfo in jedem cafus das bildungs-r zeigen, gen. uingrs, dat. mögrum etc. während die unter 1. das flexions-r lediglich im nom. fg. mafc. haben; z. b. hagr, gen. hags, dat. högum. — 4) bildungen mit *-ag, -ug, -ig*: heilagr (fanctus) kunnugr (gnarus) blödbigr (cruentus) etc. wohin auch einige fyncopierte: margr (multus) höfgr (gravis) urgr (tritus) zu rechnen. — 5) mit *-ótt*: kringlöttr (circularis) etc. — 6) mit *-fk*: beifkr (acerbus) bernfkr (juvenilis) elfkr (amans) [frefkr (glaucus)] etc. wohin felbft die unter 1. genannten hofkr, röfkr, treifkr, vafkr, vifkr zu zählen.

Anmerkungen: 1) die mit ll, mm, nn, rr, ff, tt pflegen ihre 740 confonanz vor dem neutralen -t zu vereinfachen, als: fniallr, fniall; fkammr, fkamt; fvinnr, fvint; þurr, þurt; viff, vift; fluttr, ftutt; doch fchreibt man auch fuiallt, fkammt, fvinnt, nicht aber vifft, ftuttt. Von nd, rdh, ft wird der letzte confonant vor dem t. verfchluckt, als blindr, blint; hardhr, hart; faftr, faft. Die (unumlautbaren) auf ft und tt machen folglich nom. fg. fem. und neutr. gleich und lauten im nom. acc. pl. neutr. wie im fg. als: lëttr, lëtt, lëtt; während nach f. 736. die (unumlautbaren) mit apocopiertem -r den nom. fem. fg. und neutr. pl. dem nom fg. mafc. gleichfetzen. Im nom. fem. zeigt fich jederzeit das reine, wurzelhafte confonantverhältnis, eben weil die confonantlofe flexion keinen anftoß gibt, vgl. blindr, blind, blint; leyftr, leyft, leyft; rëttr, rëtt, rëtt; viff, viff, vift; þurr, þurr, þurt; für, fir, firt. — 2) vor dem genitiven -s vereinfacht fich das wurzelhafte ff, z. b. vif (certi) ftatt viffs; dagegen vis (fapiens) bekommt regelmäßig viff. Alle übrigen geminationen und conf. verbindungen bleiben vor dem -s, fo wie vor dem -ri, -ra, -rar ungekränkt, namentlich heißt es allrar, allri, allra; viffrar, viffri, viffra (anders als im angelf. f. 734.). Die mit einfachem f. nach langem vocal, welche im nom. mafc. das r abwerfen, pflegen auch -ar, -i, -a ftatt -rar, -ri, -ra zu fetzen, als: laufar, vifar, lauß, viß ft. laufrar etc. — 3) vocalauslautige adj. die im nom. neutr. tt für t haben (f. 319. no. 7.) geminieren auch -rrar, -rri, -rra ftatt -rar, -ri, -ra, namentlich blár, frár, bár, brár, miór. frióri, trár, hlýr, nýr [flár Sæm. 64ᵃ frír liber?]. Ihren langen wurzelvocal fcheinen fie dabei nicht zu kürzen, wenigftens nimmt Rafk p. 101. blátt, nýtt, blárrar, nýrrar an und kein blatt, nýtt, blarrar, nyrrar. Vielleicht war es im altn. nicht fo; der heutige Isländer nimmt á für a, nicht mehr für verdoppeltes a (oben

42*

660 II. *altnord. ſtarkes adject. erſte declination.*

f. 545. note). — 4) wurzeln mit l und n nach langem vocal, welche das -r nom. maſc. aſſimilieren, thun ein gleiches mit den flexionen -rar, -ri, -ra, z. b. ſæl (beatus) ſællar, ſælli, ſælla; brûnn, brûnuar, brûnni, brûnna ſt. ſælr, ſælrar, brûnr, brûnrar. Auch hier wäre kürzung des vocals zu vermuthen, ſäll, bruun? Bei kurzem wurzelvocal bleibt aber -r, als: holr, holrar, holri und nicht holl, hollar, holli. — 5) von conſonantaſſimilation handeln die beiden vorigen anmerkungen; vocalaſſimilation ereignet ſich in dem vocal der bildungen mit *al, ar,* worüber ich mich bereits f. 304. 305. geäußert habe. Der theorie nach entſpringen gamall, gömul, gamalt; þagall, þögul, þagalt; ſvipall, ſvipul, ſvipalt; fagar, fögur, fagart; bitar, bitur, bitart. Allein der gebrauch hat häufig das weibliche u unorganiſch auf das maſc. und neutr. erſtreckt und während gamall, gömul, gamalt fortgelten, theils ein fagur, fögur, fagurt; dapur, döpur, dapurt (wo der unumlaut den misgriff beweiſt) bitur, bitur, biturt, — man ſchreibt beßer im maſc. und neutr. fagr, fagrt; bitr, bitrt — theils ein umlautendes þögull, þögul, þögult eingeführt. Eine andere abweichung iſt, daß veſall und heilagr im fem. umlautend ſt. aſſimilierend, veſöl, heilög ſt. veſul, heilug heißen, als wäre ihr bildungsvocal ein wurzelhafter (richtig in den compoſ. ſtarfſamr, ſtarfſöm etc.) — 6) abgeſehen von dieſer aſſimilation ſyncopieren mehrſilbige auf *al, ar* den bildungsvocal vor vocaliſch anhebender flexion, alſo: gamlan (veterem) gömlum (veteri) gamlir etc. bitrau, bitrum, ſt. gamalan, gömulum, bitaran, bituru. In den flexionen -rar, -ri, -ra ſollte wie gamallar, gamalli, gamalla auch fagarrar, fagurri, fagarra ſtehen; ich finde aber neben dem unorg. fagurrar, -ri, -ra ein beßeres verkürztes fagrar, fagri, fagra. — 7) die mehrſilbigen auf -in, als: eiginn (proprius) ſteininn (lapideus) gyllinn (aureus) etc. bilden (nach anm. 4.) den nom. fg. maſc. richtig auf -*inn*, den gen. dat. fem. auf -*innar, inni*; gen. pl. -*inna*. Eigenthümlich aber lautet ihr nom. acc. neutr. auf -*it* ſtatt -*int* (oben f. 307.); ihr acc. maſc. dem nom. gleich, auf -*inn* ſtatt -*inan*, z. b. ſteinit (lapideum) ſteininn (acc. m. ſtatt ſteininan.) [birkinn vid (acc. fg. m.) Sæm. 232ᵃ] Ob der dat. fg. ſteininum oder ſteinnum, der nom. pl. ſteininir oder ſteinnir etc.? laße ich unentſchieden; gyllinn hat gyllnum, gyllnir; doch ſilfruum, ſilfrnir ſt. ſilfrinum, ſilfrinir ſcheint zu hart. — 8) miſchformen haben *mikill* und *litill,* nämlich im neutr. mikit, litit (nicht mikilt, litilt) als wäre die bildung mikinn, litinn; ebenſo im acc. maſc. mikinn, litinn (nicht miklan, litlan); alle übrigen caſus folgen der form -il; litill aber kürzt merkwürdig ſeinen wurzelvocal, ſobald der bild. vocal ausfällt, dat. fg. litlum, litlu, pl. litlir (nicht litlum, litlir); gen. fg. litila, gen. pl. litilla; dat. litlum [vgl. das ſchwed. und dän. 755. 756.]. *heilagr* fem. heilög pflegt im dat. fg. helgum, belgri, helgu anzunehmen. Andere miſchformen bei decl. der participien.

II. *altn. stark. adj. zweite u. dritte decl. schwache decl.*

Starkes adjectivum. zweite declination.

ist erloschen: 1) das bildungs-i im unflectierten fall überall abgefallen, die wurzelsilbe sey lang oder kurz, also ohne die beim neutr. subst. f. 660. wahrgenommene unterscheidung. Sein früheres daseyn verräth aber in umlautbaren der umlaut: ætr, bær, dýr, fær, grœnn, bŷr, læs. mær, nŷr, nœgr, næmr, qvæmr etc. entsprechen den alth. ázi, bári, tiuri, vuori, kruoni, hiuri, mâri, nâmi, quâmi; mittelb. ræe, gruene, næme. 2) in der vocalisch beginnenden flexion zeigen die ältesten denkmähler noch das i an den wörtern midhr, midh, mitt und nŷr, nŷ, nŷtt; dat. midhjum, midhri, midhju; nŷjum, nŷrri, nŷju; acc. midhjan, midhja, mitt; nŷjan, nŷja, nŷtt etc. Ebenso kommt von rikr, rík, rikt neben rikum, rikan das ältere rikjum, rikjan vor. Im nom. pl. stehet midhir, rikir f. midhjir, rikjir (nach Raskn schreibung f. midhir, rikir). [Von sehr (reus) acc. sekjan Nial. Deutet à millim Landn. 2, 8. 22 auf einen dat. pl. zweiter decl.? Wie zu nehmen pl. n. ymū lönd? nom. m. ymisir, ymsir, aber dat. pl. ymsom. Merkwürdig dafs hardr (durus) in der compos. noch herdi- lautet, z. b. herdi-ás, herdi-niótr Thorl. sp. vii. 91. 99.]

Starkes adjectivum. dritte declination.

das alte bildungs-u spürt sich wiederum 1) wenn der umlaut des wurzelhaften a in ö im masc. und neutr., überhaupt durchs ganze wort hindurch eintritt; hierher: döckr, sölr, glöggr, gör, ölr, öngr, ör, röfkr, snöggr, söggr, pröngr. 2) wenn zwischen wurzel- und flexionsvocal ein v vorbricht; dahin a) die eben angeführten mit dem umlaut ö, folglich dat. döckvum, glöggvum, görvum etc. acc. döckvan; pl. döckvir etc. β) bryggr, myrkr, tryggr, pyckr; dat. pyckvum, acc. pyckvan. γ) hàr, friór, miór, sliór; dat. hàvum, friòvum etc. woneben auch hàfum, friòfum geschrieben wird. Man vgl. über dies keineswegs leer eingeschobene v oben f. 312. 325. — Spätere quellen zeigen döckum, glöggum, häum etc.

Schwaches adjectivum. erste declination.

sing.	blind-i	blind-a	blind-a
	blind-a	blind-u	blind-a
	blind-a	blind-u	blind-a
	blind-a	blind-u	blind-a
pl.	blind-u	blind-u	blind-u
	blind-u	blind-u	blind-u
	blind-u	blind-u	blind-u
	blind-u	blind-u	blind-u

[etwas abweichend comp. f. 758 und part. praef. f. 1017. — hins grà f. gràa Landn. p. 106.] 1) die singg. gleichen völlig der

II. *mittelh. ſtarkes adject. erſte decl.*

ſchw. ſubſt. decl., nicht aber die plurale. — 2) das i nom. ſg. maſc. iſt unorganiſch und weckt keinen umlaut [dafür zuweilen e: grüe Ol. Tr. 1, 111]. — 3) das -u im ſg. fem. und pl. comm. weckt ihn überall; z. b. rögu, ſvörtu etc. von ragr, ſvartr. — 4) mehrſilbige ſyncopieren nach dem anm. 6. 7. 8. der ſtarken decl. entwickelten grundſätze, folglich: gamli, gamla, gamla; gamla, gömlu, gamla etc. [litli, litla) fagri, fögru, fagra etc. und unorganiſch þögli, þöglu, þögla etc. — 5) manche adj. ſind nur in ſchw. form üblich, z. b. faxi (jubatus) andvani (mortuus) fulltidhi (adultus) [n. pr. ſigurlami, ſvaſurlami] etc. ja dieſe erſtarren häufig für alle geſchlechter zu der indecl. endung -a: andvana, fulltidha, hleſſa (feſſus) lama (claudus) ſamdôma (concors) urdhu tröllridha Eyrb. 172] etc.

Adjectiva zweiter und dritter ſchwacher declinationen.

fügen früherhin durchgehends j und v ein, als: rikji (rîkl) rikja, rikja [enn eineygji (unoculus)]; döckvi, döckva, döckva etc.

Mittelhochdeutſches adjectivum.

Starkes adjectivum. erſte declination.

ſg.	blind-er	blind-iu	blind-eȥ
	blind-es	blind-er	blind-es
	blind-em	blind-er	blind-em
	blind-en	blind-e	blind-eȥ
pl.	blind-e	blind-e	blind-iu
	blind-er	blind-er (-ere)	blind-er
	blind-en	blind-en	blind-en
	blind-e	blind-e	blind-iu

1) ablegung aller flexion, im goth. nur bei dem nom. acc. neutr. ſg., im alth. ſchon bei dem nom. acc. ſg. und pl. jedes geſchlechts zuläßig, *kann* jetzt in jedem caſus ſg. ſowohl als pl. und in jedem geſchlecht vorkommen. Das eingeklammerte [blint], eben weil es überall beizufügen geweſen wäre, iſt darum im paradigma ganz unterblieben. Nähere umſtände und bedingungen in der ſyntax; hier bemerke ich vorläufig, daß dieſe flexionsweglaßung bei den adj. gemäl, gemuot, gevar, gehür, gezan etc. als regel gilt und ſie nur ausnahmsweiſe flectiert gebraucht werden. [Zweifel, ob unflectiertes adj. oder compoſition vorhanden iſt, z. b. Wigal. 7493 guot wîbes ſite. Orlenz: ſîner trût aniten.] — 2) das alth. -ju nom. ſg. fem. und nom. acc. pl. neutr. erſcheint jetzt als ein diphthongiſches, unorganiſches -iu

II. *mittelh. starkes adject. erste declination.*

(vgl. f. 353. 727.), Bit. 3ª reimt zwelviu auf iu (vobis). Gleichwohl ist bemerkenswerth, daß außer dem pronom. diu, fiu und den zahlwörtern driu, vieriu etc. welche verfchiedentlich: iu, getriu reimen, kein anderes adj. mit der flexion -iu als reim auftritt. Der tieftonige oder tonlofe diphthong ftimmte nicht zu hochtonigen wörtern wie: biu (caecidit) fpriu, getriu. Verfchiedene, zumahl fpätere hff. zeigen -ew, ew. [feligeu: erfreu faftn. 615, 27; oft und fpät noch dreu f. driu.] — 3) der gen. dat. fg. fem. und gen. pl. comm. flectiert meiftens auf -er, zuweilen auf -ere, -re; keins ift aber willkürlich, fondern nach den fchon beim fubft. angewendeten regeln vom ftummen e zu beurtheilen (f. hernach anm. 2) — 4) ein gleiches gilt vom dat. fg. mafc. neutr., der in der regel auf -em, zuweilen auf -eme und -me endigt. [Unrein find die kürzungen des dat. fg. cleime f. cleineme, heberim f. heberlnem, folam f. folânem Wackern.ifl' Mafsm. denkm. 106. — 4) inftr. auf -e: mit holze erlne Merig. 68. mit warm wazzer Megenberg 6, 1 für warme? dann in: mitalle, betalle. wider êrfte. ze êrfte. ze minnifte Graff 2, 802.] —

1) einfache: al, -lles. alt. ân (expers) arc, -ges. arm. balt, -des. bar. blanc, -kes. bleich. blint, -des. blôz (nudus) blûo, bliuc, -ges (verecundus) breit. brûn. bunt (varius) fîn. dërp (azymus) [brôt derbe gebacken Berth. 444] gâch (praeceps) ganz. geil. gêr. gërn. glat, -tes (laevis) glanz. gram. grim, -mmes [f. nachtr.] gris (grifens) grop (craffus) grôz. guot. halp. heil. heis (raucus, neben heife und heifer) heiz. hël, -lles. hër. hôch. hol. holt, -des. junc, -ges. kalt, -des. karc, -ges (tenax) klâr. kluoc, -ges. kranc, -kes. krifp. krump. knot, -des. kurc (oben f. 892.) kurz. lam. lanc, -ges. laz. leit, -des. lerz (finifter) liep. lieht. lîht. lôs. lurc (f. 392.) lût (fonorus) mai, -ttes (corruptus) mert (mortuus) nâch. naz. quëc, -ckes. quit (liber) rafch. reit, -des (crifpus) bereit, -tes (paratus) rëht. riech (rigidus) rôt. fat, -tes. fcharpf, fcharf. fchart (denticulatus) fcbiech (fugax) fchîn (evidens) fër. flech. fîht. flaf (enervis) fleif (lubricus) fîëht. fmal. fnël, -lles. ftarc, -kes. ftolz. ftum, -mmes [f. nachtr.] für. fwach. fwarz. fwint, -des (fortis) tief. tôt. toup. trûl. tump. twërch. valfch. vëch. vil (multus) vlach. vol, -lles. vrat (faucius) vrëch. vrifch. vrom, vrum (utilis) vruot. vôl. wan (inanis) wâr. warm. weich. wëlc, -kes. finewël, -lles. wërt, -des. wit. wîz. wunt. zam. zart (tener) zorn (iratus) [blas Ben. 348. brëht? M. S. 1, 3. f. rôtbreht (zu 2,556) blut (von jungen vögeln a. w. 2, 91) blunt (flavus) troj. 56ª blach (planus?) Bon. 63, 30. drilch (trilex) Karl 61ᵇ 62ᵇ durft (dürfter wart Wh. 42, 23) gëlpf (fuperbus) troj. 15686. 16212. gnûs? Nith. grël amgb.16ᵇ haft Rother 3185. halz Diut. 1, 479. 488. Rother 3149. hanc (claudus) Mafsm. 1, 111. kint Ben. 315. 437. Frauend. 10. Wigal. 8384. knûz (ftrenuus?) Ottoc. 65ª 71ª 85ᵇ 106ᵇ kriec (ir fît ze kriec ein teil Mai 80,5) krûs (crifpus) M. S. 2, 62ᵇ linc (finifter) Wig. 6257. 6557. M. S. 2, 235ª muro

664   II. mittelh. ftarkes adject. erſte declination.

(paludinoſus) Wilh. 2, 11ᵃ Ottoc. 63ᵃ nôt (neceſſarius) Wilh. 2, 20ᵃ a. w. 2, 236. ran (macilentus) Lſ. 161. nâchranc Bit. 85ᵃ raz (odorus) Georg 49ᵃ riſch (fortis, celer) livl. chr. 8ᵇ 13ᵃ etc. ruffe (wurze vile ruffe Diut. 3, 46) ſchal a. w. 3, 165. ſchelp Lſ. 3, 479. ſchott Bouer. 81, 38. flach (flaccidus) Diut. 3, 98. Parz. 183, 19. ſlaht (nobilis? geſchlacht?) ein ſlahter hunt, vor ſlahtem winde Kelin 51ᵃ der unſlahte amgb. 42ᵃ ſlump (ſchlotternd) Goth. hſ. ſtat (immotus) wien. jahrb. VI, 27. ſteif (rigidus) M. Behm (Hagens ſamml. 58) ſtrûp (ſtraubicht) Herb. 21ᵈ Alex. 150. ſwanc (gracilis) Georg 48ᵇ teic? teige? pl. teige pirn Frauend. 21. M. S. 2, 82ᵃ tratz Renn. 915. 1002. tuft (dentns? opp. ſihte) Ecke 144. veit? livl. 51ᵃ (politus f. veget, geveget) veiz (pinguis) Mart. 114ᵇ vil, -lles (leproſus)? Maria 1460. vorht (timidus) vrôu (zu frôneme ſtadile Diut. 3, 99. ûf den hof vrônen Roth. 1746. vrôner 1911) wan (vacnus) Lſ. 3, 402. wêl Nib. 425, 3. zac, zager M. S. 2, 246ᵃ zeiz c. vind. 653, 170ᵃ]; compoſita mit -haft, -gërn, -lich, -lôs, -muot, -ſam, -valt, -vol. [compoſ. mit ab-: abhâr (depilis) Erec. ablip (ſeneſcens) Eracl. 513.] — 2) mit der vorſilbe ge: gehant (manibus praeditus) gehâr (crinitus) gehaz (odioſus) gehorn (cornutus) gelîch (aequalis) gelip (corpore compoſitus) gemâc (cognatis gaudens) gemâl (colore g.) geman (ſubditis g.) gemeit (ſuperbus) gemuot (affectus animo) gerat (velox Herb. 60ᶜ) gerëht (juſtus) gereit (paratus) geſit (moratus) geſlaht (ingenitus) geſchuoch (calceatus) geſunt (ſanus) gevriunt (amicis g.) gewar (cautus) gewis, -lles (certus) gewon (aſſuetus) gezagel (caudatus) gezan (dentatus) [gerëch? grēh : plēh (blech) Mart. 22ᵃ geſmac (ungeſinac Nith.)] etc. — 3) bildungen mit -el, -en, -er, als: gogel (laſcivus) michel (magnus) ëben (planus) eigen (proprius) mager (macer) heiter (ſerenus) etc.; mit -in, als: êrin (aheneus) etc. — 4) mit -ic, -ec, -iges, -eges: manic (multus) heilic (ſanctus). — 5) mit -iſch, -eſch: irdiſch (terrenus) heideniſch (ethnicus) etc. — 6) mit -oht, -ëht: bartoht (barbatus) etc. — 7) mit -et, ern: nacket (nudus) nnechtern (jejunus). — 8) vocalauslautige: blâ (coerul.) grâ (canus) lâ (tepidus) gen. blâwes, grâwes, lâwes; rô (crudus) vrô (laetus) gen. rouwes, vrouwes oder rôs, vrôs; vri (liber) gen. vrîges; rû (hirſutus) gen. rûhes [flô (tepidus)]. Die im alth. zweiſilbigen mit dem bildungsvocal -o haben dieſen jetzt abgelegt, zeigen aber noch zuweilen -w im obliquen falle: kal (calvus) fal (niger) val (fulvus) gël (flavus) gar (paratus) -var, gevar (coloratus) gen. kalwes, — varwes; zës oder zëſe kommt nicht vor, nur die flectierte form zëſwer, der zëſwe. [har (rigidus) hunger harewer Diut. 3, 110; aber herwe fundgr. 179, 26. lea, leſwes (debilis) goth. laſivs. mar (tener) marwez Diut. 3, 65. Helmbr. 871.] —

Anmerkungen: 1) den umlaut durch die flexion -iu verurtheile ich, wie im alth.; keinen entſcheidungsgrund gibt der reim, weil in ihm nach der obigen bemerkung -iu nicht vor-

II. *mittelh. starkes adject. erste declination.*

kommt. Die beßen und älteßen hff. müßen alfo beobachtet
werden. Unleugbar findet fich in ihnen bald *elliu*, bald *alliu*,
nach der mundart einzelner dichter. Wo aber elliu fteht, ift
es das fortgeführte alth. ellu und berechtigt zu keinem ermiu,
fwerziu, eltiu, lengiu etc., dergleichen fich in hff. des 14. jahrh.
genug zeigen. Noch tadelnswerther würde ein wæriu, rœtiu,
grœbiu, liutiu feyn. Vermuthlich führte auch die misverßandene
analogie von hertiu, fwæriu, neben dem nom masc. hart, fwâr
(der fich für herte, fwære findet) zu jenem unorg. erniu, fwerziu.
[Einzelne hff. geneigen fehr zu folchen umlauten vgl. Beu. Wigal.
vorr. xxxiv oben. elliu ßeriu Nib. 595, 4. nenegiu laut 22, 3.
lengiu Parz. 183 d. Nib. 548, 1. endriu Parz. 313, 27 d. alliu.
völliu Griesh. 2, 126. Merkwürdig elle (omnes): fchelle angb.
15ᵇ doch läßt fich alle: fchalle emendieren.] — 2) *fyn-* und
apocope des ftummen e erfolgt nach den beim fubft. geltend ge-
machten regeln, nur find wegen der mehrfilbigkeit adjectivi-
fcher flexion die fälle hier etwas verwickelter. Einfilbig-lange
wurzeln gehn nach dem haupttbema *blint* und dahin gehören
die meißen adjectiva; fie alle behalten den vorderen flexionsvoc.,
floßen aber den hinteren ab. Die einfilbig-kurzen werfen den
vorderen nach l und r beßändig aus (dahin: fmal, hol, bar,
gër (gir); vil ift als adj. höchß felten und erft bei fpätern, z. b.
meillerg. 16ᵇ der pl. gen. vilre; vielleicht kal, fal, val, gël, gar,
var, infofern fie kein w einfchieben, welches in der regel ge-
fchieht) nach m, n gilt fchwanken (hierher: lam, gram, -fam,
zam, vrum; was, gewon, gezan, infofern letztere nicht indecl.
ftehen) nach andern conf. weder fyn- noch apocope (hierher [746]
bloß: grop). Hingegen bleibt bei allen einfilbigkurzen der
hintere flexionsvocal nach dem r und m. Die paradigmen*)
lauten wie folgt:

---

*) Vielleicht geben formen wie holz, barz, lamz; hols, bars, lams anftofs;
fie find meines wiffens durch keinen reim zu beweifen, weil gegenreimende
wörter beinahe mangeln. Theils aber ziehen die beim fuhft. ausgemachten gen.
tals, fals, silo, fpils, fpërs, hers etc. folgerecht jene adjectivifchen nach fich;
theils fchwindet vermeintliche härte, fobald man fich des neuhochd. in folchen
wörtern langgewordener vocale entwöhnt, freilich bohls, baars, lahms wären ohne
bedenken zu verwerfen. Endlich ift auch in ganz analogen andern fällen die
mhd. fyncope erweißlich, man vgl. hirz, vëls, famztac mit den älteren birez, vëlis,
famextac (in diefer compof. erhielt fich nhd. die alte kürze: famstag, nicht:
fämestag, oben f. 413.); wer den bolez, fmalez, barez etc. grammatifch verfieht,
müßte auch birez, vëles etc. herftellen oder die häufigen anlehnungen wirz, dirz,
manz misbilligen. Dem grobez entfpricht obez (pomum) z. fchm. 335. auf lobez
gereimt, wiewohl fich obz (Parc. 56ᶜ) folglich grobz dulden ließe. Gotz, alte
hff. verdienen rückficht (Wigal. 178. bolem, 258. barez; Nib. 3ᵇ6. 1357. holm)
doch das fchwanken der fchreiber begreift fich, da die älteren zu dem ahd.
holez, parez, die fpäteren an dem nhd. hölez, bärez neigen. In dem ahd. dan-
kele, magere ft. dunkel, mager (f. 752.) wird man keinen grund für ein mhd.
bole, heltere finden wollen. — Daß mir die dative fmalme, lamme, barre nicht
vorgekommen find, weder außerhalb reims, noch im reim auf walme, halme,

II. *mittelh. starken adject. erste declination.*

fg.	hol-r	hol-iu	hol-z	bar	bar-iu	bar-z
	hol-s	hol-re	hol-s	bar-s	bar-re	bar-s
	hol-me	hol-re	hol-me	bar-me	bar-re	bar-me
	hol-n	hol	hol-z	bar-n	bar	bar-z
pl.	hol	hol	hol-iu	bar	bar	bar-iu
	hol-re	hol-re	hol-re	bar-re	bar-re	bar-re
	hol-n	hol-n	hol-n	bar-n	bar-n	bar-n
	hol	hol	hol-iu	bar	bar	bar-iu

der nom. fg. m. bar ſtelit für bar'r; im acc. fg. fem. und nom. acc. pl. m. f. fallen hol, bar mit dem flexionsloſen hol, bar (= blint) zuſammen.

fg.	lam-r	lam-iu	lam-z	grob-er	grob-iu	grob-ez
	lam-s	lam-re	lam-s	grob-es	grob-ere	grob-es
	lam-me	lam-re	lam-me	grob-eme	grob-ere	grob-eme
	lam-en	lam	lam-z	grob-en	grob-e	grob-ez
pl.	lam	lam	lam-iu	grob-e	grob-e	grob-iu
	lam-re	lam-re	lam-re	grob-ere	grob-ere	grob-ere
	lam-en	lam-en	lam-en	grob-en	grob-en	grob-en
	lam	lam	lam-iu	grob-e	grob-e	grob-iu

bei dichtern, welche name, ſwane ſt. nam, ſwan ſetzen (f. 683.) wird auch lame, wane f. lam, wan gelten. — Mehrſilbige bildungen mit -el, -en, -er geben wenn die wurzelſilbe kurz iſt, ganz nach blinder, wenn ſie lang iſt nach holr, bar, lamer. Ich ſtelle bloß den fg. auf:

gogel-er	gogel-iu	gogel-ez
gogel-es	gogel-er	gogel-es
gogel-em	gogel-er	gogel-em
gogel-en	gogel-e	gogel-ez

ëben-er	ëben-iu	ëben-ez
ëben-es	ëben-er	ëben-es
ëben-em	ëben-er	ëben-em
ëben-en	ëben-e	ëben-ez

mager-er	mager-iu	mager-ez
mager-es	mager-er	mager-es
mager-em	mager-er	mager-em
mager-en	mager-e	mager-ez

michel-r	michel-iu	michel-z
michel-s	michel-re	michel-s
michel-me	michel-re	michel-me
michel-n	michel	michel-z

ſtamme, ſtumme, barre, narre geſtehe ich ein, halte ſie aber damit keineswegs für vernichtet; das michelme, heiterre der mehrſilbigen iſt erweiſlich und beſtätigt die form der einſilbigen.

eigen-r	eigen-iu	eigen-z
eigen-s	eigen-re	eigen-s
eigen-mc	eigen-re	eigen-me
eigen	eigen	eigen-z

heiter	heiter-iu	heiter-z
heiter-s	heiter-re	heiter-s
heiter-me	heiter-re	heiter-me
heiter-n	heiter	heiter-z

der acc. fg. mafc. eigen ſteht für eigen'n (wie die dat. pl. meiden, ifen f. 668. 680. für meiden'n, ifen'n) ähnlich iſt die kürzung des heiterre in heiter, z. b. M. S. 1, 147ᵃ in vinſter naht. [eigenem f. eigenme Walth. 28, 3.] — Adj. auf *-in*, wie èrin, ifenin (ferreus) [pellelin. fabenin] gehen nach blinder, folglich: èriner, gen. èrines, dat. èrinem [mit fabininere wäle Diut. 3, 111]; ſobald aber ein unbetontes *-in* entſpringt (oben f. 368.), declinieren ſie gleich denen mit der bildung *-en*, doch mit zuweilen rückkehrendem tiefton auf den bildungsvocal bei langer wurzel (f. 373.), z. b. gleſin (vitreus) macht gleſiner, gleſines, gleſinem; aber hürnin, hürniner oder hürninr, dat. hürnineme. Ebenſo ſind die auf *-ic, -ec* zu beurtheilen; maneger geht wie êbener; heiliger wie grober, jenes macht den dat. êbenem, dieſes heiligeme. Die auf *-iſch* declinieren wie blinder, ſyncopieren aber oft den bildungsvocal (z. b. tiutſchiu, heidenſchiu) welches, als der flexion fremd, nicht hierher gehört. — 3) die dritte anm. zur alth. erſten decl. iſt auch hierher bezüglich; man findet nicht ſelten: hart, milt, zier, ſwâr, wis, klein, rich, gemein u. ſ. m. ſtatt herte, milte, ziere, ſwære, wife, kleine, riche, gemeine; meiſtens iſt das eine oder das andere der mundart verſchiedener dichter angemeſſen und dem einen bereit, dem andern bereite etc. geläufig [zier hat Conrad. die f. dicke Iw. 575. 4365. milt Nib. 1684, 1. hart Diut. 1, 6. En. 5672. 8364. andere beiſpiele nachtr.] — 4) erloſchene adj. ſind aus adverbien zu ſchließen, z. b. aus küme, lîſe.

Starkes adjectivum. zweite declination.

die flexionen ſind gänzlich zur erſten decl. übergegangen und wörter der zweiten nur in ihrem flexionsloſen zuſtande, wo das bildungs-e vortritt, zu erkennen.

1) blide. blœde. bœſe (pravus) dihte (ſpiſſus) dicke. dræte. dünne. dürre. enge. gæbe. gæhe (praeceps) gîte (avidus, gewöhnlicher gîtic) grimme (Wigal. 283.) gruene. hæle. herte. hœne. irre. kiuſche. kirre (cicur) kleine. kuele. kuene. lære. linde. mære. milte. mitte (medius) muede. næhe (vicinus) niuwe. nütze. œde. ræhe (raucus) ræze. reine. rîfe. rîche. ringe. röſche

668   II. *mittelh. ftarken adject. zweite declination.*

(afper, troj. 44ᵇ) fchœne. lanc-feime (tardus)*) feine (tardus)
fenfte. fmæhe. fnœde (vilis) fpæhe. fpæte. fpitze (acutus, mei-
ftens fpitzic) ftæte. ftille. ftrenge. fueze. fwære. tenke (finifter)
tiure. træge. truebe. veige. veile. velle. rihte. rîucke. wæge
(utilis, favens) wæhe. wære (certus) wilde. wife. wuefte. zæhe
[bære. chriftæne f. nachtr. dröge (ficcus) ift mnd. En. 10641, wo
truge; vgl. mnl. droghe, nnl.droog. geile M. S. 2,101ᵇ 185ᵃ herwe
(herb) fundgr. 179. hiuze Ben. 313. kriege (bellicofus) M. S. 2,
146ᵃ Wh. 43, 17. lihte (levis) M. S. 2, 16ᵃ meine (nefarius) C.
pal. 361 v. 4884. melche (von kühen) Diut. 3, 83. merke (atten-
tus) Herb. 103ᵈ rinde? Alex. 274. ruege? (furze u. ruege Berth.
253) fchîre (purus) Roth. 3ᵇ fchrette? M. S. 2, 22ᵃ fîhte (vado-
fus) M. S. 2, 16ᵃ wecke (vigil) M. S. 2, 22ᵃ wette (quitt) Ernft 25ᵃ
Wh. 1, 149ᵃ]. — 'ʹ2) gebære (aptus) gehiure. gelenke (agilis) ge-
mæge (cognatus) gemæze (commodus) gemeine. geminne. ge-
næme (acceptus) genœte (curiofus) gefchide (? muf. 1, 70.) ge-
finne (ingeniofus) gefippe (cognatus) getriuwe. gevære (dolofus)
gevuege. gewære (verax) gezæme (decens) [gemifche (ungemifche
was ir tranc MSH. 3, 187ᵃ) geuende (audax) Tit. 2. gerœme (be-
hend) Lf. 1, 314. gerueme (gloriofus) MSH. 3, 223ᵇ geftueme
MSH. 3, 223ᵃ] u. a. m. — 3) biderbe. behende (promptus) be-
reite (paratus) ellende (alienus) lasteræche (vindictam diu fervans)
nâchræte (infidiofus) alwære (fimplex) feltfæne (rarus) unwæne
(inexfpectatus) vierecke [durhnehte? Roth. 44ᵇ höchverte Nib.
224. meineide c. pal. 361 v. 4915. miffewende M. S. 2, 140ᵇ ko-
locz. 55. micchelræche M. S. 2, 130ᵇ öthmôte Rother 3746. un-
kiuwe (ungekaut) Lf. 3, 402. unmeine Roth. 9ᵇ unnæhe M. S. 1,
152ᵇ Flore 3709. 5628. unwende M. S. 2, 185ᵇ urwecke (per-
vigil) Uolr. 409. überfwenke Ben. 314. valehære? Roth. 19ᵇ val-
vehfe (zu 465 note)] etc. — 4) edele. vrevele. vremede. mürwe
(tener). —

Anmerkungen: 1) *umlaut* bei feiner fähigen wurzeln ift hier
nothwendig durch alle cafus hindurch. — 2) *fyn-* und *apocope*
gefchieht wie in der vorigen decl., ereignet fich hier aber kaum,
da die unter 1. aufgezählten adj. keins mit kurzer wurzel ge-
währen; edeler, vreveler gehen wie gogeler. Zuweilen wird
tiure in tiuwer erweitert und decliniert dann wie heiter, gen.
tiuwers, tiuwerre. — 3) vom fchwanken in die erfte decl. dort
in der dritten anm.; unterfchiede der bedeutung zwifchen nâch
und næhe; gâch und gæhe etc. wird erft das folgende buch
auseinanderfetzen. Mit dem übergang in die erfte decl. ift rück-
umlaut verbunden, z. b. hart, fwâr ft. herte, fwære; wird in der

---

*) Aus diefem nur bei Conrad vorkommenden wort, das mit dem folgen-
den feine einer wurzel fcheint, alfo für *lancfeine* fieht, hat fich ganz unorganifch
das nenh. *langfam* entwickelt, welches im mittelh. nirgends ftattfindet; *lancfam*
im alth. und altf. bedeutet: aeternus. Gleich tadelnswerth ift das nenh. *feltfam*,
ftatt des mhd. feltfæne.

metrischen scansion ein vocal elidiert, so bleibt hingegen der
umlaut, vgl. "hert und wiz" Parc. 56ᵇ. "knen und halt," "schœn
und hêr" Nib. Auch zeigt der umlaut, daß jene übertritte in
die unumlautige form erster decl. nur den unflectierten fall be-
treffen, d. h. man wird zwar hart, fwâr etc. finden, aber kein
hartes, hartem, barten, sondern immer hertes, hertem, herten;
vgl. das gotb. und alth.

Schwaches adjectivum. erste declination.

1) *blinde, blinde, blinde* folgen ganz der fubstantiven flexion:
hafe, zunge, hërze. [Im reim der gen. pl. auf -*ôn*: ein michel
teil der heiligon : ungewon Mart. 38ᵈ; auch dat. pl. heiligon : ge-
won Mart. 206ᶜ. -*un* in schwachen fem. haben noch urkunden
z. b. die freiburger: die eilztun dohter nr. 24 (n. 1275) der jun-
gerun nr. 85 (1311) die wildun 97 (1315) derselbun 104 (1317)
von der obrun badestubun 107 (1318). masc. nur im dat. plur.
von kunegen u. fürsten 24 (1275) den siechen 45 (1280). nom. sg.
der vorgeschribno mon. zoll. 1, 307.] — 2) auch die regeln über
das stumme e bleiben die nämlichen; die schwache form *hol,
bar, lam* (oder *lame*) stimmt demnach zu kol, ar, nam (s. 683.);
grobe geht wie blinde*). [s. nachtr. der wnn (vacuae dat. sg. f.)
MSH. 3, 233ᵇ. Thomasin erlaubt sich auch: der tugenthaft: haft
58ᵃ der guot: demuot 69ᵇ. — der sterkest (fortiffimus) din ster-
kest, daz sterkest (Nib. 1671, 3.)] Ebenso bei den mehrsilbigen,
es heißt: gogele, ebene, magere; gen. gogelen, ebenen, mageren
etc. allein: michel, eigen, heiter, gen. micheln, eigen, heitern.
[Im reim der kinder: winder Georg 54ᵃ vgl. der lûter wîn war-
nung 263.] — 3) die wörter gemâl etc. (oben f. 743.) bleiben
auch bei vorstehendem artikel meist unflectiert; merkwürdig steht:
der arem, dem arem für: der arme, dem armen Parc. 140ᵃ Kolocz
165. 180. — 4) gewisse adj. find nur in schwacher form üblich, [750]
z. b. *zage* (ignavus) [aber: zager muot M. S. 2, 246ᵇ] *eine* (solus)
[hône (confusus) Mart. 220ᵈ 222ᵇ schade (nocivus) M. S. 2, 211ᵃ
amgb. 37ᵇ ungeveder (abd. unkifedaro?) Lanz. 1289. Bon. 64,
50.] etc. auch *ine* (expers) gerade (par) Trist. 122ᵃ scheint gern
so zu stehen.

Schwaches adjectivum. zweite declination.

die flexion ganz wie in erster, doch gilt kein rückumlaut in
umlautbaren, also: *herte, herte, herte,* nicht: barte. Der umlaut
war eingewurzelt.

---

*) Auch hier bestätigen bald die hff. bald nicht; vgl. a. Tit. 46. daz smal;
Parc. 57ᵇ daz zam; Trist. 3ᵃ der êren-gir; 36ᵇ der êren-gire; 126ᵉ daz baro (in
welcher stelle doch eine andere hf. bei Oberlin v. bar liest: daz bar (wër) Nib.
2299. die smalen.

II. *mittelniederl. ftarkes adjectivum.*

Mittelniederdeutfches adjectivum.

auch hier enthalte ich mich der aufſtellung; nur das iſt mit ſicherheit anzunehmen, daß die dem mittelh. *-er* und *-eʒ* analogen flexionen des nom. ſg. maſc. neutr. *-er*, *-et* längſt verloren ſind; es gilt lediglich das unflectierte blind, blind. [Spuren des neutralen *-et*: ein vromet minſche Wiggert 2, fab. 58, 29. ein figendliket her Saſſeuchr. 193. allet ibid. 196. Delm. 1, 256. Schuiren chron. 117. und häufig in der chron. aus dem goth. inſ. allent Saſſeuchr. 16. 25. 192. Delm. 1, 345 und häufig in niederſächſ. büchern. In Berlin: en kleenet balg, en wahret kind.] Dem nom. ſg. fem. und pl. neutr. hingegen ſteht kein *-iu*, ſondern *-e* zu.

Mittelniederländifches adjectivum.

Starkes adjectivum.

ſg.	blint	blint	blint
	blind-es	blind-re	blind-es
	blind-en	blind-re	blind-en
	blind-en	blind-e	blint
pl.	blind-e	blind-e	blint
	blind-re	blind-re	blind-re
	blind-en	blind-en	blind-en
	blind-e	blind-e	blint

1) dem nom. ſg. fehlt alle flexion und in der wortſtellung können auch die übrigen caſus ohne flexion geſetzt werden. — 2) der dat. ſg. maſc. und neutr. hat niemahls *-em* [im pron. nur bei bem], ſondern wie im pl. comm. *-en*. Im ſg. maſc. fallen demnach dat. und acc. zuſammen. — 3) der gen. dat. fem. und gen. pl. comm. ſchwankt zwiſchen *-er* und *-re* (ſtatt *-ere*); nur regeln ſich die fälle weniger nach der lungen oder kurzen wurzelſilbe (wie im mhd.) als nach der natur anſtoßender confonanzen. So ſtehet *-re* nach n, nd, als: coenre, rēnre, blindre etc.; *-er* nach d, t, g, k, cht etc., als: goeder, langher, ſtaerker, rechter. Nähere prüfung wird hierüber genaueres ausmitteln. — 4) adj. zweiter decl. ſind am *-e* zu erkennen, das ſie unflectiert an ſich tragen, z. b. dinne (tenuis) ghemicke (commodus) clēne (parvus). Viele haben es abgelegt, z. b. onghehier (immanis). Umlaut tritt gar nicht ein. — 5) das wichtigſte wäre, alle adj. dieſer mundart vollſtändig zu verzeichnen; ihr reichthum gewährt manche, die im mittelh. ausgegangen ſind, z. b. blaer (inanis, miſer) [? raſus Maerl. 2, 327. — Adj. *erſter*

II. *mittelniederl. ſtarkes u. ſchwaches adjectivum.* 671

decl. 1) **aerm** (pauper) **hlint**, **blênt** (caecus) **bröt** (latus) **blôt** (nudus) **bout** (audax) **dul** (ſtolidus) **fel**, **-lles** (ferus, malus) **gans** (ſanus, totus) Stoke 1, 569. Maerl. 2, 396. Ferg. 3070. **gek** (ſtultus) Naragonia 138[b] 110[a] **goet** (bonus) **gram** (iratus) **grôt** (magnus) **gula** (avidus) Maerl. 2, 106. **lat** (tardus) **lêt** (inviſus) **licht** (levis) **malſch** (guloſus) Ferg. 107. Rein. 276. **plomp** Maerl. 1, 331. **quaet** (malus, pravus) **riſch** (velox) Brandan 126. **rûd?** Maerl. 3, 78. **rût** (trux) Widek. 49. **ſacht** (mitis) **ſat** (ſatur) **ſcaerp** (acutus) **ſlac** (laxus) **ſlanc** Ferg. 185. 3029. **ſlink** (ſiniſter) **ſmal** (tenuis) **ſnel** (celer) **ſtaerc** (fortis) **ſtout** (ſuperbus) **ſtur** Ferg. 4229. **tên**, **tene?** Floris 1364. **valſch**. **vluc** Maerl. 11, 206. **vraei** (pulcher) **vroet** (prudens) **wilt** (ferus) **wlak** (tepidus) Narag. 125[a] **wrêt** (trux). — 2) **ghehaer** (crinitus) **ghehier**, **ougehier**. **ghelês** (alluetus) : **ês** Maerl. 2, 54. **gheſont** (ſanus) **gheſpar** Maerl. 1, 106. **ghevè** (hoſtilis) III, 6. — 3) **magher** Ferg. 3029 etc. — Adj. *zweiter decl.* 1) **hlide** (laetus) **blode** (timidus) Rein. 1193. **cale** (calvus) Maerl. 2, 325. **diere** (carus) **dinne** (tenuis) **droghe** (ſiccus) avondſt. 1, 296. Rein. 2364. **droeve** (triſtis) **êrre** (iratus) **gbale** (flavus) Maerl. 2, 246. **haerde** (durus) **mare** (inclitus) **nauwe** (avarus) **quite** (ſolutus) **rike** (dives) **ſachte** (mollis) **ſcone** (pulcher) **traghe** (ſegnis) Rein. 1177 (traech 2709) — 2) **ghemicke** (commodus) Rein. 358. **ghename** (gratus) **gheſtade** (conſtans) — 3) **dëllame** (particeps) **orbare** (utilis) Maerl. 2, 352. —]

Schwaches adjectivum.

ſg.	blind-e	hlind-e	blind-e
	blind-en	blind-en	blind-en
	blind-en	blind-en	blind-en
	blind-en	blind-en	blind-e
pl.	blind-e	blind-e	blind-e
	hlind-en	blind-en	blind-en
	blind-en	blind-en	blind-en
	blind-e	blind-e	hlind-e

bemerkenswerthe abweichung von der ſchwachen ſubſt. decl. (f. 692.); unſicher bleibt mir der gen. pl., da dieſer caſus kaum vorkommt, ſondern wie in der ſtarken form umſchrieben zu werden pflegt. Es würde alſo in den übrigen caſibus, wenigſtens maſc. und fem., ſtarke und ſchw. decl. zuſ. fallen.

Mittelengliſches adjectivum.

ganz inflexibel; verzeichniſſe mit unterſcheidung aller derer, welchen das bildungs-e gehührt, gehören darum nicht in gegenwärtiges huch.

II. neuhochd. starkes adject. erste declination.

Neuhochdeutsches adjectivum.

Starkes adjectivum. erste declination.

sg.	blind-er	blind-e	blind-es
	blind-es	blind-er	blind-es
	blind-em	blind-er	blind-em
	blind-en	blind-e	blind-es
pl.	blind-e	blind-e	blind-e
	blind-er	blind-er	blind-er
	blind-en	blind-en	blind-en
	blind-e	blind-e	blind-e

1) neben den flexionen gilt ein unflectiertes *blind* in dem nom. acc. sg. und pl. für alle geschlechter; nicht mehr in dem gen. dat., höchstens als dichterische licenz; das nähere in der syntax. — 2) das mittelh. -*iu* hat sich verloren. — 3) das mittelh. -*ez* erst in -*eß*, endlich in -*es* verkehrt, so daß nom. acc. neutr. sonderbar mit dem gen. zus. fallen; nur gemeine mundarten unterscheiden das weichere -*eß* von dem schärferen genitiven -*es* (oben f. 527. vgl. Schmeller p. 145. 225.). — 4) gen. dat. f. und gen. pl. comm. zeigen einförmig -*er* (unten anm. 2.). — (5) fpur des inftr. (wb. 1, 207) mit alle dem. trotz alle dem. bei alle dem. nach alle dem. —]

1) einfache: all. arg. arm. bär. blank. blau. blind. bloß. braun. breit. bunt. dick. dumm. dünn. dürr. eng. fal. falfch. faul. feig. feil. fein. fett. flach. voll. frech. frei. fremd. frifch. fröh. früh. fromm. ganz. gar (coctus) geil. gelb. gern. gram. grau. grimm. greis. grell. gröb. größ. gût. grün. halb. hart. heil. heiß. hell. hêr. hôch. hold. jung. kâl. karg. klâr. klein. klûg. kraus. krumm. kûl. kund. kurz. lam. laug. laß. lau. laut. leicht. leid. lêr. licht. lieb. lind. lôs. matt. mild. näh. naß. neu. plump. quitt. rafch. rauh. recht. reich. reif. reiu. bereit. rôh. rôt. ruud. fanft. fatt. fcharf. fchél. fchen. fchief. fchlaff. fchlank. fchlecht. fchlimm. fchmal. fchnell. fchœn. fchwach. fchwarz. fchwêr. fchwül. feicht. fiech. fpæt. fpitz. ftark. fteif. fteil. ftill. ftraff. ftolz. ftreng. ftumm. ftumpf. füß. taub. teig. tief. tôdt. traut. treu. vil. wach. wâr. warm. weiß. weit. welk. werth. wild. wûft. wund. zâm. zart. zwerch [ächt. bang. barfch (aufterus) blaß. derb. flink. fratt (f. Adelung) heifch (raucus) herb. link. nett. prall. fchâl. fublau. fchmuck. fchrill (gellend, nach engl. fhrill) fchroff]; fudann comp. mit -haft, -lich, -fam, -feft etc. — 2) mit der vorfilbe *ge*: gleich. gemein. gemüth. angenem. bereit. gering. gefchwind. gefund. gewis [geraum (amplus) gefchlacht] etc. — 3) bildungen mit -*el*, -*en*, -*er*: eitel, dunkel, eigen, hager etc. fauer und theuer gehören jetzt unorganifch hierher (oben f. 697.) — 4) mit -*ig*: ewig, rûhig, finnig etc. — 5) mit -*ifch*: hœfifch,

II. *neuhochd. starkes adject. erste u. zweite declination.* 673

närrisch, irdisch etc. — 6) mit *-icht*: steinicht etc. — 7) mit *-t*: feißt, nackt.

Anmerkung: 1) die flexion *-e* statt des mittelh. *-iu* zeugt keinen umlaut, namentlich heißt es nur *alle*, nicht elle. [H. Sachs 1. 5, 532ᵇ ob euch ölln : verstelln.] — 2) hinsichtlich der syn- und apocopen zeigt die sprache keine consequenz α) bei den langgewordenen, chdem einsilbigkurzen, hören sie natürlich auf, es heißt hôl, bär, lâm; hôles, hôle etc. β) dafür sollten sie bei *allen* mehrsilbigen eintreten und so gut es heißt gen. engels, fingers, rêgens, êbers, pl. engel, finger, êber etc. müste ein gen. dunkels, heiters, êbens, mâgers; pl. dunkel, heiter, êben, mâger stattfinden. Allein diese wörter behalten sämmtlich das e und gehen wie blinder, also: dunkeler, mâgerer, dunkeles, mâgeres, fem. dunkeler, mâgerer; pl. dunkele, mâgere; der einzige acc. sg. masc. und dat. pl. kann noch syncopieren: dunkeln, mâgern, heitern, neben dunkelen, mâgeren, heiteren. Lieber werfen die übrigen casus das bildungs-e weg: dunkler, êdler, mâgrer, êb- ner, dunkles etc. wodurch dann freilich das flexions-e gerecht- fertigt wird; im acc. sg. masc. und dat. pl. stehet ungut dunklen, êdlen, mâgren, und besser dunkeln, êdeln, mâgern; bei denen auf *-en* gilt jedoch êbnen neben êbenen. Hiernach kann man sich leicht paradigmen zus. setzen. Übrigens stimmt die unorg. entfaltung dieser decl. zu dem s. 700. angeführten subst. êbne, bittre oder êbene, bittere. — 3) der augenschein lehrt, daß viele der angegebenen adj. das ursprüngliche bildungs-e abgestoßen haben und vordem zur zweiten decl. gehörten, namentlich: dick, dünn, dürr, feil, früh, grün, hart, klein, kül, lind, mild, gemein, neu, [nütz,] reich, rein, sanft, schœn, still, süß, treu, [trüb,] wild, wüst; ebenso die bildungen bieder, êdel, behend, albern, nüchtern etc. Umlautbare verräth meistens der gebliebene um- laut; fehlt auch er (wie in hart, sanft) so geschah der übertritt früher. [Man sagt nun auch, andern als im mhd. (s. 749), ob- lique: harten, sanften.]

Starkes adjectivum. zweite declination.

das bildungs-e erhält sich nur im unflectierten fall weniger wörter, die sprache hat es, wie so eben gezeigt wurde, in den meisten allmählig verloren, und wird es auch in den folgenden mit der zeit ablegen: blœde. bœse. enge. jæhe. irre. kirre (cicur) milde. œde. fchnœde. træge. weise. zæhe. [füde (aus dem franz.) rêge. sprœde.] — Alle flexionen gleichen denen erster decl.

Schwaches adjectivum.

paradigma wie im mittelh., mit der einzigen wichtigen abwei- chung, daß der acc. sg. fem. dem nom. gleichlautet: *die blinde* st. die blinden. Das stimmt zwar zum acc. sg. zuuge st. zungen,

II. *neuniederländisches adjectivum.*

allein der fubft. gen. dat. hat ebenfalls zunge, während hier das adj. die fchwache form läßt: der blinden. Das unfolgerechte fällt in die augen. [Dem nom. fubft. daumen, brunnen vergleicht fich: felbften (ipfe) Simpl. K. 917. er felbften 918 wie von fich felbften 929. Im gen. ftellt Fifchart die aualogie zwifchen fubft. und adj. zuweilen her: ein ftuck nackendens bubens. bienenk. 122ᵇ.] — Die kürzung der mehrfilbigen ift nach anm. 2. zur erften ft. decl. zu beurtheilen, nämlich der nom. fg. aller gefchl. fammt dem acc. fg. fem. neutr. kürzen entw. gar nichts: dunkle, ebene, magere, heitere, fauere etc. oder den bildungsvocal: dunkle, ebne, faure etc. Die übrigen cafus, folglich alle mit der flexion -n, dürfen (wie dort der acc. fg. mafc. und dat. pl.) den flexionsvocal fyncopieren: dunkeln, magern, heitern, fauern, (nicht dunklen, magren, fauren, heitren,) oder auch ftehn laßen: dunkelen etc. Die auf -en thun entw. letzteres (ebenen) oder werfen das e der flexion aus (ebnen).

Neuniederländifches adjectivum.

ftarke und fchwache form fließen, wie beim fubft., untereinander:

fg.	blind-e	blind-e	blind-e
	blind-en	blind-e	blind-en
	blind-en	blind-e	blind-en
	blind-en	blind-e	blind-e
pl.	blind-e	blind-e	blind-e
	blind-e	blind-e	blind-e
	blind-en	blind-en	blind-en
	blind-e	blind-e	blind-e

die angenommenen genitivformen dürften jedoch kaum gebräuchlich feyn, diefer cafus wird meiftens umfchrieben und nur die edle fchreibart fetzt in gewiffen fällen einen alterthümlichen gen. fg. blindes, blinder, blindes; pl. blinder. Zuweilen fteht im nom. fg. ein unflectiertes *blind*.

Schwedifches adjectivum.

Im fg. *ftarker form* ift die flexion gefchwunden, außer daß dem neutr. -t zugefügt wird, welches denn auch im gen. und dat. bleibt. Mafc. und fem. fallen unter fich und für alle cafus

II. *fchwedifches adjectivum.*

flexionslos zufammen; der altn. umlaut, welcher bei wurzeln mit a das fem. unterfcheidet, mangelt gänzlich. Jenes neutrale t tritt hinzu, unerachtet die wurzel auf d, t, nd, rd, ll anslautet, z. b. göd-t (bonum) tät-t (denfum) hvft-t (album) blind-t (coecum) hård-t (durum) kall-t (frigidum), da, wo fie mit -tt, lt, rt, ft fchließt, bleibt das neutr. t weg und in folchen wörtern lauten alle gefchlechter übereins, z. b. blott (nudum) halt (claudum)*) kort (breve) faft (firmum) etc.; adj. auf -as, -rs laßen es gleich- falls weg, z. b. fams (concors) varfe (cautus) [gängfe (quod ufu venit) villfe (erroneus)]. Vocalifch auslautende hingegen geben dem neutr. -tt ftatt -t: blått (coeruleum) fritt (liberum) nytt (utile) rått (crudum) etc. bildungen mit -en ftoßen das n vor dem t aus: liten (parvus) litet (parvum) ègen (proprius) èget (proprium) nicht litent, ègent. Bildungen mit -el, -er, -ig, -ifk etc. bekommen das neutrale -t. — Der plur. aller adj. wird zwar flectiert, hat aber durchgehends fchwache form angenommen, man müße denn für einen reft der ftarken halten, daß das mafc., wie es fcheint willkürlich, *blinde* neben blinda lauten darf. — [Verzeichnis einfacher fchwedifcher adjective: all. blå. bold. blind. blott. dœd. faft. ful. full. gäll (canorus) göd. grå. grann (accuratus) grœn. gul. hal. hulf. halt. hård. hel. hœg. hvit. käl. kall. kær. kort. låg. lang. lätt. lèd. ljus. ny. oud. œm (mifer) rå. rœd. fult? fèn. flägt. flåt. fmå. fpak (3, 72) ftark. ftolt. ftor. ftrid. tæt. tråug. trött (feffus) tråug. tung. tyft. ung. vig (bellicofus) vild etc.]

Die *fchwache form* ift leicht zu faßen: im fg. haben alle cafus des mafc. -e, alle des fem. und neutr. -a; im pl. alle cafus aller gefchlechter -a [abweichend von altn. -u (f. 742) doch dat. pl. altfchw. -u: i þem förru ehumim (in prioribus juramentis) Öftg. 178.]; folglich: blinde, blinda, blinda; pl. blinda, blinda, blinda. Ausnahmsweife, wenn das adj. fubftantivifch fteht, gilt noch der alte gen. fg. mafc. blindes und pl. blindas (f. anm. 2.). Mehrfilbige fyncopieren den bildungsvocal, z. b. gamle, gamla; idle, idla; ègne, ègna; bittre, bittra ft. gammale, gammala; idele, idela etc. [liten hat fchwach lille, lilla, offenbar aus der alten form litli übrig (f. 743) vgl. 741.]

Anmerkungen: 1) einige adj. haben die ganz inflexible endung -a, als: ringa (levis) ftilla (quietus) äkta (legitimus) etc. [Boivie p. 185.] 2) noch vor einigen jahrh. galt ftatt der heutigen abgefchliffenen nachftehende decl., die ich um fo mehr anführe, als fie in der bibelüberfetzung größtentheils befolgt ift:

---

*) Wenn Botin p. 110. durch die fchreibung *hallt* einen unterfchied von *halt* (lubricum) erzwingen will, fo ift das mittel fchlecht gewählt: man fchreibe: halt (claudum) hålt (lubr.).

II. *dänisches adjectivum.*

```
    fg.  blind-er¹)    blind       blind-t
         blind-s       blind-e     blind-e
         blind-om      blind-e     blind-o
         blind-an      blind-a     blind-t

    pl.  blind-e       blind-a     blind
         blind-es      blind-as    blind-es
         blind-om      blind-om    blind-om
         blind-e       blind-a     blind
```

und die fchwache form lautete

```
    fg.  blind-e²)     blind-a     blind-a
         blind-es      blind-as    blind-as
         blind-e       blind-a     blind-a
         blind-e       blind-a     blind-a

    pl.  blind-a       blind-a     blind-a
         blind-as      blind-as    blind-as
         blind-a       blind-a     blind-a
         blind-a       blind-a     blind-a
```

Dänifches adjectivum.

Vom fg. *ftarker form* gilt im ganzen was über das fchwed. adj. gefagt worden ift. Das neutrale t unterbleibt bei den wurzeln mit -t (welches für -tt fteht, oben f. 564.) und -ft, als: let (leve) tet (fpifüim) brat (praeceps) faft (firmum); bei denen mit -d, -fk fteht es bald, bald nicht, alfo gläd (laetum) rafk (velox) etc. neben glädt, rafkt, gödt (bonum) ondt (ma'um). Auch die auf -es machen das neutr. dem mafc. gleich, z. b. länds, läns (vacuum) fälleds, fälles (commune). Vocalauslautige nehmen t (für tt) an: blaat (coerulemn) nýt (novum); doch trö, blý, fký bleiben unverändert. Mehrfilbige bildungen -en werfen das n aus: liden, lídet; egen, eget ft. lident, egent, wiewohl einige wörter fchwanken, z. b. nægent und næget (nudum). — Der pl. endigt überall auf -e, wie in der *fchwachen form*. Diele hat -e im fg. und pl. aller gefchlechter und für alle cafus: blinde,

---

¹) Schwed. volkslieder geben zwar das -er noch oft dem nom. fg. mafc. z. b. 2, 180 han var vaner att ginga. 2, 3 ungerfven var berürfter. 3, 116 grofter fyndare. Fr. af Norm. 161 een floher ftév. 574 marger; aber zum zelchen der verhärtung auch dem acc. mafc. ja, dem nom. fem. und acc. fem. 2, 191 min mider hon är få vréder. 2, 4 hon är få bléker. 2, 21 hon blef få langer. 2, 19. 33 låt fåta tåran qvicker i jord. 2, 50. 54 få väner en mö. 2, 29 jungfrun vard döder. 2, 35 dader du vardt.

²) Rånberg gibt p. 114 dem nom. fg. mafc. -e oder -a; auch Almqvift p. 31 vgl. 32. 33. Hoivre p. 190.

II. *declination der gesteigerten adjective.*

blinde, blinde; mehrsilbige auf -el, -en, -er syncopieren, z. b. gamle, nægne, magre fl. gammele etc. [liden bekommt schwach lille (f. das schwed.)] — *Anmerkungen*: 1) einige adj. auf -e bleiben völlig unverändert, z. b. ringe, bange (timidus) — 2) die altdänische fprache zeigt fpuren vollkommnerer flexion, namentlich den nom. fg. mafc. auf -*er* [im volksl. noch unger fvend], gen. -s, acc. -*en* etc. — [Verzeichnis dän. adj. sl. æng (angustus) arg. arm. bar (nudus) barsk (trux) besk (amarus) blas. blèg. blœd (mollis) blind. bltd. blot (nudus) blý (verecundus) u-blū (inverecundus) brat (praeceps) brêd. brûn. dœd. dœv (furdus) dorsk (hebes) drøj. drû (acer) dýb. dýr. fnar (pauci, pl. tantum) fâl (venalis) faft. féd (pinguis) ferfk oder frifk. sej (pavidus) sin. flad (planus) flink. fri. frô. ful. suld. glad (laetus) glat (planus) god. grim oder grum (trux) grœn. gröv. gûl. halt (claudus) halv. baard. hæs (raucus) hêd (calidus) hêl. höj. huld (propitius) hûl (cavus) hvas. hvtd. ild. kaad (lafcivus) karfk. kiær. klam (humidus) klàr. klôg. knap. kold. kort. làd (piger) làm. làv (humilis) lang. lêd (invifus) let. lind. lig. lœs. lûn (tepidus) lýs. mæt (satur) mild. mörk. nem (facilis) ný. ond. œm (delicatus) rafk. ret. rén. rig. rœd. rund. raa (crudus) fand. fej (lentus) fen (tardus) fkarp. fkiær (limpidus) fkiæv. fkioen. fký (timidus) slap (laxus) flæv (hebes) fmal. fmuk. fnar. fvild. fnû (callidus) sœd. sort. fpæd (gracilis) fpids. ftam (balbus) ftårk (fortis) ftil. ftiv (rigidus) ftolt. ftor. ftram (rigidus) ftrid (afper) ftum. ftump. ftûr. fvag. fvål. fýg. tam. tom (vacuus) tœr (aridus) trang (anguftus) træt (feffus) tet (fpiffus) trô (fidus) tryg (tutus) tung. tyk (craffus) tynd (tenuis) ung. vaad (humidus) vån (pulcher) varm. vis. vrêd (iratus) vid. vild.]

Declination der gesteigerten adjective.

Von der fteigerung des pofitivs zum comparativ und fuperlativ wird im dritten buche rede feyn; hierher gehört bloß eine bemerkung über die declination der beiden höheren grade. Der fuperlativ ift in allen deutfchen mundarten beider der ftarken und fchwachen form fähig[1]); der comparativ hingegen nach der älteren, organifchen einrichtung nur der fchwachen und nicht der ftarken. Erft fpäterhin drängt fich auch die letztere ein. Die comparative decl. erfordert folgende nähere unterfuchung

1) der *goth.* comparativ geht gleich dem pofitiv im mafc. nach *hana*, im neutr. nach *hairtô*. Merkwürdig weicht aber das fem. von der flexion des pofitivs ab, es heißt nicht (wie

---

[1]) angenau: der nom. fg. nicht mehr unflectiert ftark.

blindô, blindôns; midjô, midjôns nach laggô, raþjô) blindôzô, blindôzôns; fpêdizô, fpêdizôns; fondern analog der dritten fchw. weibl. decl. (managei, manageins) *blindôzei, blindôzeins*; *fpêdizei, fpêdizeins*. Belege find: aldrôzei Luc. 1, 18. fpeidizei Matth. 27, 64. vairfizei ibid. Der grund diefer weibl. comparative auf -*ei* ftatt ô kann in keinem allgemeinen buchftabenverhältnis liegen, da die form -ôzô, -izô nichts anflößiges hat und beim neutralen comp. wirklich eintritt. Er beruht alfo in dem wefen der flexion -*ei*, welche an fubftantiven (managei) comparativen und felbft comparativifch verwendeten pofitiven (Matth. 27, 64. ftehet frumein = frumôzein, priore) das weibl. gefchlecht bezeichnet; vgl. inzwifchen unten die bildung des goth. relativen pronomens. [Der weitg. königsname vitiza enthält einen comparativ.]

2) im *althochd.* ift α) die *flexion* des comp. gänzlich mit der des fchwachen pof. einftimmend, d. h. plintôro, plintôra, plintôra; pittarôro, pittarôra, pittarôra declinieren wie hano, zunka, bêrza*) [z. b. gidikanorin (provectioris) doc. 208ᵃ]. Wenn O. II. 22, 35. III. 18, 66. auch das masc. auf -a zu endigen fcheint, fo ift entw. liobôro, furiro zu emendieren oder falls alle hf. die lesart beftätigen, das neutrum anzunehmen und ein subft. wie thing ausgelaßen zu verftehen: cleinira (fubtilior) gl. jun. 226. ift vermuthlich das femin. (vgl. inzwifchen den altf. comp.) [O. II. 6, 90 zi bezziremo thiuge.]. Bei dem fpäteren N. herrfcht die fchwache form des comp. noch ohne ausnahme, vgl. manegeren, lieberen, linderen, wëlcheren, lengeren, fnëlleren 39, 13. 49, 5. 51, 5. 54, 22. 89, 9. 103, 3. [aber alterin antiquiora N. Arift. 60.] Bei W. fcheint ein unflectierter nom. fg. und pl. vorzukommen, vgl. 1, 4. fuozer (ft. fuozern) 1, 13. holder (ft. holdero) 4, 10. bezzer (ft. bezzera) 1, 2. 4, 10. bezzer (ft. bezzeren); daneben 1, 3. richtig bezzera. [mêr werdent (majores) f. mêren Hoffm. XX, 12.] —

3) *umlaut* des comp. läßt fich ein zweifacher gedenken a) er kann bei adj. zweiter decl. durch den bildungsvocal i begründet feyn und herrfcht dann im ganzen wort, z. b. ftreukiro, ftrenkira, ftrenkira; peziro etc. wiewohl die älteften quellen ftrankiro, paziro leiden. b) adj. erfter decl. können ihn durch affimilation erhalten, fobald die flexion ein i zeigt. was alfo nur im gen. dat. fg. masc. neutr. der fall ift, und dem zuweilen, aber nicht nothwendig eintretenden umlaut des fchwachen fubft. entfpricht (vgl. f. 77. nemin = namin).

---

*) Bei ftarker decl. würden in mehrfilbigen wörtern ohne auf. ziehung dergleichen unleidliche formen entfprungen feyn, wie der nom. mafc. pittarôrêr oder gen. fem. pittarôrêra! wohlklingender augenfcheinlich die fchwache form pittarôro, pittarôrûn.

So heißt es: lankirin (longioris) eltirin (fenioris) im gen. fem. aber lankôrûn, altôrûn, und eben fo wenig befitzen den umlaut andere cafus des mafc. und neutr. Außer dem i wirken andere flexionsvocale affimilation der bildungsvocale, z. b. pliutara (ft. pliutôra) richoro (ft. richiro) vgl. oben f. 117. doch überall fchwankend. Und zu diefem fchwanken, ja durchkreuzen verfchiedener einflüße gefellt fich die allmählige abftumpfung der comparativen bildungsvocale ô und i in ein zuweilen betontes, zuweilen tonlofes e, worüber erft im folgenden buch rechenfchaft zu geben ift, wouach es aber wenig wundern darf, daß in der nächften periode die umlaute des comparativs eine großentheils unorganifche entwickelung zeigen.

3) das *altfächf.* blindôro, blindôra, blindôra declinicrt nach hano, tunga, bërta; die vollftändige ausgabe der E. II. wird lehren, wie es um die einigemahl bemerkte flexion -a des mafc. ftehe. [ift gl. argent. 192ᵇ athilarion generofos ein comp. ahd. ediloron?]

4) der *angelf.* comp. blindra, blindre, blindre gehet nach hana, lunge, eáge.

5) die *altnord.* flexion hat ihr eigenthümliches, nämlich a) im fg. folgen mafc. und neutr. des compr. ganz der fchwachen form des pofitivs, d. h. auch der des fubft. hani, hiarta, allo mafc.: bliudari, gen. bliudara; neutr. blindara, gen. blindara. Das fem. aber bekommt nicht -a, gen. -u wie der pofitiv blinda, bliudu oder tûnga, tûngu; fondern, einftimmend mit der goth. einrichtung, gleich dem fubft. æfi (f. 656. 662.) -i: blindari, gen. blindari; dat. und acc. ebenfalls blindari (ohne zweifel war diefes i, wenigftens urfprünglich, ein f). — b) der pl. endigt überall in allen gefchlechtern auf -i (f), alfo wieder abweichend vom fchwachen pofitiv. — An umlaut ift hier nirgends zu denken.

6) im *mittelhochd.* erklärt fich α) das aufkommen der *ftarken flexion* folgenderweife: die meiften adj. find einfilbig-lange, die bei zutretendem tonlofen -er das ftumme flexions-e nach der regel abwerfen, es heißt: blinder, fchœner, bezzer ft. blindere, fchœnere, bezzere. In gleichem fall befinden fich mehrfilbige mit erfter kurzer, der comp. z. b. von mager, eben lautet demnach: magerer, ëbener ft. magerere, ëbenere. An der minderzahl von einfilbig-kurzen oder mehrfilbigen mit erfter langer erfcheint hingegen das fchwache flexions-e, die pof. hol, lam, heiter, ftel, eigen machen den comp. holre, lamre, heiterre, ftelre, eigenre ft. holere, heiterere etc.; zum beleg diene vinfterre fragm. 15ᵃ. Wie andere cafus diefer fehr felten auffloßenden comp. lauten, möchte ich wißen, zweifle aber daß fich z. b. ein gen. holres, vinfterres aufweifen laße und würde eher die org. fchwache form holren,

680 II. *declination der gesteigerten adjective.*

vinſterren muthmaßen. Bei jener mehrzahl von adj. ließ
ſich inzwiſchen der ſprachgeiſt verleiten, blinder, ſchœner,
magerer für die flexionsloſe ſtarke form zu nehmen und bil-
dete nun den gen. und andere caſus ſtark. So ſtehet z. b.
[kniſerchron. niht peʒeres] Maria 89. waʒ tiurera. M. S. 1,
108ᵇ waʒ liebera, Parc. 6ᵇ iht lihtera, Wigal. 84. 91. 137.
144. niht ſchœners, edelera, Iw. 31ᵇ ze böherm [Triſt. 1751
mit leidereme leide] etc. wofür im alth. huaʒ tiuririn, niht
ſcônirin, iowiht liohiterin, zi höhirin geſtanden haben würde.
Bemerkenswerth iſt der ſtarke nom. fem. unſælgeriu (infe-
licior) ſt. des organ. ſchwachen unſæligĕr Iw. 30ᵃ [Thomaſſin
reimt 21ᵇ liebĕre : unmære]. — β) die ſchwierige unterſuchung
über den *umlaut* der comp. gehört, da er in keinem fall
von der flexion gewirkt wird nicht hierher.
7) in den *mittelniederl.* quellen lautet der nom. ſg. comp. bald:
blinder, blinder, blinder, bald: blindre, blindre, blindre und
ebenſo der nom. pl. (nicht blindren). Die obliquen caſus
habe ich nicht geleſen.
8) der *mittelengl.* comp. zeigt keine flexion.
9) der *neuhochd.* iſt ſchwacher und ſtarker form gleich dem
poſ. und ſuperl. fähig; bei mehrſilbigen bildungen mit -er
pflegt man den mislaut ſtarker formen, z. b. bittererer (acer-
bior) bittereres (acerbioris) (vgl. ſ. 757. note) durch ſyncope
zu mindern: bittrerer, bittreres. [Im ſuperl. e vor ſt ge-
tilgt: liebſt, frömmſt, längſt (doch fremdeſt, wildeſt, lauteſt)
vollkommenſt, verſchlageuſt, erhabenſt. Garg. 25ᵃ noch: zu
dem aller vollkommeneſten.] — Vom ſchwankenden umlaut
des comp. im folgenden buche.
10) der *neuniederl.* comp. bleibt im ſg. völlig unflectiert: blinder,
blinder, blinder; der pl. lautet für alle caſus: blindere [nach
Ten Cate 1, 328 ganz unveränderlich.]
11) im *ſchwed.* gilt für alle caſus und geſchlechter ein unver-
änderliches blindare; im *dän.* ebenſo blindere.

Declination der zahlwörter.

Es iſt hier wiederum nur von der declination der zahlen, nicht
von ihrer bildung und zuſ. fügung die rede.

A. *von den cardinalzahlen.*

regel: alle cardinalien declinieren entw. gar nicht, oder ſtark (bald
adjectiviſch, bald ſubſtantiviſch); niemahls ſchwach.
1. die einzahl decliniert in allen mundarten regelmäßig als adj.
erſter decl.; goth. áins, áin, áinata (áin); alth. einêr, einu,

II. *declination der cardinalzahlen.*

einas; altſ. ên, ên, ên; angelſ. ân, ân, ân; altſr. ên, ên, ên; altn. einn, ein, eitt (gen. eins, einnar, eins etc. nach p. 737.) mittelh. einer, einiu, einez; mittelniederl. ên, êu, ên; mittelengl. âne, âne, âne; neuhochd. einer, eine, eines; neuengl. óne (ausgeſpr. uonn); ſchwed. ên, ên, ètt; dän. ên, ên, ét. [Dem neutr. der einzahl bleibt das geſchlechtszeichen; man zählt: eins, zwei, drei. N. Cap. 155 ſo man chît einez, zwei, driu, fieriu.] — Der pl. der cardinalzahl findet gar nicht ſtatt[1]), eben ſo wenig die ſchw. form, allein 1) die ſchwache form bedeutet: ſolus und hat alsdann ſg. und pl.; goth. áina, áinô, áinô; altb. eino, eina, eina etc. [z. b. einnom im, ſibi ſolis. gl. ker. 170] — 2) die ſtarke form drückt das unbeſtimmte pronomen: quidam, aliquis aus und iſt dann gleichfalls des ſtarken pl. fähig. Der Gothe braucht jedoch die bloße card. zahl nie auf ſolche weiſe; im alth. begegnet ſie zuweilen, in den neueren ſprachen als ſogenannter unbeſtimmter artikel deſto häufiger, in dieſer geſtalt wird ſie des hochtons verluſtig und mehrfacher kürzung unterworfen. Mittelh. bleibt *ein* tieftonig, ſelbſt reimbar (Iw. 5ᵃ Wigal. 196. 208. 232. g. ſchm. z. 797. vgl. einen: kleinen M.S. 2, 202ᵃ); die flexionen des nom. und acc. einer, einiu, einez; einen [ſchon ahd.? nihein (nullum) findet ſich ſt. niheinan O. II. 18, 16. 23, 3.], eine [ſ. nachtr.], einez *können* in *ein* gekürzt werden, nicht die des gen. ſg. weshalb dieſes *ein* dem unflectierten bluot (oben ſ. 743.) kaum vergleichbar ſcheint. Doch gilt neben eines, einer, einem die ſyncopierte form eins, einr, eime (ſt. einme), weil der geſchwächte ton kürzung des langen voc. einleitete, folglich nach der analogie waus. wanr, waume (ſ. 746.) wirkte (vgl. unten die decl. der poſſeſſ.): einre oder eire ſ. einer iſt ungebräuchlich[*]). — Die neub. ſchriftſprache verzichtet auf den pl. des art. *ein*, duldet aber außer dem nom. maſc. neutr. keine kürzung. Mundarten kürzen und inclinieren mit großer freiheit und verwandlung des *ei* in e (Stalder p. 89. Schmeller §. 769.). —

II. die goth. zweizahl bildet nom. dat. acc. *tvái, tvôs, tva*; tváim, tváim; tvans, tvôs, tva ganz adjectiviſch nach blindái; gen. kommt nur vom maſc. Joh. 8, 17. [II Cor. 13, 1] vor und lautet: *traddjê*, welches eben ſo gut bloße nebenform eines etwa vermuthlichen tvaijê oder trúiáizê ſeyn kann, als ſich neben dem acc. fem. tvôs Luc. 9, 3. tveihnôs findet, ohne daß der gr. text zu einer abweichung anlaß gäbe. Ein unvorhandenes goth. tveihnái (tváibnái?) entſpräche dem altb.

---

[1]) Der pl. findet freilich ſtatt ſ. erſte ausg. p. 238: Marc. 2, 26. 9, 2. Luc. 6, 5. Job. 17, 20. T. 176, 3. O. I. 1, 174. II. 8, 6. III. 15. 18. IV. 6, 30. 1, 65. Parc. 4539. 13727. Auch bedeutet im goth. die ſtarke form zuweilen ſolus.

[*]) Man hat daher in eime, eim, einr den vocal beinahe *turz*, (ſt. ênme) êns, ênr; in einem, einen, einer hingegen wie gewöhnlich auszuſprechen.

II. *declination der cardinalzahlen.*

nom. acc. *zuêne*, woneben kein dem goth. tvái und altn. tveir gemäßes zuê; nom. acc. fem. lauten *zuô* (vgl. f. 96.) woraus zuo [zuô N. Cap. 5] duas], bei einigen zua [zua K. 34ᵇ zua heuti T. 95. zuâ O. I. 14, 24] wurde; nom. acc. neutr. haben *zuei*, was vom goth. tva und altn. tvö abstehend zum angelf. tvâ stimmt. Der gen. pl. lautet substantivisch J. 352. *zueijô*, später meistens zueiô [T. 67, 1. 123. O. II. 22, 64. N. Bth. 245. Diut. 1, 511ᵇ 514ᵃ], daneben auch adjectivisch *zueiërô* [Matth. 18, 16. T. 131.]; adjectivisch der dat. *zuêm.* [gl. ker. quoi f. zuei 58. quiro f. zuiro]. — Der angelf. nom. acc. masc. lautet *trégen*, fem. *trâ*, neutr. *trû*; gen. tvêga und daneben tvêgra; dat. *tveám* [tvêonum Beov. 127. 147.]; alle von den gewöhnlichen flexionen des subst. und adj. weichend; dazu finde ich noch einen acc. *trig* (oben f. 261.) [wie twie (m. und f.): partie Rofe 9108] — alts. nom. m. *tuêne*, [f. tuâ,] neutr. *tuê* [f. nachtr.]; altfrief. nom. *tuêne*, neutr. *tuâ*. — Die altn. gestalt des nom. ist: *tveir, tvær* (nicht tvœr) tvö, welches letztere offenbar aus tvön erwächst; gen. *treggja*; dat. *tveim*; in den ältesten denkmählern auch *teeimr*; acc. *teâ* (tro) *tvær*, *tvö*. — mittelh. *zuêne* (bei spätern zwên, Lobengr. 37. 38.) [zveine Irmeng. 2, 3. Diut. 1, 390] *zwô* (vgl. f. 346.) [felten zwâ bei Stricker Karl 65ᵃ birkenst. 46. pass. 11, 21. 18, 34. 71, 8. 163, 2. 271, 17. zwuo Parz. 233, 6. 13. 672, 13] *zwei*; gen. *zweier*, zuweilen *zweiger* [zuwaigere Diem. 372, 14]; dat. *zwein* (nicht zweien) [zwên? Parz. 14, 3]; die fchwache gen. form: difer zwein Parc. 166ᵃ ist verdächtig, man lese: difen zwein. — [mittelniederd. Ssp. *teene, two, trei.* —] mittelniederl. (und nul.) nom. acc. *twê*, *twê* [twê ghetv (caprae) M. 3, 68. wive twê 1, 216. twê masc. 2, 29. 112. 126. 212. twê (duo et duae) 2, 22.], *twê*; gen. *twêr* [twier]; dat. *twên* [M. 2, 130]. — neuhochd. [keunt man noch *zween* m. *zwo* f. *zwei* neutr. Voss braucht gleich eingangs der Luife zwo für den gen. fem. der zwo linden. Od. 12, 52 der zwo Seirenen. Jacobi im Woldemar 160 zween tage. 132 zween menschen. 131 zwo schwestern. 113 zwote jugend. Klopstock zwoer duarum, mit zweenen duobus.] *zwei, zwei, zwei*; gen. *zweier*; dat. *zwein*; neueugl. *twô*; schwed. *trâ, trâ, til*; dänisch: *tô, tâ, tô*. [schwed. *tvenne*, dän. *teende* bini und duo.]

III. von der goth. dreizahl ist nur der acc. masc. fem. *þrins*, dat. *þrim* und gen. *þrijê* (Luc. 3, 23.) zu belegen; auf den nom. þreis, þrijôs, þrija führt die analogie des pron. Is unsicher, da der gen. keineswegs þrizê, þrizô, vielmehr þrijê lautet; — alth. *drîe* (J. 358.) bei andern *dri*; fem. *driô*; neutr. *driu*; gen. *driô* (J. 357.) [thrio T. 98. O. II. 11, 68. 80.] vermuthlich daneben driërô? [Matth. 18, 16 zueiero edo thriio, duorum vel trium]; dat. *drim.* — angelf. *þri, þreó, þreó*; gen. *þreóra*; dat. *þrim*. — altn. *þrír, þriar, þriú*; gen. *þriggja*;

dat. *prim* woneben wiederum *primr*, *prēur*; acc. *priā*, *priar*, *priū*. — mittelh. *drī*, *drī*, *drīu*; gen. *drīer*; dat. bald *drīn* was (Hartm. Wirnt. Rud. etc.) bald *drin* (Conr. v. W. Conr. Flecke) [nachgesetzt uufl. dri, im gen. dat. eße ríeher linden drî Triß. 420, 17]. — mittel- und neuniederl. *driē*, gen. *drīer*; neuh. *drei*, *drei*, *drei*; gen. *dreier*, dat. *drein*; fchwed. *trē*, *trē*, *trÿ*; dän. *tré*, *tré*, *tré*. —

IV. die unflectierte vierzahl goth. fidvōr; flectiert vermuthlich fidvōreis, gen. fidvōrē, doch iſt nur der dat. *fidvōrim* nachzuweiſen. — Alth. unfl. vior; nom. maſc. *riori*; neutr. *riorju*; dat. *riorim*. [O. unflectiert fiar I. 19, 45. flectiert maſc. fiari II. 14, 206. IV. 28, 5. neutr. fieru IV. 28, 4.] — angelſ. unfl. feōver; gen. *fēderu* [in compoſ. noch fedher-, altſchwed. fiadhr-: fiadhrundi (quartus)]. — altfrieſ. unfl. fiuwer. — altn. nom. *fiūrir*, *fiōrar*, *fiōgur*; gen. *fiōgra*; dat. *fiōrum*; acc. *fiōra*, *fiōrar*, *fiōgur*. — mittelh. unfl. vier; flect. *viere*, *viere*, *vieriu*; dat. *vieren*; neuh. unfl. *vier*; fl. *viere*, *viere*, *viere*. — ſchwed. fyra, dän. fire indeclinabel.

V. goth. fimf kommt nicht flectiert vor. — alth. unfl. vinf; decl. *vimfi* (vinvi) *vinvju*; dat. vinvim. — altſ. fîf; decl. *fivi*. — angelſ. fîf und altn. fimm unveränderlich. — mittelh. vunf [vielmehr vûnf f. nachtr.] und fl. *vūnve*, *vūnviu*. — dän. fchwed. fem unflexibel.

VI. goth. ſaihs, angelſ. ſix, altn. ſex kommen nur ungebogen vor; altſ. feis, fl. *ſeſſe* [ſehſi Hel. 62, 4]; alth. ſehs, fl. *ſehſi*, *ſehſju*; dat. *ſehſim*; mittelh. ſêhs, fl. *ſêhſe* [gen. pl. der fehter Wh. 27, 10]; niederl. zes, dän. fchwed. ſex, unveränderlich.

VII. goth. ſibun nur unflectiert; alth. ſibun und declinierend: *ſibuni* (aſſim. ſibini) neutr. *ſibunju*; gen. *ſibunō* [ſibûnĉo Diut. 137.]; dat. *ſibunim*. — altſ. fivon [ſibuni. dat. pl. ſibunium Hel. 100, 4.], angelſ. ſeofon, gen. *ſeofona*; altfr. fiugon, altn. ſiö (entſprungen aus ſiöu) — mittelh. ſiben, decl. *ſiben* (ſtatt ſibene) neutr. *ſibeniu*, niederl. zeven; fchwed. ſiu; dän. ſyv unveränderlich.

VIII. goth. ahtáu, ohne flexion; alth. ahtō, decl. ahtowī? [hatouui f. ahtowi Haupt 3, 464ª] den dat. *ahtowen* hat N. p. 235ª und noch eine ſpätere quelle (Oberlin 271.) den nom. *echtewe*, echtwi [ähtûwñ (jàr) freib. urk. nr. 40 (a. 1288) echtewe ib. 2 p. 74]: — altſ. ahto; angelſ. eahtu; altn. átta; altfr. achta; mittelh. aht und decl. *êhte* (ſt. ehte, vgl. ſ. 334.) Parc. 56ª M. S. 2, 129ᵇ, ahtowe M. S. 2, 234' [ahtôwe Haupt 2, 570]; neutr. *ahtiu*; neuh. acht [bei Rauch häufig oht, ohzieh], decl. *achte*; fchwed. átta (otta); dän. aatte (otte).

IX. goth. niun; der gen. *niunē* Luc. 15, 7. beweiſt den nom. niuneis. — alth. niun, decl. *niuni*; neutr. *niunju* — altſ. nigon [niguni; weſtph. nigan, vgl. niganbrunnon Wigand 5, 122.];

angelf. nigon, decl. *nigene* — altn. nīu — mittelb. niun, decl. *niune*, neutr. *niuniu* [gen. niunrē hande Berth. 237]; neuh. neun, decl. *neune* [gen. neunerlei, wie dreier, vierer etc.] — niederl. nègen; fchwed. nijo; dän. nī ohne beugung.

X. goth. taíhun, die flexion würde lauten: taíhuneis, gen. taíhunē, dat. taíhunim; alth. zčhan, zêhun, decl. *zêhani* (affim. zêhini); altf. tein: angelf. tyn; altfr. tian; altn. tīu; mittelh. zëhen (contr. zên) decl. *zêhen* (f. zêhene) [gen. zehener Wh. 283, 19. ring 43ᵇ, 23]; neuh. zehn, decl. zehne; [nnl. tien;] fchwed. tīo; dän. tī.

XI. goth. wahrfcheinlich áinlif; alth. einlif, decl. *einlivi*, dat. *einlirim*; — altf. ëleven [elleven Frekenb. 26, darauf elevan, eleven]; angelf. endlëofan; altn. ellifu [ellefy. Saem. 83ᵇ]; mittelh. einlif, einlef, [einluph Diem. 205, 9] decl. *einleve* [gen. der eilver Wh. 151, 28]; neuh. eilf, elf; [nnl. elf;] engl. eleven; fchwed. ellofva, elfva; dän. elleve.

XII. goth. tvalif; decl. gen. *tvalibê*, dat. *tralibim*; — alth. zuelif; decl. *zuelivi* — [altf. tuuliva Frekenb. 27 —] angelf. tvelf, decl. *treffe*, gen. *tvelfa*, dat. *teelfum* — altn. tôlf; mittelh. zwelef, zwelf; decl. *zweleve*, zwelve; [nnl. twaalf;] fchwed. tolf, dåu. tolv. —

XIII bis XIX werden mit X zuf. gefetzt und find im goth. und alth. danach zu beurtheilen z. b. fimftaíhun, decl. fimftaíhuneis, dat. *fimftaihunim*; alth. fibunzêhan, decl. *fibunzêhini* etc. Unveränderlich aber wird angelf. -tyne, altn. -tán oder tián, fchwed. -tōn, dän. -tēn angehängt. [Vgl. 2, 948. 949. 3, 637. 638. rec. des Caftigl. p. 44. Mhd. alle vierzehene Wh. 427, 13. nâch tagen vierzehenen Gudr. 164, 1; dagegen driuzēn fper Frauend. 456, 19; umfchr. zwelif nnde drî = 15 Gudr. 186, 2.` f. zu 2, 948. Nnl. dertien verfchieden von dri, veertien von vier.] —

XX. XXX. XL. L bildet der Gothe mit dem fubft. masc. *tigus* (decas) das ganz regelmäßig flectiert wird (f. 600.); bei XX. XXX. die vorftehenden zahlen mit ihm, z. b. tváitigjus, dat. tváimtigum; þrijêtigivê, þrinstiguns; bei XL. L. finde ich die vorzahl ungebogen, z. b. den acc. fidvortiguns, fimftiguns und nicht fidvorinstiguns, fimfinstiguns. LX. fehlt in den quellen. LXX. LXXX. XC werden mit dem neutralen fubft. *têhund* (gleichfalls decas) gebildet, das den gen. fing. *têhundis* macht: fibuntêhund, ahtáutêhund, niuntêhund und gleicherweife C. taíhuntêhund. — Im alth. bilden fich XX-C mittelft des gewöhnlich unflectierten -zuc, -zoc*), fpäter -zīc

---

*) J. 318. 378. 380. fibunzō, zëhanzō neben fimfzuc 380; entfpricht -zuc dem tigus, -zō dem tëhund? wie das altn. tīgr jenem, tīu diefem? [fibuzzo fr. theot. 23, 19. ahtozo kar. 277. Haupt 3, 460 (hahtozo ib. 466ª) zehanzo Diut. 1, 509ª 509ᵇ fr. theot. 5, 13. 6, 21. dagegen K. (Graff 1, 138. 2, 1091) ahtozog, niunzog, T. zëhanzug wie thrīzug, fehszug.

[f. nachtr.]; zueinzuc bis zëhanzuc, obgleich die flexion möglich fcheint, vgl. zëhenzuge (centenos) T. 80. [Altf. fehstic Hild. 48. fibuntig Hel. 100, 5. antfibunts Hel. 5, 2. antabtoda 15, 19. (vgl. anl. tachtig, tacheutig.) fragm. effen. tuenteg, viarhteg, uiftech, ahtedeg (abtodoch)]. — Das alt- und angelf. -tig von tuëntig bis tëontig declinieren nicht; im altn. gilt tuttugn (viginti) von XXX bis C theils das indecl. -tiú, theils das declinierende -tigir, acc. tigi. — Das mittelh. -zëc, neuh. -zig bleiben meiftens unverändert. — [Dän. 50 halvtrediefindstyve. 60 trefindstyve. 70 halvfierdefindstyve. 80 firefindstyve. 90 halvfemtefindstyve; vgl. franz. quatre vingt, quatuor viginti; altfranz. auch fept vingt 140, onze vingt 220; im celtobreton. deux vingts 40. trois vingts 60. fept vingts 140. neuf vingts 180. — Engl. three, four fcore = 60, 80. Schwed. fyraftig 80. femftig 100. — Öftr. fechzig zwölf 72, foixante douze. weisth. 3, 688.]

Das einfache neutr. *hund* (centum) pl. *hunda* begegnet weder im goth. noch *hunt*, pl. *hunt* im alth., fondern ftatt feiner wie gefagt talbuntëhund, zëhanzoc. Weitere hunderte werden aber mit hunda gebildet, als: tvahunda, dat. tvaimhundam; prijahunda; fimfhunda; niunhunda. Alth. zueibunt, driubunt, niunhunt. (N. hat felbft neben zënzëch 89, 4. einhunt 89, 5.) [doch für 200 auch zuirozëhanzug O. II. 8, 65. zuirenzehenzog N. 8, 12] — angelf. tvahund, preóbund etc. altf. — (nach dem effener fr.) hundered oder hunderod — altn. *hundradh* (neutr.) tvöhundrudh etc. — mittelh. *hundert*, zweihundert, driuhundert etc. [neben hundert auch bei einigen zëbenzëch fr. de bello 1375. 3852. zëhenzic Barl. 41, 39. zehenzve Erec 1916.]

Das goth. *púfundi* ift ein weibl. fubft. und decliniert nach f. 603; ebenfo das altn. *púfund*, pl. *púfundir* in früheren quellen, fpäterhin wird es neutral. Das alth. *dúfunt* (nicht túfunt) war vielleicht auch weiblich, obgleich thúfuntin (millibus) T. 67, 14. und thúfonton O. III. 6, 8. nicht entfcheiden; O. IV. 17, 34. wohl thúfunt filu managu ft. managa zu fetzen, der acc. fg. fem. würde nicht paffen. [Altf. thufundig Hel. 88, 5. mnl. dufentech Maerl. 1, 438.] Mittelh. ift *túfent* entfchiedner pl. neutr., daher zwei-, driu-túfent etc. [wird bei Boner zu túfene (zu f. 410)]. Auch das angelf. *púfend*, gen. *púfendes*, pl. *púfenda*. [frief. thufent. engl. thoufand. mnl. duizend.]

D. *von den ordinalzahlen.*

regel: alle ordinalien[1]) declinieren fchwach (und zwar in den fprachen, wo die fchwache form des fubft. von der adjectiven abweicht, adjectivifch); ausnahmen: 1) die ordinalzweizahl, welche ohnedem nicht aus der cardinalis gebildet wird, fondern

---

[1]) Ordinalien als eigennamen: altn. pridhi. ahd. Sipuata in Karajans verz.

eine befondere wurzel hat, decliniert ftark und nicht fchwach; goth. anþar, anþara, anþar (im mafc. weder anþars, noch im neutr. anþarata); alth. andar und andarêr, fem. andaru, nt. andar, andaraz; altf. othar; angelf. oþer; — altn. annar, önnur, annat (ft. annart), beginnt die flexion vocalifch, fo wandelt fich das an in dh, alfo: gen. annars, annarrar, annars; dat. ödhrum, anuarri, ödhrum; acc. annan (ft. annarn) adhra, annat; pl. adhrir, adhrar, önnur; gen. annarra; dat. ödhrum; acc. adhra, adhrar, önnur. — mittelh. ander, anderiu (enderiu Parc. 75ᶜ verwerflich nach f. 745.) anderz und ander; decliniert wie heiter, alfo im acc. fem. fg. und nom. acc. plur. mafc. fem. ander; häufig fteht aber das unflectierte ander auch für den nom. fem. fg., nom. acc. pl. neutr., gen. dat. fem. gen. pl. comm. (ft. anderre) vgl. Barl. 34. ein ander wëlt; daf. 342. der ander (aliorum). — Die neuh. und niederländ. fprache bildet die unorg. ord. zahl zweite, twêde [fríef. tvêde, agf. tvede duplus (nicht fecundus) tvêde aber auch bes, doppeltes drittel] und befchränkt ander auf den begriff von alius; auch kann es ftark und fchwach declinieren. [Fifchart gebraucht der zweite Gorg. 287ᵇ fonft immer der ander. Abr. a S. Cl. der anderte, auch mnl. bei fpäteren der anderde, gloff. zu Potter.] Die fchwed. und dän. find dem organifmus treu geblieben, nur decliniert die fchwed. ordinal. andre fchwach, während das ftarke annar, annor, annat die bedeutung von alius a, um bekommt; im dän. gilt für beide fälle: anden. — 2) die neuh. fprache theilt den ordinalien, wie den comparativen, neben der fchwachen auch ftarke form zu.

C. *von den übrigen zahlwörtern.*

Die diftributivzahlen declinieren ftark, find aber in den meiften mundarten unvollftändig. Am vollftändigften im altn. wo die diftributive einzahl *einn* (unus) im acc. fg. mafc. *einan* und nicht einu bekommt; *teenar* (binus) *þrennar* (ternus) *fëra* (quaternus) gehen regelmäßig und haben im nom. pl. tvennir, tvennar, tvenn etc. Schwed. dän. nur die pl. mafc. fem. *trenne, trenne; tvende, trende*. Im goth. und hochd. fcheint das bei den card. angegebene *tveihnôs* (binae) *treihnûim* (binis) und *zuêne* (bini) urfprünglich diftributiv gewefen zu feyn. — Für ἀμφότεροι hat der Gotha *bái*, neutr. *ba*, dat. *báim*, welche formen einen nom. fem. bôs (ambae) acc. bans, bôs, ba und gen. bájê nach fich ziehen; allein daneben gilt noch ein fubftantivifches *bajôþs*, dat. *bajôþum*, vergleichbar mit μέnoþa (f. 610.), folglich im gen. bajôþê, acc. bajôþs. Diefer goth. bildung ähnlich, aber adjectivifch declinierend find die alth. formen *pêdê, pêdô, pêdju* (pêdu) gen. *pêdêrô*, dat. *pêdêm*, entfprungen aus einem früheren pêodê etc. oder peiôdê, wie fich zuweilen im neutr. *beidu* ft. bêdu findet. Die einfache geftalt pênê, pô, pei (nach analogie von zuêne,

II. declination der eigennamen.

zuô, zuei) mangelt gänzlich. Dafür besteht im angels. das einfache *bégen*, *bá*, *bá* (nach trägen. tvâ, tvâ) gen. *bégra*, dat. *bám* und daneben ein componiertes *bátrá* (nicht aber das masc. bégentvägen) dat. *bámtvâm* [unker bodher Kemble urk. 4, 308. him boem (ambobus) Kemble 1, 296. Altengl. bo Horn 299. merkwürdig botheres (amborum) Ploughman p. 581ᵇ neben bother: Ritson 3, 367 their bother wil. Chaucer: your bother love gloss. 45.]. Die altn. form *báðhir*, *báðhar*, *bæðhi* (? bœðhi) gen. *bryggja*, dat. *báðhum*, acc. *báðha*, *báðhar*, *bæðhi* nähert sich mehr der alth., abgesehen vom gen., welcher dem tveggja, þriggja, folglich dem alth. zueið, drijô gleicht und ein alth. peið, pejô statt pêdêro fordert. Das einfache beir, hœr, bô ist auch hier nicht zu spüren. Mittelh. gilt das adjectivische *béide*, *béide*, *bédiu* gen. *béder*, dat. *béden* neben beide, beide, beidiu, gen. *beider*, dat. *beiden*; neuh. nur *beide* [aber der inorg. sg. beider, beide, beides, worüber Meusebach rec. des Halling p. 435. 436. beiderseits eheleute = beide Felsenb. 2, 489.]. Schwed. *båda*, gen. *bägge*; dän. *baade*, *begge*, doch wird heutzutage der gen. auch für den nom. gebraucht und baade auf das adv. beschränkt.

Declination der eigennamen [1]).

In den *gothischen* denkmählern begegnen nur undeutliche eigennamen, welchen Ulphilas die deutsche flexion, so gut es gehet, anpaßt; überall substantivische.

1) der *ersten oder vierten* männlichen (deren beider sg. zus. fällt) folgen alle im griech. nom. consonantisch auslautenden (mit ausnahme derer auf -ος, -ας); sie nehmen gleichwohl im goth. nom. kein -s an, bilden also nom. und acc. gleich; z. b. adam, adamis, adama, adam. Ebenso abraham, ainôk, gabriêl, môses (gen. môsezis) etc. [Dem gen. môsezis, ahd. moisesis (768) johannelis (= ahd. hanses) gleicht die flexion schêtises Wh. 363, 21 von schêtis = chetifs, captivus: in welchem schêtises niemand den lat. gen. captivi ahnt; so aus damus der pl. damesen Simpl. 1, 372 (K. 551.)]

2) der *zweiten* männl. alle im griech. text mit indeclinabelm l; auch sie erhalten kein -s im goth. nom., welcher dem acc. gleichlautet; der gen. bekommt, da die erste silbe immer lang ist, -eis, der dat. würde, wenn er sich vorfände, -ja lauten.

---

[1]) Substantivische und adjectivische zu scheiden, letztere haben ursprünglich adjectivische flexion: altn. Svanhvît, Svanhvîtar; Alvîtr, Alvîtrar, f. 2, 581. — Geschlechtsnamen 1. agf. auf -ing. 2. durch den gen. a) lat. -i b) deutsch -s (3, 340) 3. frief. auf -a, -ma. na etc. Waffenb. 2, 73. 81. 139-146. 4. -son, -sen.

II. *declination der eigennamen.*

Beifpiel: mailki, mailkeis, mailkja, mailki; ebenfo: laivvi, hêli etc.

3) der *dritten männl.* folche die im griech. auf -ος endend nach der griech. zweiten decl. gehen. Ulphilas, dem fonft das gr. o zu *aú* wird (f. 46.) und der -ες in *ais* überfetzt (z. b. φαρίς in faraís, gen. faraízis) gibt merkwürdig jenes -ος nicht durch *aús*, z. b. πιλάτος nicht durch peilataús, was den gen. peilataúzis gefordert haben würde; er wählt vielmehr die, vielleicht durch lat. einfluß vorbereitete achtgoth. endung -us, gen. -dus. Beifpiel: paitrus, gen. paitrúus, dat. paitráu, acc. paítru. Hiernach: chriftus, iéfus[1]), Iakôbus, teitus, alaíkfandrus, aúguftus, filippus, markus, barþaúlumaíus, þaddaíus etc.

4) der *fchwachen männl.* alle, die im gr. texte -ας haben und nach der gr. erften decl. gehen; welches -*a* auch im goth. nom. ftatt -a bleibt; beifpiel: lukas, gen. lukins, dat. lukin, acc. lukan; ebenfo: barrabas, tôbeias, annas, þômas, fatanas etc.

5) für die *weibl. namen* anna, marja, marþa, fufanna, weil fie derfelben gr. decl. zugehören, behält Ulphilas die fchwache mannl. form bei, alfo marja, marjins, marjin, marjan. [aivvan (Evam) II Cor. 11, 3. furrin (Saram) dat. Rom. 9, 9.] Das gothifchere marjô, marjôns, marjôn, marjôn wagte er nicht zu bilden. Andere weibsnamen, wie aíleifabaíþ, magdulênê find ihm inflexibel. Für ἡρωδιάς, gen. ἡρωδιάδος: fetzt er nach dritter fchw. weibl. decl. hêrôdiadei, gen. hêrôdiadeins (denn -ins Marc. 6, 17, 22. fcheint fehler) acc. hêrôdiadein.

6) zuweilen *fchwankt* er zwifchen gothifcher und beibehaltener griech. flexion, fo z. b. fteht Joh. 6, 71. der acc. Ifkariôtu, einen nom. Ifkariôtus fordernd, Luc. 6, 16. Ifkariôtên, nach dem gr. Ἰσκαριώτην; Joh. 11, 5. der acc. lazaru (λάζαρον) Luc. 16, 23. der goth. acc. lazaru etc. —

Griech. und lat. denkmähler haben uns umgekehrt viele goth. eigennamen bewahrt, die fich aus der fremden flexion in die reingothifche zurückführen laffen. Starke mafc. erfter decl. wären z. b. alareiks, gibaimêrs, valabrahaus (gen. valabrabanis) und aus den goth. urkunden viljariþ, alamôds, gupiliubs; zweiter hingegen raginareis, vakis (gen. vakjis, dat. vakja); dritter ftarker z. b. die mit -mundus gebildeten, als rêkimundus, gunþamundus, gen. rêkimundáus etc. wenn man der altn. analogie trauen darf, vielleicht die mit -friþus, in welchem fall die goth. urkunde vinjáifriþas für vinjáifriþus verfchrieben hätte; fchwache mafc. find häufig: attila, fvinþila, mêrila, vamba, tulga (gen. tulgins) [etherpamarn, hanala, tôtila, valja, vidicula; bei Marini coftila, mirica, findila, igila, theudila; in der lex Burg. die co-

---

[1]) Vielmehr nom. iéfus, gen. iéfuis, dat. iéfua, iéfu, acc. iéfu, voc. iéfu.

II. declination der eigennamen.

mites Goma und Sunja; der hernlifche name Fara (Φάρας)] etc. [fchwache feminina: bei Marini Tulgilô, Sifilô wie ma‑vilô.] —

Der *alth.* ftarken decl. der eigennamen kennzeichen ift, daß fie den acc. fg. masc. auf -an, gnnz adjectivifch bildet und dadurch vom nom. unterfcheidet. So z. b. bekommen die nom. hludowig, hartmuot, werinpraht den acc. hludowigan, hartmuotan, werinprahtan; ebenfo fremde, z. b. petrus, zacharias den acc. petrusan, zachariasan. Ja diefen acc. empfangen felbft perfönliche fubft. wie kot, man, truhtin (oben f. 613. anm. 1.) oder perfonificierte, wie polôni (ftella polaris) acc. polônan O. V. 17, 82.[1]) Was die einzelnen declinationen betrifft, fo fallen die erfte und vierte im fg. zufammen, gen. -es, dat. -a (fpäter -e) alfo: hartmuot, hartmuotes, hartmuota (hartmuote) hartmuotan; petrus, petrufes, petrufa (petrufe) petrufan. Die zweite decl. zeigt fich in dem nom. auf -i urkundlicher eigennamen, z. b. helfi, nebi; anderer auf -uri als kundabari, oder mit -wini gebildeter, z. b. eparwini, obgleich die frühften diplome bereits eparwin haben. Spuren der dritten würden in bildungen mit -muntu, -vridu zu fuchen feyn, z. b. fikimuntu, gen. fikimuntes, dat. fikimuntju, acc. fikimuntan; fikivridu, fikivrides, fikivridju, fikivridan; doch fehlen mir belege, da in den älteften diplomen entw. die lat. endung -mundus, -fridus (zuweilen -fritus z. b. liutfritus Neug. no. 19.) oder -mund und -frid, kein -mundu, -fridu erfcheint. Fremde namen wie petrus, iacobus bringen alth. fchriftfteller natürlich nicht in diefe, fondern fu-ts in die erfte decl. zuweilen aber mit weglaßung der latein. endung, z. b. chrift, gen. chriftes, acc. chriftan und nicht chriftus, chriftufes, chriftufan, während petrus, iohannes, herodes: petrufes, iohannefes [iohannifes T. Matth. 21, 25. johannem 21, 26], herodefes [herod für berodes O. 1. 20, 1. 21, 1.] bilden [vgl. irminteofes gen. von irminteo Schannat trad. fuld. no. 100; fo agf. bei Kemble no. 106 von egefa der lat. gen. egefaß. Sonderbar der gen. moyfenes Diut. 1, 405ᵇ dat. moyfene O. V. 8, 36; fonft moyfefe V. 9, 49. 10, 11.]. — Mannsnamen fchwacher form find häufig und unbedenklich, z. b. prûno, gen. prûnin, dat. prûnin, acc. prûnun; ebenfo poto, kêro, wilichomo [heimo, baguno, kipihho, pabo] und alle auf -ilo, als: ezilo etc. — Bei alth. weibsnamen läßt fich die ftarke flexion nicht belegen, aber muthmaßen. Zur erften decl. zähle ich z. b. die mit -rûna, -wara gebildeten, als hiltirûna, vridurûna, hiltiwara, vriduwara, gen hiltirunô, hiltivarô; vielleicht auch die mit -hilta z. b. prunihilta, gen. pruni‑

---

[1]) Eigentlich wäre der acc. auf -an nur paffend auf namen die mit adj. gebildet find, z. b. von Engilhart Engilhartan; im weibl. würde nach nord. weife Sunnhait im acc. -hritin fordern. — Acc. Agathlen. Bei Walafried Strabo p. 253 der vers: Marcuardum Cotanum dignam precor omnia Bertum.

biltö, [dat. cum abarhiltu tr. fuld. 1, 43] obfchon eine urk. von 817. (Neug. no. 192.) bereits den nom. prunnihilt nach vierter decl. gibt. Da die mehrzahl weibl. namen der vierten zufällt, werden folche übertritte begreiflich; zu diefer vierten gehören bildungen mit -lint, -rât, -kunt, -vlât, -louc, -trût, z. b. ôftarlînt, gen. dat. ôftarlinti, acc. ôftarlint. Lateinifch pflegen diefe namen meiftens die endung -*is* zu empfangen, jene erfter decl. hingegen -a, doch ift fich darauf nicht zu verlaßen [hruodun fg. ruaduanae n. pl. tr. fuld. 2, 108]. Die fchwache weihl. decl. begreift außer fremden namen wie maria, eva (gen. mariûn, evûn) viele einheimifche, z. b. pérabta, uota, helifpa etc. deren gen. perabtûn, notûn zuweilen zuf. gefetzte ortsnamen darbieten; der gen. mariûns T. 4, 2 ift mir verdächtig [auch hat Schm. mariun. wafahilt gen. wafahiltun tr. fuld. I, 25. In lat. urk. des 7. 8. jh. herta, gen. hertanae. hildegarda, gen. hildigardanne. D. Calmet 1, 287. 292 (776. 789) vgl. bedani f. bedae Mabillon ann. 4, 521 und fchon bei Mariui no. 75 (a. 575) aus Ravenna gen. mannani und mannanis, abl. nannane; bei Fredegar c. 55 aegynanis, 54 sighynane, 73 fintilla, fintillanem etc.]

Über *altfächf.* namen läßt fich kaum urtheilen, doch mag ihre decl. wenig von der alth. abweichen, namentlich findet der acc. mafc. auf -an ftatt, z. b. herodefan. — Im *angelf.* folgen der erften ft. männl. decl. älfred, céolmund, ânlâf, vulfftân, hrôdgâr, hêorogâr, beóvulf, däg-hräfn, grindel, hengeft und unzählige andere. Der zweiten ine, [elle] bedde und bildungen mit -vine, -here, als: eádvine, cudhvine, äfchere, älfbere, vulfhere. Keine nach dritter und vierter (vielleicht heälfdene? Beov. 7. 81.) auch keine fpur eines adjectivifchen acc. mafc. auf -ne, vielmehr find fich acc. und nom. überall gleich. Schwache malc. häufig z. b. ofta, fibha, penda, ételn [bäma, hugena, gifeca, átla] etc. gen. offan, ételan. Fem. erfter ft. decl. fcheinen felten, doch fteht im Beda p. 325. begu; die meiften declinieren nach der vierten, namentlich die mit -burh, flæd, fvip etc. [freávar, acc. freávare Beov. 152.] Schwache fem. find z. b. eve, marie [vielmehr maria, wie goth. marja, nicht marjô], gen. evan, marian [vealhþeóv, dat. vealhþeón Beov. 1252]. Fremde namen behalten in den übertragungen gern die fremde flexion bei, z. b. auguftinus, johannes, acc. auguftinum, johannem, am erften wird der dat. deutfch gefetzt, z. b. pilate, jacobe, herode. —

Altnordifche quellen geben über die decl. der eigennamen hinlänglichen auffchluß: 1) mafc. erfter ftarker: afkr, älfr, erpr, þór, freyr, reginn, egill, fammt unzähligen andern einfachen fowohl als gebildeten; gen. afks, älfs, erps, þórs, freys, regins, egils; dat. afki, älfi, erpi, þór, frey, regni (? ragni) agli. Die auf -ar als: gunnar, figar entsprechen dem alth. -*âri* nach zweiter decl. (kundahari, fikihari) und fyncopieren im dat. das a nicht, gunnari, figari, während das dem alth. -ar gleiche -ar fyncopiert

II. declination der eigennamen.

wird (hamar, dat. hamri) — 2) zweiter ſtarker: brimir, bœnir, gripir, mimir, fâfnir, baiodbir, Γkirnir [kvâſir, geitir] etc. gen. brimis, dat. und acc. brími. 3) dritter ſtarker: hâkon, hâlfdon, magnus (dieſe drei ohne -r im nom. ſg. vgl. oben ſ. 653. anm. 1.) bödbr, niördbr, ullr, ſigurdhr*), ſigmundr und alle bildungen mit -mundr, -undr, -biörtr, -biörn, -vindr, -vidbr als: ſæmundr, völundr, önundr, arnbiörn, eyvindr, folkvidhr; gen. hâkonar, hâlfdanar, magnuſar, badhar, niurdbar, ullar, ſigurdbar, ſigmundar etc. dat. hâkoni, hâlfdani, magnuſi, nirdbi, ſigurdhi etc. In den bildungen mit -rödhr, z. b. geirrödbr, gudbrödhr, ſigrödbr lautet der gen. geirrödhar, dat. geirrödhi (nicht geirradhar, geirredhi) vgl. Snorraedda p. 113. 115., oder wäre geirraudhr, dat. geirreydhi zu ſchreiben? Yngl. ſaga c. 53. ſteht ein gewiſs ſchlerhafter nom. gudreydr neben gudrödr. Iſt -rödhr das gleichfalls dunkle angelſ. -red oder -red in älfred, cynred etc.? Dem altb. -rât entſpricht das altn. -râdhr (gen. -râdhar, dat. -rædhi?) z. b. þakrâdhr (altb. danbrât). Die bildungen -udhr haben den gen. -adhar, dat. -adhi z. b. nidhudbr, nidhradhar, nidhadhi, welcher wechſel bei andern ſubſt. ſtatt findet (Raſk §. 153.) wiewohl der nom. gleichfalls nidhadhr heißen darf. Schwanken zwiſchen erſter und dritter decl. wie beim ſubſt. (f. 654.); Har. hârſ. ſaga c. 11. ſteht der gen arnvidhs und arnvidhar; anderwärts biörvardhar und biörvardhs, welches letztere beſſer ſcheint, da der nom. biörvardhr lautet, nicht biörvördhr. 4) vierter decl. würden ſolche namen ſeyn, die im gen. die flexion -ar, im nom. aber wurzelhaftes a (nicht ö) zeigen und den dat. dem acc. gleichmachen. Gehört heimdallr (nicht heimdöllr) gen. heimdallar hierher? oder darf in comp. der umlaut des tieftonigen a unterbleiben? denn es heißt auch hâlfdan (nicht hâlfdön) gen. hâlfdanar, dat. hâlfdani (nicht hâlfdeni) und im dat. ſigurdhi, ſigmundi (nicht -yrdhi, -myndi) da doch ſyni ſtatt findet. Warum gilt aber im fem. z. b. mardöll, gen. mardallar (Snorraedd. p. 37. 154.)? und hat ullr im dat. ulli oder ylli? Hier bleibt weiter zu forſchen. [Zu achten auf den dat. ſg. maſc. der entw. ohne flexion iſt (und dann 4 decl.) wie âlf. fran Sæm. 114ᵇ oder auf -i geht (und dann 1 decl.) wie ûlfi, ſteini Sæm. 114ᵇ vilmeidhi 118ᵃ. — Spur des adject. acc. ſg. maſc. knefraudhan Sæm. 230, wo raudhr deutlich ein adjectiv. —] 5) maſc. ſchwacher decl. ſind z. b. bragi, bicki, locki, helgi, audvari, atli, budhli, bögni (ſt. höguni) und dergl. in menge; gen. braga, bicka etc. 6) fem. ſtarker form (wobei doch die erſte, dritte und vierte decl. ſchwer zu ſcheiden ſind): rân, nâl, bnoſſ, vör, ſöl, bil, iördh etc. gen.

---

*) Für ſigvërdhr? wie dôgurdhr, öndurdhr ſ. dagvërdhr, audvërdhr (oben ſ. 313.); ſigvërdhr vielleicht für ſigſërdhr, wie angelſ. ſigeſërdh, hunſërdh, ädhelſërdh = ſigeſrëdh. ſigeſridh; In der chronol. fax. p. 512 ſtehen die formen ädhelſridh und adhelſërdh nebeneinander (vgl. oben f. 488. vërde und vrëde).

rânar, nâlar, huoffar, varar; desgl. bildungen und compof. als: gëßun, figrûn, gudbrûn, gullveig; gunnlödh, mardöll, hiördis, hervör, gullrönd etc. gen. gëfiunar, figrûnar, gunnladhar, mardallar, hiördifar etc.; dat. figrûnu, gunnlödhu [figný, gen. fignýjar, dat. fignýju wie ey, mey (664)]. Verfchiedene haben im nom. die alte flexion -r und den dat. -i, nicht -u, (vgl. f. 658. anm. 3.) namentlich: hildr, þrûdhr, gërdhr, beidhr, rindr, urdhr, figridhr und weitere comp., gen. hildar, dat. hildi; auch idhunu (für idbudr?) figrlinu machen den gen. idhunnar, dat. idhunni, figrlinnar, -linni, welches für die fem. vierter decl. überhaupt einen alten dat. fg. -i vermuthen läßt. Andere fchieben, gleich einigen fubft. erfter decl. (f. 656. anm. 5.) i ein, namentlich: bel, fif, frigg, laufey, gen. heljar, fifjar, friggjar, laufeyjar; dat. belju etc. Entw. ganz unveränderlich (wie aß f. 656.) bleibt fkadhi oder nimmt im obliquen cafus die männl. flexion -a an (wie die comparative p. 758.), wenigftens ift Snorradda p. 82. der gen. fkadha zu lefen. [Aber wie der acc. fg. gerdhi Sæm. 117ᵇ heidhi fornald. 1, 413 und gunnlödhu Sæm. 24ᵃ Sn. 84.] — 7) fem. fchwacher form: ëdda, ëmbla, fulla, gróa, kára, nanna, fváva etc. gen. ëddu, nönnu, fváru. Zweiter decl. fenja, menja, herkja etc. [Es gibt auch männl. namen die wie fchw. fem. gehen, z. b. fturla, gen. fturlu; þorkell krafla, gen. þorkels kröflu, dat. þorkeli kröflu Ol. Tr. 3, 20, 21. vgl. zu 3, 321.] —

Die *mittelh.* fprache behält 1) im ftarken mafc. den adjectivifchen acc. bei, als: ftvriden, iringen, àdàmen, jôhannefen, parzifàlen, engelhëren, liudegëren [gillamefen vom nom. gillames (Wh. 3) lacken Parz. 277, 20. den ftiezen got amùren MS. 2, 199ᵃ aber den werden got amùr MS. 2, 198ᵇ] etc. woneben feltner der fubftantivifche, dem nom. gleiche vorkommt, z. b. ftvrit kl. 139. näheres hierüber in der fyntax. [Ebenfo namen der fchwerter und waffen: belderichen (balteum) Trift. f. zu 686, 5ᵃ; der hunde: belfen, wunnen, gewalten, nachdem einmal diefe fem. allegorifch beigelegt find. Had. v. Laber 549. 550. Fehlerhafte acc. fg. auf -e (abgeftumpftes -en) dietriche kl. 514 (: friuntliche) hildebrande Nib. 2242,1. palmunge 2242,2. 2287,1. helpfriche 2178, 1. hilprande 2184, 2. 2246, 2. wolfprande 2218, 4. rüedegère 2181, 4. 2267, 2.] Übrigens fallen decl. 1. 4. natürlich zufammen; fpuren der zweiten find faft verwifcht [mime (altn. mimir) Bit. 2ᵇ 3ᵃ], daß aus dën alten bildungen -her (für -here, alth. -hari) und -*win* (für -wine, alth. -wini) mit vocallängerung *hër* und -*wîn* geworden, deutet dahin. Namen wie ëberwin, ortwin, wolfwin reimen beftändig auf fchîn, fîn etc. dagegen neben walthêr. figehër, reinhër, wernhër etc. (bei Stricker im karl) gunthêr, volcher (Nib.) dat. walthêre, gunthêre; acc. walthêren etc. noch die organifchen formen wernher, walther (M. S. 2, 74ᵇ 173ᵃ 227ᵇ kol. 3ᵃ 7.) gifelher (Nib.) dat. walther, acc. waltheru, gifelhern gelten (vgl. oben f. 344.) obgleich auf-

II. declination der eigennamen.

fallend die dat. und acc. nirgend im reim vorkommen (Lachm. rec. d. Nib. 197.). Spuren dritter decl. gebrechen ganz; namen wie figemunt reimen auf bunt, kunt etc. und wollte man in dem reim fivrit auf mit, bit, fit ein altes fivrite (ftatt fivride, wie mite, fnite f. mide, fnide f. 408.) erkennen und dem mit, fit für mite, fite gleichftellen, fo fteht entgegen, daß die obliquen cafus fivrides, fivride und nicht fivrites, fivriten lauten (vgl. f. 417. note). In der Nib. caefur fteht der nom. fivrit häufig ftumpfklingend (Lachm. a. a. o. 196.) woraus allmählige tonlofigkeit der zweiten filbe und das neuh. feifert f. feifried erwachfen feyn mag. — 2) fchwache mafc. find unbedenklich; beifpiele: atte, brûne, gêre, nêre, boppe, wâte etc. [chuono dictus kerro Frauenbr. 94. 117. iohannes dictus fnecko 104. uolricus manetfo 104. dictus trubo 111. flöckko 128. brieggo 28. henfli kurzo 287. oft fenno, etc. heinricus chundebremo Pfäfers u. Sargans 76. chunthelmo 91. 113. ftuchfo mon. zoll. 2,409. gen. ftuchfen 421. vörtzo 410. grimme MSH. 3, 263ᵃ nêro, nêren kchr. 4181. gurzgrî Tit. 41, 4. gen. gurzgrîen 43, 1.] gen. otten etc.; hagene, gen. hagenen (wofür ungut die kürzung hagen) hegele, hegelen, witege, witegen; hetele, hetelen; fibche, fibchen; wegfällt das ftumme e in etzel, wetzel, werbel, fwemmel, gen. etzeln, werbeln. — 3) ftarke fem. erfter decl. verrathen fich wohl nur durch den nom. und acc. -e, weil das -e gen. und dat. auch in der vierten decl. gilt oder durch den im gen. dat. abgehenden umlaut. Der acc. chriemhilde, brünhilde fteht im klingenden einfchnitt Nib. 1347. 1368. 5548 etc. figelinde im reim auf kinde kl. 161.; nie finde ich einen folchen nom. vielmehr -hilt auf fchilt, milt reimend; desgl. vriderûn, figerûn. Bildungen mit -rât, wie herrât, machen den gen. dat. nicht herrâte, fondern herrât (dat. herrâte : kemenâte Bit. 4425). Ein älteres brünhilde, herrâte fcheint auch das hin und wieder vorbrechende fchwanken in die fchw. form zu beftärken, welches zuläßiger aus der erften ftarken ift, als aus der vierten; den dat. brünhilden, acc. herrâten, vriderûnen belegen die reime kl. 2726. 3543. M. S. 2, 80ᵇ. Gleichwohl muß man bei dem mangel, wenigftens der feltenheit ftarker nom. auf -e annehmen, daß die meiften weibl. eigennamen ftarker form der vierten decl. folgen, alfo den acc. dem nom. gleich ohne e, den gen. dat. aber mit oder (nach f. 677. anm. 3.) ebenfalls ohne e bilden[1]). Zuf. fetzungen wie brünhilde-weinen,

---

[1]) Man wird auch für die feminina einen adjectivifchen acc. fg. auf -e annehmen müfsen, der nicht in der erften decl., wo ohnehin a gilt, fondern in der vierten wichtig wird. Daher im nom fg. überall kriemhilt, prünhilt, dietelint, gutelint, im acc. aber kriemhilde Nib. 332, 3. 608, 3. 651, 2. 563, 4 565, 1. prünhilde Nib. 330, 4. 337, 4. 608, 2. dietelinde kl. 2120. gotelinde kl. 1573. Daneben gilt in 4. decl. auch der acc. kriemhilt, dietalint, wie bei mafc. neben dem acc. -en der gen. nom. gleiche. Zuweilen gehen folche fem. in fchwache form über: acc. kriemhilden Nib. 49, 4. 1192. 4. herrâten kl. 2138. condwiren kmûrs

chriemhilde-man, adelheide-barn,. figlinde-kint zeigen den richtigen gen. [Plur. zwô isolde Trift. 19159.] — 4) fem. fchw. form: bêrte, elfe, uote, helche etc. gen. bêrten, elfen und viele fremde namen; bildungen mit -el find felten, vgl. gifele, guetel (alth. kifila, kuotila) gen. gifelen, guetoln. [In folchen eigennamen noch zuweilen altes -un: berhtûn (: fun) kchr. mariûn (: fun)˙ liederf. !, 83. bertfchi der bertinun fun Schreiber 2, 147. der fteinbrûcheliuun fuu 2, 149.] — 5) bei fremden namen herrfcht einige willkür. Theils wird die lat. flexion beibehalten, z. b. Conrad v. W. fetzt den nom. priamus, acc. priamum, dat. priamô (neben priônt, priände, prianden) pêleus, pêleum, pêleô, (den acc. dat. priamufeu, peleufeu, priamufe, peleufe finde ich nicht) desgl. den dat. hectori (: bi troj. 31ᵇ) oder den acc. f. helenam (: freifam troj. 139ᵃ) neben der deutfchen form helênen [helenam Flore 1623. paridem 1606. veneri 1620]; das lat. -us, -ës fällt nach bequemlichkeit ab, z. b. neben bâchus, achillês befteht die form bâche (: fprâche, râche) achille (: wille) acc. achillen während achillês den acc. achillêfen annimmt; ebenfo philippês, philippêfen oder philippe, philippen [vgl. zu 766, 1]. Theils fchwankt die quantität der vocale, z. b. pollus reimt auf alfus troj. 174ᵃ; pollûs : bûs troj. 152ᵃ 170ᶜ; pâris : wîs troj. 32ᶜ, tantris : gewis Trift. 56ᵇ welche bemerkung kaum hierher gehörte, wenn es nicht fchiene, daß der nom. mehr, die zutretende flexion weniger den kurzen rocal dulde. Conr. hat die nom. jônas, calcas : gras, was; fchiron, agamemnon ; gedon ; caftor, neftor : fpor; hingegen den acc. jonâfen : mâfen ; fchirônen, neftôren. Manche namen führen inzwifchen den langen voc. durch, z. b. pâris, pârifes, pârife, pârifen; artûs, artûfen; andere den kurzen, z. b. die auf -ês, -êl, herenlês, achillês, acc. herculêfen, achillêfen (: gewêfen) gamurêt, gamurêten (: erbêten). Vieles fcheint hierbei durch den reim geboten und eingeführt, z. b. da fich kein deutfcher reim -ês findet, mufte man die fremden -ês mit deutfchen -as binden, die fremden -êt aber, weil es genug deutfche -êt gibt, blieben lang, z. b. pilât, pilâten. Auf die kurzen -on, -or paßt diefe erklärung gleichwohl nicht, da fich allerdings deutfche reime -ôn, -ôr darbieten. [Singulâr moyfenes Walth. v. Rh. 33, 33. 37, 48 (vgl. oben 768) durch chriftezum Chriftoph. 24.] —

Im *mittelniederl.* finde ich zwar keinen adjectivifchen acc. ftark. mafc., aber den acc. dem dativ gleich, z. b. reinaert, Ifengrin, gen. reinaerts, Ifengrins; dat. und acc. reinaerde, Ifengrine, während die fchwache form beide cafus fcheidet, z. b. brune, dat. brunen, acc. brune. Jener ftarke acc. auf -e ift vielleicht aus einer apocope des adjectivifchen -n (wie es im fchw. acc.

Pars. 327, 20. dat. brûnhilten kl. 1637. gen. gotelinden Nib. 2157, 4. figelinden 178, 4. — Gen. auf -es, s: vern bertsutes amis Reinh. 1841. hôren gotêt und blanfchefûrs beribte Rudolf. — Pars. 399, 14 gen. didôn.

II. *declination der eigennamen.*

masc. abfällt) zu erklären, so daß reinaerde für reinaerden stünde. Schwache fem. haben (abweichend vom subst. f. 693.) auch im acc. -en (Huyd. op St. 1, 72. 73. 417.) [Rikilt acc. Rikilden fl. reimchr. 1490. Rikilts 1461.] — Fremde namen legen bald die lat. endung ab, z. b. valentinian, gen. -aens, dat. acc. -ane, hector, gen. hectors, dat. acc. hectore oder schwach: pilate, gen. dat. pilaten; bald nicht z. b. pilatus, patroclus, lazarus, achilles, dat. acc. patroclufe, lazarufe, achillefe [mercuriufe Stoke 1, 101. 105. josephufe Maerl. 2, 117.]. Der gen. heißt unveränderlich lazarus, achilles, jhefus. Sonderbar bildet Maerl. [den gen. jhefunus 3, 253] den acc. jhefumme (nach dem lat. jefum, vielleicht für jhefumen?) 2, 129. 140. [jefumme (:omme) van den houte 514.] neben jhefufe 2, 127. —

Die *neuhochd.* biegung der eigennamen ist sehr verworren. 1) starken masc. gibt man noch das gen. -s, als: ludwigs, heinrichs, wilhelms¹), nicht mehr das dat. -e, sondern macht diesen casus dem nom. gleich. Der acc. kann zwar das adject. -en annehmen: ludwigen, wilhelmen, doch klingt dies schon alterthümlich und es heißt lieber ludwig, wilhelm. Weil einige das adj. -en des starken acc. mit dem schw. -en vermischten, legten sie fehlerhaft dem dat. oder gar dem gen. ein schwaches -en zu [dat. acc. masc. und fem. wilhelmen, friedrichen, philinen, aurelien etc. Goethe 19, 61. 81. 143 und öfter. an herrn olesrien Fleming 94 (93) grahnmannen (83) ein positiv welches von silbermannen ist Rabeners br. 19.]. — 2) starke fem. bleiben unveränderlich, nur sind ihrer wenige, da die meisten im nom. -e zufügend sich zu no. 4. schlagen. — 3) schwache masc. pflegen stark zu declinieren, theils mit beibehaltung, theils mit ablegung des -e, als: göthe, böde, wille, braun, hagen, hegel; gen. göthes, bödes, willes, brauns, hagens, hegels etc. Der noch zuweilen gehörte gen. göthen (oder auch göthens nach s. 703.) dat. göthen veraltet. — 4) die schw. weibl. form hat sich bei den eigennamen etwas länger gehalten, als beim subst.; während schon lange der sg. von zunge unveränderlich blieb, duldete man, wenn kein art. vorsteht, den gen. marien oder mariens, dat. acc. marien, zumahl bei vorausgesetztem gen. mariens mutter etc.; diese flexion -ens ahmt fehlerhaft das männl. -ens nach, vergleicht sich aber dem -s, das in der zus. setzung weiblichen subst. beigelegt wird, z. b. hofnungslos, krankheitsbericht (wovon im folg. buch). [Fleming gibt jedem fem. den gen. -s: auf jungfr. beaten marien möstels begräbnis, auf fr. helenen ilgens ableben, auf jsr. magdalena weinmanns ableben, auf jsr. margaretha putschers hochzeit, auf jsr. annen grünwalds hochzeit; p. 359 fr. magd. wasserfahrers geb. planckin, 387 marien reiminnen. vgl. 772 anm. krimhilts hochzeit beldenf. p. 160.] Richtiger steht in zus. setzungen

---

¹) parzifals, wilhelms; aber: verfe des parzifal, wilhelm; stelles des oberon.

der gen. -en, wie: lutſenfeſt, auguſtenburg, marienbild. — 5) wo in fremden namen das -us, -is, -es ſteht, lauten alle caſus dem nom. gleich, z. b. ovidius, alexis, johannes und kein dat. ovidiuſe oder acc. ovidiuſen iſt zuläſſig (außer in verhärtungen wie hans. d. i. hannes, johannes, acc. hanſen) [aber wenn wir in altn. namen den gen. -rs bilden oegirs, freyrs, ſigurdrs, ſo iſt das wie mhd. jeſuſes, johanneſes]. Fällt jenes -us, -is, -es ab[1]), ſo kann der acc. -en lauten: oviden, achillen. — 6) zuweilen dauert das alth. -o und -a des ſchwachen nom. fort, z. b. otto, brûno, hûgo[2]), [holko, hotho (mhd. hode, hod Keller 398. 400; frief. hâtha]· êva, berta, maria, aber mit dem unorg. gen. otton, brûnos und ſelbſt im fem. bertas, marias, [tochter eurynomas Klopſt. oden 2, 112. europas 118. ſarus 99 anm. philomelas ſchmerz Schiller 21ᵇ. pyrrhas töchter ibid.] welches -s nicht anders als das -ens no. 4. zu beurtheilen iſt. [voc. hanſol Ayrer faſan. 61ᵇ. pl. die ſchlegels, hugos. voc. ihr leſſings! (brüder)]. — 7) unſere alte ſprache beſtimmte eigennamen näher durch den ort des beſitzes oder der herkunft und die praep. von, z. b. der von eſchenbach, hûſen. wo nur der vorgeſetzte artikel oder vorname declinieren kann, nicht der zur praep. gehörige dat., alſo der gen. lautete: des von eſchenbach etc. Heutzutage[3]) nimmt man ſolche dative für nom. und flectiert ſie ſelbſt (theils mit vorgeſetztem, theils abgelegtem von) wie masculina ſg., ohne beachtung des oft weibl. geſchlechts oder des plur. ihrer urſprüngl. bedeutung z. b. von malsburg, von dem ende, von der hagen, fürſtenau, fulda, cölln (ſt. von der fürſtenau, von fulda, von cölln) gen. malsburgs, endes, hagens, fuldas etc. Noch mehr verletzt der ſonderbare brauch, perſönlichen adel mit der praep. von zu bezeichnen, allen ſprachſinn, ſobald ſie wirklichen eigennamen vorgeſetzt wird, von müller, von göthe etc.) da ſie hier durchaus einen ortsnamen fordert. —

[Neuniederl. eigennamen haben im gen. maſc. noch -s, vondels; dat. gleich nom. fem. bleibt unverändert.]

Declination der ſtädtenamen.

Eigennamen der ſtädte pflegen den beiſatz eines ſie näher beſtimmenden ſubſt. z. b. -burg, -ſtadt, -furt[4]) etc. zu haben (wovon

---

[1]) Nur das -ns weggelaſſen: horas, ovid, homer, herodot, peter, gregor (doch bleibt livius, plinius) nicht das -es: moſes, herodes, palamedes, thucydides; ausg. johann f. johannes.

[2]) Merkwürdig erſtarrte auch der alte wurzelvoc. in dergl. wörtern, denn aus brûno, hûgo hatte folgerichtig ein neuh. braune, hauge werden müſſen.

[3]) Schon Wolfram ſetzt Wh. 286, 19 hêr vogelweid, oder nach der lesart von K: herre vogelweide.

[4]) Zu -berg u. ähnl. vgl. Emmerich ap. Schmeller 2, 669. 684 zum frankenberg. homberg = zum hohen berc. Eberh. Windek: zog zu dem elbogen gein

umständlich buch III.) und dann wird letzteres nach dem geschlecht und der decl. gebogen, welcher es zufällt. Hier ist bloß die decl. derjenigen gemeint, welche kein solcher beisatz auszeichnet, die also entw. aus einem fremden, dunkeln wort bestehen, oder eine deutsche bildungsendung empfangen haben.

1) hebräische städtenamen, die der gr. text nicht flectiert, läßt auch Ulphilas ungebogen, z. b. nazaraiþ, beþlahaím, kafarnaúm, Iaírusalêm (Ἱερουσαλήμ) etc. merkwürdige ausnahme macht der gen. Iaírusálêms Neb. 7, 2. 3. Finden sich gr. flexionen, so bleiben diese bald buchstäblich, z. b. daúkapaúlaiôs (διϰπόλεως) af areimaþáias (ἀπὸ ἀρμαθαίας) lazarus af beþanias, da doch die goth. praep. af keinen gen. regiert: Iaírusaúlymôn (Ἱεροσολύμων) etc. bald aber, und dieser fall ist für uns der wichtigste, stehen goth. flexionen. Gewöhnlich nimmt der sing. die erste, der plur. die vierte starke weibl. decl. So Iaírusaúlyma, gen. -ôs, dat. -ái, ferner: seidôna, seidônôs, seidonái, seidôna; tyra, tyrôs, tyrái, tyra, wiewohl von keinem dieser drei wörter der nom. auf -a vorkommt, der gen. bloß vom ersten, der acc. vom zweiten und dritten, der dat. von allen. Wiederum mangelt der nom. pl. -eis, acc. -ius, aber der gen. seidônê, tyrê und dat. Iaírusaúlymim. tyrim, seidônim, saúdaúmim ist belegbar. Auf gleiche decl. weisen die dative sg. Iaírupaúlái und bairaújái (in Mai's spec. p. 28.) nom. Iaírupaúla (hieropolis) bairaúja (beroea). Unvollständiger zeigen sich andere declinationen, nämlich in Iaíreikôn der acc. erster schw. weibl., in daúkapaúlein, beþfagein der dat. dritter schw. weibl., ohne daß ein nom. -ô, -ei vorkommt; in Iaírusaúlymjam, saúdaúmjam, gaúmaúrjam der dat. pl. und in saúdaúmjê gen. pl. der zweiten st. neutr.; endlich in beþanjin der dat., in beþanjan der acc. sg. schw. männl. Abweichungen, die mehr zufällig durch den fremden text herbeigeführt sind, als ächtgothische biegungen der ortsnamen kundgeben; Iaírusaúlymjam, saúdaúmjam (nach kunjam) sollten den gr. dat. pl. neutr. Ἱεροσολύμοις, σοδόμοις vom nom. τὰ Ἱεροσόλυμα, τὰ σόδομα übersetzen. —

2) alth. quellen biegen fremde wörter, wie nazareth, Ierusalem, betlehem nur im gen. sg. vgl. fiones, betlêmes J. 355. 402. welche demnach für neutra gelten. Die lat. endung -a hingegen wird nach der ersten st. weibl. decl. flectiert, vgl. den acc. bethania, dat. bethaniu O. III. 2, 10. 6, 2. den dat. rumu O. I. 11, 4. sodomu T. 65, 4. Dieser decl. folgen ohne zweifel die gl. blas. 84. gl. trev. 35ᵇ aufgeführten: mêza, wirtuu, basila, spira, wormiza, tungra, luticha, constanza, pazouwa, ageleia, prêma und dgl. Doch finden sich städtenamen ohne

---

pitzen. So in einem dipl. (Maratori antiq. 2, 249) curtis ad duas robores; tr. fuld. 180° ad brachaiom; f. gramm. 3, 422.

solche endung -a, deren geschlecht, folglich decl. unsicher ist; wären sie weiblich, so gehen sie nach vierter starker; dahin gehören in jenen glossen: [jěrusalěm, diu N. 78, 1] tul (tullum) ûztriht (ultrajectum)*).

3) im altnord. finde ich conf. auslautige fremde städtenamen nach erster weibl. st. abgewandelt, z. b. paris, gen. parísar, die mit der endung -a hingegen nach der schwachen, z. b. troja, gen. troju. Meistens fügt man ihnen borg, stadhr etc. zu und dann leidet ihre decl. wie die der einheimischen namen keinen zweifel.

4) consonantisch auslautende ortsnamen sind im mittelh. unveränderlich, z. b. jěrusalěm, lunders, åkers, berbester (balbastrum) acratòn, meilân, nantěs, kâridôl, paris etc. ebenso mit einem langen voc. schließende, als: ninivê, jěrusalè, aglei, karkobrâ etc. Die mit -e folgen der ersten st. weibl. decl., bilden demnach alle casus gleich: troie, rôme, metze (Georg 1ᵇ) börne, spîre, brâge, wiene (M. S. 1, 105ᵇ 197ᵇ 2, 73ᵇ 235ᵃ) sibilje (sevilla) mimile (memelina) ôransè (arausio, franz. orange) [ez heizet koufunge Heinr. u. K. 3244. ze koufunge 3353] und mit apocopiertem stummen e bâsel. Indessen merke man α) einige haben im nom. consonantauslaut, im dat. -e, gleichsam nach vierter starker, z. b. koln (colonia) dat. kolne, Anno 105. 115. sogar auslautend kölne Parc. 38ᵇ M. S. 1, 106ᵃ wiewohl auch der nom. kölne M. S. 2, 153ᵃ; arl (arelatum) dat. arle M.S. 2, 63ᵃ Wilh. 1, 16ᵃ; wormez, dat. wormze (Nib.) [f. nachtr.]. β) da, wie buch IV. gewiesen werden soll, viele ortsnamen, zumahl die mit -ing gebildeten, im dat. pl. vorkommen, z. b. tettingen, so wendete man diesen casus unorganisch auf andere an, welchen nur der sg. gebührt und setzte z. b. wienen (: niemen kl. 2908. Müller; vgl. 3031. Hagen) [ze wienen, von wienen frauend. 396. ze ulmen Wolkenst. 55. ulmen 67. wienen 69] metzen (Nib. 34. 42. M. S. 2, 67ᵇ: retzen, i. e. regium, reggio) bechelâren etc. anstatt wiene, metze, bechelâr**) welches -en für keine schw. flexion zu halten ist, daher auch außer dem dat. nicht eintreten kann. γ) das geschlecht hat schwierigkeit, indem die construction bald auf ein weibliches weist (Nib. 3247. kl. 4282. wormez diu vil wîte; kl. 3932. in wormze der wîten; Tit. 37. ûz der starken berbester; Friged 3964. ackers diu

---

*) Ol. trev. lesen ûzuëht, niederl. utrecht, wie mastreht (traj. ad mosam) mit hinsicht auf ûzrecken, uitrecken, weshalb Conrad das oben f. 443. angeführte ûztricht von einem fernen lande, wohin man überführt, gebraucht, außer jener stelle ebenso in melior (Bodm. crit. schr. 7. p. 43.); mastricht: gibt reimt Parc. 38ᵇ.

**) Wie fridemâr und viel ähnliche von dem veralteten lâr (mansio) woher das neutr. gilári bei O. [Merkwürdig goslár, ze gosliere Servat. 2549. ebenso kolmár, dat. kolmære liederf. 1, 309 (: mære)].

II. *declination der städte- und völkernamen.*

ift; Parc. 164ᵇ ůz der wîten acratòn M. S. 2, 212ᵃ die richen mifenbure: fo zu lefen ftatt niefcubĕre; vgl. Nib. 5521. [bern (verona) — ir hiufer, ir turn welfcber gaſt .26ᵇ vgl. nacher vor ftädtenamen = nach der]) bald auf neutrales (vgl. Kolocz 56. 57. wieneu, daz.). Der im goth. und alth. bemerkte neutrale gen. -s, -es fcheint im mittelb. felten.

5) im neuhochd. gänzlich neutraler gebrauch aller ortsnamen, ohne rückficht auf das männl. oder weibl. gefchlecht des beifatzes. Man bildet heutzutag den gen. nicht allein roms, jerufalêms, ninivês, berns, prâgs, wiens etc. fondern auch freiburgs, neuftadts und fogar meiningens, gelnhaufens.

Declination der völker- und fectennamen.

1) Ulph. hat nach dritter ft. decl. faúr (fyrus) f. faúrs wie vair, baúr oben f. 599; pl. faúreis, gen. faúrê, dat. faúrim, acc. faúrins; auch von dem beibehaltenen famareitês (σαμαρείτης) bildet er den gen. pl. famareitê. Für krêtês (κρῆτες) Tit. 1, 12. ift vermuthlich krêteis zu fetzen: haibraius, fareifaius, Iudaius, faddukaius, nazòraius gehen im fg. nach dritter, im pl. nach vierter: fareifaleis, -ê, -im, -ins; felbſt der pl. von chriftus lautet Marc. 13, 22. chriftjeis. Doch auch ein dat. Iudaium, acc. Iudaiuns ift vorhanden (vgl. f. 601. nr. 5.) [krêks, krêkeis, rumôns? dat. pl. rumônim. galatim; fkypus (feythes) Col. 3, 11. pl. kaúrinþius. Blippiſius. aifalfius dat. aifalfium. kaúlulfaium. Warum hat Jornandes immer gepidae, gepidarum? (P. Diacon. gepidi, -orum) ebenfo baſtarnae, baſtarnae: wie im lat. perfae, belgae, volcae, celtae, farmatae, dalmatae, galatae, fcythae, getae; griech. γαλάται, aber καλτοί; σαύδαι, πέρσαι aber fg. σκύθης, πέρσης, während lat. der fg. belga, perfa gilt.]

2) (alth.) nach der erften ft. geben: fvâp, peigar (bojus f. peigwar, ungefähr wie vior f. vitwor) lancpart, purkunt, walah, weftvâl, alaman, nortman [winid (wandalus) Diut. 2, 353ᵇ] etc. und alle ableitungen -inc, charilinc, durinc etc. pl. fvâpâ, peigirâ, alamannâ oder alaman, durincâ; nach zweiter bildungen -ari, -eri: rômari, pêrferi, tonimarcheri, choftinzeri etc. pl. rômarâ, rômerâ etc. [bajoarii, hatoarii, riporarii; chriftani (chriftianus) Diut. 2, 239ᵃ] — nach vierter: hûn (hunnus) [aber hûni (hunnus) Diut. 2, 353ᵇ] chrieh (graecus) fyr (fyrus) tan (? danus) fara, ferz (arabs, d. h. faracenus, mit verwandlung des c in z, oben f. 68. 163; im alth. ferkr blieb der kehllaut; wilz (veletabus); pl. hûni [hûni (pannonii) Diut. 2, 182], chriebhi, fyrî, teni, ferzi, wilzi; gen. hûneo [hûniofeld (hûnfeld) bûniohem (hûhnham) Ecc. fr. or. 2. 121. 122] etc. — nach fchwacher: fabfo, vranbo, judo oder judeo etc. Verfchiedene fchwanken aus ſtarker form hierher, z. b. ferzo

(arabs). — Die decl. adjectivifcher bildungen ergibt fich von felbft.

3) (angelf.) nach erfter ftarker: fvæf, finn, þyring [veder] pl. fvæfas, finnas, þyringas [vederas]; nach vierter (ich gebe den ficheren pl., da der fg. kaum vorkommt): afdrēde (obtriti) dene (dani) engle (angli) vylte (veletabi) furpe (forabi) crēce (graeci) und alle auf -vare (oben f. 641. note): hægdhvare, romvare [hetvare Beov. 176. 216] etc. — nach fchwacher: francan, feaxan, frifan etc. fveon (fueci) f. fveoan wie f. 645. tveo.

4) (altn.) nach erfter: álfr, finnr, fváfr, borgundr, und alle auf -úngr, pl. álfar, finnar; nordhmadhr pl. nordhmenn; — nach vierter: halr, halir; danr, danir; vanr, vanir; grikr, grikir (girkir) ferkr, ferkir; danr, danir; ás hat æfir (f. 654.) [luppir Sn. 370.] — fchwache: faxi, göti, jamti, judi, fvl (fuecus) f. fvji etc. fammt den bildungen -ari, -veri.

5) (mittelh.) nach erfter: fwâp, fwâbe, dûrinc, dûringe; nibelunc, nibelunge; weftvâl, weftvâle; aleman, pl. aleman (M. S. 1, 132ᵃ) beier oder beiger pl. beier (wie acker f. 669.) etc. — nach zweiter die bildungen -ære oder -er (f. 369. 670.) — nach vierter finde ich keine mehr, z. b. kein tan, pl. ten, vielmehr das fchwache ten M. S. 2, 232ᵃ — nach fchwacher: vranke, fuhfe, heffe, kûre, famcite (famogeta) fwêde, pl. vranken etc. viele aus ftarker form hierher übergetretene: krieche, kriechen; ten, tenen (wie van f. 683.) hiune, hiunen. [— ohne flexion: farazîn (f. 686, 2ᵇ) ebenfo babilôn Parz. 23, 8. perfân Wh. 80, 6?]

6) (neuh.) die meiften vordem ftarken find nun fchwach: fchwâbe, fchwâben; dæne, dænen wie heffe, heffen; fachfe, fachfen; baier, pommer machen den pl. baiern, pommern, fchwanken aber im gen. fg. zwifchen -rs und -rn; bildungen mit -er behaupten die ftarke form: waldecker pl. waldecker (nicht -rn).

7) im fchwed. haben einige völkernamen die pl. flexion -ar nach der erften fl. oder nach der fchw. form, z. b. jomsvikingar, faxar, finnar, afar, fvēar; andere -er nach der vierten: grēker, gœter, rÿger, egder etc. Im dän. faft alle -er nach der vierten oder fchwachen, z. b. fväber, burgunder, franker, fakfer, lapper; keine mehr -e nach der erften, einige -ere nach der zweiten: rommere, fpaniere.

Declination der ländernamen.

Wie bei den ftädtenamen ergibt fich gewöhnlich gefchlecht und decl. aus dem beigefetzten -land, -gau, -mark, -reich etc.; hier bloß von dem fall, wo dergleichen zuf. fetzungen fehlen.

1) den gr. gen. behält Ulph. in galeilaias bei, doch foll Luc. 2, 2. nicht fyrias, fondern die goth. flexion fyriáis ftehen,

II. declination der ländernamen. 701

wozu der dat. krêtai Tit. 1, 5. ſtimmt. Dieſe ländernamen
folgen alſo der erſten ſt. weibl. decl. krêta, krêtôs, krêtâi,
krêta; der pl. würde wohl die vierte begehren.
2) (alth.) N. und der überſetzer T. laſſen häufig die lat. flexion
z. b. den acc. galileam, aegyptum, dat. aegypto, gen. traco-
nitidis etc., doch ſteht T. 22, 2. der deutſche acc. ſyria;
5, 11. der dat. ſyriu 55, 2. galileu und 9, 4. der dat. egypten.
O. hat I. 8, 13. in aegiptum, aber I. 1, 182. den dat. mace-
doniu; II. 7, 78. III. 2, 1. den acc. galilea. Alſo gehen auch
hier ſyria, galilêa etc. nach ſem. I. ſt. und man hat ein
ſchw. maſc. aegypto, gen. aegyptin anzunehmen. Deutſche
länder und landſchaften kommen nie ohne beifügung von
-lant, -ribbi, -diot, -gouwi etc. vor. [auch ſirland (ſyria) N.
88, 13.]
3) (mittelh.) lat. fem. auf -a -ia behalten ſelten -â, als: âſiâ,
europâ, traciâ, zuweilen nehmen ſic -ê, -î (arabê, arabî;
valturmîê: wê Wilh. 2, 48ᵇ) meiſt ein unbetontes -e an, richten
ſich aber in der ausſprache des ihm vorſtehenden i nach dem
romaniſchen. Nämlich î gilt in: türkîe, barbarîe, ſürîe, bul-
gerîe, picardîe, rûmenîe, armenîe, parmenîe etc. geht ein
naſales an, on voraus, ſo entſpringt ein franz. agne, ogne;
ital. agna, ogna; ſpan. aña, uña und mittelh. anje, onje, als:
ſpanje, ſchampanje, almanje, britanje, katelanje, babilonje,
macedonje, wildonje mit zwei nebenformen, theils verhärtung
des j in g (ſpangen, katelangen, [brumbanje, brumbange Parz.
473, 23. 491, 6 hſſ. griffange Lohengr.] wie im mittelniederl.
ſpaengen, almaengen, bertaengen) theils gänzlichem ausſtoſſ
des j mit vocalverlängerung (ſpâne, britâne, [brumbâne Parz.
d. ſpâne: gaſcâne Parz. 48, 9. vgl. caſtâne 378, 17] macedône,
babilône). Ebenſo wird aus ili ein ital. igli, ſpan. ill, franz.
ill, mittelh. ilj (ſibilje, cecilje, ſicilje) daneben ill (ſchille) wie
pülle (: erſchülle reimig) ſt. apulia, ital. puglia, franz. pouille;
doch kein verlängertes il. Für ſürîe ſcheint ſeltner ſürje
(M. S. 1, 144ᵃ) ſürge (im Otnit) zu gelten, noch ſeltner ſirre
(im gedr. heldenb.). Alle dieſe namen auf -e decliniren,
wie die ſtädtenamen auf -e, nach gëbe; conſonantiſch aus-
lautende (indiân, perſiân, brôharz etc.) ſind inflexibel. —
Deutſche ländernamen pflegen durch den dat. pl. des völker-
namens und die praep. ze, von, in umſchrieben zu werden,
als: zen burgunden, zen ſwâben, zen hegelingen, von den
hegelingen, oder ohne art. ze burgunden, ze kriechen, ze
lamparten [ze ſtürmen, ze den ſtürmen Gudr. 13ᵃ]; aus die-
ſem dat. pl. (vielleicht auch aus dem ſchwachen gen. pl. mit
weggelaßenem lant, ſtatt: ſahſenlant, vrunkenlant?) führte
ſich nach und nach der unorg. ländername burgunden, ſwâ-
ben, ſahſen ein, und wurde wie ein neutraler ſing. conſtruiert,
vgl. M. S. 2, 63ᵃ kerlingen ſtât mit vride, vlandern hât, ſwâben

ift M. S. 1, 200ᵃ 2, 174ᵇ; meifter alex. 142ᵃ [kriechen ftuont Parc. 136ᵇ kerlingen daz luut was Orl. 161. vgl. ftädtenamen oben f. 776, 4, 9.] etc. Einen gen. fwâbens, kriechens gibt es aber nicht und die deutfchere bildung der ländernamen durch wechfelnde beifätze herrfcht noch immer vor (z. b. Gudr. 1ᵃ 8ᵇ in îrlande, ûz îrriche). [Merkwürdig fteht der nom. pl. des volks für das land, gramm. 3, 421. 4, 290. Name des landes für den fürften: churmainz ligt auf den tod El. Ch. v. O. 511. churbaiern kommt nicht zu mir 190. churpfalz 518.]

4) (neuh.) die meiften ländernamen find neutral und des -s gen. fähig, z. b. brabant, indien, aegypten, fpanien, arménien, portugall, würtemberg, fchaumburg etc. [afien, fyrien, mit kurzem i, weder j noch î] gleichergeftalt die urfpr. dat. pl. heffen, fchwaben, franken, fiebenbürgen (wo der finn dem fg. widerftrebt, vgl. M. S. 2, 7ᵃ gein fibenbürgen) etc. Nur einige fem. auf -ei erhalten fich: lombardei, türkei, bulgarei, noch wenigere mit conf. auslaut, z. b. die fchweiz, die krimm.

Declination des pronomens.

A. *perfönliches ungefchlechtiges pronomen.*

(goth.) I. fg. ik. meina. mis. mik. — dl. vit. ugkara. ugkis. ugkis. — pl. veis. unfara. unfis (uns) unfis (uns) — II. þu. þeina. þus. þuk. — dl. jut? igqvara. igqvis. igqvis — pl. jus. izvara. izvis. izvis. — III. fg. ohne nom.; gen. feina; dat. fis; acc. fik — dl. fehlt — pl. ohne nom.; gen. feina; dat. fis; acc. fik. — anm. der nicht vorkommende nom. dl. zweiter perf. ift nach analogie des pl. jus angefetzt, vielleicht lautete er *jit* oder *it*, ficher nicht *git*, doch jenes *jut* beftärkt auch der lith. dl. judu, pl. jûs. — für þu etwa þú? f. oben f. 97. — ftatt der auffallenden nichtunterfcheidung des dat. vom acc. dl. und pl. würde die confequenz im acc. pl. unfik, izvik fordern.

(alth.) I. fg. ih. mîn. mir. mih. — dl. wiz? unchar. unch. unch. — pl. wîr. unfar. uns. unfih. — II. dû. dîn. dir. dih. — dl. jiz, iz? inchar. inch. inch. — pl. ir. iwar. iu. iwih. — III. hat nur den gen. fg. fîn und den acc. fg. und pl. fih. — anm. das lange *wîr*, *ir* folgt aus dem goth. veis, jus, vgl. balgrie, funjus mit pelki, funi; der fpätere N. hat kurzes *wir*, *ir*, wie belge, fune [*wer* (vos) fr. Schm. pf. 113, 18. 123, 6. *me*: daz me nechenen zwivel dorfen hân llaupt 8, 272. *jer* (vos) J. ier, aber das i undeutl. ier auch fr. Schm. pf. 113, 14. ger altd. gefpr.]: — gen. pl. dl. endigt fowohl -*er*, als -*ar*; ftatt iwer, iwih begegnet iuwer, iuwih (f. 145.); ftatt iu, iuwih: êu, êuwih (f. 102.) — die

II. perfönliches ungefchl. pronomen.

dualformen mußten beinahe alle gerathen werden, da fich nur O. III. 22, 64. der beleg: unker zueiſ darbot, er reicht aber hin, die übrigen fälle zu verfichern. [IV. 31, II. 12 hat O. wir wo wiz zu erw. war.]

(*altf.*) I. fg. ik. mîn [mînes Hel. 100, 11 (var.)? gewöhnlich ift aber mîn 142, 17]. mi. mi. — dl. wit. unker. unk. unk. — pl. wî. ufer. us. us. — II. fg. thû. thîn. thi. thi. — dl. git. inker. ink. ink. — pl. gî. iuwer. iu. iu. — III. mangelt durchaus (doch die niederd. pſ. haben fig f. fe und fibi 63, 5. 72, 27 fo wie unfig 66, 2. in der Diemel- und Wefergegend öfk. öfch = ufic, aber für dat. und acc. dranef. hafenm. 305. 306 öfsek. 398 öfch. aber Hel. kein fik, fig, auch kein gen. fîn, fînes].

(*angelſ.*) I. fg. ic. mîn. mê. mêc (mê) — dl. vit. uncer. unc. unc. — pl. vê. ufer (ûre) us. ufic. — II. þû. þîn [þînes Cädm. 129, 15]. þê. þêc (þê) — dl. git. incer. inc. inc. — pl. gê. ëôver. ëôv. ëôvic. — III. mangelt durchaus, — *anm.* nur die frühſten quellen unterfcheiden die acc. mëc (viele beiſp. von mêc Conyb. xviii, xix], þëc, ufic, ëôvic, gewöhnlich fallen fie mit dem dat. zuſ.; merkwürdig ftehet Cädm. 62, 2. ein acc. dl. *incit*, nach welchem ein analoges *uncit* anzunehmen ift; — ufer, us entfpringen aus unfer, uns (ſ. 244.) und für das ältere ufer gilt fpäterhin das fchwirrlautende *ûre*.

(*altfrief.*) die quellen gewähren kaum wi (nos) us (nos, nobis) thû (tu) thi (tibi); die übrigen fälle werden ungefähr wie im altf. lauten. [I. fg. ik. mîn. mi. mi. — pl. wi. unfer. us. us. — II. thu. thîn. thi. thi. — pl. i. iuwer. iu. iu. — *anm.* Halbertſma *jimme* (vos) andere auch *jum, jam*.]

(*altn.*) I. fg. ëk. mîn. mêr. mik. — dl. vit ockar. ockr. ockr. — pl. vër [vær Ol. Tr. 3, 160. 161]. vår (vor) oſſ. oſſ. — II. þû. þîn. þër. þik. — dl. it (þit) yckar. yckr. yckr. — pl. ër (þër) ydhar [Sæm. 190ᵃ ydhvar, wo alfo das v des goth. izvara vortritt, vgl. Vilk. c. 11 idvara (veftrum)]. ydhr. ydhr. — III. hat weder dl. noch nom. fg. pl. alfo nur (wie das goth.) für fg. und pl. fîn. fër. fik. — *anm.* ich fchreibe ëk, mër, þër, fër, vër; ër ſtatt des üblichen ëk, mer etc. (Rafk: ek, mèr, pèr etc.); wichtiger ift mir die herftellung des dualen *vit, it* (þit) ſtatt vid, þid (bei Rafk: vidh, þidh); it haben ſelbſt hff. (edd. Sæm. ed. hafn. II. p. 143.), fpäter fprach man freilich vid, vidh und anlautend *þidh, þër* ſt. des früheren it, ër (Rafk §. 531.) durch welches *þër* dat. fg. und nom. pl. vermengt werden; — im gen. pl. beſteht neben *vår* die form *vor* und *or* (vgl. ſ. 285. über vå, vo, o) noch früher fcheint ein *offar* (oder ofar) gegolten zu haben (ſ. das poſſeſſ.) zu welchem fich or, vår verhält, wie das angelſ. ûre zu ufer. [— (*färöifch*) I. fg. ee. mujn. meår. mee. — pl. veår. våar. ofun. os. — II. fg. tû. tujn. teår. tee. — pl. teår. tiara. tium. tiur. — III. fujn. feår. fee. — den dualis ſ. 814.]

II. *perſönliches ungeſchl. pronomen.*

(*mittelh.*) I. ſg. ich¹). mîn. mir. mich; pl. wir. unſer. uns. unſich (uns). — II. dû [Wolfr. hat nie dû, ſondern du (ſ. 348)]. dîn. dir. dich; pl. ir. iuwer. iu. iuch. — III. hat nur gen. ſg. ſîn und acc. ſg. pl. ſich [dat. ſg. ſich für im einmal bei Eilhart 1941 hiefz ſich ein trinken geben; aber auch Parz. 64, 6 zuct im neben ſich ſîn bein.] — *anm.* die kürze des *wir, ir* (welches dadurch mit dem org. kurzen *ir* = ejus ſ., ei ſ., eorum, earum zuſ. fällt) folgt aus den reimen wir : zwir Triſt. 82ᵇ, ir (vos) : mir Triſt. 37ᶜ 45ᵇ Wilh. 2, 131ᵃ etc.; in dem oben ſ. 351. berührten wier, ier ſuche man keine ſpur der alten länge, weil ebenwohl mier, dier, ier (eorum) gereimt werden, z. b. letzteres auf ſchier M. S. 2, 41ᵇ; [*wie* ſ. wir gr. Rud. 14, 20. 12, 8. vgl. mie ſ. mir altd. bl. 1. 243. 245. mî (: ſî M. S. 2, 18ᵃ. *ie* ſ. ir: ie hern, ie andern in den ſpilen bei Stephan.) — der acc. pl. *unſich* [unſech Diut. 3, 55] (noch entſchieden im 12. jahrh.) erſcheint nur ſpurweiſe Parc. 3593. Flore 909. M. S. 2, 63ᵇ 136ᵇ [woſelbſt unſich: gelich] 171ᵃ 174ᵇ 194ᵇ und hat gewöhnlich gleich dem dat. *uns*, während in perſ. II. das dat. *iu* und acc. *iuch* durchgehends ſtrenge geſchieden ſind [acc. iu ſ. iuch Walth. 18, 7 vgl. Lachm. p. 142. dat. iuch ſ. iu (: vliuch) Maßm. Triſt. ſ. 659]; *iuch* iſt kürzung aus *iuwich*; — der merkwürdige gen. *minis* Roth. 4426. iſt niederdeutſch. [minis Diut. 1, 36. von mines ſchulden liederſ. 1, 179. mins Eckh. 38, 21. ſînes Anno 726. Eneit 6635. Herb. 2526. ſîns? M. S. 2, 208ᵇ. Niederdeutſch auch miner, diner, ſîner Bruns p. 236. 237. 244. miner Eilh. 6719. Theophil. 490. 555. 561. Flore 793. 1096. vgl nachtr. ſîner braunſchw. chrou. 163. Zeno 1321. Sonſtige mhd. formen: dî (tibi) : bî Wizlav 29ʳ vgl. oben mie, mî. dat. ſg. mich ſ. mir bei einigen thüringern amgb. 12ᵃ z. 492. 30 z. 1073. II. pl. gî (vos) gyk (vos, vobis) Bruns 225. 237. die lüneb. chr. unterſcheidet ie (vos) und iu (vobis) andere plattd. quellen nom. ji, dat. acc. ju; Förſtem. n. mitth. 2, 74. 75 gy (vos) gik (dat. acc.)]

(*mittelniederl.*) I. ſg. ic. mins. mi, mî; pl. wî. onſer. ons. ons. — II. dû. dins. di. di. pl. ghî. hûwer. hû. hû. — III. hat lediglich den gen. ſîns (kein: ſich [mnl. zich, ſich dennoch vorhanden Huupt 2, 352. 356 etc. minnenloop 4, 1686]). — *anm.* mîns (mei) belegt Maerl. 2, 145. 149. 183.; dîns Maerl. [2, 181] 3, 79. ſîns Rein. 372. Stoke 2, 181. [Maerl. 2, 12. ſîns ende ſîns broeder Huyd. 3, 360] der ſg. zweiter perſ. wird ſelten gebraucht, doch zuweilen (vgl. dû Rein. z. 1957.); die länge von mî, dî, wî, ghî folgt aus dem häufigen reim auf bî, vrî, ſî (Rein. 279. 306. 323. 334.) oder man müſte auch vri, ſi, bi annehmen (vgl.

---

¹) Lachmann verſucht gegen die bſſ. kürzungen des Ich in I; immer Parz. 389, 12. iuch (ich inch) 393, 8. 607, 21. 30. iu (ich in) 405, 30. 465, 17 470, 10. 580, 20. 612, 23. ius (ich in es) 562, 20. in (ich in) 410, 17. im (ich im) 432, 4. in (ich en) 475, 4. 539, 28. 546, 29. 559, 4. nachgeahmt von Haupt Er. 8538.

II. *possessives pronomen.*

oben f. 475.) — *hû* steht für *û* (f. 502.) welches daneben vorkommt, beide reimen auf nû (Rein. 279. 307. 316.). [*icke*: ſticke ſtoſe 75. 10332.]

(*neuh.*) I. ſg. ich. mein. mir. mich; pl. wir. unſer. uns. uus. — II. ſg. dû. dein. dir. dich; pl. ir. euer. euch. euch. — III. ohne nom., der gen. fein gilt nur im ſg., hingegen ſich für den dat. acc. ſg. und pl. — *anm.* neben mein, dein, fein jedoch unedler: *meiner, deiner, feiner*; — die dehnung des wir, ir iſt keine wiederherſtellung, ſondern folge der allg. regel f. 518., daher auch mir, dir und ir (ei ſ.); — in pl. 1. hat die dat. form den acc., in II. die acc. form den dat. eingenommen [*mir* f. wir Geo. v. Ehingen p. 12. weisth. 3, 803. 804. *icha* Firmenich 2, 212ᵃ 213ᵇ].

(*neuniederl.*) I. ſg. ik. mine. my. my; pl. wy. onzer. ons. ons. — II. ohne ſg. (dialecte haben noch du, dat. acc. dij) — pl. gy. uwer. û. û. — III. ohne nom. ſg. pl., allein zins gen. ſg., zich acc. ſg. und pl.; zich dat. ſg. [über zich oben f. 539]. *anm.* ſtatt mins, zins zuweilen miner, ziner, umgekehrt ſtatt uwer zuweilen uwa.

(*neuengl.*) I. ſg. f. mine. me. me; pl. we. ours. us. us. — II. ſg. thou. thine. thé. thé; pl. ye. yours. you. you. — III. mangelt durchaus. — *anm.* für i im mittelengl. bisweilen noch *ich*, wenn voc. folgt; in beiden perſ. gebricht gen. ſg. pl.

(*ſchwed.*) I. ſg. nom. jag; dat. acc. mig; pl. nom. vi, dat. acc. oſſ. — II. ſg. nom. du; dat. acc. dig; pl. nom. I [altſchwed. noch ir Ihre col. 958. 959] oder oſ [entſpringt aus dem den verbis nachgeſetzten i: tron i, ſtagen i etc. Ihre 959]; dat. acc. öder [das iſt der alte dual, daneben er]. — III. bloß ſig für dat. acc. ſg. und pl. —

(*dän.*) wie im ſchwed.; nur jeg f. jag, os f. oſſ und kein ns ni, ſondern I; ſtatt eder in gemeiner ſprache jer; zuweilen gilt noch der gen. pl. vores, eders. —

B. *possessives pronomen.*

das poſſeſſivum iſt ein aus den genitiven der ebenabgehandelten pron. hergeleitetes adj., das auch adjectiviſch decliniert, jedoch organiſcherweiſe der *ſchwachen form unfähig* erſcheint.

1) der *Gothe* beſitzt ſieben poſſeſſiva: meins, ugkar, unſar; þeins, igqvar, izvar [izvana f. izvarana Philipp. 2, 25 wie iuwan f. iuwarano]; ſeins, weil die dritte perſ. pl. dem ſg. gleichlautet und der dl. mangelt. Man merke, daß ugkar, unſar, igqvar, izvar im nom. maſc. und neutr. ſtets das -s und -ata weglaßen; im nom. fem. bleibt -a.

2) *alth.* gelten die nämlichen: minêr, uucharêr, unſarêr; dinêr, iucharêr, iwarêr; ſinêr. Zu merken iſt, daß ſich bei O. eine doppelte form der beiden pl. poſſ. entwickelt hat, nämlich

II. *possessives pronomen.*

außer: unserèr, unseru, unseraz; iwerèr, iweru, iweraz ein:
unsèr, unsu, unsaz; iwèr, iu, iwaz [altd. gespr. or für iuwer].
Strengalth. und organ. sind bloß die ersteren, die letzteren
beruhen auf verwechselung des bildungs-er mit dem -er des
nom. sg. masc. Belege der doppelform sind: unsô IV. 31, 20.
unserô III. 21, 27. unsèn IV. 5, 60. unserèn I. 18, 68 [io =
iuwô (vestrae) O. Sal. 9]; andere casus begünstigen eine von
beiden, so habe ich im gen. pl. nie unserô, stets unserèrô
gefunden.

3) die *alts.* poss. lauten: mîn, unk, us; thîn, ink, iu; sîn, wel-
ches letzte also nach untergegangenem pron. dritter pers.
fortwährt; unk, us, ink, iu folgen der zweiten otfried. weise,
stehen mithin für unker, user, inker, iuwer, welche zwar in
der E. II. fehlen, aber nicht allen niederd. mundarten fremd
gewesen seyn können, wie z. b. die niederd. form userè (nostri)
im hildebr. darthut.

4) *angels.* poss.: mîn, uncer, user (ûre); þîn, incer, eóver; sîn;
— hier also bleibt das bildungs-er ungeschädigt; die doppel-
form *user* und *ûre* folgt aus dem doppelten gen. pl. user, ûre;
user assimiliert, so oft die flexion sr herbeiführt, dieses zu
ss, also: nom. user, user, user; gen. usses (st. usres) usse (st.
usre) usses; dat. ussum (usrum) usse (usre) ussum; acc. userne,
usse, user; pl. nom. acc. usse, usse, user; gen. ussa, ussa, ussa
(st. usra); dat. ussum, ussum, ussum (st. usrum); — ûre geht:
ûre, ûre, ûre; gen. ûres, ûrre, ûres; dat. ûrum, ûrre, ûrum;
acc. ûrne, ûre, ûre etc.; vielleicht kürzte sich vor rr der vocal,
urre, urra?

5) *altn.* poss. sind: minn, ockar, vor; þinn, yckar, ydhar; sinn
— in den sg. poss. kürzt sich *ı* zu ı, sobald die flexion assi-
milation des *nr* in *nn* (s. 307.) des *nt* in *tt* (s. 318.) wirkt,
es heißt demnach minn, mîn, mitt; gen. mîns, minnar, mîns;
dat. mînum, minni, mînu; acc. minn (wie einn s. 760.) mîna,
mitt etc. — ockar, yckar, ydhar gehen nach s. 741. fem.
ockur, yckur, ydhur, neutr. ockart, yckart, ydhart (wofür
späterhin ockat, yckat, ydhat) — vor, vor, vort oder vår,
vår, vårt oder or, or, ort wird bei den alten dichtern da,
wo die flexion mit voc. beginnt, noch durch die ältere form
oss- ersetzt, z. b. ossom (nostro) ossa (nostram) ossir (nostri)
Rask §. 532.

6) im *mittelh.* (und allen folgenden sprachen) bestehen wegen
der ausgestorbenen dualform nur fünf possessiva: mîn, unser,
dîn, iuwer; sîn. α) unser und iuwer gehen regelmäßig nach
heiter (s. 747.): unser (s. unser'r) unseriu (oder ohne flexion
unser) unserz (ohne fl. unser) gen. unsers, unserre, unsers etc.
— β) die otfried. nebenform *uns, iu* für unser, iuwer ist un-
mittelh. und streist, wo sie gespürt wird, ins niederd., im
Rother, in der livl. chron. etc. liest man häufig: uns, unses,

II. *poſſeſſives; perſ. geſchl. pronomen.*

unſeme, unſen; M. S. 1, 7ᵇ (bei Joh. v. brab.) iu minne; uns man Nib. Müller 6296. ſcheint druckf. f. unſer, wie Hagen 6575. lieſt, ohne das uns als variante zu nennen. — γ) die ſg. poſſ. gebraucht Wolfr. ausnahmsweiſe unflectiert, z. b. Parc. 18ᵃ die ſin, von den ſin ſt. die ſine, von den ſinen; in der regel biegt er ſie ordentlich. — δ) bedenklich erſcheint in den hſſ. unorg. ſchwache form der poſſ. bei vorſtehendem artikel, allein meines wißens in keiner nothwendigen lesart, z. b. ſtatt Nib. 419. die ſinen, 5643 die minen, 5660 der minen, 6647 des unſern, 5715 die iuwern, 8252 des ſinen läßt ſich ebenwohl und mit beiſtimmung der varianten: die ſine, die mine, der miner, des unſers, die iuwer, des ſines leſen; Parc. 22427. der dîn, M. S. 1, 148ᵇ diu dînin (oder unfl. diu dîn) herſtellen. [Rudolf ſtets die ſine: ſchîne Orlenz 9152]. Doch eben die unſeltenheit des fehlers in ſonſt guten alten hſſ. lehrt, daß im verlauf des 13. jahrh. die ſchwache form wirklich aufgekommen ſeyn mag.

7) *mittelniederl.* mîn, ons; dîn, hû; ſin; alſo mit ablegung des -er von onſer, hûwer. [über die decl. von ons ſ. Clignett in Eſop. miere, diere, ſiere f. mînre, dînre, ſiure].

8) *neuh.* mein, unſer; dein, euer; ſein; alſo mit beibehaltung des -er in unſer, euer; von allen poſſ. gilt nunmehr erklärt ſchwache ſowohl als ſtarke form. [under faſtn. 610, 25. 611, 31. 612, 13 aus unker; in der judenſprache unnere leut; aber kein analoges inder, inner für inker. — ſchweiz. ſir für ſîner weistb. 1, 241.]

9) *neuniederl.* nur viere: mîn, ons; uw; zîn.

10) *engl.* nur viere; my, our; his, your.

11) *ſchwed.* fünfe: mîn. vår; din. éder; ſin; das neutr. lautet: mitt, ditt, ſitt; vårt, édert; im altſchwed. hieß noch das maſc. édar, fem. édor, neutr. édart.

12) *dän.* fünfe: min. vor; din. eder; ſin; für eder in gemeiner mundart jer; das neutr. hat mit, dit, ſit, vort. édert (jert). —

Schlußbem. von der nach verſchiedenheit der mundarten bald weiteren bald engeren bedeutung und conſtruction des poſſ. dritter perſ. in der ſyntax. Die wachſende beſchränkung deſſelben hat in einigen neueren ſprachen unorg. bildung eines weiteren poſſ. von dem geſchlechtigen perſönl. pron. veranlaßt, welches in der ſchlußanm. zu letzterm abgehandelt wird. —

C. *perſönliches geſchlechtiges pronomen.*

(*goth.*) maſc. is. is. imma. ina; pl. eis. izê. im. ins. — fem. ſi. izôs. izái. ija; pl. ijôs. izô. im. ijôs. — neutr. ita. is. imma. ita; pl. ija. izê. im. ija. — *anm.* maſc. und neutr. ſind unbedenklich; beim fem. der unbelegbare nom. pl. aus dem acc. pl.

ijôs Joh. 11, 19. (wofür fehlerhaft Marc. 16, 8. ιzôs [cod. arg. hat ijôs] ficht) zu fchließen.

(*alth.*) mafc. ir. [ἔʀ] imu. inan (in); pl. fiê. irô. im. fiê. — fem. fiu. irâ. iru. fia; pl. fiô. irô. im. fiô. — neutr. iʒ. ꝑe. imu. iʒ; pl. fiu. irô. im. fiu. — *anm.* α) *ir* nom. mafc. allein bei J., bei allen andern *ër*; nom. neutr. aber überall *iʒ*, nirgends ἔʒ; gen. neutr. *ës* bei O. und T. (I. 1, 151. II. 16, 30. 24, 76. III. 20, 47. IV. 7, 12. T. 71, 4.) N. behält *is*. Die übrigen cafus zeigen kein ë, namentlich kein ëra, ërô, noch weniger ënan, ëm. — β) die form des eingeklammerten gen. fg. mafc. ilt zwar theoretifch, kommt jedoch nic vor und wird durch fin vertreten (wovon huch IV.) — γ) acc. fg. mafc. lautet *inan* J. K. O. gl. jun. 180. monf. etc.; [O. häufig nan, lex fal. ini;] bei T. gewöhnlich *inan*, doch zuweilen *in* (21, 6. 53, 4. 154, 2. 197, 5.); bei N. und W. entfchieden *in* (nicht *inen*), auch gl. hrab. 954ᵇ *in* gröfit; *in* ift organifch, *inan* fetzt einen unvorhandenen nom. inër voraus. Nach der merkwürdigen fchreibung inaan K. 24ᵇ wäre *inán* zu fetzen und aus *inana* zu deuten (vgl. oben p. 88.) — δ) dat. fg. mafc. neutr. fchwankt zwifchen imu, imo [O. häufig mo, lex fal. emo]; kein inftr. iô erfcheint irgendwo. — ɛ) gen. fg. fem. fchwankend wie beim fubft. und adj. zwifchen irâ, irô; dat. iru, irô; gen. pl. überall irô — ζ) das ë, ô in fiô, fiô ift nach der analogie, ohne weitern beweis: N. hat *fie* (d. h. nach feiner fchreibung f. 105. fie) für m. und f. wie blinde, blinde; es fcheint auch im nom. fg. f. bereits *fi* f. fiu (Stalder dial. p. 109.) [auch O. hat häufig den nom fg. fem. fi neben fiu, T. nur fiu. O. fe (für fie) V. 7, 32. fa (für fiu) V. 7, 47. 55. Lud. 88] — η) O. T. N. machen fchon den dat. pl. *in* ftatt *im*. — θ) *hër* f. ër im nom. fg. mafc. fpielt ins niederd. und ficht nur bei T. und hild. hat aber kein hiʒ, hës, bis, bimo, hira etc. neben fich [hër ein einzigesmahl bei O. II. 7, 34 drof hër ës ni dualta. merfeh. he, desgleichen baf bf. 8.]. —

(*altf.*) mafc. hë (hie) is. imu. ina (ine); pl. fiâ (fiê) irô. im. fiâ (fiê) — fem. fiu. irâ. iru. fia; pl. fiô. irô. im. fiô — neutr. it. is. imu. it; pl. fiu. irô. im. fiu. — *anm.* im mafc. entfchieden hë, hie (niemahls ë, ie) aber in keinem andern caf. diefe vorgefchobene fpirans; der gen. fem. fg. fcheint meiftens fehlerhaft *irô* ftatt irâ zu lauten. [abrenunt. diab. hira, eorum. Im dat fg. haben beide hff. zumal aber die londner meift im ft. imu; in f. ina (eum) Hel. 148, 2.]

(*angelf.*) tritt die fpirans h allenthalben vor, mafc. hë. his. him. hine; pl. hi. hirn. him. hi. — fem. hëô. hire. hire. hi; pl. hi. hira. him. hi. — neutr. [hit. his. him. hi; pl.] hëô hira. him. hëô. — *anm.* neben hi kommt hie und hig vor (f. 261.), neben hira, him auch hëora, hëom. —

(*altfrief.*) mafc. hi. his. him. hini; pl. hia. biara, biam. hia, — fem. hiu. hiri. hiri. hia; pl. hia. hiara. biam. hia. — neutr.

II. *perſönl. geſchlechtl. pronomen.*

hit. bis. him. hit; pl. hiu. biara. hiam. biu. — (*nordfrieſ.*) hi. jü. it; dat. hŏun. hŏr. hŏm; dat. pl. iam. Wangeroge nach Ehrentr. I, 21: hi. ju. et; hiun. hiri. him. pl. ja (ſie) jam (ihnen)].
(*altn.*) maſc. hann. hans. honum. hann; fem. hon. hennar. henni. hana; beiden geſchl. mangelt der pl., das neutr. iſt gar nicht vorhanden. Der wurzelvoc. hat ſein bedenken; bei reinem a muß der nom. ſ. hŏn, der dat. maſc. hŏnum lauten (wie vŏn, vŏnum vom adj. vanr) allein die hſſ. geben hon, honum, hâuum; im nom. fem. gilt neuiſland. hûn anſtatt des beſseren hon (wiewohl o ſonſt in der flexion û zu vertreten ſcheint); ferner, der umlaut des gen. dat. in e widerſtreitet aller theorie, da das gen. -ar keinen wirken kann, das dat. -i keinen wirkt (es heißt vanri, hvatri, oder wäre die ſubſt. anomalie hendi ſ. 657. in anſpruch zu nehmen?); endlich verlangt die aſſim. nn für nr vorausgehenden *langen* voc. (ſ. 737.) es heißt ſinn für ſinr, einn für einr, ſinnar, einnar für ſtorar, einrar, keineswegs vann, vannar für vanr, vanrar. Stünde aber hann für hânr, ſo würde der gen. hâns, der acc. ſ. hâna (wie ſins, ſina) fordern und zwar 787 der nom. ſ. bân, dat. m. hânum ſtimmen, allein hennar, henni für hannar, hanni unerklärt bleiben. Außerdem ſcheint die kürzung des voc. vor nn nicht durchgreifend, und wenn frönn, frönnar, brönn, brönnar gelten (ſ. 307. 329.) dürfte auch hânn, hânnar. Die anomalie der aufgeſtellten formen deutet auf ältere andere. — [(*färöiſch*) maſc. han. hans (hanſara) honun. han. — fem. hoon. henna (hennara) henni. hena.]

(*mittelh.*) maſc. ĕr. (ohne gen.) im. in; pl. ſie. ir. in. ſie. — fem. ſie. ir. ir. ſie; pl. ſie. ir. in. ſie. — neutr. ëȥ. ës. im. ëȥ; pl. ſie. ir. in. ſie. — *anm.* a) überall *er, ëȥ* (im reim auf bĕr, ſpĕr, bĕr etc. mëȥ, ſëȥ etc. [: vingĕr Barl. 86, 37]) das *iȥ* in ſchlechten hſſ. iſt mundartiſch [neben dem gen. neutr. es gilt ſin z. b. Nib. 3434. 3435 neben einander; auch Geneſ. 18, 38-41.] — β) die caſus *ir, im* haben das ſtumme e nach der regel abgeſtoßen und ir reimt auf dir, mir, ir (vos); [von *iro* wegen freib. urk. 198 (a. 1349) gen. pl. ires: die vogelin ſint eres ſelber her Wizlav amgb. 29ᵃ] M. S. 1, 29ᵇ ein bemerkenswerthes *imme* (ſt. im): gimme [ſ. nachtr. mnd. om neben ĕm (mnl. home, bĕme) or neben ĕr: nordhäuſ. weisth. on eum, ome ei, or ei fem. weisth. 3, 200. 215. 217. ſ. gramm. 1ᵃ, 256. im heutigen plattd. öm (ihm) ön (ihn)]. — γ) acc. ſg. m. durchaus *in,* alſo mit dem dat. pl. *in* (wie ſchon alth. bei N. W.) zuſ. gefallen, kein inen (morolf 12ᵇ z. 1136. *innen* verdient wenig rückſicht, da dort öfter das niederd. ſtehtl, z. b. 1131. 1159, wie auch im Rother *ine, ĩne*) [ſ. nachtr. mnd, dat. pl. em für ſpät en Leverkus bei Hpt. 11, 377. inen (eum) Diut. 3, 100. vind. 653, 113ᵇ 127ᵇ Lanz. 4244.]
— δ) *hĕr* für ĕr weicht über die grenze des mittelh. hinaus ins niederd. und mag etwa der thüring. heſſ. mundart eigen ſeyn; im niederd. wird es völlig zu *hĕ, hé, hie.* [hee Haupt altd. bl.

1, 238. 241]. — *a*) *ſiu* im nom. ſg. f. und pl. neutr. höchſt ſelten, fragm. 21ᶜ auf iu, Flore 30ᵇ auf driu gereimt, häufiger bei Ottoc. (z. b. 303ᵇ) ſiu; driu. [Hagen ſetzt es M. S. 3, 426. ſiu beidiu Eracl. 4202]. Die meiſten und genauſten dichter brauchen *ſie* nicht bloß für acc. ſg. fem. und pl. maſc. fem., ſondern auch nom. ſg. f. und pl. neutr. namentlich Wolfr. Walther, Reinb. etc. häufig in beweiſenden reimen. Hartm. und noch einige ſetzen alle dieſe fälle *ſi* im reim; wieder andere, Gottfr. Flecke, Rudolf etc. bald *ſie*, bald *ſi*, ohne daß die abwechſelung auf einen caſusunterſchied hinauslauft. Auffallend enthält ſich Cour. v. W. des ſie und ſi im reim [ſi (eam) : ſri fragm. 24ᵃ]; maria 69 ſtehet *ſie* (eam): marie, in welchem gedichte die reime nicht ſtrenge genug ſind, um jene form zu beweiſen [aber ſie (eam) : arzatie Triſt. 306, 15. Wolfram nach Lachmann: ſi (ea, eam, ea) zuweilen ſie. ſie (ii, eos) ſi? (eae, eas) niemahls ſi. Flecke ſg. ſi, pl. ſie: Sommer zu v. 49. Der ſchreiber des Eraclius unterſcheidet den nom. ſi vom acc. ſg. und pl. ſei, welches ſeiner ſchreibung zufolge = ſi, allein der dichter reimt 3523 ſie (eam) : nie; 2456 ſie (illi) : ie; 4022 lie (eam) : wie; der nom. ſg. reimt nicht. Dieſes ſei unterſcheiden auf die nämliche weiſe noch andere bair. und oeſtr. ſchreiber und urkunden vgl. Docen wien. jahrb. XV p. 79. Ben. im Wig. p. 450. Im Tundalus ſi ea, ſei eam, ſi ii. Pfaffenleben oft ſiu auch für nom. pl. maſc. und fem. Im Ottoc. bei Pez überwiegt ſy illi, ſew illos, z. b. 800ᵃ 819ᵃ 827ᵇ; der nom. ſi : Yſpani 839ᵇ der acc. ſew : ew 840ᵃ. geſta Rom. 104 ſi ea, ſey eam, 105 ſew ea. —]

(*mittelniederl.*) maſc. hi (kein gen.) hēm, hēm; pl. ſi. haer. hēn. ſi. — ſem. ſoe. haer. haer. ſi; pl. ſi. haer. hēn. ſi. — neutr. hēt (kein gen.) hēm. hēt; pl. ſoe. haer. hēn. ſoe. — *anm.* α) vielleicht überall *hi̇́*, *ſi* auſt. hi, ſi? (vgl. vorhin f. 782.) — β) hēt, hēm, hēn zeigen e und *haer* ſteht nach f. 469. 478. gleichfalls für *hēr*. [ſem. *haers* Hoffm. zu Floris p. 139ᵃ vgl. mīns, dīns, ſīns; auch Maerl. 2, 282. gen. *hare* M. 2, 190. 193. dat. hare 2, 190.] — γ) *ſoe* entſpricht dem mittelh., weit ſeltneren, *ſiu* (hoc, quomodo dem hochd. hiu, vgl. oben f. 482.); der übergang aus dem älteren ſiu begreift ſich durch die ausſprache ſü, indem ſich ö und iu nahe liegen. (Gleicht ſoe nicht vielmehr dem goth. dem. ſo? ſoe Maerl. Roſe. Ferg. Rein. Kanzler. Stoke 1, 65. Clignett 321 im reim. Heimlich. 775. 1006. 1282 vide not. p. 376. *ſo* Tundalus proſa 80. *ſi* für ſoe Karel. Floris. Theoph. Jeſus. Troye. Helu. Clignett 56. 57. (: mi) Lekenſpieghel p. 34.] — δ) der acc. maſc. fällt zu dem dat., lautete aber früher gewis *hēne*, wie noch bei anlehnungen *-ene* (oben f. 505. ζ.); ſtatt des dat. ſg. hēm ſelten *hēme* (Huyd. II. 351.) [heme auch Rein. 30×8. home f. grmm. 1³, 276] — ε) im dat. pl. wechſeln *hēn* und *hēm* (Huyd. op St. I. 98. 99.) — ζ) ich ſtehe an, ob dem gen. pl. neben haer die form *haerre* zu bewilligen iſt? möchte ſie lieber leugnen

II. *perſönl. geſchlecht. pronomen.*

und auf das poſſeſſ. beſchränken, (ſchluſſbem. 2.) [harn eorum Partenopier 81, 28 vgl. 15, 16.] — η) das anlautende h ſchwindet jedesmahl bei den häufigen inclinationen.

(*mittelengl.*) maſc. hē. his. him. him; fem. nom. acc. ſhē, zuweilen hye, gen. dat. hir; neutr. hit, his, him, hit; pl. aller geſchl. nom. acc. zuweilen noch hye. gen. hir. dat. him. — *anm.* α) ſtatt him, hir häufig hēm, hēr; ſtatt hit auch it. — β) ſchwanken zwiſchen ſhē und hye, hy, oft ſtehn beide nebeneinander, vgl. Triſtr. 1, 10. 3, 12. — γ) für ſhē, ſchē zuweilen ho, ſcho (vgl. ho, quomodo).

(*neuh.*) maſc. ér (ohne gen.) ſm. ín; fem. ſíe. írer. ír. ſíe; neutr. és. (ohne gen.) ſm. és; pl. aller geſchl. ſíe. írer. ínen. ſíe. — *anm.* adjectiviſche flexion írer im gen. fem. und gen. pl. iſt ebenſo unorganiſch als der dat. pl. ínen, deſſen form an den altb. acc. ſg. m. erinnert. [*ihro* wie *dero*. mit ihro (der ſchrift) Philand. 2, 576. mit ra (ira) Grübel. — acc. ſg. maſc. in den mundarten oft *inen* z. b. weinth. 2, 538. — öſtr. *iw* illa Höfer 2, 96. — der gen. neutr. noch in einzelnen redensarten erhalten (gramm. 4, 332) es nicht werth ſein, es keinen behl haben, hattens ihren ſpott (kinderklapper 111) — für es ſchweiz. *iħns* St. dial. 108. dies bei Gotthelf im berneriſchen dialect häufige *ins* ſcheint nur der acc. neutr. belebter weſen: ins, das mädchen, puellam verſchieden von es (puella); im buch von der ſeele troſt bei Gefken beil. 100-106 ähnlich es nom. ins acc. neutr. 106 aber auch: ſuche ins (es) ſächlich und nom. ins: wie ins ir manne wer 105. — ditm. *jüm* = jim, agſ. him, nl. hun, dat. pl. = ihnen, aber auch für ihr und euer; hollſt. unterſcheidet man noch ji vos, ju vobis und veſter, jüm ihnen f. Müllenhoff im quikb. f. v. jüm; vgl. ſüm ihnen, ſie.]

(*neuniederl.*) maſc. hy. (ohne gen.) hem. hem; pl. zy. hunner. hun. zy. — fem. zy. hārs. bār. hār; pl. zy. hārer. hār. zy. — neutr. het. (ohne gen.) hem. het; pl. zy. hunner. hun. zy. — *anm.* im dat. pl. maſc. neutr. gilt neben hun das richtigere *hen* und ſollte auch im dat. pl. fem. gelten. Die gemeine mundart braucht im gen. pl. maſc. neutr. ganz organiſch hārer ſt. hunner. [Im fem. neben haar auch heur; acc. pl. von hy und het nicht zy, ſondern hen, und ſelten auch kurzes ze.]

(*neuengl.*) maſc. he. his. him. him; fem. ſhe. her. her. her; neutr. it. its. him. it; pluralform mangelt für alle geſchl. — *anm.* der vom nom. it unorganiſch gebildete gen. neutr. *its* reißt erſt ſeit dem 16. 17. jahrh. ein, in Shakespeare hat man viele *its* ſt. des richtigeren his hineincorrigiert; ſelbſt her dient als falſcher nom. für ſhe und bekommt dann den gen. *hers*. [Wie iſt das engl. ſhe zu deuten? ſchon ein älteres ſcœ findet ſtatt, Lye h. v. vgl. die ſchwed. ausſprache von ſjö (mare) ſchö; volksmäßig boo für ſhe.]

712   II. *poss. aus dem persönl. geschlecht. pronomen.*

(*schwed.*) masc. han. hans. honom. honom; fem. hon. hennes. henne. henne; ohne neutr. und pl.

(*dän.*) masc. han. hans. ham. ham; fem. hun. hendes. hende. hende; ohne neutr. und pl.; für ham früher ein jetzt veraltendes *hannem.* [danske vlfer IV, 3 hannem und ham.]

Schlußbem. aus gründen, die erst buch IV. entwickeln wird, hat sich im hochd. und niederl. (in keiner der übrigen spr.) allmählig ein unorg. possessivum gebildet, jedoch nur für den sg. fem. und pl. aller geschl., nicht für den sg. masc. und neutr., eben weil die form des gen. sg. masc. neutr. im geschl. pers. pron. erloschen war.

1) da im hochd. gen. sg. fem. und gen. pl. comm. gleichlauten, stimmt auch das daher entspringende poss. überein und heißt auf neuh. *irer, ire, iren,* ganz regelrecht und vollständig, wie jedes adj. beides stark und schw. declinierend. Schwierig ist bloß die erste erscheinung dieses poss. auszumitteln. Im 14. jahrh. stand es fest; denn hss. dieser zeit schwärzen es an unzähligen stellen der älteren gedichte statt des org. gen. ir ein. So viel ich weiß nöthigt kein mittelh. reim, irgendwo ira, irme, irn, iriu, irre, irz anzuerkennen; die übrigen casus würden die flexion als stummes e apocopieren, so daß ein possessives ir (= neuh. ire) mit dem org. gen. ir zus. fallen müste. Gründe aus dem silbenmaß reden aber nicht für irn, irn, irz (irea, iren, irez sind nach s. 745. verwerflich*)) weil der gen. ir gleiche wirkung thut; für irme, irre (irem. irer wieder verwerflich) iriu könnten sie sprechen, da wo zwei silben statt einer gefordert würden, mir ist keine überführende stelle wissentlich (Wig. 4042. 7440. dichtete Wirnt eher ir als irre; 10473. eher ir als irme und will man iriu Amur 1005. irme M. S. 2, 224ᵃ meisterg. 19ᵇ vertheidigen?) Bei einem der spätern dichter, der vielleicht selbst schon nach 1300 lebte, M. S. 2, 178ᵃ wird *irs* gerade mit dem anomalen gen. *man* (s. 686.) construiert; hier ist schwerlich: ir man, leicht aber: ir mannes zu lesen. Das poss. darf also reinmittelh. werken des 13. jahrh. abgesprochen werden, nicht dem 13. jahrh., weil es alte hss. zwischen 1200-1300 mehr oder weniger wirklich zeigen, (vgl. Nib. 5414. 6148. 8163. 8747.) welches ich niederd. einfluß beilege, der einzelnen copisten anhängt. So setzt die alte wohl noch vor 1200 gefertigte heidelb. hs. des Iw. das poss. häufig an die stelle hartmannischer ir, aber die niederd. neigung dieser hs. ist auch an andern formen nicht zu verkennen. Und hierzu stimmt völlig die entschiedenheit des mittelniederl. poss. haer. Nur läßt sich bei dem abgang reiner niederd. quellen nicht aus-

---

*) M. S. 1, 192ᵃ leidet das metrum sehr wohl: an ir danc (statt des neuh. iren) wie die bald folgende stelle bat verwunt lehrt.

II. *demonstrativa pronomen.*

machen, wann das niederd. poss. *ir* angehoben hat? wahrscheinlich im 12. jahrh., wo nicht früher, weil die niederd. mundart durch größere abschleifung ihrer adj. flexion leichter verführt werden muſte, den gen. ir für ein männl. oder neutr. adj. zu halten, der hochd. des 11. 12. jahrh. hingegen ein irer, ires ohne zweifel fremd blieb.

2) das mittelniederl. poss. decliniert ganz wie blint (ſ. 750.) folglich: haer, haer, haer; gen. hares, haerre, hares; dat. harem, haerre, baren etc. Später hat man sich nicht damit begnügt und aus dem eingeführten gen. pl. masc. neutr. hunner ein neues poss. *hun* geſchaffen, welches freilich nur gelten ſollte, wenn ein pl. maſc. oder neutr. im ſatze herrſcht. Doch die neuniederl. mundart verwirrt nicht ſelten ihre beiden poſſ. hâr und hun miteinander.

D. *demonstrativa pronomen.*

es find hier drei begriffe zu unterscheiden a) der.   β) dieſer.   γ) jener.

a) demonstrativum: der.

(*goth.*) masc. sa. þis. þamma, þana; pl. þái. þizê. þáim. þans. — fem. ſô. þizôs. þizái. þô; pl. þôs. þizô. þáim. þôs. — neutr. þata. þis. þamma. þata; pl. þô. þizê. þáim. þô. — *anm.* 1) nom. ſg. masc. fem. *sa, sô* gehören einem verſchiednen ſtamme, wie ſchon ihre ſchwache form anzeigt; das altb. dër, diu führte auf ein analoges þis, þija. — 2) alle übrigen caſus geben ſtark und adjectiviſch; auffällt der acc. ſg. fem. und nom. acc. pl. neutr. *þô* ſtatt þa (analog dem blinda, tva, ba etc.) — 3) ein inſtr. neutr. *þê* hat ſich in den partikeln bi-þê, du-þê bewahrt. — 4) von þata fällt bei anſtoßendem voc. das a zuweilen weg, vgl. *þat* Job. 6, 29. 12, 6.

(*alth.*) masc. dër. dës. dëmu, dën; pl. diê. dërô. dêm. diê. — fem. diu. dërâ. dëru. dia; pl. diô. dërô. dêm. diô. — neutr. daz. dës. dëmu. daz; pl. diu. dërô. dêm. diu. — *anm.* 1) alles aus einem ſtamm und ſtarker adj. form; das ë in dër, dërâ, dërô verhält ſich zum adj. -ër, -ërâ, -ërô wie das goth. þizôs. þizê zum adj. -áizôs, -áizê; dem dat. pl. laße ich *dêm*, nach dem gotb. þáim und adj. -êm, gotb. -áim (obſchon ſich nirgends: deim darbietet, wie zuein, duobus, gotb. tváim, nicht zuêm, ſo wenig als hêm, lêm f. beim, leim; es mag aber in -êm, dêm die tonſchwächung angeſchlagen werden) [bei O. ſtillt then (eum) und then (eis) ohne nähere vocalſchreibung zuſammen, wie mhd. N. acc. den, dat. pl. dien] — der dat. ſg. *dêmu* (oder dêmo) acc. ſg. *dën* entfernt ſich vom adj. -emu, -an (goth. -amma, -ana); übrigens kein dënan für dën (wie inan, in, ſ. 785. und huënan, huën ſ. 798.) — 2) alle caſus mit vocaliſch anlautender flexion ſchieben j ein, alſo: diê, diu, dia, diô, wo vielleicht djê, dju, dja, djô zu fchreiben? man findet *dêa* für diê und *dêô* für diô. Hierher fcheint auch der dat. pl. *diem* für dèm zu gehören, vgl. tbien gl. jun. 248. diem K. 22ᵃ 24ᵇ und namentlich N. fetzt beftändig *dien* (Stalder dial. p. 84.), gefchrieben dien (f. 105.)? oder diên? — 3) ohne einfchiebung fetten *dê* ftatt diê (mifc. 1, 19.) [thê (qui pl.) ker. 246. ftraftb. formel. der Diut. 1, 150. te bouma Hattem. 410ᵃ vgl. de (quam) mifc. 2, 288] mit dem goth. þái ftimmend; öfter im nom. pl. neutr. (nicht aber im nom. fg. f.) *dei* ft. diu, mahnend an das neutr. *zuei* (und nicht zuiu) vorhin f. 761. und die goth. reihe þa, tva; belege für *dei* K. 18ᵇ 20ᵇ 26ᵇ 29ᵇ 51ᵇ gl. hrab. 972ᵃ exhort. und mifc. 1, 19. etc (vgl. unten deifu für diffu). — 5) der inftr. mafc. neutr. lautet *diû* ?djû. womit doch die ottfried. accentuation thiu (Hoffmann p. 4. 12. 14.) zum unterfchied vom unaccentuierten nom. f. nom. pl. neutr. thiu fchwer zu einigen ift) und antwortet dem goth. þê auch in den häufigen part. mittiu (ft. mitdiu) zidiu, pidiu etc. — 6) der nom. fg. mafc. *thie* für thâr ftehet bei T., entfpricht deffen *hie* für êr und ftreift ins niederd. [thê (qui) ker. 27. dee (qui) parif. Diut. 150. lagu the leohto (runeurerz.)] — 7) der gen. dat. fg. f. variirt gleich dem ft. adj. und der erften decl. ft. fubft. zwifchen -â, -u und -ô. —

(*altf.*) mafc. thie. thês. thêmu. thêna; pl. thiâ. thêrô. thêm. thiâ. fem. thiu. thêra. thêru. thia; pl. thiâ. thêrô. thêm. thiâ. neutr. that. thês. thêmu. that; pl. thiu. thêrô. thêm. thiu. — anm. 1) für thie zuweilen thê, für thêna, thêra: thêne, thêre. 2) inftr. wie im alth. *thíu*. —

(*angelf.*) mafc. fê. þäs. þam. þone; fem. feô. þâre. þâre. þa; neutr. þät. þäs. þam þät; pl. aller gefchl. þa. þara. þâm. þâ. — 1) wie im goth. nom. fg. m. f. *fê*, *feô* von anderm ftamm, der auslaut aber nicht zur fchw. form paffend; fpäter oder djalectifch fcheint dafür *þè*, *þèó* vorzukommen. — 2) die länge oder kürze der u und ä für einige cafus macht bedenken, gewis fcheint mir die länge vom dat. pl. þâm (goth. þáim, alth. dêm, altn. þeim) die kürze von þät (goth. þata, alth. daz, altn. þat) þäs (goth. þis, alth. dês, altn. þeff); ungewis pl. neutr. þa? (goth. þa) oder þâ? (alth. dei, vgl. tvâ, alth. zuei) [þà, denn Mone 810 þaa quae]) dat. fg. þam? (goth. þamma, alth. dêmu) þâm? (altn. þeim); þâre? (goth. þizôs, alth. dêrâ, dazu die analogie von þâs) þere? (alth. þeirrar); þara? (goth. thizê, alth. dêrô) þâra? (altn. þeirra). Für þâm fteht zuweilen þæm oder für þam, þâm; für þâra, þara: þæru, þæra; für þone häufig þäne (dem alth. dèn ähnlich und aus dem wechfel zwifchen ä, o, a begreiflich). — 3) der inftr. mafc. neutr. þŷ ift noch fehr gebräuchlich. —

(*altfrief.*) mafc. thi. thês. thâ. thêne; fem. thiu. thêre. thêre. thia; neutr. thet. thês. thâ. thet; pl. aller gefchl. tha. thêra. thâ. tha; der dat. thâ f. thâm gleicht dem blinde f. blindem (f. 736.).

II. *demonstratives pronomen.* 715

(*altn.*) maſc. ſa̋. þöſſ. þeim. þann; pl. þeir. þeirra. þeim.
þá. — fem. ſu̇. þeirrar. þeirri. þá; pl. þær. þeirra. þeim. þær. —
neutr. þat. þéſſ. þvi. þat; pl. þœ. þeirra. þeim. þœ. — *anm.*
1) nom. maſc. fem. *ſá, ſú* wie im goth. und angelſ. anderes ſtum-
mes; die älteſten denkmähler (Nial. p. 2. 107. 118] zeigen die
form *ſid* für maſc. und fem. — 2) das auslautende *a* in ſá, þá
ſteht für urſprünglich kurzes *ſa, þa* (ſ. 281.), ebenſo ſú für *ſu*
und þæ für þő (= þő-u, þa-u). — 3) *þvr* nehme ich ſtatt des
gewöhnlichen þær an (wie tvœr ſt. tvær) weil das goth. þős,
alth. diő (tvős, zuő) ein ő weiſen; der umlaut œ für ő erwartet
noch nähern aufſchluß; — *þeir* entſpricht dem goth. þai und
der dat. pl. *þeim* dem þáim; der dat. ſg. þeim, desgl. þeirrar,
þeirri, þeirra weichen ab von þamma, þizős, þizái, þizé und
forderten ein goth. þáizős, þáizái, þáizé, alth. dérő, déru, déro
(alſo den adj. flexionen analog), den gruud des ei und der gem.
rr anſtatt r habe ich noch nicht entdeckt. — 4) die inſtr. form
þvi erhält ſich merkwürdig im dat. neutr., welchem kein þeim,
ſo wie dem dat. maſc. kein *þvi* zuſteht. — 5) für þeim (dat. ſg.
maſc.) hin und wieder ein älteres *þeima* (Raſk erſte ausg. p.
244; in der zw. ausg. §. 533. iſt dies unrichtig ausgedrückt). —
[Gutulag: þair (illi pl. maſc.) þaar (illae) pl. fem. 113. þar 22, 30.
þaun (illa) pl. neutr. 9. 39. und nom. ſg. fem. 113 þaun deila (illa
iis) dat. pl. þaim. gen. pl. þaira. — þèrri ſ. þeirri Sæm. 227. þèrra
ſ. þeirra 236ᵇ 250ᵃ. — (*ſäröiſch*) nom. maſc. tan (aus dem acc.?)
pl. tajr teár tej. tajrra. tajnı. tajr teár tej.]

(*mittelh.*) maſc. dër. dës. dëm. dën; pl. die. dër. dën. die.
— fem. diu. dër. dër. die; pl. die. dër. dën. die. — neutr. daz.
dës. dëm. daz; pl. diu. dër. dën. diu. — *anm.* 1) das ë in dër,
dës, dëm, dën erweiſen reime, der und des reimen öfter, dëm
ſeltner (: nëm Iw. 38ᶜ. brëm Bon. 40.) [ſ. nachtr. dëm : ſchëm Wh.
218, 3. dëme : nëme Iw. 5207. wëme : dëme 7757] noch ſeltner
der acc. maſc. dën (Triſt. 5ᵉ troj. 18ᶜ meiſterg. 37ᶜ) [ſ. nachtr.
dën : alteren w. gaſt 47ᵇ] und dat. pl. dën (Iw. 33ᶜ); unterſchied
zwiſchen dat. pl. *dën* und acc. ſg. *dën* um ſo weniger zu ver-
muthen, als ſchon der alth. dat. pl. dëm nicht über allen zweifel
iſt und kein mittelh. dën auf gên, ſtên etc. reimt [dën (dat. pl.) :
zwên Ottoc. 316]. Zwar auf die länge ließe das manchmahl
(doch nicht im reim) vorkommende *dien*, eben weil es ſtets den
dat. pl., nicht den acc. ſg. auszeichnet, ſchließen; belege M. S.
2, 142ᵇ 143ᵃ 145ᵃ 147ᵃ⋅ᵇ· 189ᵇ 190ᵇ 191ᵇ 192ᵃ 193ᵃ⋅ᵇ· 196ᵃ; Ben.
26. 39. 48. 49. 53. 148 etc. — 2) apocope des ſtummen e in
dëm ſ. dëme, *dër* ſ. dëre iſt in der ordnung (bei anlehnungen
kommt das -e zuweilen hervor, als: vonme ſ. von dem Parc.
13062, vonme Nib. 3578]. — 3) für *die* kein *di* (analog dem ſi
für ſie ſ. 787.), Friged. 1ᵇ dri : di fehlerhaft, in driu : diu zu
beſſern: daß bei inclinationen die zu di- (wie ſie zu ſi-) werde,
iſt etwas anders. [Wolfr. hat (Lachmann brieſl.) di (eam) zum

reim untauglich, die (ii, eos) die? (eae)]. — 4) die fcheidung zwifchen *diu* und *die* gilt nach der ftrenge und wird erft im 14. jahrh. untergraben. — 5) das inftr. *diu* befchränkt fich auf partikeln: bêdiu, zêdiu etc. — 6) *die* für dër im nom. fg. mafc. ift niederd. [? Parz. 118, 16. Tit. 132, 4. die wolgeborne gr. Rud. II. 23. die mâne I°, 2. die wolvel MD. 8, 458. de maifahare 8, 477. de gouchelare 8, 482.] — 7) über *dez* f. daz Ben. Wig. h. v. Schm. §. 747. [dez ruoder Nib. 1493, 4. mehrmahls im Walth. ez für daz: ez ors Parc. 71ª. iz pfert Gaupp magdeb. r. §. 44. ôfez ors Parc. 149° hinderz ors 91° warf erz ors 105°. — 8) *die* f. des En. 0475. 10637. 11243 u. öft. (: is, gewis) aber Trantes: des 8581. 85.]

(*mittelniederl.*) mafc. die. dës. dën. dën; fem. die. dër. dër. die; neutr. dat. dës. dën. dat; pl. aller gefchl. die. dër. dën. die. — *anm.* 1) für *die* kein dë, gleichviel ob es demonftrativ oder als bloßer art. ftehe, umgekehrt für *dës* (: ês Rein. 310.) *dër* kein dies, dier, hingegen fchwanken alle denkmähler zwifchen *dën* und *dien* (: bien Maerl. 3, 343) [dat. pl. *die* f. dien Hoffm. holl. lieder 16 note. gen. *dies* Reinaert 2663. das f. dês f. oben 468 z. b. Maerl. 1, 307. 313. 264. 297. 3, 337. vgl. Hoffm. gl. zu Floris.] — 2) keine fpur eines dem foe ähnlichen doe für den nom. fem. und pl. neutr.; der inftr. nur in der part. bedi übrig, wofür felbft bidèn, bidien gewöhnlicher (Huyd. op St. 1, 227.) — (3) te datte: fcatte Maerl. 1, 278. 297. Floris 1475. 3626. vgl. datte: platte Reinke 1733.]

(*neuh.*) unorg. unterfchied zwifchen artikel und alleinftehendem demonftr.; erfterer ift unbetont und decliniert fo: mafc. der. des. dem. den.; fem. die. der. der. die. neutr. das. des. dem. das; pl. comm. die. der. den. die. Letzterem genügt die betonung nicht, fondern es erweitert die flexion des gen. fg. pl. und dat. pl.: mafc. dër. deffen. dëm. dën; fem. die. dëren. dër. die; neutr. dâs. deffen. dëm. dâs; pl. aller: die. dërer. dënen. die. Das erweiterte dërer, dënen gleicht dem neuh. irer, inen; der willkürliche unterfchied zwifchen dëren und dërer ftimmt aber nicht zu dem im gen. fg. f. wie im gen. pl. einförmigen irer. [*dero* cui f. (relativ) Schertlin p. 348. dero hoffnung zeitfchr. d. heff. vereins 3, 309. dero ejus 3, 320. derowegen wie bishero, anhero, hierfüro. — Inftr. *die* weniger (diu min) weisth. 2, 257 vgl. gramm. 3, 175.]

(*neuniederl.*) auch hier trennung des artikels vom ftrengen dem., erfterer lautet: mafc. de. des. den. den; fem. de. der. der. de; das neutr. hat nur den gen. des und braucht für die übrigen cafus fg. das perf. pron. het; der pl. aller gefchl. decliniert: de. der. den. de. Das ftrenge demonftr. hingegen: mafc. die. diens. dien. dien; fem. die. dier. dier. die; neutr. dat. diens. dien. dat; pl. comm. die. dier. dien. die. [Flandrifch van

II. *demonſtratives pronomen.* 717

diere (eorum) f. diere allein. — den wie ênen, uwen, haren (nom. m.) Bilderd. geſchl. p. 213. 214.]

(*neuengl.*) ein art. *the* und ein eigentliches demonſtr. *that* [794] beide völlig unbiegſam, gelten für alle geſchl. caſus und num.: die urſprünglichen demonſtrativformen *they* und *them* aber ſind ihrer hinweiſenden kraft beraubt und dienen die mangelnden pl. formen der dritten perſon auszudrücken.

(*ſchwed.*) maſc. und fem. den. dens. dem. den; neutr. det. dets (oder deſſ) det. det; pl. comm. de. dêras. dem. de. [inſtr. ty. — Statt des gen. pl. derus altſchwed. thera Fr. af Norm. 65.]

(*dän.*) maſc. und fem. den. dens. den. den; neutr. det. dets. det. det; pl. comm. de. dêres. dem. de. [inſtr. ti. — Zu ſchwed. dän. nom. m. ſ. den vgl. oben fürõiſch tan und ſpuren im altn. þann Höltr hel (= er H. h.) fornald. ſög. 1, 65.]

β) *demonſtrativum: dieſer.*

Im goth. pflegt das unter α. abgehandelte pron. zugleich den begriff οὗτος zu vertreten; allein in den adv. und partikeln himmadaga (σήμερον) und binadag (μέχρι τῆς σήμ.) fram himma (ἀπ' ἄρτι) und hita (ἕως ἄρτι) liegen offenbare reſte eines ausgegangenen pron., deſſen decl. vermuthlich der des geſchl. perf. pron. glich, alſo: maſc. his. his. himma. hina; pl. heis. hizê. him. hins. — fem. hija (?) hizôs. hizái. hija; pl. hijôs. hizô. him. hijôs. — neutr. hita. his. himma. hita, pl. hija. hizê. him. hija. Verwandt find ihm ferner: hêr (hic) hidrê (huc) wie þar (ibi) þaþrô (illinc) dem erſten demonſtr. — Alth. formen deſſelben pron. würden lauten: bir. his. himu. hinan; fem. hiu. hirâ etc. neutr. hiz etc. ſpuren erblicke ich gleichfalls in: hiutû (hodie) contr. aus dem inſtr. hiû-tukû; hiurû (hoc anno) aus hiû-jârû; mittelh. biute, hiure; neuh. heute, heuer; hînaht (hanc noctem, ſt. bianaht?) mhd. hînaht, hînte; nhd. heunt (ſt. heint); vgl. die weitern part. hiar (hic) hêra (huc) hinana (hinc) etc. — Im *angelſ.* und frieſ. ſcheinen die formen dieſes pron. geſammt erhalten, aber in die bedeutung des dafür aufgegebenen geſchl. perf. pron. übergegangen, wenigſtens fügen ſich die f. 786. angeführten caſus genau zu den gemuthmaßten gothiſchen, desgl. das adv. hêódäg (hodie Cädm. 16, 20.) neben igdäges, idäges (wie big = hêó); im altn. iſt vielleicht ídag (hodie) nicht aus der praep. í (in) zu erklären, vielmehr = hîdag, hýdag (vgl. þvi, þý mit hi, hý) und das dunkle eddiſche hýnott (Skirn. io fine) = hînaht").

Alle deutſchen ſprachen (außer der goth.) beſitzen aber für [796] das zweite demonſtr. folgendes ganz adjectiviſches pronomen [vgl. I, 834. 3, 27. 28. GDS. 930. 931. nach Wackernagel bei Haupt 1, 425 dieſer = der + ſa.]

---

*) Ebenſo hodie aus hoc die; σήμερον, τήμερον, τήμερα aus τῇ ἡμέρᾳ; ὅτις, ὅστις, τῆτις aus τὶ ἔτος etc. (Buttm. §. 16. anm. 1, g.)

II. *demonstratives prononien.*

(*alth.*) mafc. dëfër. dëfes. dëfemu. dëfan; pl. dëfë. dëfërô. dëfëm. dëfë. — fem. dëfju. dëfërâ. dëfëru. dëfa; pl. dëfô. dëfërô. dëfëm. dëfô. — neutr. diz (dizi). dëfes. dëfemu. diz; pl. dëfju. dëfërô. dëfëm. dëfju. — *anm.* 1) i für ë herrfcht bloß im neutr. *diz* (niemahls dëz), deffen z- (nicht ʒ-) laut aus der fchreibung dhiz (nicht dhizs, wie izs, azs, dhazs) bei J. hervorgeht und durch die nebenformi *thizi* (mittelh. ditze) gl. jun. 239. beftätigt wird; quellen, die im erften dem. den nom. acc. pl. neutr. dei bilden, gebrauchen auch hier *deifu* (K. 18ᵇ 24ᵃᵇ 27ᵇ 40ᵇ hymn. noct.) folche, die ftatt ër, dër ein niederd. hie, thie zeigen, namentlich J. T. fetzen *dhëfe*, thëfe im nom. fg. mafc.; J. 343. 378. hat den gen. dhëffes f. dhëfes. — 2) einige affimilieren das f zu r, fobald die flexion ein r hat, als: dërërô für dëfërô; da hierin, fo wie im i ftatt ë der wurzel vieles fchwankt, füge ich die decl. diefes demonftr. nach O. und N. bei; O. mafc. thërër. thëfes. thëfemo. thôfan; pl. thëfë. thërërô. thëfëm. thëfë. — fem. thifu. thërërâ. thërëru. thëfa; pl. thëfô. thërërô. thufëm. thëfô; — neutr. thiz. thëfes. thëfemo. thiz. pl. thifu. thërërô. thëfëm. thifu. — N. mafc. difër. difes. (diffes?) difemo. difen; pl. dife. dirro. difën. dife. — fem. difju. dirro. dirro. dife; pl. dife. dirro. difën. dife. — neutr. diz. difes. (? diffes 70, 1.) difemo. diz; pl. difju. dirro. difën. difju. — T. hat den nom. m. bald thëfe, bald thëfër (97.) bald thërër (111. 117.); den dat. thërru (13, 5. 162, 2.); neben dem neutr. thiz fteht zuweilen *thiu* gedruckt, wohl fehlerhaft (wie thas f. thaz). — 3) den fonderbaren nom. fg. *dhëafu* bietet J. 408. (in allen drei ausg.) vermuthlich ift dhëafu zu lefen und das altf. thius, angelf. þëôs zu vergleichen. [tiufa hanc in der Strasb. formel]. — 4) der inftr. lautet *dëfû, thifû*. [difu, thifin Graff' praep. 281. 283. 284. fprachfch. 5, 75. — 5) deze ifte Haupt 3, 460ᵇ deze haec 3, 461ᵇ.]

(*altf.*) mafc. thëfe. thëfes. thëfumu. thëfan; pl. thëfë. thëfarô. thëfon. thëfë. — fem. thius. thëfarô. thëfaru. thëfa; pl. thëfa. thëfarô. thëfon. thëfa. — neutr. thit. thëfes. thëfumu. thit; pl. thius. thëfarô. thëfon. thius. — [inftr. fg. mid thius folcu 147, 18. 161, 29. aftar thius 119, 8. mid thius 62, 24. 142, 4. — for thefun folce 17, 5. te thefun lande 17, 6. under thefon këfurdôma 18, 14.]

(*angelf.*) þës. þifes. þifum. þifne; fem. þëôs. þiffe. þiffe. þâs. neutr. þis. þifes. þifum. þis; pl. aller gefchl. þâs. þiffa. þifum. þâs. — *anm.* 1) das â in þâs ftimmt zur alth. nebenform deifu; vielleicht gebührt dem acc. fg. fem. þas, kein þâs. — 2) man findet þiffes, þiffum f. þifes, þifum, unorganifch, weil das ff in þiffe, þiffa aus fr ftammt, doch haben letztere cafus mitunter þiffere, þiffera und dann wäre jenes þiffes, þiffum rechtfertig. — 2) inftr. lautet þëôs. [für acc. fg. mafc. þifne auch þiofne. rit. dunelm. 36. 95. 97. dat. fg. m. in þeoffum atolan ëdhcle C. 271, 20.]

II. *demonstratives pronomen.* 719

[(*fries.*) fg. nom. this. thius. thit. — gen. n. thisses. — dat.
m. f. n. thisse. — acc. f. thisse. n. thit. — pl. f. Richth.]
(*altn.*) masc. þèsi. þètta. þèssum. þènna; pl. þèsir. þèssara.
þèssum. þèssa. — fem. þèsi. þèssarar. þèssari. þèssa. pl. þèssar.
þèssara. þèssum. þèssar. — neutr. þètta. þèssa. þèssu. þètta; pl.
þèsi. þèssara. þèssum. þèsi. — *anm.* 1) die schwache form im
nom. gen. sg. masc. ist bemerkenswerth. 2) eben so auffallend
dass vor dem r bleibende a in -arar, -ari, -ara, während sonst
alle adj. -rar, -ri, -ra haben; fehlerhaft stehet jedoch þèssar, þèsi,
þèssa für þèssrar, þèssri, þèssra? (vgl. f. 740. no. 2.) — 3) st. des
nom. masc. þèsi galt ein früheres þèrsi und st. des instr. þèssu
þvisa (Rask §. 533.). [i þvisa biskopsriki ch. a. 1190. Thorkelin
2, 11. i þvise skipti ibid. p. 12. þvisa Nial. 241. vgl. acc. þannsi,
þèsi, dat. þeimsi Munch p. 76. — acc. þenna aus þan ina? nein,
vielmehr aus þesna? agf. þisne. — *färö.* hesin. henda. hetta etc.
Lyngbye p. 177.]
(*mittelh.*) masc. dirre. dises. diseme. disen; pl. dise. dirre.
disen. dise. — fem. dissu. dirre. dirre. dise; pl. dise. dirre. disen.
dise. — neutr. diz (ditze). dises. diseme. diz; pl. dissu. dirre.
disen. dissu. — *anm.* 1) der nom. masc. *dyrre* scheint abnorm,
und für dirr zu stehen, da aus barer nur bar = barr, aber kein
barre wird (dirre und barre wären comparative formen) indessen
gilt er allgemein und hat selbst reime für sich, (Wilh. 2, 101ᵃ;
das richtigere *diser* besteht nebenher (Koloc̨z 380.) im gen. dat.
f. sg. und gen. pl. ist *dirre* untadelhaft, wofür gleichfalls die ne-
benform *disere* annehmbar wäre, hingegen diser verwerflich aus
demselben grunde, der kein disem f. diseme duldet; Nib. 84.
also diser in disere oder dirre zu ändern. — 2) die gewöhnliche
form des nom. acc. sg. neutr. ist *diz* (oben f. 411.) und *ditze*
(Maria 1308. 1520. 2122.) auf witze reimend (Ottoc. 630ᵇ) [: hitze
Dietr. ahnen 98ᵃ Diut. 2, 100. Turl. Krone 72]; kaum wird sich
diz ans dem reim auf gebiz (Flore 22ᵇ), eher *die* (hoc) aus
dem reim auf gewis (Reinfr. 166.) rechtfertigen; die schreibun-
gen dize, dizze sind ganz verwerflich; man halte diz, ditze für
keine contraction aus einem nirgends nachweislichen disez. [*diu*
Herb. 8570. Diut. 1, 18 (zweimahl) gr. Rud. 6, 10. 24. 13, 23
(12, 4 diz) im pass. häufig. *ditte* nordh. rechtschr. p. 17. 18. 26.]
— 3) der gen. masc. neutr. stehet nicht im reim, geschrieben
über *dises* und *disses* (Nib. 6204.); bedenken macht *disse* (Wigal.
1901. Kl. 1373. 1384. MulL. 1462. 1473. Hag.) [Greg. 1323. 1776.
3575. gute frau 51. 69. warn. 2940] welches nicht aus dises,
dirre aus direre erklärt werden darf; besser wäre *dis* (Nib. 1206.)
wie der nom. m. dirr besser als dirre [f. nachtr.]. — 4) *dis* (hic)
für diser und *dis* (hi, hos) für dise reimt Ottocar mehrmahls auf
gewis, paris (536ᵇ 606ᵇ 657ᵇ).
(*mittelniederl.*) masc. dèse. dèses. dèsen. dèsen; fem. dèse.
dèsre. dèsre. dèse; neutr. dit oder ditte. dèses. dèsen. dit (ditte);

720   II. *demonstratives pronomen.*

pl. comm. dêfe. dêfre. dêfen. dêfe. — *anm.* 1) für dêfre bald dêfere, bald dêfer [auch dêrre (horum) Huyd. op St. 3, 299. doctrin. 2, 1448]. — 2) das doppelte neutr. aus reimen erweislich, z. b. dit: wit, pit (Rein. 372. Maerl. 2, 125.) dâte : hitte, zitte (Maerl. 1, 445. 2, 76. 125.)

(*neuh.*) masc. difer. difes. difem. difen; fem. dife. difer. difer. dife; neutr. difes. (ohne fl. dis) difes. difem. difes; pl. comm. dife. difer. difen. dife. — *anm.* die decl. ift ganz regelmäßig adjectivifch und fowohl dirre, als ein neutr. ditz (analog den formen fchatz, fitz, witz) unvorhanden, außer in mundarten (Schm. §. 659. 747. [— nd. n. deffet bok brem. gefch. 55. 56. — Hanenreierei a. 1618 im weftfäl. dial. A vn° dûyer (diefer) C¹° dûyem (diefem)].

(*neuniederl.*) dêz, fem. dêze gehen regelmäßig; im nom. acc. neutr. hat fich *dit* erhalten.

(*neuengl.*) this pl. thêfe (spr. thîfe)

(*fchwed.*) mafc. denne. dennas. denna. denna; pl. deffe. deffes. deffa. deffa; fem. denna. dennas. denna. denna; pl. deffa. deffas. deffa. deffa; neutr. detta. dettas. detta. detta; pl. deffe. deffes. deffa. deffa.

(*dän.*) mafc. fem. denne. dennes. denne. denne; neutr. dette. dettes. dette; pl. comm. diffe. diffes. diffe. diffe.

γ) *demonstrativum : jener.*

(*goth.*) *jáins, jdina, jáinata* decliniert ganz wie blinds. — (*alth.*) *gêner, gênu, gênaz* (bei O.) gleichfalls wie plinter; das ê fchließe ich aus dem altn.; nach dem goth. ái follte man *ei* erwarten, da -áin dem alth. -ein (nicht -in, -ên) entfpricht, wenigftens -êu (wie im dat. pl. -êm = áim, vgl. f. 791.). Wirklich hat eine zweifelhafte ftelle O. II. 9, 163. geinên f. gênên (und heutige fchweizermundarten: äine, däine; Stald. dial. 114.) Bei N. vermuthe ich *ênêr, ênju, ênez*, nicht *ênêr* etc. — (*altf. angelf.*) mangelt dies pron. [aber frief. *iene, gene* Richth. 843ᵇ. fpur des agf. in der partikel geond engl yond = enont]. — (*altn.*) *hinn, hin, hitt* decliniert wie einn (f. 760.), ftößt aber (wie bann f. 786.) wider die regel (f. 737. 740.), daß nur nach langem voc. nr zu nn aflimiliere, welches alles wieder auf hinn = hinr für henr, heinr (analog dem finn = finr f. 784.) führt; folglich die alth. kürzung beftätigt. Wegen des h ftatt j vgl. f 324; die ältern quellen zeigen *inn* oder *enn*. — (*mittelh.*) *jêner, jêniu, jênez* regelmäßiger decl. [jenre gr. Rud. 23, 16 vgl. dafelbft f. 8], aber häufiges e für ê weifen die f. 334. beigebrachten reime; das ftumme e nach dem n bleibt gewöhnlich (f. 374.), fo zuläßig jen [Ben. 323] für jene (illi) ift; bisweilen noch die form *ener*, z. b. M. S. 1, 132ᵇ 188ᵃ (Herb. fchwankend jenen : zenen 57ᵇ 90ᶜ ine : hine 53ᵃ inen : grinen 41ᵇ. hinen berg (illum montem) Diut. 1, 368. alle hine ib. 1, 353.] — [*mnd.* de jenne ille. holt des crützes

II. *interrogatives pronomen.*

418. —] (*mittelnl.*) gewöhnlich schwache form: *ghone* = ghêne
(f. 471.) [die gone: fone Rein. 5618. Über das gh in ghone f.
500 note Merkwürdig das neutr. ghint mit neutralem kennzeichen Stoke 3, 30 variante, Maerl. 2, 299 tghint (: kint) 335 (: ontbint). lläufig ghênt: ghout hûs Clign. 71. op gênt dravende pert
Velth. (bei Clign. 71) ghênt graf Maerl. 2, 42. ghênt lant 2, 45.
ghênt grote wonder 2, 195. ghênt felve wort 2, 289. ghênt hol
3, 69. gênt fcip, gênt fwere 3, 132. ghênt heilechdoem 3, 133.
ghênt ghebofe lif 3, 157. ghênt venin 3, 186. ghênt dode kint 3,
246. 2, 231 v. 46 gheent kint zum unterfchied von 2, 230 v. 6
geen kint (kein kind). Auch tgênt geet 3, 206. tgênt Maerl. 3,
173 darauf tgene 3, 173. 174. 175 wie dat gone 2, 71. na tgone
3, 142. omme tgone 3, 259. dede tgone 3, 278. 322. Nie ghout
im reim z. b. auf hont, cont; aber doch tgunt keuren von Delffland (Delff 1656. 4.) art. 1.] — (*neuh.*) *jêner, jêne, jênes*, wie
jedes andre adj. doch nicht fchwach. — (*nennniederl.*) umgekehrt
meiltens fchwach: de *gêne*. — (*neuengl.*) *yon*. — (*fchwed.*) *hin.
hin. hint* (nicht hitt). — (*dän.*) *hin. hin. hint*.

E. *interrogatives pronomen*.

es können vier begriffe gefondert werden α) quis (τίς) β) quisnam (ποῖος) wer von mehrern, γ) uter, (πότερος) wer von zweien,
δ) qualis.

α) interrogativum: quis.

(*goth.*) masc. hvas. hvis. hvamma. hvana; pl. hvái. hvizê.
hváim. hvans. — fem. hvô. hvizôs. hvizái. hvô. pl. hvôs. hvizô.
hváim. hvôs. — neutr. hva. hvis. hvamma. hva; pl. hvô. hvizê.
hváim. hvô. — *anm.* 1) belegbar find lediglich nom. fg. m. f.
n., gen. m., acc. m. f. fodann der inftr. m. u. *hcê*. Kein pl. cafus,
doch erscheint hvans in dem zuf. gesetzten hvanzuh (quosque)
und die übrigen fälle erweist theoretisch die analogie des erften
demonftr. — 2) nur hat der nom. fg. n. das t abgelegt und *hoa*
ftehet für hvata (wie blind neben blindata). — 3) die practifche
ungebräuchlichkeit der meisten cafus fchreitet in den übrigen
fprachen weiter vor.

(*alth.*) nach der analogie von dêr, diu, daz wäre die vollständige decl. masc. huêr. huês. buêmu. buênan (huên); pl. huiê.
huêrô. huêm. huiê. — fem. hniu. buêru. huêru. huia; pl. huiô.
buêrô. huêm. huiô. — neutr. huaz. huês. huêmu. huaz; pl. huiu.
buêrô. huêm. huiu. — *anm.* 1) belegbar find nur der fg. m. n.,
wo auch der inftr. *hwiu* oder *hiu* gilt; im acc. m. haben *huênan*
alle die inan, hingegen *huên* alle die iu fetzen (alfo abweichend
von dên, nicht dênan, vorhin f. 791.) — 2) die weibl. und pl.
cafus ermangeln gänzlich. — 3) meiltentheils gilt fchon w für
hu im anlaut.

722   II. *interrogatives pronomen.*

(*altf.*) ich finde nur den fg. mafc. huie. huës. huëmu. huëna; neutr. huat; weder fem. noch pl.

(*angelf.*) mafc. hva. hvâs. hvnm. hvone; neutr. hvät. hväs. hvam. hvät; der inftr. hvî, hý; alles nach der analogie des erften demonftr.; fem und pl. unüblich.

[(*altfrief.*) mafc. hvâ. neutr. hvet.]

(*altn.*) mafc. hvar. hvëff. hveim. hvann; neutr. hvat. hvêft. hvî. hvnt; fem. und pl. außer gebrauch, doch gilt der fg. mafc. auch fürs fem., — ftatt hvar, hvat findet fich: *hor, hot* (Rafk §. 534.) — *anm.* felbft der nom. acc. m. hvar und hvann kommen nicht vor und werden durch die formen des zweiten int. hver, hvern ausgedrückt (vgl. Rafk §. 219.). — [(*färö.*) qvör. qveät.]

(*mittelh.*) mafc. wër. wës. wëm. wëu (nicht wëuen); neutr. waz. wës. wëm. waz; inftr. wiu [in der partikel zwiu; im ring 7°, 16. 48°, 29 mit wê (= wiu) Kellers erz. 6, 8 mit wew; öftr. noch im 18. jahrh. zu we Wien. arch. 16, 163. in we 178. in weh 170.]

(*mittelniederl.*) mafc. wie. wies. wiem. wien; neutr. wat. wies. wien. wat.

(*neuh.*) mafc. wër. weffen. wëm. wën; neutr. was. weffen. wëm. was. [wes fache gut und weffen faul gewefen Tieck 1, 77. Plattd. wehmes, wehms (cujus) Rugian. 188. 245. Aus dem neutr. wat ein flectiertes pron. watte broke, to watter bute richtft. vgl. watterlei, waserlei.]

(*neunieder.*) mafc. wie. wiena. wien. wien; fem. wie. wier. wier. wie; neutr. wat. wiena. wien. wat; merkwürdig der wohl nach analogie des demonftr. neueingefügte fg. fem.

(*aruengl.*) whô. whôfe. whôm. whô; neutr. what.

(*fchwed.*) hô. hvars. hvem. hvem; neutr. hvad; der gen. ftammt aus dem zweiten interr.

(*dän.*) hvô. hvis. hvem. hvem; neutr. hvad. [fchwed. und dän. hvem jetzt auch für nominativ; fchwed. hvems (cujus) entfpringt aus dem wieder zum nom. gemachten dat. altn. hveim; — dän. hvis fonft auch für acc. Molbech f. v. hvis.]

β) *interrogativum: wer von mehrern.*

(*goth.*) hvarjis, hvarja, hvarjata folgt ganz der zweiten adj. decl. f. 720., der nom. mafc. hvarjis (Marc. 9, 34) fteht meiner anficht nach für hvaris. — (*alth.*) fehlt ein pron. hueri, huerju, hueri. — (*altf. angelf.*) fehlt. — (*altn.*) exiftiert es vollftändig: *hverr, hrer, hrert*; geht adjectivifch, fchiebt aber (wie midhr f. 742.) vor vocalifch beginnenden flexionen das bildungs-i ein, alfo: hverjum (cuinam) hverjan (quemnam) hverjar (quaenam) hverjum (quibusnam); der gen. lautet hvers, hverrar (wie: midhs, midhrar) etc. Im acc. mafc. heißt es gewöhnlich hvern (ft. hverjan). — Den übrigen fpäteren mundarten geht dies zweite interr. ab; eine fpur dauert im fchwed. gen. *hvars.*

II. *interrogatives pronomen.*

γ) *interrogativum: wer von zwein.*

das goth. *hvaþar* decliniert genau wie *anþar* f. 764; das alth. *huedar* wie *andar*, e (oder ë?) für a ist mir noch unaufgeklärt; das altf. *hueder*, angelf. *hvädher* declinieren regelmäßig; — die altn. form lautet *hvärr*, *hvär*, *hvárt* (oder hvort, hvor, hvort) und decl. adjectivifch, doch ohne einfchiebung von i, alfo nach urfprünglich erfter decl.; acc. fg. mafc. hvärn (ft. hváran, wie annan = annarn ft. annaran oder anran); übrigens fcheint á durch unterdrückung des *dh* entfprungen, da man nach dem goth. und alth. ein älteres *hvadhar* zu vermuthen hat (etwa wie niederl. vår aus vader f. 537.). — Das mittelh. fragwort *wëder* (: lëder Flore 22ᵇ) [weder wec, welcher von beiden Er. 7813. dagegen liederf. 1, 605 fchon welches under in zwein (ftatt wederes)] decl. nach mager f. 747. ift aber felten (Parc. 191ᵃ Trift. 26ᵇ 74ᵇ) [nicht fo felten: Iw. 1957. 3832. 3847. 7267] und im neuh. ganz ausgegangen, fo wie es den übrigen mundarten gebricht, obgleich es in adv. oder unbeftimmten pronom. dem ftamme nach fortdauert. Volksdialecte befitzen es noch vgl. Stald. 117. 118.

δ) *interrogativum: qualis.*

goth. *hvêleiks* (hvileiks); alth. *huêlîhhêr*, bei N. *welêr* (Stald. dial. 116.); altf. *huilik*; angelf. *hvilc*, *hvylc*; altn. *hvilikr*; mittelh. *welher*, bei Boner *wël*, gen. *wëls*, acc. *wëln* etc. (alfo nach hol f. 746.); mitteln. *welke*; neuh. *welcher*; neuniederl. *welke* [im neutr. welk. gen. m. n. welks ft. welkes]; englf. *which*; fchw. dän. *hvilken*; die flexion überall adjectivifch.

F. *relatives pronomen.*

der begriff der relation wird in allen deutfchen fprachen theils durch das bloße erfte demonftr. (zuweilen felbft das gefchl. perf. pron.), theils durch eine demfelben beigefügte partikel, theils durch das erfte und vierte interrog., theils endlich durch eine bloße partikel ausgedrückt; die ausführung diefer verhältniffe gehört alfo nicht hierher.

G. *die unbeftimmten pronomina*

bilden fich theils aus den vorher abgehandelten pron., mittelft gewiffer prae- oder fuffixe, theils aus andern fubft. oder adj., deren declination nichts eigenthümliches darbietet, daher auch diefer abfchnitt der flexionslehre fremd ift.

II. *anlehnung der pronomina.*

durch inclination und zuf. ziehung ändern fich verfchiedene pronominalformen, wovon ich im vierten buche näher handeln werde.

Allgemeine vergleichung der declinationen.

I. erwägung der starken declination.

Der hiſtoriſche ſatz, daß die adjectiviſche flexion vollkommner als die ſubſtantiviſche ſey, daß ferner ſelbſt im adj. erloſchene formen aus den biegungen einiger zahlwörter und pronomina geſchloßen werden dürfen, führt zu folgenden betrachtungen:

1) bereits die älteſte deutſche decl. ſcheidet (mit einziger ausnahme des perſönl. ungeſchl. pronomens) überall *perſonen* und *ſachen*, wiederum die perſonen in zwei geſchlechter; oberſte abtheilung aller decl. iſt folglich: in *männliche, weibliche* und *neutrale*. Es giebt hier vier allgemeine regeln: a) im neutr. ſind ſich nom. und acc. jedes num. nothwendig gleich, während maſc. fem. ſg. und maſc. pl. beide caſus urſprünglich ſcheiden. b) gen. und dat. jedes num. bildet das neutr. wie das maſc. und beide ſetzen ſich der weibl. flexion entgegen; ſcheinbare ausnahme macht der dat. neutr. des altn. adj. und pron., welcher ſich die organiſcherweiſe auch dem maſc. zuſtändige inſtrumentale form angeeignet hat. c) nom. acc. pl. neutr. ſtimmen zu dem nom. ſg. fem. d) nom. und acc. pl. fem. fallen zuſammen, (mit ausnahme der ſogleich anm. 2. zu nennenden fälle) — Das neutr. hat keine eigenthümliche flexion, als die des nom. ſg.

2) gibt es declinationen, wo *maſc. und fem. zuſ. fallen!* dies geſchieht lediglich a) in der dritten decl. der ſubſt. und adj.; das goth. magus geht völlig wie handus; þaúrſus (torridus) vermuthlich wie þaúrúus (torrida) (vgl. ſ. 721.); das altn. mögr, magar, megi, pl. megir ſtimmt zu einem muthmaßlichen älteren hündr, handar, hendi, pl. hendir, woraus allmählig höud, handar, hendi (den übrigen wörtern mangelt ſelbſt dieſer dat., vgl. ſ. 657. anm. 2.) pl. hendr. wurde. — b) in den ſ. 610. unter 1. 2. verzeichneten anomalien; vgl. 630. 646. 663. — Außerdem aber nirgends, namentlich nicht a) in den zweiten declinationen, deren i ſonſt dem u der dritten vergleichbar iſt; es heißt haris, harjis, harja, hari; hingegen þivi, þiujôs, þiujái, þiuja; ebenſo: midis, midjis, midjamma, midjana, aber midja, midjáizôs, midjai, midja. β) nicht in den pron. ſa, ïs, ïmma, ïna; his, his, himma, hina; (þas) þis, þamma, þana; hvas, hvis, hvamma, hvana; — wo ein fem. (ïja) ïzôs, ïzái, ïja; hija, hizôs, hizái, hija; (þa) þizôs, þizái, (þa); (hva) hvizôs, hvizái, (hva) zur ſeite ſteht. — Freilich bemerkenswerth iſt, daß ein nom. ſg. fem. midja, ija, hija im C. A. gar nicht vorkommt (für þa, hva ſtehet ſô, hvô); zugeben muß ihn doch die theorie theils wegen des erweislichen acc. ſg. midja, ija, þa, theils wegen der alth. nom.

II. *allg. vergleichung der declination.*

mitjo, ſiu, diu. Auf der andern ſeite *keine ſpur* eines weiblichen dem maſc. gleichen midis, ſa, his, hvas; und wenn das letzte pron. in mehrern ſprachen weiblicher form zu entbehren ſcheint, muß ſolches lieber aus dem weſen des der antwort noch ungewiſſen, ſich daher im vornehmern geſchlecht auſſtellenden interrogativums erläutert werden. Auch hat ſobald es vor einem fem. ſteht, der Gothe erweißlich hvô kein hvas, hvana (vgl. Matth. 5, 46. Marc. 1, 27. Joh. 18, 29.)

3) (*nom. ſg. maſc.*) kennzeichen: auslautendes -ſ, welches ſich ſpäter in -r wandelt (worüber mehr no. 2. der vgl. fremd. ſpr.), noch ſpäter abfällt. Im goth. pron. erſcheint es nur in ſa, his (?) hvas, da für þas ein ſchwachformiges ſa gilt; im goth. adj. herrſcht es mit ausnahme der ſ. 719. anm. 1. ſ. 764. und ſ. 799. genannten; im goth. ſubſt. mit den ausnahmen ſ. 599, 2. 610, 1, 3. denen man guþ (Deus) beifüge. Im alth. zeigen unabgleiches -r die pron. êr, dêr, huêr; alle adj. haben ein den umſtänden nach ableglichres -êr; im ſubſt. geht dies kennzeichen völlig verloren. Die alt- und angelſ. mundart entbehren es durchaus, nicht bloß im ſubſt. ſondern auch adj. und pron.; vermuthen läßt ſich aus dem plural -ſ, daß der apocopierte laut -ſ und nicht -r geweſen. Im frieſ. war es aus gleichem grunde wohl -r, gebricht aber gleichfalls. Das altn. pron. zeigt -r in der aſſimil. nn für nr (hann, hinn); adj. und ſubſt. wahren es regelmäßig, mit den ihres orts bemerkten ausnahmen und aſſimilationen. Mittel- und neuhochd. wie alth.; im ſchwed. dän. iſt das -r heute völlig geſchwunden; altſchwed. ſubſt. und adj. beſitzen es zuweilen (ſ. 710. 755.); altdän. ſeltner.

4) (*nom. ſg. fem.*) kennzeichen a) in der regel: *vocaliſcher auslaut*; goth. -a (nom. und acc. vermiſchend) doch die zweite ſubſt. decl. hat das -a nach dem i abgeworfen (im acc. behalten); alth. -u (nom. vom acc. trennend) jedoch nur im pron. ſiu, diu, unableglichres, in ſämmtlichen adj. ableglichres -u; im ſubſt. kein -u mehr, ſondern erſte decl. -a (früheres kêpu, kipu bleibt muthmaßung); altſ. wie alth.; im angelſ. ſchwanken zwiſchen -u und apocope bei adj. und ſubſt. (erſter decl.) in zweiter ſubſt. decl. -o, was zum pron. heô, ſeô, þeó ſtimmt (vgl. hernach no. 30.), in þeón apocope; im altn. pron. adj. und ſubſt. durchgreifende ablegung des vocals, daß er -u geweſen, lehrt der gebliebene wurzelumlaut; mittelh. fortwährend diu, diſiu, jeniu, zuweilen ſiu neben ſî, im adj. -iu (geſchieden vom acc. -e) im ſubſt. durchgehends aus -e, nom. und acc. zuſ. fallend; neuh. auch im pron. die, diie, jene, ſie und im adj. -e; neunord. apocope ohne umlaut. Hauptfrage bei dieſer flexion iſt: ob das alth. angelſ. und nord. -uſ oder das goth. -a für organiſcher zu halten ſey?

angenommen, daß der acc. -a einen frühern conf. abgelegt hat, scheint das goth. -a vorzüglicher, da es sich vom nom. fchw. form (-ô) fcheidet, während im alth. fubft. -a und -a (wofern dies kein â) zuf. fallen; ein goth. -u würde fodann nachtheilig dem bildungs-u dritter decl. begegnen. — β) ausnahmsweile *unvocalifche flexion*, d. h. ganz männliche a) in den anm. 2. a. b. angeführten fällen handus, þaúrfus, fviftar etc. b) in fubft. vierter decl. anfts etc. wo aber die übrigen mundarten das männl. kennzeichen ablegen (die altn. behält es zuweilen, f. 658. anm. 3.). Diefe ablegung hat in fprachen, welche auch die vocalifche flexion apocopieren, namentlich im altn., verwirrung der vierten und erften decl. nach fich gezogen, wiewohl bei manchen wörtern der umlaut die rechte der letztern wahrte.

5) (*nom. fg. neutr.*) kennzeichen ift t, dem aber ein vocal vorhergeht, goth. auch ein voc. folgt; in den goth. pron. ita, hita, þata unableglich, in hva (für hvata) fva (f. fvata) abgelegt, in den adj. ableglich. Die alth. pron. iʒ, hiʒ (?) daʒ, huaʒ, funʒ können das neutr. kennzeichen nicht ablegen, eben fo wenig die mittelh. eʒ, daʒ, waʒ, fwaʒ, noch die neuh. es, das, was; in den alth. mittelh. und neuh. adj. ift -aʒ, -eʒ, -es zwar vorhanden, allein auch ableglich. Im altf. pron. it, that, huat, im angelf. hit, þät, hvät bis aufs neuniederl. het, dat, wat und neuengl. it, that, what herunter ift das cafuszeichen vorhanden und unableglich (da doch das parallele männliche ganz verloren gieng). Die adj. der fächf. fprache entbehren es hingegen; einige altf. dialecte mögen es noch befeßen haben, vgl. fuáfat im bild. (goth. fvêfata, alth. fuâfaʒ) [heff. dialect: annert (aliud) plattd. des 16. 17. jahrh. allent (omne) zuweilen allet (Kinderl. p. 326) Agricola: dat vörnement, wolgevallent.]. Im alt- und neunord. herrfcht das neutrale -t nicht nur in den prom. þat, hitt, hvat fondern auch allen adj. unableglich. Keine deutfche fprache hat das kennzeichen im fubft.

6) (*gen. fg. mafc. und neutr.*) kennzeichen -f, in pron. adj. fubft. gleichförmig und unableglich, noch zu -r geworden in mundarten, welche dergl. verwandlung mit allen übrigen f der flexionen vornehmen. Einzige ausnahme hiervon macht die dritte, theilweife die vierte decl. des altn. männl. fubft., wo die gen. fonar, belgjar erfcheinen und nicht fonas, belgjas; hieraus folgere ich die länge der vorftehenden vocale (vgl. anm. 21.).

7) (*gen. fg. fem.*) hier ein durchgreifender unterfchied zwifchen pron. und adj. einer-, und fubft. andrerfeits. a) pron. und adj. haben ein *doppeltes f*, zwifchen denen ein vocal fteht. Die goth. form ift -*zôs* (ftatt -fôs) -áizôs, izôs, hizôs (?) þizôs, hvizôs, blindáizôs; die altn. -*rar* (vermuthlich -rar):

II. allg. vergleichung der declination. 727

þeirrar (ſt. þeirar) hennar (ſt. henrar) hinnar (ſt. hinrar) blindrar. In den übrigen sprachen leidet das hintere r apocope, alth. -rá, -rä; irâ, dërâ, plinterâ statt irâr, dërâr, plinterâr; angelſ. -re (? -rê): hire, bære, blindre; später fällt auch der hintere voc. ab, mittelh. ir, dër, blinder (doch noch: dirre, holre, heiterre etc. — β) ſubſt. haben nur einfaches -s; goth. -ôs, -dis: gibôs, anſláis; altn. -ar (vermuthl. -âr): giafar, âſtar; die übrigen apocopieren das r, alth. -ô (oder -â) -î: këpô, enſti (ſt. eines frühern kipôr, enſtir); angelſ. -e (? -ê): gife, dæde (ſtatt gifes, dædes?) etc. im ſchwed. dän. hat ſich der gen. föls, krafts erhalten [vielmehr unorganiſch eingeführt, im altſchwed. fehlt es]. —

8) (dat. sg. masc. und neutr.) analoge trennung: a) kennzeichen des dat. pron. und adj. ist mm und zwar goth. -mma, -amma: imma, himma, þamma, hvamma, blindamma; die jüngern sprachen haben unorg. vereinfachung dieses mm; alth. imu, himu (?) dëmu, huëmu, plintemu; altn. þeim, hveim, hânum, blindum; angelſ. him, þâm, hvâm, blindum; mittelh. im, dëm, wëm, blindem (neben edelme, holme) etc.; das merkwürdige imme für im f. 787. angeführt (nach niederheſſ. volksſpr. ämme; bei Stald. dial. 108. gibt imm wohl die alte kürze an?) — β) ſubſt. hingegen haben in allen deutschen sprachen bloßen vocal, goth. -a; alth. -a, -e; angelſ. -e; altn. -i; mittelh. -e etc., welche sogar hin und wieder völlig abfallen.

9) (dat. sg. fem.) a) beim pron. einfaches s oder r mit nachfolgendem vocal; goth. tzái, hizái (?), þizái, hvizái (?); alth. iru, dëru; angelſ. hire, pære; altn. þeirri (ſt. þeiri) henni (ſt. henri); mittelh. ir, dër etc. — β) dem adj. entzieht die goth. ſprache auffallend den conſ. und ſetzt blindái (ſt. blindáizái? blindaizô?) die jüngern ſprachen geben das r nicht auf, alth. plintëru (weſſobr. fr. in dino gunâdâ? ſt. dinëro? wahrſcheinlicher iſts kein dat. ſondern acc. pl. dinô gunâdâ) angelſ. blindre; altn. blindri; mittelh. blinder etc. — γ) das ſubſt. laſſen alle ohne conſonanz, goth. gibái (wie blindái) anſlái; alth. këbô, enſti; angelſ. gife, dæde; altn. giöſ(u), âſt(u); mittelh. gëbe, kreſte etc. —

10) (acc. sg. masc.) kennzeichen -n, mit nachfolgendem vocal. a) pron. und adj.; goth. ïna, hina, þana, hvana, blindana; alth. (mit abgelegtem voc.) in (neben dem unorg. inan) dën, huën, plintan; angelſ. hine, þone, hvone, blindne; altn. (mit vocalablegung) þann, hann, blindan; mittelh. in, dën, wën, blinden etc. — β) ſubſt. ohne alle flexion, die nackte wortgeſtalt; merkwürdige ausnahme machen die alth. eigennamen und verſchiedene perſönl. ſubſt. als: kotan, truhtînan, hartmuotan (f. 613. 767.)

11) (acc. sg. fem.) reinvocaliſche flexion, ohne conſonanz a) pron.

und adj.; goth. ija, bija (?) þô, hvô, blinda; alth. fia, dia, plinta; angelf. hî, þâ, blinde; altn. bana, þâ, blinda; mittelb. fie, die, blinde. — β) fubft. goth. giba; altb. kêpa; angelf. gife; altn. giöf (fl. giöfu, alfo den acc. mit dem nom. vermengend; ein früheres giafa = hlinda fcheint unzweifelhaft); mittelh. gëbe. Die beim nom. f. unter β. genannten fubft. machen auch den acc. ganz wie mafc. ohne alle flexion: anft, anft, äft; nur im angelf. erfcheint dæde.

12) (*nom. pl. masc.*) diefer cafus fchwankt und hat bald f. oder r, bald bloßen voc. zum kennzeichen. a) zu dem adjectivifchen voc. ausgang: goth. -ái, alth. -ê,' angelf. -e, blindái, plintê, blinde ftimmen die pron. goth. þái, alth. diê, angelf. þâ fammt dem goth. zahlworte tvái und alle alth. fubft. β) zu dem fubft. conf. ausgang goth. -ôs, -jus, -eis; angelf. -as hingegen die goth. pron. veis, jus, eis fammt dem zahlworte þreis; alth. nur die pron. wîr, îr, γ) altn. gilt der unverkümmerte conf. ausgang für pron. zahlw. adj. und fubft., es heißt: vêr, ër (? vêr, þêr) þeir, tveir, þrîr, hliudir, fîfcar, helgir, fynir (genauer und älter wohl: hliudeir, fîfcâr, belgir, fynîr).

13) (*nom. und acc. pl. fem.*) hier herrfcht erklärter conf. ausgang im goth. und altn. pron. adj. fubft.; goth. þôs, ljôs, tvôs, blindôs, gibôs; altn. þær, tvær, blindar, giafar (verm. blindâr, giufâr); in den übrigen fpr. ift der conf. abgefallen: alth. diô, fiô, zuô, plintô, kêpô; angelf. þâ, tvâ, blinde, gifa.

14) (*nom. acc. pl. neutr.*) find dem nom. fg. fem. gleich, alfo nach anm. 4. zu beurtheilen; zuweilen wird beim fubft. diefer organifmus verletzt (auch beim pron., wenn neutr. plur. im demonftr. dei hat, das fem. fg. hehält dia; fo weicht auch das goth. þô vom fem. fô), namentlich im alt- und mittelh. pl. wort ftatt wortu, da doch im nom. fg. f. vocal blieb [auch im ahd. fubft. früher -n? fpur oben zu f. 621]. Im neuh. worte = blinde ift die regel bergeftellt.

15) (*gen. pl.*) bloß die goth. mundart verfteht fich auf nähere fcheidung der gefchlechter, indem fie dem mafc. und neutr. den ausgang -ê, dem fem. -ô zutheilt; alle übrigen fprachen brauchen einförmigen vocal. Hier kommt es auf den diefem vocal vor- oder nicht vorftehenden conf. an; a) pron. und adj. haben ein f oder r, wie im gen. dat. fg. fem.; goth. îzê, îzô, þizê, þizô, blindáizê, blindáizô; alth. irô, dërô, plintêrô; angelf. hira, þâra, blindra; altn. þeirra (fl. þeira) blindra etc. — β) ohne den conf. find alle fubft. vgl. goth. fifkê, vaúrdê, gibô; alth. vifkô, wortô; angelf. fifca; altn. fifka, giafa (daß die alth. und angelf. fem. erfter, zweiter decl. den gen. pl. fchwach bilden, kêpônô, gifena anm. 40. vgl. fchw. form anm. 12.). Bemerkenswerthe fpur des wegblei-

II. allg. vergleichung der declination.

benden conf. bietet auch der goth. gen. tvaddjê und alth. zueiô neben zueiêrô (f. 761.)

16) (dat. pl.) kennzeichen: einfaches auslautendes -m (fpäter zu -u gefchwächt) einftimmig bei pron. adj. fubft. vgl. goth. ïm, þáim, hlindáim, fifkam, halgim, gibôm; alth. im, dêm. plintêm, vifcum, pelkim, këpôm; angelf. him, þâm, hlindum. fifcum, gifum; altn. þeim, blindum, fifknm, giöfum. Dennoch mag diefe flexion nicht vollftändig die urfprüngliche, fondern hinter dem m ein f oder r abgefallen feyn: goth. ims, hlindáims? alth. imêr, plintêmêr? altn. blindumr? wie es uns die altn. überbleibfel tveimr, þrimr (f. 761.) verrathen.

17) (acc. pl. mafc.) die org. flexion -ns erweift fich im goth. für pron. adj. fubft. vgl. uns, ïns, þans, blindans, fifkans, fununs, balgins; alle übrigen fprachen weichen ab und ftellen ihren acc. dem nom. pl völlig gleich [nicht alle: altn. nom. ar, acc. a; adj. ir, a]. Sollte in dem alth. uns, fächf. us, altn. ofs die alte flexion übrig feyn? —

18) die von 3-17 unternommene durchficht der einzelnen cafus lehrt, daß a) rein vocalifche flexion nur im nom. fg. fem.⁸⁰⁷ und nom. acc. pl. neutr. ftattfinde, vielleicht im acc. fg. fem. (auch im inftr. no. 87.) b) hingegen alle übrigen cafus, namentlich fämmtliche männliche, *irgendwo* einen conf. zeigen und zwar gebührt t (z) bloß dem nom. acc. fg. neutr.; mm dem dat. fg. mafc. neutr.; ms (mr) dem dat. pl. aller gefchl.; n dem acc. fg. mafc.; ns (nr) dem acc. pl. mafc.; f (r) dem nom. fg. mafc., gen. fg. mafc. neutr., nom. pl. mafc.; nom. acc. pl. fem., dat. fg. fem., gen. pl. aller gefchl.; endlich zweifaches f dem gen. fg. f. Augenfcheinlich ift diefes f (r) der häufigfte und bedeutendfte buchftabe für alle declination: da wo er noch von einem vocal gefolgt wird (alfo inlautend und goth. z) d. h. im gen. dat. fg. fem. und gen. pl. comm. erinnert er an die bildung des comparativs.

19) nächftliegende frage ift: ob für zeiten, die über unfere älteften fprachdenkmähler reichen, ein organ. unterfchied zwifchen der flexion des pron. und adj. einer-, und der des fubft. andrerfeits anzunehmen fey? oder ob fich beiderlei flexionen allmählig, hauptfächlich durch größeren verfall der fubftantivifchen, von einander entfernt haben? Unfer heutiges gefühl ift an die verfchiedenheit fubft. und adjectivifcher decl. verwöhnt und wird, bei der abfchleifung aller flexionen und bildungen, felbft einen vortheil für kürze oder beftimmtheit des ausdrucks in folcher trennung finden wollen. Nachtheile, die umgekehrt der freieren wortftellung daher entfpringen, kann erft das vierte buch erläutern; hier folgende andere gründe für den zweiten jener fälle, nämlich

für die urfprüngliche, freilich längft verlorene einheit beider flexionsweifen: a) in der fchwachen form ftimmen adj. und fubftantivifche flexion ganz überein (doch vgl. num. 14. zur fchw. decl.) b) die trennung wäre fchwankend und undurchgeführt d. h. gewiffe cafus zeigen für pron. adj. fubft. gleichförmigkeit, namentlich im goth. der vocal des nom. fg. fem. und pl. neutr.; das m des dat. pl.; das ns des acc. pl.; das f des nom. fg. mafc.; das f des gen. fg. mafc. neutr. Warum hätten nicht auch die übrigen früher eingeftimmt? c) vergleichung der mundarten ftellt uns den gang der allmähligen trennung dar: z. b. goth. hieß es noch fifks wie blinds, altn. fifkr wie blindr; alth. hingegen vifc neben plintêr; angelf. fogar fifc, blind; fchließt fich hieraus kein früheres alth. vifcêr, angelf. fifces, blindes? Die zuläßigkeit folcher fchlüße eingeräumt muß aber auch firs goth. felhft z. b. blindáizôs auf ein älteres gibáizôs deuten. d) nicht immer (obfchon meiftens) hat die ältefte mundart die ältefte form, z. b. der goth. dat. f. adj. blindái ift abgefchliffener, als das alth. plintêru, altn. blindri, gleicht aber genau der abfchleifung des dat. fubft. gibái, gëbu etc. ftärkt dies nicht die vermuthung eines dat. fubft. gibáizô?

20) nach diefem grundfatz vermuthe ich vollkommnere fubft. flexionen: a) ein dem blindata, plintaz paralleles vaúrdata, wortaz; wenige alth. fubft. neutr. geben auf -az aus; obaz, angelf. ofät macht den gen. obazes, ofätes (nicht obza, ofzu, wie plintaz, blind (-at), plintes, blindes) aber gibt die heutige volksfprache keinen fingerzeig in ihren: das dinge, werka. zeugs, fchreibens? früher: dingez, wërkez etc.? (f. hernach fr. fpr. uo. 4.) [f. nachtr.] h) einen alth. gen. fg. fem. kipôr, enflir (? anflêr); höher aufwärts ein goth. gibáizôs, anftáizôs; alth. kipêrôr, anflêrôr etc. c) einen dat. mafc. neutr. fi'kamma, balgimma, vifkemu, palkimu etc. d) dat. fem. gibáizô, altb. kipêrô etc. e) acc. mafc. fifkana, balgina; alth. vifcan, pelkin etc. f) nom. adj. pl. mafc. þáis, tváis, blindáis, alth. plintêr (woraus plintê geworden, wie aus máis, mêr, mê) im alth. fubft. aber vifcâr, pelkir, funîr fo wie drîr (tres) g) im alth. pron. fem. diôr, zuôr (duae) plintôr, kipôr etc. h) im gen. pl. fubft. fi'káizê, gibáizô; alth. vifkêrô, kipêrô etc. i) im dat. pl. fubft. fifkams, balgims; alth. vifcumêr, palkimêr; k) im acc. pl. mafc. alth. vifcanêr, palkinêr; adj. plintanêr etc. — Solche conjecturen, die fich höchftens an uralten ortsnamen beftätigen könnten, machen keinen anfpruch auf individuelle ficherheit, da fich zumahl die begleitenden vocale und übergänge zwifchen f und r kaum beftimmen laßen; fie follen nur eine mögliche oder wahrfcheinliche richtung der früheren fprache bezeichnen.

II. allg. vergleichung der declination.

21) anſetzung und vergleichung der *flexionsvocale* hat eigene
ſchwierigkeit; ein ſo bedeutendes hülfsmittel, wie die beachtung der reime, wird erſt ſpäter anwendbar, nachdem
ſchon der organismus dieſer verhältniſſe vielfach gelitten
hat. Einige vocallängen gewährte die accentuierung und
ſchreibung alth. denkmähler, andere die analogie goth. vocale. Im altn. leiſtet das umlautsprincip hin und wieder
vorſchub; da wo die flexion i keinen umlaut wirkt, muſt
ſie falſch ſeyn; z. b. der pl. masc. adj. blindir weiſt auf ein
beſſeres blindeir (wie tveir, þeir) dem goth. blindái, tvái,
þái; alth. plintê etc. angemeſſen; ebenſo ſtehet áſtir (f. 658.)
für áſteir; im alth. anſt, gen. enſti ſcheint aber wirklicher
übergang des ê in ein umlautzeugeriſches i anzunehmen,
nach dem goth. anſts, anſtáis, anſtái, pl. anſteis war anſt,
anſtê, anſtê, pl. enſti erforderlich. Sollte die länge einiger
altn. caſusvocale nicht aus der verwandlung des ihnen folgenden ſ in r zu ſchließen ſeyn? nämlich das goth. kurze
-is gen. ſg. bleibt auch im altn. -s; das goth. -dus, -ôs (ſunáus, gibôs) wird zu -ar, -ar, vermuthlich -âr (ſonâr, giaſâr)
desgl. -áis, -eis zu -âr, -ir (eigentlich -êr, ir) als: anſtáis,
anſteis = áſtâr, áſtir; -ôs zu -âr, als: fiſkôs, fiſkâr; ich
habe nicht getraut, dieſe vermuthung, ohne weitere ſtützen
in der altn. decl. einzuführen. Im alth. pflegen (während
ſ nach kurzem voc. in flexionen haftet, z. b. viſkes) alle
ſolche r abzufallen, wo ſie nicht ein nachfolgender voc.
ſchützt, vgl. këpô, viſcâ, enſtî (ſt. kepôr, viſcâr, enſtîr) hingegen plintêrâ (ſt. plintêrâr) plintêrô (goth. blindáizô). Verdient der grundſatz beifall, ſo gehört er in die buchſtabenlehre, leidet aber auf verwandlung des wurzelhaften ſ in r
keine volle anwendung.

22) im mittelh. ergaben ſich regeln über beibehaltung oder wegwerfung tonloſer und ſtummer flexionsvocale. Auf andere
und frühere mundarten paſſen ſie nicht und es bleibt hier
noch vieles zu ergründen. Wie erklärt ſich z. b. die urkundliche flexion des alth. nom. ſg. masc. plintêr = goth.
blinds (und nicht blindáis) altn. blindrY nach aum. 21. wäre
kein plintêr möglich und plintr widerſtrebt der alth. mundart, der auch ein goth. ſagrs, fugls ungerecht iſt, wofür ſie
vakarêr, vogal (ſt. vogalêr) ſagen muſſ. Hierauf werde ich
bei den grundſätzen der wortbildung zurückkommen. Die
alth. ſyncopiert kaum, apocopiert aber häufig; die angelſ.
altn. ſyncopieren öfter, apocopieren ſelten; man halte die
alth. adj. flexion -êr, ês, -emu, an; -u, -êrâ etc. zum goth.
-s, -is, -amma, -ana; -a, -áizôs etc. zum angelſ. -, -es, -um,
-ne; -, -re etc. zum altn. -r, -s, -um, -au; -, -râr etc. Es
fehlt aber nicht an ungleichheiten in einer und derſelben
mundart. Die alth. z. b. verwirft die -u des pl. neutr., hält

II. *allg. vergleichung der declination.*

810 aber die -i fg. der zweiten neutr. decl. feſt (merkwürdige ausnahme macht diz, welches gebräuchlicher iſt als dizi, vgl. f. 795.); noch die mittelh. wahrt -e (ſtatt jenes -i) hat aber kein -e für jenes -u; der mittelniederl. iſt bed f. hedde ſo geläufig als dit f. ditte. Die altn. ſetzt beides: kyn und fôt f. kyni, fôtu; das ſächſ. ſchwanken zwiſchen vord und fatu habe ich f. 636. 644. aus der vorſtehenden langen oder kurzen ſilbe gedeutet, vielleicht mit unrecht, da zwiſchen kyn und riki f. 660. es ſich gerade umgedreht verhält. — Uebrigens iſt der entgegengeſetzte und doch analoge einfluß der flexionen auf den wurzelvocal a in dem f. 734. 737. gegebenen paradigma vergleichenswerth. —

23) die verſchiedenheit der *einzelnen declinationen* beruht auf den vocalen, nicht den conſonanten. Sie zeigt ſich am deutlichſten im ſubſt., weniger im adj., tritt aber auch im pron. hervor. Wiederum iſt ſie unter den drei geſchlechtern vorzüglich beim maſc. entwickelt. Zum kennzeichen der vier männl. decl. mag der goth. acc. pl. maſc. dienen, welcher in der erſten *a*, in der zweiten *ja*, in der dritten *u*, in der vierten *i* gibt. Beim adj. erſcheinen die drei erſten decl., doch keine ſpur der vierten; das pron. mengt ſpuren aller; zur erſten bekennen ſich die formen þis, þamma, þana, þái, þizê (f. þáizê?) þáim, þans, zur vierten Ia, Is, Imma, Ina, eis, Izê, Im, Ins; zur dritten jus (vos) uns (nos acc. während der nom. veis von der vierten zeugt).

24) bei der erſten männl. und neutr. decl. fällt die flexion -*is* gen. ſg. im pron. þis, hvis, adj. blindis und ſubſt. fiſkis auf. Hier ſcheint der voc. i unorganiſch, da er die erſte decl. zu der vierten miſcht; beſtätigung finde ich in folgenden gründen: α) der gen. pl. þizê wäre gleich fehlerhaft, und gerade das adj. hat -áizê, nicht -izê. β) das org. i goth. flexion bleibt auch im alth. i, vgl. balgim, kuni mit palkim, chunni und zeugt ſpäter umlaut (mittelh. belgen, künne); jenes genitive -is hingegen wird alth. zu -es und bringt keinen umlaut, vgl. takes, tages. γ) im altf. erſcheint neben -es die merkwürdige ältere flexion -*as*, fiſkas, kunneas, die auf einen älteren goth. gen. fiſkas, kunjas deuten. δ) für ein ſolches -as redet die erklärung des gen. ſg. dritter decl. funaus aus funuas (anm. 27.) — (über das ſpätere -um des dat. pl. ſtatt -am nachher anm. 29.).

811 25) warum wohl der goth. nom. gen. dat. pl. maſc. in pron. und adj. -*ái*, -*áizê*, -*áim* zeigen? da doch der dat. ſubſt. -*am*, der acc. durchgehends -*ans* gewährt? Augenſcheinlich verhält ſich in den flexionen a zu ái wie i zu ei; fiſkans, fiſkam zu blindái wie balgins, balgim zu halgeis; reine verlängerung des a und i ſind die goth. diphth. ái und ei keineswegs, aber verwandte längen, daher im nom. pl. ſubſt.

II. allg. vergleichung der declination. 733

mafc. ein -ôs neben dem dat. -am, acc. -ans auftritt, indem
ô nach andrer feite hin dem langen â verwandt liegt. Im
alth. darf í wirklich als reine längerung des i (palkí, pal-
kim); á als reine längerung des a (nom. pl. vifcä) be-
trachtet werden, woneben im adj. das dem goth. ái paral-
lele ê herrfcht. Solche betrachtung würde müßig erfchei-
nen, zeigte fie nicht den weg, wie eben die abweichung
der flexionsvocale in verfchiedenen mundarten zu faßen fey.
Halb folgen fie dem gang der wurzelvocale, halb dem ge-
heimen nachgefühl innerer flexionsbedeutfamkeit. Da fich
nun in keiner fprache längen und doppellaute vollftändig
entwickelt oder erhalten haben, waren auswege unver-
meidlich.

26) die zweite männl. und neutr. decl. ift völlig die erfte, nur
daß der bildungsvoc. i mit ins fpiel gebracht wird, der im
fubft. mafc. zuweilen *-eis*, *-ei* ftatt *-jis*, *-ji* bewirkt (f. 599.),
weder im neutr. noch männl. adj. (f. 606. 720.); den grund
diefes fchwankens weiß ich nicht. Die übrigen mundarten
gewähren kein analoges í in demfelben flexionen. Unter
den pronominalformen bekennt das alleinige dizi (f. 795.)
zweite decl.

27) in der dritten decl. wirkt der bildungsvocal u mannigfacher
als jenes i auf die flexionen ein; funána, funáu mögen (wie
hairdeis aus hairdjis) aus funuas, fuous (? funvas, funva)
herflammen, wofür die f. 601. angemerkten nebenformen
iêfuis, (ft. iêfnas) iêfua wichtig zeugen. Über die weiteren
cafus vermuthungen ftehen fchon f. 601. anm. 3. Spätere
fprachen mifchen bei diefer decl. die vocale u und i, über-
gänge aus dritter in vierte decl. liefern bereits goth. nom.
pr. (f. 777.).

28) im gen. vierter männl. decl. fchiene der gen. balgis orga-
nifch, der dat. balga hingegen für bulgi (früher balgimma?)
ftehend; die goth. und alth. mundart machen den fg. erfter
und vierter völlig gleich (daher fpäter kein umlaut). Die
altnord. abweichung des gen. bragar, dat. brag von fifks,
fifki verdient aufmerkfamkeit. Sollte der pl. balgeis aus
balgjis entfpringen? Dem adj. überhaupt und dem fubft.
neutr. mangelt diefe vierte decl.

29) in der weibl. erften decl. verftehe ich den wechfel zwi-
fchen dem *-ái* und *ô* der flexionen wie anm. 25, womit fich
auch der unterfchied alth. mundarten, welche den gen. fg.
und nom. pl. bald *-â*, bald *-ô* machen (f. 616. 617. 723.),
aufklärt*). Der fprachgeift hieng entw. dem alten *-ô* an
(ohne es einmahl in no zu wandeln, f. 96.) oder brauchte

---

*) Vielleicht auch der alth. pl. neutr. mri, drî: angrîf. trâ, pâ (f. 761. 791.)
vgl. mit dem goth. pô, hvô.

die natürliche länge â. Letztere herrfcht wohl in allen
altn. gen. und plur. formen -âr (= goth. -ôs, -âis); blindrâr,
blindâr, giafâr, fiftâr, fonâr, bragâr. Im alth. adj. und dat.
pl. haftete ô ftärker. Schwerer bleibt mir die auslegung
des -u im nom. fg. (ft. des goth. -a) obfchon es fich dem
-um des männl. dat. pl. (goth. -am) vergleicht; das dative
-u wäre wohl -û (? -uo).

30) der zweiten weibl. fubft. decl. þivi (f. þiuja) acc. þiuja, pl.
þiujôs fteht das pron. fi, acc. ija, pl. ijôs zu vergleichen;
der alth. nom. fiu, acc. fia parallel dem adj. mitju, mitja
könnte dann doch das f. 628. verworfene menegþju (J. 363.)
vgl. mezhaftju (K. 37ª) rechtfertigen, zumahl wenn man
das angelf. menigo (f. 642.), woneben menigeó (wie heó),
anfchlägt.

31) die dritte fällt zuf. mit der dritten männl. (vgl. anm. 2. a).

32) die vierte hat, den gen. dat. fg. abgezählt, männliche flexion;
denn hieße auch der gen. anftis, dat. anfta, fo wäre die ein-
ftimmung mit balga vollftändig und diefe wörter gehörten
in die zweite anm. (f. 801.). Wie aber auftáis, auftái fich
den formen gibôs, gibái uäbern, fcheinen auch die pl. bái-
môs, báimô, dúilôs (f. 605.) hervorzugehen. Indeffen haben
diefe ausnahmen keinen fortgang und fpätere fprachen
halten die erfte und vierte weibl. decl. fortwährend ge-
fondert. —

ALT
33) die fortfchreitende fprache unterdrückt die bildungsvocale
i und u allmählig, wir fehen fchon im goth. die zweite,
noch entfchiedner die dritte decl. jedes gefchlechts einge-
engt; fpäterhin fchwinden fie beinahe. Der gang fcheint
zu feyn, daß anfangs die u fich in i verdünnen, endlich
die i ausfallen. Wie das goth. þaúrfus, manvus bei folgen-
dem flexionsvoc. bereits þaúrfjata, manvjata zeigen (f. 721.),
verliert fich das i zweiter decl. im unflectierten nom. mafc.
neutr. (f. 719.). Das goth. hardus, þaúrfus heißt im alth.
horti, durri nach zweiter, ja felbft hart nach erfter. Und
fo könnte z. b. das goth. fvarts (niger) früher fvartus ge-
heißen haben, wenn man dafür einen eigennamen fuartuas
bei Procop. 4, 25. aufchlagen will.

34) der formen des ungefchl. perf. pron. wurde nur nebenher
gedacht, infofern fie zu den übrigen flexionen ftimmen,
welches bei dem nom. pl. veis, jus und acc. uns der fall
ift. Alle andern cafus find ungleich und den anm. 3-17
gegebenen merkmahlen fremd. Der goth. nom. fg. ik, þu
weichen felbft von einander ab; der gen. fg. zeigt die reihe:
meina, þeina, feina, der dat. mis, þus, fis; der acc. mik,
þuk, fik; die nom. pl. veis, jus paffen zu balgeis, funjus,
der acc. uns zu fununs; der gen. geht wie im fg. auf -a
aus, fcheidet fich aber von ihm durch die nähere beftim-

II. *allg. vergleichung der declination.* 735

mung -ara; unfara fcheint aus dem acc. uns abgeleitet, nicht
anders der dat. unfis, welcher nebft izvis dem dat. fg. par-
allel auslautet. Wie aber uns zugleich den dat., umge-
kehrt unfis zugleich den acc. ausdrückt, muß die dativform
izvis daneben für den acc. dienen. Der acc. uns würde
einen nom. vjus, der nom. veis einen acc. vins begehren
oder ftünde veis neben uns (? vons) wie Iudáicis neben
Iudáiuns (f. 777.)? jus könnte fehr wohl den acc. juns bil-
den, welches, wie uns unfis, den dat. junfis ergäbe, woraus
jufis, Izvis, *izvis* geworden? auf diefelbe weife würde jufara?
junfara? zu Izvara? — Die übrigen mundarten tragen zur
aufhellung diefer dunkelheiten wenig bei; das alth. *uns*
dünkt mich verfteinerte acc. form, die geblieben, nachdem
alle andern acc. das n abgelegt hatten und ähnliche flexions-f
in -r verwandelt worden waren. Doch der alth. acc. pl.
bekommt überdem die flexion -*ih*, welche dem ib, mib, dib
des fg. entfprechend fcheint: *unfih, iuih*; ein folches goth.
unfik, izvik mangelt, wird aber durch ein angelf. *ufic, föric*
beftärkt, wegen welcher tenuis ich keine berührung des b [814]
mit f (etwa nach f. 318. 416.) muthmaße. Das altn. vêr
(? vêr) vor, oſſ, oſſ fchickt fich zu den goth. alth. formen,
der pl. zweiter perf. zeigt wieder ein abweichendes *ydkr*,
wobei vielleicht an das altn. dd = goth. zd, alth. rt (oben
f. 319.) zu denken wäre. —

35) der numerus *dualis* [vgl. GDS. 966-979], für fubft. und
adj. längft untergegangen, ift bloß am pron. der erften und
zweiten perfon erhalten worden (f. 780. 781.) auch da ließ
ihn die fchriftfprache bald vergehen. In mittelh. gedichten,
wo häufiger anlaß zum dual wäre, erfcheint er nicht, aus-
genommen bei dem fteirifchen Ottocar, der fich verfchie-
dentlich (z. b. cap. 450. 451.) der dualform zweiter perfon
nom. ëz, dat. acc. ënch, auch des poff. ëncher bedient. Ge-
meine volksmundarten hingegen haben hin und wieder den
uralten dualis bis heute fortgeführt, als rohen ftoff, ohne
fich auf die lebendige, fyntactifche verwendung deffelben
zu verftehen, d. h. fie gebrauchen ihn für den plur. und
mengen ihn mit pluralformen. Ich will hier die volks-
dialecte anführen, in denen der dualis fortdauert: a) auf
den zwifchen Island, Schottland und Norwegen liegenden
Fær-eyjar (d. h. fchnafinfeln, dän. farrœer) [agf. fcëapige,
ovium inf. engl. fhepey] lautet der dual. erfter perfon: vit.
okkara. okkun. okur; zweiter: tit. tikkara. tikkun. tikur
(Rafk vejledn. p. 277.) — b) norwegifche volksfprache:
erfter perf. gen. ankons (kons) dat. acc. ankon; zw. perf. gen.
dekan oder dokkers, dat. acc. dekan (Hallager forerindr. XII.)
vermuthlich findet fich der nom. ebenfalls. — c) manche
fchwedifche mundart, vielleicht auch die fchottländifche wird

736 II. *allg. vergleichung der declination.*

bei näherer aufmerksamkeit ähnliche formen ergeben. Vorhandenseyn des dual. nom. *vit* in Weſtbotnien bezeugt Ihre unter wi; dualformen in dem upländ. und weſtmaul. geſetz derſelbe unter okar. — d) nordfrieſiſche volksſprache: erſter perſ.: wet. unker. unk. unk; zweiter: jet. junker. junk. junk (mitgetheilt von Hr. Prof. Falck zu Kiel) — e) weſtphäl. mundart der graſſchaft mark und des herzogth. weſtph. bloß für die zweite perſ. gŭlt (iŭt, ŭt) inker. ink. ink (mitgeth. von Hr. Conr. Holthaus zu Schwelm) — f) bairiſch-oeſtr. mundart bloß für zweite perſ. eß (iß, óz, üz) enker. enk. enk; andere ſchreiben: ös (dös, döz) önger. öng. öng (vgl. Höfer 1, 187. 188. Schmeller §. 718. 721. wonach ink auch als nom., inkß, eukß als dat. acc. vorkommt). — Übrigens läßt ſich in allen deutſchen dualformen das auslautende t oder z (ſchwerlich z, obgleich die neuh. mundarten beides z. und ß gewähren; im alth. ſcheide ich iz, vos duo von iʒ, illud) leicht aus der cardin. tva, zuei erklären, ſchwieriger das *-k* oder *-nk*; vermuthlich war es urſprünglich accuſative form (parallel dem mik, þuk, ſik etc.) welche ſich wie uns in unſara, unſis über die anderen caſus verbreitete.

36) der vocativ fordert nähere unterſuchung α) im pron. zweiter perſ. gleicht er überall dem nom. þu, jus; du, ir etc. β) im ſubſt. iſt für den pl. kein bedenken, der voc. hat genau die flexion des nom. Schwieriger ſcheint der voc. ſg.; die goth. ſprache läßt ihm nicht das kennzeichen des männl. nom. *-s*, bildet den voc. fiſk, laiſari, hairdei, ſunáu, balg (Luc. 19, 22. Marc. 4, 38. 10, 17. Luc. 4, 23. 2, 48. Marc. 5. 7. 10, 48. Matth. 9, 27. Luc. 7, 14. 9, 41.); auffallende unterſcheidung der voc. hairdei, ſunáu vom acc. hairdi, ſunu, da doch fiſk, balg und bróþar (ſ. 610.) zum acc. ſtimmen. Für den voc. erſter weibl. decl. gebrechen belege; in zweiter lautet er þivi, mavi, (Luc. 9, 54.) verſchieden vom acc. þiuja, manja. Beim neutr. ſind ſich nom. acc. voc. immer gleich. Alth. und angelſ. ſtimmen dieſe drei caſus im maſc. und neutr. ebenfalls zuſammen; zweifel könnte beim fem. da entſpringen, wo ſich nom. und acc. unterſchieden, z. b. im angelſ. gifu; ich würde hier den voc. dem nom. gleichſetzen, nicht dem acc. Im altn. finde ich den voc. dem nom. gleich, alſo im maſc. auf *-r* endigend [z. b. mimmúngr Vilk. p. 54. völundr Sæm. 135ᵇ geitir 173ᵃ gripir 175ᵇ ſylkir 173ᵇ]; eine merkliche abweichung vom goth. gebrauch. — γ) im adj. ſind ſich voc. und nom. gänzlich gleich [belege erſte ausg. 253], im goth. wie in allen andern [deutſchen] ſprachen; er behält alſo namentlich im maſc. und neutr. das *-s*, *-ata*, alth. *-ér*, *-az* etc. pflegt jedoch gern in ſchwacher form conſtruiert zu werden, worüber weiteres in der ſyntax. —

II. allg. vergleichung der declination.

[Syntactifche fcheidung des nom. und voc. ift auch, daß dem voc. kein artikel vorgefetzt wird, z. b. mnl. dêr (dominus, = de hêr) hêr (domine) Huyd. op St. 2, 150. vgl. 4, 559. 383. angehängtes o! 3, 289.]

37) ein *inftrumentalis* hat in der alth. und altf. mundart am längften ausgedauert. Der goth. verblieb er nur in einigen pronominalpartikeln (f. 790. 798.) wo er die flexion -ê zeigt; die altn. behauptet ihn ftatt der dativform des neutr. adj. und pron. und läßt ihn beim pron. auf -t, -y, beim adj. auf -u (muthmaßlich -û) endigen; dem fubft. neutr. geht er ab, oder es müfte nachweiflich feyn, daß die mafcul. und neutr. dativflexion -i (nach f. 651. anm. 4. in fich felbft unorganifch) aus alter inftrumentalform abftamme und die dativflexion verdrängt habe. Alth. gilt der inftr. -û (welche länge das goth. -ê beftätigt) einförmig für mafc. und neutr. des adj. und der erften, zweiten, vierten decl. des fubft. Die fyntax lehrt, daß er fich auch feinem begriffe nach zumeift für neutra eigne. Fem. und pl. gewähren keine inftr. form. — Mittelh. nur in den partikeln von diu, hëdiu, mitalle, bëtalle; neuh. nur in defto (f. 408.) übrig; vgl. Schmeller §. 760 [f. nüchtr.].

38) mit den anm. 20. aus vergleichung des fubft. und adj. gefchloßenen, urfprünglich vollftändigeren flexionen dürfen der decl. wefentlich fremde *einfchiebungen* nicht verwechfelt werden, deren zumahl beim alth. f. 622. 631., dann auch bei einigen anderen mundarten meldung gefchah. Die verfchiedenheit des falls leuchtet ein. Galt ein älterer gen. pl. vilkêrô, kipêrô, wortêrô, fo blieb die erweiterung -êr- auf diefen cafus; galt ein älteres fifkana f. fifk, vifcan f. vifc, fo blieb das -an auf den acc. fg. mafc. befchränkt. Jene einfchiebungen bezogen fich dagegen auf einen ganzen numerus, wenigftens auf mehrere cafus, für welche der eingefchaltete conf. uncharacteriftifch war. Auch unterfcheidet der vorftehende vocal die erweiterung -*êr*, -*an* von dem paragogifchen -*ir*, -*in* und darum gebe ich den gedanken auf an ein aus altem gen. pl. hûfêrô ft. hûfô unorganifch in die übrigen caf. gedrungenes hûfêr, hûfêrum (etwa wie der acc. uns in den gen. unfara), da es niemahls fo, vielmehr hûfirô, hûfir, hûfirum lautet. —

39) die gefchichte der flexionen hat folglich zu achten a) auf das princip der flexion felbft. b) auf verhärtung uralter flexion, die zu fcheinbarer wurzel geworden neue cafus annimmt (dahin: uns, unfara etc.; deffen ft. des etc. f. unten fr. fpr. no. 2. 4. vgl. oben f. 774. 780.; Schmeller p. 203. note). c) auf einfchiebung von bildungsfilben, die umgekehrt fcheinbare cafus werden, ächte verdrängen (hiervon war eben no. 38. rede, doch den wichtigften fall liefert die

schwache form). d) auf abnorme verwendung ächter flexionsmittel, wozu abgeschliffene sprachen greifen; dahin zähle ich z. b. den dän. und schw. misbrauch des -s im gen. pl., da es ursprünglich nur dem sg. gebührte oder den neuhochd. misbrauch desselben -s in weibl. eigennamen und zuf. setzungen (f. 773. 774.). [Accusativ wird nominativ: im schwed. dän. mycken, liten, annan, anden (Rask preisschr. 40 leitet alle schwed. und dän. nom. aus isl. acc.) flämischer dialect: den koning (rex) den haghel Hoffm. lieder 110. den ruiter 128. uwen hoghen moet 102. vgl. den roman. pl. les, los; franz. moi = lat. me.]

40) es ist eine anomalie der hochd. alt- und angels. so wie der altfries. sprache, dem weibl. gen. pl. subst. erster und zweiter decl. schwache form zu verleihen; die angels. schreitet hierin noch weiter (f. 647. no. 7.). Der goth. und nord. bleibt solcher misbrauch fremd [vgl. nachher f. 822].

II. erwägung der schwachen declination.

Behandeln wir das uns überlieferte als etwas stehendes, ohne nach seinem ursprung zu fragen, so läßt sich die eigenthümlichkeit der schwachen decl. in folgende allgemeine grundzüge fassen: a) alle casus mit strenger ausnahme des nom. sg. jedes geschlechts zeigen ein characteristisches -n [herbeigezogenes unorg. n Bopp §. 539]; auch dem dat. pl. mangelt es gewöhnlich, nicht durchgehends. — b) die drei geschlechter sind zwar geschieden, weniger aber durch consonanten, als durch vocale, deren verhältnis bei vergleichung der einzelnen sprachen ziemlich räthselhaft erscheint. Nur im goth. fällt auf das weibliche ô ein licht durch zuf. stellung mit dem vorhin (f. 806.) bemerkten ô des gen. pl., gegenüber dem männl. und neutr. ô. — c) gleichheit des männl. und neutr. gen. sg. bleibt ungestört; im pl. wankt sie; gleichheit des nom. sg. fem. mit dem nom. acc. pl. neutr. geht verloren, dagegen tritt sie zwischen dem nom. sg. fem. und nom. acc. sg. neutr. hervor.

Nähere prüfung der ganzen erscheinung hat mich zu folgender theorie hingeführt: die schwache form der subst. und adj. beruht im zusammenstoß eines princips der bildung (eben des schon erwähnten -n) mit dem der flexion, wobei letzteres am ende überwältigt wird und weicht, ersteres aber die natur eigentlicher casus annimmt. Zuerst werde ich hiernach die schwachen subst. (anm. 1-12.) dann die adject. (13-19) zu entwickeln suchen.

1) der weg, von dem ich ausgehe, würde dunkeler seyn, wenn nicht die älteste unserer mundarten, die *gothische*, unverdrängte überbleibsel des flexionsprincips gehegt hätte. Es sind beim masc. sowohl als fem. die -s des gen. sg. und des

II. allg. vergleichung der declination.

nom. acc. pl.; heim neutr. das -s gen. sg. und das -a nom. acc. pl.; endlich das -ê geu. pl. masc. neutr. und ô gen. pl. fem., welche sich sämmtlich den ausgängen starker form vergleichen. Der dat. pl. behauptet ganz die ächte flexion, masc. neutr. -am, fem. -ôm, stößt aber die bildung -n aus. Der nom. sg. wirft flexion sammt dem n der bildung weg, läßt aber den vorstehenden bildungsvocal. Endlich dat. und acc. sg. haben das bloße bildungsmittel ohne ächte flexion.

2) *blôma* stehet für blômans d. i. blôm-an-s; das -s fiel bereits in der starken decl. zuweilen aus und weicht in den übrigen mundarten noch leichter; ein früheres blômas ist zwar möglich, aus goth. eigennamen griechischer schriftsteller z. b. ἄττιλας, τοτιλας jedoch unerweislich, weil dieses -ας gerade graecisirt scheint und Ulphilas (älter als Procop etc.) kein goth. -as kennt. Das bildende n fehlt dem nom. durchaus, wohl um den acc. von ihm zu sondern. Der gen. *blômins* erklärt sich aus blôminis d. h. blôm-in-is statt blôm-an-is, wofern die wandlung des -an durch assimilation erfolgte, dergleichen damit der goth. sprache bestimmter nachgewiesen würde, als oben f. 114. [vgl. Bopp celt. spr. p. 17]. Das i von dem -is fiel ab, doch die wirkung blieb; war es (wie vorhin f. 810. gesagt) unorganisch, so wird auch das i vor dem n früher anders gelautet haben. Minder leicht als der gen. verständigt sich der dat. *blômin*; die flexion -a ist abgelegt, aber woher assimilation i? man sollte meinen blôman für hlômans; entw. muß ein alter dat. blômini, oder angenommen werden, daß es mehr auf äußeren unterschied vom acc. ankam. Der acc. *blôman*, d. h. blôm-an ist in der ordnung, da auch die starke form fisk von flexion entblößt war. Im nom. pl. *blômans* für blôm-an-ôs hätte die assimilation blômôns wirken sollen (wie tuggôns, eben weil sich fiskôs und gibôs begegnen), im gen. desgl. blômônê st. blômanê oder vertritt -ê das dem Gothen mangelnde -â? der dat. *blômam* stehet für hlômanam, der acc. *blômans* f. blômanans, wobei ich syncope des -an der flexion, nicht des der bildung annehme. Vielleicht drang der vorherrschende a-laut allmählig in nom. und gen. pl. ein.

3) beim fem. erklären sich gen. sg. nom. acc. pl. *tuggôns* gut aus tugg-ôn-ôs, durch assimilation, wenn die bildung -an und nicht eigentlich -ôn lautete; ebenso der gen. pl. *tuggônô* d. h. tugg-ôn-ô; der dat. pl. *tuggôm* steht für tuggônôm, wie blômam f. blômanam. Bedenklich bleiben die drei übrigen casus, nom. dat. acc. sg., indem *tuggô* aus tugg-an-a (wie blôma aus hlôm-an-s) *tuggôn* aus tugg-an-âi (wie blômin aus blôm-an-s) *tuggôn* aus tugg-an-a entspringen müste. Das ô könnte durch übergewicht jener fünf erstgenannten casus

740 II. *allg. vergleichung der declination.*

eingeführt feyn; der nom. tuggô verletzt inzwifchen die gleichheit mit dem nom. pl. neutr. und da wir heim fchwachen neutr. wirklich hairtôna finden, gewinnt ein älterer nom. und acc. fg. fem. tuggôna (für tuggana) immer fchein.

4) gen. dat. fg. neutr. *hairtins, hairtin* erläutern fich wie blômins, blômin; woher aber das ô im nom. acc. *hairtô*? und in nom. gen. pl. *hairtôna, hairtônê*? flexivifch kann es nicht feyn, weil die flexion richtig im -a und -ê liegt, dem nom. fg. neutr. aber gar keine gebührt. Sollte der vermuthete ältere nom. fg. fem. tuggôna für tuggana im parallelen pl. neutr. ein abnormes ô (hairtôna für hairtana) gewirkt haben, von wo es fich in die übrigen cafus (gen. dat. fg. abgerechnet) verbreitete? hairtôna gewöhnte an einen fg. hairtô, wie blômand au blôma, tuggônô an tuggô, da doch anfänglich der nom. fg.: blômans, tuggans, hairtan geftaltet war. Die bemerkenswerthen dat. pl. (oben f. 609.) *catnam*, namnam (fl. ratam, namam) des nom. pl. *namna*, vatna (ft. namôna, vatôna) bezeugen theils früheren gebrauch des bildungs-n (folglich auch im nom. fg.?) theils die erläßlichkeit des weibl. ô im neutrum. —

5) außer dem ô haben andere fchwache fem. den diphth. *ei* (f. 609.) und wenn tuggô aus tuggana, fo mag marei aus marina, mareins aus marinôs entfpringen (vgl. unten anm. 16.). Die fchwankende flexion ungothifcher wörter geftattet ein folches -ei auch dem mafc. in dem acc. drakmein Luc. 15, 9. für drakman vom nom. drakma, gen. -ins, acc. pl. -ans. Bedenklicher wäre der fchluß von alabalftraun Luc. 7, 37. und byflaun Luc. 16, 19. auf einen fchwachen nom. alabalftrau, byflän, da hier fteife übertragung des gr. ἀλάβαστρον, βύσσον (wie Marc. 10, 51. rabbaunei f. ῥαββονί) vorzuliegen fcheint. —

6) *alth.* bleibt von der flexion nur der gen. pl. -ô übrig und entfpricht dem -ô ftarker form; ich habe ihm den bildungsvoc. affimiliert angefetzt, pluomônô, zunkônô, herzônô; pluomonô, als gegenfatz zum fem. und neutr. wäre heßer, wenigftens dem goth. blômanê gemäßer, zumahl auch im nom. pluomo, acc. pluomon; nom. pl. pluomon, dat. pl. pluomom (ft. pluomônı) o dem goth. a parallel fteht; das -un, obwohl der älteften quellen,. fcheint nicht fo gut; gen. dat. fg. -in wie im goth. daß es früher zu -en wird, als andere i (z. h. palkin, chunni) und gleichen fchritt mit dem -es (für -is, gen. fg.) nimmt, begünftigt meine theorie, umlaute wie nemin, henin blicken nur felten vor und fchwinden völlig (mittelh. nur: namen, kein nemen, wie doch belge, belgen). Im weibl. paradigma f. 626. 628. hätte ich den nom. *zunkâ, redjâ* fetzen follen (wenn fchon N. -a fchreibt) theils zu treffender fonderung des kopa von zunkâ, theils wegen des goth. tuggô,

II. *allg. vergleichung der declination.* 741

da auch vifcä, köpä (nom. pl.) neben fifcös, gibös gelten. Das ä der übrigen cafus hat zwar mit recht länge, stimmt aber weder zum -önä, -öm des gen. dat. pl., noch dem -a des nom. fg. Bei dem neutr. f. 629. ziehe ich wieder den nom. acc. fg. *herzä* vor; man beachte das fchwanken in die ftarke weibl. flexion.

7) die *angelf.* formen laßen fich vielleicht fo beftimmen: mafc. -a, -än, -an; -an, -enä, -um, -an; fem. -e, -än, -än, -än; pl. -än, -enä, -um, -än; neutr. -ë, -an, -an, -ë; -än, -enä, -um, -än? Das -un gen. dat. fg. mafc. neutr. mag einer alten gru. flexion -*as* angemeßen feyn.

8) *altn.* ift das auslautende bildungs-n überall abgefallen (f. 305.), das inlautende manchmahl geblieben; beim mafc. fällt fich der nom. -i ohne umlaut als unorg. dar, er lautete wohl früher gleich einzelnen ausnahmen, -*n* (f. 661. no. 4.); fg. fem. endigt muthmaßlich: -ä, -ô, -ü, -û; -å, -a, -a, -ä? Der pl. mafc. weift ftarke form, die aber weniger rückgekehrt, als (mit ausgeftoßnem bildungs-n) von anfang geblieben fcheint. Das n behielt z. b. *gumnâr, gumnâ*, welches vollftändig mein theoretifches goth. blômanôs, blômanê wäre. Gen. pl. fem, *tûngnâ*") fügt fich nicht minder an tùggönô; im nom. acc. tûngûr kann -ûr nicht bloße, ftarke flexion feyn, da es einen ftarken nom. pl. -ur oder -ûr gar nicht gibt: es ift verfließung des vocals der bildung mit dem conf. der flexion, der bildungsconf. n wurde ausgeftoßen, folglich fteht *tûngûr* für tûngonâr, tûngnâr. Im pl. neutr. nehme ich *hiôrtu* f. hiôrtnu. —

9) fchließt nach dergleichen annahmen jedes fchwache fubft. eine bildungsform in fich*), kann es folglich keine baare wurzel enthalten; fo darf auch die bedeutfamkeit des bildenden -n in anfchlag kommen. Es ift nicht zu verkennen, daß diefe wörter vorzugsweife den begriff von handeln, leben und regfamkeit auszudrücken haben, daher häufig zu appellativen von menfchen, thieren, bäumen, pflanzen, gliedern des leibs dienen.

10) es kann dem bildenden -n fchon ein oder mehr andere bildungsmittel vorhergehen, z. b. die ableitung -*i* (vgl. die zweiten fchwachen declinationen, als vilja, gen. viljins d. h. vil-i-in-s) oder -l, -r (z. b. gibla, giblins, d. h. gib-l-in-s) oder felbft fchon -n vgl. das alth. hakano, hakanin (goth. hagana, haganins, d. h. hag-an-in-s) miftins, miftinûn (d. h. mift-in-ûn) etc. In goth. diminutiven magula, mavilô ift die fchwache form das dritte bildungsmittel und der gen.

---

*) Kaum vergleichbar dem f. 817. no. 40. berührten fchw. gen. pl. ftarker fem.
**) Starke werden in fchwache *fortgebildet*, z. b. tac (dies) halm (culmus) in virtako (fabbatum) johhalmo (lorum) etc.

magulins, mavilôns zu zerlegen in mag-u-l-in-s, mav-i-l-ôn-s. Diefe diminutive mahnen mich an die befonderheit mittelh. fprache, neben der üblichen fchwachen form auf *-el* oder *-ele* (f. 771.) eine ftarke auf *-elin* zuzulaßen; z. b. gleichviel mit etzel, gen. etzeln und durchaus kein anderer name ift etzelin, etzelines (klage 858) und fo wechfelt in Gudr. und Nib. hetele, betelen; wërbel, wërbeln; fwëmmel, fwëmmeln mit betelin, betelines; wërbelin, -ines; [ottelin = otto Saffeuchr. p. 170;] follte hier ein nachgefühl des fchwachen nom. *mit -n* walten? fl. des goth. attila, attiline ein älteres attilans, attilanis durchfchimmern? Mehr davon bei der lehre von den verkleinerungen.

11) es fragt fich: ift das in gebliebener ftarker form geltende bildungsmittel *-an*, *-in* einerlei mit dem princip -n (oder *-an*, *-ôn*) fchwacher form? z. b. das goth. þiudans, þiudanis (nicht allm. þiudinis); himins, himinis verglichen mit der fuppofition blômans, blômanis, woraus blôma, blômins geworden. Eine bejahende antwort, d. h. annahme verfchiedenes fchickfals für urfprünglich gleichartige bildungen, ftützt fich auf das factum, daß fich an manchen wörtern beiderlei entwickelung nachweifen läßt. Das altn. ftarke nafn, nafns; vatn, vatns entfpräche einem goth. namn, namnis; vatn, vatnis; lautet aber fchwach namô, namins; vatô, vatins, obgleich der pl. die anomalie namns, vatns wirklich zeigt (f. 609.); alth. entfpräche wazan, wazanes; naman, namanes; für jenes gilt die gleichbedeutige ftarke bildung -ar: wazar, wazares; für diefes die fchwache form: namo, namin [ara, arins (goth.) ara, arin (ahd.) ar, arn (mhd.) ari, ara (altn.) vgl. mit örn, pl. ernir (altn.) čarn, earnas (angelf.) — ahd. përo (urfus) përin; agf. bëra, bëran verfch. von bëorn (vir) pl. bëornas; altn. aber biörn (urfus und vir)]. Übertritte können durch einzelne, in beiden formen zuf. treffende cafus, wie den acc. fg. und pl. mafc. (vgl. þiudan mit blôman, d. i. blôm-an) gebahnt worden feyn. Befonders lehrreich wird die vergleichung der ftarkfchwachen decl. des wortes *mannus* (f. 610. 611.); der alth. gen. *man* (f. 630.) verhält fich zum goth. *mans* wie alth. hanin zum goth. hanins. Das fpätere fchwanken zwifchen ftarker und fchwacher decl. (f. 674. 685.) gehört nur halb hierher, da die mifchung abgefchliffener formen, welche keinen andern vocal hören laßen, als ein unbetontes e, dem früheren fchweben einzelner wörter, bei vollem und wechfelndem vocal, aus form in form nicht gerade gleichgilt. Weshalb ich auch die uralte fonderung und feftfetzung einer deutfchen *fchwachen* decl. (gebührlich fcheint die benennung, weil das eigentliche flexionsprincip gefchwächt, beinahe aufgehoben wird) keineswegs unorganifch heiße, die neuh. verwirrung des fchwachen -en mit

dem -en ſtarker bildung (f. 703. 704.) iſt unorganiſch, da ſie kaum in der ahnung anfänglicher einheit beider grundſätze beruhen mag, und nicht allein ſtarke ſubſt. in ſchwache verwandelt, ſondern auch umgekehrt ſchwache zurück in ſtarke. Das letzte iſt wider die natur der ſprache; es gibt hier keine rückkehren.

12) für unorganiſch gelten auch einmiſchungen ſchwacher form in *einzelne* caſus ſtarker wörter (vgl. anm. 40. zur ſtarken decl.) dergleichen die heutige deutſche volksſprache noch mehrere darbietet (Schmeller §. 810. 845). [Ausnahmweiſe zeigt ſelbſt der gen. pl. ſtarker maſc. und neutr. erſter declination ſchwache form, vgl. dingen (: twingen) M. S. 2, 140ᵇ finnen (: winnen) 133ᵃ]. Und wer möchte die allmähliche ausdehnung ſchwacher form auf den ganzen pl., die wiederaufweiſung ſtarker in den ſing. (mittelniederl. f. 689. 692; neuniederl. 705. 707. 708.) dem urſprung und gang unſerer ſprache angemeſſen halten? Während das neuh. und niederl. durch falſche anwendungen ſchwacher flexion die menge gleichtöniger ausgänge -en faſt ins übermaß ſteigerte, gieng in der abgeſchliffenen engliſchen das princip ſo völlig unter; eine glücklichere haltung aber behaupteten nordiſche decl.

13) bisher bloß vom ſchwachen ſubſt., an dem *adjectiv* ſcheint die ganze erklärungsweiſe zu ſcheitern. Das deutſche adj. hat außer der ihm mit fremden ſprachen gemeinen eigenſchaft, drei geſchlechter zu entfalten, die (jenen gebrechende) [nicht allen. f. unten zu 832] beſondere: jede wurzel, für alle geſchlechter, beides der ſtarken und ſchwachen form zu unterwerfen. Das ſubſt. fiſka erſtreckt ſich nicht über die eine manul. decl.: im gegentheil das adj. blind bringt es zu ſechſen: blinds, blinda, blindata; blinda, blindô, blindô¹).

14) die adjectiviſche ſchwache decl. iſt nun der ſubſt. ſchwachen *gänzlich gleich*, mußte ſich folglich ebenſo entwickeln laſſen. Wie aber vermag das zu geſchehen, da die adj. ſtarke flexion von der ſubſtantiviſchen abweicht? Wie könnte aus blindáizôs ein blindôns, aus blindanuna blindin, aus blindái blindans, aus blindáizê blindanê durch bloße einwirkung des bildenden -n erklärt werden? Es bleibt kein andrer ausweg, als: die ſchwache form des adjectivs erſcheint, wenn ſchon in uralter zeit, bis wohin unſere quellen längſt nicht mehr reichen, vorhanden, dennoch der mangelhafteren

---

¹) Urſprünglicher, ſpäter verſchwindender unterſchied des ſt. und ſchw. acc. ſg. maſc. 1) goth. blindana, blindan 2) ahd. plintan, plinton; valawan, valawon 3) agſ. blindne, blindne; fealone, fealvan 4) altn. blindan, blinda; fölvan, fölva 5) mhd. blinden, blinden; valwen, valwen 6) nhd. blinden, blinden; blew, falen.

fubſtantivdeclination nachgeahmt, alſo gewiſſermaßen unurſprünglich; fie ſcheint wenigſtens zuerſt auf eine reihe von adj. beſchränkt, zuletzt typus für alle geworden. Für dieſe anſicht ſpricht theils der abgang einer ſo allgemeinen doppelform in verwandten älteren ſprachen, theils die häufig unverkennbare ſubſtantiviſche conſtruction und bedeutſamkeit des ſchwachen adjectivs. Daher fich die wahre adj. flexion ïbns, ïbnaizôs etc. von blinda, blindins, blindôns durchaus entfernt, obgleich in beiden die bildung -n regſam war.

15) nachdem ſich die geſchwächte form einmahl individuell geſetzt und den ſchein wirklicher flexion angenommen hatte, folgten viele ſubſt. und adj. der analogie und die maſſe wuchs durch ſich ſelbſt. Denn die anzahl ſchwach flectierter wörter iſt ſchon im goth. und alth. anſehnlich und nimmt mehr raum ein, als ſonſt dem bloßen bildungsmittel -n zugeſtanden werden dürfte.

16) die beſchränkung des comparativs auf ſchwache decl. darf hierbei nicht überſehen werden; das mittel der comparation tritt zwiſchen wurzel und ſchwache bildung: blindôza, blindôzins == blind-ôz-n (für blind-ôz-nu-s) blind-ôz-in-s, während das -n in ïb-n-ôz-s, ïb-n-ôz-in-s vor dem -ôz ſtehet; warum das fem. -ôzei, -izei laute und nicht -ôzô, -izô (oben ſ. 757.)? bleibt ſchwer zu ergründen, vgl. die ſünfte anm.

17) einzelne, wenige ſpuren ſchwacher flexion hat das pronomen, die wegen ihres hohen alters merkwürdig ſind. Der nom. ſg. maſc. fem. des goth. demonſtr. ſa, ſô ſtimmt zu blinda, blindô; ſollte der acc. fem. þô für þôn, der pl. neutr. þô für þônn ſtehen, denn der ſtarken form wäre in beiden fällen nur þa gemäß? Ließe ferner das interrog. hvas, neben dem analogen fem. hvô, auf ein älteres ſas ſtatt ſa ſchließen, ſo könnten beide für ein älteres blindas ſtreiten (anm. 2.). Doch weder im angelſ. ſtimmt ſe, ſeô (nicht ſa, ſe) zu blinda, blinde, noch im altn. ſá, ſú (nicht ſi, ſa) zu blindi, blinda; dieſe caſus, ohnehin andern ſtamms, als die übrigen, mochten ſich frühe verdunkelt haben. Auch der alleinſtehende gen. ſg. maſc. þeſſa vom nom. þeſſi iſt hier nicht beſonders wichtig; bei der bildung der pron. werde ich mehr davon ſagen.

18) von vocativ und inſtr. keine ſpur bei der ſchwachen flexion, welches ihre größere ſtumpfheit bezeugt. Da wo dieſe caſus erforderlich ſind, ſteht für erſtern überall der nom., für letztern der dat., bei ſubſt. ſowohl als adj. [Volksmundarten ſcheinen im voc. ſg. die alte, volle form länger als im nom. zu bewahren, vgl. das ſchweiz. atlo, attu (dial. p. 286. 304. 305) neben dem nom. att; im Simpl. cap. 2 knauo (voc.) knau (nom.); oder ein angehängtes ô?]

19) die aus mehr als einer urſache nöthige vergleichung der ſchwachen form mit dem ſuffigierten artikel kann erſt nach abhandlung dieſer lehre (im vierten buch) klar gemacht werden.

III. *vergleichung fremder ſprachen.*

1) alle urverwandten erkennen die ſ. 801. aufgeſtellten regeln a. b. (nicht immer c. d.).
2) zum goth. nom. maſc. -s ſtimmt das ſanſkr. -s oder -h (welche beide ſpiranten vorkommen) als: ſah (is) jah (qui) eſebah (iſte) ambaras (lat. imber, gr. ὄμβρος) dantah (dens) anjah (alius) navah (novus) fällt aber beim ſubſt. öfter, beim adj. zuweilen weg, z. b. pitá ſt. pitarah (pater) ſarmá (felix) — das gr. -s, vgl. ὅς (qui) ἐκεῖνος (ille) ὀδούς (für ὀδόντς) γέρανος (grus) ἄλλος (alius) νέος und erfährt gleichfalls apocope in πατήρ, τέρην (tener) etc. — das lat. -s, vgl. is, quis, deus (ſt. dents) alius, deus, novus; abfallend z. b. in pater, homo, liber etc. — das litth. -s, wie: tas (is) ſzis (hic, das goth. his ſ. 794.) diewas (Deus) dantis (dens) géras (bonus) ſzaltas (gelidus); abfallend nur im ſubſt. z. b. piemú (opilio) — die ſlaviſche ſprache wirft es allenthalben fort. — Auf ein früheres allgemein deutſches -s. ſtatt des alth. und nord. -r, deuten ſelbſt einzelne wörter, in welchen -s fortdauerte, weil es in die wurzel wuchs. wenigſtens ſcheint mir vélis, vélites; hals, halſes aus fils, filis; hals, balis entſprungen, wenn ich κίλα, κέλλα (maced. für φίλα, φέλλα) collum und das altn. fiall gen. falls erwäge, obgleich hals ſchon im goth. den gen. halſis macht.
3) nom. ſg. fem (ſanfter vocalanslaut): ſanſkr. já (quae) ſá (ea) eſ. há (iſta) anjá (alia) tavá (tua) ſutávira (filia) — griech. ἥ (quae) ἐκείνη (illa) ἄλλη (alia) μοῦσα (muſa) τιμή (honor) — lat. ea, quae, alia, nova, muſa, dea. — litth. tá (ea) ſzi (haec) tawa (tua) géra (bona) ranká (manus).
4) nom. ſg. neutr.; hier findet ſich das dem goth. t in -ata, alth. z in -az entſprechende d (oben ſ. 586.) merkwürdig im ſanſkr. pronomen, vgl. jad (quod) tad (id) etud (iſtud) kad (quid, interrog.) in den lat. formen: quod, id, quid, illud, iſtud, aliud iſt auch dieſes d keineswegs paragogiſch, ſondern urform; die Griechen in ὅ, τό, ἐκεῖνο, ἄλλο etc. haben es abgelegt, wie ſie überhaupt dieſen conſ. nicht im auslaute leiden. Da nun im ſanſkr. neben dem interr. kod ein relat kim; im lat. neben jenen formen auch ſchon ipſum (nicht ipſud) gilt, läßt ſich muthmaßen, daß die lat. adj. endung -um (bonum, magnum) gleichfalls früher -ud gelautet habe, nicht anders urtheile ich von der griech. flexion. -ον (für ομ) καλόν, νέον und der ſanſkrit. -am: navam (novum) etc. Offenbar blieb unſer durch alle adj. gehendes -ata, -az dem alterthum ge-

treuer, während jene sprachen den acc. masc. -am, -um, -ov auf den acc. (folglich nom.) neutr. anwendeten, etwa wie beim deutschen subst. diese casus gleichstehen (d. h. ohne flexion, vgl. sisk mit vaúrd) woher sich auch das häufige schwanken zwischen männl. und neutr. geschl. begreift (z. b. ζυγόν und ζυγός; ἅλς und sal). Dafür behauptete sich im lat. und griech. subst. neutr. die parallele endung: jugum, aevum, ovum, malum; ζυγόν, ᾠόν, μῆλον; wodurch das vorhin f. 808. auch fürs deutsche subst. geschloßene -ata, -az bestärkt wird, also ein goth. jukata f. juk, ein alth. eigaz f. ei. Und wäre diese neutrale flexion vielleicht in einzelnen wörtern nachzuweisen, in denen sie allmählich erhartete, d. h. sich zur wurzel schlug? sollte nicht unser salz, holz auf ein früheres salaz, holaz deuten (vgl. oben f. 808. no. 20, a), der gen. salzes, holzes eigentlich sales, holes gewesen seyn? Man müßte alle analogie des gr. und lat. ἅλς, ἁλός; sal, salis; ὕλη, silva verkennen; wer weiß aber, aus wie früher zeit solche versteinerungen rühren! jenes alth. salaz oder ein goth. salata, gen. salis (so wie die no. 2. vermutheten fils, filis; halis, halis) sollen hier nur erläutern.

5) gen. sg. masc. neutr. — kennzeichen gleichfalls s, welches aber in der zweiten lat. und gr. decl. für subst. und adj. abgeworfen ist; im litth. werfen es die meisten decl. ab. Das sanskr. pron. hat kasja (cujus) asja (ejus) tasja (hujus) sarmanas (felicis); das lat. ejus, hujus, cujus, filius etc.; das griech. und litth. ohne -s; τοῦ, οὗ; jojo, szio, to etc.

6) dat. sg. masc. neutr. — hier scheint über das goth. mm statt des spätern m aufklärend, daß das sanskr. pron. tasmai dem goth. þamma antwortet (wie ἐσμί = εἰμί dem dor. ἐμμί vgl. annals of orient. lit. p. 16.); ebenso heißt kasmai (cui) goth. hvamma; asmai (eidem). Einfaches m wäre auch, als ursprüngliches zeichen des acc., für den dat. unschicklich; erst nachdem der deutsche acc. n angenommen, konnte sich m dem dat. eignen. Sanskr. subst. und adj. zeigen kein m, bloßen vocal z. b. pitarê (putri) sarmanê (felici). Weder im lat. noch gr. hat dieser casus irgendwo ein m, überall bloßen vocal (bei pron. adj. und subst.) oder man müßte das altlat. sogenannt paragogische -d (Schneider 260. 261.) wegen seiner berührung mit -m (vgl. vorhin unter 4. aliud = alium) anschlagen dürfen. Die litth. sprache besitzt gleich der deutschen das dative m im pron. und adj. vgl. [ziàm (huic) jam-jam (ei) tam (ei) gerùm (bono) mediunàm (silvestri), aber auch nicht mehr im subst.; einstimmend zeigen die slav. sprachen -m im dat. pron. und adj., nicht subst. [altpreuß. -smu Vater 87. 88. 89. 90. 92. etrusk. anglome f. angulo Lanzi I 299. aber auch im fem. z. b. deltrame, quintiame f. dextrâ, quintia id. I 305.]

II. allg. vergleichung der declination.

7) *acc. sg. masc.* — dem deutschen -n begegnet das griech. -ν, herrscht aber nicht nur in pron. und adj., sondern auch im subst. vgl. τόν, καλόν, λόγον. Beide führen auf ein älteres -m, welches sich im sanskr. und lat. darlegt, vgl. tam (eum) imam (eundem) etam (istum) sumnāuam (felicem) pitaram (patrem) rāmam (Ramanem); eum, illum, bonum, hilarem, avum, patrem. Der litth. accuf. endigt durchweg auf einen geftrichenen vocal, der gerade das weggefallene n bedeutet (Mielcke §. 9. I, 6.). Alles beftätigt meine vermuthung eines früheren ausgangs deutfcher subft. auf -n, parallel den adj. und pron.

8) *gen. sg. f.* — kennzeichen s, doch mit häufigem abfall, z. b. in der lat. erften decl. subst. und adj. menfae, bonae, wo es im gr. bleibt: μούσης, καλῆς, und im pron. τῆς, ἧς; ebenfo im litth. subst. adj. und pron. rankôs (manus) gerôs (bonae) joſês, ſzlôs, tôs, alfo gerade in den fprachen, die das männl. gen. -s ablegen. Diefer ſtärkere haft des weibl. f mag mit dem doppelten goth. ſ zuſ. hängen; die sanſkr. weibl. pronominal-formen tafjâh (hujus) kafjâh (cujus) afjâh (ejusdem) ſtimmen zum goth. þizôs, îzôs, hvizôs, f ift auslautend zu h geworden.

9) *dat. sg. f.* - keine fremde Spruche gewährt s, alle haben bloße vocalflexion.

10) *acc. sg. f.* — kennzeichen m, wie beim masc. nur mit vorausftehendem langen vocal; sanskr. tâm (eam) imâm (eandem) etâm (istam); gr. τήν, ἥν; lat. eam, illam, istam und gleicherweife in adj. und subst. καλήν, μοῦσαν; bonam, menfam. Im litth. durchgehends geftrichener voc. wie beim masc. Alle deutfchen mundarten werfen dies kennzeichen weg und ein giban, blindan müſte in fehr frühe zeit fallen.

11) *pl. nom. m.* — meift vocalifch ausgehend, vgl. sanskr. imé (iidem) gr. οἱ, αἵ; lat. ii, illi, ifti, hi, qui; litth. tie, ſzie, und ebenfo die adj. und subst. καλοί, λόγοι; boni, viri; geri (boni) ponai (domini); doch hat fich in einigen decl. s erhalten, vgl. sanskr. surmânas (felices) μέλανας, μῆνας; felices, menfes, currus; ſzwieſus (lucidi) waifus (fructus).

12) *acc. pl. m.* — kennz. sanſkr. -n (wo der nom. -ê hatte) vermuthlich mit apocope eines h oder s: imān (eosdem) lôkān (mundos) futān (filios); umgekehrt mag vor dem gr. lat. litth. -s das n fyncopiert feyn: τούς [τόνς cretifch], οὕς, καλούς, λόγους, θῆρας; eos, illos, quos, hos, bonos, viros, breves, menfes, currus (vor s fiel häufig u aus, vgl. toties, totiens; praegnas, praegnans; Schn. 456-63.); litth. tus, ſzus, gerus (bonos) ſzwieſus (lucidos) ponus (dominos) waifus (fructus) [vgl. Pott Zig. 2, 532 über acc. bildung insgemein].

13) *nom. pl. f.* — kennz. theils s, als: sanſkr. imâh (eaedem)

lat. breves, res, noctes; littb. tos, fzios, géros (bonae) zwiefos (lucidae) rankos (manus) — theils vocal: ai, αἱ, καλαί, μούσαι; hae, eae, illae, bonae, menfae.

14) *acc. pl. f.* — kennz. f: fanfkr. imâh (easdem); τάς, ἄς, καλάς, μούσας;; eas, has, quas, bonas, menfas; litth. tas, fzes, fzwiefes, geras, rankas.

15) *nom. acc. pl. neutr.* wie uom. fg. f. voculifch, doch oft ohne genaue einflimmung: τά, ἅ, καλά, οὖκα; ea, illa, bona, feamna, brevia, maria.

16) *gen. pl. comm.* — kennz. α) -*fam, -fum, -rum*; fanfkr. nur beim pron kefhâm (quorum) efham (eorundem) etefhâm (iftorum) kafâm (quarum) etafâm (iftarum) afâm (earundem); lat. ausgedehnter bei pron. adj. fubft. quorum, eorum, horum, illorum, bonorum, virorum, dierum; quarum, earum, bonarum, menfarum; vermuthlich früher -ofum, -xfum ft. -orum, -arum; andere fprachen ohne fpur des f oder r; aus dem lat. darf man fchließen, daß fowohl im fanfkr. adj. und fubft. ältere den pronominalen analoge flexionen galten, als auch im deutfch. fubft. folche, die dem pron. und adj. glichen (f. 808.) ferner, daß dem deutfchen -zê, -zô, -rô hinten ein m oder n abgefchnitten ift. — β) mit ausgeftoßnem f oder r ein bloßes -*âm, -um*; fo wie im fanfkr. adj. und fubft. z. b. devânâm (deorum) apâm (aquarum) farmanâm (felicium); in der lat. dritten und vierten, ausnahmsweife der erften und zweiten -um ftatt -arum, -orum (Schn. formenl. p. 24. 69.); griech. überall -ων, bei pron. adj. fubft.; litth. überall -ů, offenbar mit abgelegtem m. Alfo könnte zwar im goth. die alte form fifkáizôm, gibôzôm ftufenweife verfunken feyn, erft zu fifkáizô, gibôzô, oder zu fifkjm, gibôm, endlich zu fifkê, gibô; doch ein wie hohes alter muß man fchon für fifkêm, gibôm vorausfetzen, wenn felbft iudifche und griech. gen. auf keiner andern ftufe ftehen!

17) *dat. pl. comm.* — kennz. α) -*bhjah, -bus, -ms*; fanfkr. eblijah (eisdem) furmabhjam (felicibus): lat. nur im pron. nobis, vobis, quibus; in adj. dritter decl. brevibus und den zahlw. duobus, -abus. ambobus, -abus; in fubft. der drei letzten: menfibus, artubus, diebus; ausnahmsweife in erfter: filiabus etc. (Schn p. 25 fqq.) was auf ein filiobus zweiter hinweift; etwan entfprang oloes f. illis (Schn. p. 71.) aus oloebus? Litth. pron. und adj. -*ms*; fubft. bloßes -m, ein früherdeutfches -*ms, -mr* (f. 808.) beftätigend; man halte das altn. brimr, litth. trims zum lat. tribus, da aus habêm (habeo) habên (habere) bân, aus -ben im volksmunde bänfig -bm, em wird (Schmeller §. 408. 550. 576.). Die deutfche und litth. fprache warfen von ms = bs das f fort, andere — β) umgekehrt den vordern conf. und behielten -s (gerade wie beim gen. pl. aus der vollen form die deutfche das vor-

II. allg. vergleichung der declination.

dere r, die griech. das hintere v behielt): die lat. pron. his,
eis, illis, iftis ft. hibus etc. zuweilen quis f. quibus; adj.
und fubft. erfter und zw. decl.: die gr. pron. adj. fubft. durch-
gängig -s, in dritter decl. -σι, σιν, (? für -νς, -νσι) z. b. τρισί
(tribus). —

18) diefe für unfern zweck ganz obenhin angeftellte verglei-
chung erbringt, daß in allen fprachen deffelben urftammes,
wie in der deutfchen, nur *ein* confonantifcher typus für die
gefammte decl. walte, einzelne abgewichene oder erftumpfte
flexionen aber ebenfo auf vollendetere frühere zurückge-
leitet werden dürfen. Das lat. his z. b. auf hibus: bonis
auf bonobus, bonabus: der gen. boni, atri auf bonius, atrius
(vgl. alius, folius, neutrius etc.); der nom. boni auf bonoes;
bonos; der acc. bonos auf bonoas, currus auf curruns, der
gen. pl. ducum, legum auf ducerum, legerum (altlat. wirk-
lich boverum, joverum, lapiderum, regerum, nucerum;
Schneider p. 171., obfchon einfchaltung eines bildungs-er
in *ganzes* worte denkbar wäre, boveres ft. boves, wie fich
fueres f. fues auch findet; man vgl. das alth. hrindir, fuhuir)
etc. Individuelle gewähr leiften folche vermutungen un-
möglich (oben f. 808. 826.); in der wirklichkeit hat fich
keine fprache weder vollftändig noch regelrecht entfaltet,
und wahrfcheinlich werden theoretifche bildungen nur durch
hiftorifchen erweis langfamer übergänge.

19) unterfchiede der gefchlechter*) und declinationen gründen
fich auf den vocal. α) vergleichbar dem goth. ê masc. neutr.
und ô fem. ift z. b. das lat. o masc. neutr. und a fem. (meh-
reres in der lehre vom gefchlecht). — β) unterfuchung der
ableitungsvocale -i, -u gehört in die bildungslehre; in der
regel geftaltet fich jede fprache auf eigne hand und es ift
felten, daß zu genau ftimmender wurzel das gefchlecht,
noch feltner bildung und ableitung ftimme. Das ableitungs-i
der deutfchen zweiten decl. entfpricht ganz dem -i, -e der
lat. dritten; communis, commune dem alth. kimeinêr, kimeinî;
mare, gen. maris dem alth. meri, meres. Treffend verglei-
chen fich kalds, kaldis, kaldamma, kaldana: littb. fzaltas,
fzalto, fzaltam, fzalta (das a geftrichen); lat. gelidus, gelidi,

---

*) Zuf. fall des mäscul. und weibl. erfolgt im griech. häufiger als im deut-
fchen, noch häufiger im lat.; nicht allein declinieren weibl. fubft. völlig wie masc.
zweiter decl. z. b. πηγός und fagus; formen dritter decl. find bald masc. bald
fem. z. b. δαίμων oder das lat. conjux etc.; fondern *alle* adj. dritter lat. decl.
haben für beide gefchl. diefelbe form; im gr. blofs gewiffe (Buttm. §. 63.) Solche
mifchungen fcheinen mir insgemein abweichung vom früheren zuftand, auf wel-
chen auch keine unterfcheidung eines natürl. und grammatifchen genus (Hartm.
§. 32.) anwendbar ift. Im lith. fondern fich die gefchlechter ftrenger, beim
fubft. nicht überall (Mielcke §. 20.) doch beim adj. immer. Die vergleichung mit
f. 801. no. 2. macht fich von felbft.

II. allg. vergleichung der declination.

gelido, gelidum; nicht minder mikils, mikilis, mikilamma, mikilana dem gr. μέγα[λο]ς, μεγάλου, μεγάλῳ, μέγα[λο]ν. Die -u der deutſchen dritten hat man in der lat. vierten, in der gr. dritten zu ſuchen, aber das lat. cornu geht im deutſchen horn nach erſter; faihu und τῶυ ſtimmen, auch πολύς zu einem veralteten goth. filus. Aus der litth. vierten trifft ganz nahe zur goth. dritten: ſunus (filius) ſunaus, ſunui, ſunu (das u geſtrichen) voc. ſunau. inſtr. ſunumi; pl. ſunus, ſunů, ſunums, ſunůs; bei ſo großer übereinkunſt darf man aus dem litth. adj. vierter, z. b. tamſus (obſcurus) tamſaus, tamſam, tamſu (geſtrichen) voc. tamſus; pl. tamſus, tamſů, tamſioms, tamſůs beinahe folgern, daß þaúrſus zwar den gen. þaúrſáus, den dat. ſg. aber þaúrſjamma, dat. pl. þaúrſjáim bilden werde.

20) die geſtalt des perſ. ungeſchl. pron. iſt unleugbar ähnlich; ſanſkr. nom. aham, tvam; woraus ein früheres deutſches ïkam, þnam (þvam) zu folgern? ſchwerer weiß ich den acc. mâm (? für ahamam) tvâm (für tuam) mit mik, þuk zu einigen, gr. ἐγώ, σύ; acc. ἐμέ (με) σέ, lat. ego, tu; me, te; litth. aſz (iz vertritt den kehllaut, oben ſ. 592.) tù; acc. mane (e geſtr.) tawe (e geſtr.); ſlav. ſprachen nom. ja, ti; acc. mene, tebe. — gen. lat. mei, tui; gr. ἐμοῦ, σοῦ; litth. manes, tawes (in beiden geſtr. e, alſo für manens, tawens?); ſlav. meiſt (nicht in allen mundarten) wie der acc. — dat. lat. mihi, tibi (ſanſkr. tubhja); gr. ἐμοί, σοί; litth. mán, táw; alle abweichend von der deutſchen endung ſ, r. — pl. nom. ἡμεῖς, ὑμεῖς; nos, vos; litth. més (ſamogit. wyſy) jůs; ſlav. mi, vi; dem deutſchen veis das ſanſkr. vajam (nos) näher. — acc. ἡμᾶς, ὑμᾶς; nos, vos; litth. mùs, jùs; ſlav. nas, vas — gen. ἡμῶν, ὑμῶν; noſtrum, veſtrum; litth. móſů, jóſů; ſlav. naſ, vaſ — dat. ἡμῖν, ὑμῖν (? ſ. ἡμινη); nobis, vobis. — Die dritte perſ. mangelt des nom.; acc. gr. ἕ; lat. ſe, litth. ſawe (geſtr.); gen. οὗ, lat. ſui, litth. ſawes (e geſtr.); dat. οἷ, ſibi, ſáw, welche caſus zugleich den pl. vertreten, außer im gr., wo ein pl. ςφεῖς, ςφῶν, ςφίσι, ςφᾶς vorkommt. — Dualform gilt nur in beiden erſten perſ. gr. nom. acc. νώ, ςφώ; gen. dat. νῶϊν, ςφῶϊν; — litth. nom. muddu (zuweilen wedu) fem. mudwi; judu, fem. judwi; acc. muddu, judu (u geſtr.); gen. mumů, jumů; dat. mum, jum; — ſlav. (in krain. dial.) nom. ma, va; gen. acc. naj, vaj; dat. nama, vama. — Von allen abweichungen oder ähnlichkeiten dieſer formen mit den deutſchen begnüge ich mich hier eine gewiſſe analogie zwiſchen ςφίσι und ïxvis anzumerken, um ſo mehr als auch im deutſch. berührung des pl. zweiter perſ. mit dem geſchl. pron. dritter perſ. einzutreten ſcheint.

21) den *dualis* hat die lat. nicht einmahl im pron. erhalten; die gr. und litth. behaupten ihn außer dem pron. auch bei adj.

und fubft.; das fanfkrit überall. Da er dem deutfchen adj. und fubft. mangelt, gehört keine vergleichung der flexionen hierher. [Slav. dualis: poln. fpurweife (Bandtke p. 192. 222) krainifch und windifch überall. fpurweife böhmifch Dobr. 113. 327. 274 und ferbifch Kop. in wien. lit. z. 1815 jun. col. 727.]

22) den *vocativ* pl. hält die gr. und lat. fprache ftets dem nom. gleich; der voc. fg. fcheidet fich aber in der zweiten lat. und gr. decl. adj. fowohl als fubft. durch eine eigne flexion von dem nom. In den übrigen lat. decl. begegnen fich wieder beide cafus; nicht jederzeit in der gr. dritten (Buttm. §. 45.). Der litth. voc. gleicht in pl. und dual. dem nom., ebenfo im fg. des adj., nicht aber durchgängig des fubft., welche unterfcheidung zwifchen adj. und fubft. zu der goth. ftimmt, während im lat. und gr. adj. wie fubft. demfelben princip folgen.

23) im fanfkr. und litth. haben dat. abl. und inftr. jeder feine eigenthümliche flexion; im griech. wie den meiften deutfchen mundarten zeigt fich für diefe drei bloß der einzige dat. Auch im lat. pl. insgemein, fo wie im fg. zweiter decl., doch die andern decl. flectieren den abl. fg. meiftens verfchieden vom dat. —

24) wie läßt fich die deutfche *fchwache form* in den fremden fprachen nachweifen? ich glaube folgendergeftalt: auch in ihnen allen ift das bildungsprincip -n rege, hat fich aber nirgends fo weit, daß es die eigentliche flexion verdrängt hätte, erhoben¹). Gleichwohl erfcheint *darin* bedeutfame analogie mit deutfcher fprache, daß der nom. folcher bildungen fich des -n (mit ihm des -s der flexion) zu entfchlagen pflegt, folglich wenn man von ihm ausgeht, die in den übrigen cafus vorbrechende bildung allerdings fchein wirklicher flexion gewinnt. Die folgenden beifpiele gemahnen an die alth. anomalien heili, pl. heilinâ und fugeli, fugelines (f. 631.); für meine erklärung der fchwachen flexion werden fie defto treffender beweifen, wenn fie fogar in wurzeln übereinkommen. (*lat. fubft.*) a) mit apocope des n im nom.; homo, hominis (früher homonis) völlig das goth. fchwache guma, gumins; draco, draconis; leo, leonis; ordo, ordinis; carbo, carbonis; fermo, fermonis [ratio, rationis = rahjô, rahjôns] etc. — β) mit bleibendem -n: nomen, nominis (das goth. nama, namins) femen, feminis (alth. fâmo, fâmin) carmen, carminis; flamen, flaminis; lien, lienis etc. — (*gr. fubft.*) α) mit bleibendem -v: εἰκών, εἰκόνος (vgl. man-

---

¹) Aber im flav. ift auch eine mehr oder minder entwickelte doppelte adj. form, vgl. meine erfte ausg. p. 249. vorr. zu Vuk p. xl.-xlvn. Auch im Huh. unterfchied zwifchen adj. indef. und defin (Mielcke p. 52).

II. *allg. vergleichung der declination.*

leiku, -leikins) αἰών, αἰῶνος; λιμήν, λιμένος; ποιμήν, ποιμένος (? goth. faihumanua, alth. vihmmau) μόσυν, μόσυνος. — β) mit fyncopiertem v: ῥίς, ῥινός; κτείς, κτενός; ἀκτίς, ἀκτῖνος (fl. ῥίνς, κτείνς, ἀκτίνς). — (*griech. adj.*) a) mit behaltnem v: πέπων, πέπονος; ἄρσην, ἄρσενος. — β) mit fyncope des v: μέλας, μέλανος; τάλας, τάλανος; der nom. ftebet für μέλανς, τάλανς, im fem. und neutr. ohne fyncope: μέλαινα, μέλαν; vielleicht auch das pron. τίς, τίνος für τίνς? — (*litth. fubft.*) mit apocope des -as: piemů, piemenio (obiges ποιμήν) mienů, mieneuio (ganz das goth. mêin, mênius) wiewohl der ungebräuchliche gen. durch die andere form mieneſio erfetzt wird; momů, momenio (vertex) waudů, wandenio (goth. vato, vatins; das der wurzel eingefchobene n · gleicht dem dän. vand); der pl. zmones von zmogus iſt ganz das lat. homines, und verlangt einen verlorenen fg. zmů. — (*flav. fubft.*) ich führe aus krain. muudart an: ſême, ſêmena (alth. fâmo, fâmin) têmê, têmena (vertex) vime, vîmena (uber) imé, iméua (alth. namo, namin) brême, bremêna (onus) plême, plemêna (fetura) — (*fanſk. fubſt.*) mit apocope des n: die neutra nama, namauas (goth. nama, namius) karma, karmanas (factum, ganz obiges lat. carmen); ebenfo folgen die maſc. dauiſ, balli, karſ (namen des elephanteu) im obliquen caſus -n eiu. (*fanſk. adj.*) auch mit apocope: ſarma (felix) gen. ſarmanas; máui (honeſtus) acc. máninam.

25) gleich dem n fallen in fremden fprachen verfchiedentlich andere bildungsconfonanten aus, namentlich t und r. – im *griech.* wird jenes a) fyncopiert: τέρας, τέρατος; χάρις, χάριτος und im adj. ἀργής, ἀργῆτος; alfo für ἄρατς, χάριτς, ἀργῆτς. β) apocopiert in den neutris: σῶμα, σώματος; ebenfo δῶμα, αἷμα, ἅρμα etc. ferner: μέλι, μέλιτος, ftatt: σώματ, δώματ, μέλιτ — im *lat.* erfolgt a) fyncope: anus, auntis; aetas, aetatis; ſalus, ſalutis etc. (vgl. die deutfchen bildungen -ipa, alth. -ida und wörtlich ſalus mit ſâlida). β) keine apocope, es heißt caput, capitis (wie háubiþ, háubidis) — im *flav.* apocope bei folgenden nentr. têle, teléta (vitulus) deklò, deklóta (puella) déte, déteta (infans) ſhebè, ſhebéta (pullus) u. a. ſämmtlich diminutiven lebendiger wefen (alth. junkidi, pullus; bemidi induſuum etc.) — im *litth.* apocope des r: moté, moteriês (femina) dukté, dukteriês (filia) vgl. θυγάτηρ, daúhtar; im *flav.* des ſ: drevò, drevefa (arbor) koló, koléfa (rota) teló, teléfa (corpus) okó, ozbèfa (oculus) vuhó, vuſhéfa (auris) nebó, nebéfa (coelum) etc. — von der fyncope des gr. λ wurde vorhin anm. 20. das beifpiel μέγας angeführt.

26) felbſt der wechfel folcher bildungsbuchſtaben verdient berückſichtigung; ſteht das goth. áugò für áugôn, das krain. okó für okos, fo finden wir im lat. die unverfehrte bildung

II. allg. vergleichung der declination.

1: oculus. Unser alth. waʒur ist ganz das gr. ὕδωρ, lat. udor, udoris; das goth. vatō setzt ein vatōn, der gr. gen. ὕδατος ein ὕδα: vorans; mithin dreierlei ausbildung derselben wurzel.

IV. Bedeutung der casusflexion.

geht man von dem gedanken aus, die anfängliche flexion werde dasjenige von innen enthalten haben, womit sich die spätere sprache von außen behilft; so scheinen praepositionen und pronomen als suffixe, mittelst welcher sich casusverhältnisse an der wurzel entwickeln, in betracht zu kommen. Nothwendigkeit liegt doch keine hierunter, weil umschreibung zwar der sache selbst analog, nicht identisch zu seyn braucht. — 1) *praepositionen* sehen wir auf das verhältnis des gen. dat. acc. abl. eingeschränkt; einen dieser casus fordern sie wesentlich; sollen sie folglich auf die formation derselben angewandt werden, so hat man sie nicht als eigentliche praepositionen, sondern als bloße der wurzel angehängte partikeln anzusehen [vgl. meine rec. von Sjögren Gött. gel. anz. 1822 p. 1796; umgedreht Graff (praep. p. 8): partikeln abgesprungne casuszeichen]. Dergleichen *urpartikeln* unternehme ich nicht, aus irgend einer deutschen sprache nachzuweisen. Wären sie nachweislich, sie würden weder den nom. und voc. (welchem letztern das suffix einer interj. zukäme) noch die modificationen der zwei- und mehrzahl erklären. Das s (r) des nom. masc., der vocal des nom. f. und pl. neutr., das t (ʒ) des nom. sg. neutr. sind von partikeln unabhängig; nicht weniger ist es das im pl. waltende und wenigstens im dat. und acc. den merkmalen des sg. hinzutretende s (r). 2) fragt es sich: ob das *geschl. pers. pronomen* (werde es nun mit seinen flexionen selbst erklärt oder als etwas unbegriffenes aufgestellt) allen übrigen declinierenden wörtern als suffix einverleibt sey? so daß z. b. sisks: sisk-is (er sich) blinds: blind-is (er blind) blindamma: blind-imma (blind ihm) bedeute? etc. Die annahme führt, wie man sieht, keinen schritt weiter; geboten wäre sie bloß, wenn die individuelle gestalt jenes pron. in den flexionen der übrigen wörter deutlich vorträte und der begriff selbst eine veränderung empfienge. Offenbar aber wird in blindamma, gesetzt es stünde für blind-imma, die wurzel blind nicht anders bestimmt, als die wurzel i in imma und die eigenthümlichen formen des pron. treten gerade zurück. Namentlich mangelt das s des nom. fem. si, alth. siu; es heißt blinda, plintu nicht blindû, plintûa. Das alth. demonstr. dërêr, disiu verräth eine ganz andere zus. setzung (aus dër-êr, diu-ûu), nach jener ansicht wäre schon dër = d-êr, folglich dërêr = d-êr-êr. Will man dem ûu selbst sein alter ableugnen, und ein früheres iu (goth. ija) behaupten, so schwindet damit wieder alle individualität, woran

754 II. von der conjugation im allgemeinen.

das fuffixum erfaßt werden könnte. — Die cafuszeichen bleiben mir ein geheimnisvolles element, das ich lieber jedem worte zuerkennen will, als es von einem auf alle übrigen leiten.

ZWEITES CAPITEL.
VON DER CONJUGATION.

In der conjugation erfährt ein wort vielfältigere und bedeutendere beftimmungen, als in der declination. Außer dem verhältnis der perfon und des numerus muß auch das des tempus, modus und genus ausgedrückt werden. Die flexionsfähigkeit des deutfchen verbums erscheint inzwifchen fehr gefunken. Vom genus paffivum vergehen mit der goth. fprache die letzten refte [das fchwache part. praet. aller deutfchen fprachen ift paffivifch, vgl. unter gedect und das lat. tectus; f. unten 1066]; das medium mangelt überall, wenn man eine altnord. einigermaßen analoge reflexivform abrechnet. Vier modi find vorhanden: infinitiv, imperativ, indicativ, conjunctiv; kein optativ. Das empfindlichfte ift der verluft mancher tempusflexionen: nur das praefens und *ein* praeteritum find uns verblieben, kein futurum[1]) und keine abftufung der vergangenheit kann durch bloße innere abänderung des wortes mehr erreicht werden.

Die art und weife, wie fich abgegangene oder abgeftumpfte flexionen erfetzen und ergänzen, gehört eben fo wenig in eine darftellung der conjugation, als der gewiffe flexionen nach allgemeinem gefetz begleitende umlaut; wiewohl einige beftimmungen des letztern bei den einzelnen flexionen am fchicklichften zur fprache kommen.

Bei der abhandlung deutfcher conjug. find (außer jenen überbleibfeln verlorener flexionen) folgende vier puncte zu erörtern:

A) kennzeichen der *perfon* und des *numerus*; im allg. läßt fich angeben, daß die erfte perf. fg. ein häufig abgefallenes, fpäter in *n* gefchwächtes *m* habe; die zweite f (r); die dritte þ; die erfte pl. urfprünglich dem *m* fg. ein f (r) zufüge, welches doch allmählich apocopiert wird; die zweite, gleich der dritten fg. þ, vermuthlich mit dahinter abgeworfnem f befitze, endlich die dritte nd, wovon das d wiederum in vielen fällen verfchwindet. Dem dual. fcheint urfprünglich in erfter perf. rs, in zweiter ts zuzuftehen; die dritte geht ihm ab. — Der *imp.* verwirft in der zweiten fg. ftarker conj. alle flexion und macht die zweite dual. pl, fo wie die erfte pl. (ver-

---

[1]) Spur des fut. in bis! wie? agf. beo = lit. bafu, φύσω.

muthlich auch dual.) dem ind. gleich (ausnahmsweise gleicht er dem conj., vgl. goth. auom. 2. anm. ε); die erste fg. und die dritte durchgehends fehlen ihm. Kennzeichen des inf. ist der conf. n, welches aber verfchiedene mundarten ablegen. — Man merke 1) der ind. erhält die perfonenzeichen voller als der conj. 2) das praef. voller als das praet.; es ist durchgreifendes gefetz, daß die erfte und dritte praet. *immer* des characteriftifchen conf. ermangeln und das d hinter dem n der tert. pl. praet. *immer* abfalle; ohne zweifel, weil die durch erzeugung des praet. vorgegangene veränderung des wortes dem fprachgeift zur deutlichkeit hinzureichen fchien.

B) durch eigenthümliche *vocale* wird der conj. vom ind. gefchieden; genau laßen fie fich nur in den einzelnen fprachen augehen; im ganzen gebührt dem ind. kurzes a, i, u; dem conj. langes ê und î (goth. ái, ei). Das kurze u zeichnet merkwürdig die flexionen des dual. und pl. *praet.* ind. von denen des praef. aus und fcheint überfluß, infofern beide tempora fonft fchon nie zuf. fallen können. Daher auch fpätere mundarten diefes unterfchieds ohne fchaden der deutlichkeit entbehren.

C) das wichtigfte in der deutfchen conjugation und wodurch fich nicht nur die fcheidung zweier hauptformen, der ftarken und fchwachen hauptfächlich, fondern auch die abtheilung der einzelnen ftarken conjug. gänzlich ergibt, ift die *bildung des praeteritums.*

Das *ftarke praet.* muß als hauptfchönheit unferer fprache, als eine mit ihrem alterthum und ihrer ganzen einrichtung tief verbundene eigenfchaft betrachtet werden[1]. Unabhängig von jenen endungsflexionen, wodurch die unter A. B. berührten verhältniffe beftimmt werden, betrifft es die wurzel felbft und zwar auf doppelte weife: entw. wird der anlaut der wurzel vor derfelben wiederholt (*reduplication*) oder der vocal der wurzel (fey er in- oder anlautend) in einen andern verwandelt (*ablaut*). Die goth. fprache kennt noch beide mittel, fie redupliciert und lautet ab, zuweilen wendet fie ablaut und redupl. vereint an. Die redupl. hat nie mit den auslautenden wurzelconfonanten zu fchaffen. In den übrigen mundarten ift die eigentliche redupl. untergegangen (leife fpuren abgerechnet), d. h. ftatt ihrer hat fich ein unorg. diphthong gebildet und auf die doppelung des confon. wird kein bedacht mehr genommen. Jener diphth. kann dann füglich für eine eigene art des ablauts gelten und die abtheilung der conjugationen wird dadurch nicht geftört.

Die reduplicierende conj. läßt den vocallaut der wurzel unverändert und fchiebt bloß dem fg. und pl. praet. ind. conj.,

---

[1] Das alterthum und den werth der ftarken conj. vor der fchwachen erkannten zuerft: Ten Kate. Botin p. 151. 152 (1792) Braunfchweig (1811).

II. von der conjugation im allgemeinen.

nicht aber dem part. praet. die verdoppelung vor. Die ablautende läßt dem praet. sg. und pl. nie den voc. des praes., zuweilen dem part. pract.; unverbrüchliche regel ist, daß der vocal des praet. conj. (sg. und pl.) dem des pl. praet. ind. gleich sey. Überhaupt ergeben sich zwölf conjugationen, sechs reduplicierende und sechs ablautende, deren formel ich mich begnüge, hier nach der goth. und alth. mundart aufzustellen, da es sehr leicht ist, den regeln des ersten buchs gemäß sie für alle übrigen zu entwerfen:

	goth.				alth.		
	praes.	praet. sg.	praet. pl.	part. pr.	praes.	praet. sg.	praet. pl.	part. pr.
I.	a	ái-a	ái-a	a	a	ia	ia	a
II.	ái	ái-ái	ái-ái	ái	ei	ia	ia	ei
III.	áu	úi-áu	ái-áu	áu	ô	ia	ia	ô
IV.	ê	ái-ê	ái-ê	ê	â	ia	ia	â
V.	ái	ái-ô	ái-ô	ái	-	-	-	-
VI.	ô	ái-ô	ái-ô	ê	-	-	-	-
VII.	a	ô	ô	a	a	uo	uo	a
VIII.	ei	ái	i	i	î	ei	i	i
IX.	iu	áu	u	u	io	ô	u	o
X.	i	a	ê	i	ë, i	a	â	ë
XI.	i	a	ê	u	ë, i	a	â	o
XII.	i	a	u	u	i	a	u	u

anmerkungen zu dieser tabelle:

1) conj. I. II. III. IV. sind rein reduplicativ; V. VI. reduplicativablautend; VII-XII. ablautend.
2) die reduplicierenden sechs ersten haben in der regel durch alle tempora langen wurzelvocal und selbst die wurzeln der ersten mit kurzem a pflegen durch position lang zu seyn; ausnahmsweise reduplicieren kurzsilbige, deren a ein h oder r folgt, namentlich das goth. fahan und alth. aran.
3) VII. gleicht darin den reduplicierenden, daß sie den pl. praet. vom sg. nicht unterscheidet; da überdem einzelne verba aus ihr in die redupl., umgekehrt einzelne redupl. in sie schwanken, so geräth man auf die vermuthung, daß sie früherhin zu den reduplicativablautenden gehört haben könne.
4) da XII. stets positionslange wurzeln hat, I. und VII. zuweilen; kann hier kein wechsel der kürze und länge durch ablaut entspringen.
5) VIII. und IX. haben im praes. und sg. praet. langen im pl. praet. kurzen vocal, umgedreht X und XI. im praes. und sg.

praet. kurzen, im pl. praet. langen; im part. praet. hingegen alle viere kurzen.
6) mit rückficht auf länge oder kürze des ablauts im praet. fg. und pl. könnten alle ablautigen verba in drei claffen zerfallen a) in langlange: VII. XII. b) in langkurze: VIII. IX. c) in kurzlange: X. XI.
7) von den drei kurzen vocalen erfcheint im praef. und praet. fg. kein u, außer im goth. trudan, welches ich zu X. rechne; befondere conj. möchte ich feinetwegen nicht annehmen; im pl. praet. und part. fpielt diefer voc. eine bedeutende rolle.
8) von den fieben hauptlängen erfcheint im verhältniffe des lauts und ablauts nur das einzige û nicht, außer wo es fich mit dem iu berührt.
9) ê und ô find dem gefetze des lauts und ablauts wefentlich fremd, entwickeln fich aber vor gewiffen confonanten, namentlich im goth. vor h und r aus dem i ein ai, aus dem u ein au, in fpätern fprachen noch häufiger. Diefe entwickelung ändert den ablaut nur fcheinbar, in der that gar nicht und darf keine befondere conj. gründen: das goth. teiban, táih, taíbun, taíhans gehört völlig in VIII; tiuhan, táuh, taúhun, taúhans in IX; faihvan, fahv, fêhvun, faihvans in X; baíran, bar, bêrun, baúrans in XI; vaírpan, varp, vaúrpun, vaúrpans in XII. fo gut als das niederl. binden, band, bonden diefer letzten verbleibt. —
10) es ift vielleicht der bemerkung werth, daß die reduplicierenden wurzeln auf keine einf. liquida auslauten (doch mit ausnahme des alth. aran).
11) in IX. find keine ftämme iul. ium. iun. iur; in VIII. keine eil, eim, ein; in VII. keine am vorhanden (von an das einzige anan); und wiewohl mir fcheint, daß fie vor zeiten dagewefen feyn können, mithin ihre ausfchließung nicht im wefen diefer conjug. liegt; fo mag doch die natur diefer liq. widerftand gegen den ablaut begründen.
12) auf dem unterfchiede zwifchen mut. und liq. beruht auch gerade die trennung von X. und XI., welche fich nahe liegen und fpäter in einander verfchwimmen; zu X. gehören ftämme, wo einfache muta, zu XI. wo einfache liq. dem kurzen i folgt (die form in fcheint auch hier ausgegangen).
13) XII. befaßt lauter ftämme, wo urfprünglichem i liq. cum muta oder geminierte liq. nachfolgt; die mit a vor liq. cum mut. und liq. gem. fallen meiftens in I, einige in VII. —
D) die *fchwache* conj. bildet ihr praet. nicht durch redupl. oder ablautung der wurzel, fondern durch die zwifchen verbum und perfonenflexion eingefchaltete lingualis *d* (alth. t), über deren finn ich mich erft am fchluße des capitels [*l.* 1041] erkläre. Diefe fchwache conj. begreift unerläßlich abgeleitete wörter, womit nicht gefagt wird, daß der ftarken nothwendig

wurzeln gebühren. Bloß das ist zu behaupten, daß alle reine wurzeln immer stark flectieren; ableitungen mit starker flexion find selten und scheinen die verwachsung eines ableitenden conf. in die wurzel vorauszusetzen. Ein beispiel wäre das goth. faltan, faifalt aus fal-t-an (nach f. 825.); mehrere wird die ahd. conj. XII. verdeutlichen. Sichtbar ist die starke conj. die ursprüngliche, ihre bewegungen geschehen freier, vollständiger, als die der schwachen. Auch das bewährt diese ansicht, daß die starke flexion stufenweise versinkt und ausstirbt, die schwache aber um sich greift; daß fremdher eingeführte verba beständig der schwachen unterworfen werden, kaum an der starken theilnehmen können (späterhin doch einige ausnahmen hiervon). Mischungen beider formen werden unter den anomalien abgehandelt.

Gothisches verbum.

Starke conjugationen.

paradigma der personenendungen:

		I.	II.	III.
ind. praes.	sg.	-a	-is	-iþ
	dl.	-ôs	-ats	—
	pl.	-am	-iþ	-and
praet.	sg.	...	-t	...
	dl.	-u (?)	-uts	—
	pl.	-um	-uþ	-un
conj. praes.	sg.	-áu	-áis	-ái
	dl.	-áiva	-áits	—
	pl.	-áima	-áiþ	-áina
praet.	sg.	-jáu	-eis	-i
	dl.	-eiva (?)	-eits	—
	pl.	-eima	-eiþ	-eina
imp.	sg.	—	...	—
	dl.	—	-ats	—
	pl.	-am	-iþ	—

inf. -an.   part. praes. -ands.   part. praet. -ans.

Anmerkungen: I. dual. praes. ind. belegt galeiþôs Joh. 14, 23; die endung -u im praet. folgere ich aus magu Marc. 10, 39; sijú Joh. 10, 30. 17, 22; -eiva dl. praet. conj. belegt sitáiva Marc. 10, 37; -eiva im praet. fordert die analogie (Marc. 10, 35 vileima, nicht vileiva, da doch 10, 37 sitáiva). I. dl. imp. mag wie im ind. -ôs lauten. Die übrigen flexionen scheinen mir der belege

unbedürftig. [Im cod. arg. fleht Luc. 6, 38 mitad (metimini) für
miliþ (wie Marc. 4, 24.)]
Von jedem einzelnen verbum gebe ich die I. fg. praef. ind.;
praet. ind. fg.; praet. ind. pl.; part. praet. an, wonach man ohne
mühe das ganze conjungieren wird. Die einzelnen ftämme ordne
ich nach der buchftabenlehre, indem ich liq. voranftelle und ihnen
lab. ling. gutt. folgen laße.

I. falta (falio) fáifalt, fáifaltum, fáltans; halda (pafco) háibald,
háibaldum, baldans; gaftalda (poffideo) gaftáiftald, gaftáiftal-
dum, gaftaldans; valda (impero) váivald, váivaldum, valdans;
falþa (plico) fáifalþ, fáifalþum, falþans; faha (capio) fáifah,
fáifahum, fahans; haha (fufpendo) háihah, háihahum, hahans
[alþa, áialþ (feneſco): Tim. 4, 7 usalþanáizò, alter weiber, vgl.
altn. aldinn; blanda, báibland? I Cor. 5, 7. 11. praggan, pů-
pragg; anapragganái II Cor. 7, 5.]

II. háita (voco) háiháit, háiháitum, háitans; máita (abfcido) mái-
máit, máimáitum, máitans; ſkáida (feparo) ſkáiſkáid, ſkái-
ſkáidum, ſkáidans; fráifa (tento) fáifráis, fáifráifum, fráifans;
af-áika (nego) af-áiáik, af-áiáikum, af-áikans; láika (ludo) lái-
láik, láiláikum, láikans [gaþláiha, gaþáiþláih (amplector, de-
mulceo)].

III. blánpa (curro) hláihláup (?) hláihláupum, bláupans; ſtáuta
(percutio) ſtáiſtáut, ſtáiſtáutum, ſtáutans; ana-áuka (addo) ana-
áiáuk, ana-áiáukum, ana-áukans [hàuan, báibáu? báibó? báulþ
Rom. 7, 18. 20. 8, 9. 1 Tim. 6, 16. II Tim. 1, 14. bnáuan (con-
terere) — hvápan, hváihváþ (gloriari) II Cor. 7, 14. gaſtójans?
II Theff. 3, 2].

IV. flèpa (dormio) fáizlèp, fáizlèpum, flèpans.

V. láia (irrideo) [dub. potius lèan, lèhan] láilò, láilòam, láians;
fáija (fero) fáifò, fáifòum, faians; ráia (fio) ráivò, váivòum,
vaians [fáian, fáifò? fáianda μέμφονται; máian, máimò (metere)
nach agf. mávan].

VI. grèta (ploro) gáigròt, gáigròtum, grètans; flèka (plango) fai-
flòk, fáiflòkum, flèkans; tèka (tango) táitòk, táitókum, tèkans
[lèta (finq) láilòt, láilòtum, lètans; rèda, ráiróþ Eph. 1, 5.].

VII. us-ana (exfpiro) uzòn, uzònum, usanans; ſtauda (fto) ſtóþ,
ſtòþum, ſtandans; fara (proficifcor) fòr, fòrum, farans; fvara
(juro) fvòr, fvòrum, fvarans; ſkapa (creo) ſkòp, ſkòpum, ſka-
pans [vielmehr ſkapja nach gaſkapjandin Eph. 3, 9. ſkapjam
im lat. gedicht der anthol.]; graba (fodio) gròf, gròbum, gra-
bans; hafja (tollo) hòf, bòfum, hafans; frajja (fapio) fròþ,
fròþum, fraþans; raþja (numero) ròþ, ròþum, raþans; ſkapja
(noceo) ſkòþ, ſkòþum, ſkaþans; faka (increpo) fòk, fòkum,
fakans; hlahja (rideo) hlòh, blòhum, hlahans; ſlaha (percutio)
flòh, flòhum, flahans; tvaba (lavo) tvòh, tvòhum, tvahans;
vahfja (crefco) vòhs, vòhfum, vahſans [gadaban (contingere)
draba? gadraban (excifum) Marc. 15, 46. ſkaba (tondeo) ſkòf

II. *gothische starke conjugation.*

I Cor. 11, 5; hlaþan (onerare) II Tim. 3, 6. faþja, fôþ? klakan, klôk? (glocio) I Cor. 13, 11; aga, ôg folgt aus agands und agans I Cor. 16, 12].

VIII. keina (germino) káin, kinum, kinans (Luc. 8, 6. fehlerhaft uskijanata f. uskiunnata; vgl. unten 7te anom.) (uebenform keium, kái, kijans; ebenfo fkeian, fkái, fkijans?]; fkeina (luceo) fkáin, fkinum, fkinans; greipa (rapio) gráip, gripum, gripans; us-dreiba (expello) us-dráif, us-dribum, us-dribans; fveifa (defino) fváif, fvifum, fvifans; hneiva (inclino) hnáiv, hnivum, hnivans; fpeiva (fpuo) fpáiv, fpivum, fpivans; andbeita (increpo) and-báit, and-bitum, and-bitans; fincita (illinc) fmáit, finitum. fmitans; In-veita (adoro) In-váit, In-vitum, Invitans; beida (exfpecto) báid, bidum, bidans; leiþa (eo) láiþ, liþum, liþans; fneiþa (feco) ſnáiþ, fniþum, fniþans; ur-reifa (furgo) ur-ráis, ur-rifum, ur-rifans; fteiga (fcando) ftáig, ſtigum, ſtigans; ga-teiha (nuntio) ga-táih, ga-taihum, gu-taihans; þeiha (crefco) þáih, þaihum, þaihans; þreiha (premo) þráih, þraihum, þraihans; leihva (commodo) láihv, laihvum, laihvans [geira, gáir, gairum? deigan, dáig (fingere, plafmare) veihan, váih (pugnare); vgl. bijands pergens, von bijan pergere? das aber wie ſtjau lieber bijáida hat? vgl. feinan und fkeinan].

IX. dis-hniupa (dirumpo) dis-hnáup, dis-hnupum, dis-hnupans; hiufa (fleo) hánf, hufum, hufans: fniva (verto, vado) fnáu, fnivum (ft. fnuum) fnuans (oder fniuans?) giuta (fundo) gáut, gutum, gutans; niuta (capio) náut, nutum, nutans; us-þriuta (moleſtiam facio) us-þráut, us-þrutum, us-þrutans; biuda (offero) báuþ, budum, budans; driufa (cado) dráus, drufum, drufans; kiufa (eligo) káus, kufum, kufans; fra-liufa (perdo) fra-láus, fra-lufum, fra-lufans; kriufta (ftrideo) kráuft, kruftum, kruftans: biuga (flecto) biáug, bugum, bugans; liuga (mentior) láug, lugum, lugans; ga-lúka (claudo) ga-láuk, ga-lukum, ga-lukans; tiuha (traho) táuh, tauhum, taúhans; pliuha (fugio) pláuh, pláuhum, pláuhans fſkiuna, fkáun? ad Rom. 10, 15. fkiura, fkáur? v. Lôbe. ſliupa (repo) fláup, ſlupun Gal. 2, 4. 12. fkiuba, fkáuf Rom. 11, 13. liuta, láut? (decipio) ſliuta, ſláut? 1 Cor. 13, 4. þiuta, þáut? v. puthaûrn. jiuka, jáuk? Rom. 8, 37. fiuka, fáuk. liuha, láuh? dringa (milito) dráug.].

X. giba (do) gah, gêbum, gibans; bi-gita (invenio) bigat, bigêtum, bi-gitans; frita (voro) frat, frêtum, fritans [vielmehr fraita, fraitans (vgl. rec. des Call. p. 210) und frêt f. nuchtr. zu 844 gegen Lôbe zu Luc. 15, 30]; ita (edo) at, êtum, itaus; mita (metior) mat, mêtum, mitans: fita (fedeo) fat. fêtum, fitans; bidja (rogo) baþ, hêdum, bidans; trudu (calco) traþ, trêdum, trudans: In-vida (abnego) In-vaþ, In-vêdum, In-vidans; qviþa (dico) qvaþ, qvêþum, qviþans; ga-viþa (jungo) ga-vaþ,

II. *gothische starke conjugation.*

ga-vĕþum, ga-viþans; lisa (colligo) las, lĕsum, lisans; ga-nisa (ianor) ga-nas, ga-nĕsum, ga-nisans; visa (maneo) vas, vĕsum, visans; ga-brika (frango) ga-brak, ga-brĕkum, ga-brikans (? ga-brukans); rika (congero) rak, rĕkum, rikans [f. nachtr.]; vrika (persequor) vrak, vrĕkum, vrikans (?); liga (jaceo) lag, lĕgum, ligans; ga-viga (moveo) ga-vag, ga-vĕgum, ga-vigans; fraihna (interrogo) frah, frĕhum. fraihans (vgl. 8te anomalie); faíhva (video) sahv, sĕhvum [diva (morior) dáu, dĕvum, divans: þata divanô II Cor. 5, 4. undivanei I Cor. 15, 54. tiva, táu, tĕvum? f'kiva, f'káu, f'kĕvum? nach tĕvjun, f'kĕvjan; sniva, snáu, snĕvum Philipp. 3, 16. vgl. IX. hlifa, hlaf, hlĕfum Eph. 4, 27. us-mita, us-mat Eph. 2, 3. fita (parturio) fat, fĕtum? niþa? nach niþáis Phil. 4, 3. fatha, fah, fĕhum, faihans? braihva, brahv I Cor. 15, 52.].

XI. ſtila (furor) ſtal, ſtĕlum, ſtulans; nima (sumo) nam, nĕmum, numans; qviua (venio) qvam, qvĕmum, qvumans; ga-tima (decco) ga-tam, ga-tĕmum, ga-tumans; baíra (fero) bar, bĕrum, baúrans; ga-taíra (destruo) ga-tar, ga-tĕrum, ga-taúrans [laíran, far? Lobe gloff. 201; gr. 2, 56 no. 573 vulan (serveo) Rom. 12, 11. II Tim. 2, 17.].

XII. hilpa (adjuvo) halp, hulpum, hulpans; vilva (rapio) valv, vulvum, vulvans; svilta (morior) svalt, svultum, svultans; gilda (rependo) gald, guldum, guldans; ana-silha (commendo) ana-salh, ana-sulhum, ana-sulhans; ana-trimpa (irruo) ana-tramp, ana-trumpum, ana-trumpans; brinna (ardeo) brann, brunnum, brunnans; du-ginna (incipio) du-gann, du-gunnum, du-gunnans; af-linna (cesso) af-lann, af-lunnum, af-lunnans; rinna (fluo) rann, runnum, runnans; spinna (neo) spann, spunnum, spunnans; vinna (patior) vann, vunnum, vunnans; binda (necto) band, bundum, bundans; bi-vinda (circumdo) bi-vand, bi-vundum, bi-vundans; finþa (invenio) fanþ, funþum, funþans; fra-hinþa (captivum duco) fra-hanþ, fra-hunþum, fra-hunþans; at-þinsa (attraho) at-þans, at-þunsum, at-þunsans; drigka (bibo) dragk, drugkum, drugkans; bliggva (caedo) blaggv, bluggvum, bluggvans; figgva (lego) faggv, fuggvum, fuggvans; figqva (cudo) faggv, fuggvum, fuggvans; gasligqva (ruo) ga-ſlagqv, ga-ſtugqvum, ga-ſlugqvans; vaírpa (jacio) varp, vaúrpum, vaúrpans; hvaírba (verto) hvarb, hvaúrbum, hvaúrbans; bi-svaírba (abstergo) bi-svarb, bi-svaúrbum, bi-svaúrbans; gaírda oder gaúrda? (cingo) gard, gaúrdum, gaúrdans; vaírþa (fio) varþ, vaúrþum, vaúrþans; þaírsa (arefio) þars, þaúrsum, þaúrsans (Marc. 3, 1.) baírga (servo) barg, baúrgum, baúrgans [hilþa, halþ? Eph. 6, 9. fvilla, svall? flinda, fland. tinda. tand I Cor. 7, 9. sviggva, svagg? snaírpa (aus snarpjan) hrifka (nach andhrufkan) þrifka (trituro) þrafk, þrufkum, þrufkans; triſga (sero) traſg, truſgum, truſgans Rom. 11, 24.].

762   II. *gothifche ftarke conjugation.*

Anmerkungen zu den zwölf conjugationen:
1) (*reduplication*) α) vocal: es wird nicht (wie urfprünglich wohl gefchah) derjenige der wurzel wiederhohlt (alfo nicht fafah, auauk etc.) vielmehr jedesmahl der diphth. *ái* vorgefetzt. — β) confonant: bei einfachem ift kein bedenken; lautet aber die wurzel mit einer doppelconfonanz an, fo wird in der regel bloß der erfte wiederhohlt, der zweite ausgelaßen, z. b. fáiflók, gáigrót, nicht fláiflók, gráigrót; ausnahme machen die conf. verbindungen fp. ft. fk., welche für einen untrennbaren laut gelten; man redupliciert alfo: ftáiftald, fpáifpald, fkáifkáid, nicht fáiftald etc.; ich vermuthe daß hl. hn. br. vl. vr [auch hv, wie hváihvóp] des nämlichen vorzugs genießen, folglich hláihláup, nicht haíhláup ftehn müße; belege gebrechen.
2) (*vocale*) α) vor dem r und h der wurzel wandeln fich (conj. VIII. IX. XI. XII.) *i* in *aí*, *u* in *aú*; welches in VIII. IX. feine unterfchiede zwifchen fg. und pl. praet. gründet: táih, taíhun; táuh, taúhun, da der fg. ein org. langes áu, ái befitzt. — β) des *i* part. praet. der ftämme *ik* in conj. X. bin ich nicht ganz ficher; theoretifch fcheint das u der conj. XI. nur vor liquiden begründet, dagegen vor k, wie entfchieden vor g (ligan), i zu bleiben. Der C. A. gewährt keinen beleg weder für *ik*, auch *uk*; da aber in fpätern fprachen die ftämme ik und felbft ig in XI. fchwanken, wäre ein goth. part. *gabrukans* möglich, wofür auch das fubft. gabrukô (fruftorum Marc. 8, 8.) redet. Zu vrukans ftatt des *crikans* nöthigt es keineswegs (vgl. mik, þuk; alth. mih, dih). — γ) nicht unanalog diefem uk ftatt ik fcheint das ik ftatt iuk in *galúkan* conj. IX. neben hiugan, liugan. — δ) u für i zeigt im praef. und part. der conj. X. *trudan*, gatrudans; vielleicht auch in XII. ein zu aú werdendes u *gaúrdan* (ft. gaírdan) — ε) *é* fchwankt in *ei* nicht bloß im praef. conj. VI: *leitan*, *greitan* f. lêtan, grêtan, fondern auch im pl. praet. conj. X: *veifun*, veifjáu f. vêfun, vêfjáu (Neh. 5, 14. 17.); tadelhafter fcheint i für è in *quimi* Luc. 7, 3. *nimeina* Luc. 6, 34. *quipeina* Luc. 8, 56. 9, 21. *quiþeiþ* Luc. 17, 6; umgekehrt ê für i in *drêbi* Marc. 5, 6. und felbft *ei* für i in *dreibeina* Marc. 9, 18. (oben f. 36. 49.); *frêt* für frat Luc. 15, 30. mag fchreibf. feyn [f. nachtr.]. — ζ) *iu* befteht nur auslautend oder inlautend vor conf., vor vocalen wird es inlautend zu iv; in conj. IX. flectiere man alfo: *fnira*, fnivis, fnivíþ; praet. *fnáu*, *fnáut*, fnáu, pl. fnivun (ft. fnuun); der imp. lautet *fniu*. —
3) (*confonanten*) α) lingualifch auslautende wurzeln wandeln ihr t, d, þ vor dem ·t der II. praet. fg. ind. in die fpirans f, als: máimáift, ligaft, fáifalft, láilóft, báuft, qvaft, fuáift, fanft [gaftóft (ftetifti) Rom. 11, 20; varft Joh. 9, 34. Rom. 11, 17] etc. ftatt der übelklingenden máimáitt, ligatt, fáifalþt, láilótt,

II. *gothische schwache conjugation.*

häupt, qvaþt, fanþt; ein zugefügtes f finde ich in ſaiſôſt für
ſaiſôt; liq. und tenues des lippen- und kehlorgans, ſo wie
f, v, ſ, h vertragen ſich gut mit dem t dieſer flexion, als:
ſtalt, qvauſt, bart, gräipt, lôkt, bôſt, ſahvt, laſt, ſalht; auch
die mediae b, g (ſ. zweite anomalie) [zum theil ſehr unrich-
tig; es heißt gräiſt, ſôht? doch iſt magt erweiſlich, nicht
maht; vgl. 3, 514-519] — β) *ſtandan* (conj. VII.) behält im
praeſ. jedes modi dieſe form bei; wirft aber im praet. das
n aus und aſpiriert die media: *ſtôþ, ſtôþun* nicht ſtônd, ſtôn-
dun; das part. praet. mangelt bei Ulph., ich vermuthe *ſta-
pans.* — γ) das v der verba leihvan, ſaihvan [ſ. nachtr.] fällt
auslautend nicht weg, weder im praet. láihv, ſahv noch im
imp. leihv, *ſaihv*, doch unterſcheidet Ulph. von letzterm (wo-
durch er ἴδε, ἴδε überſetzt, Matth. 8, 4. Joh. 7, 52. 11, 34.)
eine partikel *jái* (um das gr. ἰδοὐ auszudrücken, Marc. 14, 41.
Matth. 8, 2. 11, 8.)
4) (*einmiſchung ſchwacher flexion*) folgende verba bilden das
praeſ. durch alle modos ſchwach (d. h. ſie ſchalten i ein) wäh-
rend das praet. ohne ausnahme ſtark bleibt: aus conj. VII.
hafjan, jrapjan, ſkapjan, eahſjan [*ſkapjan* und ſ. nachtr.];
aus X. *bidjan*; folglich bekommt zumahl II. ſg. imp. (der in
ſtarker conj. die bloße wurzel zeigt: vorhin ſ. 836.) hier
flexion: haſei, frapei, vahſei, bidei. Marc. 4, 14. lieſt man
ſáijiþ und 4, 16. 18, 20. das part. praet. *ſdians*, woraus man
eine ähnliche ſchwache praeſentialform ſáijan, láijan, vúijan
muthmaßen ſollte, welcher jedoch 4, 3. der inſ. ſáian, part.
praeſ. ſáiands, Matth. 6, 26. III. pl. praeſ. ſáiand; Marc. 4,
15. 31. das paſſive ſaiada widerſtreben, ſo daß jenes ſaijiþ wohl
nur euphoniſch für ſáiþ oder ſajiþ geſetzt worden iſt.

Gothiſche ſchwache conjugation.

		I.	II.	III.
ind. praeſ.	ſg.	[vocal]	-s	-þ
	dl.	-ôs	-ts	—
	pl.	-m	-þ	-nd
praet.	ſg.	-da	-dês	-da
	dl.	—	-dêduts	—
	pl.	-dêdum	-dêduþ	-dêdun
conj. praeſ.	ſg.	[vocal]	-s	[vocal]
	dl.	—	-ts	—
	pl.	-ma	-þ	-na
praet.	ſg.	-dêdjáu	-dêdeis	-dêdi
	dl.	—	-dêdeits	—
	pl.	-dêdeima	-dêdeiþ	-dêdeina

764   II. *goth. erste schwache conjugation.*

```
        imp. sg. —           [vocal]      —
            dl. —            -ts          —
            pl. -m           -þ           —
        inf. -n.   part. praef. -nds.   part. praet. -þs.
```

die einzelnen conjugationen scheiden sich nach dem zwischen
wurzel und flexion tretenden ableitungsvocal, in der ersten ist
dieser i, in der zweiten ô, in der dritten ái. Das praet. hat
hiernach nirgends schwierigkeit, vgl. naf-i-da, falb-ô-da, hab-
ái-da; im praef. hingegen fallen bei begegnung des ableitungs-
vocals mit dem der flexion auswerfungen und zuf. ziehungen
vor. [Für tavida die rune tavido, lex fal. ebreo moßdo.]

Erste schwache conjugation.

hier ergeben sich zwei abtheilungen je nachdem die wurzel-
silbe kurz oder lang ist; *kurzsilbige*, deren weit weniger sind,
conjugieren, wie folgt:

```
    ind. praef.  sg. naf-ja        naf-jis         naf-jiþ
                 dl. naf-jôs       naf-jats        —
                 pl. naf-jam       naf-jiþ         naf-jand
    praet.       sg. naf-ida       naf-idês        naf-ida
                 dl. —             naf-idêduts     —
                 pl. naf-idêdum    naf-idêduþ      naf-idêdun
    conj. praet. sg. naf-jáu       naf-jáis        naf-jái
                 dl. —             naf-jáits       —
                 pl. naf-jáima     naf-jáiþ        naf-jáina
    praet.       sg. naf-idêdjau   naf-idêdeis     naf-idêdi
                 dl. —             naf-idêdeits    —
                 pl. naf-idêdeima  naf-idêdeiþ     naf-idêdeina
    imp.         sg. —             naf-ei          —
                 dl. —             naf-jats        —
                 pl. naf-jam       naf-jiþ         —
        inf. naf-jan;  part. praef. naf-jands;  praet. naf-iþs.
```

wobei auffällt, daß II. sg. imp. auf -ei statt -i endigt, wiewohl
häufige belege an dem -ei keinen zweifel laßen (vgl. auch die
anm. 4. zu der starken form angeführten imp.) und für -i das
einzige *hiri* (nicht hirei) Marc. 10. 21. Luc. 18, 22. Joh. 11, 34.
43. nachzuweisen ist.

Fast alle hierher gehörigen verba haben den wurzelvocal a
und nur einige i oder u.

1) aljan (faginare) faljan (offerre und divertere) valjan (eligere)
hramjan (cruciögere) lamjan (domare) þanjan (tendere) arjan
(arare) farjan (navigare) varjan (defendere); af-hvapjan (ex-
stinguere); latjan (tardare) matjan (edere) natjan (rigare)
satjan (ponere) láubatjan (lucere) hvapjan (spumare) hazjan

II. *goth. erſte ſchwache conjugation.*

(laudare) naſjan (ſervare) vaſjan (veſtire); rakjan (extendere) us-vakjan (excitare) vrakjan (perſequi) us-agjan (inctum injicere) lugjan (ponere) þragjan (currere) vagjan (commovere) áudagjan (beatum reddere) ahjan (putare) fullafahjan (ſatisfacere) tahjau (lacerare) [gramjan Col. 3, 21. ſanjan (placere) Col. 3, 25. uſkavjau (cavere) 1 Cor. 15, 34. analatida 1 Theſſ. 2, 18. fraþjan (intelligere) framaþjan (entfremden) Col. 1, 21. ſlakjan zu folgern aus bleþraſtakeius].

2) aſ-hriſjan (executere); von einem muthmaßlichen hirjan (accedere) begegnen nur imperative formen: hiri (ὁεῦρο) hirjats (ὁεῦτε) hirjiþ (ὁεῦτε); gerade wie es mit den eingeklammerten gr. wörtern der fall iſt [hir-jan nach Bopp p. 123 aus her (huc) hir-i = veni huc].

3) huljan (tegere) glitmunjan (ſplendere) hugjan (cogitare) Philipp. 3, 13.

4) nachſtehende ſcheinen langſilbig und gehen doch wie naſjan: aſ-daujan (conſumere) ſtraujan (ſternere) taujan (parare) ſiujan (ſuere) ſtôjan (judicare) in II. taujis, ſiujis, ſtôjis, in III. taujiþ, ſiujiþ, ſtôjiþ (und nicht taujeis, ſiujeis, ſtôjeis etc.); nach ſ. 46. 47. 50. entſpringen aber áu, iu und ô hier aus kurzſilbigen av, iv, wie auch die praet. tavida, ſivida lehren; man hat demnach wirklich tavjiþ, ſivjiþ auszuſprechen; hrôþjiþ (für hrôþeiþ) Luc. 9, 39. iſt hingegen verdächtig.

Die *langſilbigen* verba erſter conj. richten ſich nach dieſem paradigma:

ind. praeſ. ſg.	ſôk-ja	ſôk-eis	ſôk-eiþ
dl.	ſôk-jôs	ſôk-jats	
pl.	ſôk-jam	ſôk-eiþ	ſôk-jand
imp. ſg.	—	ſôk-ei	—
dl.	—	ſôk-jats	—
pl.	ſôk-jam	ſôk-eiþ	—

alle übrigen tempora gehen völlig wie bei den kurzſilbigen und bedürfen keiner aufſtellung. Der unterſchied lauft alſo dahinaus, daß wenn das bildungs-i auf ein flexions-i ſtößt, durch einwirkung der langen wurzelſilbe beide in -*ei* verſchmelzen, während auf kurze wurzeln -*ji* folgt (vgl. ſ. 599. 606.).

Dieſe andere claſſe begreift nachſtehende verba:

1) balvjan (torquere) malvjan (conterere) valvjan (volvere) valtjan (ruere) namnjan (nominare) brannjan (urere) kannjan (notificare) ur-rannjan (oriri facere) manvjan (parare) ſandjan (mittere) tandjan (incendere) vandjan (vertere) bandvjan (innuere) ana-nauþjan (audere) draggkjan (potum praebere) ſtagqvjan (impingere) varmjan (calefacere) fra-vardjan (corrumpere) marzjan (ſcandalizare) ga-vargjan (condemnare); bi-ahrjan (commoveri) ga-baſtjan (obligare) ſkaftjan (parare)

II. *goth. erste schwache conjugation.*

praſſijan (folari) daddjan (lactare) ſkadvjan (umbrare) maþljan (formociuari) us-agljan (fugillare) tagrjan (plorare) rahnjan (computare) andbahtjan (miniſtrare) anumahtjan (vim facere) [talzjan (erudire) bimampjan. qramnjan (beſeuchten)? gonajan (praebere) Gal. 6, 17. tarnjan (rumpere) Gal. 4, 27. at-ſnarpjan (attaminare) Col. 2, 21. gatarhja (noto) II Th. 3, 14. uafratvjan (exornare) þlahſjan (terrere) þvaſtjan?].

2) timrjan (fabricare) ga-bliadjan (occoecare) ſvinþjan (roborare) disvinþjan (diſſipare) plinſjan (ſaltare) guirnjan (cupere) airzjan (ſeducere) vái-ſairþvjan (ejulare) bairhtjan (lucere) lbnjan (aequare) us-qviſtjan (delere) garaihtjan (dirigere) [haifſtjan (pugnare) mikiljan (magnificare) rignjan (pluere) riqvizjan (caligare)].

3) fulljan (implere) tulgjan (firmare) ana-kumbjan (accumbere) ga-ſvikunþjan (manifeſtare) buggrjan (eſurire) þugkjan (videri) gaúrjan (affligere) kaúrjan (gravare) haúrnjan (cornu canere) ubilvaúrdjan (maledicere) maúrþrjan (occidere) þaúrljan (ſitire) gavaúrkjan (operari) faúrhtjan (timere) huzdjan (opes colligere) kuniljan (genu flectere) In-rúhtjan (fremere) [hunſljan (delibare) gamaúrgjan (breviare) Marc. 13, 20. intruſgjan (ἐγκεντρίζειν) barnſujan (αὐτάρκειν) I Tim. 5, 4. truſhjan (ſprengen)].

4) meljan (ſcribere) vénjan (ſperare) maírjan (nuntiare) un-vérjan (indignari) tuzvérjan (dubitare); lêvjan (tradere) ſkêvjan (iter ſacere) ſvégnjan (gaudere) nêhvjan (appropinquare) [gaſêtjan (ornare)].

5) gôljan (ſalutare) dômjan (judicare); hrôpjan (clamare) vôpjan (vociferare) bôtjan (prodeſſe) hvôtjan (increpare) ga-môtjan (occurrere) ſôdjan (alere) rôdjan (loqui) ana-ſtôdjan (incipere) veitvôdjan (teſtari) ga-ſôþjan (ſaturare) ſôkjan (quaerere) ga-ſvôgjan (ingemiſcere) vrôhjan (accuſare) [ſipônjan. drôbjan (turbare) þrôþjan (exercere) I Tim. 4, 7.]

6) dáiljan (partiri) háiljan (ſanare) In-ſáiljan (illaqueare) ga-hráinjan (mundare) ga-máinjan (inquinare) ſtáinjan (lapidare); bi-váibjan (cingere) bnáivjan (humiliare) ga-náitjan (probro afficere) arbáidjan (laborare) In-máidjan (transmutare) us-gáiſjan (alienari animo) láiſjan (docere) ur-ráiſjan (erigere) ga-láiſtjan (ſequi) táiknjan (oſtendere) [ſáinjan (tardare) I Tim. 3, 15.].

7) bi-ſáuljan (contaminare, Tit. 1, 15.) gáumjan (animadvertere); dáupjan (baptizare) ráupjan (evellere) ga-dáubjan (obdurare) us-láubjan (permittere) us-dáudjan (certare) ga-máudjan (? ſuggerere) bláuþjan (delere) af-dáubjan (occidere) náuþjan (cogere) ga-dráuſjan (praecipitare) háuſjan (audire) káuſjan (guſtare) láuſjan (ſolvere) áugjan (oſtendere) báugjan (verrere) láugnjan (inficiari) láubjan (efferre) [uf-báuljan (inflare) II Tim. 3, 4. af-ſláupjan (exuere) Col. 3, 9. ſláutjan I Cor. 13, 4. af-ſláuþjan (terrere) Gal. 4, 20.].

II. *goth. zweite schwache conjugation.*

8) ſkeirjan (interpretari); hleibjan (juvare) hveitjan (albare) ïdveitjan (reprobare) bleiþjan (misereri) ſleiþjan (nocere) fulla-veitjan (implere) ſildaleikjan (mirari) [froidjan (parcere)]. —
9) brûkjan (crocitare) kûkjan (oſculari). —
10) ſnivnjan (properare); ga-timpjan (prof. facere) þiuþjan (benedicere) liuhtjan (lucere) [riurjan (corrumpere)]. —

Anmerkung. im pract. begegnen einige abweichungen, doch höchſt felten: Luc. 16, 14 *bi-mamindédun* (irriferunt), wo der ableitungsvocal vor dem d mangelt, inſofern der inf. bi-maminjan lautete. Die ſpätere homilie (Mai ſpec. p. 24.) liefert *ſanda* für ſandida, während Ulph. Joh. 11, 42. ſandidés, Matth. 27, 3. vandida etc. ſetzt. Eher zu vertheidigen ſcheint *káupaſtédun* (colaphizarunt) Matth. 26, 67. (nach dem cod. ambroſ.) für káupatidédun vom inf. káupatjan Marc. 14, 65. (vgl. anomala no. 2. ſeite 853.).

zweite ſchwache conjugation.

ind. praeſ.	ſg. ſalb-ô	ſalb-ôs	ſalb-ôþ
	dl. ſalb-ôs (?)	ſalb-ôts (?)	—
	pl. ſalb-ôm	ſalb-ôþ	ſalb-ônd
praet.	ſg. ſalb-ôda	ſalb-ôdês	ſalb-ôda
	dl. —	ſalb-ôdêduts	
	pl. ſalb-ôdêdum	ſalb-ôdêduþ	ſalb-ôdêdun
conj. praeſ.	ſg. ſalb-ô (?)	ſalb-ôs	ſalb-ô
	dl.	ſalb-ôts	
	pl. ſalb-ôma (?)	ſalb-ôþ	ſalb-ôna (?)
praet.	ſg. ſalb-ôdêdjáu	ſalb-ôdêdeis	ſalb-ôdêdi
	dl. —	ſalb-ôdêdeits	
	pl. ſalb-ôdêdeima	ſalb-ôdêdeiþ	ſalb-ôdêdeina
imp.	ſg. —	ſalb-ô	
	dl. —	ſalb-ôts (?)	
	pl. ſalb-ôm	ſalb-ôþ	—

inf. ſalb-ôn; praet. ſalb-ônds; ſalb-ôþs.

offenbar verſchlingt hier das ô der ableitung den anſtoßenden vocal der flexion, ſalbô, ſalbôs, ſalbôþ etc. ſtehen für ſalbôa, ſalbôia, ſalbôiþ, wodurch im praeſ. I. ſg. ind. und conj.; II. ſg. ind. conj. und I. dual. zuſammenfallen. Die flexionen mit fragezeichen finden ſich nicht im Ulph. [doch ſkalkinôma (ſerviamus) Rom. 7, 6. fráujinôma (dominemur) II Cor. 1, 24. ſunjôma (excuſemus) II Cor. 12, 19; gatilôns (conſequantur) II Tim. 2, 10], ſcheinen mir aber unbedenklich.

Hierher gehören nach ordnung der dem ableitungs-ô vorſtehenden vocale und conſon. folgende verba: 1) þiudanôn (re-

768   II. goth. dritte fchwache declination.

gnarc) [aljanòn (aemulari)]; vraton (ire) laþòn (invitare). — 2) and-tilōn (auxiliari) faginòn (gaudere) ga-fairinòu (inculpare) fráujinòn (imperare) gudjinòn (facerdotio fungi) hôrinòn (adult. committere) raginòn (regere) reikinòn (imperitare) fkalkinòn (fervire) [áirinòn (bote fein) galeikinòn (fanari) Luc. 8, 43]; mitòn (cogitare) vipôn (movere) hatizòn (indignari) [fidòn (exercere) vizòn I Tim. 5, 6. 11.]. — 3) dvalnòn (infanire) falbòn (ungere) hvarbòn (ire). — 4) fpillòn (narrare) vairþòn (taxare) fifkòn (pifcari) hivifkòn (convitiari) fviglòn (tibia canere) alhtròn (mendicare). — 5) ufarmunnòn (oblivifci) vundòn (vulnerare) luftòn (concupifcere) [fuqvòn (condire) Col. 4, 6; midumòn I Tim. 2, 5]. — 6) gredòn (efurire). — 7) holòn (fraudare) kròtòn (conquaifare). — 8) qváinòn (flere) vláitòn (circumfpicere) láigòn (lambere) [bifaihòn (decipere) II Cor. 12, 17]. — 9) gáunòn (lugere) káupòn (emere) ránbòn (fpoliare). — 10) ga-veifòn (vifitare) ga-850 leikòn (acquiparare) idreigòn (poenitere). — 11) fuþòn (coudire) Iñtòn (feducere) aviliudòn (gratias agere) linþòn (canere) — 12) nachitehende haben vor dem ò noch ein i: frijòn (amare) ga-fibjòn (reconciliari) áulòjn (tumultuari) [ga-vadjòn (fpondere) II Cor. 11, 12. funjòn (excufare) fuþjòn (avéßu») beifijòn (idueru) I Cor. 5, 7] pract. frijòda.

dritte fchwache conjugation.

ind. praef.	fg.	hab-a	hab-áis	hab-áiþ
	dl.	hab-òs (?)	hab-ats (?)	—
	pl.	hab-am	hab-áiþ	hab-and
pract.	fg.	hab-áida	hab-áidés	hab-áida
	dl.	—	hab-áidèduts	
	pl.	hab-áidèdum	hab-áidèduþ	hab-áidèdun
conj. praef.	fg.	hab-áu	hab-áis	hab-ái
	dl.	—	hab-áits	
	pl.	hab-áima	hab-áiþ	hab-áina
pract.	fg.	hab-áidèdján	hab-áidèdeis	hab-áidèdi
	dl.	—	hab-áidèdeits	
	pl.	hab-áidèdeima	hab-áidèdeiþ	hab-áidèdeina
imp.	fg.	—	hab-ái	
	dl.	—	hab-ats (?)	—
	pl.	hab-am	hab-áiþ	—

inf. hab-an; part. hab-ands; hab-áiþs.

der ableitungsvocal lautet *ái*, erfährt aber ein von dem ò zweiter conj. verfchiednes fchickfal, nämlich α) vor confonantifch anhebender flexion bleibt er, gleich jenem ò, 'unbeeinträchtigt. β) hebt die flexion mit i an, fo verfchlingt er diefes; alfo habáis, habáiþ neben für habái-is, babái-iþ. γ) hebt aber die flexion mit a, áu oder felbft mit ái an, fo wird das ableitende *ái* aus-

II. *anomal. der gothifchen conjugation.*

geworfen, mithin flehet haban, haba, habum, habáu, habái für babajan, habaja, habajam, habnjáu, babajái? II. fg. und pl. mifchen fich im ind. und conj.

Die einzelnen verba find: fkaman (pudere) haban (tenere) flavan (tacere) hahan (pendere) pahan (tacere) [ga-karan (curare) I Tim. 3, 5.]. — 2) filan (filere) liban (vivere) blifan (furari) fifan (gaudere) vitan (obfervare) [ga-þivan (knechten) I Cor. 7, 15. 1 Tim. 1, 10.]. — 3) þulan (pati) munan (mente agitare) [aud-brufkan (examinare)]. — 4) arman (mifcreri) faftan (fervare). — 5) gakunnan (obfervare) ftaúrran (fremere) maúrnan (moerere) faúrgan (lugere) gajukan (fubjugare). — 6) fvêran (honorare). — 7) hvôpan (gloriari)[1]) blôtan (deum colere). — 8) ga-plaihan (confolari, demulcere) fiftan (vereri) [ga-áinan I Theff. 2, 17]. — 9) báuan (aedificare) bnáuan (confricare) tráuan (fidere). — 10) ga-hveilan (morari) reiran (tremere) ga-leikan[851] (placere) ga-geigan (lucrari) veihan (fanctificare). — 11) liugan (nubere). — 12) fijan (odiffe) hat vor dem ái noch ein i; praet. fijáida.

Anm. fchwankend fleht bald hatan (odiffe) bald hatjan (Luc. 1, 71. 6, 27. Matth. 5, 44.); da einige praefensflexionen diefer conj. denen der ftarken gleichlauten, fo könnten plaihan, báuan, welche nicht im praet. vorkommen, vielleicht ftark gehen, praet. þáiþlaih, báibáu?

Anomalien der gothifchen conjugation.

Sie gründen fich theils auf mifchung verfchiedener wortftämme und ableitungen, theils auf anwendung ftarker und fchwacher flexion nebeneinander. Auxiliaria, d. h. verba, welche fehr häufig gebraucht werden und ftatt ihrer lebendigen bedeutung abftracte begriffe annehmen, tragen gewöhnlich folche unregelmäßigkeiten an fich.

1) das hülfswort effe befteht im goth. aus dreierlei ftämmen a) praef. ind. fg. lautet: I. *im*, II. *is*, III. *ift*. — β) praef. ind. dl. I. *fiju* II. *fijuts* (?), pl. *fijum* II. *fijuþ*[2]) III. *find*; praef. conj. fg. 1. *fijáu* II. *fijáis* III. *fijái*; pl. I. *fijáima* II. *fijáiþ* III. *fijáina*. — γ) zum praet. ind. und conj. dienen die formen des zur zehnten conj. hörenden vifan (manere); folglich: *vas, vaft, vas*; pl. *véfum, véfuþ, véfun*; conf. *véfjáu, véfeis, véfi*; pl. *véfeima, véfeiþ, véfeina*. Die praefentia diefes verbums behalten ihren concreten finn. —

2) zehn verba mangeln gänzlich der praefentialflexion, verleihen aber der ftarken, ablautenden form ihres praet. bedeutung

---

[1]) zu ftreichen, ebenfo ga-plaihan.

[2]) fium Luc. 9, 12. 1 Cor. 12, 13. find Luc. 5, 10. -um wie lat. -um in fumus, volumus, poffumus.

II. anomal. der gothifchen conjugation.

des praefens und bilden dann für die bedeutung des praet. eins nach fchwacher form. Es find folgende: a) aus conj. VII. môtan (γωρεῖ, capere) ôgan (timere). β) aus conj. VIII. vitan (ſcire) áigan (habere). γ) aus X. magan (poſſe). δ) aus XI. ſkulan (debere) munan (meminiſſe) daúrnu (audere). ε) aus XII. kunnan (noſſe) þaúrban (egere); muthmaßlich gab es ein in den fingm. unvorhandenes dugan (valere) nach conj. IX., unnan (favere) nach XII. und noch andere. Da nicht nur die ablaute, ſondern auch die ſchwachen praet. einige unregelmäßigkeit zeigen, ſetze ich alle im paradigma her:

A. praeſ. ind. der bedeutung.

fg. i.	môt	ôg-	váit	áih	mag
ii.	môſt	ôgt	váiſt	áiht	magt
iii.	môt	ôg	váit	áih	mag
dl. i.	môtu	ôgu	vitu	áigu	magu
ii.	môtuts	ôguts	vituts	áiguts	maguts
pl. i.	môtum	ôgum	vitum	áigum	magum
ii.	môtuþ	ôguþ	vituþ	áiguþ	maguþ
iii.	môtun	ôgun	vitun	áigun	magun
fg. i.	ſkal	man	dar	kann	þarf
ii.	ſkalt	mant	dart (?)	kant	þarft
iii.	ſkal	man	dar	kann	þarf
dl. i.	ſkulu	munu	daúru	kunnu	þaúrbu
ii.	ſkuluts	munuts	daúruts	kunnuts	þaúrbuts
pl. i.	ſkulum	munum	daúrum	kunnum	þaúrbum
ii.	ſkuluþ	munuþ	daúruþ	kunnuþ	þaúrbuþ
iii.	ſkulun	munun	daúrun	kunnun	þaúrbun

B. praet. ind.

fg. i.	môſta	ôhta	viſſa	áhta	mahta
ii.	môſtês	ôhtês	viſſês	áhtês	mahtês
iii.	môſta	ôhta	viſſa	áhta	mahta
pl. i.	môſtêdum	ôhtêdum	viſſêdum	áhtêdum	mahtêdum
ii.	môſtêduþ	ôhtêduþ	viſſêduþ	áhtêduþ	mahtêduþ
iii.	môſtêdun	ôhtêdun	viſſêdun	áhtêdun	mahtêdun
fg. i.	ſkulda	munþa	daúrſta	kunþa	þaúrfta
ii.	ſkuldês	munþês	daúrſtês	kunþês	þaúrftês
iii.	ſkulda	munþa	daúrſta	kunþa	þaúrfta
pl. i.	ſkuldêdum	munþêdum	daúrſtêdum	kunþêdum	þaúrftêdum
ii.	ſkuldêduþ	munþêduþ	daúrſtêduþ	kunþêduþ	þaúrftêduþ
iii.	ſkuldêdun	munþêdun	daúrſtêdun	kunþêdun	þaúrftêdun

Anmerkungen: a) den conj. ergibt der pl. ind. von felbſt. — β) der ablaut verhält ſich in den drei erſten und zwei letzten

II. anomal. der gothischen conjugation.

(môt, ôg, váit, kann, þarf) ordentlich; in den fünf mittlern macht er anftoß. Die fingulare áib, mag, fkal, mau, dar, follten nach der regel im pl. aihum, mėgum, fkėlum, mėnum, dėrum bekommen; áigum und magum foudern den ablaut des pl. nicht von dem des fg.; fkuluın, munum, daúrum folgen der zwölften conj., welcher fie wegen ihres einfachen conf. nicht zugehören; aú in daúrum (ftatt dėrum) ift zwar nicht zu belegen, doch aus dem praet. daúrfta zu folgern. — γ) dem fchwachen praet. gebührt der vocal des pl. praef.; vor dem -d der flexion da, dės, da; dėdum etc. konnte hier natürlich kein ableitungsvocal eintreten, (wie in regelmäßigen fchwachen conj. i, ô, ái) folglich mufte der wurzelconf. an diefes d ftoßen, wodurch aflimilationen und übergänge beider conf. verurfacht wurden. In dem einzigen fkulda bleiben fie unverändert; kunþa fteht für kunnda; munþa f. munda; mahta, ôhta, aihta f. magda, ôgda, áigda; þaúrfta f. þaúrbda; môfta f. môtda (wie in II. praef. môtt f. môtt; vgl. oben f. 844. und káupafta f. káupatida f. 848.) daúrfta f. daúrda; vifſa f. vitda; die vorausfetzung einer volleren form fkulida, môtida, vitida etc. (oben f. 171.) fcheint mir gegenwärtig grundlos; woher follte das i kommen? und nicht aus dem wohllautigen tíd hätte fich ft, ft entwickelt, wohl aber aus td. — δ) Luc. 19, 22. fteht riſſeis für riſſês (vgl. vorhin f. 844. über ei und í) tadelhafter Neh. 6, 16. kunþidun ft. kunþėdun; Joh. 17, 23. kunnei (nofſet) ft. kunni; ôhtėdun Marc. 11, 32. ft. ôhtėdun. — ε) auch der imp. diefer wörter ift eigenthümlich, er ftimmt nicht, wie fonft überall, zu dem ind., vielmehr zu dem conj.; II. pl. heißt: muneiþ, kunneiþ, ôgeiþ, viteiþ etc. nicht: munnþ, vituþ. — II. fg. ift nur von ôgan belegbar, lautet ôgs Luc. 1, 13, 30. Joh. 12, 15. Rom. 13, 4, für ôgeis (wie baúrgs, bruſts f. 610. für baúrgeis, bruftcis) und ich zweifle kaum, daß ein analoges: mags, kuns, muns, þaúrfs, aihs behauptet werden müffe.

3) diefen zehn verbis gefellt ſich ein eilftes mit der weitern beftimmung zu, daß es im praefens aller indicativen form entfagt und durchaus im conjunctiv fteht: viljan (velle) viljáu (volo) vileis (vis) vili (vult) vileiva (?, nos duo volumus) vileits (vos duo vultis) vileima (volumus) vileiþ (vultis) vileina (volunt) welche formen einen unvorfindlichen ind. váil, váilt, váil; viln, viluts; vilum, viluþ, vilun theoretifch fordern. Das praet. erkennt den iud.: vilda, vildės, vilda; pl. vildėdum, vildėduþ, vildėdun; und im conj. vildėdjáu, vildėdeis etc. Des imp. entfinne ich mich nicht, er würde II. fg. vils, II. pl. vileiþ bilden. —

4) *gaggan* (ire) hält im praef. durch alle modos ſtarke form: gagga, gaggis, gaggiþ etc. und würde feinen voc. nach der erften zufallen, alfo im praet. reduplicieren: gáigagg, welches aus gleichwohl nie vorkommt, vielmehr vertreten wird α) durch die fchw. form *gaggida*; nur Luc. 19, 22. (ἀπορεύθη). β) ge-

wöhnlich durch *iddja* (ἐπρεύετο) Iddjê, iddja; pl. *iddjêdum*, Iddjêdup, Iddjêdun, wofür man keinen inf. Iddjan (er heißt durchgehende gaggan) anfetzen darf.

5) *briggan* (afferre) geht im praef. ftark, im praet. aber (nicht brugg nach conj. XII. fondern) fchwach: *brahta*, brahtês; pl. *brahtêdun*.

6) vier verba erfter fchwacher conj. gehen im praef. regelmäßig: *bugjan* (emere) *pagkjan* (cogitare) *pugkjan* (videri) *raúrkjan* (operari), ziehen aber ihr fchwaches praet. zufammen: *baúhta*, *pahta*, *úhta*, *raúrhta*; pl. baúhtêdum, pahtêdum, puhtêdum, vaúrhtêdum; ftatt der vollen formen bugida (und vor h wandelt fich u in aú; vgl. f. 842. paúhum für puhum) pagkida, pugkida, vaúrkida [*brúkjan*, *brúhta* II Cor. 1, 17. *kaupatjan*, *kaupafta*, und f. nachtr.].

7) alle *mittelft n abgeleiteten intranfitiva* conjugieren ihr praef. ftark, ihr praet. fchwach und zwar nach der zweiten conjugation; es find im C. A. folgende: af-hvapnan (exftingui) ga-haftnan (figi) ga-batnan (proficere) ga-vakuan (excitari) ga-plahfnan (turbari); fviupnan (roborari) ga-nipnan (moerere) af-lifnan (fupereffe) ga-qviunan (revivifcere) difskritnan (findi) fra-qviftnan (perire); ga-fullnan (impleri) af-dumbnan (obmutefcere) and-bundnan (folvi) af-taúrnan (rumpi) ga-paúrfnan (urefcere) ga-ftaúrknan (rigefcere) us-gutnan (effundi); us-mörnan (divulgari) af-dôbnan (obmutefcere) ga-dróbnan (turbari) us-lûknan (aperiri); ga-háilnan (fanari) bifáulnan (inquinari) dis-hnáupnan (rumpi) ga-dáupnan (mori) af-fláupnan (ftupefieri) In-feinnan (ςελαγγνίζεςθαι) us-keinan(pullulare) us-geifnan (ftupere) veihnan (fanctificari) [ufar-hafnan (extolli) II Cor. 12, 7. managnan; minznan, mikilnan. gagavaírpnan (pacificari) II Cor. 5, 20; fullnan Col. 1, 9. fralufnan. iutundnan; and-létnan (diffolvi) Philipp. 1, 23. ga-nóhnan I Theff. 3, 12. us-rûmnan II Cor. 6, 11; áuknan Col. 2, 19. af-dáubnan II Cor. 3, 14. Auch maúrnan (affligi, lugere) wie taúrnan? Entfcheiden würde das praet. (nachdem es maúrnóda oder maúrnáida lautet). Ohne partikel nur áuknan, fullnan, veihnan, minznan, mikilnan, managnan.]. Die conj. lautet demnach z. b. praef. veihna, veihnis, veihnip; veihnam, veihnip, veihnand; praet. veihnóda, pl. veihnódêdum; conj. praef. veihnáu; pl. veihnáima; praet. veihnódédjáu, pl. veihnódédeima; imp. fg. veihn[1], pl. veihnip; part. praef. veihnands[2]), praet. veihnôps[3]). In den verbis keinan und Infeinan

---

[1] Belege: afdôbn L. 4, 35. nahhn Marc. 7, 34. afdumbn Marc. 4, 39.

[2] Belege: gavaknands (vigilans) Luc. 9, 32. áuknands (crefcens) Col. 2, 19. managnands (abundans) II Cor. 8, 2. fraqviftnandam II Cor. 2, 15. gataúrnandins II Cor. 8, 7. fralufnandam II Cor. 4, 3. gabignandans II Cor. 9, 11.

[3] Wo der beleg für veihnôpst vide ad p. 1008.

II. *gothisches passivum.*

scheint das n zwar wurzelhaft (weshalb auch keinan f. 841. zu conj. VIII. gezählt worden); doch stehen die praet. keinôda Luc. 6, 8. Infeinôda Luc. 7, 13. 15, 28. neben dem part. praes. keinanda, Infeinands Luc. 8, 7. Marc. 1, 41. Luc. 1, 78. und vielleicht lauteten die urstimme keian, kâi, kijun, kijans; feian, fâi, fijun, fijans?

8) in der zehnten conj. ist zwar ein fraihan (interrogare) frah, frêhun, fraihans aufgestellt worden, gleichwohl gilt für das praes. durch alle modos die intransitive form *fraihnan*; ind. fraihna, fraihnis, fraihnip; conj. fraihnáu, fraihnáis, fraihnái; imp. fraihn, pl. fraihnip; daneben aber kein fchwaches praet. fraihnôda (wie in voriger anomalie) sondern jenes *frah, frêhun*, part. *fraihans* (Luc. 17, 20.) [Mit frab vgl. ahd. fregin, alts. fragn, ags. frägn pl. frugnon, altn. fregn, *frá*; nhd. frug neben fragte.]

9) fünf verba mit schwachem praes. und starkem praet. f. 844. anm. 4. angegeben.

Gothisches passivum.

es sind bloß die flexionen des praes. ind. und conj. erhalten worden[1]):

		I.	II.	III.
ind. praes.	fg.	-da	-za	-da
	pl.	-nda	-nda	-nda
conj. praes.	fg.	-dáu	-záu	-dáu
	pl.	-ndáu	-ndáu	-ndáu

welche sich für die gesammte starke und dritte schw. conj. näher so bestimmen: -ada, -aza, -ada; pl. -anda, -anda, -anda; conj. -áidáu, -áizáu, -áidáu; pl. -áindáu. In der ersten schwachen wird i eingeschoben: -jada, -jaza, -jada; janda; conj. -jáidáu, -júizáu, -jáidáu; -jáindáu. Die zweite schwache hat überall ô: -ôda, -ôza, -ôda; -ônda; conj. -ôdáu, -ôzáu, -ôdáu; pl. -ôndáu. Beispiele find: háitada (vocor) háitaza (vocaris) háitada (vocatur); háitanda (vocamur); háitáidáu (vocer) háitáizáu (voceris) etc. fastada (fervor) fastáidáu (ferver) etc. huljada (tegor) huljaza (tegeris) huljáindáu (tegantur) etc. galeikôda (comparatur) galeikôzáu (compareris) etc.

Anmerkungen: 1) Luc. 18, 32. Marc. 9, 50. krôtôda, sûpôda st. krôtôda, sûpôda. — 2) merkwürdiger Matth. 27, 42. 43. Marc.

---

[1]) Kaum find die ahd. gafamnôtun (colligantur) forbrennitun (comburantur) fr. theot. Matth. 13, 39 passiva, sondern scheinen abhängig vom vorherg. angila, obgleich gafamnônt, forbrennant stehn sollte.

II. *althochdeutfche ftarke conjugation.*

15, 32. *lduſſadáu, aiſteigadáu* für ῥυσάσθω, καταβάτω, gewie verſchieden von der III. conj. paſſ. láuſjáidáu, aûteigûidáu, die ganz etwas andere bedeuten würden, nämlich liberetur, defcendatur. Liegt hier III. conj. eines goth. *mediums* vor?[1] — 3) ein inf. paſſ. auf *-am* läßt ſich kaum folgern aus Marc. 10, 45. ni qvam at andbahtjam, ak andbahtjan (οὐκ ἦλθε διακονηθῆναι ἀλλὰ διακονῆσαι) weil das vorangehängte at zu berückſichtigen iſt, das nicht von qvam regiert wird, auf welches verbum ſtets der bloſſe inf. folgt. — 4) nicht weniger bedenklich ſcheint mir aflifoandu Joh. 6, 13. fl. des activen aflifnand (fuperfunt).

Althochdeutfches verbum.

Starke conjugationen.

		I.	II.	III.
ind. praeſ.	ſg.	-u	-is	-it
	pl.	-amês	-at	-ant
praet.	ſg.	...	-i	...
	pl.	-umês	-ut	-un
conj. praeſ.	ſg.	-e	-ês	-e
	pl.	-êmês	-êt	-ên
praet.	ſg.	-i	-is	-i
	pl.	-îmês	-ît	-în
imp.	ſg.	—	...	—
	pl.	—	-at	—

inf. -an; part. praeſ. -antêr, praet. -anêr.

Anmerkungen: a) *confonanten* 1) das t der III. praeſ. ind. und der II. pl. in allen modis ſollte zufolge des goth. þ die alth. media d ſeyn, doch erſcheint dieſe nirgends [? gl. ker. haben häufig noch -d] und man muß jenes t in die reihe der ſ. 156. 159. angeführten auslaute (cot, mit, it-, pluot etc.) ſetzen; in der III. pl. ant und dem part. antêr ſtimmt hingegen t zum goth. d. — 2) die 1. pl. *-amês, -umês, -êmês, -îmês* übertrifft das goth. -am, -um, -áima, -eima und bezeugt ein früheres goth. -ams, -ums, -áimas (?) -eimas (?), welches ſich zu -amês etc. verhält, wie blinds zu plintêr und den ſ. 808. vermutheten dat. pl. ſîfkams, viſeumêr beſtärkt. Übrigens ſollte man nach der analogie von plintêr ein -amêr etc. ſtatt -amês erwarten, welches

---

[1] Vgl. 4, 23. 942. Es ſind Imperativformen, die im med. und paſſ. gleichlauten müſſen, ſo daſs háltadán bedeutet vocator und vocato ſe, háltandáu vocantur und vocanto ſe. Vgl. Uppſtr. p. 80.

II. althochdeutsche starke conjugation. 775

einigemahl, doch wohl als fchreibfehler vorkommt, vgl. tragamer K. 21ᵃ; fchon die frühften denkmähler fchneiden das -ês zuweilen ab und endigen, wie im goth., auf bloßes -m (vgl. pirum gl. hrab. 967ᵇ fculim J. 377.), mit dem zehnten jahrh. hört es gänzlich auf. Das auslautende -m aber fchwächt fich bereits im neunten zu -n (felbft bei O. und T., welche doch inlautend -mês daneben gebrauchen), fo daß fich I. pl. praef. ind. -ʌn mit dem inf. -an und I. pl. praef. conj. fo wie I. pl. praet. durchgehends mit der III. pl. fchädlich mengen. N. fetzt überall -n. [Praet. gâpumês T. 152, 4 gâbunmes (erfte ausg. p. 568) Graff 3, 14 pirunmes (aus Salzb.)]. — 3) eine merkwürdige fpur der I. fg. conj. auf -m, ftatt des vocals, gewährt ar-wêlim (ferverem) gl. hrab. 952ᵇ, woraus freilich die nothwendigkeit des dem pl. angefügten -ês hervorgienge, fo wie feine erläßlichkeit, fobald dem fg. das -m mangelt. Was früher z. b. lâfi-m (legerem) lâfimês (legeremus) lautete, konnte fpäter lâfi (legerem) lâfim (legeremus) heißen; auch hier fehe ich den gemuthmaßten dat. fg. palkim, dat. pl. palkimêr (f. 808.) beftätigt. — 4) fpurweife bei O. und T. [belege in erfter ausg. p. 446], entfchieden bei N., lautet die II. pl. jedes modi der III. pl. ind. gleich auf -nt, während im praet. und conj. die III. pl. felbft diefes t frei bleibt [altd. gefpr. fclêphen dormiiftis. wâren fuiftis. queten dicitis. colernen didiciftis. quefan vidiftis]. — 5) II. fg. praef. ind. conj. und praet. conj. beginnt bey O. hin und wieder dem -s ein t zuzufügen; bei N. herrfcht diefes -ft ftatt -s ausgemacht. — 6) II. fg. praet. ind. hat kein dem goth. -t paralleles -ʒ, fondern -i, und, wo der ablaut des fg. von dem des pl. abweicht, ftets mit dem wurzelvocal und dem conf. des pl. ind., folglich zugleich des fg. pl. praet. conj. z. b. chôs, churi; was, wâri; fcrei, fcriri; fluob, fluogi; zêh, zigi; zôh, zugi; fah, fâhi; meit, miti; fôt, futi; war, wurri etc. — 7) das -n des inf. mangelt höchft felten, z. b. in den gl. wircœb., wo aber die lesart nicht hinreichend ficher ift. — 8) *flexionsvocale* 1) I. praef. fg. ind. hat -u ftatt des goth. -a (wie der nom. der ftarken fem. erfter decl.) [aber nie iu, wie in dem adj. u und iu fchwanken]; N. gebraucht dafür -o. [Anlehnung des *ih* an die I. fg. bei O. abforbiert das u das i: hilub, quiduh, fprichub; in erfter fchwacher aber wird das u abforbiert: fuahih III. 18, 37. wânib II. 4, 71.] — 2) langes ê in II. fg. und I. II. III. pl. praef. conj. folgt theils aus dem goth. ái, theils aus N. fchreibung -ê, theils aus knngees K. 26ᵇ etc., das ê in -mês aus winnamees, pittamees etc. K. 27ᵃ 28ᵃ. [N. auch in I. pl. praef. ind. -ên, Fögl. lit. p. 10. 13.] — 3) langes i in II. fg. und I. II. III. pl. praet. conj. wiederum aus dem goth. -ei und N. circumflectiertem -î. — 4) I. und III. fg. praef. conj. fcheint früher zuweilen -a ftatt -e, vgl. gêba (dem) famarit., wêfa (fit) mifc. 2, 288. wêrda (fiat) ibid., was für die kürze des -e ftreitet, da das goth. -áu, -ái lieber langen voc.

776 II. *althochdeutfche ftarke conjugation.*

mutbmaßen ließe. [Später nehme ich in I. und III. ê an: cuſſê, liubtê gramm. 4, 75. weſē 4, 207. Diut. 1, 518ᵃ piwekæ perpendat = goth. bivigái.] — 5) allmählig wandeln ſich alle kurzen flexions-a in tonloſe -e, die weder ê noch e (umgelautetes a) ſind; ſpäter die kurzen -u und -i in eben ein ſolches -e; bei N. ſind bereits die drei kurzen vocale gemiſcht, doch noch von den langen geſchieden. — τ) zur überſicht der abſtufung ſetze ich die flexionen nach O. und N. her, welche man mit obigem, den älteſten quellen gemäßem paradigma vergleichen kann; O. ind. praeſ. -u, -is, -it; pl. -emês (oder -en) -et, -ent; praet...., -i, ..., pl. umês (oder -un) -ut, un; conj. praeſ. -e, ês, -e; pl. êmês (oder -ên) -êt, -ên; praet. -i, -is, i; pl. îmês (oder -în) -it, în. — N. praeſ. ind. -o, -oſt, -et; -en, -ent, -ent; praet...., -e, ..., pl. -en, -et, -en; conj. praeſ. -e, êſt, -e; pl. -ên, -ênt, -ên; praet. -e, îſt, e; pl. -în, -ît, -în. [Merkwürdig weicht bei N. die I. III. ſg. praet. conj. auf -e ab von der gleichen perſon in der ſchwachen conjugation, wo -i ſtehl, vgl. z. b. wâre (eſſet) Cap. 74. 75. ſlieƷe 76. wurte 78; aber mahti (poſſet) 80. ſcunti, luſti, wândi etc. ibid. ſolti 90. Stellen wo beiderlei praet. neben einander: Cap. 164 uberwunde u. ſróniſcóti. 170 ube faréti — præche. 160 ſahe — wunteróti. Bth. 204 täte, wâre — toleti. W. hat allerwärts nur -e, ſowohl täte, wurte, als hate, mohte; ſo auch III. pl. ind. -en (ſchwach -on).] —

Einzelne conjugationen.

I. vallu (cado) vial, vialumês, vallanêr; wallu (ferveo) wial, wialumês, wallanêr; haltu (teneo) hialt, hialtumês, haltanêr; ſcaltu (remigo) ſcialt, ſcialtumês, ſcaltanêr; ſpaltu (ſindo) ſpialt, ſpialtumês, ſpaltanêr; waltu (impero) wialt, wialtumês, waltanêr; valdu (plico) vialt, vialdumês, valdanêr; halzu (claudum reddo) hialz, hialzumês, halzanêr [f. nachtr.]; ſalzu (ſalio) ſialz, ſſalzumês, ſalzanêr; walzu (volvo) wſalz, wialzumês, walzanêr; ſpannu (figo) ſpian, ſpannmês, ſpannanêr; planta (? miſceo) plânnt (O. IV. 12, 45.) plantumês, plantanêr; ebenſo: inplantu? admiſceo, intermiſceo, rem difficilem impono; (O. V. 23, 490. N. 34, 18. 54, 4.) int-fanku (ſuſcipio) intſiank, intſiankumês, intſinkanêr; kanku (eo) kianc, kiankumês, kankanêr; hanku (ſuſpendo) hianc, hiankumês, haukanêr; aru (aro) îar, tarumês, aranêr (beleglich nur part. praet. ir-aranjn, exarata gl. monſ. 392. ungearan W. 2, 1., das praet. folgere ich aus dem mittelh.). —

II. ſkeidu (ſeparo) ſkiad, ſkiadumês, ſkeidanêr; heizu (voco) hiaz, hiazumês, heizanêr; meizu (amputo) miaz, miazumês, meizanêr; zeiſu (carpo) zias, ziaſumês, zeiſanêr.

III. hlouſu (curro) hliaf (O. III. 14, 165, V. 5, 11; liuf N. 58, 5.) hliaſumês, hlouſanêr; houwu (cædo) hiô (T. 185, 2. N. hiu) hiowumês, houwanêr; ſcrôtu (ſeco) ſcriat, ſcriatumês, ſcrô-

II. althochdeutfche ftarke conjugation.

tanêr; flôzu (tundo) fliaz, fliazumes, flôzanêr; [bouwuu (habitare) biu, biruumês? bei O. biruun habitabaut. biruwis habitarrs, mit eingefügtem r, vgl. Lachm. zu Nib. p. 66, und fo auch pleruzzun f. pleuzzun Diut. 1,521. Graff 3, 260. GDS. 312; nûwan (tundere) uiu, genouwen Diut. 2, 269. 270. genûen (contritus) N. 109,5. fsrnûwan gl. jun. 219. widirnuenen (retunûs) Diut. 2, 327³; tougan, tûg? getougen (occultus) Graff 5, 377.] — wuofu (ejulo) wiuf, wiafumês, wuofanêr; hruofu (clamio) hrlaf, hriufumês, hruofanêr; pluozu (libo) pliaz? pluozanêr (gl. hrab. 959ᵃ 960ᵃ 966ᵇ; das praet. nicht zu belegen) vluohhu (maledico) vliah, vliuhhumês, vluohhanêr (praet. unbeleglich; part. praet. hat K. 18ᵃ 46ᵇ).

IV. fláfu (dormio) fliaf, fliafumes, fláfauêr; prâtu (aflo) priat, priatumês, prâtanêr; râtu (confolo) riat, riatumês, râtanêr; lâzu (fino) liaz, liazumes, lûzanêr [imp. gelàl N. Cap. 42. là dir lichen 112]; var-wâzu (maledico) var-wiuz, var-wiazumês, var-wâzanêr; hâhu (fuspendo) und vâhu (capio) haben bloß praef. das praet. aber nach conj. 1. von haukan, vaukan. [plâzu (balo) pliaz? agf. blæte; plâfu (fuflo) plias, plîafumês, plâfanêr; pâgu (certo) pieh Mufp. 66. verrâchan? Graff 2, 871.] —

V. VI. mangeln.

VII. malu (molo) muol, muolumês, malanêr; fpanu (allicio) fpuon, fpuonumês, fpananêr; ftantu (fto) ftuont, ftuontumês, ftantanêr; varu (vehor) vuor, ruorumês, varanêr; fuerju (juro) fuor (ft. fuuor) fuorumês, fuaranêr; krapu (fodio) kruop, kruopumês, krapanêr; fkapu (rado) fkuop, fkuopumês, fkapanêr; fkafu (creo) fkuof, fkuofumês, fkafanêr; heffu (tollo) huop, huopumês, hapanêr; in-feffu (intelligo) infuop, infuopumês, infapanêr; watu (onero) hluot, hluotumês, hlatanêr; watu (tranemeo) wuot, wuotumês, watanêr; wafku (lavo) wuofc, wuofkumês, wafkauêr; traku (porto) truoc, truokumês, trakanêr; naku (rodo) nuoc, nuokumês, nakanêr; duahu (lavo) duoh (ft. dûuog) duogumês, duaganêr; labu (veto) luog (O. II. 6, 5.) luogumês, laganêr; flahu (percutio) fluoh, fluogumês, flaganêr; kiwahu (mentionem facio) kiwuoh, kiwuogumês, kiwaganêr; hlahhu (rideo) hluoh, hluohumês, hlahhanêr; var-fahhu (abnego) varfuoh, varfuohumês, varfahhanêr; wabfu (crefco) wuohs, wuohfumês, wahfauêr [tapan? (tangere) goth. daban, mhd. taben (ad p. 936) lafu (lambo) luof Diut. 1, 499ᵇ vgl. gramm. 2, 654. flafa, ftuof zu folgern aus flôfia (es fteht flôfu) fonipes gl. hrab. 975ᵃ. pi-blakan mit unhreini ker. 51. plahu? N. Cap. 124 das part. praet. inblâhen (aufgebläht) fuahhu, fnuoh gramm. 2, 44 no. 486. pahhu f. nachtr.]

VIII. grîn (gannio) grei, grirumês, griranêr; ferfu (clamo) ferei, ferirumês, feriranêr; ki-rîmu (contingo) kireim (O. IV. 2, 26.) kirimumês, kirimanêr; chinu (germino) chein, chinumês, chi-

II. *althochdeutfche ftarke conjugation.*

nanêr; hrînu (tango) brein, hrinumês, brinanêr; fcînu (luceo) fcein, fcinumês, fcinanêr; fuinu (evanefco) luein, fuinumês, fuinanêr; chlîpu (inhaereo) chleip, chlipumês, chlipanêr; pi-lîpu (maneo) pileip, pilipumês, pilipanêr [das einfache leip (pepercit) O. II. 9, 76]; rîpu (frico) reip, ripumês, ripanêr; fcripu (fcribo) fcreip, fcripumês, fcripanêr; trîpu (pello) treip, tripumês, tripanêr; krîfu (arripio) kreif, krifumês, krifanêr; flîfu (labor) fleif, flifumês, flifanêr; pi-wîfu (involvo, ? damno capitis) piweif, piwifumês, piwifanêr (N. 108,7. [Blb. 82]) fpîwu (fpuo) fpei (fpê) (fpeo T. 132) fpiwumês [widar fpirun (recalcitraveruut) gl. Jun. 224], fpiwanêr; ki-lîdu (tranfeo) kileit, kilitumês, kilitanêr; mîdu (evita) meit, mitumês, mi-tanêr; fnîdu (feco) fneit, fnitumês, fnitanêr; pîtu (exfpecto) peit, pitumês, pitanêr; rîtu (equo vehor) reit, ritumês, ritanêr; ftrîtu (pugno) ftreit, ftritumês, ftritanêr; fcrîtu (gradior) fcreit, fcritumês, fcritanêr; pîzu (mordeo) peiz, pizumês, pizanêr; rîzu (exaro) reiz, rizumês, rizanêr; flîzu (rumpo) fleiz, flizu-mês, flizanêr; fnîzu (collino) fmeiz, fmizumês, fmizanêr; vlîzu (operam do) vleiz, vlizumês, vlizanêr; wîzu (imputo) weiz, wizumês, wizanêr; [erweiz (receffit) T. 181, 51 vgl. Graff 1, 1116;] rîfu (decido) [f. nachtr.] reis, rirumês oder rifumês, riranêr; hnîku (inclino) hneic, hnikumês, hnikanêr; fîku (cado) feic, fikumês, fikanêr; ftîku (fcando) fteic, ftiku-mês, ftikanêr; dîhu (proficio) dêh, digumês, diganêr; lîhu (commodo) lêh, liwumês, liwanêr; int-rîhu (revelo) intrêh, intrigumês, intriganêr [Graff 2, 429]; fîhu (colo) fêh, figu-mês, figanêr; zîhu (accufo) zêh, zigumês, ziganêr; ki-rîhhu (praevaleo) kireih (N. 51,9.) kiribhumês, ki-rihhanêr; fulbbu (fallo) fueih, fuihhumês, fuibhanêr; flîbhu (repo) fleib, flib-humês, flibhanêr. [lîmu, leim gramm. 1ᵃ, 560. vielleicht flimu, fleim? O. I. 23, 52. knîtu (comminuo) kneit (farcneit delevit hymn. 1, 3. gneit fricavit gl. fletft. 24, 20) rîdu f. nachtr. wîbu (conficio) wêh?]

IX. chlîupu (findo) chloup, chlupumês, chlopanêr; fcîupu (pro-trudo) fcoup, fcupumês, fcopanêr; fûfu (bibo) fouf, fufumês, fofanêr; flîufu (exuo) flouf, flufumês, flofanêr; trîufu (ftillo) trouf, trufumês, trofanêr; chîwu oder chîuwu (mando) chou, chuumês, chuanêr; brîwu oder brîuwu (poenitet me) brou, hruumês, bruanêr; plîwu oder plîuwu (verbero) plou, pluu-mês, pluanêr; prîwu oder prîuwu (braxo) prou, pruumês, pruanêr; blîutu (pullulo) blôt, hlutumês, blotanêr; piutu (of-fero) pôt, putumês, potanêr; fiudu (coquo) fôt, futumês, fo-tanêr; diuzu (fono) dôz, duzumês, dozanêr; ar-driuzu (taedio fum) ardrôz, ardruzumês, ardrozanêr; blîuzu (fortior) blôz, hluzumês, blozanêr; kîuzu (fundo) kôz, kuzumês, kozanêr; nîuzu (fruor) nôz, nuzumês, nozanêr; rîuzu (ploro) rôz, ru-zumês, rozanêr; flîuzu (claudo) flôz, fluzumês, flozanêr;

II. *althochdeutfche ſtarke conjugation.* 779

vliuʒu (fluo) vlôʒ, vluʒumês, vloʒanêr; chinſu (eligo) chôs,
churumês, choranêr; liuſu (perdo) lôs, lurumês, loranêr;
triuſu (cado) trôs, trurumês, troranêr; vriuſu (gelo) vrôs,
vrurumês, vroranêr; liuku (mentior) louc, lukumês, lokanêr;
piuku (flecto) pouc, pukumês, pokanêr; fiuku oder fiku (fugo)
fouc, fukumês, fokanêr; triuku (decipio) trouc, trukumês,
trokanêr; vliuku (volo) vlouc, vlukumês, vlokanêr; vliuhu (fu-
gio) vlôh, vluhumês, vlohanêr; ziuhu (traho) zôh, zugumês,
zoganêr; liuhhu oder lûhhu (claudo) louh, luhhumês, lohhu-
nêr [wie im praeſ. ind. lûhhu, ſo im imp. lûh! für liuh! Graff
2, 139]; riuhhu (fumo) rouh, ruhhumês, rohhanêr [hiopan
(lugere) goth. hiufan: hiupit luget Diut. 1, 201 doch vgl.
hiufanti luctuoſus Diut. 1, 236ᵃ. hniotan : pihniutit (excutit)
ker. 251. chliuʒu, chlôʒ, chluʒun Schm. 2, 365. priuku? ke-
proganêr (incurvatus) K. 29ᵇ. prûhhan, prouh nach agſ. brú-
can, breác. tûhhu, touh, tuhhun, tohhan (Graff 5, 367. 368)
vgl. mhd. betogen (zu 937)].

X. kipu (dono) kap, kâpumês, kêpanêr; wipu (texo) wap, wâ-
pumês, wêpanêr; chnitu (depſo) chnat, chnâtumes, chnêtanêr; *⁵¹
pittu (rogo) pat, pâtumês, pêtanêr; tritu (calco) trat, trâtu-
mês, trêtanêr; ki-witu (jungo) kiwat, kiwâtumês, kiwêtanêr;
quidu (dico) quat, quâdumês oder qnâtumes, quêtanêr: ſtridu
(ferveo) ſtrat, ſtrâdumês, ſtrêtanêr; iʒu (edo) aʒ [âʒ N. Cap.
179. vgl. altn. ât], âʒumês, êʒanêr; irkiʒu (obliviſcor) irkaʒ,
irkâʒumês, irkêʒanêr [pikiʒu (adipiſcor) gl. hrab. 963ᵇ 952ᵃ];
miʒu (metior) maʒ, mâʒumês, mêʒanêr; vriʒu (voro) vraʒ
[frâʒ == frêt N. Bth. 226], vrâʒumês, vrêʒanêr; ſiʒu (ſedeo)
ſaʒ [merkwürdig ſâʒ (giſaaʒ) cat. theot. 65. Maſsm. 71], ſâ-
ʒnmês, ſêʒanêr; chriſu (repo) chras, chrâſumês, chrêſanêr;
liſu (lego) las, lâſumês, lêſanêr; kiniſu (ſervor) kinas, kinâ-
ſumês, kinêſanêr; wiſu (exiſto) was, wârumês, wêſanêr; liku
(jaceo) lac, lâkumês, lêkanêr; phliku (ſoleo) phlac, phlâkum-
mes, phlêkanêr (das praet. iſt mir noch nicht vorgekommen
und für pligit O. V. 19, 78. lieſt cod. vind. plâgit) [Graff 3,
356] wiku (pondero) wac, wâkumês, wêkanêr; gihu (ajo) jah,
jâhumês, gêhanêr; ſihu (video) ſah, ſâhumês, ſêhauêr; ki-
ſcihu (contingo) kiſcah, kiſcâhumês, kiſcêhanêr; ki-vihu (gau-
deo) kivah, kivâhumês, kivêhanêr; vnihu (anhelo) vnah, vnâ-
humês, vnêhanêr [quimu part. pr. quôman O. II. 3, 26. 36.
K. 53ᵃ gl. monſ. 368. allerdings iſ. 382 quhoman. chlinu (col-
lino) chlan, p. p. pi-chlênan Graff 4, 559. dêpan (comburere)
part. pr. dêpan (combuſtus) fiʒu, faʒ Graff 3, 727. giſu, jas,
jârum, jêſanêr? W. 8, 2. cf. ſ. 187 : gigêſen baſ. recept. prihu
(luceo, ſplendeo) prah, p. p. prôhan (lippus) Diut. 1, 492ᵇ
Graff 3, 282. lihhu: N. Bth. 134 hat das p. p. ze-lêchen, ſo
daß lêchan, lach, lâchun wie im altn. lêka (ſ. 1028, no. 300)
zu X gehört.].

II. althochdeutfche ftarke conjugation.

XI. bilu (celo) hal, hâlumês, holanêr; quilu (crucior) qual, quâlumês, quolanêr; ftilu (furor) ftal, ftâlumês, ftolanêr; fuilu (uror) fual, fuâlumês, fuolanêr; tuilu (torpeo) tual, tuâlumês, tuolanêr; nimu (fumo) nam, nâmumêa, nomanêr; quimu (venio) quam, quâmumês, quomanêr; zimu (deceo) zam, zâmumês, zomanêr: ki-duiru (contero) [vielmehr confundo, confpergo] kidunr (O. III. 20, 95.) kiduârumês, kiduoranêr (gl. monf. 411. herrad. 187*) piru (fero) par, pârumês, poranêr; fciru (tondeo) fcar, fcârumês, fcoranêr; fuiru (ûlcero) fuar, fuârumês, fuoranêr; ziru (confumo) zar, zârumês, zoranêr; trifu (ferio) traf, trâfumês, trofanêr; ar-prittu (ftringo) prat, prâttumês, prottanêr; priftu (rumpor) praft, prâftumês¹), proftanêr; drifku (trituro) drafc, drâfkumês, drofkanêr; irlifku (exftinguor) irlafc, irlâfkumês, irlofkanêr; ribbu (ulcifcor) rah, râhumês, rohhanêr; pribbu (frango) prah, prâbumês, prohhanêr; fprihbu (loquor) fprah, fprâhumês, fprohhanêr; ftihbu (pungo) ftab, ftâhumês, ftohhanêr; fuibbu (foeteo) fuah, fuâhumês, fuohhanêr; vihtu (certo) vaht, vâhtumês, vohtanêr; vlihtu (necto) vlaht, vlâhtumês, vlohtanêr. [primu (fremo) Graff 3, 303. quiru (ingemifco) quar : chirit (gemit) Diut. 2, 331ᵇ quar (ingemuit) monf. 343. quâri doc. brifpu (haurio) brafp, brâfpumês, hrofpanêr? Graff 4, 1181: arhrofpan (exhauftus) ker. 106 et carolsruh. nifku, nafk, nofkanêr? fernofcenen (obtritos) Diut. 2, 351ᵃ. tribbu, trab, trâhumês, trohhanêr : pitrohhan (repofitus) gl. b. Schm. 1, 471. ribbu : pirohhan Graff 2, 371.]

XII. billu (confono) bal, bullumês, bollanêr; pillu (latro) pal, pullumês, pollanêr; fcillu (perfono) fcal, fcullumês, fcollanêr; fuillu (turgeo) fual, fuullumês, fuollanêr; pi-willu (contamino) piwal, piwullumês, piwollanêr; hilfu (juvo) balf, hulfumês, holfanêr; tilfu (fodio) talf, tulfumês, tolfanêr; kiltu (rependo) kalt, kultumês, koltanêr; fciltu (increpo) fcalt, fcultumês, fcoltanêr; fmilzu (liquefio) fmalz, fmulzumês, fmolzanêr; arpilku (irafcor) arpalc, arpulkumês, arpolkanêr; fuilku (glutio) fualc, fuulkumês, fuolkanêr; (? fuilhu, fualh etc.) vilihu (commendo) valah, vuluhumês, volohanêr; primmu (rugio) pram, prummumês, prummanêr; fuimmu (nato) fuam, fuummumês, fuummanêr; ki-limfu (deceo) kilamf, kilumfumês, kilumfanêr; chlinnu (lino) chlan, chlunnumês, chlunnanêr [f. oben zu X]; pi-kinnu (incipio) pikan, pikunnumês, pikunnanêr; linnu (ceffo) lan, lunnumês, lunnanêr; prinnu (ardeo) pran, prunnumês, prunnanêr; rinnu (fluo) ran, runnumês, runnanêr; linnu (proficifcor) fann, funnumês, funnanêr; fpinnu (neo) fpan, fpunnumês, fpunnanêr; winnu (laboro) wan, wunnumês,

---

¹) O. hat brafun, brafti; auch drêfkan mafs draftan wie goth. braſkan gehabt haben.

II. althochdeutsche starke conjugation.

wunnanêr; piutu, paut, puntumês, puntanêr; friatu (findo) ferant, fcruutumês, fcrumtanêr; flintu (glutio) flant, fluntumês, fluntanêr; fkintu (evanefco) fuant, fuuntumês, fuuntannêr [analfvant (invergit) gl. virgil.]; pi-wintu (circumligo) piwant, piwuntumês, piwuntanêr; kiniudu (audacter aggredior) ki-nant (O. I. 2, 24.) kinundumês, kinundanêr (gewöhnlicher fchwach: kinendu); vindu (invenio) vant, vuudumês, vunduuêr; diufu (traho) dans, dunfumês, dunfanêr; drinku (premo) dranc, drunkumês, drunkanêr; duinku (cogo) duauc, dunnkumês, duunkanêr; prinku (offero) prauc, prunkumês, prunkanêr; linku (cano) lanc, lunkumês, lunkanêr; linbu (cado) fanh, fuuhumês, funhauêr; ftinbu (odorem fpargo) ftanh, ftunhumês, ftunhanêr; trinhu (bibo) tranh, trnuhumês, trunhanêr; chirru (crepo) char, churrumês, chorranêr; fcirru (rado) fcar, fcurrumês, fcorranêr; wirru (impedio) war, wurrumês, worranêr; buirpu (revertor) buarap oder huarp, huurpumês, huorpanêr; fûrpu (morior) ftarp, fturpumês, ftorpanêr; fuirpu (abftergo) luarp, fuurpumês, fuuorpanêr; fnirfu (cocco) fnarf, fuurfumês, fnorfanêr; wirfu, warf oder waraf, wurfumês, worfanêr; wirdu (fio) wart, wurtumês, wortanêr; pirku (celo) parnc und parc, purkumês, porkanêr. [tëlpan, talp, tolpan Diut. 1, 238. feëlpan, fcalp? pëlzan, woher pelzan (pfropfen) pulzan (ebullire) trinnan Haupt 7,146. fwinku (Graff 6, 886) zirpu, zarp (volvo) wovon zerpan (volutare) fmirzu (Graff 6, 835) fpirau (calcitro) O. ürfpirnit III. 23, 70. ürfpurni IV. 4, 39. fnirhu (necto) fnarah, fnurhumês, fnorhau: vgl. Diut. 1, 249 infnerahan (innectere) infnirahit (innectit) Graff 6, 850 pifnorahan (complexus).]

Anmerkungen zu den zwölf conjugationen.

1) *reduplication* völlig außer gebrauch; doch in *heialt* K. 29ᵇ ft. heihalt [Hatt. p. 57. vgl. ür-weiez profanavit Diut. 2, 326ᵇ] fcheint fie nachzuhallen, vielleicht in einzelnen interjectionen und dem fubft. *rifaltra* (papilio) gl. blaf. 74. zwetl. 127ᵇ nach heutig-oberd. volksfprache feifalter, pfeipfalter, fifalter. Aus der redupl. entwickelte fich aber der unorg. ablaut *ia*, wie ich ihn zu fchreiben wage, aus dem *ia* der gewöhnliche diphth. *ia* (vgl. oben f. 103. 104.) fpäter *ie* [vgl. priefter aus presbyter, fliete aus phlebotomum, fior aus fidvor (oben 104)]; verfchiedene denkmähler des 8. 9. jahrh. haben *ëa* (f. 101.), vielleicht auch *ëa* zu fchreiben: lëaz, blëas, fëanc? folche die fich dem fächf. nähern, fetzen *ë*, als: fënc J. 367.385. Diefer herleitung des alth. *ia* der vier erften decl. aus uralter redupl. ftehen zwei einwürfe entgegen: a) in erfter conj. verftändigt fich *ia* wohl aus *eia*, weil der vocal der wurzel a lautet; in zweiter hingegen follte man *eiei*, oder *fei*; in dritter *eiô* oder *iô*; in vierter *eiâ* oder *iâ* erwarten, da hier von keinem wurzelhaften a rede feyn kann. Wirklich zeigt fich

II. althochdeutfche ftarke conjugation.

fpurweife in der dritten blô (T. 185, 2.) blu (N. p. 258ᵃ, 12.) lhuf (N. 58, 5.) ft. bluu, bliouf (vgl. oben f. 106.), zur zweiten würde die fchreibung le, vielleicht iê? paſſen (hlêz, fcièd); allmählig kam in alle vier conj. einförmigkeit des ablauts. Ja ein einzelnes verbum verflüchtigte das aus dem alten ei, î ftammende i in den conf. j und wies fich aus der zweiten in die zehnte conj. ein, nämlich dem goth. áikan, áiáik, áiáikun wäre altb. eihhan, iah, iahhun parallel, fobald fich aber jah, jâhun gebildet hatte, fand fich das praef. gihan, gihu. —
β) die fyncope der fpirans h (heialt, heiêz ft. heihalt, beiheiz) ift leicht, fchwerer die der übrigen conf. zu begreifen: wie wurde aus veival, fpeifpalt, meimeiz ein vial, fpialt, miêz? Hätten wir noch quellen des 6. 7. jahrh. übrig, fie würden uns mittelwege aufdecken, durch welche diefe formen gelaufen find, um aus fühlbarer redupl. in verhärteten ablaut auszuarten; die gefchehene verwandlung läßt fich bei der identität aller einzelnen verba in den alth. und goth. conj. gar nicht beftreiten.

2) *vocale*; α) das kurze i wird zu ê, theils ausgedehnter, theils befchränkter, als das goth. i zu ai. Ausgedehnter, nämlich nicht bloß vor r und h, fondern auch vor allen andern conf. zehnter, *eilfter* und *zwölfter* conj. (außer vor m und n zwölfter). Eingefchränkter, nämlich fowohl vor r und h, als vor allen übrigen conf. bleibt das alte i im *ganzen praef. fg. ind. und imp.* während es im goth. vor r und h auch da verwandelt wird. Dadurch bildet fich eine der goth. fprache unbekannte unterfcheidung des praef. ind. fg. vom pl. fo wie des ind. vom conjunct., welche im mittelund neuh. bei abgefchliffenen flexionen noch förderlicher wird. In der buchftabenlehre ift fie aber unbegründet (oben f. 81. 82.) und nur aus dem haft der conjugationsförmlichkeit zu erklären. Zum beifpiel: *praef. ind. fg.* I. kipu, fihu, hilu, piru, billu, wirfu; II. kipis, fihis, bilis, piris, hillis, wirfis; III. kipit, fihit, bilit, pirit, billit, wirfit; pl. I. këpamês, fëhamês, hëlamês, përamês, hëllamês, wërfamês; II. këpat, fëhat, hëlat, përat, hëllat, wërfat; III. këpant, fëhant, hëlant, përant, hëllant, wërfant; — *praef. conj. fg.* I. këpe, fëhe, hële, përe, hëlle, wërfe; II. këpês, fëhês, hëlês, përês, hëllês, wërfês; III. këpe etc. pl. I. këpômês, fëhêmês etc. II. këpêt, fëhêt etc. III. këpên, fëhên etc. — *imp. fg.* kip, fih, bil, pir, bil, wirf; pl. këpat, fëhat, përat etc. — *inf.* këpan, fëhan, hëlan, përau, hëllan, wërfan. — Bei *pittan* und *fizan* (anm. 4.) gilt kein wechfel des i und ê, vielmehr behalten fie immer i, desgleichen thut *likan* (jacere) und häufig *vikan* (ponderare), nur daß fie beide im part. praet. lëkan, wëkan (zuweilen wikan [f. nachtr.]) bilden. — β) das kurze i im praet. achter conj. unterliegt keiner fchwächung in ê, felbft wenn

II. *althochdeutsche starke conjugation.* 783

r folgt (vgl. fcrirumês) eben fo wenig das i zwölfter vor m
und n (vgl. primman, primmu, primmamês; prinnan, primu,
prinnamês). — γ) gleichfalls ist die verwandlung des kurzen
u in o theils ausgedehnter, als im goth., indem die part.
praet. neunter und eilfter vor allen conf., die zwölfter vor l
und r (nicht vor m und u) o bekommen; theils eingefchränkter, indem die praet. pl. neunter und zwölfter durchgehends
felbft vor r das u behalten. Man vergleiche die part. koʒan,
noman, ftolan, poran, holfan, worfan mit den goth. gutun,
numan, ftulan, baúran, hulpan, vaúrpun und die pl. praet.
wurfun, purkun mit vaúrpun, baúrgun. Die alth. fprache
fcheidet in neunter conj. überall und in zwölfter vor l, r
ein u praet. pl. vom o part. praet. (kuʒun, koʒan; churun,
choran; wurfun, worfan); die goth. kennt keinen folchen
unterfchied (gutun, gutan; kufun, kufan; vaúrpun, vaúrpau),
offenbar ift er auch im alth. für das wahre ablautverhältnis
unwefentlich, ja inconfequent, da fich in achter das i pl.
praet. und part. nicht in i und ê trennen (d. h. dem kuʒun,
koʒan fteht kein analoges fliʒun, fléʒan zur feite). — δ) ein aus
der goth. fprache ebenfalls unbekannter, dem unter α. berührten ganz analoger wechfel zwifchen iu und io erfcheint
im praet. neunter conj.; der fg. ind. und imp. bleibt dem
alten iu getreu, der pl. ind. und imp., fo wie der fg. und
pl. conj. fchwächen es in io (oder mundartifch êo, iu) z. b.
kiuʒu, kiuʒis, kiuʒit; pl. kioʒamês, kioʒat, kioʒaut; conj.
kioʒe, kioʒês, kioʒe; pl. kioʒêmês, kioʒêt, kioʒên; imp. kiuʒ,
pl kioʒat[1]). Nur da, wo fich aus dem iu ein û entwickelt
hat, bleibt dies überall, ohne mit io zu wechfeln, z. b. fûfu,
fûfis, fûfit; fûfamês etc. — ε) verba, deren wurzel auf ou
und iu endigt, pflegen bei vocalifch anftoßender flexion das
ou in ôw oder ouw, das iu in iw oder iuw zu wandeln, alfo
aus dritter conj. houwan, hôwan, praet. hio, pl. hiowun, imp.
hou; aus neunter chiwan oder chiuwan, praet. chou, pl.
chuun oder chuwun, imp. chiu etc. vielleicht galt auch im
pl. praet. nach goth. analogie chiwun oder chiuwun? —
ζ) im fg. praet. achter verfteht fich das ê ftatt ei vor h (nicht
hh) nach feite 90; in neunter das ô ftatt ou vor h (nicht
hh) und fämmtlichen lingualen nach f. 94. 100. — η) wie
im goth. die ftämme ik aus zehnter in eilfte fchwanken,
fallen die alth. ftämme îhh entfchieden der eilften zu, welcher ich auch îʃk, îʃt, îtt und îht beilege, obfchon beweisftellen für die praet. pl. dráſkun, práſtun, práttun, vláhtun
mangeln und einzelne mundarten wenigftens êit und êbt nach

---

[1]) Bei O. einzelne ausnahmen: V. 25, 6! bieget f. bingit? oder ift das ein
ander verbum nach dritter (fchwacher? (Graff 8, 36 unter biogan), denn es heißt
-et, biebt -it (rundi 59. mildit, faldit 42. wirdit 45. findit 64) alfo bieget, biegêta.

784   *II. althochdeutfche ſtarke conjugation.*

zwölfter coujugieren, vgl. bruſtun O. III. 20, 257. brnſti II. 4, 71. vluhtnn O: IV. 22, 39, wogegen das mittelh. brâſten, vlâhten jene formen unterſtützt. — θ) das praeſ. *quëman*, quimu gebet häuflg in chuëman, chuman, kuman, coman über; N. bildet auch das praet. cham, chämen, fo wie er chëden, chud, chäden fchreibt für quëden, quad, quâden (oben f. 196.) — ι) von *umlaut* kann bloß in II. III. fg. praeſ. ind. erſter und ſiebenter conj. die rede ſeyn, weil nur hier kurzes a der wurzel dem i der flexion vorangeht und noch kein andrer vocal dem umlaut unterworfen iſt. Die älteſten denkmähler fcheinen haltis, ſalzis, wnltit, raris, flahis, krapit etc. vorzuziehen, die ſpäteren, namentlich O. T. N. haben heltis, felzis, weltit, veris, ſlehis, grebit etc. Diefer umlaut darf dem unter α. berührten wechſel zwiſchen ë und i, io und iu nicht verglichen werden, wo nämlich i und iu von dem i der flexion unabhängig auch in der erſten perfon (nimu, kiuzu) und dem imp. (nim, kiuz) erfcheinen, während es ſtets ohne umlaut haltu, varu, halt, var heißen muß. —
3) *confonanten*; α) geminierte liq. wird auslautend einfach (f. 122.) welches nur in I. III. praet. ind. fg. und im fg. imp. der fall ſeyn kann, z. h. pram, ſpan, hal, var; prim, ſpin, hil, vir; wodurch einzelne formen zuſ. fallen, als hal (fonuit) hil (fona) mit hal (celavit) hil (cela). Geminierte muta kommt nur in dem einzigen prëttan (conj. XI.) vor, welches tt vielleicht auslautend bleibt, wiewohl O. IV. 17, 2. wegen des angelehnten pronom. (bratter) nichts beweiſt. Die fchreibung hh ſtatt ch iſt nicht wahre gemination (f. 185.), practiſch kann man vielleicht die nämliche regel für ihre vereinfachung im auslaut gelten laſſen, vgl. prëhhan, prah, imp. prih. — β) geminata vereinfacht ſich, fobald der ihr vorſtehende kurze voc. durch ablaut lang wird, nicht bloß aus-, fondern auch inlautend; es heißt: *vallu, rial, vialun*; ſpannu, ſpian, ſpianun (ſtatt: viall, viallun; ſpiann, ſpiannun) wohin man wiederum das h für hh in blahhu, bluoh, *kluohun* und pribhu, *prâhun* (ſt. prähhun) zählen mag, obſchon bei der fchreihung ch keine folche vereinfachung thunlich wäre (prichu, prach, prächun; hlôc, rißt, gl. hrab. 954ᵃ ſcheint eher für hlôg zu ſtehn, als ein prae zu rechtfertigen) und afp. allerdings langen voc. vor ſich verträgt (prâchun analog dem trâfun, âzun) ja ſelbſt conf. verbindungen (drâſkun, prâſtun). — γ) die ſpirans f. iſt übergängen in r. ausgeſetzt, die wie es ſcheint durch den wechſel der länge und kürze des vorſtehenden vocals hervorgerufen werden, wenigſtens finde ich da, wo er in praef. und praet. gleich lang bleibt, unwandelbares f, alfo in zweiter und vierter zeiſan, zias, ziafun; pläfan, plias, pliafun. Hingegen in achter, neunter, zehnter tritt folcher übergang ein: riſan, reis, pl. *rirun*, part. riran (oder riſan?)

II. althochdeutsche starke conjugation.

chiofan, chôs, *churun, choran*; wĕfan, was, wârun, wĕfan. Alle verba neunter mit f. nehmen entfchieden das r im pl. praet. an; bei rifan bin ich ungewis, ob nicht *rifun, rifan* neben *rirun, rirun* gelte; in zehnter fchwankts, das einfache wĕfan, was, bekommt ftets den pl. wârun (nie wâfun) behält aber f im part. *wĕfan* (nie wĕran); das comp. virwĕfan (defendere) behält durchaus die fpirans: virwas, *virwáfun, virwĕfan* (O. II. 6, 108. III. 6, 91.); irwĕfan fcheint aber irwas, 867 *irwárun, irwĕrun* (gl. monf. 320. 338. 347. 363. confectus aetate) zu bilden; nĕfun macht nas, *nárun, nĕran* (gl. monf. 405. [winĕran O. III. 2, 56]); vermuthlich neben *náfun nĕfan*; chrëfan und lëfan bleiben völlig ohne r: las, *láfun, lĕfan* etc. — ß) ein r entwickelt fich im pl. praet. *fcrirun, grirun* von den inf. fcrian, grian achter conj., desgleichen in *pirun* (erfte anomalie). — ɛ) nicht unähnlich jenem übergang des f in r erfolgt einer des h in g im plur. und part. praet. fiebenter, achter, neunter; vgl. flahan, fluoh, *fluogun, flagan*; duahan, duoh, *duogun, duagan*; zîhan, zêh, *zigun, zigan*; dîhan, dêh, *digun, digan*; ziohan, zôh, *zugun, zogan*; vliohan, vlôh, *vlugun, vlogan*; welches g O. felbft in den fg. fluag, thuag, wuag einführt. Die ftämme mit h zehnter conj. behalten es durchgängig: fëhan, fah, *fáhun, fëhan* (nicht fâgun, fëgan) etc.; vâhan, vieh (?) viegun (vierter conj.) bedarf beßers belegs, als fr. or. 2, 942. *phiegen* (? ftatt phiengen) [von gihu, jëhan hat N. Bth. 245. Ar. 33 gejëgen]. — ζ) auch die dem goth. þ parallele alth. media wird im pl. praet. und part. zur ten. vgl. in VIII und IX.: midan, *mitun*, mitan; fnîdan, *fnitun, fnitan*; fiodun, *futun, fotan* (oben f. 408.); unficherer in X.: quĕdan, *quátun, quĕtan* (O. quâtun, T. quâdun, N. châden) [wie agf. cvädh, cvædon]; gleichfchwankend der lingualauslaut, einige fchreiben meid, iôd, quad, andere meit, iôt, quat. — η) das im pl. praet. und part. von lîhan, flhan und fëhan erfcheinende w beruht auf keinem folchen wechfel, es ift organifch (oben f. 844.): lîhan, lêh, *liwun* (O. IV. 16, 25.) *liwanêr* (gl. jun. 190; liuwen N. 108, 11. vgl. oben f. 146; flhan, fëh, *fiwun, fiwanêr* (gl. monf. 347. irûwan 362. pißhan) die meiften brauchen: fĕhan, fah, fâhun, fĕhanêr, bloß N. 34, 22. das part. *kefëwen* ft. kefëhen, neben dem pl. fâhen (nicht fâwen) — θ) quĕdan fyncopiert zuweilen die med. in II. III. praef. fg.; ftatt quidis, quidit oder chidis, chidit ftehet *quis* (O. III. 20, 141. IV. 12, 49.) *quit; chis, chit* (N.) [f. nachtr.] — ι) *ftantun* ftößt ftrengalth. fein n im praet. nicht aus: *ftuont, ftuontun*, part. *ftantan*; inzwifchen reimt O. fuant: guat, muat (III. 17, 89, 100. III. 24, 86, 202. V. 9, 2. 14, 12.) gleich als lautete es *ftuat* und I. 17, 83. lieft dio pfälz. hf. wirklich fo [catech. th. 65 arftuat, aber 71 arftuant].

4) (*einmifchung fchwacher form*) das praef. fchwach, bei ftarkem

II. *alth. fchwache conjugation.*

praet. bilden folgende: aus fiebenter conj. *fuerran* (jurare) *heſſan* (tollere) *feſſan* (intelligere) [auch fceſſan creare? vgl. fceſſo, fceppbio (creator)] aus zehnter: *pittan* (orare) *fizan* (federe) [ligan f. liggjan], wo verdoppelung, umgelautetes a und gebliebenes i das unterdrückte ableitungs-i anzeigen: fuerjan, heſjan, fefjau, pitjan, ligjan [auch wefkan, welgan f. wafkan? N. 50, 4 der imp. wefg, lava!]; praef. ind. fuerru; heſſu (oder bepfu) feſſu, pittu, fizu; ftôût in II. III. das i der flexion an, fo wird die confonanz vereinfacht: fueris, fuerit; befis, befit (bei einigen hevis, hevit) fefis, fefit; pitis, pitit; fizis, fizit (warum nicht figis, figit? [eben weil z aus dem ti der fchw. form entfteht (wie nati nexi) fizis entfpräche einem goth. fitjis, es heißt aber fitis]); hingegen im pl. fuerramês, fuerrat, fuerrant; heſſamês, ſeſſamês; pittamês; fizumês; desgl. im conj. fuerre, heſſe, pitte; imp. fing. fueri, befi [hevi doc. 219ᵃ], feſi, piti, fizi; pl. fuerrat, heſſat, ſeſſat, pittat, fizat (vgl erſte fchw. conj. anm. 3.). Das praet. hat ſtark: fuor (ſtatt fnuor) buop, fuop, pat, faz (nicht faz), part. praet. fuaran, bapan [N. irhaven 43, 26], fapun, pêtan, fêzan (nicht fêzan). — Von *ſtantan* (conj. VII.) gilt neben dem regelrechten ſtantu, ſtentis, ſtentit, ſtantamês etc. (T. 2, 9. 215, 2. 129. 135. O. II. 17, 26. III. 12, 67.) eine verkürzte, nt fyncopierende, wie es fcheint fchwache form und zwar doppelter art α) *ſtêin* (O. ſtân III. 13, 17.) *ſtêis*, *ſtêit* (gl. brab. 971ᵃ O. V. 12, 35.) pl. ſtâmês, ſtât, ſtânt. β) *ſtêin* (gl. monf. 404.) *ſteis*, *ſteit* (O. IV. 27, 60. V. 24, 19.) plur. ohne beleg. Analog findet fich von *kankan* (conj. I.) neben kanku, kenkis, kenkit (gangu T. 162, 1. gengiſt O. V. 15, 86. gengit T. 135. O. IV. 26, 27.) ein fyncopiertes *gâm*, gâs, gât (gl. brab. 954ᵇ 975ᵇ); pl. gâmês (gl. jun. 253. T. 166, 4.) gât, gânt [f. nachtr.]; und *gêm*, geis, geit (O. I. 2, 37.). Beides, ſtât und ſteit, gât und geit ſtehen fogar nebeneinander (z. b. O. III. 7, 97. 105.) und letztere reimen auf -heit, arabeit etc.¹). —

Althochdeutfche fchwache conjugation.

	I.	II.	III.
ind. praeſ. fg.	-u (-m)	-s	-t
pl.	-mês	-t	-nt

---

¹) Kero 16ᵃ framkange proceſſerit. 17ᵃ kangames pergamus. 18ᵃ intûi ingrediur. 23ᵃ gân? 26ᵃ keanc ambulavi. 27ᵇ kangees eas. 28ᵇ kangant vadunt. 29ᵇ kanti ambulans. 30ᵃ uskenken exeant. 33ᵃ kekenkan. 36ᵇ anagsi fuccedat. 39ᵃ fram kangen proeedant. 40ᵇ anakaant. 41ᵇ uz kihanganer. ingangantemu. 45ᵃ 46ᵃ zua kangeen. 46ᵃ intrkangane. 47ᵃ nzhankantero. 48ᵃ nekante eueantes. 49ᵃ umbicangen. 59ᵇ in kankanne. fint utkehangan. 59ᵃ kant eant.

II. *alth. erste schwache conjugation.*

praet.	sg.	-ta	-tôs	-ta
		-tumês	-tut	-tun
conj. praes.	sg.	[vocal]	-s	[vocal]
		-mês	-t	-n
praet.	sg.	-ti	-tis	-ti
	pl.	-tîmês	-tît	-tîn
imp.	sg.	—	[vocal]	—
	pl.	—	-t	—

inf. -n; part. praes. -ntêr; -têr.

der ableitungsvocal lautet i in der ersten, ô in der zweiten, ê in der dritten conjugation. Die f. 856. 857. für die starke flexion gemachten bemerkungen verstehen sich hier, so weit sie anwendbar sind, von selbst. Für das ô in mês zeugt wiederum haremees, nunomees K. 20ᵃ 21ᵇ; für die ausnahmsweise endung -in statt -i der I. sg. praet. conj. arbeizetim (aestuarem) gl. hrab. 932ᵇ. — d statt t in -da und ê in -dês statt -tôs bei J. (vgl. minnerôdês 374.) [vgl. archaufses bymn. 26, 9. gezumstidôs Mone quellen p. 277ᵇ] neigt sich zu niederd. mundart; wie T. 121. fluohhotas 128. antlingitas (woltus voluisti 238, 4. giloubtas 233, 8.] desgleichen. [Auch N. hat in der ersten conj. d nach n und n, sobald der vocal wegfällt, z. b. hirmen, hirmda, ungehirmdêr Bth. 198. aber ungehirmet Bth. 221. ferchrondosta N. Cap. Sonst im praet. ind. -ta -tôst -ta, tôn -tôt -tôn; im praet. conj. -ti vid. not. ad p. 858, Cap. 118 steht sogar hazeti. 130 folti. Bth. 57. 58 folti (Graff 55. 56) 85 habeti. muosti. — Ruodlieb zugilprechoto f. prechota (lorisregi).]

Erste schwache conjugation.

Kurzsilbige bewahren das i der ableitung überall, wo die flexion nicht selbst mit i anhebt, welches nur bei II. III. sg. praes. ind. der fall ist:

ind. praes.	sg.	ner-ju	ner-is	ner-it
	pl.	ner-jamês	ner-jat	ner-jant
praet.	sg.	ner-ita	ner-itôs	ner-ita
	pl.	ner-itumês	ner-itut	ner-itun
conj. praes.	sg.	ner-je	ner-jês	ner-je
		ner-jêmês	ner-jêt	ner-jên
praet.	sg.	ner-iti	ner-itis	ner-iti
	pl.	ner-itîmês	ner-itît	ner-itîn
imp.	sg.	ner-i;	pl.	ner-jat

inf. ner-jan; part. ner-janter; praet. ner-itêr.

[1. sg. ich biuuniun Wackernagel p. 69 vgl. 66] vielleicht wäre im sg. imp. neri zu setzen? statt des a in nerjan, nerjames, nerjat

II. alth. erfte fchwache conjugation.

ftehet gewöhnlich und felbft bei folchen, die in ftarker conj. a behalten. e: nerjen, nerjemês, nerjet (f. die bemerkung zu den langfilb.) Es find nur wenige verba: 1) queljan (uecare) feljau (tradere) [falit (tradit) ker. 32 umbifelitou fr. Schm. pf. 108, 2] fceljan (decorticare) tueljan (morari) weljan (eligere) zeljan (numerare, dicere) kremjan (affligere) lemjan (debilitare) vremjau (promovere) zemjan (domare) denjan (tendere) buenjan (vibrare gl. hrab. 976ᵃ) erjan (arare) eberjan (fcopare) nerjan (fervare) feerjau (ordinare) terjan (nocere) [gederita (laefi) gl. francof. 87. kiterite (laefi) Diut. 1, 526ᵇ] verjan (navigare) [ferita (navigavit) N. Bth. 109.] werjan (defendere) in-fueppjan (fopire) pitepjau (opprimere) [bedobet (retunfus) N. Bth. 218) ftrewjan (fpargere) vlewjan (lavare T. 19, 4.) vrewjan (exhilarare) retjan (eripere) queljan (falutare) zetjan (dilaniare) O. IV. 5, 7. hekjan (fepire) lekjan (ponere) fekjan (dicere) wekjan (concutere) [heljan (amicire) N. 103, 2. 44, 10. fpenjan, perjan f. nachtr. jerjan Graff 1, 611. fledjan (navem appellere) monf. 397. zuolleditun applicuerunt. redau (cribrare)? O. IV. 13, 16. klekian, klekit Graff 4, 553.] — 2) dikjan (orare). — 3) huljan (tegere) muljan (conterere) vrumjan (promovere) purjan (erigere) ki-purjan (evenire) fpur-
870 jan (inveftigare) fentjau (commovere) ftrutjau (fpoliare) chaufjan (elidere) hukjan (cogitare) [feurjan (trudere) T. 77. uiderforfeuritin praecipitarent. fultjan (talem coquere) folgt aus falzfutf. ftudjau? K. 18ᵇ keftudit (fundata) Graff 6, 632. ? drufjau gl. jun. 247 kithrufit (quaffatus) luban (lucere, lavare) Schm. 2, 402 vgl. N. Cap. 6 gelubtero (permulfa) 44 ferluhtêr.].

Anmerkungen: a) das j geht nach r zuweilen iu *g,* zuweilen in *ig* über, als uergan, vergan, wergan K. 58ᵇ nerige (gl. monf. 397.) purigen (ibid. 323.) -- β) häufiger fällt es ganz aus und der vorftehende conf geminiert, als: quellan, mullan, fellan, zellan, vrumman, cherran, nerran, terran, in-fueppan, rettau, feuttan, ebnuffan, diccan etc. wo dann nur in II. III. praef. fg. und II. imp. fg. einfacher conf. bleiben muß (vorhin f. 867.) z. b. quellu, quelis, quelit, quellamês; vrummu, vrumis, vrumit, vrummamês; cherru, cheris, cherit, cherramês etc. Und ebenfo im ganzen pract. quelita, mulita, terita, retita, feutita, dikita etc. Diefe gemination hat, weil fie langfilbig macht, mifchungen mit der conj. langfilbiger verba verurfacht, wie fich hernach zeigen wird.

Langfilbige verba characterifiert meiftentheils (vgl. anm. 1.) die *auswerfung des ableitungs-i.* wovon im praet. folgende weitere wirkungen abhängen: a) das e erfährt rückumlaut in a. β) geminierte conf. wird vor dem -ta, tôs etc. einfach. γ) fchließt die wurzel mit: ld, lt, nd, nt, rd, rt, ft, ff, ht, fo fällt vor-dem -ta, -tôs etc. das wurzelhafte d und t weg [wo kein rückumlaut eintritt, find manche formen des praef. und praet. nur durch die flexion zu unterfcheiden, z. b. ruftês (armes) ruftis (armares)];

II. alth. erste schwache conjugation.

lz, nz, rz, ls, ns, rs hingegen so wie einfaches t, d [gileitôs
Hild. f. gileittôs (adduxisti) T. Matth. 21, 7 leitun f. leittun (duxerunt)] bleiben. — paradigma:

ind. praes.	sg.	prenn-u	prenn-is	prenn-it
	pl.	prenn-amês	prenn-at	prenn-aut
praet.	sg.	pran-ta	pran-tôs	pran-ta
	pl.	pran-tumês	pran-tut	pran-tun
conj. praes.	sg.	prenn-e	prenn-ês	prenn-e
		prenn-êmês	prenn-êt	prenn-ên
[praet.	sg.	pran-ti	pran-tis	pran-ti
		pran-tîmês	pran-tît	pran-tîn]
imp.	sg.	prenn-i,	pl. prenn-at	
inf. prenn-an; part. prenn-antêr; ki-prantêr.				

[vgl. nachtr. Warum im conj. praet. kein umlaut? den zwar
nicht das syncopierte i, aber das flexions i, î hätte rege machen
können: so gut wie in henti, enti.] II. III. sg. praet. *prennis*,
prennit (abstehend von acris, nerit), imp. *prenni*, wofür sich vielleicht noch beweise entdecken werden, setze ich vorläufig nach
dem goth. an. Wie bei den kurzsilbigen pflegt auch hier prennen, prennet, prennemês, st. prennan, prennat, prennamês, zu
stehen; vermuthlich wirkte das eingerückt gewesene ableitungs-i
auf diese schwächung des a hin. Daß das gewicht langer wurzel
das i der ableitung hemme, begreift sich; warum aber hat nicht
auch im praef. rückumlaut des e statt? ich glaube α) weil im
praet. rein vocalisches i (-ita) herrschte; dessen aufhebung sehr
fühlbar war und darum den gebundenen voc. befreite; das consonantische j des praes. überhörte sich und seine auslaßung blieb
ohne wirkung.. Auch bei den kurzsilbigen zog die das lj, rj
vertretende gem. ll, rr keinen rückumlaut nach sich. β) in II.
III. praes. ind. und II. imp. sg. hätte das i der flexion den
rückumlaut doch gehindert, diese formen stützten den umlaut
auch in allen übrigen des praef. γ) vermuthlich erfolgte die
syncope des i praet. nicht gleichzeitig mit der des j praes. sondern früher.

Beispiele der zahlreichen hierher fallenden verba:
1) snellan (digito projicere) snalta; stellan (collocare) stalta; vellan (caedere) valta; [helzan s. nachtr.] welzan (volvere) walzta;
helsan (amplecti) halsta; memman (? complacere) mamta (N. 34,
14.); piwemman (maculare) piwamta [s. nachtr.]; chemphan (certare) champhta; demphan (supprimere) damphta; chennan (noscere) chanta; nennan (nominare) nanta; prennan (urere) pranta;
rennan (currere) ranta; scentan (dedecorare) scanta; suenian (dilapidare) suanta; wentan (vertere) wanta; ki-nendan (audere)
kinanta; sendan (mittere) santa; enkan (augustare) ancta; duenkan (arctare) duancta; benkan (concedere) bancta; [lenkan s.

790 II. *alth. erfte fchwcuche conjugation.*

nachtr.] fprenkan (rumpere) fprancta; fenchan (inclinare) fanhta; fcenchan (infundere) fcanhta; ftenchan (foetidum reddere) ftanhta; wenchan (vacillare) wanhta; merran (impedire) marta; fperran (claudere) fparta; derren (ficcare) darta; werman (calefacere) warmta; fterpan (occidere) ftarpta; werpan (volvere) warpta; zerpan (volutare) zarpta; rertan (? pronuntiare) [rerten bei N. concinnare, componere] rarta; fterchan (roborare) ftarhta; reffan (increpare) raffla; heftan (figere) hafta; ir-kezan (delectare) [facere oblivifci N. 43, 18] irkazta; fezan (ponere) fazta; huczan (acuere) huazta; duefpan (exftinguere) duafpta; meftan (faginare) mafta; reftan (morari) rafta; decchan (tegere) dahta; [hecchan f. nachtr.] chlecchan (dierumpere) chlahta; recchan (exponere) rahta; ftecchan (figere) ftahta; ftrecchan (extendere) ftrahta; wecchan (excitare) wahta; wrecchan (perfequi) wrahta. [heldan (inclinare) halta. T. 51, 2 heldita. N. 143, 5 helde inclina. ingeltan (punire) ingalta N. Bth. 203. vgl. ingultniffe N. 78, 9. velgan, valeta Diut. 2, 282. Graff 3, 499. eltan (morari) O. V. 25, 151. alta III. 15, 7. IV. 6, 89. V. 6, 37. 23, 104. fcellan (intonare) fcalta N. 46, 6. chremphan, chramphta. plentan, planta N. Bth. 226. glenzan, glanzta N. Cap. 87. mendan (gaudere) manta N. 34, 14. zuengan (perftringere) zuangta N. Bth. 65. menkan (carere) N. mengan, mangta. ftrenkan, ftrancta N. Bth. 226 erftrancta. trenchan (potum praebere) tranhta. wernan (renuere, denegare) warnta. uo-zernan Graff 5, 695. zertan (deliciare) gl. herrad. 197[b]. wertan (laedere, corrumpere) warta Graff 1, 957. 958. fteftan (figere) ftafta. gellafter N. p. 266[b]. ftephan (gradi) ftaphta N. 38, 1. bechlepfen (opprimere) N. Cap. 13. fcephan (haurire) Samarit. O. II. 14, 58. praet. fcaphta? frezan (depafci) fmzta monf. 332. lezan (ftimulare) lazta N. Cap. 44. nezan, nazta monf. 329. 383. reftan (ftabilire) vafta. peftan (farcire) Graff 3, 213. lecchan (rigare) lahta T. 138 lacta (rigavit) gl. brab. 974[a] lechenti (rigans).] — 2) ftillan (fedare) ftilta; villan (caedere) vilta; helman (galeare) [neben hilman gl. brab. 964[a]] helmta; miltan (mifereri) milta; fcimphan (ignominia afficere) fcimphta; antlinkan (refpondere) antlincta; [irran f. nachtr.] feirwan (tegere) feirmta; ki-pirnen (erigere) kipirnta, chrifan (rapere) chrifta; ftiftan (conftituere) ftifta; miffan (aberrare) mifta; fcricchan (exfilire) fcrihta; articchan (fuffocare) ftihta. [wilebon (mulcere) N. Cap. 28, 69. hirmen, hirmdon (conquievere) N. Cap. 160. chirnan (enucleare) willan (convocare) K. 22[b] irchicchan (vivificare) irchihta. neowihtan (exinanire) gl. doc.] — 3) vullan (implere) vulta; buldan (favere) hulta; dultan (pati) dulta; krumpan (curvare) krumpta;
673 kuntan (incendere) zunta: chundan (notum facere) chunta; pidurnan (fpinis cingere) pidurnta; var-fpurnan (impingere) fpurnta; fcurfan (exenterare) fcurfta; antwurtan (refpondere) antwurta; fturzan (labi) fturzta; durftan (fitire) durfta; horfkan (acuere) hurfcta; fcurkan (praecipitare) fcurcta; kurtan (cingere) kurta;

vurban (mundare) vurpta; chnupfan (nectere) chnupfta; chniffan (ofculari) chulta; luftan (cupere) lufta; zucchan (rapere) zuhta; itaruhhan (ruminare) itaruhta. [zumpftcn (falernre) Diut. 1, 222ª. funden (fubire) N. Cap. 106. 108. gifundta : kundta O. V. 8, 89. duzan (lactare) duzta Graff 5, 463. unfcan, genufta (nexuit) N. Hth. 172. ruftan (parare, armare) rufta O. II. 3, 122. trucchan (premere) truhta. fluhhen (fugare) fluhta O. II. 15, 22.] — 4) wânan (putare) wânta; mâran (divulgare) mârta; wâtan (veftire) wàtta. [kiwûran (pangere) kiwârta Diut. 1, 508ᵇ gnâden fr. or. II. 947. fich gefuâfen N. 147, 9. kâban (feltinare) kâhta. gâhti O. IV. 22, 5. nâhan (appropinquare) nâhta. pâhan (bâhen) gebahet (l. gebâhet) N. Cap. 24. fnâhten (anhelare) N. Bth. 195.] — 5) chêran (reverti) chêrta; lêran (docere) lôrta. — 6) flan (feltinare); liman (glutinare) limta; plidan (lactificare) plidta; huizan (albare) huizta; wihan (facrare) wihta; lihtan (facilitare) lihta. [wifan, wifta O. IV. 1, 5. 35, 13. V. 19, 115.] — 7) kouman (curare) kounta; chrônan (garrire) chrônta; hônan (irridere) bônta; hûran (audire) hôrta; flôran (deftruere) flôrta; ki-loupan (credere) kiloupta; roufan (vellere) roufta; toufan (baptizare) toufta; uôtan (cogere) nôtta; ar-ôdan (vaftare) arôdta; lôfan (folvere) lôfta; ôfan (vaftare) ôfta; trôftan (folari) trôfta; oukan (oftendere) oucta; ar-vloukan (fugare) vloncta. [toumen (redolere) N. Cap. 76. farlôran (perdere) fr. th. Matth. 22, 7. inphrôran (liquefacere) N. 147, 7. choufan (emere) K. 51ᵇ monf. 340. 395. 402. O. II. 14, 200. ki-drôzan (protrahere) gl. monf. lôzan (vernare) flôzan, azfloizta (elicuit) Diut. 2, 344ª rouhan (fuffire) O. I. 4, 40.] — 8) chûman (gemere) chômta; foûman (fpumare) fcûmta; zûnan (fepire) zûnta; prûhhan (uti) prûhta [farflumman (negligere) K. 40ª ûfan (promere) ûfta (prompfi) gl. hrab. 972ª·ᵇ dûhan (premere) J. 407. hrab. 954ᵇ 963ª] — 9) teilan (dividere) teilta; heilan (fanare) heilta; meinan (putare) meinta; ir-fceinan (oftendere) fceinta; zeinan (fignificare) zeinta; ohleipan (illinere) chleipta; leipan (relinquere) leipta; peitan (urgere) peitta; preitan (dilatare) preitta; leitan (ducere) leitta; fpreitan (fpargere) fpreitta; ucizan (affligere) neizta; ki-weizan (probare) [potius praebere, praeftare O. I. 1, 134. II. 7, 74. 16, 51. III. 7, 113. IV. 13, 51. V. 20, 92] weizta; hneikan (flectere) hneicta; weikan (vexare) weicta. [varfueinan (delere) ferfueinet N. p. 258ª, 14. weipan, ungeweibtu (infracta) N. Cap. 120. gleifjan, kleifan (obliquare) fueigan (fchwitzen machen). fueikan, fueigen N. 136, 2.] — 10) wiuman (fcatere) wiumta; ftriunan (lucrari) ftriunta; fliuran (remigare) ftiurta; diupan (furari) dinpta; liupan (carum effe) liupfta; ftiufan (orbare) ftiufta; riutan (fuccidere) riutta; fpringan (fulcire) fpriuzta; liuhtan (lucere) liuhta; (ftunen (lucere) oder fiunên? N. 88, 36. 38. fkiuhan (exire) fkiuhta O. III. 17, 49.] hierher zähle ich auch die mit ia, ie bei O., als gi-fiaren (perducere) gi-fiarta (III. 14, 45. 21, 9.) gifciaren (expedire) gi-

fciarta (IV. 12, 88.) gimieren (appellere) gimierta (V. 25, 4.) ziaren (ornare) ziarta; mieton (remunerare) mielta. — 11) vuolan (fentire) vuolta; fpuolan (purgare) fpuolta; wuolan (fuffodere) wuolta; tuoman (judicare) tuomta [bei N. getuomen (magnificare)]; zuoman (evacuare) zuomta; fuonan (judicare) fuonta; bruoran (tangere) bruorta; vuoran (ducere) vuorta; truopan (obfcurare) truopta; pruotan (fovere) pruotta; pruokan (terrere) pruocta; huotan (cuftodire) huotta; fuobhan (quaerere) fuohta. [fruotan (fapientiā imbuere) N. 48, 4. gruozan doc. 217ᵃ. pluogan (libare) pluozta. muofan (manducare) ar-druofnan, erdruafnita (defecaverat) Diut. 2, 315ᵃ] — 12) bildungen mit -al, -an, -ar:
878 als mahalan (fermocinari) mahalta; nakalan (clavis figere) nakalta; kakanan (obviare) kakanta. — 13) bildungen mit -iz, -uft: kirizan (concupifcere) anazan (ft. anizan?, incitare) ki-jazan (affentiri) duzan (tuiffare) praet. kirizta, anazta, duzta; ankuftan (angere) ankufta [bnaffezan (dormitare)].

Anmerkungen: 1) verfchiedene denkmähler hegen das ableitungs-i in praef. und praet.; ihnen fällt, wenn das f. 870. vermuthete -is, ft unerweifllich wäre, die conj. der kurz- und langfilbigen zufammen; namentlich gewährt J. chennida, fendida, quihhida, beftida, mcinida, debhida, fughida, aughida, luftida, reftida etc. doch findet fich 357. hôrdon ft. hôridon. [Matth. 13, 24 fezzita. 21, 46 meinita. fôbbitun. 13, 39 forbrennitun. 22, 3 fentita. 22, 12 arftomnita. 25, 43 dechbitut. 25, 44 ambahtitum. 26, 75 wôffita. 27, 2 leititun.] Im T. gibt es noch viele -ita (zumahl nach mf, ng, fg, ld, rt, ht, ft, als: fcimphita, hengita, antlingita, mifgita, heldita, antwurtita, abtita, liubtita, heftita etc.) [firebbita differbnit Diut. 2, 178] wo die gl. monf. O. und N. fyncopiertes -ta zeigen. Verbis, deren wurzel auf einfaches h ausgeht (nicht denen auf hh) läßt felbft O. das i, als: fkiuben (vereri) fkiuhita; nähen (appropinquare) nâhita (vgl. unten anom. 5.); auch ableitungen mit erfter langer filbe fcheint es gern zu bleiben, z. b. pouhnan (fignificare, ft. pouhanan) pouhnita; ar-ftalan (exinanire) arftalita (d. h. arftálan, arftûlits, nach der note oben f. 374.) terchnan (diffimulare, ft. terchinan) terchnita; vnotran (pafcere, ft. vuolaran) vuotrita; vluobran (confolari ft. vluobaran) vluobrita; heilizan (d. i. heilizan, falutare) heilizita; rûnizan (rûnizan, fufurrare) rûnizita etc. Im allgemeinen merke man auch, daß das *part. praet.* auslautend volle form mit dem ableitungs-i behält, während fie das praet. ind. bereits fyncopiert (f. unten participium). — 2) der conf. vor dem t praet. der zuf. gezognen form ift fchwierig und nach verfchiedenheit der mundart feft zu fetzen. Die quellen fchwanken; folche, die noch inlautende med. b. g. dulden, pflegen fie vor t in ten. zu fchärfen, z. b. uoben, uopta; werben, warpta; hengen, hancta, doch felbft O. ift unzuverläßig, er und T. erlauben auch die med. vor dem t. (l. 13, 28. goumpta f. goumta). Strengalth.

II. *alth. erſte ſchwache conjugation.*

galt ten. durchgreifend; wegen des cch. bin ich zweifelhaft, ob
es vor dem t zu h oder c werde? K. 29ᵇ gibt kiſtactêm 46ᵇ ki-
ſtrahtêr. Bei O. T. etc., welche ſtecken, ſtrecken ſchreiben, iſt
ſtacta, ſtracta ausgemacht. [Die auf sc werfen bei N. im praet.
das c aus: wiſken, praet. wiſta Bth. 13 (doch ferwiſkte Diut.
3, 55) nuſken, praet. nuſta Bth. 172.] — 3) urſprünglich kurz-
ſilbige, durch gemination in gewiſſen fällen langſilbig geworden,
müſſen ſich zuweilen als durchaus langſilbige behandeln laſſen
und überkommen namentlich rückamlaut. So entſpringt all-
mählig: zellu, zellis, zellit; zellamês; praet. zalta anſtatt zellu, ᵃ⁷⁴
zelis, zelit, zellamês; praet. zelita; desgl. ſellu, ſalta ſt. ſelita;
hullu, hulta ſt. hulita; kremmu, kramta ſt. kremita; ſenttu, ſentta
ſt. ſcutita; rettu, ratta ſt. retita; quettu, quatta ſt. quetita [auch
N. chetten (ſalutare) chatta Cap. 148] etc. zumahl begünſtigt O.
dieſe, wie mir ſcheint, unorganiſchen praeterita, indem gemi-
nation, welche ſelbſt erſt im praeſ. aus dem ableitungs-i erwächſt,
nicht nochmahls durch deſſen ſyncope im praet. beſtimmt wer-
den kann. Man ſtelle wörter mit urſprünglicher gem. denen
mit unurſprünglicher gegenüber, z. b. vullan (implere) vullis,
vullit, praet. vulta; chennan (noſcere) chennis, chennit, chanta
dem hullan (operire) hulis, hulit, praet. hulita: dennan (tendere)
denis, denit, denita. Aus vullita, chennita wird jenes vulta,
chanta, folglich ſetzen hulta, danta ein bullita, dennita voraus,
welche nicht vorhanden ſeyn können, ſolange die ſprache den
urſprung des bullan, dennan aus huljan, denjan fühlt. In der
that iſt auch dennan ſo unerhört als danta und ſelbſt O. gewährt
thenen, thenita, allein er gebraucht das analoge ſellen (tradere)
ſalta [auch T. ſalta, tradidit Matth. 10, 4 neben ſelent tradunt,
ſelit tradit, giſelit traditus, ſelen Matth. 18, 21] neben dem rich-
tigeren wellen (eligere) welita (nicht walta), ja von zellen ab-
wechſelnd zelita oder zalta (ohne eigentlichen unterſchied einer
bedeutung numeravit und narravit) während ihm doch II. III.
praeſ. ſtets zelis, zelit lauten, niemahls zellis, zellit. [Im mhd.
ſtehet gezelt und gezalt gleichbedeutig, vgl. troj. 2185. 2219.]
Dieſe ſchwankende, progreſſive verwandlung kurzſilbiger verba
in langſilbige iſt keiner allgemeinen darſtellung fähig, ſondern
nach zeit und mundart zu beſtimmen. — 4) tadelhaft ſcheint
mir gemination nach langem vocal (vgl. oben ſ. 54. 123.) z. b.
hôrran (audire) lêrran (docere) beide bei K. mehrmahls; ſtôrran
(deſtruere) gl. monſ. 336. wânnan (ſperare) K. 24ᵃ gl. jun. 187;
hreinnan (caſtigare) K. 23ᵃ fîllan (feſtinare) gl. monſ. 383. 399.
wiewohl ſie gleichfalls aus aſſimiliertem j der ableitung ent-
ſpringt (ſt. hôrjan, lêrjan, wânjan, fîljan) folglich in II. III ſg.
und dem imp. unterbleibt (hôris, lêrit, fîlit, niemahls hôrris etc.)
Gäbe man ſie zu, ſo müſte in wörtern mit organiſcher, d. h.
von dieſem j unabhängiger gemination conſequent dreifaches r
etc. möglich werden, ſparrran ſ. ſparrjan. — 5) die contraction

II. *alth. zweite fchwache conjugation.*

des praet. vermengt zuweilen: nanta kann von nennan (nominare) oder nendan (andere) herrühren.

Zweite fchwache conjugation.

		sg.		
ind. praef.	sg.	falp-ôm	falp-ôs	falp-ôt
	pl.	falp-ômês	falp-ôt	falp-ônt
praet.	sg.	falp-ôta	falp-ôtôs	falp-ôta
	pl.	falp-ôtumês	falp-ôtut	falp-ôtun
conj praef.	sg.	falp-ôe	falp-ôês	falp-ôe
	pl.	falp-ôêmês	falp-ôêt	falp-ôên
praet.	sg.	falp-ôti	falp-ôtîs	falp-ôti
	pl.	falp-ôtîmês	falp-ôtît	falp-ôtîn

imp. II. fg. falp-ô; pl. falp-ôt
inf. falp-ôn; part. falp-ôntêr; ki-falp-ôtêr.

1. fg. praef. feit dem 9. jahrh. -ôn ftatt -ôm [ih luftidôm, defidero Diut. 1,509ª], mifcht fich alfo mit dem inf. und der allmählig auch -ôn ftatt -ômês gebrauchenden 1. pl. praef. Die länge des ableitungsvocals beftätigt oo bei K. (z. b. ladoot 17ᵇ, minoont 24ᵇ) und ô bei N. [un f. ô vgl. oben p. 96. waltituot Haupt 10. 369]; der conj. hat bei K. einigemahl eingefchobenes h, als: feawôbe 52ᵇ trahtôhe 55ᵇ (oben f. 189.). O. T. und gl. monf., mit verfchluckung des characteriftifchen voc. des conj. fetzen (wie der Gothe) -ô, -ôa, -ê, -ômên etc. für -ôe, -ôês etc., ihnen fallen daher II. fg. und 1. II. pl. praef. conj. ind. zufammen. Der fpätere N. behält das ê, fchreibt aber (nach Füglittallers mittheilung) -oe, -oêft, -oe; -oên, -oênt, -oên, welches nicht gerade ein früheres -ôê, -ôês widerlegt. In den pfalmen zuweilen ei für oe, als: betoiên 86, 7; minnoiên 86, 1; chôfoiên 108, 29; zuweilen ei: hetoiên 70, 7; jageie 7, 6; hildeiêft 36, 1; vermuthlich j, mithin analog dem bei K. eingefchalteten h. [gefegineigen (benedicant) Diut. 2, 294.] Auch gl. aug. 125ᵇ altôgên 122ᵇ flatôge ft. altôên, ftatôe; mifc. 2, 288. rihhifôia d. i. rihhifôja (regnet) ft. des üblichen rihhifôe (wegen des a für e oben f. 857.) [irgeilifôge monf. 360. zanôgê (dilaniet) doc. 245ᵇ fprazalôgê (palpitet) Diut. 2, 321ᵇ chrimmegê (mordeat) doc. 206ᵇ].

Einzelne verba diefer conjugation: 1) halôn (bei einigen holôn, arceffere) walôn (? walôn, aegrotare? O. III. 2, 13.) [walôu N. Cap. 143] zalôn (dinumerare N. 89, 11.) blamôn (crepitare, gl. hrab. 957ᵇ) namôn (nominare, gl. monf. 344.) mauôn (monere) wanôn (minuere, corrumpere O. I. 22, 115.) zanôn (dentibus lacerare) charôn (plangere) pi-fmarôn (irridere T. 67, 13. 20. 5, 3.) fparôn (refervare O. II. 10, 38.) tarôn (nocere) lapôn (recreare) chrawôn (gratitare) fcawôn (contemplari) pi-katôn (contingere) fatôn (faturare) ki-ftatôn (locum praebere) vratôn (fauciare) ladôn (invitare) padôn (abluere) fcadôn (nocere) vafôn

II. alth. zweite schwache conjugation.

(quaerere N. 100, 6.) chlakôn (queri) jukôn (venari) huntflakôn (plaudere manibus) [twarôn? N. Bth. 209. fih fkarôn N. Bth. 208. vadôn (ire, procedere) N. Bth. 40. 43. Cap. 52. frazôn N. Cap. 109. lazôn (tardare) N. Cap. 22. afôn (repere) N. Bth. 189. fagôn O. I. 8, 44.] — 2) fpilôn (ludere, exultare) tilôn [vielmehr tilôn O. II. 16, 19. V. 25, 124. 6, 96] (delere) wilôn (velare) zilôn (niti) kêrôn (cnpere) fcêrôn (ftertere, meridiari, lafcivire, gl. jun. 181. monf. 344. 347. doc. 231ᵃ aug. 127ᵇ; oder fcêrôn?) pifmêrôn (irri- [876] dere O. IV. 23, 12. 25, 3.) in-cribôn (T. increpare) pêtôn (orare) fitôn (folere) fnuidôn (cudere) kirridôn (pacificare) [ridôn f. nachtr.] wêkôn (prodeffe) fpêhôn (circumfpicere) zêhôn (tingere, gl. hrab. 963ᵇ, oder zêhôn?) [fcêrôn (ftertere) Graff 6, 534. fuirôn (firmare) lex bajuv. gebôn N. Bth. 159, gebeta Hth. 65. brêtôn (oder brêtôn) Hild. fcidôn (difcernere) N. Ar. 15. 103. Cap. 126. lêfôn N. Bth. 19. pilôn (lafcivire) rigôn (virgare) N. Cap. 165. ftêgôn N. Cap. 116. fur-fêhôn (confumere) Diut. J, 493ᵃ 519ᵇ]. — 3) polôn (ja-cêre) fpunnôn (commentari, eigentl. nere; O. I. 14, 16. II. 4, 121. V. 14. 50.) chorôn (guftare) lopôn (laudare) topôn (infanire) chu-tôu (? meditari, gl. mouf. 850.) vnotôn (conqualfare N. 109, 6.) fcrodôn (fcrutari bei N., fcrutôn bei T.) rolôn (rugire, gl. hrab. 964ᵃ vgl. N. 21, 14. 37, 9.) [drumôn (recidere) voc. S. Galli 191. ftumôn (cohibere) geftumô dir! Diut. 2, 287ᵇ porôn (forare) fofôn (condire) fpottôn Graff 6, 328. lnotôu Graff 4, 1126.] — 4) dancdullôn (meditari? gl. jun. 214.) chollôn (nugari) wallôn (ambulare) umpihalpôn (circumdare) fulpôn (ungere) int-halfôn (decollare) nidar-walzôn (provolvere) falzôn (faltare) walkôn (volutari) damnôn (damnare) wannôn (ventilare) antôn (zelari f. anadôn) vantôn (fafciis involvere? O. I. 11, 86. fandôn) danlôn (trahere) phlanzôn (plantare) drankôn (comprimere) lankôn (defiderare) wunni-fankôn (jubilare) vuri-vankôn (praeoccupare) fprankôn (fallire N. 38, 1. 54, 1.) danchôn (gratias agere) wanchôn (vacillare) arnôn (metere) warnôn (munire) [fcarpôn f. nachtr.] artôn (habitare) vokalrartôn (augurari gl. jun. 194.) vnartôn (anhelare) kichraphôn (hamare) ki-fcafôn (conficere O. IV. 29, 61.) prattôn (ftrepere) hazôn (odiffe, bei O.) vazôn (capere) fcazôn (lucrari) zaf'kôn (rapere) makhôn (facere) rahhôn (differere) int-rahhôn (excufare) ahtôn (reputare) flahtôn (victimare) trahtôn (cogitare) [fuaz-fallôn O. I. 5, 99. gevallôt accidit N. Bth. 206. widerwallôn (repugnare) N. Ar. 33. 237. manigfaltôn N. 35, 8. ftamfôn N. Cap. 140. mammôn? (niitefcere) wannôn, angiwanuôt corn gl. vet. fantôn (rimare) Schm. 1, 536. dritte-hantôn (tertiare) einzu. 412. houpit-paulôn (redimere) jun. 243. 248. hrab. 969ᵃ thrangôn O. IV. 30, 1. fih ftrangôn N. Ar. 136. 137. harmôu (gremio ferre) N. Cap. 62. bivappôn (nfurpare) cblafôn (refultare) vafkôn (ligare) Bth. 76. vaftôn (confortari) O. I. 10, 55? verfch. von vaftôn jejunare?] — 5) kot-fpêllôn (evangelizare) krunt-fêllôn (fundare) kris-criimmôn (ftridere, gl. monf.; N. griscramôn) innôn (recipere) minnôn (amare) chintôn (prolem habere N. 107, 37.) rēntôn (reddere, refpondere) fpēntôn (expendere, largiri) wiulôn (ventilare) irrôn (errare) birmôn (ceſſare) wērfôn (jactare N. 21, 11.) hērtôn (alternari) wirtôn (epulari N. 41, 5.) wērdôn (aeſtimare) ki-wērdôn (praeditum eſſe) vērkôu (poſcere) wērchôn (operari) hriwôn (poenitere) niwôn (renovare) mëʒôn (temperare N. 139, 8.) ſcēllôn (dolare) zēllôn (fervere, fpumare) miſtôn (ſtercorare) nēſtôn, niſtôn (nidificare) viſcôn (piſcari) hizôn (aeſtuare) lëcchôn (lambere) ans-prēhhôn (increpare) ſlēhhôn (ſtimulare, gl. hrab. 969ᵃ 975ᵃ) tihtôn (dictare) [wēllôn (undare) N. gewillôn (favere) N. Bth. 206. kēlpôn (mentiri) gëlbôn O. findôn (proficifci) N. Cap. 37. Diut. 1, 519ᵇ fenzôn Graff 3, 548. wērnôn (haerere, fixum eſſe) O. II. 9, 119. III. 20, 329. kizwirnôn (retorquere) elwang. 10ᵈ Maſenı. 94. fërgôn (deprecari) N. Cap. 133. 153. piʒʒôn (frendere) ker. 134. Diut. 2, 229. fëitôn (difponere) Bth. 222. 213.]. — 6) ſtollôn (fundare) muntôn (tueri) wuntôn (vulnerare) tunchôn (tingere) fpornôn (calcitrare) vorſcôn (inquirere) purkôn (civitatem conſtituere) uppôn (evacuare N. 63, 9.) pi-ſtophôn (obturare) choſtôn (tentare) luſtôn (appetere T. 116. monſ. 409.) nôt-zogôn (violare) chloechôn (pulſare) locchôn (pellicere) procchôn (diſtringere) [erfollôn N. Cap. dultôn (celebrare) N. 117, 27. honnôn (ululare) N. Bth. 199. ſtunkôn, geſtunkôt N. Bth. 74. fpile-wortôn (garrire) N. 76, 4. kiwurmôn (vermiculare) Diut. 1, 512ᵃ 525ᵇ gewormôt N. Cap. 71. tophôn (interſtinguere) N. Cap. 56. ſcoʒôn (vom feuer) N. Bth. 185. zoʒôn (carpere) hymn. 20, 4. choſſôn (ofculari) N. Cap. 76. bruccôn (pontem facere) N. Cap. 146. tocchôn (volutari) N. Cap. 143. cloccôn (claudicare) gl. ker. 63.]. — 7) mâlôn (pingere) [N. Bth. mâlôn in jus vocare, mâlôn pingere 110. aber O. mâlôn pingere II. 1, 27] tuâlôn (morari) zâlôn (diripere) pârôn (acervare gl. jun. 237.) vârôn (fallere) lâkôn (inſidiari) rât-vrâkôn (conſulere, gl. jun. 197.) lâbhôn (ſanare) [prâhhôn f. nachtr.] kâhôn (praevenire) hintar-fprâhhôn (calumniari) [blânôn N. Cap. 56, doch Bth. 257 ſteht geblânet.]. — 8) einôn (jungere) hreinôn (mundare) ſteinôn (lapidare) weinôn (plorare) zeinôn (fignificare) mêrôn (ampliare) ſucipôn (ferri) weipôn (fluctuare) kreiſôn (palpare O. III. 20, 76.) chêwôn (ofcitare) peitôn (exfpectare) preitôn (dilatare) ſceitôn (diftinguere gl. monſ. 347. 352.) wejdôn (pafcere) reiſôn (moliri O. IV. 29, 51.) eiſcôn (poſcere) zuo-ka-reigôn (? uttingere gl. jun. 195.) weigôn (hinnire, gl. hrab. 959ᵃ hueiôn) zeigôn (monſtrare, infinuare, gl. brab. 968ᵇ 968ᵃ O. 1. 17, 28. IV. 11, 88, 104.) eihhôn (vindicare) vlêhôn (rogare) zuôhôn (dubitare) [gi-veilôn (oppretiari) monſ. 345. geinôn (ofcitare) monſ. 398. weibôn Bth. 217. fueibôn N. Cap. 161, 33. Ariſt. 215. ûʒ-peitôn N. Cap. 114. reiſôn N. Bth. 217.]. — 9) phinôn (cruciare) virôn (otiari) pitôn (laſcivire) wiſôn (viſitare) ſtikôn (ſtabulare N. 48, 15.) zuiôn, zuikôn (carpere). — 10) lônôu (remunerare) chrônôn (coronare) chôtôn (blandiri) pôſôn (alluere O. IV. 28, 14.) hlouſôn

(difcurrere gl. jun. 201.) ſtôwôn (queri) [frôdu (gaudere)]. —
11) tâmôn (circumire) hûlôu (acervare) mûzôu (mutare) [fuſtôu
(colaphizare) elw. 50° ge-ûzôu (demovere) N. Cap. 169. ſih ûzôn
Hth. 132.]. — 12) niumôn (modulari) dionôn (fervire) niotôu
(gaudere) liudôn (jubilare N. 32, 3.) meri-creozôn (margaritare)
[liubôn (diligere) ur-driozôn Diut. 1, 498" ſpiohôu (explorare) O.
IV. 11, 3.] — 13) koumôn (epulari) roupôn (ſpoliare) ouhhôn
(augere). — 14) pfruoutôn (alimonium praeſtare) huorôn (adul-
terare) vuorôn (alere) uparmuotôu (fuperbire) unmuozôn (occu-
pari) huohôn (deludere) vluohbôn (dira precari) [fruotôn N. Dth.
p. m. 32]. — 15) ein ableitungs-i (ë) vor dem ô haben folgende:
entlôn (ſuire gl. hrab. 951") herjôn (vaſtare) minnëôn (diligere
gl. hrab. 964°) âwiccheôu (deviare) hliumuntëôn (calumuiari) un-
dëôn (fluctuare) [willëôn (deſiderare) gl. ker. liudëôu hrab. 951°
fuaſtôu (anhelare) gl. hrab. 961°] etc. incineſns ift es ſchon ſyn-
copiert, erkennbar aber theils an dem umlaut des a in e, theils
an der conf. gemination. So ſtehet redôn (loqui) nothwendig
für redjôn; vrehtôn (mereri) f. vrehtjôn; willôn (delectare N.
29, 2.) f. willjôn; herrôn f. herjôn; trettôn (calcare) f. trettjôn;
wittôn (diſcriminare gl. monf. 359.) f. witjôn [metzôu (dolare la-
pidem) Schm. 2, 660 f. metzjôn; pettôn (ſternere) doc. 228° f.
pettjôn] etc. — 16) die zahlreichen ableitungen von ſubſt. oder
adj. mit den bildungen -ſam, -al, -il, -ol, -an, -in, -ar, -id, -ôd,
-ik, -ah, -aht faße ich hier in einigen beiſpielen zuſammen: ki-
uuhtſamôn (ſatisfieri) vreiſſamôn (periclitari) avalôn (ſatagere)
pi-vankalôn (praeoccupare) vokalôn (auſpicari) petalôn (mendi-
care) ſlammalôn (balbutire) kruopilôn (rimari) rihilôu (claudere)
vihilôn (limare) pi-ſtumpilôn (truncare) zorchulôn (aegrotare O.
III. 23, 50.) lamanôn (congregare) epanôu (aequare) ofanôu (ape-
rire) wâſauôn (armare) baſanôu (polire) rëkanôu (pluere) lëka- 876
uôn (benedicere) trukanôn (ſullere) veihhanôn (fraudare) zeib-
banôn (ſignare) redinôn (ratiocinari) hepinôn (tractare) bahlinôn
(enervare) altinôn (diſſimulare) pipinôn (tremere) veſtinôu (fir-
mare) wîzinôn (mulctare) koukarôn (vacare) minnirôn (minuere)
laſtarôn (convitiari) opſarôn (offerre) tëmperôn (temperare) ſmëh-
harôn (polire) vêzarôn (compedire) vlokarôn (volitare) wuntarôn
(mirari) zimparôn (fabricare) ir-choporôn (recuperare) anadôn
(nemulari) vladôn (innitari? gl. monf. 357.) kinadôn (dignari) pili-
dôn (effingere) kiluſtidôn (delectari) felidôn (recipere) antſeidôu
(defendere N. ſt. ant-fegidôn) einodôn (conſpirare) miltilôdôu
(mediare) ſpillôdôn (exultare) wiomidôn (ſcatere) duruſtikôn (in-
digere) pirikôn (foecundare) apahôn (abominari) përahtôu (illu-
ſtrare) zorahtôn (id.) (hapalôu (lactare) Graff 4, 737. quitilôn
(colloqui) O. V. 9, 9. ſih ellenôn N. Cap. 141. rechenôn, gere-
chenôt (inſtructus) N. Bth. 184. dizinôn (vibrare)? monf. uſtinôn
(fungi) Diut. 1, 226. moderôn N. Ar. 72. riturôn (cribrare) Graff
2, 475. ehirôn (ſpicas legere) Mones anz. 4, 367. oparôn Graff

II. *alth.* zweite u. dritte schwache conjugation.

1, 82. canádicôm (propitior) Diut. 1, 216. trifewôn (thefaurizare) N. 38, 7. unlimmendôn (calumniari) N. 37, 21. fundamentôn (fundare) N. 47, 9. feimegôn (fpumis notare) N. Bth. 230. wizagôn T. 4, 14. wizagunto mouf. 366.]. Affimilationen und fyncopen des bildungsvocals (z. b. murmulôn, ôponôn, choporôn, veibnôn gl. hrab. 969ᵃ vëhnôn T. 114. f. veibhanôn; vielleicht das unter 8 angeführte zeinôn f. zeihnôn, zeibhanôn? koukrôn, zimprôn, wuntrôn etc.) kommen hier nicht in betracht. — 17) endlich die dunkleren ableitungen *-if*, *-it*, *-att*, als: herifôn (dominari) libbifôn (diffimulare) piderpifôn (expedire) rihbifôn (dominari) fcutifôn (horrere) pluchifôn (dubitare) winifôn (nutire) impitôn (inferere) fûſtôn (? înſitôn, gemere) trabattôn (fluctuare) etc. Vollſtändigere angaben aller ſolcher ableitungen in dritten buche. —
Anmerkungen: 1) ſchwanken zwiſchen erſter und zweiter conj. iſt ſelten; O. gebraucht zeinen, zeinta, gizeinit (1. 1, 164. V. 1, 52. T. 88.) neben zeinôn, zeinôta, gizeinôt (IV. 5, 41. V. 5, 28. 14, 1.). Bildungen auf *-izan* gehören der erſten, die auf *-iſôn* der zweiten an, darum ſteht cremizôn (fremere) gl. hrab. 964ᵇ gremizôta (fremuit) T. 135. fehlerhaft f. cremizan, gremizita; unterſchieden davon iſt aber criminiſôn (ſaevire) gl. hrab. l. c., jun. 225.; tarôn neben terren (= tarjan) beruht nicht auf ſchwanken, ſondern doppelter herleitung, jenes von dem ſubſt. tara, dieſes von einem verlorenen ſtarken verbum. Einige gothiſch zur erſten gehörende ſtehen alth. in der zweiten z. b. agjan (terrere) bei N. 57, 3. egôn (wie der umlaut zeigt, für egjôn) wo nicht eget (wie 79, 17. zundet f. zundôt) zu leſen iſt. — 2) ſchwanken zwiſchen zweiter und dritter (f. dort anm. 2.)

Dritte ſchwache conjugation.

ind. praeſ.	ſg. hap-êm	hap-ês	hap-êt	
	pl. hap-êmês	hap-êt	hap-êut	
praet.	ſg. hap-êta	hap-êtôs	hap-êta	
	pl. hap-êtumês	hap-êtut	hap-êtun	
conj. praeſ.	ſg. hap-êe	hap-êês	hap-êe	
	pl. hap-êêmês	hap-êêt	hap-êên	
praet.	ſg. hap-êti	hap-êtîs	hap-êti	
	pl. hap-êtîmês	hap-êtît	hap-êtîn	

imp. II. ſg. hap-ê; pl. hap-êt
inf. hap-ên; part. hap-êuter; hap-êtêr.

wie bei der vorigen conj. wird *-êm* und *-êmês* allmählig zu *-ên*; auch die conjunctivflexionen folgen der analogie von ôe, ôês etc., N. hat -ee, -eêſt, -ee; -eên, -rênt, -eên (zuweilen ei, habeiê fl. 12, 5. ſchameiên 34, 4. etc.); O. T. und andere: -ê, -ês, -ê etc. Nach dem goth. könnte man im pl. praeſ. ind. hapamês, hapant erwarten, welches nirgends vorkommt. Selten findet ſich ſtatt

II. alth. dritte fchwache conjugation.

des ableitungsvocals -ê ein -â, luagáta O. V. 7, 14. êráta V. 25, 157. (1. 16, 2. thionâta ſt. thionôta, III. 6, 37. koráta ſt. koróta) T. 103. fcatnâta; T. 87. 104. wonâta wouûtun gl. monſ. 365. ih wonân Pez Ibeſ. 1, 418.; gl. ang. 124ᵃ allàl (antiquitatur) [fardolata ſr. Sehm. pſ. 129, 4. lebata Haupt 3, 460. tungat viget Diut. 1, 501ᵃ] und imp. wartâ N. 79, 6. was ſich dem minâ, fettinodâ oben ſ. 723. vergleicht und dem ſûchſ. nâhert.

Einzelne wörter: 1) fcamên (erubefcere) var-manên (routemuere, gl. jun. 201. N. 99, 3; bei O. fir-monên III. 17, 105, 109.) wanên (habitare N. 87, 17. bei O. T. wonên) harên (clamare) fparên (parcere) ftarôu (fixis oculis intueri) hapên (habere, tenere) ar-ftapên (rigere) zawên (agere, promovere) dokêu (filere) ki-makên (pollere) lakên (dicere) in-lakên (delibare) — 2) zilên (ftudere) hlinên (recumbere) pi-winên (depafcere gl. jun. 201.) wêrên (durare N. 106, 38. O. II. 8, 68.) wêrên (praeſtare J. 385.) iut-wêrên (praeterire) chlêpêu (haerere) lêpên (vivere) [fuepên, firebeta O. Hartm. 63] — 3) dolên (pati) ronên (? O. IV. 29, 73.) wouên (ſ. wanêu) ar-topên (iufanire gl. hrab. 954ᵇ) hlofên (aufcultare) hokên (cogitare; O. hogên neben huggen, hugitu; N. 114, 4. be-hugêta) [ſkolên (debere) ni ſi kifcolêt non debeinr gl. doc. 207ᵃ. biegên? anm. zu 865] — 4) altên (fenefcere) ar-chaltên (frigefcere) haldên (vergere) ar-paldên (audere) hankên (pendêre) lankên (defidernre N. 37, 1. 106, 5.) ſtrankêu (corroborari) ar-marrên (defipere) parrên (rigere) ar-parmên (miferrri) darpên [680] (egere) purtên (pubefcere) wartên (cavere) haftên (teneri) hazêu (odiſſe J. 345. T. 67, 18. N. 128, 5.) nazên (madere) lazên (languere) pazên (melins ſe habere T. 55, 7) raſtên (quiefcere) vuftên (jejunare) labhên (ridere N. 34, 14.) walhên (vigilare) unmahtêu (languere) [warmên u. fnarzên N. Ar. 67] — 5) ki-ſtillên (filere) ar-pîmtên (coccari) ar-verrên (alienare) lirnêu, lêrnêu (difcere) ar-virnên (fenefcere) dicchên (groſſefcere) [gehirmên (quiefcere) N. wêrnêta (fatagit) Diut. 1, 515ᵇ chrechên (animari) N. Cap. 129. flêcchên N. Bth. 239.] — 6) volkên (foqni) ar-ſtummên (mutefcere) ar-tumpên (ſtultefcere) fcorrên (eminere) porkên (cavere) forkên (moerere) mornên (lugere) flornên (obſtupere) roſtên (ferruginare) lofkên (latere) [hornên (hôrner kriegen) N. Bth. 135] — 7) fuârên (gravari) krâwên (canefcere) pâkên (rixari) ar-trâkên (taedere) vrâkên oder vrâhên (interrogare) ſmâhên (vilefcere gl. monſ. 347. N. 13, 6.) [duâlên O. I. 4, 72. râmên (tendere) N. 118, 30. O. III. 1, 35.] — 8) vîên (odiſſe) huilên (morari) riſên (maturefcere) fulkên (tacere) lihhên (placere) [liên (eis werden) N. Cap. 70.] — 9) krûên (horrere) trûên, trûwên (confidere) arvûlên (putrefcere) rûnêu (clam loqui) ſtûnên (ſtupere) trûrên (moerere) ar-fûrên (accefcere) [ſtrûpêta Diut. 1, 275ᵇ] — 10) êrên (honorare) arheiên (urere, gl. monſ. 320.) reidên (criſpare) arheizên (fervere) ar-pleihhên (pallefcere) ar-weihhên (marcefcere) [ertuêrêton evanuerunt Moues anz. 1835, 87. fêwên N. 106, 35.]

— 11) rôtên (rutilare) ar-plôdèn (vereri) [drôên (pati) frôèn (gaudere)] — 12) hruomèu (jactare) luokèn (videre) ar-luokèu (perfpicere gl. jun. 204.) ûz-luokèn (eminere gl. hrab. 961ᵇ) — 13) ableitungen von bildungen -al, -am, -an, -ar etc. find unhäufiger als in voriger conj.; beifpiele: ar-italèn (vanefcere) tunchilèu (obfcurari) chradamèn (periftrepere, vgl. ar-paramèu ft. ar-parmèn) truuchanèn (ebriari O. II. 8, 98.) [potius drukauèu ûtire in hoc O. loco] hlutrèn (liquefieri) veiztèu (pinguefcere) [àbandôt vefperafcit. takèt diefcit. morkanèt]; oft finden fich bildungen -ak: luftakèn (delectari) roftakèn (aeruginem contrahere) intwouakèn (defuefcere) pluotakèn (fauguinare) zi-accharakèu (fodere gl. monf. 398.) etc. vgl. die unter 6 angeführten forakèn, porakèn.

Anmerkungen: 1) zwifchen dritter und erfter fchwanken die verba *hapên* und *fakên*. O. T. N.¹) exh. regelmäßig babèn nach dritter; K. (neben dem inf. habèn 39ᵇ und part. kihabèt 31ᵃ) im praef. *hebit* (habet) 15ᵃ 28ᵇ 44ᵃ 54ᵃ; [auch hymn. 1, 3. 8, 3 hebit. 6, 2 hebis. 15, 2 pihebit; aber 24, 6 pihabet. W. formen f. bei Hoffm. gloff. 24] desgl. J. *hebit* 343. und im praet. *hapta* 355. Ebenfo gebrauchen einige *fegian*, *fegit*; praet. *fegita* (gl. jun. 202. J. 376. ohne umlaut faghida) [fekitin (retulerint) etw. 1ᵃ]; andere *fagèn*, *fagèta* (O. T. N. gl. jun. 203.). Bloße fyncope fcheint hogti O. II. 24, 26. IV. 9, 32. ft. hògèti (I. 8, 43. 9, 27.). Über vrakèn f. zehnte anomalie. [gl. hrab. 951ᵃ *forgu* vel *forgên* angor'] — 2) wechfel zwifchen zweiter und dritter: ftatt bazèn O. bazôn (III. 14, 234. V. 23, 304.) vgl. f. 851. das goth. fchwanken zwifchen dritter und erfter; ftatt ki-wèrèu (praeftare) O. gi-wèrôn (I. 15, 16.); ftatt Jolèn O. tholôn (IV. 25, 27.) und daneben nach erfter thulteu, thulta (IV. 25, 26.); neben fagôn (exhilarare) I. 8, 44. III. 20, 143. fagèn IV. 26, 72; neben charôn N. 54, 1. ftehet charèn 37, 1; anftatt falôn 80, 17. falèn, infoweit hier und in ähnlichen fällen den ausgaben zu trauen ift.

Anomalien der alth. conjugation.

1) Effe befteht aus viererlei ftämmen a) III. praef. fg. ind. lautet: *ift*. — β) der inf. *fin*; III. praef. ind. pl. *fint* (bei J. 347. 357. *findun*) [fintun fragm. aus Matth. 12, 48. altf. findun, agf. findon: erft die dritte perf. im -nd, dann im -un ausgedrückt]; das ganze praef. conj. *fi*, *fis*, *fi*; *fimês* (fpäter *fin*) *fit*, *fin*. — γ) I. fg. praef. ind. *pim* (bim, pin, bin) II. *pift* (bift) [bis T. 82. 87]; pl. I. *pirumês* (fpäter pirum, pirun, birun) II. *pirut* (birut). N. braucht die doppelform I. *birîn*, birn [birn wir pf. 125, 1] II. *birint* [birnt ir Bth. 171]; L. *bin* [wir bin pf. 125, 3. bin wir pf. 80, 11. 89, 14. 123, 7] II. *bint* [bint (eftis) pf. 134, 1]. Der

---

¹) N hat kein habên, fondern haben füglich. lit. p. 52: ih babo, du habeft, ér babot; ih habeta.

II. *anomalien der alth. conjugation.*

verlorene ſtamm zu pirun lautete fchwerlich pſſan, peis (nach
rifan, reis, rirun), vermuthlicher pian, pei (nach ſerian, ſerei
f. 867.) — δ) der inf. *wĕſan*, imp. *wis*; praet. *was*, *wâri*, *was*;
wârumês (wârun, wârun) *wârut*, *wârun*; conj. *wâri*, *wâris*, *wâri*;
wârimês, *wârit*, *wârin*. Das praef. wiſu, wilis, wiſit etc. conj.
wĕſe, wĕſês, wĕſe etc. geht zuweilen aus der concreten bedeu-
tung manere in die abſtracte eſſe über, oder drückt zuweilen
das lat. futurum ero oder den begriff fio aus. Zu folcher ab-
ſtraction wiſu = ſum etc. paſt auch der inf. *wĕſan* = eſſe ſtatt
des älteren *ſin*; in der exh. finde ich bloß ſin, kein wĕſan, bei
K. bloß wĕſan (16ᵃ 19ᵃ 20ᵇ) kein ſin, [hymn. 26, 8 wĕſan. 9, 2
wĕſein (ſinma) 11, 2 daz ſin (ut ſimus)] dergl. bei T. nur wĕſan
(44, 13.); J. hat wĕſan (354. 398.) neben ſin (407) ebenſo O.
wĕſan (I. 27, 4. IV. 1, 16. 4, 24.) und ſin (I. 13, 23. 25, 9. II.
19, 51.); N. beides wĕſen (102, 7.) und ſin (48, 12. 99, 8.). Den
imp. *wis* belegt O. III. 1, 87. V. 10, 11. T. 3, 2. 9, 2. N. 26, 9.
82, 2. W. 2, 17.

2) den goth. wörtern zweiter anomalie entſprechen althoch-
deutſche, nur dem ôgan kein uokan, dem munan kein munan,
wogegen unnan, ar-punnan und tugan hinzutreten. Beachtens-
werth vor allem iſt, daß die formellen praet. in II. ſg. ächt-
indicative flexion -t bewahrt, nicht gleich den übrigen ſtarken
verbis mit dem conjunctiviſchen -i vertauſcht haben; aus diefer
urfache bleibt hier auch der zweiten perſon ablaut des ſg., wäh-
rend dort vocal des pl. und des conj. eindrang. Die einzelnen
verba ſind nun folgende: α) conj. VII. *muozan* (licere, locum
habere) praet. *muoz*, muoſt (?), muoz; pl. muozumês, muozut,
muozun; praet. *muoſa*, muoſôs, muoſa; pl. muoſumês, muoſut,
muoſun; conj. praef. muozi, muozis etc. praet. muoſi, muoſis etc.
— β) conj. VIII. *wizan* (ſcire, noviſſe) praef. weiz, weiſt (J. 355.
K. 18ᵃ O. I. 26, 15. T. 155, 3. 238, 1.) [ni wĕſtu, non ſapis Haupt
10, 369] weiz; pl. wizumês, wizut, wizun; praet. *wiſſa*, wiſſôs
etc. [wiſſa K. N. 48, 12 etc. gl. monf.] conj. praeſ. wizi, wizis etc.
praet. wiſſi, wiſſis etc. O. macht das praet. *wĕſſa* [IV. 11, 13.
wĕſſin : miſſin II. 5, 35. wĕſſis : ruſtis II. 3, 121; weit gewöhn-
licher aber wĕſta und zwar im reim auf miſta, liobôſta etc. I. 22,
85. 95. II. 15, 39. II. 14, 183. wĕſtin : reſtin V. 4, 57. wĕſta : brĕſta
II. 8, 27. wĕſtin : giluſtin II. 14, 195.] und T. *wriſta*; für weiz
finde ich bei letzterm zuweilen *wiz* (131.) für wizumês, wizun:
weizumês, *weizun* (187, 3. 239, 5.) für wĕſta *wriſta* (180, 2.) und
im part. praet. ſtatt wizan *wizzan* (44, 18.) — γ) conj. VIII. *eigan*
(poſſidere), die ſchreibung *eikan* ſcheint hier, wegen des aus h
entſpringenden g bedenklich, auch verſagt K. die ten. dem ver-
bum, freilich nicht dem adj. eikan (proprium). Die conj. iſt
defectiv; praeſ. ſg. (*eih*, eiht, eih oder êh, êht, êh?) fehlt überall,
nicht der pl. eigumês, eigut, eigun; conj. vollſtändig eigi, eigis
etc. Ein praet. (*rihta*, *êhta?*) mangelt durchaus. Bei N. lautet pl.

II. *anomalien der alth. conjugation.*

praef. ind. eigen, eiget, eigen [diefe lll. pl. zweifelhaft, im periphr. tempus daftir habent]; der conj. eige, eigift, eige; pl. eigên, eigent, eigên, welchen formen in den pfalmen häufig ein anlautendes h gegeben wird: *heigen* etc. wie K. 54ᵃ ausnahmsweife heikinin (proprii) f. eikinin ftehet. — δ) conj. IX. *tugan* (valere) oder *tukan*; praef. *touc*, toht, touc, pl. tukumês etc. oder tôh, tôht, tôh, tugumês etc.? N. 29, 10. *touy* hildebr. *taoc* für taoh = tôh (vgl. oben f. 95); den pl. fchreibt N. tugen, conj. tuge, tugift etc., praet. *tohta* etc., O. dohta, dohtûs etc. — ε) conj. X. *makan* (poffe) K. 18ᵃ, [monf. 403. upar-makan (fufficere) monf. 391, 392) praef. *mac*, maht (O. IV. 5, 119. 6, 3. T. 80, 6. mahft T. 2, 9.) mac; pl. *makumês*, makut, makun (gl. jun. 240. 247.); praet. *mahta*, mahtôs, mahta; pl. mahtumês etc. praef. conj. meki, mekis, meki (K. 20ᵇ 21ᵇ O. I. 18, 33.) praet. mahti, mahtîs etc. O. hat mag und nicht meg, außer bei anlehnungen wie megiz, megih (IV. 12, 115. V. 25, 72.) wiewohl in diefen ftellen auch der conj. megi angenommen werden kann. Allein O. und T. bilden den pl. *mugun*, mugut, mugun; N. mugen, mugent, mugen (ft. magun, magut etc.) und das praet. *mohta* ft. mahta. Inconfequent behält O. bei dem pl. mugun den conj. *megi* (I. 18, 33.), welchen T. *mugi* bildet, (189, 3. *mugau*, poffum; vermuthlich mugau, poffe zu lefen? [ita Schm. p. 78]) N. muge (poffim) mugen (poffe) 41, 2. 109, 4. — ζ) conj. XI. *fcolan* (debere) K. 28ᵃ 40ᵃ; praef. *fcal*, fcalt (O. I. 25, 13.) (folft (debes) N. Arift. 42 nach beiden hff.] fcal; *fculumês*, fculut, fculun (fculun K. 48ᵃ lefefehler f. fculun 45ᵃ); praet. *fcolta* etc.; praef. conj. fculi; praet. fcolti. Aulehnend fceliz (O. II. 7, 32. nach cod. vind.) f. fcal iz. Bei N. fällt das c aus und der fig. nimmt o für a an: *fol*, folt, fol; pl. fulen, fulent, fulen; praet. *folta*; praef. conj. fule, fultft etc. praet. folte, foltift etc., inf. fulen. — η) conj. XII. *unnan* (favere) praef. *an*, anft, an; pl. *unnumês*, unnut, unnun; praet. doppelt, entw. *onda* (nicht onta) ondôs etc. O. I. 27, 61. II. 7, 3. oder *onfta*, onftôs etc. O. III. 22, 57.; praef. conj. unni, unnîs etc. praet. ondi oder onfti. — ϑ) conj. XII. *ar-punnan* (invidere) geht wie unnan. — ι) conj. XII. *chunnan* (noviffe) und *inchunnan* (arguere) gleichfalls wie unnan; das doppelte praet. chonda (nicht chonta) chondôs und chonfta, chonftôs belegt O. I. 27, 62. III. 16, 14. — κ) conj. XII. *pi-kunnan* (incipere)? das regelmäßige verbum pi-kinnan, praef. pi-kinnu, praet. pi-kan pflegt aus diefem gleichfam als praef. der bedeutung gefetzten praet. ein neues fchwaches praet. zu erzielen und zwar wiederum doppeltes, entw. *pi-konda* (gl. jun. 175. O. II. 7, 4. III. 14, 31. T. 155, 2; fehlerhaft pi-gunta gl. monf. 338. ftatt pigunda) oder *pi-konfta* (bigunfta J. 387. 400.). — λ) jetzt conj. XII. *turran* (audere) praef. *tar*, tarft, tar; pl. *turrumês*, turrut, turrun; praet. *torfta*; praef. conj. turri; praet. torfti. — μ) conj. XII. *durfan* (opus habere) praef. *darf*, darft, darf; pl. *durfumês* etc. praet.

II. anomalien der alth. conjugation. 803

dorfta oder *durfta*? [thurfti O. III. 4, 23] beide formen unbeleglich. —

Anmerkungen zur zweiten anomalie. a) vielleicht entdecken sich noch andere, z. b. ein dem goth. ôgan, unnum paralleles *uokan* (timere) *monan* (meminiffe), womit das abgeleitete schwache var-monên, var-manên, oblivifci, spernere zuf. hängt). Läßt sich aus *ki-nah* (sufficit gl. jun. 225.) [pauah inan (oportet eum) ganah inan (sufficit) fr. theot. V, 20] ein ki-nakan (nach makan) schließen? doch ich vermuthe falsche lesart st. *ki-nuah* und folgere eher ein *ki-nuokan* (sufficere) praet. ki-muohta (conj. VII.) — b) die ablaute eigumês, makumês oder mukumês, fealumês follten wider die regel, fie follten igumês, mukumês, frâlumês heißen, fließen aber schon aus der goth. abweichung âigum, magum, fealum. turran fällt ganz in XII., d. h. geminiert das r, turrumês für tarumês, tornumês und diefes für târumes (wie pârumes); gleiche neigung zum pl. u (wie oben f. 865. bruttun, vluhtun f. brâtun, vlâhtun) verräth fealumês und auffallender magumês (neben magumês) aus einem part. praet. ki-mukan (ft. ki-mêkan). ki-fealan drang es wahrscheinlich nach und nach in den ind. vor. Noch unorganischer ergreift in N. fol für feal das u (o) fogar den fg. — c) die confonanzaffimilation des schwachen praet. entspricht ziemlich der gothischen: chonda, onda, arponda genau dem kunfa; feolta dem skulda; mahta, dorfta dem mahta, þaúrfta; torfta dem daúrfta; wiffa dem villa und wie neben villa dort môfta besteht hier neben wiffa auch wêfta[1]), hingegen muofa ftatt muoffa (und kein muofta). Der pl. chondum, feoltum etc. nicht chondâtum, feoltâtum etc. folgt dem allg. typus alth. schwacher form. — d) keinen imp. finde ich, die goth. analogie kunns, þaurfs, fkuls würde: chuns, dorfs, feals rechtfertigen. —

3) *wëllan, wollan* (velle); diefes wort hat eine fonderbare richtung genommen, weil die fprache den urfprünglichen conjunctiv allmählig indicativ nahm und dadurch in eine andere conjug. fiel. Faft jedes denkmahl hat dabei etwas eigenes. K. conjugiert: I. *willu*, II. wili, III. wili; pl. I. *wëllëmês*, II. wëllët, III. wëllent, braucht aber auch im fg. III. wölle, woraus auf I. wölle, II. wöllës zu schließen ift. (wili (vis) Hild. mêr wili mavis, nob wili mavis ker. 186. wille (volo) gl. caff. wili (velit) welle (voluerit) exh.] N. I. *wile*, II. wile, III. wile; pl. I. *wëllën*, II. wëllënt, III. wëllën; daneben den fg. I. wölle, II. wëllët, III. wölle. [wili und welle neben einander: waz wile fi danne? wer ift ter daz welle Bth. 244 (volt-velit)]. O. I. *willu*, II. wili (incl. wildûn IV. 23, 69.) III. wilit; pl. I. *wollemês*, II. wollet, III. wollent; daneben den fg. wolle, wollês, wolle. T. I. *willu*, [Schm.

---

[1]) Zu wiffa f. wifta vgl. miffa f. mifta O. II. 5, 36. fermiffa f. fermifta N. 36, 36. — Das ft in chonfta, onfta, bigonfta, torfta gleicht dem in der zweiten perf. fg. chanft, nafi, bigauft (?) tarft: f. weiter gramm. 2, 210. 212.

ſteht T. 46, 3 willa volo] II. wilis (238, 3.) III. wili; pl. *wollêmês*, wollet, wollen (? wollent); daneben den ſg. I. wolle (239, 3. incliniert wolib) II. wollês (46, 2. ſteht woli?) III. wolle. Durchgängig alſo verloſch der ächte pl. willmês, wilit, willu, durchgängig die I. ſg. wili außer in N. wile; III. wili dauert bei K. T. N. und II. wilis bei T. Der II. ſg. geben K. O. N. die form des praet. ind. wili,·wile; der I. ſg. K. J. T. O. die des praeſ. ind. willu; der III. O. die des praeſ. ind. wiliL Dieſer ſg. praeſ. willu, wilit verführte nach analogie des wechſels i und ê (ſ. 863. 864.) [vgl. billu, bëllumês, bëllant] zu einem pl. wëllêmês (wëllên) welchem doch in I. II. conjunctivflexion verblieb (nirgends wëllamês, wëllat) während III. wëllant (ſt. wëllên) lautet, und ſich zu willu verhält wie bëllant zu billu. Der conj. wëllên zog von ſelbſt einen vollſtändigen ſg. conj. wëlle etc. nach ſich, beide, wëlle und wili, dienen abwechſelnd zur überſetzung des lat. vult, velit, voluerit. Wie iſt aber das ſchwanken des ê und o in wëllêmês, wollêmês etc. zu verſtehen? Strengalth. quellen (K. N. exhort.) zeigen beſtändig ê, ſelbſt J. 382. wëllent; T. und O. hingegen o. Übergänge des ê in o ſind ſ. 82. 85. erwähnt; auf wolle, wollen mag das part. hollan von bëllan oder ſeuli, mugi ſ. ſeuli, magi angeſchlagen haben. Wenn *wolle* größere abirrung iſt, als *wëlle*, ſo ſtimmt wolle mehr zu dem davon abſtammenden praet. *wolta*, woltôs etc., deſſen ſich ſämmtliche alth. mundarten bedienen, namentlich auch die, welche im praeſ. wëlle etc. hegen; kaum eine hat *wëlta* (nur gl. caſſ. 855ᵇ wëltu, wëltun) [auch fr. theot.] geſchweige willa. Es ſcheint, daß ohne rückſicht auf abhängigkeit dieſes praet. von dem pl. praeſ., misbräuchlich die analogie ſcolta auf wolta einwirkte. —

4) *tuon* (facere; K. tuan; gl. caſſ. tôn; T. N. tuon; J. duon; O. duan) trägt ganz eigenthümliche miſchung ſtarker und ſchwacher form an ſich, die aber nur ſcheinbar ſeyn dürfte und hohes alterthum verräth. Hier ſtelle ich die bloßen formen auf; erklärungen werden am ſchluße des cap. [ſ. 1041] folgen: praeſ. ind. 1. *tuom* (ſpäter tuon) II. *tuos* III. *tuot*; pl. *tuomês* II. *tuot* III. *tuont*; praeſ. conj. I. tuoe II. tuoês [dafür auch tuo Wackernagel Weſſobr. p. 70 vgl. unten zu 965] III. tuoe; pl. tuoêmês II. tuoêt III. tuoên.. In II. III. ſg. ſchwankt O. zwiſchen *duas* und *duis*, *duut* und *duit* (analog ſeinem ſtâs, ſteis, ſtât, ſteit etc. vorhin ſ. 868.) in II. III. pl. hat er duet, duent (wie dort ſtêt, ſtênt); auch in den gloſſen, welchen ô für uo gemäß iſt, ſinde ich tôis, tôit (gl. hrab. 371ᵃ) niemahls aber tuois, tuoit ſ. tuos, tuot. — praet. ind. 1. III. *têta*, II. *tâti*; pl. *tâtumês*, tâtut, tâtun; conj. tâti, tâtis, tâti; pl. tâtimês etc. — imp. ſg. tuo, pl. tuot (O. duet); part. praeſ. tuontêr; praet. ki-tâinêr [part. praet. ketuan K. 25ᵃ ketan 28ᵇ 30ᵇ 33ᵃ]. —

5) nachſtehende verba, deren langem wurzelvocal einfaches w oder h folgt, gehen eigentlich nach der erſten ſchwachen,

II. anomalien der alth. conjugation.

zeichnen fich aber theils durch fchwanken zwifchen w und h (zuweilen j), theils durch gänzliche fyncope diefer fpiranten fo wie der ableitungs- oder flexionsvocale aus, verdienen auch, weil die meiften früherhin ftarke form befeßen haben, hier eine zuf. ftellung; *chnáhan* (nofcere) praet. chnâta; praef. conj. chnû (nofcat) chnân (nofcant) J. 373. ft. chuâe, chnâin [Graff 4, 567]. *chráhan* (crocitare) chrâta. *dráhan* (torquere) drâta [Graff 5, 238]. *láhan* (irridere, vituperare gl. monf. 402.)? lâta, lâhta? [gilâti (proderet, traderet) O. IV. 8, 24. firlâti IV. 8, 19. vgl. goth. lêvjan, agf. lævan.] *máhan* (fecare foenum) mâta. *náhan* (fuere) nâta; T. 56, 7. nâwit (fuit). *náhan* (appropinquare) nâhta bei O., nâhita bei T. (116.) nie nâta; *pláhan* (balare) gl. hrab. 955ᵃ? plâhita; *pláhan* (flare) plâta, blâjo (fpiro) gl. zwetl. 117ᵃ; *sáhan* (ferere) fâta; fâwit (ferit) T. 76. fâwent (ferunt) 38, 1. fâhet, fâhent N. 36, 26. 125, 5. *snáhan* (fpernere) fnâhta, fnâhita. [*kíhan* (feftinare) kâhta. N. kâhôn 118, 147. *táhan* : taant (lactaverint) Diut. 1, 523ᵃ. *wáhan* (flare) wâhet flat N. 147, 7. ûrwâc (difflet) O. I. 28, 12.] *chéwan* (vocare) T. 141. gikêwen, praet. chêta?; *fréwan* (ftagnare) N. 106, 35; praet. fêta? [chnêwan = (adgeniculare) giknêwe O. 1. 27, 117. *léwan*? Graff 2, 295.] *hiwan* (nubere) hîta, gl. monf. 396. hîjen T. 156 [bihton N. 105, 36]; *tówan* (mori) tôta (gl. monf. 353.) N. 21, 18. fteht doueta (? tôwêta nach dritter conj.? [*jówan* (cribrare) fowita Schm. 1, 506. mhd. vewen. *flewan* (lavare) flewita T. 19, 4. *gróan*, grôit (virefcit) fgall. 193. *klówan* (mugire) blôit mugit fgall. 197. *erftouwan* (increpare) erftouta N. Bth. 10. erftouter increpitus.] *feiuhan* (vereri) fciubita, fciuhta, nicht fciuta; N. fkichen, fkiehta. [*siuwan* (fuere) gl. monf. 412 fiuuit] *muohan* (vexare) muota (gl. monf. 326.) N. 93, 5. muohta [irmuait (feffus) O. II. 14, 5. gemuohet N. 106, 30. muohe 42, 1.]. *pluohan* (florere) pluota, pluohita (gl. jun. 208.) pluogentin (florentis) gl. monf. 331. *ruohan* (rugire) ruota N. 37, 9. *spuon* f. fpuoen (bene procedere) N. 2, 1. 118, 29. praet. fpuota 15, 4. 118, 28; fpuohan oder fpuowan finde ich nicht. *púan* (habitare, colere) oder pûwan; praet. pûta; gl. jun. 199. neben pawan merkwürdig pahan, ich vermuthe fefefehler für *pówan* (auf derfelben fpalte pûwo colonus) und *púhan*, da fich zwar puwan = pauan, pouwan, kein pûhan (pract. pâta!) denken läßt*) [*scuwan* (adumbrare) fcuit adumbrat gl. ker. 29]. — Ohne zweifel gab es folcher verba noch mehrere (vgl. das mittelh.), bei allen fällt im praet. mit der fpirans zugleich das ableitungs-i weg (chnâta — pûta, nicht chnâita, pûita), das praef. behält aber den flexionsvocal: chnâit, plûit (gl. jun. 840.) pûit

---

*) Ganz ungehörig zu bûan fcheint das dunkele *biruwis* (degas) O. II. 7, 36. und *biruun* (degebant) O. IV. 4, 118, der form nach ein bi-riwan, bi-ron, bi-ruun der conj. IX.) fordernd und manere, quiefcere (ruhen) bedeutend, unterfchieden von *hriwan* (ruen) [f. oben ca 858, III.]

etc. nur *fpuot* würde für *fpuoit* wie der inf. *fpuon* f. *fpuoan* ftehn (vgl. in 4ter anom. tuot f. tuoit).

6) *kunkan* zeigt außer dem f. 868. bemerkten fchwankenden praef. nichts anomales, namentlich kein dem goth. *gaggida, iddja* paralleles *kenkita, itta!*

7) *prinkan* macht das praet. *prähta*, pl. *prähtun*; O. läßt neben *brähta, brähtun* die ftarke form *hrang, brungun* zu, auch gl. monf. 363. das part. *prunkan*. *denchan* (cogitare) *dunchan* (videri) haben *dähta, dühta*: *wurchan* (operari) *worahta* oder *worhta*; im praet. fchwankt der vocal, K. fetzt *wurchan*, O. *wirken*; *würchan* (nach zweiter fchw.) ift eine ableitung und geht regelfeft [f. nachtr.]. Das *ä* in *prähta, dähta* entfernt fich von der goth. kürze, wird aber durch *prauhta, prauhtun* gl. hrab. 959ᵇ 961ᵃ und das mittelh. gewis.

8) fchwache verba mit der bildung -*aw* gehen richtig nach erfter conj.; löfen aber bei fyncope des ableitungs-i vor dem -ta praet. jenes *aw* in den vocal *u* oder *o* auf (vgl. f. 146. 147.). Im praef. bleibt *aw*: *karawan* (praeparare) *pi-leutawan* (obumbrare) *falawan* (decolorare) *varawan* (tingere); im praet. entw. vollftändig *karawita, feutawita, falawita, varawita* oder fyncopiert: *karota, fuluta, varota* (nicht zu mifchen mit dem -*öta* zweiter conj., daher) gleichbedeutig *karuta* (bild. und gl. hrab. 962ᵇ) etc. gefchrieben, wie ich auch K. 24ᵇ für *karata* zu lefen vorfchlage. Die ausftoßung des *a* mit behaltener fpirans: *karwita, fulwita* etc. ift als dritte form zuläßig, vgl. K. 54ᵇ *kikarwit*. Das ganze verhältnis nur fcheinbar anomal.

9) die fiebente goth. anomalie geht hier aus, denn es läßt fich z. b. von *trucchanen* (ficcari) *terchinen* (pallefcere) *wefnen* (marcefcere) weder ein ftarker imp. noch ein praet. nach zweiter conj. aufzeigen, obgleich die bildungsfilbe -*an*, -*in*, -*n* jenem goth. -*n* verwandt ift. Solche verba gehen alth. fowohl nach erfter, als zweiter und dritter fchw. conj.

10) zwar dem goth. *frailnna* (f. 855.) antwortet *frëgin* (fando accipio) im wellöhr. deukm. (? für *frëginu*), doch kein praet. *vrah, vrähun* will fich finden, auch kein vragn (vgl. angelf. conj. XII.); N. hat 23, 8. *frëget* (interrogat). Die übrigen nach dritter fchwacher *erëken*, das von jenem pl. *vrähun* abgeleitet beffer *erëken* (K. 18ᵇ *frähëtomës*) gefchrieben würde. gl jun. 177. *fráganön* (confulere).

11) fünf ftarke praet. mit fchw. praef. f. 867. 868.

12) defectiv und lediglich für den imp. gültig, nie ohne die negation vorkommend [aber im fr. de bello 1632. 2451. kor mir Rohunden gewinnen. 1233 kort in herwither bringen] fcheinen: *nichuri* (noli) *nichurit* (nolite) auch bloß bei K. 17ᵃ 24ᵃ und T. (ni-curi und ni-curet, beides öfter) [nichuri noli Diut. 1, 527ᵃ] warum nicht *churjat, churat?* ift *churit* praet. conj. von *chiofan* (conj. IX.) und die bedeutung: ne-elegeritis? dann follte aber

II. *altfächfifche ftarke conjugation.*

der fg. ni-churis und der pl. auch bei T. ni-curît lauten. Zu vergl. wäre übrigens das goth. hiri, hirjats, hirjiþ (f. 846.) und die bemerkung über ôgæ (f. 853. a.).

Altfächfifches verbum.

Starke conjugation.

praef. ind.	-u	-is	-id	conj. -e	-ês	-e
	-ad	-ad	-ad	-ên	-ên	-ên
praet. ...	-i	·..		-i	-is	-i
	-un	-un	-un	-în	-în	-în

imp. fg. ... pl. -ad; inf. -an; part. praef. -and, praet. -an.

die langen *ê* und *î* ſtützen ſich bloß auf alth. analogie; ſtatt
-e, ês, e, ên im praef. conj. häufig -a, âs, a, ân, ſodann auslautend -t ſtatt -d[1]); folgende einzelne verba:

I. fallu (cado) fêll, fêllun, fallan; wallu (ferveo) wêll, wêllun, wallan; haldu (teneo) hêld, hêldun, haldan; waldu (impero) wêld, wêldun, waldan; blandu (miſceo) blênd, blêndun, giblandan; faugu (?) fêng, [de Heinrico 18 intfieg] fêngun, faugau; gangu, gêug, gêngun, gangan; hangu (?) hêng, hêngun, hangan; cap. 68. (Hickes gr. anglof. p. 127.) ein dunkleres praet. an-fciann (? contremuit, tenuit) für anfciann, anfcênn? praef. anfcannu? [Hel. 171, 24. es ſcheint eher der XII. conj. da hier immer ê, kein is. au-fciannu, anfejinnu, anfejann? vgl. altn. fkianna = fkêlla Sn. p. 62, was aber die neue ausgabe leugnet].

II. fuêpu (verro) fuêp, fuêpun, fuêpan; hêtu (voco) hêt, hêtun, hêtan; fkêdu (fejungo) fkêd, fkêdun, fkêdan.

III. hlôpu (curro) hliop, hliopun, hlôpan; hrôpu (clamo) hrêop, hrêopun, hrôpan; wôpu (lamentor) wêp, wêpun, wôpan; die part. ôdan (genitus) ôcan (auctus, onuſtus) far-llôcan (maledictus) deuten auf ôdu, ôd; ôku, ôk; flôku, flôk; gibauwan (incifus) auf ein praet. bio? [brôcan (flectere, figere) gibrôcan (flexus, flxus) aber gibruocan 167, 15].

IV. flâpu (dormio) flêp, flêpun, flâpan; lâtu (fino) lêt, lêtun, lâtan [ilêten = gilâtan merieb. gl. Haupt 3, 280]; râdu (fuadeo) rêd, rêdun, râdan, and-râdu (metuo) andrêd etc. fâhu und bâhu machen das praet. nach I.

---

[1] Beifpiele für III. plur. gl. argent. waſſad erefrant. ſuellad targefeunt. tolliad gudunt. andôd aclant. inferad. falifeunt. gl. merfeb. niethat Haupt 3, 280. — Spur des dualis in runno 173, 25 (pl. runnun) giborda 173, 237 Aber vorher von den beiden Marien immer -un, und hernach von den jüngern 173, 34; auch 4, 15 thas gis hêldin, tagin 5, 1 wit habdun 5, 2 wârun wit und 5 viel belege.

808 II. *altſächſiſche ſtarke conjugation.*

VII. ſpanu (pellicio) ſpôn, ſpônun, ſpanan; ſtandu (ſto) ſtôd, ſtôdun, ſtadan oder ſtandan?; ſaru (proficiſcor) fôr, fôrun, faran; ſtapu (ingredior) ſtôp, ſtôpun, ſtapan; ſkapu (creo) ſkôp, ſkôpun, ſkapan; grabu (ſodio) grôf, grôbun, graban; heboju (tollo) hôf, hôbun, baban; anſehbju (intelligo) anſôf, anſôbun, anſaban; ſaku (cauſor) ſôk, ſôkun, ſakan; ſkaku (quatio) ſkôk, ſkôkun, ſkakan; dragu (porto) drôg, drôgun, dragan; blahu (? couvitior, rideo) blôg, blôgun, blagan; lahu (vitupero) lôg, lôgun, lagan; ſtahu (caedo) ſtôg, ſtôgun, ſtagan; thuahu (lavo) thuôg, thuôgun, thuagan; wahſu (creſco) wôhs, wôhſun, wahſan.

VIII. brinu (tango) brên, hrinun, brigan; kīnu (germino) kên, kinun, kinan; ſkīnu (luceo) ſkên, ſkinun, ſkinan; gripu (arripio) grêp, gripun, gripan; clibu (haereo) clêf, clibun, cliban; dribu (pello) drêf, dribun, driban [drêvan in Drevanameri]; ſpiwu (ſpuo) ſpê (?) ſpiwun, ſpiwan; hītu (mordeo) bêt, bitun, bitan; gi-wītu (eo) giwêt, giwitun, giwitan; writu (ſcribo) wrêt, writun, writan; bidu (exſpecto) bêd, bidun, bidan; glidu (labor) glêd, glidun, glidan; hlīdu (operio) blêd, blidun, blidan; ſcridu (gradior) ſcrêd, ſcridun, ſcridan; ſlību (trauſeo) lêth, lithun, lithan; mithu (evito) mêth, mithun, mithan; ſnīthu (ſeco) ſnêth, ſnithun, ſnithan; a-rīſu (ſurgo) a-rês, a-riſun, a-riſan; ſulku (ſallo) ſuêk, ſuikun, ſuikau; hnīgu (inclino) bnêg, hnigun, hnigan; ſīgu (labor) ſêg, ſigun, ſigan; ſtīgu (ſcando) ſtêg, ſtigun, ſtigan; lihu (commodo) lêh, liwun, liwan; thību (profum) thêh, thigun, thigan [gethêgen Haupt 5, 199].

IX. cliuſu (findo) clôf, clubun, cloban; biuſu (ploro) hôf, buſun, hoſau; giutu (fundo) gôt, gutun, gotan; griutu (lacrimor) grôt, grutun, grotan (? ich finde bloß den inſ. griotan) niutu (fruor) nôt, nutun, notan; biudu (offero) bôd, budun, bodan; bliudu (pullulo) blôd, bludun, blodan; driuſu (cado) drôs, drurun, droran; kiuſu (eligo) kôs, kurun, koran; ſarliuſu (perdo) lôs, lurun, loran; liugu (mentior) lôg, lugun, logan; lūku (claudo) lôk, lukun, lokan; riuku (ſumo) rôk, rukun, rokau; tiuhu (traho) tôh, tugun, togan [ſliutu p. p. biſlaten ſ. biſloten merſeh. gl.] Haupt 3, 280].

X. gibu (dono) gaf, gâbun, gêban; itu (edo) at, âtun, âtun; bigitu (conſequor) gat, gâtun, gêtan; ſittu (ſedeo) ſat, ſâtun, ſêtan; hiddu (peto) bad, bâdun, bêdan; quithu (dico) quat (oben f. 216.) quâthun, quôthan; liſu (lego) las, lâſun, lêſan; wiſu (maneo) was, wârun, wêſan; liggu (jaceo) lag, lâgun, lêgan; pligu (tracto) plag? plâgun? plêgan? (in meinem bruchſt. finde ich bloß den inſ. plêgan): gibu (fateor) jah (?) jâhun (?) gêban; ſihu (video) ſah, ſâhun und ſâwun; pam. ſêwan (nicht ſêhau) [gidu (farculo) gegêdan Haupt 5, 200*].

XI. hilu (celo) hal, hâlun, holan; quilu (crucior) qual, quâlun, qnolan; tilu (furor) ſtal, ſtâlun, ſtolan; nimu (ſumo) nam,

II. altſächſiſche ſtarke conjugation.

nâmun, nomen; cumu (venio) cumis, cumid, cumad; quam, quâmun, cuman; biru (ſero) bar, bârun, boran; briku (frango) brak, brâcun, brocan; ſtiku (pungo) etc [p. p. thuruhſtêkan Haupt 5, 200] ſpriku (loquor) ſprak, ſprâkun, ſprokan (gewöhnlich ſinde ich giſprokan, einmahl giſprëkan nach conj. X.); wriku (perſequor) wrak, wrâkun, wrokan.

XII. hilpu (juvo) halp, hulpun, holpan; dilhu (fodio) dalf, dulbun, dolban; ſuiltu (morior) fualt, ſultun, ſuoltan (?); gildu (rependo) gald, guldun, goldan; bilgu (iraſcor) balg, hulgun, bolgan; bi-tilhu (bifillju) (commendo) falh, fulhun, folhan; brinnu (uror) brann, brunnun, brunnan, ebenſo biginnu (incipio) rinnu (fluo) winnu (laboro) hindu (necto) band, bundun, bundan; findu (invenio) windu (torqueo) drinku (bibo) ſingu (cano) ſang, ſungun, ſungan; ſpringu (ſtillo) ſuingu (vibro) ſuang, ſungun, ſuugan; thringu (urgeo) thuingu (cogo) thuang, thungun, thungan; wirru (confundo) warr, wurrun, worran; wirpu (jacio) warp, wurpun, worpan; huirbu (reverto) huarf, hurhun, huorban; ſuirhu (tergeo) ſuarf, ſurbun, ſuorhan (? ſurhan) wirthu (ſio) warth, wurthun, worthan; ſuirku (obnubilo) ſuark, furkun, ſurkan [giſuorcan Hel. 142, 22]; briſtu (rumpor) braſt, bruſtun, hroſtan [thrinnu, thramm Hel. 152, 20. ſkjiunu? ſ. zu 888, I.].

Anmerkungen: 1) der aus redupl. entwickelte diphth. ê lautet häufig *ie*, zumahl vor einfacher lingualis, als: hiet, ſkied, liet, ried, andried vgl. anſciano (conj. I.); bliop, hrëop in conj. III. wären genau betrachtet hliôp, hrëôp. — 2) dem ſchwankenden ê, ie gleicht conj. VII. das ſchwankende ô, uo. — 3) die alth. unterſcheidung zwiſchen *i* und *ë* (ſ. 863.) zwiſchen *iu* und *io* (ëo) (ſ. 865.) findet volle anwendung [doch imp. wës ſt. wis gl. argent. Diut. 2, 193ᵇ]. — 4) umlaut des *a* in *e* in II. III. ſg. praeſ. ſiebenter conj. als: ſeris, ſerid; dregis, dregid; nicht leicht in erſter vor der doppelconſonanz, ſondern haldid, fallid. — 5) h (bh) wird auslautend zu f, alſo im imp. und I. III. praet. ſg. wie: drîban, drîf, drëf; gnhan, gif, gaf; ſuorbun, ſuirf, ſuarf, etc. zweifelhaft iſt mir nicht der auslaut hiuf (plora) hôf (ploravi) aber der inlaut hiufu (ploro) hioſan (plorare), vielleicht hiubu? da ich hiovan mit v ſinde (oben ſ. 213.) etc. — 6) wandlung des ſ in r: drôs, drurun, droran; kôs, kurun, koran; was, wârun, wêſun; doch wohl rës, riſun, riſan (nicht rirun, riran) ſo wie las, lâſun, lêſan. — 7) das w in fâwun, ſêwan, ſëwun, liwan nach ſ. 844. und 867. zu beurtheilen. — 8) ausfall des n im praet. von ſtandan, ſtôd, ſtuôdun; auch ſg. praeſ. lautet: ſtên, ſtës, ſtêd (einmahl auch ſterid); pl. aber ſtandad. — 9) ſchwaches praeſ. bilden: hebbjan, anſebbjan, ſittian, bildêan, liggian, doch gebührt II. III. ſg. und ſg. imp. einfache conſonanz: hebis, hebid; bidis, bidid; ligis, ligid; fitis, fitid (vgl.

II. *altf. erfte fchwache conjugation.*

die gem. der kurzfilb. in erſter fchw. conj.) pl. hebbjad, biddjad, liggjad, fittjad.

Altſächſiſche ſchwache conjugation.

ind. praeſ.	ſg.	-u (-o)	-s	-d
	pl.	-d	-d	-d
praet.	ſg.	-da	-dôs (-dês)	-da
	pl.	-dun	-dun	-dun
conj. praeſ.	ſg.	[vocal]	-s	[vocal]
	pl.	-n	-n	-n
praet.	ſg.	-di	-dis	-di
	pl.	-din	-din	-din

imp. ſg. [vocal] pl. -d; inf. -n; part. praeſ. -nd, praet. -d (t); in praet. I. III. zuweilen -*de* ſtatt -*da*; in II. zwiſchen -*dôs* und -*dês* ſchwanken; die längen nach dem alth.; auslautend zuweilen -t ſtatt -d.

Erſte ſchwache conjugation.

ner-ju	ner-is	ner-id	fôk-ju	fôk-is	fôk-id
ner-jad	ner-jad	ner-jad	fôk-jad	fôk-jad	fôk-jad
ner-ida	ner-idês	ner-ida	fôh-ta	fôh-tês	fôh-ta
ner-idun	ner-idun	ner-idun	fôh-tun	fôh-tun	fôh-tun
ner-je	ner-jês	ner-je	fôk-je	fôk-jês	fôk-je
ner-jên	ner-jên	ner-jên	fôk-jên	fôk-jên	fôk-jên
ner-idi	ner-idis	ner-idi	fôh-ti	fôh-tis	fôh-ti
ner-idin	ner-idin	ner-idin	fôh-tin	fôh-tin	fôh-tin
ner-i	ner-jad		fôk-i	fôk-jad	

der inf. ſchwankt zwiſchen -*ian*, -*jan* und -*jen*, unterdrückt alſo nicht den ableitungsvocal (ſuokan ſ. ſuokêan cap. 71. ſcheint fehler, vielleicht auch ſuôgan, ſtrepere cap. 68. ſ. ſuôgean?); im conj. -a, -âs, -a etc. ſtatt -e, -ês, -e, wie in der ſtarken form ſchwankend.

Kurzſilbige wurzeln ſind wenige: queljan (cruciare) frumjan und fremjan (efficere) dunjan (tonare) nerjan (ſervare) ſcerjan (diſponere) terjan (conſumere) werjan (prohibere) anſuebjan (ſopire) britjan (conenti) rekjan (narrare) ſlekjan (debilitare) wekjan (excitare) thigjan (rogare) thregjan (currere) [flopjan (effugere)]. Sie alle haben das praet. -*ida* unverkürzt; andere urſprünglich kurze ſind durch *gemination* des conſ. lang geworden und ſyncopieren im praet. das ableitungs-i, welches ſie im praeſ. unorganiſcher weiſe neben der geminata fortführen, namentlich: felljan (tradere) ſalda; telljan (narrare) talda; hebbjan (habere) habda; libbjan (vivere) libda; lettjan (morari) latta; lettjan (ponere) latta; queddjan (ſalutare) quedda; leggjan (ponere) lagda; leggjan (dicere) lagda; huggjan (cogitare) hugdi [lebde loccas Haupt 3, 120]. Von den wirkungen der ſyncope ſogleich mehr

II. altf. erfte fchwache conjugation.

bei den langfilbigen; zuweilen bleibt neben der gem. des praef.
das praet. vollftändig; fo erfcheint im praef. inf. quelljan, frumm-
jan, reckjan, thiggjen und dennoch quelida, frumida, rekida,
thigida. II. III. praef. fg. vereinfachen (wie im alth. f. 870.) ftets
den conf. z. b. quelis, frumis, thigid, libid fogar mit rückumlaut
in fagid (dicit) habid (habet); die mit urfprüngl. geminata thun
das nicht, z. b. fullis, fullid; cuffis, cuffid etc.

Langfilbige behalten zuweilen das praet. -*ida*, theils nach
r, p und g, als: marjan (celebrare) marida; [nathjan (andere)
nathida, goth. gamanhjan] diurjan (aeftimare) diuridа; brörjan
(tangere) brörida; bnégjan (inclinare) bnegida; fegjan (idem)
fegida; wegjan (vexare) wegida: döpjan (baptizare) döpida;
vielleicht nach f: fatjan (incitare) löfjan (folvere) niutjan (in-
vettigare)? fufida, lofida, ninfida. Theils nach ld, ft: beldjan
(animoſum reddere) beldida; fpildjan (perdere?) fpildida: bruft-
jan (erumpere) bruftida; thrnftjan (fitire) thrnftida; fo wie bei
erweiterung der wurzel durch bildungsmittel, z. b. binegljan
(clavis figere) binegilida; boknjan (fignificare) böknida; drukn-
jan (tergere) druknida; gerewjan (parare) gerewida; huerebjan
(revertere) huerebida. In der regel fcheiden fie das i vor dem
-da aus, wodurch 1) rückumlaut des e in a möglich wird; er
tritt gleichwohl fchwankend, bei gewiffen wörtern gar nicht ein;
ich finde ihn bei geminierten urfprünglich kurzen: felljan, falda;
telljan, talda; hebbjan, habda; lettjan, latta; feggjan, fagda;
leggjan, lagda etc. nicht bei folgenden: kennjan, kenda; fend-
jan, fenda; wendjan, wenda; queddjan, quedda etc. doch er-
ſcheinen auch telda und fanda. — 2) beim conf. anſtoß fällt
a) das d von -da völlig weg nach ft, ft, ht, nd: heftjan (figere)
hefta; löftjan (praeftare) löfta; ahtjan (perfequi) ahta; rihtjan
(dirigere) rihta; eudjan (finire) euda; fendjan (mittere) fenda;
wendjan (vertere) wenda; muudjan (tueri) munda; nach bloßen
d ſcheint es bald zu bleiben: lödjan (ducere) lödda, bald zu
ſchwinden: hödjan (cuftodire) höda, folglich auch blödjan (timi-
dum reddere) blöda; fodjan (parere) föda; nach th bleibt es,
aſſimiliert ſich aber jenes: enthjan (nuntiare) eudda (zuweilen
culda) [87, 19 ein cod. lettidun, der andere lettnn; 87, 17 ein
cod. wtlhida, der andere wtlida]. — β) nach t, tt, ff, vielleicht
auch einfachem f wandelt ſich -da in -ta: bötjan (emendare)
bötta; grötjan (falutare) grötta; mötjan (occurrere) mötta; lett-
jan, latta (ftatt lat-da) hettjan (perfequi) hatta (ft. hat-da) euff-
jan (oſculari) enita; lötjan (folvere) löfta (?) — γ) aus *kid* wird
durch die fyncope *ht*: rökjan (curare) röhta (quaerere) röhta,
fohta (f. unten 7te anomalie). — δ) nach l. m. n. r. h. d. g. be-
fteht -da unverletzt: felljan (tradere) falda; filljan (flagellare)
filda; fulljan (implere) fulda; deljan (dividere) delda; heljan (ſa-
nare) helda; iljan (properare) ilda; följan (fentire) földa; klemm-
jan (premere) klemda; quelmjan (necare) quelmda; dömjan (ju-

11. *altf. zweite fchwache conjugation.*

dicare) gômjan (curare) gônida; tômjan (liberare) tômda; cûmjan (plangere) cûmda; brennjan (urere) brenda; kennjan (nofcere) kenda; a-merrjan (impedire) anierda; dernjan (occultare) dernda; wânjan (opinari) wânda; ftriunjan (lucrari) ftriuuda; hôrjan (audire) hôrda; hebljan (habere) habdu; libhjan (vivere) libda; a-drôbjan (affligere) adrôbda; ôbjan (exercere) ôbda; gilôbjan (credere) gilôbda; queddjan (falutare) quedda (= qued-da) bédjan (exfpectare) bédda; lôdjan (ducere) lôdda; leggjan (ponere) lagda; lêggjen (dicere) fagda; mengjan (mifcere) mengda; fôgjan (aptare) fôgda; ôgjan (monftrare) ôgda; fuôgjan (fonare) fuôgda; tôgjan (oftendere) tôgda; wrôgjan (reprehendere) wrôgda [grimmjan (faevire) giwernjan (reculare) diurjan, diurda. Für andwordida fleht 101, 20. 103, 20 andwordiade.] — 3) daß fich vor dem -*da* (-*ta*) jede gemination vereinfacht, lehren die beifpiele. — 4) mahljan (ftatt mahaljan loqui) macht im praet. malda; ich weiß nicht wie blîdzêan (laetificare)? blîdzta (alth. plîdta).

Zweite fchwache conjugation.

ind. praef.	fg. man-ôn	man-ôs	man-ôd
	pl. man-ôd	man-ôd	man-ôd
praet.	fg. man-ôda	man-ôdôs	man-ôda
	man-ôdun	man-ôdun	man-ôdun
conj. praef.	fg. man-ô	man-ôs	man-ô
	pl. man-ôn	man-ôn	man-ôn
praet.	fg. man-ôdi	man-ôdis	man-ôdi
	man-ôdin	man-ôdiu	man-ôdin

imp. man-ô, man-ôd; inf. man-ôn, part. man-ônd, man-ôd.

[de Heinrico: côfân f. côfôn, gerâde f. gerôde.] in diefer conj. rinnen die goth. und alth. zweite und dritte untereinander: trûôn (credere) thrôôn (minari) balôn (arceffere) fpilôn (ludere) tholôn (pati) talôn (decipere) ftillôn (fedari) fullôn (implere) mëldôn (prodere) folgôn (fequi); manôn (monere) hlinôn (recumbere) wonôn (habitare) lônôn (remunerare) thêonôn (fervire) fundôn (tentare) endôn (finiri) thancôn (gr. agere) huogôn (pendere) langôn (defiderare) thingôn (convenire) gërôn (cupere) êrôn (honorare) hérôn (laudare) thorrôn (arefcere) formôn (juvare) guornôn (lugere) ardôn (habitare) wardôn (cuftodire) marcôn (fignare) wërkôn (operari) fêrgôn (exigere) forgôn (curare); côpôn (emere) clibôn (haerere) lobôn (laudare) bivôn (tremere) rûvôn (amicire) feawôn (contemplari) hatôn (odiffe) gibadôn (? lenire, folari) bëdôn (adorare) gifrôdôn (fapere) ûthôn (proficifci) frêfôn (periclitari) wîfôn (vifitare) coftôn (tentare) luftôn (defiderare) êfcôn (poftulare) macôn (conficere) wacôn (vigilare) lîcôn (placere) thagôn (tacere) fragôn (interr.) fuigôn (filere) fëbôn (beare, foecundare) [linôn (difcere) mangôn (agere) 114, 14. môs fëbôn (cibum fumere) effener beichtf. wiodôn (farrire) biwardôn Hel. 78, 13. tuithôn (con-

II. anomalien der altf. conjugation.

cedere) 84, 11. blamôn 89, 14. mundôn (tueri) 90, 3] etc. Einige haben ableitungs-i (ê) vor dem ô, als: minnêôn (amare) gibâréôn (geſtire) merkjôn (lignare) [Eſſeuer beichtf. eudiôn. minniôu, minniôda. fundiôn, fundiôda]; mehrere bildungsconſonanten: gamalôn (feneſcere) wëflôn (fluctuare) wëhſlôn (alternari) githiſnôn (turbari?) faganôn (gaudere) ſamnôn (congregare) opanôn (aperire) faſtnôn (firmari) druſinôn (decidere) wundrôn (mirari) bédrôn (ſerenare) ſicorôn (purgare).

Anomalien der altſächſiſchen conjugation.

1) *eſſe* vierſtämmig: a) praeſ. ind. fg. II. *is* [? 48, 8 kann in auch III. fein] (neben dem üblicheren: biſt) III. *iſt* [48, 11, 49, 23. 54, 14. 61, 18. *is* 49, 12. 50, 1. 22. 54, 1. 56, 3. 10]. — β) pl. praeſ. ind. 1. II. III. *find* oder gleichbedeutend *findun*; praeſ. conſ. fg. *ſi, ſis, ſi;* pl. *ſin, ſin, ſin;* der inſ. niemahls ſin. — γ) inf. *weſan,* imp. *wis* (einmahl wêa) pl. *wēſad;* praet. ind. *was, wâri, was;* pl. wârun; conj. wâri etc. — δ) I. praeſ. ind. fg. *bium,* zuweilen noch *bium;* II. *biſt.*

2) a) môt, môſt, môt; pl. môtun; praet. môſta. — β) wêt, wêſt, wêt; witun; wiſſa. — γ) êgan ohne praeſ. [pl. êgun 2, 5]; praet. êhta. — δ) mag, magt, mag; mugun; mohta und mahta. — ε) ſkal, ſkalt, ſkal; ſkulun; ſkolda. — ζ) *ſarman* (aſpernatur) farmanſt, farman; pl. farmunun? praet. *farmunſta* (cap. 63. ſteht der pl. farmuonſtun == farmônſtun, alſo farmanan nach ſpanan conj. VII? ich bezweifle die lesart, weil ſonſt auch das praeſ. farmôn, pl. farmônun haben müſte) — η) dar pl. durrun (?), durſta. — θ) kan, kanſt, kan (bi-can novit. Schm. f. v. bicunnau]; pl. kunnun; praet. *kunſta.*

3) 1. willju II. wili und wilt III. willjo. pl. wëlled; [willias (velis) eiſſener beichte] praet. *wëlda,* wôldun (nur ſelten wolda, woldun).

4) I. *dôn,* zuweilen *dôm;* II. *dâs* III. *dôd* oder *dôt;* pl. *dôd.* praet. I. III. *dêda* II. *dêdôs* (nicht dâdi) pl. *dâdun* (einigemahl dêdun); part. pr. *giduan* (nie gidân) inf. *duan,* weder giduon, duon, noch gidôn, gidôn; lauter merkwürdige abweichungen vom alth.

(4ª) *hebbian, habda* Schm. gloſſ. p. 51. in den pſalmen *hatta;* de Heinrico: *hafode,* wo auch haſôn ig, babeo.]

5) die praet. von *fâjan* (ſerere) *blôjan* (florere) *dôjan* (mori) kommen mir nicht vor; Hickes gr. franc. 71. behauptet neben *ſáida* ein ſtarkes *ſëu? buan* macht *búida.* [*bicnegan* 39, 11. ahd. pichnâhan Graff 4, 570.]

6) *ſcadojan* entſpricht dem alth. ſcatawan, nämlich das o dem aw, und ſo dürfte neben dem vorhin angegebnen gerewjan gleichviel garojan ſtehen. Die form *-ôjan* ſcheint aber zuweilen bloſſe erweiterung des *-ôn,* als: frâgôjan, halôjan, folgôjan, gitrûôjan, ſcawôjan ſt. frâgôn, balôn, folgôn, gitrûôu,

II. *angelſächſiſche ſtarke conjugation.*

ſeawôn, vergleichbar dem angelſ. ſceávigëan neben ſceávjan oder hienge es mit einer alth. conjunctivifchen form zuſammen? (oben f. 875.).
7) *thenkjan, thunkjan, werkjan* haben: *thâhta, thûhta, warhta* (*warahta*); *ſôhta, rôhta* ſind vorhin f. 892. erwähnt. *fragn* (ſando accipio) finde ich nur in I. III. fg. vermuthl. prät. (vom praeſ. frëgu?); ein andres praet. heißt *frâgôda* [*byggjan, bohta*].

Angelſächſiſches verbum.

Starke conjugation.

ind. praeſ.	ſg. -e	-eſt	-edh	conj.	-e	-e	-e
	pl. -adh	-adh	-adh		-en	-en	-en
praet.	ſg. ...	-e	...		-e	-e	-e
	pl. -on	-on	-on		-en	-en	-en

imp. ſg. ..., pl. -adh; inf. -an; part. praeſ. -ende, praet. -en.

die langen flexionsvocale laſſe ich unbeſtimmt, das e vor dem -ſt, -dh II. III. ſg. praeſ. ind. fällt häufig weg (unten anm. 7.); das -u II. praet. wie im alth. (f. 857. no. 6.) [II. pl. imp. muſſ auch -edh gehabt haben, nach dem bekannten nimedh côvre seaxas! Statt des pl. imp. auf -adh, bei nachfolgendem ge (vos) bloßes -e: gebide ge maneatis Beov. 188. veaxe-ge (creſcite) gefylle-ge (replete) vgl. die beſchwörungsformel]

I. fëalle (cado) fëol, fëollon, fëallen; vëalle (aeſtuo) vëol, vëollon, vëallen; hëalde (teneo) hëold, hëoldon, hëalden; vëalde (dominor) etc.; vëalce (volvo) vëole, vëolcon, vëalcen; ſpanne (tendo) ſpëu,·[vgl. onſpëon Andr. 671. onſpeonn 470] ſpënnon, ſpannen; von fange, hange ſind bloß die praet. fëng, hëng übrig (f. anm. 12.); gehört vëaxe (creſco) hierher oder in VII? praet. vëox, vëoxon? [beſëalde, befëald Conyb. XIX. ſtëalde, ſtëold? Conyb. XX iſt nach dem reim ſtëold f. ſteald zu leſen, banne, ·beônn Kble urk. 2,387. geblande, geblônd, geblonden Andr. 33. 424.]

II. ſvâpe (verro) ſvëôp, ſvëopon, ſváŋen; hâte (jubeo) hët (hëht) [Kble I, 222. 279.] hëton, hâten; ſëâde (ſeparo) ſcëod, ſcëodon, ſcâden; lâce (ludo) lëc, [leole f. zu Andr. f. 112 u. XLVII] lëcon, lâcen. [genâpan? genëop C. 207,32].

III. hleâpe (ſalio) hlëôp, hlëôpon, hleâpen; hrëpe (clamo) hrëôp, hrëôpon, hrëpen; wëpe (ejulo) wëôp, wëôpon, wëpen; heáve (cardo) hëôv, hëôvon, heáven; grôve (vireo) grëûv, grëôvon, grôven; rôve (remigo) rëûv, rëôvon, [belege für dieſen pl. praet. hat Lye; Beov. ſteht aber 1019 git rëon, vos duo remigaviſtis. 1073 vit rëon, nos duo remigavimus; vielleicht

II. angelfächfifche ftarke conjugation.

rēohon? mit übergang des v in h, welches dann fyncopiert wird] rōven; fpāve (incedo) fpēōv, fpēōvon, fpōven; hlāve (mugio) hlēōv, hlēōvon, hlōven (unbelegt); beáte (verbero) bēōt, bēōton, beáten; on-blōte (immolo) onblēōt, onblēōton, onblōten; die part. eáden (genitus Boet. 197.) und eácen (auctus, praegnans) führen auf eádan, ēōd, eácan, fōc. [flóvan, flēōv Andr. 3046. 3143. glōve (candeo) glēōv Mone 4111. 4117. blōvan (florere) geblōven Phönix 41. 54. 308. Andr. 2894. flōvan? (hebetare) tōflōven (hebetatus) Andr. 1426, aber f. zu d. it. hvōvan? El. 82 f. zu d. it. beátan, bēōt. deágan (engl. dye, tingere) dēōg. bēan, bēō? p. p. gebūn B. 244.]

IV. flæpe (dormio) flēp, flēpon, flapen; græte (ploro)? grēt, grēton, græten; læte (fino) lēt, [leort] lēton, læten; oud-ræde [vielmehr ou-dræde] (timeo) ondrēd, [ondreord] ondrēdon, ondræden (rædan (confulere) reord (rūrōd) El. 2050).

V. blāve (fpiro) blēōv, blēōvon, blāven [bleffa infufflavit. Lye f. v. aus Job. 20, 22. wo aber Jkouterweek beffa]; cnāve (nofeo) cnēōv, cnēōvon, cnāven; crāve (crocito) crēōv, crēōvon, crāven; fāve (fero) fēōv, fēōvon, fāven; þrāve (torqueo) þrēōv, þrēōvon, þrāven; vermuthlich auch máve (meto) mēōv, mēōvon, máven.

VII. gale (cano) gōl, gōlon, galen; fpane (allicio) fpōn, fpōnon, fpanen; ftande (fto) ftōd, ftōdon, ftanden; fare (eo) fōr, fōron, faren; fverige (juro) fvōr, fvōron, fvoren (ft. fvaren); fcape oder fceppe (creo) fcōp, fcōpon, fcapen; ftape oder fteppe (incedo) ftōp, ftōpon, ftapen; hebbe (elevo) hōf, hōfon, hafen; grafe (fodio) grōf, grōfon, grafen; feafe (rado) fcōf, fcōfon, feafen; hlade (onero) hlōd, hlōdon, hladen; vaxe (craufeo) vōd, vōdon, vāden; vafce (lavo) vōfc, vōfcon, väfcen; bace (pinfo) bōc, bōcon, bacen; face (contendo) fvace (quatio) fcōc, fcōcon, feacen; tace (prehendo) tōc, tōcon, tacen; vace (excitor, nafcor) vōc, vōcon, vaccu; drage (porto) drōh, drōgon, drägen; lēahe (vitupero) lōh, lōgon, lāgen (?); fléahe (caedo) flōh, flōgon, flāgen; þveahe (lavo) þvōh, þvōgon, þvōgen; hlēahhe oder hlihhe (rideo) hlōh, hlōgon, part. ungewifs hlāgen?: vēaxe (crefco) vōx, vōxon, vēaxen (f. conj. I.) [ale (alo) ōl Conyb. XX. fcadan, fcōd exon. 346, 5. 485, 14. frōde noceret 129, 1. feōdun nocuerunt 134, 30. gefeōd 154, 14. gefceaden El. 297. vgl. zu Andr. f. 93. fleahe (excorio) flōg oder flōh, flōgon, flāgen, inf. fleán wie fleán (engl. flay, flay) gnagan, forgnagan (rodere, corrodere) forgnagen corrofus Mone gl. brux. 3798. forgnegen 3291. — gebrācen bora (ornatus equus) Lye f. v. fe forhatena? C. 38, 20. forfvapen? C. 25, 9]. Verfchiedene haben im praet. fo oder fō ftatt ō (f. anm. 1.)

VIII. dvīne (tabefco) dvān, dvinon, dvinen: ebenfo hrīne (tango) fcīne (fulgeo); grīpe (arripio) grāp, gripon, gripen; drīfe (pello) drāf, drifon, drifen; ebenfo fcrīfe (confeffionem accipio) [for-

II. *angelſächſiſche ſtarke conjugation.*

ſcrifen part. praet. Beov. 10] on-ſvīfe (retrorſum vertor, Beov. 191.); ſpīve (ſpuo) ſpāv, ſpivon, ſpiven; ſlīte (certo) ſlāt, ſliton, ſliten; ebenſo: ſlīte (rumpo) ſmīte (percutio) vlīte (intueor) vrīte (exaro) gevīte (abeo) bīde (exſpecto) bād, bidon, biden; ebenſo: cīde (altercor) glīde (labor) gnīde (comminuo) hlīde (operio) ride (equito); ſīdhe (navigo, proficiſcor) lādh, lidon, liden; ebenſo ſcrīdhe (gradior) vrīdhe (ligo) ariſe (ſurgo) arās, ariſun, ariſen; blīce (fulgeo) blāc, blicon, blicen; ebenſo ſvīce (fallo); hnīge (inclino) hnāh, hnigon, hnigen; ſīge (decido) ſāh, ſigon, ſīgen; ſtīge (ſcando) ſtāh; mīge (mingo) māh etc.; on-līhe (concedo) onlāh, onligon, onligen, ebenſo: ſīhe (colo); līhe (arguo) tāh, tigon, tigen; þīhe (proficio) þāh, þigon, þigen; vrīhe (operio) die vier letzten treten allmählig in IX. über [gīnc, gān. tógān (fiſſus eſt) Andr. 3043. pſ. 105, 15. p. p. tóginen ſeele 215. nipe? nipende Beov. 43. 51. genāp C. 206, 20. hnīte? J pl. praet. hniton Beov. 10. þvīte, þvāt. mīdhe (lateo) mādh, midon, gemidhen? vgl. bemidhen Andr. 1714. ſlīdan: ſlide removiſti pſ. 114, 8. āſliden pſ. 93, 17 motus. vrīdhan (torquere) vridhon pſ. 118, 10. ſtrīdan? Lye hat unter beſtridan hora keinen beleg. āgrīſan (horrere)].

IX. crēōpe (repo) creāp, crupon, cropen; dēōfe (mergo) deāf, dufon, dofen; ſcēōfe (trudo) ebenſo, rēōfe (rumpo) brēōve (coquo cereviſiam) breāv, bruvou, broven; ebenſo: cēōve (manduco) hrēōve (poenitet me) brēōte (frango) breāt, bruton, broten; ebenſo: gēōte (fundo) hlēōte (fortior) nēōte (fruor) ſcēōte (jaculor); bēōde (offero) beād, budon, boden; ſēōdhe (coquo) ſeādh, ſudon, ſoden; cēōſe (eligo) ceās, curon, coren; ebenſo: frēōſe (gelo) hrēōſe (ruo) for-lēōſe (amitto); lūce (claudo) leāc, lucon, locen; ſūce (ſugo) ſeāc, ſucon, ſocen; rēōce (exhalo) rēāc, rucon, rocen ebenſo: ſmēōce (fumo); bēōge (flecto) beāh, bugon, bogen; drēōge (ago) dreāh, drugon, drogen; flēōge (volo) fleāh, flugou, flogen; lēōge (mentior) leāh, lugon, logen; flēōhe (fugio) fleāh, flugon, flogen; tēōhe (traho) teāh, tugon, togen [hnēōpan (carpere) hnēāp, hnupon, hnopen. āhneāp exon. 153, 2. dreōvan? ſlēōvan? mīn ſvāt ādroven Andr. 2850. ſint tōſloven Andr. 2849 vgl. Andr. ſ. 131. hnēōtan? Andr. initio. A-leāt-(procubuit) Lye v. alutan. rēōtan Andr. 3420. rēōtedh El. 2170. lēōdan (creſcere) hrēōdan, onhreād C. 177, 18. blēdum gebrodene Andr. 2896. 3342. cnēōdan (dicare) Beda 2, 20. grenoden Bth. metr. 1, 63. creōdau, creād Ādhelſt. greōſan? begroren C. 268, 9. hrēōſan, hreās, hruron, tōhroren Seele 219. brūsan, breāc. ſcōcan? ſina āſocene Seele 217. vrēō (tego) vreāh (texi) vrugon (teximus) vrigen (tectus) alſo miſchung aus IX. und VIII.]; unorganiſch fallen hierher: ſēō (colo) tēō (arguo) þēō (proficio) vrēō (tego) praet. ſeāh, teāh, þeāh, vreāh, plur. ſugon, tugon, þugon, vrugon.

X. drēpe (ſerio) drāp, drǣpon, drōpen; giſe (dono) gēaſ, gēaſon,

II. angelſächſiſche ſtarke conjugation. 817

giſen; ſvêſe (ſopior) ſvâſ, ſvæſou, ſvêſen; vêſe (texo) vâſ, væ-
ſon, vêſen; ête (edo) ât, ætou, êten; ebenſo ſrête (voro) mête
(metior) ou-gite (intelligo) ougêat, ongêaton, ongêten; ſitte
(ſedeo) ſât, ſæton, ſêten; brêde (plecto) bräd, brædon, brêden
(oder nach XI. broden?) eufde (depſo) cuäd, cuædon, cufden;
trêde (calco) träd, trædon, trêden; bidde (peto) bäd, bædon,
bêden; cvêdhe (dico) cvädh, cvædon, cvêden; lêſe (colligo)
läs, læſou, lêſen; geuête (ſauor) vêſe (exiſto) väs, væron, vêſen;
vrêco (ulciſcor) vräc, vrædon, vrêeon; brêce und ſprêce über-
gegangen in XI.; liege (jaceo) läg, lægon (zuweilen lågon)
lêgen; þicge (obtineo) þah, þægon, [þeah, þêgon Phönix 803.
818. þêgon Beov. 1124] þêgen; geſôo (video ſt. geſêohe) praet.
geſêah, pl. geſävon [tô ſægon El. 1105. geſêgon Beov. 225. 232]
part. geſêven, zuweilen geſêgen, pl. geſêne (ſt. geſêvene) geſêo
(laetor) geſêah [à ſorêpan (egerere) ûſcräp Thorpe anal. 94.
p. p. âſcrêpen. getvâſ deſeci C. 185, 8. vgl. das ſchw. ge-
tvæſan].

XI. ovêle (necor) cväl, cværlon, cvêlen; ebenſo hêle (celo) fiêle
(auſero); nime (ſumo) nam (ſeltner nom) nåmon, numen; cume
(venio) com (cvom) comon, cumen; bêre (ſero) bär, bæron,
boren; ebenſo ſcêre (tondeo) tère (ſcindo); brêce (frango) bräc,
bræcon, brocen; ebenſo ſprêce (loquor) [daneben ſpâce] doch
im part. zuweilen geſprêcen (nach X). [dêlan? dâl (wie cväl)
C. 2, 22. dvêlan? gedvolen C. 116, 15. ſvêle (ardeo) Beov. 5422
ſvêlan and ſvêllin. exon. 81, 19. geþvêre, þvär, þværon, þvoren?
geþvoren ſliete (butyri ſerum) butere geþveor (? geþvär) âle
(butyrum depravatur omne) Lye v. geþvêorjan, depravari, ran-
cidum fieri, vgl. geþvære (conſonus, mitis) geþveorod (con-
cors) dvine? woher gedvimor, gedvomere].

XII. ſvêlle (tumeo) ſvêall, ſvullon, ſvollen; gêlpe (glorior) gêalp,
gulpon, golpen; hêlpe (juvo) hêalp, hulpon, holpen; delfe
(fodio) dêalf, dulfon, dolfen; mêlte (liqueſo) mêalt, multon,
molten; ſvêlte (pereo) ſvêalt, ſvulton, ſvolten; gilde (rependo)
gêald, guldon, golden; mêlce (mulgeo) mêalc, mulcon, molcen;
bêlge (iraſcor) bêalh, bulgon, bolgen; ſvêlge (glutio) ſvêalh,
ſvulgon, ſvolgen; gelimpe (contingo) gelamp, gelumpon, ge-
lumpen; gerimpe (corrugor) geramp, gerumpon, gerumpen;
onginne (incipio) ongan, ongunnon, ongunnen; ebenſo: linne
(ceſſo) [Cädm. 73, 10 lunnon; ſonſt blinnan, geblinnan, â-blin-
nan] ſpinne (tila duco) vinne (acquiro); ſür brinne, rinne
ſtehen birno (ardeo) barn (nicht bêarn) [man vermenge damit
nicht be-arn praet. von be-irnan (Beov. 8) incurrit] burnon,
burnen; irne (curro) arn (nicht êarn) urnon, urnen; ſtinte (he-
beto) ſtant, ſtuntou, ſtunten; binde (necto) band, bundon, bun-
den; ebenſo: grinde (molo) ſvinde (labeſco) vinde (plecto);
a-cvince (evaneſco) acvanc, acvuncon, acvuncen; ebenſo: drince
(bibo) for-ſcrince (areſco) ſvince (laboro) ſtince (oleo); bringe

(affero) brang, brungon, brungen; gecringe (occumbo) [cringe Andr. f. 123] finge (cano); fpringe (falio) ftinge (irruo) fviuge (flagello) þinge (gravefco) ich finde nur geþungon, geþungen [geþungon honorabant C. 103, 7. vgl. ful-þungen, heá-þungen (celfus)]; þringe (urgeo) vringe (ftringo); incorue (curo, angor) méarn (Beov. 109. 116. 232.) murnon, mornen; fþeorne (calcitro) fþearn, fpurnon, fpornen; vëorpe (jacio) vëarp, vurpon, vorpen; cëorfe (findo) cëarf, curfon, corfen; ebenfo: hvëorfe (revertor) ftëorfe (morior); vëordhe (fio) vëardh, vurdon, vorden; bërfte (rumpor, f. brëfte) bärft (? bëarft) burfton, borften; þërfce (trituro) þärfc (? þëarfc) þurfcon, þorfcen; fvëorcæ (obnubilor) fvëarc, fvurcon, fvorcen; bëorge (abfcondo) bëarh, burgon, borgen; gefrëgne (fando accipio) gefrägn, gefrugnon, gefrugnen; brëgde (fubigo, verto, necto) brägd (Beov. 117.) brugdon (Cädm. 44, 4. Beov. 41.) brogden*) (Beov. 205.) fëolþe (pugno) fëaht, fuhton, fohten. [fëlce (langueo) fëale, fulcon, folcen (áfolcen homil. 340 diffolutus. áfëalcan C. 130, 30,) tealde, teald, tulden, tolden? Lye fuppl. v. bitolden (betolden Andr. 1979. Phönix 1108. 1216. exon. 34, 6) vëlle, p. p. vollen B. 6059. cëlle? p. p. collen. grimme (fremo) gram, grummon Beov. 25. finne, fann Andr. 2555. þrinte p. p. âþrunten exon. 409, 7. finde (invenio) funde (tumeo) tôþunden (inflatus) Mone gl. 1141. clinge (marcefco) clang, beclungen El. 1394, altengl. cling, clang. tinge, getang Andr. f. 100. gëorran, gurron Andr. 752. fëgrpe Andr. f. 133. gedëorfan (perire, nhd. verderben) fvëorfan exon. 410, 24 ibique Th. fëordhan, fëardh (coire) bëorcan (latrare) engl. bark. ftrëgdan (fternere, fpargere) Beov. tôftrogden (difperfus) häufig im rit. dunelm. z. b. 9, 10. 26. tôfträgd 177.].

Anmerkungen zu den zwölf conjugationen.

1) fpur der *reduplication* entdecke ich im praet. *hëht* (juffit) der älteften quellen, von hátan, augenfcheinlich aus behët entfprungen; fpäter gilt hët, wie im altf. Die langen ô im ablaut der dritten und fünften gleichen den f. 863. bemerkten alth. u, nur find fie weit häufiger; die o in fcolton, vëoldon der erften ziehe ich jetzt lieber aufs bloße lautverhältnis und nehme an, daß fie für fëllon, vëldon (ft. fëllon, vëldon) ftehen, wie fcëold f. fcüld, obfchon gewöhnlich vor *ll*, *ld* das ô bleibt (f. 239.*). Schwierigkeit machen die dem ô fiebenter conj. zuweilen vorgefetzten ë in fpëón, tëóc, fcëóp, vëóx (oben f. 231. 241.) da fie keine allg. lautregel begründet; weifen fie auf eine uralte redupl. auch in diefer conj.? oder beruhen fie auf bloßem fchwanken zwifchen ihr und erfter? Analog,

---

*) Frëgnan und brëgdan werfen häufig die med. aus und lauten: gefrinan, gefran, gefronon, gefrunen; brëdan, bräd, brudon, broden (? brudon, brogden vgl. brëde conj. X.) [ein p. p. brëgden leg. Cæti p. 57. Phillips p. 207.]

II. angelſächſiſche ſtarke conjugation.

aber verwerflich ſcheint ſcëán f. ſcän; aus þeáh, vrëáh f. þáh, vráh entwickelte ſich allmählig þeáh, vreáh, daraus der pl. þugon, vrugon, part. þogen, vrugen ſt. þigon, vrigon, þigen, vrigen und das praeſ. trat aus conj. VIII. in IX: þeón, vreón ſtatt þíhan, vríhan. Vermuthlich gilt daſſelbe von ſeón (colare) ſt. ſíhan (verſchieden von ſeon, videre ſt. ſëhan).

2) nachſtehende verwandlungen der vocale a, i und u greifen nicht in das weſen der ablaute ein: α) das kurze *a* wird zu *ëa* im praeſ. erſter vor ll, ld; im praeſ. ſg. zwölfter vor lp, lf, lt, ld, lc, lh, rn, rp, rf, rdh, rc, rh, (ſ. 236.); im praeſ. ſg. zehnter vor ſ und h (gëaſ, ſëah); ſchwankend in eilfter vor r (bëar, ſcëar, tëar neben bär etc. vgl. ſ. 237.) — β) a wird zu á im praeſ. ſg. zehnter und eilfter vor den einfachen conſonanzen (ſ. 232.). — γ) a wird bisweilen zu o vor m und mm, nn etc. (ſ. 226.) in eilfter, zwölfter; doch ſind die formen nam, van, vand etc. bräuchlicher als nom, von, vond, crong, ſprong (Beov. 120.) — δ) das urſprüngliche i bleibt im praeſ. zwölfter vor mm, nn etc.; in zehnter, eilfter nur vor den gem. ſittan, biddan, liceau, ſodann in niman, giſan, gitan; außerdem wird es zu ë oder ëo (ſtëlan, ſprëcan, gëldan, ſtëorfan. Im praeſ. pl. und part. praeſ. achter erhält ſich kurzes i unverletzt. — ε) kurzes u bleibt im praeſ. pl. neunter und zwölfter, wird aber im part. praeſ. neunter und eilfter zu o (mit ausnahme von numen); in zwölfter hat das part. u oder o, je nachdem das praeſ. i oder ë und ëo hat. Die unterſcheidung zwiſchen dem u praeſ. pl. und o part. neunter iſt dem i pl. praeſ. und part. unparallel; will man guton aus der flexion -on, goten aus der flexion -en deuten, ſo müſte auch ſmiton und ſmiten gelten (vgl. ſ. 864. γ.).

3) unter der verwandlung des a in á und ëa würde ein allgemeines ablautsgeſetz der kurzlangen verba (ſ. 838, 5.) leiden, wenn man nicht dem ſg. á, dem pl. æ zuerkennte (át, æton; ſtál, ſtælon); doch gëaſon, ſcëaron läßt ſich kaum in gëaſon, ſcëaron beſtimmen, glaublicher wäre gáſon, ſcáron (wie ſëah, ſávon) oder hat ſich in gëaſon, ſcëaron die form verhärtet?

4) auch im angelſ. praeſ. ſg. ind. zehnter, eilfter, zwölfter haftet das urſprüngliche i, ähnlich der alth. und altſ. weiſe (ſ. 863. 864. 890.), weſentlich verſchieden aber von beiden darin, daß hier weder I. praeſ. ſg. noch ſg. imp. den geſchwächten vocal ablegen, es heißt z. b. ic ëte, ſtële, bëre, bëlge, ſtëorfe; imp. ët, ſtël, bër, bëlh, ſtëorf (nicht: ite, ſtile etc. nicht it, ſtíl etc.); muthmaßlich wirkte die analogie der umlautenden (ſ. folgende anm.) fälſchlich ein. Bloß in II. III. praeſ. ind. ſg. tritt alſo das i hervor, z. b. itſt, it; ſtilſt, ſtildh; birſt, birdh; bilhſt, bilhdh; ſtirſt, ſtirſdh. Fehlerhaft ſcheint mir die gewöhnliche ſchreibung y (ſ. 228.) und nur bei cuman (ſ.

cvêman) ift y zu billigen: cymſt, cymdh. Die anm. 2, δ genannten ſechs verba ſittan etc. haben das i in allen formen.

5) (*umlaut* von II. III. praeſ. ind. ſg.) a) des *a* in *e* (nicht ä) conj. VII. als: male, melſt, meldh; bæcr, becſt, becdh. — β) des *á* in *æ*, conj. II. V. als: hâte, hætſt, hæt; fàve, fævſt, lævdh. — γ) des *ô* in *ê*, conj. III. als: grôve, grêvſt, grêvdh. — δ) des *eo* in *y*, conj. IX. als: geóte, gȳtſt, gȳt. — ε) des *ea* in *y*, conj. I. und VII? als: fealle, fylſt, fyldh? flea, flyhſt, flyhdh? dieſes von Raſk angenommene und freilich vorkommende y hat bedenken, da im allgemeinen kein ea in y umlautet; annehmlicher ſchiene: fealle, felſt, feldh? flea, flehſt, flehdh? (vgl. bei der erſten ſchw. conj. ſyllan f. fellan). — Bedingung ſolcher umlaute kann die auswerfung des flexionsvocals, der ihn eben verurſachte, nicht wohl ſeyn, ich finde aber kaum ynleſt, meledh (= alth. melis, melit) hæteſt, hætedh, lævelt, fævedh, gȳteſt, gȳtedh etc., doch Beov. 183. gäledh (beller geledh) ſonat, nicht galedh.

6) *kein umlaut* im praet. conj. und in II. ſg. praet. ind.; es heißt demnach: bôce, feute, funge etc., nicht: bêce, fëyte, fynge (wichtiger unterſchied des angelſ. vom altn. und mittelh.).

7) in II. III. praeſ. ind. ſg. wird der *flexionsvocal* e (= ĕ), wie ſchon anm. 5. ergibt, häufig (keinesweges nothwendig) ſyncopiert, nicht das -e erſter perſon apocopiert, außer zugleich mit dem h (anm. 11.). Dieſes -e iſt weder -ê, weil es keinen umlaut weckt, noch war es früher -e, weil ſonſt bace, male (conj. VII.) nach ſ. 224. bæce, mæle lauten müſten; vermuthlich hieß es früher bacu, malu (vgl. ſ. 733. anm. 1.).

8) ſtoßen wegen ſolcher ſyncope linguales der wurzel an das -ſt, -dh der flexion, ſo wird folgendergeſtalt zugeſchnitten: a) nach t bleibt ſt (hætſt, lætſt, itſt) aber dh fällt ab (hæt, læt, it ſtatt hatdh, lætdh, itdh). — β) d fällt vor ſt aus (riſt ſtatt ridſt) ddh werden zu t (rit, riddh). — γ) dh fällt vor ſt aus (cviſt f. cvidhſt, virſt f. virdhſt) dhdh vereinfachen ſich in dh (cvidh f. cvidhdh, virdh f. virdhdh). — δ) ſ fällt vor ſt aus (cyſt f. cyſſt) ſdh wird zu ſt (cyſt f. cyſdh). — ε) ſt fällt vor ſt aus (birſt f. byrſtſt) dh noch ſt ab (birſt f. birſtdh). In δ. ε. ſind folglich II. III. ununterſchieden. — 9) nd wird vor ſt zu nt und für ndh gilt nt (ſtentſt f. ſtandeſt, ſtent f. ſtandedh).

9) *gem. liq.* wird auslautend einfach, desgl. inlautend in II. III. praeſ. ſg. beim anſtoß an flexionsconſonanzen, z. b. ſpinne, ſpinſt, ſpindh; praet. ſpan, ſpnnne, ſpan; imp. ſpin pl. ſpinnadh.

10) in gleicher lage wandelt ſich die einfache med. g in die ſpirans h, als: ſtige, ſtihſt, ſtihdh; praet. ſtáh, ſtige, ſtáh; imp. ſtih, pl. ſtigedh; bûge, bŷhſt; beáh, buge; imp. bûh, bûgedh; fleáh (volavit) fluge, part. flogen; ebenſo *lg*, *rg*, belge, bilhſt, bilhdh; bealh, bulge; imp. belh, belgedh;

II. angelsächsische starke conjugation.

beorge, birbst, birbdh; heurh, burge etc.; nicht *ng*, welches unverändert bleibt: finge, fingst, fingdh; fang, funge; imp. fing; auch nicht eg in liege; lâg, læge; doch bekommt II. III. praes. in der zus. ziehung list, lidh; von þiege (sumo) finde ich aber þah (nicht þâg) pl. þægon (Beov. 7ʰ.).

11) umgekehrt wandelt sich die org. spirans h inlautend in med. als: þvôh (lavit) þvôge, imp. þvëah, part. þvägen; flôh (percussit) flôge; imp. flëah; part. flägen; fleah (fugit) fluge, imp. flôôh, part. flogen*); feah (vidit) macht fäve (vidisti) sävon (viderunt) part. gesëven und gesêgen; gefêah (laetabatur) aber gesæge, pl. gesægon (Beov. 78. 123.). Überdem syncopieren die praesensformen dies org. h und mit ihm den vocal der flexion namentlich die inf. flêan, þvêan, lêan, flêón (fugere) têon (trahere) fêon (videre) gefêon statt flêahan, þvëahan, lêahan, flôôhan, tôôhan, fêohan und I. fg. praes. flêa, þvêa, lêa, flêô, tëô, fêo, gefêo; in welchen fällen statt vocalverlängerung annimmt: flêán, flêá; tëôn, fêô etc. ich glaube ohne zureichenden grund. Die verschlingung des h sammt dem flexionsvocal in den wurzelvocal vergleicht sich dem freâ, tvêo f. freâha, tvêoha (s. 645.).

12) das gotb. bahan, sahan gehörte erster, das alth. hâhan. vâhan vierter conj., das angels. *hôn, fôn* fallen in die dritte und lauten II. III. fg. hêhst, bêdh, fëhst, fëdh, pl. bôhdh, fôhdh, behalten aber die praet. bêng, fëng von hangan, fangan; — standen nach erster hekommt: stande, stenst, stent (neben standest, standedh) praet. stôd, stôde, pl. stôdon, part. gestanden.

13) jedes wurzelhafte *dh* wird im praet. (nicht praes.) inlautend zu d, als: lîdh (ivit) lide (ivisti) lidon (iverunt) ebenso vrûdh, snâdh; cvädh (dixit) cvæde (dixisti) evædon (dixerunt) vëardh, vurde, vurdon; im praes. bleibt auch inlautend dh, als: cvêdhadh (dicimus) suldbadh (amputamus) vêordhadh. Die gleichen fälle wandeln s in r: ceäs, cure, curon; ebenso freás, hreás, forleás; vâs, være, væron; hingegen arâs, arise, arifon; genäs, genæse, genæson.

14) schwaches praes. bilden [*sceppan* (creare) *steppan* (incedere)] *sverjan* (jurare) *hebban* (tollere) *biddan* (orare) *sittan* (sedere) *liegan* (jacere) *þicgan* (sumere, obtinere); praes. sverige, sveraft, sveradh (sverëst, sverëdh?) sverjadh; hebbe, hefst, hefdh, hebhadh; bidde, bitst, bitt, biddadh; sitte, sitst, sitt, sittadh; liege, list, lidh, licgadh; unsyncopiert darf aber auch II. III. fg. bidest, bidedh, sitest, sitedh, ligest, ligedh lauten; praet.

---

*) Nach anm. 10. 11. fallen die praet. flêdh (volavit) und flêah (fugit) zusammen; einige praes. formen lassen sich scheiden: flêôgan (volare) flêôge, sŷhst, sŷhdh; flêôn (fugere) flêô, sŷhst, sŷhdh.

II. *angelf. erfte fchwache conjugation.*

fvôr, hôf, bâd, fât, lâg, þah; part. praet. gefvoren, hafen (Beov. 98.) bêden, fêten, lêgen; imp. fg. fvera (fverê?) hefe, bide, fite, lige, þige.

Angelfächfifche fchwache conjugation.

ind. praef.	-e	-ft	-dh	conj. praef.	-e	-e	-e
	-adh	-adh	-adh		-en	-en	-en
praet.	-de	-deft	-de	praet.	-de	-de	-de
	-don	-don	-don		-den	-den	-den

imp. fg. ..., pl. -dh; inf. -an; part. -ende, praet. -d. die plur. conj. fchwanken zwifchen -en und -on, -den und -don. [II. fing. praet. ind. zuweilen -des: dedhedes (fuxifti) Lye h. v.]

Erfte fchwache conjugation.

ner-je	ner-eft	ner-edh	fêc-e	fêc-ft	fêc-dh
ner-jadh	ner-jadh	ner-jadh	fêc-adh	fêc-adh	fêc-adh
ner-ede	ner-edeft	ner-ede	fôh-te	fôh-teft	fôh-te
ner-edon	ner-edon	ner-edon	fôh-ton	fôh-ton	fôh-ton
ner-je	ner-je	ner-je	fêc-e	fêc-e	fêc-e
ner-jen	ner-jen	ner-jen	fêc-en	fêc-en	fêc-en
ner-ede	ner-ede	ner-ede	fôh-te	fôh-te	fôh-te
ner-eden	ner-eden	ner-eden	fôh-ten	fôh-ten	fôh-ten
ner-e	ner-jadh		fêc	fêc-adh	
ner-jan;	ner-jende;	ner-ed	fêc-an;	fêc-ende;	fôht.

Auch hier verbleibt *kurzfilbigen* das i der ableitung und zwar als j vor vocalifch anhebenden flexionen, d. h. im praef. (mit ausnahme von II. III. praef. ind. und fg. imp., wo es im ê der flexion abforbiert wird); als gefchwächtes ê hingegen vor dem -d des praet.; 1) eveljan (nocare) dveljan (feducere) heljan (operire) feljan (tradere) fpeljan (vices obire) teljan (narrare) 2) fremjan (efficere) gremjan (laceffere) temjan (domare) 3) þenjan (extendere) dynjan (ftrepere Beov. 60. 190.) þunjan (crepitare Beov. 148.) [hlynjan (refonare) hlynede Conyb. XX.] 4) derjan (nocere) erjun (arare) ferjan (vehere) nerjan (fervare) fcerjan (ordinare) verjan (prohibere) gebyrjan (decere) fmyrjan (ungere) fpyrjan (inveftigare) [berjan, berede Beov. 95. herjan, herede Conyb. XIX. ferjan C. 265, 29. 296, 6. fnyrjan (feftinare) fnyrede Beov. 789. exon. 182, 7. heleyrjan (fpoliare)] 5) onfvefjan (fopire) (5ᵇ) fredhjan, feedhdhan (nocere, laedere) feedhede Beov. 115.] 6) enyfjan (pulfare) fyfjan (feftinare) hryfjan (quatere) 7) hegjan (fepire).

Anmerkungen: α) das j geht nach r häufig in g über oder erweitert fich (vor der flexion e) zu *ig*, als: ferge, nerge oder ferige, nerige, feltner mit eingefchaltetem e ferigeadh (Beov. 27.) ft. ferjadh (vgl. unten zweite conj.) β) für *lj, mj, fj, jj* tritt gerne gemination *ll, mm, bb, ff* ein (nicht *nn, rr* für *nj, rj*) als: cvellan, dvellan, fellan, tellan, fremman, onfvebban, cnyffan; von diefer gem. bleiben alle formen frei, welche das *j* abforbiert haben, folglich II. III. fg. praef., fg. imp. und part. praet. Man conjugiere: fremme, fremêft, fremêdh; pl. fremmadh; imp. fremê, pl. fremmadh; part. fremmende, fremêd; ebenfo: felle, felêft, felêdh (Beov. 104.); felladh; felê, felladh, fellende, feled; cnyffe, cnyfeft, cnyfedh; cnylladh; cnyfe, cnylladh, cnyffende, cnyfed etc. — γ) einige verba mit *ll* ftatt *lj* erftarren allmählig zur langfilbigkeit, d. h. ftoßen das ê auch im praet. aus und rückumlauten, namentlich: cvellan, fellan, tellan, praet. cvêalde, fêalde, têalde, part. cvêald, fêald, têald; die formen cvelêde, felêde, telêde mangeln fchon in den älteften denkmählern, welchen fremede, dynede, nerede etc. noch geläufig find; nur der fg. imp. behält einfaches l: felê, telê, cvelê. Aus dem êa in cvêalde, fêalde fcheint fich ein y des praef. ftatt e entwickelt zu haben, neben fellan, ovellan finde ich fyllan, cvyllan (doch nicht: tyllan) dem fêalle, fylft, fyldh (f. 900.) analog. — δ) gleiche langfilbigkeit hat fich durch die gem. *dd, cg, cc* ftatt eines urfprünglichen *dj, gj, cj* feftgefetzt in ahreddan, lecgan, fecgan, hicgan, bycgan, reccan, veccan, þeccan etc. deren praeterita ftets den ableitungsvocal fyncopieren, doch auch hier bleibt fg. imp. kurzfilbig: z. b. ahredê (libera) fegê (dic) etc. — ε) die, welche ê im praet. behalten, fchwanken fpäterhin unorganifch in die zweite conj. indem fie ftatt deffelben o zulaßen, z. b. ferode f. ferêde etc.

Langfilbige werfen das i der ableitung im praet. aus, wodurch 1) rückumlaut des *e* in *êa*, des ê in ô möglich wird; 2) geminata fich vereinfacht; 3) confonanzveränderungen entfpringen, nämlich α) *mn* wird vor dem d zu *m*. β) nach p, t, f, h wandelt fich *-de* in *-te* [aber ræfan, ræfde Beov. 200, 211. nach v bleibt d: yvan, yvde Beov. 210]. γ) für c-d ftehet immer h-t. δ) nach liq. und einfachen mediis, auch nach f und dh, bleibt das *-de* unbeeinträchtigt, nach ld, nd, rd fällt das d weg und bloßes -e wird zur wurzel gefügt; ebenfo bleibt nach lt, nt, rt, ft, ft, ht das t vom -te weg. — 4) der flexionsvocal in II. III. fg. praef. braucht nicht, pflegt aber wegzufallen, und dann gelten die f. 901. no. 8. vorgetragenen conf. beftimmungen. — 5) gewöhnlich unterbleibt auch das -ê fg. imp., welcher dadurch fcheinbar ftark lautet (vgl. anm. β.) z b. bärn (ure) læd (duc) [Beov. 112 gehene! 113 onfend!] etc. Aus diefer claffe folgende beifpiele: 1) cvellan (interimere) cvêalde; fellan (profternere) fêalde; ftellan (falire) ftêalde; tellan (referre) têalde; gevemman (violare) gevemde; nemnan (nominare) nemde; cennan (gignere) cende; fendan (mittere) fende; vendan (vertere) vende; drencan (potare) drencte; fencan (mergere) fencte; fcrencan (fupplantare) fcrencte; fprengan (fpargere) fprengde; bärnan (urere) bärnde; hvettan (acuere) hvette; lettan (impedire) lette; fettan (ftatuere) fette; ahreddan (eripere) ahredde; reftan (quiefcere) refte; dreccan (vexare) drëahte; ftreccan (extendere) ftrëahte; reccan (exponere) rëahte; veccan (excitare) vëahte; þeccan (tegere) þëahte; lecgan (ponere) legde fþâter læde; fecgan (dicere) fegde, fþâter fäede; ehtan (perfequi) ehte. [fvencan, fvencte; mengan (mifcere) merran, myrran (impedire) cerrau, cirran, cyrran (vertere) f. unter 2) cveccan (quatere) cvehte]. — 2) fpillan (perdere) fpilde; on-cirran (divertere) oncirde; mirran (impedire) mirde; lixan (fulgere) lixte; plihtan (fpondere) plihte; rihtan (dirigere) rihte; ontihtau (inftigare) ontihte. — 3) fyllan (implere) fylde; myntan (ftatuere) mynte; ftyrman (facvire) ftyrmde; gyrdan (cingere) gyrde; dyppan (immergere) dypte; cyffan (ofculari) cyfte; lyftan (cupere) lyfte; hycgan (ftudere) hygde [vyrnan (denegare) vyrnde]. — 4) dœlan (dividere) dælde; hœlan (fanare) hælde; nurlan (loqui) mælde; fmlan (illaqueare) fïelde; mænan (opinari) mænde; ftænan (lapidare) ftænde; afæran (terrere) afærde; rœpan (vincire) ræpte; adræfan (pellere) adræfte; belævan (tradere) belævde; brætan (frenare) brætte; fpætan (fpuere) fpætte; bædan (compellere) bædde; brædan (diftendere) brædde; lædan (ducere) lædde; rædhan (venari) vædhde; ræfan (irruere) ræfte; ëdlæcan (renovare) ëdlæhte; nëalæcan (propinquare) nëalæhte; tæcan (docere) tæhte; gevæcan (affligere) gevæhte [hæman (nubere, coire) getvæman (feparare) Beov. 1928. gemænan (plangere) gemænde; Aræran (erigere) ârærde. getvæfan (feparare) getvæfte. fætan (infidiari) Câdm. 22, 17. belænedan (amputare) Câdm. 86. 87. tœfan (vellere) tæfde. hnægan Câdm. 63. Beov. 109. fægan (fallen machen) Beov. 1761.] — 5) dëman (judicare) dëmde; flëpan (erigere) ftëpte; bëtan (emendare) bëtte; grëtan (falutare) grëtte; mëtan (obviare) mëtte; fëdan (nutrire) fëdde; kædan (cuftodire) hëdde; fpëdan (progredi) fpëdde; vëdan (infanire) vëdde; fëran (quaerere) fôhte; rëcan (curare) rôhte; frëgan (ftrepere) frëgde; vrëgan (accufare) vrëgde [fëran (ducere, proficifci) fërde. drëfan (turbare) genëdan (cogere) genëdde Beov. 160. gefëdhan (manifeftare) ëdhan C. 219, 19. mëfan (manducare) fëgan (aptare)]. — 6) eígan (vocare) eígde [gedígan (perficere) gedígde]. — 7) gÿman (obfervare) gÿmde; gerÿman (dilatare) gerÿmde; ftrÿnan (acquirere) ftrÿnde; gebÿnan (humiliare) gehÿnde; hÿran (audire) hÿrde; ftÿran (imperare) ftÿrde; ferÿdan (ornare) ferÿdde; nÿdhan (cogere) nÿdhde; efdhan (nuntiare) c´dhde; lÿfan (folvere) lÿfte; ÿrnan (augere) ÿhte. [eávan (oftendere) fmeágan (meditari) gek. fmeán, praet. fmeáfte; altn. fmeygja (infinuare)].

Anmerkungen: a) einige diefer verba bewahren das ableitungs-ë zuweilen im inf. als: fëchan, vecëdan, dronëdan etc. ftatt welches ë fich kaum i (j) findet. — β) die durch gemination langgewordenen haben in II. III. fg. (bei unfyncopiertem flexions-

II. angelſ. zweite ſchwache conjugation.

vocal) und dann auch im ſg. imp. einſucheu conſ., als: ſeleſt, legeſt, ſegeſt; ſele, lege, ſege; zum unterſchied von organiſcher gemination, welche durchweg bleibt, z. b. fylleſt (imples) fylle (imple). [906]
— γ) rückumlaut zeigt das praet. lediglich vor ld und ht (ſealde, evſalde, þeahte, ſohte, rohte); warum aber kein ſande, bradle, ſatte, drancte, lagde, ſulde, ſturmde, dômde, môtte, födde, ſerŭdde, geámde, leáſte? (vgl. den altnord. rückuml.).

Zweite ſchwache conjugation.

ind. praeſ.	ſg.	ſealf-ige	ſealf-aſt	ſealf-adh
	pl.	ſealf-jadh	ſealf-jadh	ſealf-jadh
praet.	ſg.	ſealf-ode	ſealf-odeſt	ſealf-ode
	pl.	ſealf-edon	ſealf-edon	ſealf-edon
conj. praeſ.	ſg.	ſealf-ige	ſealf-ige	ſealf-ige
	pl.	ſealf-jon	ſealf-jon	ſealf-jon
praet.	ſg.	ſealf-ode	ſealf-ode	ſealf-ode
	pl.	ſealf-eden	ſealf-eden	ſealf-eden

imp. ſealf-a, pl. ſealf-jadh; inf. ſealf-jan; part. ſealf-igende, praet. geſealf-od.

Zweite und dritte goth. conj. fallen auch hier zuſ., man bemerke 1) der *ableitungsvocal* o (? ô) erſcheint nur im praet. 2) ſchwankend an ſeiner ſtelle zuweilen a (? â) im ſg. (nie pl.) praet. und part. praet. vgl. Beov. 16 30. 135. viſade, 130 þrávade, 178 brytnade, 14 ſeómade, 157 lôſade etc. 60 gerêgnad, 171 genivad, 200 geblôdegad; neben 26 viſode, 193 prôvode etc. [häufig -ade Conyb. XX. XXI.] Nicht unwahrſcheinlich iſt dieſes â aus der alten dritten conj. übrig und dem goth. ái, alth. ê parallel; doch laßen ſich im angelſ. nicht mehr die zweite und dritte conj. nach dem ô und â ſondern; jenes einzelne a wurde auch wörtern der zweiten beigelegt und verlor ſich endlich ganz in dem überwiegenden o. — 3) der pl. (nicht ſg.) praet. zeigt in den älteſten denkmählern e ſtatt o; vgl. Beov. 12. 75. 109 ſceávedon, 19 bancedon, 93 reáſedon, 84 folgedon, 121 ſtaredon, 128 ſvigedon etc. mit 106 þancode, 215 ſvigode, 65 ſceávode etc. welches e von dem ë kurzſilbiger verba erſter conj. ganz unterſchieden, als bloße ſchwächung des o anzuſehen iſt, auch im ſg. (wie jenes ë) nicht vorkommt. Cädm. und die proſaiſchen quellen gewähren neben dem e häufig o im pl. — 4) im ſg. imp. -a und II. III. praeſ. ind. ſg. -aſt, -adh ſcheinen ableitungs- und flexionsvocal verſchmolzen oder vielmehr letzterer iſt in erſterem aufgegangen, vgl. ſcalſa, ſealſaſt, ſealfadh mit dem goth. ſalbô, ſalbôs, ſalbôþ; alth. ſalpô, ſalpôs, ſalpôt. Der voc. a (vermuthlich â) ſtimmt zu dem unter 2. bemerkten a (â) des praet., [907] und zuweilen bekennen ſich auch II. III. praeſ. ſg. zu ſolchem o z. b. taloſt ſ. talaſt. — 5) deſto auffallender iſt die einſchiebung des i im inf. und in allen übrigen praeſensſormen, welche da-

826   II. *angelf. zweite fchwache conjugation.*

durch mit den kurzfilbigen erfter conj. zuf. fallen, vgl. fëalfjan
fëalfige, fëalfjadh mit nerjan, nerige, nerjadh. Den unterfchied
gründet bloß jener fg. imp. und II. III. praef.: fëalfa, fëalfaft, ·
fëalfadh, abftehend von nerë, nerëft, nerëdh. Die goth. alth.
und altf. zweite conj. zeigt ein i vor dem ô nur in wenigen ein-
zelnen wörtern (z. b. herjôn, minnjôn) und läßt es dem praet.
(z. b. minnêôda); hier gebührt es allen und jeden im praef.,
fchwindet aber im praet. [es ift unorg. weil es keinen umlaut
zeugt, z. b. cunnjan, nicht cynnjan]. — 6) erweiterung des j in
ig findet gewöhnlich nur vor e der flexion ftatt, als: taljan (aeftimare) talige (aeftimo Beov. 53.) lûfjan (amare) lûfige (amo);
ftarjan (oculos figere) ftarige (Beov. 134.) bisweilen wird aber
auch der flexion a ein e vorgefchoben und dann gleichfalls ig
gefetzt, z. b. fceávigêan (confpicere) fceávigêadh (confpicimus)
gleichviel mit fceávjan, fceávjadh; ferner: varigêadh (cuftodiunt
Beov. 103.) f. varjadh. Im praet. gilt kein folches -igê-, fondern
nur -ode, als fceávode, ftarode, talode etc. Übrigens vergl. man
das altf. -*ôjan* (l. 895.) —

Beifpiele 1) einfache ableitungen: taljan (loqui) tiljan (colere) þoljan (tolerare) fûljan (putrefcere) fpëlljan (nuntiare) fulljan (baptizare) fëalfjan (ungere) hëalfjan (amplecti) ealgjan
(tueri) folgjan (feqni); fëômjan (onerare); monjan (monere) vunjan (habitare) leánjan (remunerare) fandjan (tentare) endjan (finire) plantjan (plantare) þancjan (agere gratias) þingjan (convenire); andfvarjan (refpondere) ftarjan (intueri) cëorjan (queri)
herjan, hergjan (vaftare) borjan (forare) árjan (honorare) hêrjan
(laudare) gnornjan (moerere) lëornjan (difcere) ëardjan (habitare)
vëardjan (cavere) rëordjan (fermocinari) mëarcjan (notare) bëorhtjan (lucere); clypjan (vocare) grâpjan (rapere) rëáfjan (fpoliare)
lëófjan, lûfjan (amare) ebbjan (recedere) gehivjan (fumare) nivjan (renovare) trivjan (fidere) fcëávjan (confpicere) þëóvjan (fervire) þrôvjan (pati); hatjan (odiffe) vlâtjan (intueri) bodjan (nuntiare) giddjan (canere) trëddjan (incedere) fidhjan (proficifci) vifjan (vifitare) nëófjan (inveftigare) coftjan (tentare); vacjan (vigilare) licjan (placere) plucojan (vellere) plëgjan (ludere) hogjan
(cogitare) fvigjan (tacere) tëohhjan (ftatuere) áhfjan (exigere)
ëahtjan (obfervare) [telgjan (ramos generare) Conyb. XXI. velgjan (incrementa capere) ibid. fvâmjan (circumferri) exon. 167, 33.
clânijan? vanjan (minuere) vânjan (ejulare) dunnjan (obfcurari)
Hoeth. p. 4. cunnjan (tentare) buntjan (venari) fundjan (tendere)
hangjan (pendere) eánjan (parturire) fmëarcjan (? fmëorcjan, engl.
fmirk) fubridere. nëarvjan (arctare) hvëarfjan Conyb. XXI. vëarnjan (cavere) vëordhjan. ordbjan (fpirare) Lye. hopjan (fperare)
hnäppjan (dormitare) gelafjan (refocillare) Beov. bëofjan (tremere) Conyb. XX. hlifjan (eminere) ibid. fifjan (gaudere) fëóvjan (fuere) Beov. 33. fivjan Lye. bëótjan (minari) Beov. 954. 1066
gebëótedon. badjan (lavare) vridjan (germinare) Beov. 131. gôdjan

II. angelſ. zweite ſchwache conjugation. 827

Conyb. XXI. frôdjan ibid. beſmydhjan? Beov. 217. frëodhjan Conyb. XXI. lëôdhjan ibid. dagjan (luceſcere)]. — 2) bildungen mit *-el*, *-en*, *-er* oder -l, -n, -r: madheljan (loqui) ſvêôteljan, ſvûteljan (maniſeſtare) micljan (magnificare) ſêgljan (navigare); brytnjan (diſpenſare) ſamnjan (congregare) tâcnjan (ſignare) geëâcnjan (concipere) þêgnjan, þênjan (miniſtrare) gerêgnjan, gerênjan (ornare); geniderjan (humiliare) ſridhrjan (praevalere) hlëôdhrjan (perſonare) vuldrjan (glorificare) [vrâſtljan (luctari) openjan (aperire) Beov. 226. haſenjan (elevare) eâcnjan Conyb. XX. mâgnjan ibid. XXI. ſâgnjan ibid. minſjan ibid. XX. gëarvjan, nëarvjan, ſëarvjan Conyb. XXI.] — 3) mit -v, -ſ, -g (ſtatt -av, -iſ, -ig): nëarvjan (arctari) frâtvjan (ornare) læſvjan (puſcere); ſcadvjan (umbrare); ſælſjan (expiare) ſvinſjan (modulari) irſjan (iraſci) blëtſjan, blëdſjan, blëſſjan (benedicere) blîdſjan (laetari) gitſjan (cupere) rîcſjan (regnare) egſjan (terreri); ſâmgjan (ſpumare) myngjan (reminiſci) ſyngjan (peccare) vërgjan, vërigëan (laſſeſcere) blôdgjan (ſanguinare) etc. — 4) ableitungen von adj. mit *-ſum*: geſibſumjan (reconciliari) gehŷrſumjan (obedire) etc.

Anmerkungen: a) die einſtimmung der 1. ſg. und des ganzen pl. praeſ. mit den kurzſilbigen erſter conj. macht übergänge begreiflich. Einzelne verba, urſprünglich zweiter conj. geminieren den conſ. nach weiſe der erſten, behalten aber vor -a, -aſt, -adh, ſo wie im praet., formen der dritten bei: einige laſſen die erſte conj. weiter eingreifen, und zuweilen gelten doppelformen nach beiden. Statt *lëofjan* (vivere) I. lſoſige II. lëoſaſt III. lëoſadh; pl. lëoſjadh findet ſich *libban*, I. libbe II. lêoſuſt III. lëoſadh; pl. libbadh; praet. lëoſode (nicht liſde, noch weniger libhode) imp. lëoſa, pl. libbadh. Ungefähr ſo verhalten ſich *hycgan, fyligëan, ſecgan, tellan* zu *hogjan, folgjan, ſagjan, taljan,* nur iſt bald erſte, bald zweite conj. überwiegend, z. h. es ſtehet gern I. hycge II. hogaſt, im praet. gleich üblich hygde oder hogode; ſecgan behält aber aus zweiter bloß den imp. ſg. *ſaga* (Cädm. 21. Beov. 31.); tellan hat im praeſ. lieber talige, talnſt, taladh als telle, teleſt, teledh, im praet. lieber tealde als talode. *habban* (habere) macht nach zweiter: II. hafaſt III. haſadh (neben häſſt, häſdh) ſg. imp. *hafa* Beov. 51. (ſchwerlich habe) alles andere nach erſter: habbe (habeo) [auch ic hafa] pl. habbadh; praet. häfde; part. häbbende, praet. häſd. — β) es kann im einzelnen zweifelhaft ſeyn, ob das dem -an vorbergehende *g, ig* erweiterung des -i (ſ. 907.) oder die bildungsendung -ig war; z. b. ſâmgjan, vërigëan ſtammt zwar vom adj. ſâmig, vërig, aber ſyngjan könnte von ſynnig (culpabilis) oder ſyn (culpa) geleitet werden, wie das alth. ſuntëon von ſuntëa (neuh. ſündigen von ſündig?). Vielleicht haben die ableitungen vom adj. jene erweiterungen des *i* in *ig* veranlaßt? monigëan für monjan u. b. läßt ſich von keinem adj. monig berführen.

Anomalien der angelf. conjugation.

1) esse hat vier stämme a) praes. ind. sg. I. *eom* (für im) II. *eart* III. *is*. — β) pl. praes. ind. *sind* [zuweilen sint (f. 251)] oder *sindon* [*aren* (sunt) Kemble 5, 342 a. 956]; praes. conj. *sî, sî, sî* (auch *sig* und *sed* geschrieben); pl. *sîn, sîn, sîn*. — γ) praet. ind. *eás, eáre, eás*; pl. *wæron*; inf. *vêsan*, imp. *vês* pl. *vêsadh*; part. *vêsende, gevêsen*. — δ) fut. oder praes. sg. *bêo* (zuweilen *bëom*) II. *bist* III. *bidh*; pl. *bêodh, bëodh, bëodh*; conj. *bëo*, pl. *bëon*; inf. *bëon*, imp. *bëo*, pl. *bëodh*. Vielleicht *bëon, bëom, bëa, bëódh* (mit Rask) zu schreiben? für *bëom* spricht das alth. *pim* und selbst *eom*; für *bëom* das altf. *biun, bium*.

2) a) *môt, môst, môt*; pl. *môton*; praet. *môste* [*môste* 'nahm platz' Cädm. 1469]. β) *vàt, vàst, vàt*; pl. *viton*; praet. *viste* (zuweilen *viste*); und *nát* (nescio) *nált, nát*, pl. *nyton*, praet. *nyste* [oben f 268]. γ) *àh* (possideo) *àge* (?) [*àhst* (habes) El. 725] *àh*; pl. *àgon*; praet. *àhte*. δ) *deáh* (prosum) *duge, deáh*; pl. *dugon*; praet. *dûhte* [*dohte* steht Boeth. p. 40. 158°]. ε) *mäg, mêaht, mág*; pl. *mágon*; praet. *mëahte*. ζ) *sceal, scealt, sceal*; pl. *sculon*; praet. *scëolde* [im Beov. *scolde*]. η) *gemon* (memini) Beov. 90. [geman pf. 70,16] pl. *gemunon*; praet. gemunde. θ) *dëar* [*dëárr* homil. 1, 458]. *dëarst* (Beov. 42.) und *durre* (?) *dëar*; pl. *durron* [*dyrre* audeas Beov. 2768]; praet. *dorste*. ι) *þëarf, þurfe* oder *þëarst?, þëarf*; pl. *þurfon*; praet. *þorfte*. κ) *can* [*con* Beov. 4120], *canst* (*const* Beov. 105.) und *cunne, can*; pl. *cunnon*; [*cunne* noscas Beov. 4147] praet. *cudhe*. λ) *an* [ic onn Kemble 2, 120. ann 2, 121. pf. 74, 7], *unne, an*; pl. *unnon*; praet. *udhe*. [μ] benëab Andr. f. 152]. — Merkwürdig *àge, duge, durre, unne* f. *àht, deaht, dëarst, ault*, so wie *þurfe, cunne* neben *þëarst, caust* [in diesem schwanken zwischen -t und -e ist schon größere neigung zur neuerung als im ahd. oder wäre *unne, cunne* immer conjunctiv?]; das praet. *scëolde* stimmt zu *volde*.

3) *ville, vilt, ville* (*vile* Beov. 80.) pl. *villadh*; praet. *volde*; und *nylle* (nolo) *nylt, nylle*; *nylladh*; praet. *nolde* [villio and ville Kemble 2, 121.].

4) I. *dô* II. *dêst* III. *dêdh*; pl. *dôdh*; [*dô* facias, vito þät þu svà dô (f. *dôe*) Lye f. v. vitan] praet. *dide*, *didest, dide*; pl. *didon*; inf. *dôn*, part. praet. *gedôn*.

5) *gangan* praes. sg. I. *gange* oder *gà*, II. *gæst* III. *gædh*; [conj. *gæ* eat Beov. 905. imp. *gá* Beov. 134] praet. *eode, eodest, eode*; pl. *eodon*; seltner: *gengde, gengdest*; pl. *gengdon* (Cädm. 19. 21. Beov. 107) [*gèng* ivit Beov. 99. 100. *gèong* 134. 151. *giong*? 166. 188] part. praet. *gegàn* (Beov. 196.) oder *gegangen* (*gegongen* Beov. 209.) [inf. *gegàn* Beov. 111. 116. 124.].

6) die meisten verba alth. sluster anomalie stehen in der angelf. starken conj. V. [*gróvan, róvan* conj. III.]; doch *búan* (habi-

tare) Beov. 227. (160. bývan?) macht das praet. *bûde*, pl. ꬼо
bûdon; part. praet. ſtark: *gebûen* oder *gebûn* (Beov. 11) [ic
ford ſció (eo) C. 67, 20.. vgl. ſoeo C. 215, 21 = goth.
ſkévja, eo].

7) *gyrean* (parare) *ſyrean* (moliri) Beov. 17. 55 = gëarvan, ſëar-
van, habeu im praet. gyrede, ſyrede (Beov. 14. 109. 164.) im
part. praet. gegyrved, geſyrved [gegyred Beov. 112. *tyrean*
(pice obducere) part. niv-tyrved Beov. 24].

8) *byegan* (emere) *vyrcëan* (operari) *bringan* (afferre) *pencëan*
(cogitare) *byncëan* (videri) haben *bohte*, *vorhte*, *brohte*, *pohte*,
bûhte [für vorhte einigemal vrohte (wie von δέρκω ἔδρακον)].

9) außer *frignan*, frägn (Beov. 185.) frugnon (und ſelbſt fräng,
frungon Beov. 52.) ſcheint *frinan*, fran, frunon, geſrunen
(Beov. 54 und 101. der imp. friu) bräuchlich, fürs praef. aber
auch die ſchwache form *fricgëan* (149. 158.) geſricge (137.);
das part. praet. lautet bald *geſrägen* (Beov. 91.) bald *geſrigen*
(Cädm. 63.).

10) dem althd. ni-churi vergleicht ſich *ne-cëara* þu (noli) und ſelbſt
ne-cëara incit (nolite) Cädm. 49, 23. 59, 1., womit jedesmahl
ein inf. conſtruirt wird. In dem *uton*, *euton* (agamus) Beov.
197. 230., worauf gleichfalls der inf. folgt, mag nicht weniger
ein verlorenes verbum ſtecken.

Altfrieſiſches verbum.

Der inf. apocopiert das n und lautet auf bloßes -a, womit
der dat. pl. blinde, thâ (f. 736. 792.) zu vergleichen; im pl. praet.
und ſtarken part. praet. haftet dagegen das -n (-on, -en); pl.
praeſ. ind. ſetzt -tb für alle drei perſonen, gleich den ſächſiſchen
ſprachen.

Starke conjugationen. I. balde (teneo) hild, hildon, balden;
ebenſo valde (impero) II. bête (vocor) bêt, hêton, hêten; ebenſo
ſkêthe (divido) III. hlêpe (curro) hlîp, hlîpon, hlêpen; ebenſo
hrêpe (clamo) ſtête (pulſo) [p. p. ſtât (vide ad p. 1011) f. ſtâten
oder ſtâtet?] IV. ſlêpe (dormio) ſlîp, ſlîpon, ſlêpen; ebenſo wêpe
(ploro) lête (ſino) rêde. [V. bla (blaſen, agſ. blûvan) praet. ble-
rem, blies ihm Richth. 652ᵃ]. VII. fare (veho) fôr, fôron, faren;
ebenſo ſkapa (creare) blada (onerare) vada (permeare) vaxa (cre-
ſcere) draga (ferre, praet. drôch) ſlaga (ferire, pr. ſlôch) [ſtonda
III. pl. ſtondath. ſtôd, ſtôden]. VIII. gripe (prehendo) grêp, gri-
pon, gripen; ſo: driſa (pellere) ſnîtha (ſecare) hnîga (ſlectere)
ſtîga (ſcandere praet. ſtêch). IX. driupe (ſtillo) drâp, drêpon,
drêpen; ebenſo: *kriopa* (repere) niata (utì) ſkiata (jaculari) ſlûta
(claudere) biada (offerre) kiaſa (eligere) kiuſe, kâs, kêron, kêren;
liaſa (perdere) liaka (claudere). X. XI. bire (fero) ber, bêron,

830   II. *altfriefifche fchwache conjugation.*

*bēren; ebenſo: ſtēla (furari) nima (capere) jēfa (dare) wēſa (eſſe) brēka (frangere) fprēka (loqui) [bruden ſtrictus (altn. brogdinn) 32, 17. Richth. nimmt es zu brida]. XII. hilpe (adjuvo) halp, hulpon, hulpen, ebenſo: jelda (repcudere) hēlga (irnſci) binda (ligare) finda (inv.) winna (laborare) kwinka (exſtinguere, part. ût-e-kwnken Aſegab. 178.) twinga (cogere) bērna (ardere) wērpa (jacere) kērva (findere) vērtha (fieri). — *Anmerkungen*: α) wechſel zwifchen *ia* und *iu* in IX, e und i in X. XI. XII. wie im alth. und altſ. d. h. iu und i gelten im ganzen ſg. praeſ. β) vermuthliche conſ. veränderungen bei ſyncope des flexionsvocals in II. III. praeſ. ſg. — γ) ſchwaches praeſ. haben ſitta (ſedere) lidza (jacere); das praet. ſtark ſet, pl. ſēton; lei, pl. lēgon.

Zwei *fchwache conjugationen*: die *erſte* ſyncopiert den ableitungsvocal, als: rēma (evacuare) rēmde; bēta (reparare) bētte; ſella (vendere) ſelde; ſedza (dicere) ſēde; ſetta (collocare) ſette; refza (porrigere) rekte (γ) drenſza (aquae immergere) drenkte etc. Die *zweite* hat im praeſ. i, im praet. a, als: cāpja (emere) cāpjath (emimus) cāpade (emebam) part. praet. cāpad; ebenſo: makja (facere) halja (arceſſere) nomja (nominare) rāvja (ſpoliare) endgja (finire) folgja (ſequi) etc. [netta für netlade (wie mnd.) Richth. 410*]. —

Anomalien: 1) *wēfa*; praet. was, wōre, was; pl. wēron; praeſ. III. ſg. *is*, pl. *ſend*. — 2) α) mūt, mōton. β) wēt, witon. γ) āch, āgon; praet. āchte. δ) ſkēl, ſkēlon (auch ſkil, ſkilon) praet. ſkolde. ε) mei, mēgon; praet. machte. [ζ) Br. 171. jef thi werf duch? vielleicht dach zu leſen, dāch (valet, agſ. deāh, ahd. touc) RA.60]. — 3) wil, pl. willath; pruet. wēlde. —. 4) *dūa* (facere) dūe (facio) dūath (facimus); praet. dēde, part. praet. *dēn*. — 5) *brēnſza* (afferre) *thenſza* (cogitare) praet. brochte, thochte. — 6) *fā* (capere) praet. feng hat im part. praet. bald *fēn* bald *fēnſzen*. —

Altnordiſches verbum.

Starke conjugation.

ind. praeſ. ...	-r	-r	conj.	-i	-ir	-i
pl. -um	-idh	-a		-im	-idh	-i
praet. ſg. ...	-t	...		-i	-ir	-i
pl. -um	-udh	-u		-im	-idh	-i

imp. ſg. ..., pl. -idh; inf. -a; part. praeſ. -audi, praet. -inn.

Anmerkungen: frühere beſchaffenheit der aufgeſtellten flexionen lehrt die vergleichung der übrigen ſprachen, theilweiſe der gebliebene oder fehlende umlaut. α) *conſonanten*: 1) apocope des n (f. 305. 820.) zeigt der inf. -a, die III. pl. praet. ind. -u

II. altnordische starke conjugation.

und III. pl. praef. praet. conj. -i, welche sämmtlich für -an, -un, -in stehen; III. pl. praef. ind. büßt sogar -nd ein. [Im Gutalag neben quamu (venerunt) fatu (federunt) merkwürdig quamin (venirent) fatin (federent) Oftg. lag: laggin (jaceant) Upl. lag 241. 244 läggins (ponantur).] — 2) I. pl. hat dagegen (gleich dem dat. pl.) -m bewahrt, nicht in -n geschwächt; bei anlehnendem pron. fällt es fort, z. b. skulu-vēr, skulu-vidh (Rask §. 273.). Ebenso schwindet das -dh der II. pl. durch inclination. — 3) II. sg. praef. ind. und praef. praet. conj. hat das ursprüngliche -s in -r verwandelt (f. 305. 804. 805.); woher rührt aber das -r der III. sg. praef. ind.? in den übrigen sprachen hat es kein vorbild, außer in der III. sg. praef. des angelf. und frief. hülfsworts esse, welche *is* (goth. alth. altf. *ist*) lautet und offenbar dem altn. *ēr* gleichsteht (mehr hiervon am schluße des cap.). — 4) dieses -r der II. III. sg. praef. erfährt apocope oder assimilation nach den regeln s. 650. 651. 736. 737; apocope, wenn die wurzel selbst mit s, r und rr schließt, und alsdann fallen II. III. mit I. zusammen, z. b. lēs, frȳs, eys, slær, bērr, þvērr statt lēsr, frȳsr, eysr, slærr, bērrr, þvērr (obwohl zuweilen lésl, frȳsl, slærr, bērr geschrieben wird); assimilation nach wurzelhaftem n, schwankender nach l, als: scinn (lucet) f. scinr; kell (alget, Völ. 9. 29.) f. kelr, doch begegnet auch elr (alit). Nach ll, nn bleibt das flexions-r, als: fellr, brennr. — 5) II. sg. praet. ind. hat einstimmig mit dem goth. den conf. -t und den voc. des fg., abweichend vom alth. alt- und angelf., wo die flexion -i, -ē den ablaut des pl. oder conj. mit sich führt. Von veränderung des wurzelconf. vor diesem t hernach unten. — β) *flexionsvocale* 1) der I. sg. praef. ist die flexion -i abgefallen, wie der haftende umlaut ser, sell, slæ, eyk, gȳt darthut, früher also: seri, selli, slæi, eyki, gȳti; dieses -i scheint sich in dem einzigen *heiti'* (vocor) [ek heitir Isl. bók c. 12] und nicht heit, zu bewahren. — 2) aus gleichem grunde muß vor dem -r II. III. praef. sg. ein organisches i syncopiert worden seyn. — 3) unorg. -i, weil kein umlaut daraus folgt, besitzen II. pl. praef. ind. und imp., alle flexionen des praef. conj. und das part. praet.; vermuthlich herrschten hier ehmahls -a und -ei (wie f. 805. blindeir f. blindir); in I. praef. conj. sg. zeigen die ältesten quellen -a (Rask §. 270.) [gloff. nialae unter -a. ec vita, noverim Sæm. 43ᵃ verdha ec 138ᵃ vilja (velim) 49ᵃ ec viljac 53ᵃ fegjac 81ᵇ preyjac 87ᵇ]. — 4) das praet. conj. hat organisches -i und -í. — 5) heutzutage gilt in I. pl. praef. conj. -um statt -im und tadelnswerther im ganzen pl. praet. conj. -um, -udh, -u statt -im, -idh, -i. — 6) für -u, -um haben die alten hff. gern -o, -om. [— Sæm. 52ᵃ sä für sáo, 259ᵇ dó für dóu (moriebantur).] Unter solchen voraussetzungen ließe sich etwa folgendes ältere paradigma erwarten:

832   II. *altnordische starke conjugation.*

```
ind. praef. fg. -i    -ir   -ir  | conj. -a   -eir  -ei (è)
            pl. -um  -adh  -and  |       -eim -cidh -ein
     praet. fg. ...  -t    ...   |       -i   -ir   -i
            pl. -um  -udh  -nn   |       -im  -idh  -in
     imp. fg. ..., pl. -adh; iuf. -an, part. andi, praet. ann.
```

Einzelne conjugationen:

I. fell (cado) fèll, fèllum, fallinn; held (teneo) hèlt, hèldum, haldinn; veld (impero) geht anomalifch; blend (mifceo) blètt, blèndum, blandinn; geug (eo) gèck, gèngum, geuginn; hàngi (pendeo) hèck, hèngum, hànginn; fæ fällt jetzt in die vierte; er (aro) èr (?) èrum (?) arinn (vgl. conj. XI.) [eld (fenefco) vgl. p. p. aldinn]

II. fveip (involvo) fveipr (involvit) Brynh. qv. 8; fvèp, fvèpum, fveipinn (Fáfn. 42.) heiti (vocor) heitir (vocaris, vocatur), praet. hèt, hètum; leik (ludo) lèk, lèkum, leikinn.

III. hleyp (curro) bliòp, hliòpum, hlaupinn; auf eydh, iòdh deutet das part. praet. audhinn (fatis conceffum, genitum); eys (haurio) iòs, iòfum, aufinn; eyk (augeo) iòk, tòkum, aukinn; bý (habito) biò, biòggum, bùinn; ebenfo fpý (fpuo) fpiò, fpiòggum, fpûinn; [lûinn (laffus) wie bùinn. Völf. faga cap. 8. vgl. lû laffitudo, lýa fatigare;] bògg (caedo) biò (zuweilen biòg) hiòggum, bòggvinn; blœt (facrifico) blèt, blètum, blòtinn (ný, fný etc. f. 5te anom.)

IV. græt (ploro) grèt, grètum, grátinn; læt (fino) lèt, lètum, làtinn; rædb (fuadeo) rèdb, rèdhum, rádhinn; blæs (fpiro) blès, blèfum, blàfinn; fæ (capio) fèck, fèngum, fenginn, inf. fâ.

VII. el (alo) òl, òlum, alinn; ebenfo: gel (cano); kel (frigeo); mel (molo); ftend (fto) ftòdh, ftòdhum, ftadhinn; fer (proficifcor) fòr, fòrum, farinn; fver (juro) fòr, fòrum, fvarinn; fkep (creo) fkòp, fkòpum, fkapinn; gref (fodio) gròf, gròfum, grafinn; ebenfo fkef (rado) hef tollo) hnef (adunca manu torqueo) praet. hnòf (gudr. br. 12.) kef (fupprimo); bledh (onero) blòdh, hlòdhum, bladhinn; vedh (eo) òdh, òdhum, vadhinn; vex (crefco) òx, òxum, vaxinn; die mit wurzelhaftem kehllaut fetzen im part. praet. e ftatt a, als: ek (veho) òk, òkum, ekinn; ebenfo: fkek (concutio) tek (capio); dreg (fero) drò, drògum, dreginn; dey (morior) dò, dòum, dàinn; gey (latro) gò, gòum, gàinn; die, welche den iuf. -aha in à oder œj zuf. ziehen, haben das praef. nach vierter, das praet. nach diefer conj., als: flæ (excorio) flò, flògum, fleginn; ebenfo: hlæ (rideo) klæ (frico) flæ (percutio).

VIII. gin (hio) gein, ginum, gininn; ebenfo: hrin (clamo) hvin (fremo) fkin (luceo); grip (prehendo) greip, gripum, gripinn; fvip (cuelo) fveip (vöf. qv. 23.) etc.; drif (pello) dreif, drifum, drifinn; ebenfo: rif (lacero) fvif (moveor) þrif (apprehendo); bit (mordeo) beit, bitum, bitinn; ebenfo: lit (video) rit (exaro)

II. altnordische starke conjugation.

flit (rumpo); lidh (proficiscor) leidh, lidhum, lidhinn; desgl. qvidh (metuo) ridh (equito) fnidh (seco) fvidh (doleo, uduro?); ris (furgo) reis, rifum, rifinu; rift (lucido) reift, riftum, riftinn; blik (fplendeo) bleik, blikum, blikinn; ebenfo: fvik (fallo) vik (cedo); hulg (inclino) hneig, hnigum, hnigiun; ebenfo: mig (mingo) fig (endo) flig (fcando); die mit g haben im praet. zuweilen hne, hneum; ebenfo: ftē und fē [klif, kleif forum. 8, 75. 401. 408. 9, 225. vitinn (dedicatus) Sn. 1848, 236. huit, hneit, hnita (pungere) drit (caco) fidh, feidh Sn. 1848. 1, 236. forum. 10, 378 fiddi. Yngl. 16. 17. kvidh, kveidh forum. 5, 145. rift, reift Saem. 30ᵃ 28ᵃ].

IX. drỳp (ftillo) drap, drupum, dropinn; ebenfo krỳp (repo) fỳp (forbeo); klỳf (findo) klauf, klufum, klofinn; ebenfo: rỳf (folvo); brỳt (frango) braut, brutum, brotinn; ebenfo: flỳt (fluo) gỳt (pario) hlỳt (obtineo) hnỳt (labo) hrỳt (cado, fterto) lỳt (vergo) nỳt (fruor) fkỳt (jaculor) pỳt (ululo) prỳt (deficio); bỳdh (offero) baudh, budhum, bodhinn; ebenfo: huỳdh (retundo) rỳdh (illino, cruento) fỳdh (coquo); frỳs (frigeo) fraus, frufum, frofinn; ebenfo: gỳs (eructo) luỳs (labo, flermuto) kỳs (eligo) doch gewährt fchon Edda faem. 263ᵇ kurom (ft. kufum) 146ᵇ kērinn (ft. kofinn) 55ᵇ frōrinn (ft. frofinn) und Snorraedda p. 111. frōrinn [kiōrn (elegerunt) Ol.Tr. 2, 216. Isl. fög. 2, 180]. — lỳft (percutio) lauft, luftum, loftinn; fỳk (vento feror) fauk, fukum, fokinn; ebenfo: lỳk (claudo) rỳk (fumo) ftrỳk (anfugio); flỳg (volo) flaug, flugum, floginn; ebenfo: lỳg (mentior) luỳg (penetro) fỳg (fugo) tygg (mando) die mit g wiederum neben flaug, laug etc. flō, lō, fnō, tō pl. flōum etc. Uber fỳng (cano) hernach conj. XII. [piula (?) paul, pulum, polinn (termociuuri) Uppftr. fkaldfk. 34. buaud Nial. cap. 44. forum. 11, 133. flauk Saem. 72ᵃ ftukko 54ᵃ von ftiuka? man nimmt an flōkva, das aber abgeleitet].

X. drēp (percutio) drap, drāpum, drōpinn; gēf (dono) gaf, gāfum, gēfinn; ēt (edo) at (Biörn und Rafk: āt, zum unterfchied von der praep. at?) ātum, ētinn; gēt (acquiro) gat, gātum, gētinn; mēt (pondero) mat, mātum, mētinn; ft (fedeo) fat, fātum, fētinn; [frēt, frat (pedo) Biörn;] bidh (peto) badh, bādhum, bēdhinn; qvēdh (cano) qvadh, qvādhum, qvēdhinn; lēs (lego) las, lāfum, lēfinn; von vēra (ftatt vēfa) ift kein praet., fondern nur das praet. var (ftatt vas) pl. vārum (fpäter vorum) vorhanden; lēk (ftillo) lak, lākum, lēkinn; rēk (pello) rak, rākum, rēkinn; [hvēk, hvak (vacillo) forum. 10, 383. Biörn: hvika;] wurzeln mit g apocopieren es auslautend im praet. und verlängern den vocal als: frēg (interrogo) frā (ftatt frag) frāgum, frēginn (vgl. 12te anom.); vēg (interficio) vā (ft. vag) vāgum, vēginn; ligg (jaceo) lā (f. lag) lāgum, lēginn; pigg (obtineo) pā (f. lag) pāgum, pēginn; zuweilen gelten auch die pl. praet. fräum, väum, läum, päum. Der inf. fiā (videre, ft.

834 II. *altnordifche ftarke conjugation.*

fiha, fihva) hat im praef. fē (ſt. ſē, vgl. f. 288.) [auch feg ek (video) Sn. ed. hafn. 374] fēr, fēr; pl. fēum praet. fā, pl. fāum, part. praet. fchwach: fēdhr; trodha (calcare) entfpricht dem goth. trudan, macht aber das praef. trēdh (nicht trodh = truda) praet. tradh, pl. trädhum, part. trodhinn (= trudans); ihm gleichen [ftrēdh, ftradh, ftrodhinn Grágás 2, 147. ? knēdh (depfo) knadh, iuſ. knodha Landn. p. 31. gewöhnl. huodha] fofa (dormire ſt. fvēfa) praef. fēf (ſt. fvēf) praet. fvaf, fváfum, part. fofinn (ſt. fvēfinn); vēfa (texere, nicht ofa) vēf, praet. vaf, váfum (daneben ófum) part. ofinn (ſt. vēfinn) wobei man das unterdrückte v und die analogie von koma (ſt. qvēma) conj. XI. anfchlagen mag.

XI. fēl (abfcondo) fal, fálum, folginn (zuweilen falinn); ftēl (furor) ſtal, ſtálum, ſtolinn; nēm (difco) nam, námum, numinn; kēm (f. qvēm) qvam (zuweilen kom) qvámum, kominn (f. qvominn); bēr (fero) bar, bárum, borinn, ebenfo fkēr (tondeo); ob fvēma (natare) ērja (arare) organifch hierher fällt? Biörn gibt das praet. fvam, ar, aber das part. fvaminn (ſt. fvominn?) arinn (ſt. orinn? vgl. yrja f. 921.) *

XII. gēll (refono) gall, gullum, gollin; hvēll (tinnio) hvall, hullum, hollinn; fkēll (quatior) fkall, fkullum, fkollinn; fmēll (crepo) fmall, fmullum, fmollinn; fvēll (turgeo) fvall, fullum, follinn; vēll (ferveo) vall, ullum, ollinn (ſt. vell, vēll, vēllum, vallinn); fkēlf (tremo) fkálf (f. fkalf) fkulfum, fkolfinn; fvēlt (efurio) fvalt, fultum, foltinu; vēlt (volvo) valt, ultum, oltinn; gēld (expendo) gall, guldum, goldinn; fvēlg (glutio) fválg (f. ſvalg) fulgum, folginn; brēnn (arden) brann, brunnum, brunninn; rēnn (fluo) rann, runnum, runninn; fpinn (neo) fpann, fpunnum, fpanninn; vinn (laboro) vann, unnum, unninn; finn (invenio) fann, funnum, funninn, gewöhnlich fundum, fundinn (beſſer fundhum, fundhinn, f. 307.); bind (ligo) batt, bundum, bundinn; hrind (trudo) hratt, hrundum, hrundinn; vind (torqueo) vatt, undum, undinn; dreck (bibo) drack, druckum, druckinn; fpring (falio) fprack, fprúngum, fprúnginn; fting (pungo) ſtack, ſtúngum, ſtúnginn; aus fing (cano) fang, fungum, fúnginn, fingja; fling (jacto) fláng, flúngum, flúnginn, flingva hat fich fcheinbar nach conj. IX. fyng, faung, fŭngum, fŭnginn; flyng, flaung (edd. ſmm. 153ᵇ) flúngum, flúnginn entwickelt, gleicherweife aus füek (niergor, cado) praet. föck (vgl. anm. 2, ð.) fuckum, part. fuckinn und ftēck (falio, ruo) ftöck, ftuckum, vermuthlich auch aus hrēck (moveor, torqueor) hröck, hruckum ein unorg. föck, faock, fnckum, fockinn; ftöck, ſtauck, ſtuckum, ſtockinn; brōck, hrauck, hruckum, hrockinn *);

*) Ausfprache und fchreibung nahmen das praet. fang, fling, fick, flück für faung, flaung, fauck, ſtauck und geriethen damit auf ein falfches praef. (hiernach ift oben f. 326. zu berichtigen); das richtige fēckva, fēck etc. finde ich

II. *altnordiſche ſtarke conjugation.*

þvěrr (decreſco) þvarr, þurrum, þorrinn; ſpirn (ſpŭrn, calcitro) ſparn, ſpurnum, ſpornum; vĕrp (ovâ pondo) varp, urpum, orþinu; hvĕrſ (abeo, pereo) hvarſ, hurſum, horſinn; ſvĕrſ (minutim pereo) ſvarſ, ſurſum, ſorſinn; ſnŏrt (tango) ſnart, ſnurtum, ſnortinn; věrdh (fio) vardh, urdhum, ordhinn [aber övordhinn (infectus) f. òordhinn; hingegen ðunninn, ðundinn]; ſvĕrdh (coeo cum femina) ſvardh (oder fĕrdh, ſardh? [Ihre f. v. ſerda ſornm. 6, 360]) ſurdhum, ſordhinn (Niuls f. cap. 8.) bĕrg (tueor) barg, burgum, borginn; — ſlĕpp (elabor) ſlapp, ſluppum, ſloppinn [ſchwed. ſlippa, dän. ſlippe; agſ. ſlîpan, ahd. ſlîfan, ſleiſ]; dĕtt (cado) datt, duttum, dottinn; ſprĕtt (erumpo) ſpratt, ſpruttum, ſprottinn; brĕſt (frangor) braſt, bruſtum, broſtinn; gnĕſt (ſtrideo) gnaſt, gnuſtum, gnoſtinn; brĕgd (verto, moveo) brâ (f. bragd) brugdum, brugdinn. [ſlëtta, ſlatt, ſluttu Sn. 8. das pract. kratt (murmuravit) das ſich Finnbogaſaga p. 280 findet, fordert ein pracſ. krĕtt (oder krind?) hnugginn Sæm. 47ᵃ fordert ein hnigga, hnagg.] —

Anmerkungen zu den zwölf conjugationen.

1) *reduplication*; wichtige ſpur wäre das *gĕngêngo* der Völuſpâ 6. 9. 27. 29. ſtatt des einfachen gĕngo (ibant) da dem ſinn und buchſtaben nach hier kein gĕn für gĕgn (contra, rurſus) annehmlich ſcheint, auch die alte ſprache kein gĕgn-gĕngo gebraucht; erheblich ſind aber die zweifel, theils daſſ ſonſt nur der anlautende conſonant, kein inlautender vorgeſchoben wird, alſo für *gĕn-* eher *gĕ* oder *gê*, theils in der wurzel das unveränderte a zu erwarten ſtünde, weil ja das ê ſelbſt erſt aus der redupl. ſpäter entſprang? Eine wahre redupl. würde demnach: *gĕgûngo* fordern, wofern keine aſſimilation ein ê ſtatt à gewirkt hat? [Magnuſſen in ſeiner ausgabe hält das gen für einen bloßen ſehler.] Allerdings läßt ſich hêt aus heiheit leichter fallen, als fêll aus ſviſall, fêſall und möglich wäre ein fefĕll, fefĕll dem fĕll vorausgegangen. Beſäßen wir denkmähler aus noch älterer zeit, ſo würde ſich unſere einſicht in das weſen deutſcher redupl. vervollkommnen und aber jenes gĕngŭngo entſcheiden laſſen, welches gerade in dem älteſten gedicht und nicht in allen hſſ. auftritt; (ob die pract. *reri, ſeri* mit der redupl. zuſ. hängen? f. unten Muſte anomalie). — Während conj. I. II. IV. bloßes ê gewähren, hat die dritte noch *ió* (*iô, êô?*) ſtatt *eau*, hingegen ê ſtatt *eiô* (in blêt). Für den pl. hliôpum, iôkum, biôggum, hiôggum wird allmählig hliopum, iokum etc. endlich hlupum, iukum, binggum etc. gebraucht, ſo wie man anlautend jôk,

---

nirgends mehr, die älteſten hſſ. ſetzen ſeieqra (etwa wie gèing für geng ſtehet) ſeycqra, ſancqra, was zu keinem ſtarken inf. ſtimmt, eben ſo wenig Kaſka ſückva, ſückva, augenſcheinlich die abgelaſſene ſchwache form (alth. ſenchan, ſtoncban).

jukum und Raſk ſelbſt inlautend hjô, bjô etc. zu ſchreiben pflegt (ſ. 298. 322.). [Für ſkll, hêlt die altſchw. geſ. ſioll, hiolt, hioldu; Gutalag riap für rêp.]

2) *vocale.* α) es tritt *kein dem alth. gleicher vocalwechſel* im ſg. praeſ. ind. ein, namentlich wo das ë ſtatt i einmahl gültig iſt, verbleibt es auch dann. Daher heißt es z. b. lës, lës, lës; nëm, nëmr, nëmr; vërp, vërpr, vërpr im gegenſatz zu liſu, liſis, liſit; nimu, nimis, nimit; wirphu, wirphis, wirphit; desgl. ſg. imp. lës, nëm, vërp (alth. lis, nim, wirph). — β) dafür gilt aber *umlaut in I. II. III. praeſ. ind. ſg.* überall wo empfängliche vocale vorhanden ſind, alſo nicht in conj. II. VIII. X. XI. XII., wohl aber durchgehends in I. III. IV. VII. IX.; z. b. falla, fell; anſa, eys; blôta, blæt; blâſn, blæs; ala, el; niôta, nýt. Daß die formen fell, fellr, fellr etc. ein früheres felli, fellir, fellir anzeigen, iſt ſ. 912. bemerkt. — γ) *umlaut des praet. conj. ſg. und pl.* ereignet ſich in conj. VII. IX. X. XI. XII, z. b. ölum, œli; mtum, nýti; lâtum, læſi; nâmum, næmi; unnum, yuni; bedenklicher in conj. III, da erſt aus dem ſpätern hlupnu, bingguu; hlypi, biyggi zu werden vermag. In I. II. IV. VIII. iſt von keinem uml. des pract. conj. rede. — δ) *umlaut der I. ſg. praet. ind.* nur in ſôck (demerſus ſum) und ſtökk (irrui) aus einwirkung des apocopierten v (goth. ſaggv, ſtaggv) vgl. anm. 3, δ. — ε) *umlaut der I. pl. praeſ.* wirkt die flexion -um lediglich in erſter und ſiebenter conj. z. b. falla, föllum; ala, ölum; ausnahmsweiſe in zwölfter da, wo ſich ia ſtatt ë erhielt, alſo in giöllum, hiörgum, giöldum, nicht aber in ſkiälſum. — ζ) *wechſel zwiſchen iô, iú und ý* (conj. IX.); letzteres gilt nur in lûta und ſûga; iú gilt vor lippen- und kehl-, iô vor zungenlauten (ſ. 299.). Man ſchreibe demnach: driupa, klinſa, riuka, ſliuga; aber niôta, biôdha, kiôſa; auf den umlaut hat dieſe verſchiedenheit keinen einfluß, d. h. im ſg. praeſ. ind. werden iô, iú, û auf gleiche weiſe zu ŷ. — η) *wechſel zwiſchen i und ê* (conj. X. XII.) nie in denſelben wörtern, ſondern wo einer dieſer vocale herrſcht, dauert er durch alle formen des praeſens; conj. XII. bewahrt i vor nn, nd, ng, doch gilt brënna, rënna (N. brinna, rinna) inconſequent neben vinna (nicht vënna); conj. X. bewahrt i in ſia und in der ſchwachen form ſitja, bidja, liggja, piggja. — ϑ) *wechſel zwiſchen ë und ia* (conj. XII.) nur in den verbis gialla (reſonare) ſkiälfa (tremere) gialda (rependere) biarga (tueri) nicht in den analogen vëlla, ſvëlla, vëlta, ſvëlta, vërpa etc. (vgl. oben ſ. 296.). Jene viere behalten *ia* in allen praeſ. formen, außer dem ſg. ind., wo ſie gleichfalls ë annehmen, z. b. inſ. gialla, praeſ. ind. ſg. gëll, gëllr, gëllr; pl. giöllum; praeſ. conj. gialli, pl. giallim. Dieſer wechſel ſcheint mir unorganiſch der analogie des umlauts (unter β) nachzufolgen, da *ia* nicht in ë, vielmehr in i um-

II. altnordische starke conjugation.

lautet (f. 303.); es sollte also gialla, gill; biarga, birg (wie kili, birni st. kiali, biarni) heißen und wirklich scheint sich spirn (calcitro) vorzufinden, falls der inf. spiarna nachweislich ist. Neben gialla gilt allmählig schon gëlla. — ι) *wechsel zwischen u und o im pl. praet. und part. praet. neunter und zwölfter* (nutum, notinn; urpum, orpinn) doch haftet in letzterer u vor dem n (wie das i im praes. meistentheils) als: bundinn, runninn. Die eilfte conj. behauptet u nur im part. nuniun, während kominn, nicht kuminn gilt. — κ) *o statt ë* in trodinn, trodhinn, koma, sofa, lofinn, ofinn; *ë statt o* in körinn, frörinn. —

3) **consonanten.** a) geminata bleibt auslautend und nach langem vocal: fall, fëll; spinn, spann; þvërr, þvarr; flëpp, flapp; dëtt, datt. — β) übergang des h in r: durchgreifend in vëra, var, várum, vërinn; schwankend in frurum, kurum, frërinn, körinn; gar nicht in blása, blës, blësum, blásinn; rísa, reis, risum, risinn; lësa, las, lásum, lësum. — γ) g, h, selbst gd, ggv fallen *auslautend* weg im praet. hió, dró, hlá, fló, knô, sô, stë, flô, snó, frá, lá, vá, þá, hrá statt hiögg, drôg, hlòb, floh, hneig, feig, 919 steig, flaug, snaing, frag, lag, vag, þag, hragd; doch gelten bueig, feig, steig, flaug, snaug, lag, vag, þag daneben, nicht die übrigen. Inlautend: hiöggum, drögum, hlögum, flögum, hnigum, stigum (daneben hneum, fleum) flugum, sungum, frágum, lágum, vágum, þágum, (neben: fráum, láum, váum, þáum) brugdum. Ausgetilgt ist der kehllaut in sá, sæ und fla, fë, fá, faum. — δ) das v in höggva (conj. III.) fëckva, fleckva (conj. XII.) dauert nur, wenn die flexion ein a oder i anstößt, also: högg, höggr, höggr; pl. höggum, höggvidh, höggva; praes.conj.höggvi: praet.conj. biöggvi; ebenso föck, pl. fuckum; praet. conj. fyckvi; allein auch apocopiert wirkt es den umlaut des a in ö. nämlich högg stehet für hagg und föck, stöck für sack, flack (alth. snuh, stanh) num. 2, δ. — ε) liq. n fällt vor k durchgängig weg, wobei sich k doppelt: drëcka, drack, druckum, druckinu st. drinka, drank, drunkum, drûnkinn, fëckva, flëckva wurden so oben erläutert; — vor g nur im praet. sg. und imp. sg. wieder mit verwandlung in ck: fëck; gëck, hëck, pl. föngum, göngum, höngum; imp. fack, gack, hack; spring, ftúg, praet. fprack, stack, pl. sprûngum, ftûngum; imp. fprick, stick; — endlich vor d gleichfalls nur im praet. ind. und imp. und zwar mit verwandlung in tt oder dh als: blanda, blend, blëtt (edd. srun. p. 261ᵃ) blëndum (ibid. 61ᵃ) blundinn; standa, stend, stödh, stödhum, stadhinn, imp. blatt (?) statt; binda, bind, batt, bundum, imp. bitt; ebenso brinda, vinda. — ζ) *ll* wird im praet. auslautend zu *lt*: falda, fëlt; halda, hëlt; gialda, galt; inlautend aber: följam, hëldum, guldum. — η) wie im goth. (f. 844. 3, a.) wandelt *II. praet. sg. ind.* die wurzelhaften t

838   II. *altnordifche fchwache conjugation.*

und dh vor dem t der flexion in z (= f), als: hézt (voviíti) lèzt (fivifti) beizt (momordifti) flanzt (fluxifti) mazt (pondera-vifti) fèlzt (plicuifti) galzt (rependifti) hanzt (obtulifti) qvazt (ceciuifti) bazt (potiifti) ftatt; hèìt, lètt, flantt, matt, fèltt, galtt (oder fèldt, galdt) bandht, qvadht, badht; — ftódh be-kommt ftótt (ftetifti); batt, vatt vermuthlich batt (ligavifti) vatt (torfifti) ft. battt, vattt? oder etwa banzt, vanzt? un-wahrfcheinlich batzt, vatzt. Die vorhin unter γ. genannten auf langen vocal endigenden praet. pflegen in der zweiten perf. tt zu haben, als: flótt (percuffifti) hnètt (inclinavifti) flótt (volafti) fitt (vidifti) látt (jacuifti) worin ich *tt* für *ht* erblicke (f. 318, 2.). Ob auch hiô, brâ ein hiótt, brátt? neben látt, tòtt (mandifti) etc. fcheint auch die volle form lagt, taugt (edd. fæm. p. 261ᵇ) gerecht. Den übrigen conf. ver-bindet fich die flexion -t ungehindert, als: ftalt, brannt, bart, greipt, gaft, lèkt, bargt, laft (legifti) frauft (fififti); lauft (collififti) fteht für lauftt, inf. hióíta (unterfch. von lauzt, ver-fifti, inf. lífta). Doch im neuifländ. ift hier unorganifch f ein-gedrungen: brannft, gaftt etc. (Rafk §. 276.)

4) *(einmifchung fchwacher form)*; praef. fchwach, praet. ftark bilden folgende: aus conj. I. oder XI. *erja* (arare); aus VII. *fverja* (jurare) *hefja* (tollere) *kefja* (fupprimere) vermuthlich auch *hnefja* (pugno detorquere) ferner *deyja* (mori) *geyja* (latrare) *hlœja* (ridere); aus VIII. *blikja* (lucere) *fvikja* (de-cipere) *rikja* (cedere) vielleicht blikja, fvikja, vikja? wie aus IX. *tyggja* (mandere) f. tygja oder tiuga; aus X. *fitja* (fe-dere) *bidja* (rogare) *liggja* (jacere) *þiggja* (accipere); aus XII. *fjúngja* (canere) *frelyja* (devorare); der unterfchied zeigt fich nur im inf., part. praet. und der I. III. praef. pl., welche das fchwache j einfchieben, als: fverja, fverjandi, fverjum, fverja etc. [f. nachtr.]

Altnordifche fchwache conjugation.

ind. praef. fg. ...   -r   -r | conj. -i   -ir   -i
     pl. -um   -idh   -a | -im   -idh   -i
praet. fg. -dha -dhir -dhi | -dhi   -dhir -dhi
     pl. -dhum -dhudh -dhu | -dhim -dhidh -dhi
imp. ...; inf. -a; part. -andi, -dhr.

wegen des -r und der conj. flexionen gelten ganz die f. 912. ge-machten bemerkungen [zuweilen fchon in der prima fg. das fpä-tere -r: brofir ek Ol. Tr. 2, 197. ek miflir 2, 245. fegir ek 3, 160. ek hefir 3, 56. 87. ec hefir haft Ol. helg. c. 161. þat vœutir ek. forum. 11, 236.]; daß die i im fg. praet. ind. unorganifch find, folgt aus dem mangel des umlauts: wahrfcheinlich ftehet -dhir, -dhi für -dhar, -dha, weil auch in die erfte perf. allmählig -dhi ftatt -dha eindringt [über das a der erften perfon praet. Rafk

II. altnord. erſte ſchwache conjugation.

§. 270. ek munda. forum. 12, 111. giordha ek. ſkrifadha ek. Iſ-
lend. bók prol.]

Erſte ſchwache conjugation.

tel	tel-r	tel-r	brenn-i	brenn-ir	brenn-ir
tel-jum	tel-idh	tel-ju	brenu-um	brenn-idh	brenn-u
tal-da	tal-dir	tal-di	bren-da	bren-dir	bren-di
töl-dum	töl-dudh	töl-du	bren-dum	bren-dudh	bren-du
tel-i	tel-ir	tel-i	brenn-i	brenn-ir	brenn-i
tel-im	tel-idh	tel-i	brenn-im	brenn-idh	brenn-i
tel-di	tel-dir	tel-di	bren-di	bren-dir	bren-di
tel-dim	tel-didh	tel-di	bren-dim	bren-didh	bren-di

imp. tel, brenn; inf. tel-ja, brenn-a; part. tel-jandi, brenn-andi;
taldr, brendr.

Man merke 1) das ableitungs-i mangelt im praet. und part. praet.
durchaus, die wurzel ſey langſilbig oder nicht. — 2) im praeſ.
behalten *kurzſilbige* das i (verwandelt in j) überall, wo die flexion
mit a oder u beginnt, folglich telja, teljum; vor dem unorg. i
in tel-idh, tel-i, tel-ir etc. verzehrt ſich jenes i der ableitung,
doch ſtehen die formen offenbar für tel-jidh, tel-ji, tel-jir (d. h.
nach f. 912. für das frühere tel-jadh, tel-ja, tel-jeir); praeſ. ind.
fg. ſtößt nicht nur das i der ableitung aus, ſondern auch (wie
die ſtarke conj.) das der flexion: tel, telr ſetzt ein älteres tel-i,
tel-ir und dieſes ein tel-ji, tel-jir voraus. Ausnahme machen
ſegja und þegja, welche im praeſ. fg. das i der flexion laſſen:
ſegi, ſegir; þegi, þegir. — 3) *langſilbige* tilgen umgekehrt das
ableitungs-i vor a, u (brennum, brenna) und bewahren das
flexions-i im fg. praeſ. (breuni, brennir, brennir); alle langſilbi-
gen, deren wurzel mit k und g ſchließt, laſſen gleichwohl das
ableitende i ſtehen, und behalten das flexiviſche im fg. daneben
(veikja, veiki, veikir, veikjum; vigja, vigi, vigir, vigjum). —
4) beim anſtoß des wurzelconſ. an das -*dh* praet. folgende ver-
änderungen a) *dh* bleibt nach r, ſ, b und g. — β) nach l, m,
n wird es in kurzſilbigen zu *d*, langſilbige geſtalten ſchwankend
d und t. — γ) nach p, t, k, f zu t. — δ) nach lt, nt, pt, ſt
fällt es ganz weg. — ε) ſtatt db-dh ſtehet dd.

Beiſpiele der *kurzſilbigen*: dvelja (morari) dvaldi; qvelja
(cruciare) qvaldi; melja (molere) maldi; ſelja (tradere) ſaldi;
telja (numerare) taldi; velja (eligere) valdi; ſkilja (diſcernere)
ſkildi; þilja (coaſſare) þildi; hylja (tegere) huldi; dylja (celare)
duldi; mylja (conterere) muldi; fremja (patrare) framdi; gremja
(offendere) gramdi; kremja (infringere) kramdi; lemja (verberare)
lamdi; ſemja (reconciliare) ſamdi; temja (domare) tamdi; glymja
(ſtrepere) glumdi; rymja (mugire) rumdi; venja (aſſuefacere)
vandi; [benja (vulnerare)] þenja (extendere) þandi; dynja (tonare)
dundi; drynja (mugire) drundi; brynja (ruere) brundi; ſtynja

II. altnord. erſte ſchwache conjugation.

(ingemiſcere) ſtundi; berja (percutere) bardhi; merja (contundere) murdhi; verja (meri) vardhi; yrja (arare) urdhi; byrja (ordiri) burdhi; ſmyrja(linere) ſmurdhi; ſpyrja (quaerere) ſpurdhi; — glepja (offuſcare) glapti; kretja (exigere) kraſdhi; ſveſja (ſopire) ſvaſdhi; tetja (morari) taſdhi; veſja (intricare) vaſdhi; [kryſja (exenterare) kraſdhi; etja (concitare) atti Sæm. 77ᵇ; melja (ligurire) matti; letja (pigrum reddere) latti, lōttu;] ſletja (planare) flatti; hvetja (acuere) hvatti [vgl. hveſti Ol. Tr 2, 174]; ſetja (collocare) ſetti; flytja (vehere) flutti; gledhja (laetificare) gladdi; qvedhja (ſalutare) qvaddi; ſkedhja (laedere) ſkaddi; ſtedhja (ſtatuere) ſtaddi; tedhja (ſtercorare) taddi; [tredhja (conculcare) traddi Sæm. 265ᵇ 267ᵇ; ſvedhja (excoriare) ſvaddi;] rydhja (ſternere) ruddi; ſtydhja (fulcire) ſtuddi; þyſja (proruere) þuſti; rekja (retexere) rakti; lækja (pellere) hrakti; vekja (excitare) vakti; þekja (tegere) þakti; lykja (claudere) lukti; ſegja (dicere) ſagdhi; þegja (tacere) þagdhi (über ſegja, þegja vgl. indeſſen anm. 5. zur zweiten conj.); leggja (ponere) lagdhi; hyggja (cogitare) hugdhi; tyggja (mandere) tugdhi.

Langſilbige: 1) mæla (loqui) mælti; hœla (laudare) hœldi; fella (ſternere) feldi; ſtilla (temperare) ſtilti; fylla (implere) fyldi; dœma (judicare) dœmdi; [tæla (decipere) hella (tundere)] — 2) dreyma (ſomniare) dreymdi; geyma (cuſtodire) geymdi; rýma (vacuare) rýmdi; rœma (celebrare) rœmdi; ſkemma (corrumpere) ſkemdi; ſtemma (cohibere) ſtemdi; kemba (pectere) kembdi; remba (niti) rembdhi; — 3) ræna (ſpoliare) rænti; rýna (occulta ſcrutari) rýndi; ſýna (oſtendere) ſýndi; beina (expedire) beindi; ſteina (pingere) ſteindi; brenna (comburere) brendi; kenna (docere) kendi; nenna (conari) nenti; renna (fundere) rendi; [brýna (cote acuere) henda (prehendere) ſenna (rixari) inna (memorare)] — 4) læra (docere) lærdhi; mæra (laudare) mærdhi; ſkira (polire) ſkirdhi; ſtýra (gubernare) ſtýrdhi; ſýra (fermentare) ſýrdhi; ſperra (repagulis munire) ſperti; verma (tepefacere) vermdi; firra (privare) firdhi; [hverfa (vertere, volvere) terra (extendere) þerra (ſiccare) gjöra, göra, gera (facere)] — 5) dreypa (inſtillare) dreypti; hleypa (concitare) hleypti; ſteypa (fundere) ſteypti; ſleppa (amittere) ſlepti; kippa (raptare) kipti; diſa (ſubigere) diſdhi; leifa (relinquere) leiſdhi; deyſa (hebetare) deyſdhi; leyſa (laudare) leyſdhi; ſvæſa (ſopire) ſvæſdhi; œſa (exercere alth. uopan) œſdhi; erfa (heredit. obtinere) erfdhi; [yppa (erigere) ypti; typpa, typti; kippa (raptare) kipti] — 6) beita (incitare) beitti; ſeita (ſaginare) ſeitti; hreita (diſpergere) hreitti; breidha (dilatare) breiddi; leidha (ducere) leiddi; reidha (ferri) reiddi; ſnædha (cibum capere) ſnæddi; fœdha (nutrire) fœddi; flœdha (inundare) flœddi; hitta (juvenire) hitti; mœdha (fatigare) mœddi; ſkœdha (calceare) ſkœddi; reiſa (excitare) reiſti; lýſa (lucere) lýſti; melta (ſolvere) melti; girdha (cingere) girdhi; lypta (levare) lypti; feſta (firmare) feſti; [hýta (deformare) fleyta (tundere) feidla (incantare) fncida (fecare)] — 7) fleikja (affare) flcikti; veikja (debilitare) veikti; dreckja (mergere) dreckti; þeckja (noícere) þeckti; fylkja (aciem inftruere) fylkti; þenkja (cogitare) þenkti; merkja (notare) merkti; hröckva (torquere) hröckti; ftöckva (afpergere) flöckti; flöckva (extinguere) flöckti; teigja (allicere) teigdhi; vigja (confecrare) vigdhi; lægja (deprimere) lægdhi; vægja (parcere) vægdhi; reigja (fuperbire) reigdhi; fveigja (flectere) fveigdhi; hneggja (hinnire) hnegdhi; byggja (ædificare) bygdhi; bryggja (triftitia afficere) [?] brygdhi; fylgja (fequi) fylgdhi; hengja (fufpendere) hengdhi; lengja (differre) lengdhi; fprengja (rumpere) fprengdhi; fyrgja (plangere) fyrgdhi [fregja (polire) yrkja (componere)]. — 8) einige bildungen mit -l, -n: figla (navigare) figldi; hefna (ulcifci) hefndi; nefna (nominare) nefndi; egna (irritare) egndi [tefla (latrunculis ludere)] etc.

Anmerkungen: α) diefe conj. begreift nur umgelautete oder umumlautbare vocale im praefens, mithin niemahls a, u, å, ô, û, au. — β) kurzfilbige wurzeln wandeln lj, mj, nj, rj niemahls in die *gemination*, daher kein dem alth. ähnliches tella, hylla, fremma etc. nur für gj findet fich mit beibehaltnem j: ggj in leggja, byggja, tyggja. — γ) langfilbige durch org. gemin. vereinfachen fie vor dem d, dh, praet. als: brenna, brendi; fylla, fyldi, hryggja, hrygdhi. — δ) die verhältniffe des *rückumlauts* ftehn den alth. bemerkenswerth entgegen: *dort* lauteten kurzfilbige im praet. nicht zurück um (tueljan, tuelita; zemjan, zemita; denjan, denita; werjan, werita), außer wo fie durch gem. lang geworden waren; langfilbige rückumlauteten (vellan, valta; chennan, chanta; fperran, fparta; werwan, warnta) — *hier* haben kurzfilbige rückumlaut (dvelja, dvaldi; temja, tamdi; þenja, þandi; verja, vardhi) langfilbige keinen (fella, feldi; kenna, kendi; fperra, fperti; verma, vermdi). Ausnahmsweife gilt von felja, fetja, feldi, fetti, nicht faldi, fatti (analog dem vakli, hvatti) [und myrkja (nigrefcere) murkti formm. 1, 67]. — ε) da wo praet. ind. rückumlautet, hat praet. conj. allemahl umgelauteten vocal, vgl. taldi, flutti mit dem conj. teldi, flytti. — ζ) beim rückumlaut a lautet pl. praet. durch die flexion u in ö um: taldi, pl. töldu. — η) kurzfilbige auf r und f ausgehende wurzeln behandeln II. III. fg. praef. ind. wie die ftarken verba (f. 912.) z. b. byr (orditur) þyf (ruit) ft byrr, þyfr; bei langfilbigen bleibt r durch i gefchützt, z. b. mærir (laudat) lýfir (lucet).

Zweite fchwache conjugation.

ind. praef.	fg.	kall-a	kall-ar	kall-ar
	pl.	köll-um	kall-idh	kall-a
praet.	fg.	kall-adha	kall-adhir	kall-adhi
	pl.	köll-udhum	köll-udhudh	köll-udhu

II. altnord. zweite schwache conjugation.

conj. praef. sg. kall-i   kall-ir   kall-i
          pl. kall-im   kall-idh   kall-i
     praet. sg. kall-adhi kall-adhir kall-adhi
          pl. kall-adhim kall-adhidh kall-adhi

imp. kall-a, inf. kall-a, part. kall-andi, kall-adhr.

921 Der ableitungsvocal a (á?) gleicht dem sächf. a und erscheint rein im praet. vor dem dh, sodann in I. praet. ind. und im imp.; anrein, d. h. mit flexionsvocalen verschmolzen in II. III. praef. (kallar für kall-a-ir) etc. — Beispiele aus dieser zahlreichen conjugation 1) einfache ableitungen: fala (licitari) fvala (refrigerari) tala (loqui) kalla (vocare) ftama (balbutire) mana (provocare) fpana (tendere) banna (interdicere) kanna (scrutari) fanna (comprobare) fnara (torquere) fvara (respondere) vara (cavere) marka (fignare) fkapa (creare) tapa (perdere) hata (odisse) rata (ruere) bata (interimere) fasta (jejunare) bahta (festinare) baka (coquere panem) faka (nocere) packa (gr. agere) daga (incessere) laga (aptare) klaga (accusare) faga (ferrare); lina (lenire) rita (feribere) midha (movere) fkicka (ordinare); bora (forare) fkodha (slpicere); muna (appetere) blunda (dormire); mála (pingere) kasa (macalare) jama (egelidari); lika (placere) foma (immolare) hropa (clamare) blöta (immolare) böta (minari) bröta (laudare); gaula (boare) fauma (farcire) launa (remunerare) raufa (perforare) bauta (transfigere); leita (quaerere) geiga (tremere); bióna (fervire) hliödha (fonare) [gruna (fuspicari) fara (infidiari) finidha (fabricari) fkaga (prominere)]. — 2) bildungen mit l, n, r: hamla (impedire) fipla (contrectare) fagla (ferrare) gutla (glocire); batna (reconvalefcere) safna (congerere) fofna (indormire) blotna (mollefcere); lakra (leate fluere) klifra (scandere) dudra (immorari) gjálfra (ftrepere) etc. — 3) mit t, d, f: blakta (palpitare) neita (negare) játa (affirmare) vernda (tueri) breinfa (mundare) bifla (motitare) hugfa (cogitare) etc. — 4) mit k, g: elfka (amare) blidhka (mitigare) idhka (frequentare) mioka (minuere) fyndga (peccare) blödhga (cruentare) audhga (locupletare) etc. — 5) mit j vor a: emja (ululare) fynja (negare) herja (debellare) fkepja (ordinare) ftedhja (curfitare) lifja (fanare) eggja (acuere) [byrja. difja (tumulare) fiefja Sn. 175.] etc. fie behalten das j durchgängig auch im praet. emjadha, pl. emjudhum; herjadha, herjudhum. — [6) mit v vor a (gramm. 2, 191): götva (perveftigare) p. p. götvadhr; difva (für difja) difvadhr. Eyrb. 172.]

Anmerkungen: a) als gegensatz zur vorigen conj. herrscht in dieser der reine, unumgelautete vocal a, u, á, ó, ú, au oder der umumlautende i, í, ei; ausnahme machen alle unter 5. genannten ableitungen, einzelne unter 2. 3. 4. vor deren ableitungsconf. ein i syncopiert ift, z. b. fyndga entfpringt aus fyndiga. —
β) das u der flexion zeugt umlaut des a in ö in I. pl. praef.

und im ganzen pl. praet. — γ) das u pl. praet. aſſimilirt ſich überall den ableitungsvocal a, als: töpudhu, blötudhu, launudhu, minkudbu, fynjudhu. — δ) offenbar mengen ſich in dieſer conj. die zweite und dritte goth. und alth.; vgl. mana, packa, þióna dem alth. manôn, danchôn, dienôn und falta, líka dem faſtên, libbên oder die bildungen -ſa, -ga dem alth. -iſôn, -akên. Gleichwohl verräth ſich eine *frühere ſonderung dritter conj.* noch darin, daß ihr zugehörige verba ſcheinbar in die erſte zu ſpielen pflegen, welcher ſie an ſich fremd ſind, wie kürze oder unumlaut ihres wurzelvocals hinlänglich anzeigt. Beiſpiele ſolcher verba: fpara (parcere) vara (cavere) þola (pati) vaka (vigilare) lifa (vivere) trúa (confidere) meina (autumare) und ihnen analoge [wie gapa (hiare) praeſ. gapi, praet. gapti; broſa (lubridere) broſi, broſti; ſkorta (mangeln) ſkorti]; ſie machen das praeſ. ind. ſpari, liſi, ſparir, liſir, können aber nicht nach erſter gehen, weil ihnen umlaut mangelt, weil ſie kurzſilbig ſperja, ſper haben müſſen. Folglich iſt ihr i praeſ. ind. unorganiſch, wahrſcheinlich aus altem ei, ê entſprungen, welches ſparê, ſparvir, liſê, liſeir dem alth. ſparên, ſparês, lëpên, lëpês antwortet. Ihr praet. ſpardhi, vardhi, þoldi, vakti, liſdhi, trúdhi ſyncopiert den ableitungsvocal und behält gleich dem praeſ. ungetrübten wurzellaut; das praet. conj. lautet um: ſperdhi, þyldi, vekti, trýdhi. Einigermahl treten formen erſter conj. wirklich (d. h. mit umlaut) ein; z. b. im praeſ. heſi (habeo) heſir (habes), doch im pl. höfum, haſidh, haſa (nicht heſjum, heſidh, heſja, wogegen ſegja (dicere) þegja (tacere) im ganzen praeſ. ſegi, ſegir; pl. ſegjum, þegjum (nicht mehr ſögum, þögum) bekommen; praet. ſagdhi, þagdhi. [Der imp. hat -i: vaki (vigila) Sæm. huſn. 2, 317. Ol. Tr. c. 108. uni (gaude) ſegi (dic).] Neben ſolchen anſcheinenden, ſeltner wirklichen, übergängen in die erſte, ſchwanken ſie in die zweite über, z. b. man findet auch ſpara, ſparar, ſparadhr; vara, varar, varndhi ſt. ſpari, ſparir, ſpardhi, zumahl gelten die part. praet. ſparadhr, varadhr, þoladhr, trúadhr, ſogar þagadhr (nicht vardhr, þoldr, trúdhr, þagdhr) dagegen haſdhr, ſagdhr (nicht haſadhr, ſagadhr). Dergleichen a mögen ſich dann wieder auf ein altes ei, ê gründen und vielleicht lautete die dritte conj. folgendermaßen: liſa, liſeir, liſeir; pl. liſum, liſeidh, liſa; praet. liſcidha etc. part. praet. liſeidhr.

Anomalien altnordiſcher conjugation.

1) *eſſe* dreiſtämmig: a) praeſ. ind. ſg. I. *ëm* II. *ërt* III. *ër*; pl. *ërum, ërudh, ëru*. [für ek em zuweilen ſchon ek er. Laxd. 352.] — β) praeſ. conj. *ſë, ſër, ſë*; pl. *ſëim, ſëidh, ſëi* (ſpäter ſëum, ſëudh, ſëu). — γ) alles übrige von *vëra*: praet. *var, vart, var*; pl. *vârum, vârudh, vâru* (ſpäter vorum etc.) conj. *væri* etc.; auch gilt ein praeſ. conj. *ëri, vërir, vëri*; pl. *vërim* etc.; imp. *vër*; inf. *vëra*, part. *vërandi, vërinn*. [Iſlendingabôk: es, vas, vesa = er, var, vera.]

II. *anomalien der altnordifchen conjugation.*

2) a) veit, veizt, veit; pl. vitum; praet. viſſi. β) â, àtt, á (für ei, eitt, ei? (. 286.); pl. eigum; praet. àtti. γ) *kná* (poſſum) knátt, kná (für knag, wie là, vá f. lag, vag); pl. knegum; praet. knátti. δ) má (valeo) mátt, má (für mag); pl. megum; praet. mátti. ε) fkal, fkalt, fkal; pl. fkulum; praet. fkuldi. ζ) *man* (μέλλω) munt, man; pl. munum; praet. mundi; doch hat fchon die edda häufig mun, munt, mun f. mau. η) *forman* (invideo) formant, forman; pl. formunum; praet. formundi; fpäterhin nach zweiter fchwacher fyrimuna. θ) kann (ſcio) kunut, kann; kunnum; praet. kunni. ι) ann (faveo) unnt, aun; unnum; unni. [ebenſo mis-ann (invideo) mis-unna.] χ) *man* (recordor) mant, man; munnum; munai oder mundi? ſcheint ſich mit dem unter ζ aufgeführten zu mengen. λ) þarf, þarft, þarf; þurfum; þurſti. — *Anmerkungen:* a) der inf. von ε. und ζ. lautet alterthümlich *fculu, munu;* von den übrigen: vita, eiga, knega, mega, formuna, kunna, unna, muna, þurfa. — b) Rufk nimmt zwar in I. pl. überall -um, in II. III. aber nur eigudh, eign; knegudh, knegn; megudh, megu; fkuludh, fkulu; munudh, munu; þurfudh, þurfa an, hingegen: kunnidh, kunna; unnidh, unna; vitidh, vita; offenbar ſpätere verderbnis. — c) das e in knegum, megum iſt ſonderbar; wenn hſſ. unterſtützten, würde ich unbedenklich knögum, mögum leſen (= goth. magum, alth. makumês). — d) móta gebricht ganz; þora (audere) duga (valere) gehen wie fpara, vaka (f. 925.) praet. þori, dugi, praet. þordhi, dugdhi; óga (metuere) aber nach kalla, praef. óga, praet. ógadhi; ein früheres ô, ôtt, ô; pl. ôum oder ôgum; praet. ôtti, läſſt ſich aus dem abgeleiteten ôtta (terrere) ôttadhi fchlieſſen. —

3) I. vil II. III. vill (für vilr); fpäter in II. vilt; pl. viljum; praet. vildi; inf. vilja. [ec vilja Saem. 81ᵇ viljac 53ᵃ (velim) vgl. GDS. 900. agſ. vilio.]

4) das dem hochd. tuon und fkelf. dôn entfprechende verbum iſt ausgeſtorben, allein aus dem ſubſt. *dádh* zu entnehmen.

5) fünf verba, deren wurzel vocaliſch endigt, núa (fricare, conterere) ſnúa (torquere) gróa (virere) róa (remigare) fóa (ferere) gehen ſtark, im praeſ. alſo umlautend: I. nŷ, fnŷ, grœ, rœ, ſœ; II. III. nŷr, fnŷr, grœr, rœr, fœr; pl. núum, fnúum, gróum etc., gebrauchen aber *kein praet. ind. fg.,* vielmehr zu deſſen ſtatt den conj. *neri,* nerir, neri, ebenſo: *fneri, greri, reri, feri [freri* (congelabat) Foſtbr.ſaga p. 23. frera Ol. helg. *gnera* (fricui) ſt. gnuddi, von gnua f. gnya Ol. helg. c. 249. *flcri* für flô fornm. 10, 394. flôro f. flôgo 10, 403]; der pl. beſitzt aber indicative flexion: nerum, nerudh, neru etc. (beleg: ſnero, rero, edd. ſaem. 149ᵃ 153ᵃ); part. praet. lautet *núinn, gróinn* etc. Hier iſt dunkel α) das eingeſchobne r; au redupl. würde ich denken und ſero (ſtatt ſefo) dem goth. ſaíſôum, rero einem raíróun (?) gleichſtellen, ließe ſich auf

II. *anomalien der altnord. conjugation.*

diefem wege das r in nero begreifen. [GDS. 876. Uppſtr. fkaldſk. 40.} Wahrfcheinlicher verhält ſich das r, wie im alth. plur. pirun, ſcirun, grirun (f. 867. δ.) oder wie das altn. ɛro (vorhin erſte anom.), weiſt alſo auf einen alten ſg. ind. praet. ohne r, nach maſsgabe der dritten ſtarken conj. auf ein *nió, ſnió, grió, rió, fió*, wofür die analogie theils von *búa, bý, býr*, praet. *bió*, theils des angelſ. *feór, greóv, reór* ſpricht. — 3) die natur des e vor dem r; Biörn und Raſk geben ihm keinen accent, hſſ. ſetzen mitunter ō, æ (edd. ſæm. 153ᵇ ſnóri, 249ʰ feri, wo aber ed. hafn. 404. færi); ich möchte, weil dem vocal redupl. zu grunde liegt, é ſchreiben: *néri, gréri* etc. [Das -i wie u im ahd. leruz, pleruz?]

6) andere vocaliſch auslautende wurzeln (fünfter alth. anomalie ähnlich) gehen ſchwach, doch auf mehrfache weiſe: α) einige lauten im praeſ. um (wie in voriger anomalie), z. b. *að* (conſequi) *þvá* (lavare) *gnúa* (fricare) *knúa* (cogere) *liá* (commodare) *ſké* (fieri); praeſ. næ, þvæ, gný, kný, liæ, ſké; pl. náum etc. praet. náðhi; þváðhi, gnúðhi, knúðhi, léðhi, ſkéðhi. β) andere haben im praeſ. inorg. i der flexion: *ſá* (ſerere, neben jenem ſóa, feri) *kná* (poſſe) *gá* (obſervare) *má* (terere) *ſpá* (vaticinari) *ſtrá* (ſpargere) *trúa* (fidem habere) etc. praet. ſai, gái, mái, trúi etc. praet. ſádhi, knádhi, (neben knega, kná, knátti zweiter anomalie) gádhi, trúdhi etc. — γ) noch andere folgen der zweiten ſchwachen: *ſúa* (diſpergere, neben jenem ſóa, feri) *lóa* (alluere): praeſ. ſóa, lóa; praet. ſúdhi, lóadhi. [*móa* (luto illinere).]

7) *ealda* (imperare, in canſa eſſe) praeſ. ſtark (wie halda): veld, veldr; praet. nicht vélt, ſondern (gleich ſünfter anom.) im ſg. conjunctivform *olli, ollir, olli* (edd. ſæm. 157ᵇ 261ᵇ); pl. ollum, olludh, ollu. Die regel geſtattet ll ans ldh (f. 306.) nicht ans ld; anderen anſtand macht o, welches vor dem -i des conj. umlauten ſollte, wie denn auch Raſk (dän. ausg. p. 131.) einen conj. *ylli* ſetzt, hernach aber (ſchwed. ausg. p. 153.) ein valda, praet. vald behauptet, das praeſ. veld für ein vékl zwölfter conj. haltend. Wahrſcheinlich entſprang aus völdi, véldum, vélli, völli und allmählig olli (wie ſoſa, kona aus ſvéſa, qvéna; f. 311.) darum iſt dies o umumlautig; ylli bezweifle ich nämlich, es mag eher zu vélla (ſcatere) véll, vall, ullum gehören, obgleich auch dieſes entſtellung aus valla, vell, véll, véllum iſt. [Altſchwed. ualda; praet. nalt iak Veſtg. 60. Oſtg. 14. und wlte, wlti Veſtg. 56. Oſtg. 149. 172. 229. 208. part. praet. valdit Veſtg. 55. und wllit 170. praeſ. valder 176. Söderm. valla f. valda. heute: vållade det = olli þvt.]

8) *gånga* wie im hochd. regelmäſsig, praet. géck, géngum; weder ein gengdhi noch idja zu ſpüren.

9) das goth. briggan fehlt; þenkja (cogitare) hat þenkti (nicht

þátti); þykja (videri) hingegen þôtti, conj. þœtti; yrkja (concinnare) orti, conj. yrti, fpäterhin yrkti im ind. und conj.; fœkja (quaerere) fótti, conj. fœtti, [þokti, fokti f. þôtti, fôtti find unorganifch, kommen aber vor wie auch nôktum f. nôttum.]

10) *gern* (parare, facere) häufig gefchrieben *göra, giöra*, welchen umlaut das nach dem r fyncopierte v erregt; praef. geri, praet. *gerdhi*; part. gerdhr (nicht gerr, giörr, die adj. form, wovon der inf. gera felbft erft gebildet ift).

11) *hafa* (habere) vorhin f. 925. angegeben.

12) *frégna* (interrogare) praef. frêgn, pl. frêgnum; fimp. wol auch fregn! wie von hefin hefn! Thidr. faga p. 291. hemul 321.) praet. *frá*; pl. *frágum*; part. praet. *fréginn*; die alten quellen erkennen kein praef. frêg, pl. frêgum, kein praef. frêgna, noch weniger ein praet. frêgnadhi.

13) ftarke verba mit fchwachem praef. oben f. 920.; andere gebrauchen neben ftarkem praet. zugleich fchwaches, z. b. neben dô (moriebatur) qveidh (verebatur) deydhi, qvîddi; auf diefem wege find analoge wörter ganz in die fchwache form getreten, z. b. nîdha (vitiare) praet. nîddi, ft. nîdha, neidh — *).

Mittelhochdeutfches verbum.

Vorbemerkungen: 1) alle *flexionsvocale* find in einförmiges *unbetontes* e verwandelt (abgerechnet die fpuren des ô in der zweiten fchw. conj.) [Flore 15ᶜ lôbetin (viverent) : êrfu; Athis (Diut. 1, 7) verblieſin : fin), doch folgt dem das alte i und f vertretenden umlaut (vgl. auch bunde f. 370.) Nach allg. grundfätzen wird tonlofes e *ftumm*, fobald kurzer voc. und einfacher conf. vorfteht, ftummes e aber ganz *unterdrückt* a) *nothwendig* nach l, r; *apocope* tritt ein a) in I. fg. praef. ind. fiebenter und eilfter ftarker conj. z. b. ich mal, var, hil, bir, welche dadurch mit dem fg. imp. zuf. fällt; [fehlerhaft: ich überwint : fiut. Haupt 4, 221] b) in I. III. fg. praef. conj. derfelben conjugg. als: mal (molam, molat) var, hôl, bôr; c) in II. fg. praet. ind. achter und neunter (unbefchadet dem umlaut) als: rir (cecidifti) kûr (elegifti) [verlûr Wilh. 2, 199ᵃ 208ᵃᵇ]; d) in I. III. fg. praet. conj. derfelben conj. als: rir (caderem, caderet) kûr; e) in I. fg. praef. ind. fchwacher conj. z. b. zel (numero) fpar (parco); f) in I. III. fg. praef. conj. derfelben, als: zel (numerem, -et); g) im fg. imp. derfelben, als: zel (numera) fpar (parce) — *Syncope* vor

---

*) Vom altn. fo wie vom fchwed. und dän. *paſſivum* wird noch IV. bei den anlehnungen des pronomens gehandelt werden.

II. mittelhochd. conjugation.

dem -ſt, -t, -n, -nt aller temporum, welche apocopieren, ſodann im inf. und part. praet. beider formen, endlich vor dem -te ſchw. praet. z. b. melſt (molis) melt (molit) hilſt, hilt; maln (molimus) malt (molitis) hëln (celamus) hëlt (celatis) maln (molamus) hëln (celemus) etc. riru (ceciderunt) kurn (elegerunt) kurt (elegiſtis) kûrn (eligerent) kûrt (eligeretis) zelſt (numeras) nerſt (ſultines) etc.; ebenſo die inf. maln, varn, hëln, bërn, zeln, bern (ſerire) bewarn (curare) etc. die part. praet. gemaln, gevarn, geholn, geborn, erkorn, gezelt, gebert, bewart und die praet. nerte, bewarte etc. — 3) weniger durchgreifend *nach m und n* in denſelben fällen; in der regel ſtëht freilich: nim (ſume) man (moneo) zem (domo) ſchin (luxiſti, lucerem) im reim auf im, an, man (virum) hin, bin etc. desgleichen nimſt, nimt, manſt, mant (: vant, lant reimend) etc. Bei einzelnen älteren dichtern iſt jedoch nime, mane, ſchine zuläſſig, vorzugsweiſe in gewiſſen wörtern und formen, namentlich im praeſ. conj. (nëme, nëmeſt, nëmet) vielleicht mit nachwirkung des alten -ê. Beſtimmtere ausnahme macht die flexion -*n*, -*nt*, welche unmittelbaren anſtoß des m, n der wurzel meidet, z. b. nëmen, nëment, genomen; lemen, lement; ſchamen, ſchament; ſchinen (luxerunt, lucerent) manen (monere, monemus) denen (tendere, tendimus) etc. Statt -*nen* erlauben ſich wohl einzelne -*n* (wie im dat. pl. man f. manen f. 668, van f. vanen f. 683:) z. b. man (monere) M. S. 2, 53ᵇ auf an gereimt, welches n allenfalls auslautende vereinfachung des n-n (f. 383.) wäre? Schwache verba mit der bildung -*en* müſſen das -*en* der flexion opfern, ſobald die wurzelſilbe lang iſt (f. 374. vergl. den 930 dat. pl. meiden f. meidenen f. 669.) z. b. offen (aperire) wäſen (armare) alth. ofanôn, waſanôn; nicht bei kurzer wurzel, z. b. ſegenen (benedicere) rëgenen (pluere). — γ) *nach ſ und h* fällt ſtummes e weg vor den flexionen -ſt, -t, nicht aber auslautend, auch nicht vor -*n*, -*nt*; z. b. liſt (legis) liſt (legit) liſt (legitis) ſibſt (vides) ſibt (videt) ſëht (videtis) ſlëhſt (caedis) ſlaht (caeditis) etc. hingegen: leſe (lego) lëſen; ſlhe, ſëhen, ſlahe, ſlahen (vgl. oben f. 378.); doch ſcheint dem conj. lëſet (legatis) ſëhet (videatis) ſlahet (caedatis) einzuräumen. — δ) *nach den med. b, d, g* keine apocope, alſo kein mit dem imp. ſg. mengendes praeſ. gip, grap, lat, pflic, ſondern: gibe, grabe, lade, pflige. Auch keine ſyncope nach d; es heißt: ladet, badet, laden, baden, badete, gebadet (außer wenn zugleich verwandlungen des wurzelconſ. erfolgen, wovon unten, z. b. batte f. badete); nach b und g gleichfalls nicht vor -*n*, -*nt*, als: loben, biben, loben, ſchriben, ſchuben, ſagen, tragen, ligen, gelëgen, nigen, genigen etc. Zuweilen aber vor -ſt, -t der II. III. praeſ. ind. ſg., namentlich nach e und i der wurzel, als: grebſt, ſchebſt, hebt, enſebt, tregſt, legt, gibt, wibt (texit) pfligt, wigt, ligt, wo kein grebet, ſchebet etc. zuläſſig wäre. In II. praeſ. pl. ſcheint aber leget, hebet, reget, weget, pflëget, wëget vorzuziehen, im conj. noth-

848   II. *mittelhochd. conjugation.*

wendig. Unverkürzte flexion nehme ich an bei den wurzelvocalen a, o,ô, wo immer eine II. praes. pl. vorliegen wird, oder der sg. zweiter schwacher conj. z. b. grabet (foditis) schabet, habet, labet, trabet, findet, traget, jaget, klaget, behaget, saget, zaget; obet, lobet, tobet, broget, zoget; klöbet, ströbet, lebet, wöget, pflöget. Auch die praet. pl. behalten e: schribet, blibet, niget, siget (ceciditis) klubet, schubet; am schwankendsten ist der vocal i, das e bleibt im praet. pl. (blibet, siget), im sing. praes. zweiter schwacher conj. (bibet) und im pl. praes. starker oder schw. (siget vincitis, liget jacetis) schwindet aber im sg. praes. starker oder erster schwacher (pflîgt, lîgt, sîgt, vincit). — s) die *tenues* anlangend, so kann hier, weil p und k nicht inlauten, nur nach dem t frage seyn; es findet weder syncope noch apocope des stummen e statt, z. b. saten (satiare) sate, satest, satet; miten (vitavimus) mitet, geniten; luten (obtulimus) butet, geboten, büte, büten, bütet; nur gestatten sich einzelne t für *tet* (ähnlich dem n für nen s. 929.) z. b. git (evellit) bit, trit für gitet, bitet, tritet (s. 410.), welches ich wiederum auf die III. sg. praes. starker und erster schwacher beschränke, mithin weder sät für satet (satiat) noch jet (evellitis) s. jétet, noch strit (pugnatis) s. stritet zugebe. — Bei ausstoßung des stummen e in der conjug. sehen wir drei triebfedern wirken, bald die natur der wurzel, bald die der flexionsconsonanz, bald ein nachgefühl ursprünglicher verschiedenheit des flexionsvocals. Während nach l, r ohne rücksicht auf letzteren grund alle e ausfallen, nach d alle bashen, erfährt nach andern cons. das e syncope, in so weit es auf einem alth. i, keine, wenn es auf a, u, ô, î beruhte. Manches schwankende werden künftige forschungen näher bestimmen. —

2) *das unstumme, tonlose e darf nicht wegfallen*, gleichviel welche wurzelconsonanten vorhergehen, oder welche flexionsconss. folgen, z. b. målen (pingere) målest, målet; gebären, gebärest, gebäret; mêren, mêrest, mêret; vallen, vallest, vallet; vnoren, vuoret; muolen, muolet; hâlen, hâlet etc.; wichtige ausnahmen ergibt das praet. schw. conj. [Lachmann entzieht der II. praet. zuweilen auch nach langer silbe das -e: schiet f. schiede Parz. 476, 26; wær f. wære 476, 27.]

3) *flexionsconsonanten.* a) nicht die reinmittelh. sprache, wohl aber die *thüringische* mundart (s. 387.) *schneidet* häufig *dem infinitiv sein n ab* (niemahls der I. pl. praes. oder praet., noch der III. pl. praet.) so daß er bald auf tonloses, bald auf stummes e, zuweilen, wenn auch letzteres abfällt, auf bloße wurzel ausgeht. Das thüringische volk mag schon damahls, wie noch heute (Reinwald idiot. vorr. p. x. Schmeller §. 586. 916.), alle inf. ohne n gesprochen haben; dichter brauchen sie nur im reim und neben der gewöhnlichen form auf *-en*; außerhalb des reims letztere. Der warth. krieg und Heinr. v. sussen vaterunser

II. mittelhochd. conjugation.

hat viel folcher geftumpften inf. vgl. M. S. 2, 13ᵇ bevil, 14ᵃ fpil; mife. 1, 118. meine, 119. var, 121. heite, ftê, 122. ltê, berichte, fi, 124. fêhe, 125. fchalle, 126. gê, valle, 127. brêche, kiefe, 128. fchicke, 129. gewinne, erfpar, man (monere, welches alfo für mane fteht, nicht wie die f. 929. bemerkte gleiche form für manen) 135. fi, wiche, 136. wende und im vateruufer verfchiedentlich: verftê. gef'i, muo (vexare fl. muon) gefchi (evenire) zi (trahere) blîebe, hediute, triute, ftîne, lêrne etc. immer in beweifenden reimen. Unter den minneflingern: Kr. v. hamle 1, 46ᵇ ft, gê; Kriftan v. lupin 2, 16ᵇ meine, 17ᵃ fi, 17ᵇ tuo, wende, gelinge, meine; Hetzbolt v. wizen fê 2, 18ᵃ kuffe, gefchaffe, bevel, gebueze, 18ᵇ twinge, plende, 19ᵃ geff, 19ᵇ twinge, bringe, getrîbe; der dûrine 20ᵇ ftê. [f. nachtr. M. S. 2, 16ᵇ meine 17ᵇ tuo, gelinge 18ᵃ kuffe : gefchaffe : alle bei Lupin d. Dûrine; M. S. 2, 124ᵃ geff : bi; häufig aber fchwankend im gr. Rud.; in Albr. v. Halb. vorrede bei Haupt 3, 289. 290. 291 künde, gewalde, fmide; Joh. Rote vita Elif. mitunter : mache oder gemach; pflihte etc. lauter inf. auf -e in den Salfelder ftatuten bei Walch vol. I. (frauen turn.) Kol. 77 begê. 83 heftê. flâ. 85 ergê. 86 ftê. (hust.) Kol. 118 jage. 119 gefchêhe. 120 bite. 121 fi. 123 haebe. habe. geftê. 124 entrinne; in *Franken* weistb. 3, 890-93. viel beifp. im Renn. 21806. 21808. 22255 etc. auch Waldis 167ᵃ verzer, geleitt 167ᵇ thu; — Freid. 85, 22 prife : wife; 126, 20 gin (f. ginen) : fin; Flore 193 gefitze, 352 fcheide; Marner 2, 167ᵃ verfmähe : gähe; 168ᵇ gevuege : genuege; frauenb. 376, 22 verdienn; 350, 23 geminn; Helbl. 4, 849 günne : künne.] Dem flchf. und weftphäl. dialect ift diefe apocope fremd, Veldeck oder Herb. zeigen keine fpur. — 3) ausgebreiteter und fchon mit einer alth. mundart ftimmend (f. 857. no. 4.) ift das *r vor dem t der II. pl.* praef. und praet. ind. conj. und imp. *eingefügte n*, fo daß im praef. ind. II. III. pl. zuf. fallend beide auf *ent* flectieren, im praet. und conj. aber die II. *ent* von der III. *en* abfteht. Es fcheint *fchweizerifch* und *tieffchwäbifch*, wie noch heutzutage (vgl. Schmeller §. 910. a.), daher es entfchieden bei Boner herrfcht (fint, länt, went, tuont, rätent etc. im reim 68, 29. fint : blint) im Amur, bei Hadloub (194ᵇ länt, went, febent) bei Fleke (im reim Flore 28ᵇ äbent : gäbent; 55ᵇ verzigent : ligent; länt : beftänt); ausgebildetere dichter jener gegenden meiden das *-nt* und fügen fich reinmittelhochdeutfchem -t. namentlich Rudolf und Hartm., doch letzteru befchleicht einmahl fein volksdialect in dem reim vernêment (percipiunt) : nêment (accipiatis) Iw. 16ᵉ, wogegen fonft richtiger fit : zit, tuot : gemuot Iw. 9ᵇ etc. [vgl. ad Iw. 2171 p. 288. 435; Conr. im Otto 94ᵇ tuont (faciatis) : ftuont; fint : kint Reinh. 1858]. Schwäbifche abfchreiber trugen ihr *-nt* häufig ein, z. b. M. S. 1, 4ᵇ rûment, länt, welches der markg. v. brandenburg lieber nicht gefprochen hat; in Walters liedern müllen eine menge von fint, länt, fprechent, tragent etc. in fit, habt, fprechet gebeffert wer-

850   II. *mittelhochd. conjugation.*

den, da die reime für letztere beweifen (103ᵃ geruochet : verfluochet; 115ᵃ 118ᵃ 120ᵇ fit : frit, zit, nît; 125ᵃ maget : traget), der copift fetzte oft beiderlei form nebeneinander, z. b. 118ᵃ fit und fiut. Manche hff. zeigen -n für nt, vgl. Tritt. 14ᵃˑᵇ hören, kiefen, fehen (nirgends im reim). Nib. 6420. 6608. lefen einige binden, riten, andere bindet, ritet; diefes *-en* fcheint mehr der rheinifchen volksfprache eigen (Schmeller 1. c.) vielleicht war es Gotfr. geläufig, der es doch in keinen reim aufnimmt. [wan bern ir Reinh. 733 (quid pulfatis) vgl. Vilmor zu Fifch. p. 20. auch II. pl. pract. zuweilen -en (unten f. 1046) wolden (f. woldet) : tolden MSH. 3, 267ᵃ. — III. plur. auf -en (ftatt -ent) vgl Lachm. zu Walth. 45, 27. grave Ruodolf p. 7. mehrere beifpiele im reim, fragm. v. Athis. Diut. 17. 18. entfchieden bei Suchenwirt. Koberll. p. 41. — mittelniederdeutfch -et für -ent: Bruns 253 dênet (ferviunt) : belênet (part. pract.)] — γ) etwas anderes ift, daß bei *anlehnung des pron. wir* das -n der I. pl. wegfällt, z. b. heizewir, neme-wir etc. feltner bei angelehntem ir das -t der II. pl. (mehr in der abhandlung der inclinationen). — δ) *II. fg. praef. und praet. conj.* behält zuweilen das ältere -s ftatt -ft, vgl. rîtes : ftrîtes Parc. 37ᵇ, zelles, velles mife. 1, 128 [f. nachtr. laches : gemaches Dietr. 71ᵃ. ladetes Nib. 2038, 3.]; feltner das praef. ind. und praet. fchwacher form, vgl. gans, guns in der zweiten anomalie; lides (paffus es) : vrides meifterg. 31ᵃ; bei Winli 2, 23ᵃ nehme ich lieber den ungenauen reim leides : fcheidelt an, als 933 fcheides. Herb. reimt mehrmahls hâs, lâs (ft. hâft, lâft) : âs; lie (jaces) : pris; Ulrich bis (II. bift) : markis (Wilh. 3, 463ᵇ) Heinr. v. mif. hâs : las (vaterunf. mihi 243.) [tûfe : bis Georg 27ᵃ] etc. — [s) wurzeln mit ft, ft, ht unterdrücken wohl zuweilen das -et der III. fg. und II. pl. vgl. fchüft f. fchüftet Parc. 72ᵃ).

4) *der fg. imp.* ftarker und fchwacher form erhält öfters den anhang -â (f. 341.) welcher in der fchwachen das -e der flexion abforbiert; z. b. râtâ, lâzâ, klingâ, kêrâ, lofâ, hœrâ, ft. rât, lâz, kline, kêre, lofe, hœre. Man kann ihn durchaus nicht zur eigentlichen flexion rechnen, als flexionsvocal würde er längft e geworden feyn; es ift eine im fluß der rede anfliegende partikel, deren vollftändigerer geftalt wir auch im alth. begegnen würden, hätten fich aus jener zeit mehr lebendige dichtungen erhalten. Sie tritt auch zu fubft. z. b. fpêrâ Parc. 19ᵇ. [f. nachtr. *ausnahmsweifer imp. auf -e:* izze (:ich vergizze) Kolocz. 168. izze M. S. 2, 101ᵃ lâze Ben. 310. 162. M. S. 1, 110ᵃ fpreche M. S. 1, 54ᵇ fihe 71ᵇ birge M. S. 2, 38ᵃ fpringe 64ᵃ heize 105ᵇ ftîge 147ᵇ trage 251ᵃ fliche Ben. 195. fwige 331. behalte 439. bite Dietr. 47ᵇ Walth. 82, 16. nimme f. nim Dietr. 54ᵃ 78ᵃ. wîche Wigal. 2999. enbinde 6497. ergibe Nib. 2274, 1. phlige Gudr. 2220. wirde Parz. 267, 20 o. fcheide Neifen 5, 21. (fcheit 16, 6) ziuhe Helmbr. 1800. erwinde 242. halte Berth. 207. phlege (neben influiz) Diemer 295, 5.]

II. mittelhochd. ſtarke conjugation.

[*ſing. praet. ind.* I. III. -e: fange ich Lichtenſt. 396,30. 405, 30. 407,19. 549,16. 562,30. 565,24. 576,4. fi gabe 332,7. gabe 444,11. feige 95,20. II. -es: reden f. rite Crane 3136. zngis Roth. 4489. flogis (occidiſti): is Eilhart 1824. -t: fælht (vidiſti): geſmæht Iw. 2, 300. vgl. trûegt : geflogt 2, 325. außer reim 2, 345 kreind. Keller erz. 386, 20 verjeht. ſaltn. 611, 18 warſt, ſchaiſt. Hon. 45, 25 viengt. Griesh. 2, 103 hiezde (juſſiſti) 144 ſchuofde (creaſti).]

Starke conjugation.

ind. praeſ.	ſg.	-e	-eſt	-et	conj. -e	-eſt	-e
	pl.	-en	-et	-ent	-en	-et	-en
praet.	ſg.	...	-e	...	-e	-eſt	-e
	pl.	-en	-et	-en	-en	-et	-en

imp. ſg. ..., pl. -et; inf. -en; part. -ende, -en.

1. valle, velleſt, vellet; pl. vallen; praet. viel, vielen, vallen; walle, wiel, wielen, wallen; halte, hielt, hielten, halten; ebenſo: ſchalte, ſpalte, valte, walte; halfe (amplector) hielt, hielfen, halfen; ſalze, fielz, fielzen, falzen; walze, wielz, wielzen, walzen; walke (ſtipo, contundo) wiele, wielken, walken; banne (interdico) bien, bienen, bannen; ſpanne, ſpien, ſpienen, ſpannen; enblande, enblient (Wigal. z. 143. Bit. 2954.) enblienden (Flore 7729. Bit. 9120.) enblanden; vlanze (detorqueo) vlienz (nur Parc. 123ᵃ, wo flenz) vlienzen, vlanzen?; die praet. gienc, hienc, vienc, giengen, hiengen, viengen, gegangen, gehangen, gevangen weiſen auf alte praeſ. gange, hange, vauge, beide letztere gelten nicht mehr (vgl. conj. IV.) gange nur im conj. und imp. ganc (unten f. 944.). Bedenklich wegen des einfachen r iſt arn (arare) ar (arc) ier (Wilh. 2, 147ᵇ Ulr. Triſt. 3267. wohl auch Parc. 4171, ſt. ir) ieren (Ottoc. 537ᵇ) gearn (Rud. weltchron. p. 77. Schütze; Herb. 12ᶜ) [Emmerich ap. Schminke 2, 740 erit (arnt)] — arren, wozu ſich ier, ieren ſchicken würden, verbietet das part. praet. gearn, welches nie gearen lautet; das in der ſtarken form arn, ar nicht zu belegende praeſ. liebt ſchwache (ern, Parc. 30ᵇ z. 3705.) — M. S. 2, 156ᵃ erblappen (demerſus) beweiſt noch kein praet. bliep, ſondern ſteht für erblappet, da blappen (Stalder v. plappen) nach aller analogie ſchwach conjugiert. [ſmalze, ſmielz (: wielz) Kol. 223. ungefmalzen Fichard 3, 260. ſalbe, fielp (fielben Mone 8, 527) danne, dien? ein part. praet. zerdannen (von der minne geluſt) ſteht im reim auf geſpannen Mart. 87ᵃ vgl. Mart. 37ᶜ fus was fin lip gefpannen : und an daz cruze gedannen. 109ᵃ wurden zerdannen : an vier pfele geſpannen. 165ᶜ wart ir lip zerdannen. ſwanze? p. p. geſwanzen MSH. 2, 103ᵇ. ſpange? durchmartert und zerſpangen Walth. v. Rheinau 189, 51.]

II. ſweiſe (vibro) ſwief (Nib. 1971. Wilh. 1, 78ᵃ Georg 39ᵃ M. S. 2, 194ᵇ) ſwiefen, ſweiſen [p. p. umbeſchwaifen beſchwör.-

formel nr. xxv]; fcheide, fchiet, fchieden, fcheiden; zcife, zies, ziefen, zeifen (livl. chron. 35ᵃ); eifche (exigo) iefch (Parc. 6559. 6770.) iefchen, zuweilen heifchen, hiefch (Barl. 58, 24.) [ies Diut. 1, 430. 433]; vreifche (findo percipio) vriefch (Nib. 6880. Parc. 6554. 16610.); beize, hiez, hiezen, heizen (imp. fchwach beize M. S. 2, 105ᵇ); meize, miez, miezen, meizen (Mar. 82. 224.): leiche (ludo) liech, liechen, leichen (geleichen in einer rubrik der weltchron. cod. cuff. 19ᵈ). Die praet. zies, miez, liech find ungebräuchlich und nur die part. praet. zu belegen [miezen belegt Ravennafchl. 692. 713. 770. 841. 995.], wogegen heifchen und vreifchen kein ftarkes part. befitzen, fondern es fchwach bilden: vreifchet (nicht gevreifchet; mehrmahls im Parc.) vermuthlich auch eifchet. Die ftarke form iefch, vriefch fcheint nicht organifch (altb. eifcôu, eifcôta) daher auch im mittelh. vreifchen, vreifchete (M. S. 2, 224. und Veldek). [erreite Kl. 484. erriet Er. 4416. 9201. beic, beige: einen vogel heigen M. S. 2, 73ᵃ geheien MSH. 3, 359ᵃ p. p. geheien MSH. 3, 206ᵇ 210ᵃ 232ᵇ Ben. 444. Dietr. 3552. Ortn. 18. Wolfd. und Sahen 334.]

III. houwe, hiu (Nib. 9247. altd. w. 2, 93: driu) hiuwen (Nib. 9221. Wilh. 3. mehrmahls: riuwen; hiewen Herb. 34ᶜ) houwen; von bouwe oder hâwe (aedifico) ift auſſer dem praef. bloß das ftarke part. bouwen, bûwen (Flore 58ᵃ) gültig, praet. fchw. bûte [buuen (habitabant) Roth. 4775, doch 4822 huete; p. p. gebiuwen: getriuwen verl. pfaff 275]; von einem muthmaſſlichen zer-nûwe (contundo) nur zernûwen (contufus: hinwen ft. bliuwen, liederfaal 612; vgl. das altb. ſtampfe farnûwanaz, pilo tunfum, gl. jun. 219.) [f. nachtr. müede und genouwen Mauritius 1234. ungenauwen g. fchm. 1896 a.]; loufe, lief (feltner liuf Nib. 3751.) liefen, loufen (troj. 73ᵇ: roufen; nicht loffen, denn troj. 170ᵃ verloffen: often in verfloffen zu ändern) [f. nachtr. kam geluffen Bon. 43, 51]; ruofe, rief, riefen, ruofen (a. Tit. 98.); fchrôte, fchriet, fchrieten, fchrôten; ftôze, ftiez, ftiezen, ftôzen. [ûf gedrouwen Frauenloh p. 111. 324. gefcowen Dietr. ahnen 875. befchiegen f. befchonweten Kiftener 1110. ûz dem honic gegrawen GA. 2, 397. verblohen (verblühen) p. p. verblohen. tochter Sion 446. bôze, biez Lachm. zu Nib. 1823. ûz gebiez Helmpr. 317. gehôzen Ls. 3, 423.]

IV. flâfe, flâfeft, flâfet; pl. flâfen; praet. flief, fliefen, part. flâfen; brâte, briet, brieten, brâten; râte, riet, rieten, râten; entrâte (metuo) entriet, entrieten, enträten (ich finde dies verbum allein bey Herb. 95ᶜ 98ᵇ) lâze, liez, liezen, lâzen — neben lâzen, ſtuere, finimus zuf. gez. lân; neben lâzet, finitis, finite, lât; neben lâzent, finunt, lânt; uchen lezet, finit, lât, nicht læt; neben lezelt, finis, lâſt, nicht læft; neben liez, ſivi, ſivit, lie; neben lâz, fine, lâ; keine kürzung leiden: lâze, fino (denn lâu Flore 37ᵇ; getân, wie ft. gegân zu lefen, fupponiert ein

II. mittelhochd. starke conjugation.

unorg. lâzen f. lâze) [Mar. legenden 50, 77 ich lâ] lieze, fiviſti, ans liezen, fiverunt, [Ecke 105 verlien f. verliegen] überhaupt aber nicht der conj. — verwâze, verwiez, verwiezen (praet. unhelegt) verwâzen (leidet nie kürzung); blâſe, blies, blieſen, blâſen; bâge (altercor) biec, biegen (cod. pal. 361. 93° M. S. 2, x4ᵇ) bâgen (meiſtens fchwachformig: bâgete, gebâget); hâhe, vâhe und empfâhe leiden fchwankende kürzungen, neben hæheſt, hæhet, væbeſt, væbet gilt theils ohne umlaut hâheſt — vâhet, theils die kürzung vâſt. vât (nicht væſt, væt) [über vân und vâhen vgl. Lachm. zu Walth. p. 180]; auch hâſt, hât? oder wegen verwirrung mit hâlt, hât (habes, habet) hæſt, hæt? [M. S. 2, 248 hæt: capfæt] (hæt, außer reim, Parc. 13265); plur. praeſ. ind., imp. und inf. geſtatten kürzung hân, hâ, vân, vâ; praet. I. III. bald hie, vie, empfie; bald (vom alten hengen, vangen conjug. I.) hienc, vienc, empfienc; II. fg. und der ganze pl. rein mittelh. nur hienge, vienge, hiengen, viengen etc. part. praet. hangen, vangen; enphiegen: giegen Triſt. 38ᵇ wohl in enphiengen: giengen zu beſſern, obſchon mile. 2.90. viengen (? viegen): vliegen reimt. vgl. f. 867. Dem praeſ. conj. gebührt unverkürztes vâhe, hâhe, dem praet. vienge, hienge. — Das ſtarke part. praet. geblân (it. geblâhen, altd. w. 3, 177.) berechtigt lângſt zu keinem raum. blie oder bliu. [gedrân (gedreht) Er. 7839. Lanz. 8094. Gerb. 3746. Griesb. 2, 117. Mone 5, 326. gebâwen (gebäht) Nib. 1497, 3 Holzm. twâlen (morari) twiel anegenge 24, 50.]

VII. mal, melſt, melt; maln; muol, muolen [miele (moleret) a. 1568. Mone bad. arch. 1, 258]; part. maln; ſpun, ſpuon [entſpien f. entſpuon paſſ. 346, 50. 348, 77.], ſpuonen, ſpanen; das praet. fluont (geſtuot: guot Lampr. Alex. 3094], ſtuonden, part. ſtanden weilen aufs verlorene praeſ. ſtanden, deſſen imp. ſtant (Parc. 22262.) noch gilt (vgl. unten anm. 4, β.); vur, vuor, vuoren, varn; ſwer, ſwuor, ſwuoren, ſwarn (nur Nib. 1794. Bit. 35ᵇ; gewöhnlich unorganiſch nach conj. XI. ſworn); grabe, gruop, gruoben, graben; fchabe, fchuop, fchuoben, ſchaben; hebe, huop, huoben, haben; entſebe, entſuop, entſuoben, entſâben [entſâben Mones anz. 7, 521. paſſ. 23, 29. 32, 77. 34, 41. 44, 75. 79, 76. 84, 50. wie überhoben 170, 52. entſoben (: oben) Diut. 3, 11 analog dem nhd. gehoben]; fchaffe, fchuof, fchuoſen, fchaffen; wate, wuot (Nib. 9218.) wuoten (wuoden Georg 1176. außer reim) part. praet. zweifelhaft — gewaten nirgends; geweſen Triſt. 124ᵃ Georg 33ᵃ bedenklich und wohl in gewet, wie Parc. 32ᵇ 168ᵇ für gewetet ſteht, zu berichtigen; vgl. Georg 8ᵇ und die erſte ſchwache conj.; ganz etwas anders iſt gewâten, junctum, conj. X. —; ladr, luot, luoden, laden; das part. gebaden (Wittich mihi 3048: waden, furas) unorg. für gebadet; waſche, wuoſch, wuoſchen, waſchen; nage, nuoc, nuogen, nagen; trage, truoc, truogen, tragen; das part. praet.

854   II. *mittelhochd. ſtarke conjugation.*

behagen (Georg 15ᵃ 39ᵃ M. S. 2, 222ᵃ expeditus, laetus) deutet
836 auf ein verlorenes huge, huoc, huogen [vgl. das altn. adj.
hœgr (placidus)]; bache (coquo panem) buoch (cod. pal. 361.
64ᶜ) buochen, bachen (M. S. 1, 129ᵃ); flahe, fluoc, fluogeu,
flagen; twahe, twuoc, twuogen, twagen; gewahe, gewuoc, ge-
wuogen, gewagen (der inf. flahen, twahen kürzt ſich in flân,
twân; auch gewahen in gewân?) wahſe, wuohs, wuohſen,
wahſen. [erlahe? erluop? erlaben (merſus; inhaerens?) Bon.
54, 40 : haben; taben (tangere) goth. daban, betaben (attingere)
Teichner 26; erlaſſe? p. p. erlaſſen fragm. 16ᵇ GA. 3, 169. 173;
ſchade, ſchuol, ſchuoden? ſchud Anshelm 2, 34 ſchude f. ſchu-
dete. rotenb. chronik. Duellii miſc. 2, 219 nach falſcher analo-
gie von laden, lud. vgl. ſchiede f. ſchuede? muſ. 2, 120. ſchied
Kniaersberg knuſleute 96ᶜ; jug ich (jagte) teufelsn. 1741];
lahſe? ungelahſen Schm. 2, 428.]
VIII. glîe (gannio) glei; ſchrîe (clamo) ſchrei; ſpîe (ſpuo) ſpei
(ſtatt glei, ſchrei, ſpei verſchiedentlich glê, ſchrê, ſpê, oben
f. 350; pl. praet. und part. gleichfalls ſchwankend, ſchrei macht
ſowohl ſchrirn, part. geſchrirn Lobengr. 80., als ſchriuwen, ge-
ſchriuwen ſt. ſchriwen, Reinfr. 193ᵇ 194ᵇ 172ᵃ Boner 25, 39;
Parc. 20563. außer reim: ſchrihen; von ſpei finde ich nur ſpiu-
wen, kein ſpirn, von glei weder gliuwen noch glirn vgl. das
neuh. ſchw. klirren?) [krirn : ſchriren Helbl. 15, 353. ſchriren:
birn (fumus) Servat. 3235. riren : ſchriren Servat. 1797. ſchrir
(clamaret) 1959. unde diu ougen ſi ſpireu : ſcriren. Diem. 256,
26. p. p. angeſpirn fundgr. 95. biſpirn : beſchrirn anegenge 38,
21] grîne, grein, grinen, grinen; kine (erumpo?) kein (zerkein
altd. w. 2, 92.) [bekein (pullulavit) Karl 35ᵇ zekein (ſpaltete)
Wernh. v. N. 11, 18. vgl. tocôn ad p. 981] kineu, kinen; quîne
(marceo ſymbolae 102.); berîne (tango) berein (bloß bei Herb.
29ᵇ 65ᵃ 89ᵃ) berinen, berinen; ſchîne, ſchein etc.; ſwîne, ſwein
etc.; blîbe, bleip, bliben, bliben; klîbe, kleip, kliben, kliben (nur
bei gewiſſen dichtern, andere brauchen das ſchwache kleben,
klebete); rîbe, reip, riben, riben; beſchîbe (affero, admoveo, ver-
wandt mit ſchîbe, rota) beſcheip, beſchiben, beſchiben (belegbar
nur praeſ. und part. praet. Ben. 254. Herb. 1ᵇ entſchiben Ulr.
Triſt. 706.) [p. p. geſchiben Mich. Beham in Hag. ſamml. p. 68.
paſſion. 153, 92. praet. ſcheip erlöſ. 2677. liederſ. 3, 78. teufelsn.
9794. infinitiv f. nachtr.]; ſchrîbe, ſchreip, ſchriben, ſchriben;
trîbe, treip, triben, triben; grîfe, greif, griffen, griffen; pfîſe, pfeif
(ûzpfeiſ, ebullivit Herb. 35ᵈ 95ᵈ) pfiſſen, pfiſſen; flîſe, fleiſ,
fliſſen, fliſſen; bîte, beit, biten, biten; brîte (fabrefacio) breit,
briten, briten [vielleicht brîde, breit, briden, gebriten?]; glîte,
gleit, gliten, gliten [begleit Herb. 16018. zegliten GA. 3, 51];
rîte (equito) reit, riten, riten; ſchîte (findo) ſcheit, ſchiten,
ſchiten; ſchrîte, ſchreit, ſchriten, ſchriten; ſprîte (ſterno) ſpreit,
ſpriten, ſpriten; lîde (patior) leit. liten, liten; mîde, meit, miten,

II. *mittelhochd. starke conjugation.* 855

miten; nide (invideo) neit, niten, niten; ride (torqueo, roto, flecto) reit, riten, riten — das angelf. vridhe? aus dem alth. ftarken part. karidan (? karitan) tenfus, cervicatus, gl. doc. 231ᵇ, jun. 185. und dem fchwachen riden Georg 12ᵇ, im Tit. mehrmahls auf miden, fniden etc. reimend zu folgern? das praet. reit, riten nicht zn belegen, das part. vielleicht in er-riten, underriten Wigal. 397. 429. Parc. 103ᵇ [kaiferchr. in der lage von Silvefter: den fluzel reit er umbe. Servat. 954 den rât fi en manegen ende riden (torfermnt) p. p. geriden (gedreht) Rab. 406] — fnide, fneit, fniten, fniten; bizen, beiz, bizzen, bizzen; glize, gleiz, glizzen, glizzen; rize, reiz, rizzen, rizzen; fchize, fcheiz (Moroll 442.) fchizzen, fchizzen; vlize, vleiz, vlizzen, vlizzen; wize, weiz, wizzen, wizzen; brife (connodo) breis, brifen (Orleuz mihi 10869.) brifen [eingeprifen (eingefchnûrt) Ilier. llocks fpeifkammer p. 117ᵃ âfgebriten Helbl. 13, 129. im Eracl. prîien fchwach, prifte 1961. 4786. geprifet 3673.]; rife, reis, rim (Parc. 19ᵇ) riru (Lohengr. 80) neben rifen (troj. 30ᵃ) rifen (troj. 78ᵃ 81ᵇ); krige (obtineo) kreic, krigen, krigen (nicht rein-mittelh., das part. erkrigen: fwigen livl. chr. 50ᵇ) [kreic Haupt 7, 185. GA. 3, 73. ercreic pafl. 373, 33. geerigen 377, 28. Hoflm. monatsfchr. 678.]; nige, neic, nigen, nigen; fige, feic, figen, figen; ftige, fteic, ftigen, ftigen; fwige, fweic, fwigen, fwigen; geliche (placeo, comprobor) geleich, gelichen, gelichen, (beleglich nur praef. Flore 8ᵇ Trift. 101ᶜ und part. Maria 79.) fliche, fleich, flichen, flichen; ftriche, ftreich, ftrichen, ftrichen; fwiche, fweich, fwichen, fwichen; tiche (? poenas do, M. S. 2, 15ᵇ) teich, tichen (Herb. 51ᶜ) tichen; wiche (cedo) weich, wichen, wichen; gedihe, gedêch, gedigen, gedigen (für gedihe felten gedie M. S. 1, 109ᵃ) lihe, lêch, lihen, lihen (nicht ligen, ligen) [geligen Robet Walth. 81, 12]; rihe (trudo) rêch, rigen (Maria 4897. altd. w. 3, 25.) rigen (Wigal. 759. Wigam. 2573. Wilh. 1, 37ᵇ) [durchrigen. drachenk. 178ᵇ. wart ein feil durch mine brufte geregen. Stephans ftoffl. 169.] zihe, zêch (verzeich nur Wilh. 1, 51ᵃ) [f. nachtr.] zigen, zigen; von einem muthmaßlichen erfihe (exhaurio) erwihe (conficio, Lachm. auew. p. 274.) laflen fich nur die part. praet. erfigen, erwigen (Wilh. 3, 312ᵇ) [praet. erfêh Griesh. 2, 113] nachweifen. [fnien, fnei? f. fuite. noch Simpl. 1, 542 fchnie; tîe, tei? daz pluot tei durch die wunden (: enzwei Rab. 821; entleim? Diut. 1, 450; glime, gleim (niteo) erlôf. 3457. 3583; entliben, entleip; entwiben? Lf. 2, 629. 630; gliffen, gleif, gliffen, gliffen Lf. 1, 134; mittelniederd. twide (concedo) twêd, tweden, getweden (Zeno 1303. und fragm. v. Sufanna) vgl. brem. wörterb. wo twiden, twidede fchwachformig. Kinderl. 302. 349. analog wäre ein mhd. zwide oder zwite, zweit, zwiten, zwiten. Herb. hat das fchw. part. gezwidet (conceffus) M. S. 2, 235ᵇ gezwit (f. gezwidet?): benedit. Agricola

624 geʒweigen f. gezweiden? — ſtrîte (pugno) ſpriʒe, ſpreiʒ Anno 830. zerſpriʒʒen Lanz. 2551; ſplîʒe (daʒ iʒ under ime ſpleiʒ Lampr. Alex. 3022); flîʒe (carpo) fleiʒ; krîſen, kreis fûr krêſen, krus Serv. 1856 vgl. Schm. 2, 395. krîſte, kreiſt Haupt 7, 145; p. p. gefiſſen ring 3ᶜ, 11; gîge, geic, gigen (Beu. 290) gigen; blîche, bleich Vriged. 14ᶜ M. S. 2, 245ᵇ.]

IX. klîube, kloup, kluben, kloben; ſchîube, ſchoup, ſchuben, ſchoben; ſtîube (pulv. moveo) ſtoup, ſtuben, ſtobeu; flîuſe, flouf, fluffen, floffen; trinſe, trouf, truffen, troffen; bliuwe, blou, bliuwen, bliuwen [erplawen: frawen Hätzl. 273ᵇ]; ebenſo: briuwe, kinwe, riuwe; biute, bôt, buten, boten; ſûde, ſôt, ſuten, ſoten; dinʒe, dôʒ, duʒʒen, doʒʒen; ebenſo: verdriuʒe, giuʒe, niuʒe, rinʒe (ſelten; cod. pal. 361, 70ᵇ), ſchinʒe (jaculor) flinʒe, ſprinʒe (germino) vliuʒe; kinſe, kôs, kurn, korn; verlinſe, verlôs, verlurn, verlorn (Conr. ſetzt auch im praeſ. verlinre M. S. 2, 207ᵃ verlinret troj. 16ᵃ; auch der Chanzler 2, 239ᵃ) [M. S. 2, 92ᵇ verlus (: kus) perderem ſt. verlôs, verlûr?] nînſe (ſternuto) nôs, nurn (?) norn (?); vriuſe, vrôs, vrurn, vrorn; biuge, bou<, bugen, bogen; ebenſo: liuge, ſmiuge (applico) triuge, vliuge: ſûge, ſouc, ſugen, ſogen: kriuche, kronch, kruchen, krochen; liuche, louch, lucheu, lochen; riuche, rouch, ruchen, rochen; vliuhe, vlôh, vluhen (Herb. 102ᶜ flohen: lohen, auch Parc. 12518. Dôhe ſt. flôhe, fugerem?) vlohen; ziube, zôch, zugen, zogen. [ſtîſe, ſouf, ſuffen. ſoffen. niuwe (nuudo) p. p. genuwen Diut. 2, 269. ſchriuwe, ſchrûu: lôu (leo) liederſ. 1, 401. überſprow Uhland volksl. 8. nieʒen. lieʒen (weiſſagen) Diut. 3, 107. erbriuʒe, erbrôʒ urlt. 126, 1. eubroʒʒen MSII. 3, 188ᵃᵇ ſich prinʒet Renn. 17756. betogen (vânus) Griesh. 316. vgl. ahd. ad p. 860. Rol. 160, 1. bliube, blôh, bluhen, blohen? Diut. 3, 17 verblohen: lohen.]

X. gibe, gap, gâben, gêben; wibe, wap, wâben, wêben: bite (rogo) bat, bâten, bêten; gite, jat, jâten, jêten; knite, knat, kuâten, knêten; ſtrite (? ſtride, cum impetu ruo) ſtrat, ſtrâten (amor 7ᵃ) ſtrêten; trite, trat, trâten, trêten; wite (jungo) wat, wâten, wêten (Parc. 18ᵃ Wigal. 340. M. S. 2, 105ᵃ Triſt. 110ᵇ Ulr. Triſt. 1006); von kide (dico) iſt nur noch III. ſg. kit (ait) f. kidet übrig; iʒʒe, aʒ [âʒ, vgl. auſs liederſ. 1, 513ᵇ ſ. zu 1039. âʒ Griesh. 2, 66, 113. vrâʒ: underlâʒ Servat. 2955], âʒen, êʒʒen: ebenſo: vergiʒʒe, miʒʒe, vriʒʒe; liſe, las, lâſen, lêſen (ſt. lâſen ſelten hôren, Maria 61. lære, legeret: altære) [Diut. 3, 316 dô diu meſſe was geloſen: boten, wie nhd. gewoben f. gewâben): geniſe, genas, genâſen (zuweilen genâren, cod. pal. 361, 42ᵃ Iw. 2527. wo cod. giſſ. "komen wâren, und daʒ ſi genâren"; klage 854: vaternuſer 2787.) genêſen; wiſe (exiſto, dies praeſ. ſelten, doch mehrmahls in Ulrichs Wilh. 3.) was, wâren, (nie wâſen) wêſen; kriſe (repo) kras etc. nirgends ſtark, vielmehr Maria 28. 53. krêſet (repit) und nicht kriſet; lige,

II. mittelhochd. starke conjugation.

lac, lägen, lögen: pflige, pflac, pflägen, pflögen (neben gepflögen 16ᵇ 17ᵇ 28ᵇ 36ᶜ gebraucht Vriberg nach conj. XI. gepflogen 1ᶜ 11ᵇ 40ᶜ 44ᵃ [f. Ulrich 582. Renn. 17425]; noch andere schwache form: pflēgte Wigam. 9ᵃ gepflēgt. Ottoc. 482ᵃ, neben gepflēgen 497ᵇ); wige, wac, wägen (über wuoc, wuogen vgl. unten f. 941.) wëgen (im part. nicht wigen; man unterscheide erwëgen, comprobatus, exercitus, Ernſt 19ᵃ 31ᵇ, von erwigen confectus, conj. VIII.): gihe, jach, jähen, jëhen; geschihe, geschach, geschähen, geschëhen (Herb, neben gefchëhen 81ᵈ das schw. part. geschiet 40ᶜ 42ᵃ 81ᵈ 100ᵃ); fihe, fach, fähen (ins niederd. spielt fagen, oben f. 427. 449; M. S. 2, 186ᵃ reimt fæhe: bræche) fëhen (contr. fën): brëhen (lucere, nicht brëhenen) iſt ein dunkeles wort, davon ich, außer dem häufigen inf. (Nib. 6493. Parc. 17ᵃ Wilh. 1, 93ᵃ M. S. 1, 90ᵇ etc.) und part. praef., weder eine ſtarke noch schw. form des ind. oder conj. je gelefen; denn brach M. S. 2, 52ᵃ Bon. 48, 68, kann füglich von brëhen ſtammen; (dem goth. bairhts, lucidus, antwortet alth. përaht, wie përac dem bairgs, folglich wäre bairhtjan = përhtjan, folglich, da përaht, përht mittelh. zu brëht (M. S. 1, 3ᵇ) (f. nachtr.) geworden, = brëhten, was ſich nicht findet, woraus ſich aber schwerlich brëhen entwickelt hat). [swëben? das p. p. gefwëben (gefchwungen): gewëben Apollon. 11778. gife, jas, jären, jëfen: der win gejas Rud. weltchr. bei Noah. überjëſen liederf. 1, 434. pfnëhen, pfnihe, pfnach. fihet (gaudet)? Diem. 28, 19. ſtuont gefchëhen in einem peche. fundgr. 1, 116.]

XI. hil, hal, hâlen, holn; kil, kal (qual) kâlen, quoln; ſtil, ſtal, ſtâlen, ſtoln; twil, twal, twâlen (cod. pal. 361.) twoln; nim, nam, nâmen, nomen; klim (prehendo, manibus premo) klam, klâmen (wofür klomen Nib. 51. ed. Müller) klomen (klage 1860) kome (it. quime) praef. in III. fg. komet, zuweilen kümet (Barl. 83.) kam, quam und kom (dies nie im reim); pl. kâmen und komen, conj. kæme und kœme; part. komen; ſtim (cohibeo) ſtam, ſtâmen, ſtomen (beleglich nur inf. und praef. Ben. 139. Flore 8ᵃ muf. 1, 70); zim, (decet) *) zam, zâmen, zomen (dies part. in am reim Wilh. 3. cod. caff. 81ᵃ 218ᵃ 225ᵃ 229ᵃ 334ᵃ) [gezommen noch 1462 (Görres meiſterl. 244) und bei Fichard II, 60. gezêmen kl. 970.]; auf ein verlornes fchim (erubeſco) fcham, fchâmen, fchomen weiſt der allein übrige inf. fchëmen (wozu nie ein praef. oder praet. vorkommt; man gebraucht das abgeleitete fchamen, fchamte) [im fragm. v. Sufanna: ich fchôme: vëme ſcheint niederdeutſch (f. 941)]; bir, bar, bâren

---

*) Ich geſtatte mir hier (fowie im goth. und alth.) für die formenlehre die aufſtellung der erſten perfon (nebſt dem unlateiniſchen deceo), ohne der unterſuchung vorzugreifen, in wiefern dies verbum nur unperſönlich oder auch perſönlich ſtehen darf.

II. *mittelhochd. starke conjugation.*

(unorg. verbum: kurn Erult 32ᵃ) born; gir (fermentefco; girt M. S. 2, 202ᵃ Loh. 93.) gar, gären, gorn; fchir, fchar, fchâren, fchorn; fwir, fwar, fwâren, fworn: trifte, traf, trâfen, troffen; brifte, braft, brâffen, hrotten; drifche, drafch, drâfchen, drofchen: lifche, lafch, lafchten, lofchen; [p. p. ufzgedrefchen: gelefchen Mufcatbl. 28, 23] briche, brach, brächen, brochen; ebenfo: riche [zweierlei riche α) riche (congero) rach (Wilh. 2, 129ᵃ) râchen, rochen (Trift. 16814. Wilh. 2, 81ᵃ) in daz viur dû in rœche (its emenda Wh. 3, 64ᵃ caff.) der ftrûz rêchet (l. richet) finiu eiger under den fant amgb. 42ᵇ = rika; β) riche (ulcifcor) rach, râchen (Parc. 461) rochen (M. S. 1, 61ᵃ) = vrika], fpriche, ftiche, triche (traho; praef. unbelegt) trach (Ben. 130.) trâchen, trochen (Ben. 218. M. S. 2, 200ᵃ) inf. trêchen (Iw. 2ᵇ wo nicht zerbrêchen zu lefen?); kein erfchriche (exfilio, terreor) erfchrach, erfchrâchen, erfchrochen, fondern: erfchricke (unhelegt) erfchrac (amur 8ᶜ M. S. 1, 94ᵃ 105ᵇ) erfchrâken (Parc. 4879. außer reim, in einem hf. paffional 7ᵇ: hâken, uncum) erfchrocken (im Tit.: tocken); vihte, vaht, vâhten, vohten: vlihte, vlaht, vlâhten, vlohten; dihfe (frango linum) dahs, dâhfen, dohfen (beleglich nur inf. und praet. fg. Iw. 45ᶜ Ben. 12. 13. 50.) [twir, twar, twâren, getworn. wir? geworen under den dornen Wernh. v. N. 10, 31; brêtten, hrat, brâten, gebrotten: Mart. 15ᶜ vom hanf: gluwen in dem ftanfe, er was ouch âne zotten: gezeltet noch gebrotten; tifte, taft, tâften, toften (cadere) din fpife taft ûz dem munde bin ûf daz knie liederf. 3, 404. daz in daz ftrô talt ûz den fchuohen ûf den plân ihid. 411; liche, lach: erlochen f. Haupt Neidh. xxvii wie nhd. zelöchen oben ad 861; ftihfe: umbeftuhfen? beftohfen wie gedohfen Lf. 2, 333. vgl. Schm. 3, 612.]

XII. bille, bal, bullen, hollen; ebenfo: drille (roto, volvo; das part. gedrollen Wilh. 1, 137ᵃ M. S. 2, 62ᵇ 67ᵃ [Wigam. 4907. Helbl. 1, 1074]) gille, bille, erknille (refono; inf. erknëllen M. S. 2, 57ᵃ praet. erknal Wolfdict. mihi 1731.) (zerknal (praet.) noch Seb. Frank] quille (fcateo; praet. qual troj. 6906) fchille, fwille, wille (volvo; wellet M. S. 2, 57ᵃ widerwollen Wilh. 1, 137ᵇ) bewille (voluto, inquino; tilbe (fodio) talp, tulben, tolben (bloß der inf. im Reinfr.); hilfe, half, hulfen, holfen; gilte, galt, gulten, golten; fchilte, fchalt, fchulten, fcholten; fmilze, fmalz, fmulzen, fmolzen; milke (mulgeo) male (M. S. 2, 190ᵇ) [wahtelmœre 214] mulken, molken: filke (ftillo, cado) falc, fulken, folken (dies unerhörte wort hat nur Herb. 111ᵃ im deutlichen finn und reim auf wolken) [auch Pilat. 217 die truoben wolken wâren gefolken (niedergefallen, verfchwunden)]; hilge, hale, bulgen, holgen; fwilge (glutio) fwale, fwulgen, fwolgen (fchwerlich fwilbe etc. gleich den folgenden, obfchon das fubft. fwëlch, vorax, lautet, wonach oben f. 429. und der zweifel f. 862. zu berichtigen) [vertwolken Servat. 436]; bedilbe (deli-

II. mittelhochd. starke conjugation.

quium patior, profligor?) bedalch, bedulhen, bedolben (nur das part. Lohengr. 62. und zweimahl im Tit. bed. in der molten, erden) bevilhe, bevalch, bevulhen, bevolhen [anſtatt bevilbe, bevalch, bevolhen im Eracl. ſtets bevil, beval, bevoln: ſpil, ſtal, doln (7. 2359. 3590); inf. bevēln : hēln, hēln (25. 2560. 3198); der nicht vorhand. pl. praet. bevälen? Morungen bevēle f. bevūlhe MSF. 142, 6. ſg. beval : ſtul Antiloie 468 f. bevalch]; brimme (rugio) brum, brummen, brummen; ebenſo: krimme (arripio, ungulis premo) klimme (ſcando) linme (rugio); dimpfe (evaporo) dampf, dumpfen, dumpfen; ebenſo: klimpfe (conſtringo) [Parz. 350, 10. geklumpfen grundriſs 387. Renn. 24169. geclumpin Leyſer p. 76] krimpfe (comprimo) rimpfe (corrugo); briune, bron, brunnen, brummen; ebenſo: beginne (incipio) gelinne (ceſso) rinne, ſiune (Maria 196.) ſpinne; näher zu prüfen ſind: enginue (ſeco) engan, engunnen, engunnen (En. 10ᵃ 22ᵃ 44ᵃ; ſt. enkinneu der auag. leſen cod. caſſ. und pal. enginnen und das k ſtcht für g wie in enkūlten); trinne (jungo, concurro, gregem conſtituo?) tran, trunnen — aus dem ſchwachen zetrennen (ſejungere) und den ſubſt. trunne (agmen, grex) abetruune (transſuga, quaſi exgrex) zu folgern? —; binde, bant, bunden, bunden; ebenſo: ſchiude (excorio) ſchrinde, ſlinde, vinde, winde, vermuthlich auch drinde (pulſo?) deſſen praet. drant Herb. 59ᵃ 57ᶜ reimt; dinte (porto, traho) dans, dunten, duulen; hinke (claudico) hanc, hunken, hunken; ebenſo: ſinke, ſtinke (ſeltner beſtinke, odorem percipio En. 4635.) trinke, winke (? nuto) praet. wanc (Wigam. 19ᵇ); dringe, dranc, drungen, drungen; ebenſo: klinge, gelinge, ringe, ſinge, ſpringe, twinge; kirre (ſonum edo) kar, kurren (Parc. 16ᶜ und in nachgeahmter ſtelle körrent Georg 50ᵃ) korren; wirre, war, wurren, worren [f. nachtr.] (Wilh. 2, 175ᵃ; ein unorg. part. verwarren bilden Walter M. S. 1, 132ᵇ und Ottoc. 315ᵃ 478ᵇ [jüngel. 594. bewarren Hen. 421. verwarren: pfarren mart. 223ᵇ]); verdirbe, verdarp, verdurben, verdorben; ebenſo: ſwirbe (revolvor? Loh. 54. verſchieden vom alth. tergeo?) ſtirbe, wirbe; wirfe, warf, wurfen, worfen; wirde, warf, wurden, worden [imp. wirt beichtig mirl Keller erz. 383. wird erſtochen faſtn. 560, 9.]; virze, varz, vurzen, vorzen; birge, barc, burgen, borgen; vielleicht twirhe, twarch, twurhen, tworhen, wovon ich nur twirhet Parc. 128ᶜ finde. [grille: Suſanna in der nōt ergral (ſchrie laut) : hal. Schwarzenberg mem. der tugend (deutſcher Cicero 1535. p. 110) ſwilte, ſwalt? Krone 12251; ſwimme; glimme (candeo) ſchmiede 409. glam (canduit) Lſ. 3, 586. grimme. ſchrinde, ſchinde, ſwinde. blinfe, erplunfen Wolkenſt. 255. bringe, gebranc Diem. 219, 28. brungen Karaj. 26, 3. 37, 10; ſwinge. ſlinge (repo)? grundriſs 261; ſchirre (rado) ſchar, ſchurren, ſchorren; ſnirfe, ſnarf übel wip 525; ſirte, ſart, ſurten, ſorten (coire); ſwirze, ſwarz,

860   II. mittelhochd. ſtarke conjugation.

ſmurzen, ſmorzen : ſnurzen (dolebant) : parzen Ecke 165; p. p.
ervorhten Triſt. 329, 21.]

Anmerkungen zu den zwölf conjugationen.

1) *redupl.* durchgehends in den ablaut *ie, iu* zuſ. gedrängt (das
von Schmeller f. 348. angegebne *eecielen*, labebantur, in ver-
vielen, von vervallen, zu berichtigen; auch müſte ein *recallen*
nachgewieſen werden; vgl. f. 916. aber gêngêngo); *iu* nur
ſelten in hin, hinwen, lief.

2) *vocale.* α) *i* und *î* verhalten ſich wie im alth. (f. 863. 864.);
im niederd. iſt das *ê* weiter eingeſchritten (f. 456.) daher
M. S. 1, 91ᵇ engelde : melde ſt. engilde nicht reinmittelh. [im
gr. Rud. immer prima pr. ſg. auf ê, nicht i; Br. v. ſchone-
becke reimt vorhêre : mere Grundriß 446] — β) auch *u* und
o wie im alth. (f. 864.) — γ) in conj. IX. ſteht dem alth.
iu : io (f. 865.) parallel ein wechſel zwiſchen *iu* und *ie*, als:
ginze, ginzeſt, ginzet; giezen, giezet, giezent; conj. gieze;
imp. ginz; inf. giezen; fliſe und flige behalten durchgängig
û; fehlerhaft der inf. binten f. bieten M. S. 2, 185ᵃ, zuweilen
lingen f. liegen. — δ) die auslautenden n in hiu, zerniu (?),
rou, brou, blou, kou werden inlautende *iuw* (f. 403.) als:
hinwen, zerniuwen, riuwen etc. und da auch für *ie : iuw*
eintritt in ſchrinwen, ſpinwen, ſo begegnen ſich pl. praet.
und part. praet. ſolcher wörter in dritter, achter und neunter
conj. z. b. hiuwen, bliuwen, ſchriuwen ſt. der urſprünglich
verſchiedenen hiûwun, bluwun, piwun. [ſpäter mundartiſch:
ſchrauen (clamabant) Simmern 1533. verlauhen (conceſſum)
ibid. geſchranwen (clamatum) Keiſerſperg] — ε) in VIII. IX.
verhalten ſich ê zu ei, ô zu ou wie im alth. — ζ) aus X.
in XI. ſchwankt nun auch pflegen und die ſtämme ëff, ëſch,
ën, ëht gehören beſtimmt in XI. — η) einige andere ver-
wechſelungen des ablauts kommen faſt nur mundartiſch oder
ſpäterhin vor; doch verbreitet iſt das conj. VII. angezeigte
purt. geſworn für geſwarn, indem man ſwern (jurare) mit
ſwêrn (ulcerare) mengte; umgekehrt bilden einige das praet.
von wëgen (nach falſcher analogie von hëben, huop) *wuoc*, wuo-
gen ſt. wac, wâgen, vgl. Singof 56. Henneuberger 65. und M.
S. 2, 152ᵇ 215ᵃ, oder wäre in erſterer ſtelle das einfache *wahen*
(attingere), praet. wuoc (conj. VII.) zu ſuchen? Anomaliſch
iſt conj. XII. das part. *verwarren* ſt. verworren; einen über-
gang aus I. in VII. zeigt *bluonden* (ſt. blienden) : ſtnonden
(Wilh. 3, 412ᵇ) [das o für a in quot und kam entſpringt aus
dem vorhergehenden v] — 3) *umlaut* gilt: a) in II. III. ſg.
praeſ. ind. des *a in e* erſter und ſiebenter nach beweiſenden
reimen, als: valle, velleſt, vellet (M. S. 2, 135ᵇ) walle, wellet
(M. S. 1, 134ᵃ) banne, bennet (M. S. 2, 143ᵇ); zumahl vor
einf. conſonanz, als: var, vert; mal, melt; grabe, grebt; lade,

II. *mittelhochd. ſtarke conjugation.* 861

ledet (troj. 93ᵇ 160ᵃ); trage, tregt; ſlahe, ſleht; widerſtrebende reime beruhen auf falſcher leſung, z. b. troj. 139ᵇ ladet : ſchadet, 120ʳ gevallet : ſchallet (l. lade : ſchade; gevellet : ſchellet, wie 2¹ etc.) und M. S. 2, 243. brachte reimnoth zu malt fl. melt. Vor wurzelhaftem -lt, lk ſcheint aber ⁹¹² das a zu bleiben, vgl. wallet : altet troj. 154ᶜ und die beſten hſſ. ſchreiben waltet, haltet, valtet, walket, kein weltet, welket. Zweifelhaft bin ich über -ls, lz, ls, doch ſcheint hellet (M. S. 2, 233ᵇ) welzet, wehlet (a. Tit. 105. waheſſet!) ſprachgemäßer als halfet, walzet, wahlet. — b) ebendaſelbſt des d in æ vierter conj. als: läſe, læſet; räte, rætet; bläſe, blæſet; läze, læzet; ſchwankend vor h, vgl. M. S. 2, 204ᵃ enpſähet : gähet : Wilh. 3, 405ᵃ: ſähet (vidiſtis) hingegen enpfæhet : dræhet Parc. 114ᵃ : bei vielen ſolchen reimen wird es auf ſcheidung von ſmähen (vileſcere) und ſmæhen (convitiari) nähen und næhen ankommen. — c) die diphth. ou, uo lauten in II. III. ſg. dritter *nicht um*, alſo houwe, houwet; ruofe, ruofet, nicht hönwet, ruefet; unſicher ô in ω, als ſtôze, ſtœzet (troj. 19ᵃ : gevlœzet) hingegen M. S. 2, 35ᵃᵇ ſtôzet : grôzet, bôzet. — d) in II. ſg. praet. ind. und im ganzen praet. conj. gilt umlaut des uo in ue, u in ü, ū in a, als: vuoren, vuere; gruoben, gruebe; kurn, kür; guzgen, güzge; läten, læſe, wären, wære; nâmen, næme; hullen, hülle; wurren, würre etc.; ausnahmsweiſe bleibt zuweilen u (ſ. 337). --

3, *conſonanten.* α) geminata wird auslautend einfach, z. b. bran, ſpan, hal, war; imp. brim, ſpin, hil, wir; ebenſo: traf, ag, trif, iz; ch muß bleiben: brach, brich. — β) geminata vereinfacht ſich inlautend nach langem vocal, z. b. valle, viel, vielen; ſpanne, ſpien, ſpienen; izze, az, âzen; triſſe, traf, trâfen, wogegen umgekehrt bei gekürztem vocal ſſ und zz entſpringen: grîſe, greif, griffen; flinſe, flouf, fluffen; flize, fleiz, flizzen; ginge, gôz, guzzen. — γ) nach allg. regel wird med. auslautend zu ten., alſo tribe, treip; nîde, neit; ſtge, ſeie; h zu ch: ſihe, ſach; zihe, zêch; bevilhe, bevalch. Inlautendes p (ſtatt b) vor t bei ſyncopiertem e der flexion z. b. gipt, wipt f. gibt, wibt (ſ. 379. 380.) iſt nicht gemeinmittelh. vielmehr zeichen härterer mundart; noch weniger zu dulden wäre ein analoges wiet, treet, f. wigt, tregt (vor dem t des ſchw. praet. gilt aber verwandlung des ng in uc, wovon hernach) auch kein ſt für gt, als: iſt f. izget oder gint f. ginget (ausnahmsweiſe ſpriuſt, vliuſt M. S. 2, 21ᵃ ſtumpf gereimt, und vielleicht ſpriuzt, vliuzt zu ſchreiben; vgl. f. 415.) — δ) daß die ſprache dem härterwerden der med. vor ſt, t der ⁹⁴³ II. III. ſg. praeſ. ind. abgeneigt ſey, folgt aus umgedreht möglicher erweichung der med. in den vocal i oder gänzlicher ausſtoßung im fall ſolcher ſyncopen. Nämlich neben tregſt, tregt gilt *treiſt, treit*; neben gibſt, gibt: *giſt, git*; neben ligſt, ligt, pfligſt, pfligt: *liſt*, *lit*, *pfliſt*, *pflit* und für quidet: *kit* (f. 867, 0.); analoge kürzungen unhäußgerer wörter ſind jedoch nicht zu folgern, z. b. kein neit f. negt, kein leit f. ledet, kein wiȥ f. wibt oder wigt. Gerade ſo darf in den gangbaren verbis *läȥen* und *rähen* (nicht in verwäȥen, felten in ſehen, ziehen, vliehen) ȥ und h ausfallen (vgl. f. 934.); nur niederdeutſche und thüringer geſtatten ſich zien : knien (En. 57ᵃ geſict (videtis) : niet (En. 5ᵃ 65ᵃ Herb. 115ᵇ); im vateruuſer reimt zî (traho) gî (futeor): ſî etc. Gebrauch oder nichtgebrauch dieſer kürzungen kann die ſprache einzelner dichter characteriſieren helfen. — ε) die entwickelung des r aus ſ begreift jetzt folgende fälle: in conj. VIII. *rirn*; in IX. *kurn, rerturn, erurn*, zweifelhaft nurn oder nuſen; in X. *wären*, ſchwankend *nâren*, *lâren*; in XI. hat gir, gar, gären, gorn wahrſcheinlich (denn fürs praet. keine belege) vollſtändig ſ mit r vertauſcht. Völlige auswerfung des r in *wän* f. wären gewährt nur Boners dialect (7, 19. 88, 19. etc.). — ζ) ein pl. praet. *glirn, ſchrirn* von ſchrien, glien iſt mir nicht begegnet, aber wohl möglich als nebenform von ſchriuwen, gliuwen (?), über *birn*, birt f. erſte anom. — η) auch g im verhältnis zu h hat ſich erweitert; zwar gilt noch ſlahe, twahe, giwahe (nicht ſlage etc.), allein im ſg. praet. ſluoc, twuoc, gewuoc reimend auf truoc, pfluoc etc. kein dem alth. fluoh paralleles fluoch, welches auf buoch, ſchuoch, vluoch reimen müſte; jenes fluoc ſteht folglich ⸗ ſluog und entfpricht der otfried. form (f. 867.); der imp. lautet ſlach (verſch. vom ſubſt. ſlac) twach, gewach. In conj. VIII. IX. X. beſtehet lihe, lëch; zihe, zëch; rihe, rëch etc. vliuhe, vlôch; ziuhe, zôch; ſihe, ſach; geſchihe, geſchach, deagl. in allen imp. lieh, zîch, vliuch, ziuch, ſich; dagegen ſchwankt der kehllaut im pl. praet. (alfo auch in II. ſg.) und part.: lähen, lǣhe, geſëhen behält die ſpirans (ſägen iſt unrein) ebenſo lihen, vluhen; zu g bekennen ſich, außer jenem ſluogen, twuogen, gewuogen: zigen, rigen, ſigen (?), erwigen (?) zugen (kein w ſtatt h. namentlich kein liuwen, ſluwen, ſäwen). — θ) mîde, meit, *miten* (nicht mitten) finde, föl, *futen* (nicht ſutten, nach f. 408. 867.); hingegen ſcheide, ſchiet, *ſchieden*; lnde, luot, *luoden*; binde, bunt, *bunden*; wirde, wart, *wurden*. — ι) keine eliſion des n in ſtuont, ſtuonden.

4) *eingreifende ſchwache form*. a) ſchw. praeſ. und ſt. praet. haben: *ſwern, heben, entſeben, biten, ſitzen*, praet. *ſwuor, huop, entſuop, bat, ſaȥ*; part. geſworn (ſt. geſwarn) gehaben, entſaben, gebëten, geſëȥȥen. Die ſchwache form erkenntlich an dem e und i, an dem imp. ſg. ſwer, hebe (? M. S. 2, 253ᵇ habe, vielleicht von haben, tenere?) entſebe (?) bite, ſitze; verdoppelung erhielt ſich nur in ſitzen, nicht in den übrigen, daher die alth. ſcheidung der II. III. ſg. verwiſcht

II. *mittelhochd. starke conjugation.* 863

ift, es heißt: bebe, bebeft, hebt; bite, biteft, bit (ft. bitet) etc. nicht mehr heffe, hitte (wie zwar genug gefchrieben fteht, allein in reimen auf rite, fite, vgl. f. 384, 417.) fwerre; auf fmitte,, dritte gereimt könnte man bitte zugeben. — β) *gân* und *ftân* befitzen anfcheinend fchwache 1. fg. praef. ind., d. h. fie machen (feit auflöfung des m in n) diefe perf. ftets dem inf. gleich (vgl. tuon, bin), rückfichtlich des wurzelvocals herrfcht abweichung: a) *gân, gâft, gât, ftân, ftâft, ftât; pl. gân, gât, gânt, ftân, ftât, ftânt;* inf. *gân, ftân* find häufig in und auffer reim und wohl oberdeutfcher (Stald. dial. 159. 160. Schm. §. 952.) als *gên, geift, gêt, ftên, ftêft, ftêt; pl. gên, gêt, gênt, ftên, ftêt, ftênt;* inf. *gên, ftên*, welches fich mehr bei thüringern (vgl. oben f. 931.) und gegen niederdeutfchland (M. S. 1, 51ᵃ Lohengr. 37. 38. Wilh. I, 129ᵇ Herbort etc.) einfindet, vgl. das altf. f. 690. Inzwifchen verwenden auch letztere die â-form (z. b. Veldek ftâu, gâu : getân), fchwäbifche die ê-form (z. b. Hartm. Iw. 16ᵃ ûrién : ftên vgl. f. 868. ftêm aus gl. monf.); auffallend ziehen, fobald beide verba mit einander reimen, die bff. ê vor, vgl. Nib. 1017.2981.3961.7233. Wigal. 58, 60., troj. 85ᵇ etc.; Wolframs eigenthümlichkeit, niemahls gân oder ftân, niemahls ftât (fo geläufig ihm reime auf -ân, ât find) fondern bloß gên, ftên, ftêt zu gebrauchen, hat Lachmann wahrgenommen [doch Parz. 417, 30 ftât : rât]. Eine dritte form *geit, fteit* läßt fich nicht recht beweifen, denn Morolf 44ᵃ 45ᵇ 47ᵇ 49ᵃ ftammt ei aus niederd. ê; merkwürdiger, daß felbft Gotfr. M. S. 2, 183ᵃ fteit : wêrdicheit reimte. [f. nachtr. in der Juliana mehrmahls geit und fteit : leit, erbeit, kiufcheit, gereit; 20 fogar veit (f. vât): bereit, oder wollte man hier ein niederd. ê?] — b) nirgends erfcheint die alte form gange, gengeft, genget, ftande, ftendeft, ftendet, weder im praef. ind. noch inf.; doch find von ihr übrig: das praet. *gienc, giengen* (neben *gie, giengen*) *ftuont, ftuonden* — das part. praet. *gegangen* (neben feltnerem *gegân* Nib. 6661. 8077. 8357.; *gegên* hat Herb. 81ᵇ: gefeben) *geftanden*, feltner *geftân* Nib. 7444. Mar. 21. Otnit 1065. — der fg. imp. *ganc* (M. S. 1, 48ᵃ 2, 45ᵇ 84ᵇ 253ᵃ Flore 47ᵃ; die form *gene* Parc. 13493. Iw. 7992. kolocz 133. oder gar *gine* Parc. 1380. kolocz 136. nicht im reim, daher unbeftätigt; niemahls gâ) [noch bei A. Gryphius Horribilicribifax Act. I. (1698. 1, p. 768) Matthes gang ein, Pilatus gang aus] und *ftant* (Parc. 22262. Bon. 33, 17; zuweilen *ftâ* M. S. 1, 6ᵃ) endlich zuweilen das praef. conj. *gange* etc. (Ben. 200, Flore 47ᵇ·ᶜ) und *ftande*, obgleich die formen gâ, ftâ oder gê, ftê üblicher fcheinen. — γ) der I. fg. ftân, gân gleichen einzelne, feltne fälle, wo auch bei andern ftarken verbis (zumahl fehen, jehen) diefe perf. wie der inf. lautet, vgl. Iw. 16ᵇ ich fehen (ft. fihe) : gefchêhen; Herb. 91ᶜ ich fehen :

864   II. *mittelhochd. schwache conjugation.*

jëhen; Freiged. 705. ich fëhen; Georg 3649. ich fprëchen; troj. 49ᶜ ich fprëchen (fo ift zu lefen) unde jëheu : gefëhen; oder fehlen auxiliarin? wie Otnit 191. fol varn, 472. hân erflagen (vgl. unten f. 958.) M. S. 1, 66ᵇ kann trage : tagen ungenauer reim und Flore 14ᵃ liute zu lefen feyn. 5) *schwache praet.* ftarker verba, wofern fie nicht aus durchgeführten nebenformen z. b. Herborts gefchiede, part. gefchiet neben gefchach, gefchen; Conrads erte, geert ft. des ier, graru anderer) fließen, find äußerft felten und entw. mundartifch oder jünger. So reimt im Tit. mehrmahls *gëbete* (ft. gap) : lëbete (wie fchon in Veld. fprache, Eu. 101ᵃ gëvete : lëvete) und *hebte* fteht für huop (Wittich 1604. erhebt ft. erhaben : betabt) etc.

Mittelhochdeutſche ſchwache conjugation.

ind. praeſ.	ſg.	-e	-eſt	-et	conj. -e	-eſt -e
	pl.	-en	-et	-ent	-en -et -en
praet.	ſg.	-te	-teſt	-te	-te -teſt -te
	pl.	-ten	-tet	-ten	-ten -tet -ten

imp. ſg. -e, pl. -et; inf. -en; part. -ende, -et.

weil die vocale der ableitung in e zuſ. fallen, die der flexion häufig ſyncopiert werden, ſo iſt zwiſchen zweiter und dritter conj. gar nicht mehr zu unterſcheiden; verba erſter begegnen wiederum denen der zweiten. Zu dem -s ihr -ſt (oben f. 932.) füge ich hier die beſſern belege: gewanctes, hauctes : ſanctes; wene : orlens Wilh. 2, 42ᵃ 188ᵃ 56ᵇ. (ladetes Nib. 2038, 3. kërdes Crane 3128. Auffallend die II. ſg. hæte, bræhte, muoſe vgl. zu 962. 969. wo lerntc du? Morolt 1330. du brente mich 1368. II. conj. geneige ſt. geneigelt Ben. 324. — in urk. zuweilen noch -ti, während ſtarke form -e hat: kouſti, pfanti, hetti neben : were, neme, züge. freib. urk. nr. 183 (a. 1344) oft aber auch in ſtarker form -i. — Kellers geſtu Rom. -ehte für -te: 69 totächt (tödtete) 118 luntechten (läuteten) 135 ordurcht (ordnete) 141 wueſtächt (wüſtete) 160 bûrecht (huorte) 104 reichnocht (riechnöte) 137 rodrocht (vodrôte) 103 totächten (tödteten).

Erſte ſchwache conjugation.

kurzſilbige ſyncopieren das e der ableitung ohne ausnahme (namentlich vor dem t des praet. und part. praet.) das der flexion nothwendig nach l, r, gewöhnlich auch m, n, t, h, g; ihr wurzellaut iſt weſentlich e oder ä, welches im praet. *nicht rückumlautet* [doch ernart (f. ernert) : wart Bon. 47, 76. tenen, tande f. denen, dente bei Walther von Rheinau], alles gefühl der urſprünglichen a und u war hier abgeſtorben (f. 362.); es ſind nur wenige wörter, wofür ich zwei paradigmen gebe (praet. conj. iſt dem des ind. gleich):

II. mittelhochd. erste schwache conjugation.

ind.	ner	ner-st	ner-t	leg-e	leg-st	leg-t
	ner-n	ner-t	ner-nt	leg-en	leg-et	leg-ent
	ner-te	ner-test	ner-te	leg-te	leg-test	leg-te
	ner-ten	ner-tet	ner-ten	leg-ten	leg-tet	leg-ten
conj.	ner	ner-st	ner	leg-e	leg-est	leg-e
	ner-n	ner-t	ner-n	leg-en	leg-et	leg-en
imp.	ner,	pl. ner-t			leg-e pl. leg-et	

inf. ner-n, part. nern-de, ner-t; leg-en, leg-ende, leg-t.

1) queln. ver-feln (Trist. 6034. part. versell Wilh. 1, 48ᵃ Ulr. Trist. 104.) [zuweilen auch fellen, vgl. ûfhalte (aufgab) letan. 857. ûffeltis (aufgahst) 1043] feheln. fmeln (Georg 4ᵇ) tweln. weln (wellen M. S. 2, 227ᵃ 1, 37ᵃ 116ᵃ) zeln; gremen. temen. zenen; denen, menen (impellere) entfpanen (ablacture) wenen (afluefnecere troj. 35ᵃ 94ᵇ) entwenen (defuefacere weltchr. Schütze 115. kolocz 146.); bern (verberare fubigere) ern (arare, erte, geert troj. 60ᵉ 62ᵇ) kern (fcopare) nern. beschern (ordinare Wigal. 277.) wern. zern (confumere); ent-fweben (Nib. 7376.) be-leben (opprimere Reinfr. 27ᵃ Wittich 1603.); legen. regen (excitare) bewegen (commovere) treten (terere) trette (unbelegt) getret (Parc. 32ᵇ 168ᵇ Georg 8ᵇ) weten (tranfire, wette? gewet, diefelben belege); zeten (fpargere) zette, gezet (troj. 30ᵃ) [vern, ûz verte (ausfchiesste) kolocz 264. dern (laedere) Lf. 1, 344. Suchenw. 25, 282. entleden. vegen (mundare) Wigal. 4362.] — 2) vrümen. drümen (confringere Darl. 33.) [drumt (confringit): kumt Gerh. 4376] bürn (elevare) spürn. fchüten (quatere, movere) gehügen (recordari); im praet. vrümte, bürte, fchütte (nicht mit u) [fpüln (purgare) Cod. pal. 361, 89ᵉ verrünen (fopire) myst. 317, 25. 323, 21. dünen: glünen? Anno 451. fchürn (ignem alere) Gudr. 52ᵃ fchürte brende verl. pfaffe 215. stüden (statuere) Helbl. 2, 1094.] — 3) smirn (ungere) fmirte En. 22ᵇ fcheint unhochd. f. ftrîchen [Wackern. in Maläm. denkm. 1, 110; digen (precari) digete altd. bl. 2, 149].

Anmerkungen: α) als feltne ausnahme erfcheint das ursprüngliche ableitungs-i zu j, beinahe g verhärtet, in werjen st. wern (Tit.: verjen, nautam, scherjen, praeconem; Mar. 160. wergen: fchergen) vgl. f. 435. ·[Karajan 30, 4 nerigen. 10 fwerigen. 11 werigen. 32, 3 cherigen (verrere) Diut. 3, 55. 87 werigen. 88. 92 nerigen. Diem. 30, 5 weregen : geveregen.] β) das alte ll, mm, nn, tt (f. 870.) findet keine statt, wo es einträte, würde das verbum langsilbig und rückumlautig, z. b. wenn berren, gremmen, vrümmen, fchütten gälte, hieße das praet. barte, gramte, vrumte, fchutte. — γ) Gewiffe wörter find diefen weg gegangen, vorzüglich folche mit ll und tt, als: zellen, zalte; twellen, twalte; bûllen, hulte; retten (erigere) ratte, part. rat (häufig bei Herb.); [947] tretten (conculcare) tratte (Lob. 143. und Herb.) part. trat (Herb. und Wilh. 1, 110 : gebat f. gebadet); wetten (pignus dare) watte (?); wetten? (aquam tranfire) watte (Herb. 57ᵉ); enpfetten (exuere)

II. *mittelhochd. erste schwache conjugation.*

M. S. 2, 76ᵇ im klingreim) vielleicht auch zelten (spargere) vielleicht denuen, wennen f. denen, wenen (M. S. 1, 9ᵇ 203ᵇ); mante (livl. chr. 62ᵃ) flgit mente (Parc. 22ᵃ) verlangt den inf. mennen; zuweilen gelten daneben, wenigstens in anderer mundart, die ursprünglichen zeln, zelte; tweln, twelte; treten, zeten; zuweilen mangeln diefe, ich finde z. b. kein hüln, hülte. — δ) für legt, legte, gelegt gilt verschiedentlich *leit, leite, geleit*; das ähnliche *feite* (dixit) deutet aufs alte fegita (f. 880.), obwohl kein fegte vorkommt (unten 959.); feltner ift die weitere verengung *lite, fite* (Willh. 3, 115ᵇ 435ᵃ: hête); weite, geweit (Wizlau meisterg. 27ᶜ ? gemeit) für wegte, gewegt weiß ich nicht beftimmt nachzuweifen [beweite: feite nf. birk. 285. überweite: leite Maria 4437], noch weniger reite f. regte [f. nachtr.]. — ε) der unterfchied von den kurzfilbigen zweiter conj. beruht auf dem hier nothwendigen, dort abgehenden umlaut (vgl. tweln, twelte, zern, zerte mit twaln, twalte, sparn, sparte; ausnahmsweife erfcheint er auch dort, namentlich in bern, herte) weniger auf der 1. praef. ind., welche hier mit dem wurzelconf. fchließt, dort nur mundartifch oder alterthümlich dem infin. gleich feyn kann (vgl. erläut. a. zur zweiten conj.).

Langfilbige dulden kein ableitungs-i im praet., d. h. die fchon im alth. ftattgefundne auswerfung deffelben dauert fort, folglich α) *rückumlaut* für alle umlaute im praet. ind., namentlich für die im alth. noch nicht vorkommenden fälle, felbft das organifche (nicht aus ä umgelautete) *iu* folgt dem ftrom und wird zu û; einzelne ausnahmen wo der umlaut haftet, f. anm. a. b. — β) vereinfachung der gemination vor anftoßendem -te, teft, ten, tet; analog wird aus tz, ck bloßes z, c. — γ) für ltte, ndlte, nlte, ſlte, rlte, ſlte, btte gilt mit ausftoßung des einen t (schwer zu fagen, welches?) lte, nte, ſte, rte, ſte, ſte, hte; hierbei fchwanken *lt* und *nt* (nicht rt) in *ld, nd* (f. 393. 409.), ich werde bei den folgenden beifpielen erfteres behalten. — δ) ebenſo wird -*tte* meift zu -*te*; merkliche abweichung vom alth., wo -tta bleibt (z. b. pruotta, leitta, mittelh. bruote, leite auf guote, arbeite reimig) vgl. unten f. 953. — ε) vor dem -te wandeln fich meiftentheils g, lg, ng in c, lc, nc; unficherer ift die an fich parallele änderung des b, rb in p, rp. — ζ) c (nämlich vereinfuchte geminata) und *ch* fchwanken, bald bleiben fie vor dem t, als: decken, dacte; blicken, blicte; fuochen, fuochte, bald wandeln fie fich in h, als: decken, dahte; fuochen, fuohte (beifpiele f. 432. 433. 439. 440.). In beiden fällen ift h fehr erklärlich, das für die ten. ftehende entfpricht dem alth. h (in dahta, ftrahta f. 871.) und der felbft im mittelh. nicht ganz getilgten neigung zu ch für k (f. 428. 440.); das für ch ftehende h ift inlautende vereinfachung des alten hh (= ch); theoretifch fchreibe ich jedoch mittelh. in erfterm falle *ct*, in letzterm *ht*. — paradigma:

II. mittelhochd. erste schwache conjugation.

brenn-e	brenn-est	brenn-et	brenn-e	brenn-est	brenn-e
brenn-en	brenn-et	brenn-ent	brenn-en	brenn-et	brenn-en
bran-te	bran-test	bran-te	bran-te	bran-test	bran-te
bran-ten	bran-tet	bran-ten	bran-ten	bran-tet	bran-ten

brenn-e, brenn-et; brenn-en, brenn-ende, gebrant

1) gellen (bilem admiscere) galte. erschellen (intonare) schellen. stellen. verlwellen (coercere aquam Wilh. 2, 181ᵇ) twellen. vellen. zellen; kelten (refrigerare) kelte. elten (consumere fragm. 19ᵇ) helfen, halste; velschen, valschte; welzen, walzte; verschelken (servum facere) verschalkte; kennen (poetere) kante. klemmen (premere) temmen (aggere cingere); dempfen, dampfte. kempfen; brennen, brante. kennen, nennen, rennen, trennen (solvere) blenden (coecare, obfuscare) blante. (Parc. 52ᵇ) enden (finire) lenden (navem appellere) ernenden (audere) pfenden. schenden, schante (Maria 54.). senden. twenden. wenden. swenzen, swanzte. engen (arctare) anete. enphengen (accendere) ergengen (ad eundum excitare) hengen (concedere) klengen (facere ut tinniat) mengen (miscere) pfrengen M. S. 2, 166ᵃ belengen (adurere) spengen (fibulare Parc. 36ᶜ) sprengen. twengen; krenken (debilitare) krancte. lenken. senken. schenken. schrenken. swenken (troj. 22ᶜ) trenken (potare) wenken; sperren, sparte. zerren, zarte; wermen, warmte; enterben (exheredare) enterbte (Trist. 15ᵃ) verderben (perdere) sterben (interimere); beherten (confirmare) beherte [beharte, behart oft Lanz. s. mbd. wb.] verscherten (denticulare) verscherte (Parc. 94ᵃ) [p. p. unverschart Walth. 4, 19]; swerzen (nigrare) swarzte; beserken (loculo condere) besarcte. sterken. merken (signare) herten, harte. seften (implere succo) reffen, raffte; betten (lectum sternere) bette. retten, ratte. enpfretten.' tretten. zetten; ergetzen, ergazte. bletzen (plantare Wigal. 172.) hetzen (Parc. 72ᵃ) letzen (laedere) netzen (rigare) schetzen (taxare) setzen. wetzen. blesten (cum strepitu immergi) blaste oder bleste (Parc. 145ᵃ) gebesten (? aequiparari Georg 19ᵃ) esten (ramos pandere) gesten (hospitio excipere) glesten (lucere) glaste (Wigal. 268.) oder gleste. lesten (onerare) mesten (saginare) resten (quiescere) leschen, laschte. enblecken, enblacte. decken. klecken. gelecken (? Bit. 107ᵃ Georg 51ᵃ) recken. secken (in saccum recipere) smecken (sentire) erschrecken (terrere) stecken. strecken. trecken (trahere) wecken. [bekrellen? cod. vind. 653, 122ᵃ. prellen, pralte cod. pal. 341, 234ᵇ versellen, salte, versalt Ben. 88: walt 136. melzen, malzte meisterg. 15ᵇ bevelgen, bevalcte Karaj. 41, 10. 12. swemmen, swande s. swamde, swamte Lanz. 7520. 7659. Haupt 3, 274. stempfen, stampste. verbennen Ben. 96. senfte, sanfte? (lenire) praet. conj. sensfete Trist. 14464. menden (laetari) Mar. 49. mante? irsenden (investigare) Diut. 3, 102. entgenzen M. S. 1, 190ᵃ zerschrenzen troj. 12530. verblenken. henken Reinb. 1031. Georg 43ᵃ Wilh. 364, 23. 422, 16. lerren (vexare) weinschw. 407.

derren (ficcare) darte. Mar. 26. Trift. 2080. terren (nocere) tarte.
pf. Ch. 7922. ferchergen, ferchargte Dint. 3, 55. beklepfen M. S.
2, 7ᵃ fleppen Parc. 22726. 22736. effen (ludibrio habere) aber
praet. efte kolocz 118. leffen (lambere) lafte Bert. 20. fchepfen
(haurire) M. S. 2, 7ᵃ 11ᵃ fchepfte oder fchapfte? Mart. 259 fi
fchepfet ûz des wunfches heilawâge. etzen, azte. pfetzen, pfazte?
phezzis (titillas) Hartm. v. geloub. 2489. veften, vafte. mefchen,
mafchte Wh. 3, 94ᵇ zecken troj. 115ᵃ hecken (pungere) hacte cod.
vind. 653, 122ᵇ erftecken (fuffocaro) Servat. 2426. 2837. chten
(perfequi)? ahte M. S. 2, 238ᵃ ehfen M. S. 2, 173ᵃ. unorg. fcheint
fwechen, fwahte? doch reimt gefwechet : hechel verl. pfaff 344.]
— 2) billen (pulfare) bilte. ftillen (pacare) villen (caftigare)
fchimpfen. zinnen (ftanare) zinte. zinfen (trib. folvere) zinfte.
irren (impedire) irte. ervirren (alienare) fchirmen. erkirnen (enu-
cleare) fchiffen (navigare) fchifte (Parc. 24ᶜ) vergiften, vergifte.
fchiften (haftile fabricare Parc. 19ᵇ) flften. fwiflen (fedare) mif-
fen, mifte. hifpen, hifpte. mifchen, mifchte. wifchen. ritzen (inci-
dere) rizte. fnitzen (fculpere e ligno) fpitzen (acuere) blicken,
blicte. bicken (roftro tundere) nicken (deprimere) erquicken (vi-
vificare) fchicken (difponere) erfchricken (terren) fpicken (lardo
carnem trajicere) ftricken (laqueare) zwicken (vellicare) pflihten
(obligare) pflihte. entnihten (deftruere Parc. 76ᵇ) entnihte. rihten.
flihten (laevigare) [milden (mitigare) milte (mitigavit) Flore
1508; flilte. fchinden (excoriare) fchinte Reinh. 2010. Iw. 3891.
ringen (minuere) troj. 120ᶜ]. — 3) hüllen (operire) bulte. nüllen
(? fallere) ûmbe-tüllen (fepire troj. 119ᵇ 150ᶜ) betrüllen (infatuare)
vüllen (implere) dulden (tolerare) dulde [lieber dulte]. vergulden
(deaurare) vergulde. krümmen (incurvare) krumte. dünnen (te-
nuare) dunte. ergründen (fcrutari) ergrunte. künden (nuntiare)
kunte. fchünden (incitare) fchunte. zünden (incendere) zunte. ver-
jungen (recreare) verjunete. tungen (ftercorare) tuncte. bedürnen
(fepire) bedurnte. ûmbetürnen (turri cingere) zürnen (irafci) zurnte.
fchürfen (incendere Iw. 3895.) fchurfte. gürten (cingere) gürte
Parc. 59ᵇ 147ᵃ hürten (puugere) vürten (vadum tentare Loh. 189;
dunkel M mir Wolframs vürte und gevurt Parc. 107ᶜ 144ᶜ Wilh.
2, 13ᵇ) antwürten (refpondere) mürden (occidere) mürde oder
murte? part. ermurt (troj. 106ᵃ) dürften, durfte. kürzen (breviare)
kurzte. fchürzen (cingere) ftürzen. würzen (condire) würgen (ftran-
gulare) wurgte. lüppen (venenare) lupte. knüpfen (nectere) knupfte.
krüpfen. fchüpfen (trudere) güften (fuperbire) gufte. fchüften
(citius currere) küften, kufte. lüften. rüften (parare) hütten (cu-
bile parare) hutte Maria 177. nützen, nuzte. befchlützen (? M. S.
1, 92ᵇ) flützen (fulcire) bücken (inclinare) bucte. brücken (fricare)
drücken. lücken (perforare) nücken (nutare) Friberg 55ᵃ M. S.
2, 155ᵇ [entufcken, entuubte Serv. 2508] pflücken. rücken (di-
movere) fmücken. tücken (deprimere) zücken (vibrare) vrühten
(fructum ferre) vruhte [erfchüllen Ulr. Trift. 2505. müllen (con-

terere) grundriß 417. Helmbr. 1249. rümpfen, rumpfte. wünnen (laetari) fnûrren, fnurte (ftridere, appetere) ftûrmen kolocz 380. hûrnen Trift. 20ᵃ vûrben Ben. 323. bûrften, burfte. lûrzen Haupt 7, 379. ſûpfen: gûpfen? Ben. 180. lûpfen MSH. 3, 330ᵃ fchûtten, fchutte. pfnûften (ftoßen) pfnutte Wh.3. fchützen (tueri) fchutzte Frib. Trift. 6273. betûtzen (decipere): genûtzen (refci) betutzte: genutzte Uolr.451. nûſſen (conjungere, fibulare) nuſten Ulr. Trift. 1570. oder von nûften? (vgl. neftila) wie brûften, rûften. (wohl von nuofcen vgl. ahd. oben 872. 873) zerklûcken Helmbr. 129. fmücken, fmucte Parz. 713, 13. fôchen (Ulr. Trift. 1122) fohte (Frib. Trift. 5027)]. — 4) ræmen (Parc. 139ᶜ fordes eluere) râmte. ænen (privare) ânte. wænen (opinari) wânte. læren (vacuare) lârte. vermæren (divulgare) fchæren (? Parc. 102ᶜ vgl. fchâren f. 956.) befwæren (gravare) offenbæren (manifeftare) væren (dolum ftruere) bewæren (probare) [ftrælen (pectere) Ernft. Erec. geftrælet ritterpreis 1. gevælen, gevâlte Greg. 1446. fich fpænen MSH. 3, 221ᵇ]; die auf -æben, -æjen f. anom. — 5) kêren, kêrte. lêren, lêrte. rêren (fundere) [rêwen (auf die bahre legen) gerêwet Er. 6670. grêden, im Parc. gegrêdet]. — 6) lîen, lîte. lîmen, lîmte. wîben, wîhte. [prifen (nodare) f. oben zu f. 937. riehen (divitem reddere) Gudr.72ᵃ bîhten (confiteri) bihte] — 7) dœnen (modulari) dônte. hœnen (defpicere) krœnen (garrire, ridere M. S. 2, 23ᵇ wo man lefe: krœnel) krœnen (coronare troj. 122ᵇ) krônte (troj. 5ᶜ) fchœnen (ornare) vrœnen (publice in poſſeſſionem immittere, beare M. S. 1, 31ᶜ 2, 50ᵃ vgl. Frifch 299ᶜ) enbœren (elevare, tollere Wilb. 2, 142ᵇ vgl. oben f. 340.) enbôrte. hœren (audire) ſtœren (turbare) betœren (infatuare) lœten (ferruminare) lôte. nœten (cogere) rœten (rubefacere) tœten (interficere) lœfen (folvere) lôfte. œien, erœfen (exhaurire, vaftare) rœfen (ornare) verbœfen (corrumpere Wilh. 2, 128ᵇ) rœften (torrere) rôfte. trœften (confolari) vlœzen (fluidum reddere troj. 19ᵃ 71ᵇ) vlôzte. erfchœzen (troj. 71ᵃ adaugere, procreare, erfchiezen machen) [lœnen Nib. 2200,3. 2201,4. gelœnen 2045,4. trœren (fundere) trôrte cod. pal. 361, 42ᵃ fich blœzen M. S. 2, 65ᵇ enblœzen Parc. 51ᵇ klœzen kl. 846. hœhen (laudibus efferre) vlœhen (fugare) Wigal. p. 501. Parz. 419, 24.]. — 8) ergeilen (recreare troj. 81ᵇ) ergeilte. heilen (fanare) meilen (inquinare M. S. 1, 88ᵃ) feilen (laqueare) teilen (dividere) veilen (licitari, mercari, feil machen Parc. 77ᵒ Wilb. 1, 108ᵇ) vereinen (adunare) vereinte. leinen (acclinare) meinen (cupere) reinen (purgare) erfcheinen (oftendere) verfteinen (in lap. vertere) fweinen (diffipare confumere, fwînen machen, fchmiede 301. Ben. 189.) umbefweifen (complecti Flore 22ᵃ) beiten (cunctari) beite (kl. 3772.) breiten (dilatare) eiten (adurere) leiten (ducere) bereiten. fpreiten (fpargere) beizen (venari) beizte. reizen (impellere) befweizen (fudore adfpergere Wilh. 2, 122ᵃ) leiften, leifte. neigen (deprimere) neigte. feigen (inclinare) weigen (tacitum reddere) veigen (morti tradere) [leiben (relinquere)

870   II. *mittelhochd. erste schwache conjugation.*

reiten (rîten machen) fragm. 20ᵃ ſteigen Parc. 105ᵃ M. S. 2, 19ᵃ
ſtrîcben Wigal. 7166.] — 9) verwieren (obryzare) verwierte. zieren
(ornare) verdieben (clam auferre) verdiebte. lieben (placere) M. S.
2, 192ᵇ [mieren, mierte (navem appellere) verl. pfaff 148]. —
10) briunen (fuſcare) brûnte. ſtiunen (celerare) ſtiûnte. zinnen
(ſepire) zûnte. gehiuren (beare, befeligen M. S. 2, 233ᵇ Wilh. I,
142ᵇ) gehûrte. miuren (murum ſtruere) Parc. 55ᵇ geminret zu leſen;
ſturen (acidum reddere) ſtiuren (gubernare) ſtûrte (Reinfr. 183ᵃ:
trûrte) tinren (magnificare) tûrte (: mûrte En. 71ᵃ 100ᶜ) betiuren
(multi conſtare; aus betûrte hat ſich das neuh. bedauern, beſſer:
betauern, entwickelt) iuſen (elevare Barl. 115. Reinfr. 136ᵃ 162ᵃ
194ᵇ) ûſte. hiuſen (acervare) hûſte. briuten (matr. inire) brûte.
diuten (explanare) dûte. kiuten (garrire? troj. 112ᵇ verkiuten, ver-
951 ſprechen? M. S. 1, 153ᵃ) verkûte (Ulr. Triſt. 257.: trûte)'liuten
(ſonare) riuten (facere novalia) rûte. ertinten (reſonare troj. 189ᵇ,
vielleicht erliuten? rinhen (? rûhte) leiuhen (vereri)? ſchûhte.
tiuhen (immergere M. S. 2, 200ᵇ) tûhte. liuhten (lucere) lûhte.
riuhten (rigare) rûhte. [vinlen (putreſacere) grundriß f. 265. trin-
ten, trûte. diuhen (premere) gedûhte GA. 1, 296. gedûht 2, 418.]
— 11) der umlaut ôu ſcheint bei verbis dieſer conj. noch nicht
durchgedrungen, wenigſtens finde ich: gelouben (credere) ge-
loubte. ſich eines gelouben (deſicere) louben (folia capeſſere)
loubte. betouben (debilitare) ſtouben (pulv. excitare) rouſen (evel-
lere) rouſte. ſtrouſen. touſen (baptizare) ougen (oſtendere) ſougen
(lactare) erylougen (fugare); nirgends gelôuben, rôuſen, ôugen
in beweiſender form, vielmehr die reime betoubet: houbet Parc.
10ᵃ; geloubet (frondoſus): boubet troj. 119ᵇ; rouſen, touſen: ge-
louſen, konſen, troj. 73ᵇ M. S. 2. 225ᵇ erzougen: ougen Ben. 147
etc. [toumen (vaporem emittere) Bit. foumen muſ. 1, 64. krouwen
(ſcabere) a. w. 3, 207. ſtronben (erigere) Karl 54ᵇ befouſen, be-
ſouſte cod. pal. 361, 47ᶜ Eracl. 828. abeſlouſen Karl 77ᵇ trouſen
troj. 45ᵃ] — 12) kuelen (refrigerare) kuolte. wuelen (roſtro fo-
dere) bluemen (ornare) bluomte. ruomen (laudare) vertuemen
(maledicere) gruenen (viridare) gruonte. erkuenen (animum ex-
citare) ſüenen (pacificare) rueren, ruorte. vueren, vuorte. ueben
(uti) uohte. trueben, truobte. rueſen (vociferare) ruoſte. wueſen
(ejulare) brueten (fovere) hruote. blueten (fang. emittere) bluote
(Iw. 29ᵇ 36ᶜ) oder nach zweiter conj. hluoten? vgl. Georg 45ᵃ:
ruoten. obergnieten (fuperare) hueten. huote. vrueten (? M. S. 2,
45ᵃ) wueten (inſanire) wuote. buegen (ſatisfacere) buogte. gruezen,
gruozte. ſuezen (dulce reddere) ſuozte. wueſten (vaſtare) wuoſte.
genuegen (ſufficere) genuogte. ruegen (reprehendere) ruegen (dis-
ponere) wuegen (conſiderare M. S. 2, 22ᵃ) [ſpuelen (mandare)
gueſen, guoſte? Frig. 21ᵉ vlueten Triſt. 140ᵃ mueſen (cibare)
muoſte cod. vind. 653, 120ᵇ enbuegen (buglahm machen) Bon.
51, 24]; keinen umlaut leiden muchen (curare) ſuochen (quae-
rere) reimend auf buochen, tuochen (M. S. 2, 224ᶜ) praet. ruohte,

fuohte. — 13) das auf bildungen mit l, n, r folgende tonlofe oder ftumme e richtet fich nach bekannter regel, alfo: regelen, begegenen, hemeren; praef. negele, negeleft etc. hingegen vuetern, liutern, praef. vueter, vueterft, liuter, linterft (liuter, depuret: kriuter, fchmiede 69.) praet. negelte (f. negelete, mit letztem ftummen e, weil in diefer conj. das e vor dem te wegfällt, wie in teilte f. teilete) liuterte (f. liuterete, mit vorletztem ftummen e, deffen ausfall zwei urfachen fordern). — 14) romanifche wörter auf -ieren, als: turnieren, fchantieren, parlieren, zimieren, fifchieren, vernoigieren etc. praet. turnierte. —

Anmerkungen: a) umlaut mangelt folgenden umlautbaren: denen auf -uld, -ung, allen auf -ou, einigen auf -uo. — β) rückumlaut mangelt denen auf -elt, -ert, -ürt; denen auf -end, -erb, -ett, -eft (wohl auch -ünd, -ütt, -üft?) fteht es nach verfchiedenheit der muudarten frei, ihrem praet. uml. zu laffen, oder es rückumzulauten, z. b. Wolfr. fagt glefte, Wirnt glafte; Gotfr. ande (Trift. 26ᵇ) Wirnt ende (Wig. 66. 112.), die meiften fante, fande (unfit) II. Damen 64ᶜ fende etc. Vielleicht haftet zuweilen org. iu, z. b. tiurte, gehiurte neben türte? Bildungen mit l, n, r führen ihren umlaut, der nicht eigentlich vom i vor dem -ta ausgieng, durch, alfo nicht: nagelte, vuoterte. — γ) praet. conj. ift dem ind. gleich, wie fich bei unumlautbaren von felbft verfteht, erquicte (refocillavit, refocillaret) meinte (cupivit, cuperet); zweifeln möchte man bei den im ind. rückumlautenden. Allein es heißt brante (combuffit, combureret) wie im alth. pranta, pranti, vgl. blante, erwante, fazte Parc. 52ᵇ 55ᵇ erkanden M.S. 1, 87ᵇ etc. um fo vielmehr hörte (audirem) lühte (lucerem) huote (cuftodirem) (bekande (cognofceret, cognoverit) Nib. 1173, 2. valte l'arc. 68, 15. erkande (cognofcerem): lande Gudr. 61ᵃ brande (combureret): lande 79ᵃ vuorte: ruorte Frig. 18ᵇ]. Ausnahmsweife und felten e ftatt des rückuml. a, M.S. 1, 134ᵃ erkeuten: eleuenten, livl. chr. 43ᵇ brenten: fenten (mitterent) welcher umlaut weniger der conjunctivflexion zuzufchreiben, als aus der contraction f. kenneten, brenneten zu erklären ift (vgl. die folg. anm.). Nur anomale fchwache praet., deren ind. keinen rückuml. zeigen kann, lauten im conj. um. — δ) fyncope des ableitungsvocals vor dem -te ift regel, alfo brante, hörte, lüfte, blicte, neigte etc. nicht: brennete, hœrete, lœfete, blickete, neigete. Von diefem gekürzten praet. gilt aber kein fchluß aufs part. praet., welches häufig den ableitungs-voc. behält und dem oft beiderlei form, erkant und erkennet, gerecht ift (näheres beim part.). Der grund diefer verfchiedenheit liegt in dem -te des praet. und -t des part. Bei kurzfilbigen durfte der ftumme voc. wegfallen (welte, gewelt f. welete, gewelet) ohne praet. und part. zu vermengen; bei langfilbigen wog der tonlofe mehr, er blieb im part. (geteilet), hätte aber mit diefem das praet. vermifcht, weil das e in te nach vorausgehender tonlofer filbe verſtummte, folglich teilete ganz wie teilet lautete. Der ſprachgeiſt opferte alſo das lautgeſetz dem der flexion, indem er ein tonloſes e vor dem te ausſtieß, um das e der flexion zu ſichern*).

Höchſt ſelten bricht umgekehrt jenes lautgeſetz durch, das praet. läßt ſein e der flexion fahren und bewahrt das tonloſe e der ableitung; ſo ließ man Georg 41ᵃᵇ kündet (nuntiavit) : enzündet mit apocopiertem ſtummem e ſt. kündete f. kunte. Fehlerhaft wäre die apocope des e von der gewöhnlichen ſyncopierten form des praet., außer im vers bei folgendem vocal. Ich wüſte auch kein beiſpiel; denn gehaſt Parc. 93¹ : ſehaft ſtammt nicht von heften (figere) ſondern haften (ügi) zweiter conj., ſteht aber für haſte (ſt. haftete) wie gërt, erwachet f. gërte, erwachete (unten f. 958. 959.) [f. nachtr. brant f. brante Helbl. 7, 374. ſaut f. ſante 7, 438. ergint f. ergintte Neidh. 47, 15.]. — ε) wiewohl in der regel leite, huote, nôte ſt. der alth. leitta, huotta, nôtta ſtehen, d. h. auf arbeite (labore) muote (animo) tôte (morte) reimen, bleibt doch näher zu forſchen, ob nicht einige, zumahl ältere dichter ein mittelh. leitte, huotte, nôtte beobachten? Zwar geſchrieben finde ich es nirgends und bereits reimen Maria 61. huote : guote, 90 gemuote : huote, 201 leite : gereite etc. doch könnte man huotte : guote, gemuotte : huote, leitte : gereitte für den freieren reim des 12. jahrh. nehmen. Wolfr. Reinh. und Conr. ſcheinen jene praet. -itte, -uotte, -ôtte nur aufeinander zu reimen, vgl. Parc. 57ᵃ 194ᵇ beitte, arbeitte : bereitte, Wilh. 2, 165ᵇ leitte : berritte, 50ᵃ tötte : nôtte, troj. 72ᵃ Georg 38ᵇ wuotte : huotte; deſgl. andere -eite, -uote, -ôte nur aufeinander, als Parc. 61ᵃ gereite : breite, 75ᵃ gereite : arbeite, Wilh. 2, 187ᵇ bereite (parati) : geleite 157ᵃ arbeitens : leiten etc. Für die meiſten dichter läßt ſich -eite, -uote, -ôte, -ôte beweiſen, Klage 3771. gereite : breite, Iw. 36ᶜ bluoten : ruoten, Triſt. 44ᵃ Flore 41ᵃ Wigal. 313. guote : behuote, M. S. 1, 45ᵃ muote : wuote Triſt. 21ᵃ leiten : bereiten, Kolocz 140. lûte : trûte etc. — ς) ſpuren der f. 874, 4. angemerkten gemination, wie es ſcheint mit vocalkürzung, in wenne, wennet, wennen ſt. wæne, wænet, wænen M. S. 1, 47ᵃ Bon. 35, 49. 42, 56. 69, 55. vermuthlich im praet. wante, wande ſt. wânte? — η) den unterſchied von langſilbigen verbis zweiter conj. begründen folgende kennzeichen, deren keines an und für ſich betrachtet völlig ſicher iſt: a) tranſitive bedeutung der wörter erſter, intranſitive derjenigen zweiter conj., mit ausnahmen auf beiden ſeiten. b) umlaut und rückumlaut umlautbarer verba der erſten alſo im praeſ. nur e, ä, æ, œ, iu, ue (kein a, u, â, ô, û, uo) im praet. aber a, u, â, ô, û, uo (nicht e, ä, æ, œ, iu, ue) mit den ausnahmen α. β. Verba zweiter haben ſelten uml.,

---

*) War, da teilte ſchon aus dem alth. teilta übergeführt wurde, beſſer oben f. 873. zu entwickeln; läſst ſich davon auf ein alth. ſtummes a in teillta ſchliefſen?

II. mittelhochd. zweite schwache conjugation.

nie rückumlaut. c) fyncopierter vocal·im praet. erfter, unfyn-
copierter im praet. zweiter (doch mit vielen ausnahmen). d) ver-
gleichung der alth. formen. e) die erfte hat häufig den wurzel-
vocal e und o, kaum a und o (weil die ableitung urfprüngliches
i, u fchützte, f. 81. 84.); die zweite kann e und o, wohl aber
ê und ô. Ausnahmsweife, neben ermürden (troj. 184ᵃ) ermurt,
ermorden (meifterg. 19ᵇ) ermort (klage 65.) alth. farmurdran gl.
monf. 404; von würgen fcheint das intr. worgen M. S. 1, 84ᵇ
2, 107ᵇ unterfchieden. Die meifte unficherheit befteht alfo für
wörter mit den vocalen i, î, ê, ei, ie und einzelne, wenige ftehen
zweifelhaft hier oder dort, z. b. billen. — f) im praet. können
fich verfchiedene verba begegnen z. b. leite von leiten mit leite
von legen; bereite von bereiten mit reite von reden; vilte von
villen mit beville von bevilu, mifte von miften mit mifte von
milten; fchifte von fchiffen mit fchifte von fchiften u. a. m.

Zweite fchwache conjugation

in welcher die zweite und dritte alth. zuf. fallen:

falb-e (-en?)	falb-eft	falb-et	falb-e	falb-eft	falb-e
falb-en	falb-et	falb-ent	falb-en	falb-et	falb-en
falb-ete	falb-eteft	falb-ete	falb-ete	falb-eteft	falb-ete
falb-eten	falb-etet	falb-eten	falb-eten	falb-etet	falb-eten

falb-e, falbet; falb-en, falb-ende, gefalb-et.

1) *kurzfilbige*: α) fmaln (vilefcere M. S. 2, 243ᵇ) twaln (morari
Flore 52ᵃ Karl 16ᵃ) zaln (loqui Trift. 34ᶜ Wilh. 2, 102ᵃ Flore
2ᵃ) er-lamen. namen (Mar. 158) fchamen. zamen (domare troj.
62ᵃ Georg 26ᵃ) banen (viam fternere meifterg. 10ᵇ) manen.
enbarn (detegere) harn (clamare Maria 215.) fcharn (aciem
ordinare) fparn. bewarn. draben. haben (f. anomala) laben.
fnaben (vacillare) ftaben (fulcire) begaten (contingere) laten.
geftaten. laden (invitare) fluot (invitavit) ft. ladete livl. chron.
17ᵇ 54ᵃ Don. 99, 25. Wekherlin p. 22. fragm. 39ᵇ) baden (ab-
lui) maden (vermibus abundare) gepfaden (callem fternere)
fchaden. dagen (tacere) behagen. klagen. ragen (pro-
minere) fagen. verfchragen (M. S. 1, 126ᵇ) tagen (lucefcere)
wagen (moveri) zagen [valn Flore 17ᶜ gemeinfamen Karl 4ᵃ
knaben (puerafcere) Tit. 4257. gnaben (repere) Gotfr. begra-
ben (begrabete) follis circumducere. En. 13094. blaten (folio
canere) flagen Trift. 7100. rât-flagen (vgl. 1040) koufflagen
livl. chron. 6ᵃ hals-flagen Karl 77ᵇ tragen (ahd. tragôn).] —
β) hern (vaftare) fenen (dolere) reden (loqui). — γ) fpiln
(ludere) beviln (nimis efle) ziln. brêmen (veftem fimbria or-
nare) fchrêmen (ordinare) beide troj. 22ᶜ 147ᶜ im reim, zwei-
felhaft ob nicht bremen, fchremen nach erfter? lênen (in-
clinare) [linen Mart.] gêrn (cupere) mêrn (mifcere Wilh. 2,
81ᵃ) wêrn (concedere, durare) biben (tremere) lêben. klêben.

II. mittelhochd. zweite schwache conjugation.

rûben (delirare, somniare) fwëhen. ſtrëben. un-ſiten (male ſe gerere) bevriden [vriden livl. chr. 70ᵃ] ſmiden. biſen (mugire, laſcivire troj. 78ᵃ Alexand. 144ᵇ) pflëgen (pflëgete Mar. 55.) geſigen (vincere) ſtëgen (Ernſt 36ᵃ) [gëben, gäbete (largiri) Anno 474. Diut. 3, 111. 112. bëten (orare) ſchiden Mart. 145. ſëgen (ſecare) Georg 48ᵃ ſpëhen (explorare).] — δ) boln (jacere) doln (pati) holn (arcellere) wonen (habitare) born (forare) loben (laudare) geloben (ſpondere) überoben (antecellere) toben. loſen (auſcultare) brogen (ſuperbire) zogen (trahere) nôtzogen (violare) [korn (guſtare) Reinh. 1368. roten (rubere)].

2) *langſilbige:* a) kallen. prallen. ſchallen. wallen (ambulare) falben. alten (ſeneſcere) kalten (frigeſcere) pflanzen. tanzen. ſwanzen. danken. kranken (infirmari) wanken. angen (angere Triſt. 129ᵃ) bangen (vereri) haugen (pendere) laugen (deſiderare) gerangen (M. S. 2, 75ᵃ immodeſte ſe gerere) ſprangen (ſalire?) harren. ernarren. ſnarren. ſtarren. erbarmen. arnen (mereri) warnen. darben. arten. warten (attendere) zarten (blandiri) affen (illudere Wilh. 2, 179ᵃ M. S. 2, 124ᵃ) kaffen (circumſpicere. Wolfr. kapfen) kluffen (blaterare) ſaffen (ſuccum capere Wilh. 2, 136ᵇ) ſchaffen. ſnapfen. haften. hazzen. lazzen (retardare) nazzen (madere) vazzen (capere) kratzen. beſchatzen (tributarium reddere) raſten. taſten. vaſten. krachen. lachen. machen. ſwachen (debilitari) wachen. ahten. flahten. trahten. [lallen. ſtallen (in ſtab. recipere) Roth. 12ᵃ. drivalten (triplicare) muſ. 2, 41. valwen (flacceſcere) M. S. 1, 197ᵇ ammen (fovere) Wilh. 62, 27. zannen (ridere) erlangen (attingere) drangen MSH. 3, 210ᵃ zwangen fragm. 22ᵇ verharren liederſ. 1, 337. ſcharren (eminere) Bon. harpfen (ludere) erwarmen. verarmen. ſnarben Wigal. 6895. wappen (tremere)? dem· wappete (ſchwapperte) der bart Herb. 38ᵇ wappen u. klagen Rab. 825. gazzen (viam ſternere) Rud. weltchr. ratzen Frig. 20ᶜ ſmatzen liederſ. 3, 309. ſmacken, ſmackete (verſch. von ſmecken, ſmacte) nahten (nocteſcere) Ulr. Triſt. 2585. Tit. 1280. benahten muſ. 2, 41.] — β) lellen (linguam movere; lellete Herb. 49ᵇ) geſellen (ſociare) [enden, endete Nib. 636, 4 (ahd. endôn, endôta) her-verten Gudr. 79ᵃ]. — γ) billen (tundere) ſtillen (ſedari) mëlden. vëlden (? troj. 180ᵇ) minnen. unſinnen (deſipere) dingen (convenire) verzinſen (cenſum ſolvere) irren (irrete, errare, verſch. vom häuſigen irren, irte. impedire ſcheint ſelten, es heißt dafür irre gên, irre varn) gehirmen (quieſcere Wilh. 2, 82ᵇ) gërnen (f. ge-ërnen, metere? Parc. 61ᵃ, vgl. ërne, meſſis M. S. 2, 192ᵃ·ᵇ 196ᵃ) lërnen. vërgen (poſtulare Herb. 29ᵃ) miſſen. niſten. vriſten (parcere, difſerre) hiſchen (ſingultire) viſchen. erhitzen (tepeſieri) ſwitzen (ſudare) lëcken (lambere troj. 45ᵃ) ſtëcken (figi) zëcken (troj. 115ᵃ) tihten [ſpëllen Triſt. 103, 21. 441, 8. kinden (prol. habere) Rud. weltchr. erkinden (pueraſcere) M. S. 2, 259ᵃ. innen.

vērren (procul abeſſe) Parc. 118ᵇ ſchirmen (dimicare) ſchērmen (ſcurrari) herbērgen. ſwiften (ſopire) Nib. 1874, 1. 1945, 3. zilpen M. S. 2, 57ᵇ blĕcken (patere)? Parc. 138ᵇ]. — ō) ſtollen (fulcire) ervollen (adimplere troj. 176ᶜ) verzollen. vergolden (inaurare, Tit.) tolden (cacuminare) verdolken (interpretari M. S. 2, 215ᵃ) ſpulgen (ſolere troj. 17ᵇ 160ᶜ) volgen. erwolgen (nauſeare) erkrummen (meillerg. 48ᵃ) vertlummen. kuuden (manifeſtari M. S. 1, 30ᵃ) geſunden (ſanari) wunden (vulnerare) tunken (tingere) dorren. borgen (mutuari) ſorgen. worgen (ſtrangulari) gloſten (rigere M. S. 2, 192ᵇ) koſten (teutare) locken (allicere) [gollen Diut. 3, 53. ſtolzen (ſuperbire) ſolgen (inquinare) M. S. 2, 7ᵇ Triſt. 13398. marren liederſ. 1, 452. ſnurren Parc. 17000. 17432. ſpotten. ſich lochen (claudere) Parc. 37ᶜ erſochen Haupt 8, 167.]. — ε) mālen (pingere) twālen (morari Wilh. 2, 177ᵃ M. S. 2, 140ᵃ) rāmen (tendere) ent-ānen (privari) jānen (acquirere M. S. 2, 166ᵃ verjānen, conſūmere Oberl. h. v.) bāren (Nib. 891.) gebāren (geſtire) ſchāren (Wilh. 3, 57ᵇ de capillis dr. ſe criſpantibus) vāren (inſidiari) ſträſen. zāſen (? M. S. 1, 48ᵃ kol. 98.) rāſen (inſanire Mor. 64ᵃ) grāzen (Wilh. 2, 27ᵇ 180ᵃ Georg 19ᵇ troj. 29ᵇ Herb. 32ᵈ 95ᵈ, M. S. 2, 124ᵃ 137ᵇ, auch im Tit.; ein urſprünglich vom ſpringen und bäumen der pferde geltendes? wort) māzen (temperare) ſāzen (? collocare) ſwāzen (? M. S. 2, 218ᵃ) bāgen (rixari) gāgen (gingrire Parc. 68ᵃ) lāgen (dolum ſtruere) betrāgen (laedere) vrāgen (interr.) wāgen (audere) brāchen (agro quietem dare) [wālen (Indere) Lſ. 3, 422. fragm. 28ᵃ Oberl. 1928. ſwāren (graveſcere) Karl 89ᵇ klāren a. Tit. 119. bāren (auf der babre tragen) wāzen (odorem ſpargere) w. gall 113ᵇ gāhen. ſprāchen (colloqui) Mar. 2351. ſunderſprāchen Gudr. 85ᵃ veltſprāchen Reinh. 705.] — ζ) beien (fovere, tueri Wilh. 2, 147ᵃ Georg 35ᵃ) weien (hinnire Karl 125ᵇ) zweien (ſejungere) ergeilen (laetari) ſweimen (volare) erbeinen (? M. S. 2, 206ᵇ) einen (jungere) leinen (acclinare) reinen (mundare) erſteinen (in lap. verti) weinen. blēren (balare) ēren (honorare) hēren (laudare) mēren (augere) ſēren (vulnerare) ēwen (ſemper durare) ſēwen (ſtagnum fieri) kleiden. verleiden (exoſum eſſe) vreiden (? M. S. 2, 132ᵃ) weiden (paſcere) erheizen (deſcendere) zeigen. erbleichen. reichen. ſincichen. vēhen (odiſſe) vlēhen (rogare) [weihen (ūnctuare) Gudr. 71ᵃ greiſen und weiſen Mar. 110. eiden (firmare) mul. 2, 48. leiden (exoſ. reddere) winſw. 54. ſcheiden (ſeparare)? altb. ſcēidōn? im w. gall das part. geſcheit (miſc. 2, 299) geſcheidet was Parc. 122ᵇ reiten (Rother 782 gereitōt) erheizen (fervere) ſweizen (ſang. emittere) Bit. 106ᵇ eiſen (horrere) verſweigen Wilh. 2, 54ᵇ veigen (mori) Georg 37ᵃ ſeichen (mingere) c. vind. 428 nr. 18]. ſtreichen Triſt. 127ᵃ]. — η) hīen (nubere) ſnien (ningere) vrien (liberare) zwien (frondeſcere) wīlen (morari) pīnen. ſich geſīnen (? ſociare, mehrmahls im Tit.) līren (lyra canere) viren (otiari) rifen (maturare) grifen (fenefcere) prifen. fpifen. wifen (ducere) gelichen (aequiparari) gerichen (praevalere, diteſcere troj. 60ᵃ 91ᵇ oder iſt noch ſtarke form, oben f. 860, von ſchwacher M. S. 2, 205ᵇ zu trennen?) wiben (dedicare) [ſehrten, angeſebriet Wh. 407, 10. verſchinen (flaccefcere) M. S. 1, 194ᵇ gewibeu (ux. ducere) oder nach 1? hôchziten Gudr. 83ᵃ ziten Orl. 12187.] — b) lönen. fchônen (parcere) ertôren (infanire) rouben. koufen. fchouwen. louwen (torefcere) röten (rubere Wilh. 2, 193ᵃ) grôzen (augeri) klôgen (Wilh. 2, 16ᵃ) genôzen (comparare M. S. 2, 140ᵃ troj. 108ᵃ) verbôfen. kôfen. lôſen (adulari, fallere) [krônen (coronare) louben (folia capeſſere) M. S. 2, 50ᵇ bôzen M. S. 1, 90ᵃ Gudr. 81ᵃ lôhen (ardere) Herb. 104ᵈ] — i) rûmen (loco cedere) fûmen. ſchûmen (ſpumare) brûnen (nigreſcere) rûnen (ſuſurrare) mûren (exſtruere troj. 124ᶜ) erfûren. tûren (durare) trûren. klûben (carpere) nûben (titubare, nutare? Tit.) ſtrûben (horrere M. S. 2, 75ᵇ) hûfen (cumulare, oder hiufen?) lûzen (latere) mûzen (mutare) tûzen (? moerere Ben. 120. troj. 121ᵇ) grûſen (horrere) bûſen (habitare) mûſen (mures capere) fûſen (tinnire) lûſchen (auſcultare) rûſchen (ſuſurrare) brûchen (uti; ? brûchen, ſchmiede 1471: entliuchet, oder vielmehr entlûchet?) hûchen (halare altd. w. 3, 226. kûchen M. S. 2, 148ᵃ) ſtrûeben (vacillare) [ûfen (extollere) M. S. 2, 249ᵇ bûzen (gackern) erbliugen troj. 45ᵃ criuzen (crucifigere)]. — x) dienen. vienen (fallere M. S. 2, 145ᵇ Ottoc. und Tit.) ſmieren (ſubridere) zwieren (Ben. 177. M. S. 1, 63ᵇ 86ᵃ 2, 94ᵃ) [kriegen (pugnare) kolocz 107.]. — λ) gruonen (virere) erkuonen (audere) kuolen (frigeſcere) luogen (videre troj. 144ᵇ) [vuoren (alere) Barl. b. v. uoben? Nib. 1462, 2. truoben (triſtari) Greg. 256. muoden (laſſeſcere) Karl 111ᵃ bluoten (fang. emittere) Nib. vuogen (aptum eſſe)]. —

3) wo *bildungen* mit -l, -n, -r, -t, -d, -ſ, -g im ſpiel ſind, iſt auf kûrze oder länge der wurzelſilbe zu achten a) beiſpiele mit kurzer: zabelen (Parc. 25ᵇ) rigelen. figelen. ebenen. bibenen. regenen. fögenen. fchatenen (Gudr. 221.) trebenen (Chndr. 3739.) erkoberen. kûberen (Nib. 8427.) honigen (Triſt. 130ᵃ) ſchadegen (laedere Bon. 55, 67.) erledigen [brêhenen? praet. brehende Wigal. 7086. chiren (ſpicas colligere) Mons auz. 4, 367. ſtimern (ſubfannare) bloderen. bevogeten Wb. 4, 18.]; in bilden ſt. bileden iſt das d zur wurzel gewachſen, bild-en [ebenſo in anden M. S. 1, 126ᵇ ſt. aneden]. β) ungleich baufiger langſilbige, z. b. dunkeln. tengeln. zwiveln. wafen (armare) offen (aperire) veſten (firmare) laitern. ſichern. ringern. zimbern. wundern. vordern. ermordern (Georg 42ᵃ) ent-houpten (f. enthoubeten) impfeten (inferere) entnacten (nudare) (ſo wenig impfen, entnacken, als enthouben) gelichefen (ſimulare Barl. 102. 121.) richefen (dominari M. S.

II. mittelhochd. zweite schwache conjugation. 877

2, 198ᵇ richſen = richſenen Mar. 29. 130.) vermeilegen (contaminare).

Anmerkungen: a) die alte länge der ableitungsvocale ô und ê erſcheint ſpurweiſe theils in tieftonigem u und e des part. praeſ. (ſ. 367. und unten) oder i (lôniſt ſ. 370.) theils in wirklichem ô ſowohl für verba der alth. zweiten als dritten conj. Denkmähler des 12ten jahrh. bieten es genug, doch meiſt im part. praet., ſeltner im praet. ind., noch ſeltner im inf., nie im praeſ. und überhaupt nur in der letzten ſilbe; Kaiſerchr. cod. pal. 361. reimt 72ᵇ dienôn : lôn, ſie ſetzt 69ᵇ kêbeſôt, 72ᵃ volgôt, 75ᵇ wandelôt, 77ᵃ manôt, 89ᵇ vorderôt, 90ᶜ houbetôt etc. Maria reimt 3. zwivelôt, 6. ſchatewôt, 9. gebrâchôt, 12. fëgenôt : dorrôt, 13. wunderôt, 16. liuterôt, 24. trûwôt, 32. erwachôt, 34. gedienôt, 39. gemeiligôt, 44. begegenôt, 53. erledigôt etc. [Diut. 3, 98 padôte. 53 ûnerôt. 75 ânterôte. 77 habenôte. 81 vazzôte. 95 weigerôte. Diut. 3, 65 erlachête : hete; im Rother ſalſebe -ôt bei verbis erſter conj. 2375 nâote. 2503 geribtôt. 2697 geſendôt. 2723 verlûmôt. 2800 gevalſchôt. 2948 verſtôrôt. 3659 gerûmôten]. Im 13ten jahrh. veraltet ſolches ô; nur im volksſtil, wenn es den reim trägt, bleibt es zuweilen haften : Nib. 4063. ermorderôt, 7011. gewarnôt; klage (Müll.) 774. verwandelôt; Bit. 90ᵇ entwâpnôt, 97ᵃ verſêrôt, 125ᵇ geſeuſtôt; Morolf 7ᵇ 8ᵃ verwandelôt; Wigam. 18ᵇ geſatelôt; Friged. 28ᵃ zwivelôt, 29ᵇ gemartelôt; fragm. 21ᵃ gejagôt (oder gejagôt? : got) Nith. 2, 71ᵃ verwandelôt; Reinm. 1, 78ᵇ 82ᵃ verwandelôt [tôt : marterôt (ſ. marterôte) w. guſt 140ᵇ gelëgenôt : got muſ. 2, 51. wiegelônde gân M. S. 2, 108ᵇ ſchedeluudez jüngl. 913. kragelundez 906. bänßig in urkunden, z. b. den freiburgern nr. 24 (a. 1275) zeigon, ſchaffon, ûrlûgon. p. 78 anvarton. nr. 45 (1280) geſchedegot; zuweilen noch an ſ. ôn: vordran : wau liederſ. 3, 403. lônan : man ibid.¹)]. Am auffallendſten bei letzterm; die höfiſchen dichter meiden es durchaus und wo es außer reim oder in unbeweiſendem vorkommt, trugen abſchreiber die ſchuld (troj. 174ᶜ 178ᵇ ſicher zu leſen : geſamnet, verdamnet). — β) *I. praeſ. ſg.* hat das *-en, n* verloren, man ſagt: ich beber (ſpolio) dol (Wigal. 3 : wol) lëbe (: gëbe troj. 2ᵇ) diene (: wiene M. S. 2, 73ᵃ) verſûme (: küme Ben. 177.) ſage (: klage, zage Parc. 46ᶜ Wilh. 2, 84ᵃ) ſchouwe (: vrouwe Parc. 53ʳ) etc. nicht mehr : ich bebern, doln, lëben, dienen etc. Ausnahmsweiſe und ſelten iſt dieſe perſ. dem inf. gleich, zumahl bei niederdeutſchen, als En. 24ᵃ *bewarn* : varn; 49ᶜ *lëven* : gëven; Herb. 5ᵈ *rëcen* : gegëven; Wilh. 3, 23ᵃ *ſchônen* : bônen; Wigam. 36ᵇ *ſagen* : lobtagen, wo nicht ein auxiliare zu ergänzen und der inf. herzuſtellen iſt (ſicher troj. 64ʳ *ſol* bewachen). Abſchreiber haben dergleichen *en* oft eingeſchwärzt z. b. Georg 3ᵇ ich getriuwen, 30ᵇ

---

¹) Conj. praeſ. bei Grieshaber 310 beſorgege (curet) 314 dienegeſt (ſervias) habege (habeat) 319 opferegen (offerant) 328 machege (faciat).

ich loben, troj. 6ᵇ ich forgen; felbſt bei nachgefetztem ich ſind
ſie (vielleicht im 12ten jahrh.?) nicht mehr zu dulden, z. b. loben
ich, fagen ich troj. 62ᶜ 130ᵉ ſt. lobich, ſagich; noch weniger, wo
ſie ſich in die erſte ſchwache (üeben ich troj. 2ᵇ, ich nennen
Georg 60ᵃ, gelouben ich Friged. 15ᵇ, ich lêren : kêren Herb. 23ᶜ)
oder gar ſtarke (vorhin ſ. 945.) drången [f. nachtr. ich fchamen
Lanz. 317. ich haben Weigands fr. 2, 8. 11. fagen ich û daz gr.
Rud. 20, 21. ich fagen livl. 6552]. — γ) *(behandlung des ſtummen
e bei kurzſilbigen)* nach l und r fällt es nothwendig aus: ich
zal, zil, hol, fpar, gër, bor; praet. zalte, zilte, holte, fparte, gërte,
borte; ſie gehen wie kurzſilbige erſter conj. und zeichnen ſich
nur durch verſchiednen wurzelvoc. aus; wo auch dieſer ſtimmt,
wird die gleichheit vollkommen, z. b. hern, her, herte vgl. mit
nern, ner, nerte (tadelhafte apocope des tonloſen e von gërte
im ſtumpfen reim *gërt* : wërt, ſwërt M. S. 2, 14ᵇ Georg 17ᵃ⁻ᵇ
57ᵃ) [dieſes gërt findet ſich aber zu oft (Lachm. rec. des Otn.
p. 100) Wilh. 2, 27ᵃ Wigal. 317. Maria 69. 212. Otn. 2039.].
Nach m und n bleibt e vor n und nt (manen, manent; wonen,
wonent) nicht vor t (mante, wonte) ſchwankend im auslaut (man,
won oder mane, wone). Nach b, d, g darf es überall bleiben:
lobe, bade, jage; lobete, badete, jagete, weniger gut lobte, batte,
jagte, indem abete, ëbete, ibete, obete etc. ebenſo klingend rei-
men, als abte, ëbte, ibte, obte. Nur bisweilen zwingt der reim
zu *-tte* ſtatt *-dete*, vgl. troj. 37ᵇ 38ᶜ rette (loquebatur): bette für
redete, ſo läſſt ſich auch batte f. badete (Nib. 3622, 6148.) ſmitte
f. ſmidete (Barl.) vertheidigen. Nach t wird immer ſyncopiert,
z. b. geſtatte (conceſſit) Karl 64ᵇ fatte (fatiavit) nicht geſtatete,
fatete, Herb. 57ᶜ begatte (attigit) : watte, im auslautenden part.
vereinfacht ſich t, vgl. geſtat Karl 71ᵃ Ernſt 32ᵇ geſat klage 3735.
vgl. gebat oben ſ. 947. — δ) *(conſonantausfall bei kurzſilbigen)*
med. b fällt nie aus, d zuweilen im praeſ. und part. (M. S. 1,
106ᵃ 2, 197ᵃ ſchat ſ. ſchadet, doch nicht im reim) das merkwür-
digere reiſt (a. Tit. 116.) reit (Parc. 140ᵇ) reite, reiten (Nib. 210.
2919.) gereit (Parc. 52ᵇ) für redeit etc. iſt kaum durch reime
zu beweiſen nur Ulr. Triſt. 433. 1575. gereit : geſeit. Häuſigere
auflöſungen des g in i müſſen nach ſ. 426. beurtheilt werden,
Wolfr. Hartm. haben nur verdaget, behaget, geklaget, verzaget;
andere auch verdeit, hebeit, bejeit, gekleit, verzeit (im reim M.
S. 1, 49ᵃ 2, 244ᵃ Wilh. 3, 327ᵃ Wigal. 289. Ottoc. 470ᵇ 485ᵃ 588ᵃ)
feltner im praeſ. (Nib. 3985. klage 3721. Müll.) niemahls beteit
f. betaget. Älter ſcheint feit (dixit, dicitis, Maria 77. Wigal. 8.
troj. 1ᵃ) feite (dixit Triſt. 30ᶜ 31ᵃ troj. 34ᶜ 37ᵃ) geſeit (dictum
Nib. 1. Wigal. 7. Iw. 1ᶜ etc.) nämlich abzuleiten nicht aus faget,
fagete, gefaget (alth. fakêt, fakêta, kifakêt) ſondern aus fegt, fegte,
geſegt nach erſter conj. (alth. frkit, fekita, kifekit ſ. 880.) ob-
fchon ich kein mittelh. fegen, fegte nachweiſen kann, aber ver-
zegt : gewegt, legt aus troj. 91ᶜ 97ᵃ; bedenklicher klegte (oben

II. mittelhochd. zweite schwache conjugation.

(f. 426.). Wolfr. gebraucht allenthalben faget, fagete, geſaget, nie feit, feite, gefeit. — ε) *(behandlung des tonlofen e bei langfilbigen)* nach der regel (f. 931.) bleibt das tonlofe e und fie leidet im *praef.* keine ausnahme, durchgehends: mäle, mälest, mälet; fére, féret; diene, dienet; minne, minnet; danke, danket etc. kein mäl, mält etc. Dem praet. tritt die filbe -te, -teſt, -ten, -tet zu, deren e, nach f. 373. ſtumm iſt. Nun könnte, theoretiſch angeſehn, dieſes ſtumme e dritter das tonloſe e zweiter filbe wieder tieftonig machen und férete, minuete, danketë hervorbringen; nirgends aber erſcheinen ſolche formen, namentlich nie im ſtumpfen reim auf tete, tête (fecit) inſofern aus dem alten è, ô ein tieftoniges e, ê hätte werden mögen (ungefähr wie in heiligen i aus î). Vielmehr reimen dergl. praet. auf dreierlei weiſe 1) überklingend in voller geſtalt z. b. dankete : krankete, wâgete : bâgete. 2) klingend, mit (nach t zuläſſiger) apocope des ſtummen auslauts, z. b. minnet (dilexit) : rinnet (currit), folglich nur in 1. III. ſg., welche alsdann der III. praeſ. oder dem part. praet. gleichlauten. 3) klingend, mit ſyncope des tonloſen e, z. b. èrte ſt. èrete. Unter dieſen drein iſt *der zweite fall* am ſeltenſten, ich wüſte ihn nur mit Reinbots erwachet (ſtatt erwachete): gemachet (Georg 19ᵃ) zu belegen, welches beſſer als ſein f. 958. angeführtes gêrt, ihm aber offenbar analog iſt. Außer rein, bei anſtoßendem vocalanlaut ereignen ſich dergl. auslaßungen des e häufig. Ich weiß nicht, ob ihnen diejenigen zur ſeite ſtehn, welche ſich bei dem ältern Wernher genug, ſelbſt im reime, finden? aber ein betonteres ô voranshaben, und vielleicht in die form -ôte zu verbeßern ſind, vgl. Mar. 12. dorrôt : geſëgenôt; 53 erledigôt, 66 redôt : ſcadôt, 86 wunderôt (vgl. 177. 181.); unangreifbar ſcheint 32 erwachôt : nôt. *Der erſte fall* iſt ohne zweifel zuläſſig und häufiger, als der zweite, greift aber in die mittelh. reimkunſt. Reinklingend wie jagete : klagete ſind reime wie bâgete : wâgete nicht. Es wird darauf ankommen und wohl nach einzelnen dichtern verſchieden beurtheilt werden müßen, ob dem überklang eine eigne filbe oder nicht gebührt, d. h. ob ſie für dreiſilbige (gleitende) oder zweiſilbige reime gelten. Manche (Wolfr. Hartm. etc.) enthalten, manche (Gotfr. Rud. etc.) bedienen ſich der gleitenden. Tritt 57ᵇ dürfte alſo minnete : verſinnete ſo gut, als minnende : verſinnende gleiten. Den *dritten fall* thun unleugbare reime dar, z. b. èrte : kèrte Wilh. 2, 21ᵃ Iw. 29ᵃ 36ᵃ 49ᶜ; mèrte : kèrte Iw. 23ᵃ weinte : meinte, beſcheinte Parc. 99ᵃ Wilh. 2, 14ᵃ Iw. 13ᶜ Wigal. 193. Tritt. 30ᶜ, ſtarte : warte troj. 57ᵇ, dauoten : wanoten Wilh. 2, 191ᵇ etc. wo érete, mérete, weinete, ſtarrete, danketen gekürzt ſind. Andere beiſpiele ſind nur ſcheinbar, wie erhnaete : wancte Parc. 108ᵇ; wirte : irte Wilh. 2, 80ᵃ, da gewancte von wenken (Parc. 112ᵃ) herrührt, irte vom alth. irran, irta (impedire) nicht von irrôn, irrôta (errare). Jene mèrte, èrte, weinte etc. laßen ſich freilich

880   *II. mittelhochd. zweite schwache conjugation.*

wie die kürzungen langfilbiger praet. erfter conj. (f. 952.) nehmen, als einen fieg des -te über den ableitungsvocal, ja man kann erwarten, daß die praet. beider conjugg. fich auf gleichen fuß zu fetzen ftrebten, da fchon früher einzelne wörter zwifchen beiden fchwankten. Gewis aber, wenn fie fich auch in der mittelh. zeit entwickelten und allmählig ftärkten, ift an kein vorwalten diefer richtungen zu denken. Die erfte conj. fyncopiert nothwendig, die zweite ausnahmsweife; noch hält das gefühl des alth. ô und ê wider in dem tonlofen e und noch fondert der regere rückumlaut die meiften verba erfter conj. vernehmlich ab, gefellen würde kein praet. gefalte (wie vellen valte) geftatten, höchftens gefelte für gefellete. Wahrfcheinlich zeigte fich die kürzung zuerft nach liq. (èrte, weinte), oder nach vereinfachtem ll, nn, rr (ftarte, minte, ftilte f. ftarrete, minnete, ftillete) parallel dem geftumpften dat. fg. bâr, fchal, vël ft. bâre, fchalle, vëlle (f. 669. 680.). Nach *ng, nk, rg* [zz oben f. 413.] durfte das e nicht fehlen, fonft würden irgendwo bancte, lancte, diocte (ft. bangete, langete, dingete) auf hancte (von hengen) wincte reimen; nach *nd* bin ich zweifelhaft, kein wante im reim auf kunte und Nib. 8299. beßer zu lefen wundet. Nach -*t*, -*tt*, -*rt* ift die fyncope des e (und mit ihm des einen t) nothwendig, z. b. röten, röte (Wolfr. rötte?) arten, arte, warten, warte (: enkarte Wigal. 164.) alten, alte, ftatt rötete, artete, wartete, altete, woneben nach zweitem fall rôtet', wartet' möglich wäre. Nach b, g, f, h, f mögen einzelne dichter mehr das bleibende oder ausfallende e begünftigen, nach ll, mm, nn, rr ältere überhaupt die beibehaltung des e und der gem. vorziehen, lieber gefellete, minnete als gefelte, minte fetzen. — ζ) (*confonantausfall bei langfilbigen*) hier kommt lediglich vor *kleit* f. kleidet (fragm. 28ᵇ M. S. 2, 48ᵃ), öfter *gekleit* f. gekleidet (fchon Maria 77, im 13. jahrh. bei den meiften, doch bei Wolfr. und Hartm. nicht.) — η) (*behandlung der bildungen -l, -n, -r etc.*) kurzfilbige gehen wie langfilbige einfache, hingegen langfilbige wie kurzfilbige einfache. Erftere behalten im praef. das e nach der bildenden liq. z. b. rigele, rigelet; fegene, fegenet; kobere, koberet; dem praet. fcheint rigelet oder rigelte angemeßen; part. gerigelet, gekoberet. Langfilbige werfen das e in praef. und praet. fort, z. b. klingel, klingelt; wunder, wundert; praet. klingelte, wunderte (nicht klingelt', wundert') part. geklingelt, geitert (ulceratus Parc. 116ᶜ), gifert (ferro circumdatus Parc. 108ᵇ) [reimbelege felten: linter : kriuter Schm. 69. weiger : reiger Loh. 85. verhandel kolocz 169. ich wandel M. S. 2, 214ᵃ ich öckel : vackel Ottoc. 168ᵃ}; nach denen mit n fällt auch das n der flexion weg z. b. wâpen (armare Parc. 52ᶜ) hier lautet I. fg. und pl. praef. dem inf. gleich: wâpen (armo) wâpen (armamus) III. praef. wâpent, praet. wâpente, oder wâpende (Parc. 139ᶜ 149ᵇ 168ᵇ) part. pract. gewâpent (ebenfo: geoffent, geveftent; unzuläßig find gewâpnet, geofnet, geveſtnet etc.). Aus gleichem grunde opfern die (feltnen) bildungen mit -t (auch wohl -nt, nd, -d) das t der flexion, wodurch I. praeſ. und praet. zuſ. fallen, z. b. enthoubeten (decollare) enthoubete (decollo) enthoubet (decollat, decollatis ſt. enthoubetet) enthoubete (decollavi ſt. enthoubetete) enthoubetet (decollaviſtis ſt. enthoubetetet) enthoubeten (decollaverunt) ebenſo impſete (inſeruit Triſt. 4618. f. impſetete) entnackete (nudavit f. entnacketete). Auslaßung des e vor dem bildungs-t ſcheint nicht gerade zu tadeln, vgl. Karl 46ᵇ enthoubten (decollarent): geloub-⁹⁰⁷ ten; Maria 196. houpten (decollare): geloupten und Wigal. 198. 199. 201. entnacten (denudabant).

Anomalien mittelhochdeutſcher conjugation.

1) eſſe noch vierſtämmig a) III. praeſ. ſg. ind. *iſt* [*is*: gewis Anegenge 2, 48]. — β) inf. *ſin*; pl. praeſ. ind. I. *ſin* Maria 124: din; *ſin* reimt Karl 11ᵃ: drin (und Stricker ſetzt nicht drin, vgl. f. 762, wie der reim drin: ſin, animum, : in, Karl 10ᵇ 77ᵇ lehrt) [aus der guten frau merkt Sommer f. 390 einmahl wir ſin und zweimahl wir ſin an); niemahls ſint [wir *ſint*: kint ausgb. 36ᵇ. ferner ebenfalls im reim Hagen 3, 70ᵇ 92ᵃ. Staufenberg z. 642]. II. *ſit* ſelten ſint, vgl. f. 932. III. *ſint*; das ganze praeſ. conj. *ſi, ſiſt* (ſis Wilh. 2, 39ᵇ Triſt. 36ᵇ) *ſi*; pl. *ſin, ſit, ſin*: ſelten *ſie* Flore 31ᵃ 54ᵃ: amîe, Wigam. 42ᵃ 55ᵇ: lendrîe; oder *ſige, ſige,* Reinfr. 16ᵗ *ſigen* (ſint): wîgen (nilvi) 20ᵈ ſigen (ſitis): vrîgen; Am. 12ᵇ ſigent; ôfter im Bon., überall außer reim; troj. 110ᵇ gewis ſiſt zu leſen; part. praet. *geſin.* — γ) I. ſg. praeſ. ind. *bin*, II. *biſt*: aus niederd. ſtreitt *bis*: gewis En. 74ᶜ vgl. oben f. 933., wo bis auch bis ſeyn kann; Herb. hat biſt: iſt und briſt (rumpe) 56ᵇ 91ᶜ I. pl. *birn* nur noch Maria 213. [birwir cod. vind. 053, 177ᵃ 179ᵃ wir birn 182ᵇ :ſchrirn Servat. 3236. wir *bin* cod. pal. 341, 311ᵃ 47] II. *birt* Mar. 84. außer reim, auf wirt gereimt Parc. 101ᵇ Nib. 6566. Wigam. 56ᵃ [ir *bint*: kint Karaj. 53, 7. Lappenbergs jüngſtes gericht]; der imp. *bis* (eſto) En. 9607. M. S. 1, 15ᵇ 19ᵃ 2, 233ᵃ 252ᵇ etc. iſt verdächtig, da man in allen ſolchen ſtellen das richtigere *wis* leſen kann. — δ) inf. *weſen*; imp. *wis*; praet. *was, waere, was,* pl. *waren, waret, waren* (*wedn* f. 943.) [*waſt*: faſt Wolkenſt. 324 (derſelbe reim K. M. nr. 1) : raſt 248. *wert* (fuiſti) Dietr. 102ᵇ zweimahl]; das praeſ. *wiſe* (exiſto) ſelten, bloß in Ulrichs Wilh. 3.: rîſe, geniſe, c. caſſ. 14ᵇ 20ᵇ etc. Über die concurrenz von weſen und ſin, geweſen und geſin in der ſyntax; für die unterſcheidung der mundarten dient z. b., daſs Wolfr. zwar die inf. ſin, geſin und weſen, nie aber das part. geſin, ſondern nur geweſen braucht. Rudolf zieht das part. geſin vor neben geweſen etc. [geweſt MSF. 134, 31. geweſet 147, 17].

2) α) *muoz*, muoſt, muoz; pl. muezen (: gruezen Ben. 204.)
muezet, muezen; praet. *muoſte*, muoſteſt, muoſte; pl. muoſten;
conj. praeſ. mueze, praet. muefte pl. mueften (troj. 172ᵃ): ne-
ben muoſte, muelte in guten, alten hſſ. häufig *muoſe, muoſe*,
doch nicht im reim, wohl aber muoſten : buoſten Parc. 33ᵇ
muefte : wuefte troj. 4ᵃ 13ᵃ etc. [muoſe ſ. muoſteſt, potuiſti,
gehugede 624. 629. wie hate für hâteſt und brahte für brâh-
teſt]. — β) *weiz*, weiſt, weiz; pl. wizzen; das praet. ſchwankt
zwiſchen ſechſerlei formen; weſſe, wiſſe, weſte, wiſte,
weſte. In den Nib. ließt G. meiſtens weſſe, wo EM. weſte,
EL. wiſte ſchreiben, der reim kann in dieſem gedicht nicht
vorkommen, aber auch ſonſt reimt das wort ziemlich ſelten
z. b. im ganzen Parc. niemahls. Ich finde *weſſe*, weſſen Maria
210. Wilh. 2, 175ᵇ Wigal 135; *weſſen* nur Flore 42ᵇ; *weſten*
troj. 152ᶜ; *wiſte*, wiſten Wilh. 2, 49ᵃ klage 97. 2032. Triſt. 14ᶜ
26ᵃ 56ᵃ 62ᵇ Flore 49ᵇ troj. 55ᵃ [f. nachtr.]; *weſſe*, weſſen
(: hefſe, hefſen) Orl. mihi 2250. mife. 2, 155. und im Tit.;
weſte, weſten Maria 89. Herb. 51ᶜ 1w. 13ᵃ·ᵇ 25ᵃ Karl 64ᵃ Triſt.
36ᵃ 53ᶜ 132ᵇ Bit. 60ᵇ; die formen mit e, welches hier nicht
organiſch ſeyn kann, ſind die ſchlechteſten, *wefte* haben nur
ungenaue hſſ. außer reim (z. b. Herb. 54ᵇ). Ohne die mund-
arten rein zu ſcheiden, ſcheint weſſe Wolfr. und Wirnt, wiſte
Gotfr., weſte Hartm. zumeiſt gerecht. [Einige geſtatten offen-
bar zweierlei, wie Herb. wiſte und weſte. Cod. pal. 361. 70ᶜ
wiſte : kiſte. 70ᶜ weſten : meſſen. 74ᵇ weſte : veſte. 64ᵇ weſſe :
meſſe. 71ᵇ vriſten : wiſten.] Praeſ. conj. wizze, pl. wizzen;
praet. ganz wie der ind. und es läßt ſich nicht etwa weſte
dem conj., weſte dem ind. zulegen. (imp. wizze! Nib. 761, 4.
Mai 97, 14.] Das part. praet. iſt theils ſtark: *gewizzen* Barl.
191, 11. Nib. 5724. 6936. *gewizzen* Bit. 66ᵃ; theils ſchwach:
gewiſt Triſt. 32ᵃ M. S. 2, 67ᵇ [f. nachtr.] *gewiſt* Nib. 6977.
M. S. 1, 103ᵇ; gewuſt Nib. 6977 EL. verdächtig. — [*eigen* :
eige (habeat) Karaj. 12, 19. 15, 8. noch ſchweiz. dank eigeſt.]
γ) *toue*, töht (?) toue; pl. tügen; praet. *tohte* (nicht töhte);
conj. praeſ. *tüge*; praet. *tühte*. — δ) *mac*, maht (bei Wolfr.
und Hartm. nicht im reim) [wohl aber ſonſt, z. b. kolocz 385.
Bon. 14, 8] mac; pl. mügen troj. 14ᶜ tadelhaſt III. pl. mugent
(Flore 1ᵇ meiſterg. 21ᵃ 37ᵃ 42ᵃ); praet. *mohte* bei den meiſten,
bei einigen (nicht Wolfr.) zuweilen *muhte* (Mar. 60. 61. 63.
64 etc. Wigal. 77. Triſt. 6ᵇ 115ᵃ) [aber mahte, mähte Haupts
vorr. zu Er. v.]; conj. praeſ. *müge* (troj. 15ᵃ etc.) pl. mügen,
ſeltner *mege*, megen (Parc. 161ᵇ 187ᵇ 176ᵇ Wilh. 2, 111ᵇ Ulr.
Triſt. 764.) [murge, megen ſtets im cod. vind. 653. MSH. 2,
120ᵃ mege Karaj. 83, 14. 87, 5. mage 11, 11. 13, 8. 19, 21.
87, 7. 88, 6. 90, 3. muge 86, 5. mugen 89, 12. muget 87, 18.
muget 87, 6. mugent 19, 1.] praet. *möhte* und bei denen,
welche im ind. mahte ſetzen, zuweilen *mahte* (Triſt. 11ᵃ Flore

6ᵉ 13ᶜ 29ᵇ); die kürzung *mun* (? mûn) f. mügen M. S. 1, 28ᵇ [dâ bî wir erkennen unm: den vater den geiſt den ſun. Mart. 209ᶜ ob wir ez ſagen ſun: daz ſie ez doch wol mugen (l. nun) für ein ganzez mal zellen. Mart. 216ᵇ mun : ſun 234ᵈ] iſt nicht reinmittelh. — κ) *ſol, ſolt, ſol*; pl. *ſuln, ſult, ſuln*; praet. *ſolte* [ſolde : tolde Parc. 39ᵇ]; conj. *ſul, ſult, ſul*; pl. *ſuln*-praet. *ſolte* (kein ſolte erweiſlich) [ſoltîn Ben. 58, 19. ſolte (deberet) Ben. 308]; für ſol, ſolt haben niederd. noch *ſal* (: al En. 78ᵇ 79ᶜ,: ſal, ſual Herb. 36ᶜ 43ᵈ) *ſalt* (: gewalt Herb. 25ᵃ) [ſal Maurit. 1315 (: val) 1710 (: nahtegal) ſalt : gewalt 1298. ſal : val, wal (ritterpreis)] und für ſuln, ſult, ſuln ſchweizer. *ſun, ſunt, ſun* (? ſûn) vgl. M. S. 1, 83ᵇ [ſun leich des v. ruge p. 456. 458. Liſch 7, 226. 227. Mones anz. 3, 184. ſunwir M. S. 2, 26ᵃ wir ſun Neifen 48, 35. ir ſunt 35, 3. 6. ſon (debemus) Grieſh. 1, 3. 4. 2. 1. 6. ſont (debetis) 1, 26. 68. ſon (debent) 1, 67.] und Boner. [ſchol Karaj. 12, 7. 90, 9. ſchulen 6, 7. 7, 3. 16]. — ζ) *gan, ganſt* (Parc. 155ᵇ, gans 127ᶜ) *gau*; pl. *gunnen*; praet. *gunde*, mit o ſchreiben alte hſſ. z. b. Nib. G. (5610. 6799. 8470), da inzwiſchen die formen gonde, erbonde, konde nur aufeinander reimen würden, das häufige kunde aber oft auf munde, ſtunde, runde etc. reimen muß, ſo haben dieſe praet. reinmittelh. lieber u: gonſte ſ. gonde habe ich nie gefunden; — conj. praeſ. günne, günneſt etc. praet. gunde (Parc. 17ᵃ) oder umlautend günde. [imp. gunne! Lachm. zu 964 Nib. 2241, 4.] — η) *erban* (invideo) geht wie das vorige. — θ) *kan* (poſſum) desgleichen. — ι) *beginnen* (incipere) geht regelmäßig ſtark, praet. began (Nib. 216.) begünne (nicht begunſt) began; von der anomalie iſt nur das praet. *begunde*, begonde vorhanden, conj. begunde oder begünde (M. S. 1, 30ᵇ). — κ) *tar, tarſt* (Flore 29ᵇ) *tar*; pl. *türren* (Wilh. 2, 175ᵇ torren); praet. *torſte*; conj. praeſ. *türre*, praet. *törſte* (türſte, vgl. oben ſ. 338, note). — λ) *darf*, darſt (a. Tit. 61. troj. 2303.) darf; pl. *dürfen*; praet. *dorfte*; conj. praeſ. *dürfe*, praet. *dürfte*. — *Anmerkungen zur zweiten anomalie*: a) infinitive dieſer anomala ſind aus ſyntactiſchen gründen ſelten, lauten aber: muezen, wizzen (M. S. 2, 218ᵇ) tügen, mügen (oder megen) ſuln, gunnen, erbunnen, künnen (M. S. 2, 218ᵇ) türren, dürfen. b) misbräuchlichen umlaut zeigen inf. und pl. praet. ind. wodurch letzterer mit dem pl. conj. zuſ. trifft; oder läßt ſich ein ind. muozen, tugen, mugen, ſuln, gunnen, kunnen, turren, durfen verſchieden vom conj. muezen etc. darthun? für turren ſpräche etwa das beigebrachte torren, weniger für muozen der reim auf muozen (meiſterg. 43ᵇ) in einem gedicht, das ſich rat : rât erlaubt. Zwar gunnen und kunnen, ſeltner mugen, tugen ſind unleugbar, aber darum vorhanden, weil ſie oft den umlaut nicht annehmen (ſ. 337.) d. h. alsdann gehört auch dem conj. umundautendes u. —

884 II. *anomalien der mittelhochd. conjugation.*

c) praet. conj., sonst in schwacher form keines umlauts fähig (f. 952.) besitzt ihn hier gerade, — weil ihn hier gar kein ableitungsvoc. und kein nachgefühl desselben stört? es heißt schamte (erubesceret) brante (combureret) nicht scheumte, breumte, wie es goth. skamáidêdi, brannidêdi hieß; hingegen muefte schon goth. môstêdi f. môtidêdi — doch schwankt er bei den o-formen, nämlich weder von gonde, konde läßt sich ein conj. gönde, könde, noch von folte ein folte nachweisen, ja neben den nachweislichen conj. möhte, töhte, törfte, dörfte scheint bisweilen mohte etc. richtig. —

3) *wellen* (Trist. 943. 9826.) I. *wil* (Nib. 3795. 6053. troj. 15ᶜ) II. *wil* (Nib. 2801. 4622. Wigal. 375. M. S. 1, 107ᵃ) *wilt* (Parc. 73ᵇ Wilh. 2, 88ᵃ) [wild myst. 372, 18. 19. 378, 23.] III. *wil* (Nib. 9182. Trist. 71ᶜ troj. 11ᶜ 75ᶜ); daneben I. *welle*, II. *welleſt*, III. *welle*; pl. I. *wellen*, II. *wellet* (troj. 25ᵇ) III. *wellent* (Parc. 19 0. troj. 51ʳ) *wellen* (Parc. 171ᶜ) feltner I. *weln* II. *welt* (Nib 5082. 9035. Wilh. 2, 24ᵇ fragm. 17ᵇ) III. *weln* (Barl. 166, 36.) [*wen* = wellen M. S. 2, 98ᵃ Griesh. 2, 123. 128. 136. 141. 147. *went, wend* (vultis) Bon. Griesh. 2, 1. Neifen 46, 35. fchwanr. 1167. GA. 1, 234.]; imp. welle (Trist. 9826.) [wel MSH. 3, 174ᵃ] Das unorg. e statt ë beweisen die reime gefelle Parc. 174ᵃ Wilh. 2, 153ᵇ vellest Parc. 64ᵃ gevellet Parc. 92ᵇ 155ᶜ gefellen 171ᶜ helt, verfelt; nur Ernst 24ᵃ richtiger wöllen: fnëllen. Nirgends wollen, wollet, wollent im reim, noch in reinmitteln. quellen außer reim [wolle gr. Rud. 1, 7. 11]. Dagegen das praet. überall *wolte* (nie wëlte, welte) [wolde: golde Georg 15ᵇ wolde gr. Rud. 2, 6. 5, 7. 21, 8] conj. *wolte* (nicht wölte, warum nicht?) [wölten (vellent): Pölten. Helbl. 3, 347.) lautet. — Indicative formen sind lediglich II. sg. wilt (vielleicht auch II. wil, alth. wili) und III. pl. wellent; alle übrigen conjunctivisch, namentlich I. wil III. wil aus dem alth. wili, wili zu leiten. —

4 *tuón*; praet. ind. I. *tuon* [ich tuo (indicativ) Er. 4967. Nib. 1453, 1.] II. *tuoſt* III. *tuot* (auffallend *deit*: steit, leit Morolf 52ᵃ 55ᵇ [teit W. v. Elmend. 436] vgl. geit, steit oben f. 944. [Holzm. Germ. 2, 39]); pl. I. *tuon* II. *tuot* III. *tuont*; conj. *tuo*, *tuoſt* [tuo f. tuoſt wiederholt: oder sind das imperative?] *tuo*; pl. *tuon, tuot, tuon*, nicht tue, tueſt etc., umlaut wird in der erweiterten form *tuege*, tuegeſt oder *tueje*, tuejeſt möglich, (Amur 1061. 1424. 2293. 2495. M. S. 2, 107ᵇ 197ᵃ) im reim Flore 15ᵇ Ulr. Trist. 469. 1644. — Im praet. fg. ist I, zumahl III. höchſt schwankend und vor allem merkwürdig, daß Wolfr. (im Parc. und Wilh. 2.) die Nibel., Walter und Reinmar d. a. sich beider so nahe liegender perſonen gänzlich für den reim enthalten. Auch I. ſtehet selten gereimt, lautet aber *tëte*. Iw. 23ᶜ 35ᵇ Trist. 35ᵇ Barl. 333. desgl. M. S. 1, 162ᵃ 2, 21ᵇ Wigal. 14. 179. 200.; nirgends tët, tëte, auch bei solchen nicht, die

II. anomalien der mittelhochd. conjugation.

fich letztere formen in III. erlauben. Häufiger reimt III. und lautet 1) *tête* bei Hartm. Flore, *dëde* bei Veld. 2) bald *tête*, bald *tët* bei Rud. Wirnt, Stricker. 3) *tete* bei Reinb. und Conr. v. W. 4) meiftens *tete*, feltner *tête* bei Gotfr., auch Wirnt läßt 200 tele : ftete (doch 67. bôte : ftete) zu. Achte, dem alth. tâta gemäße form war unftreitig *tête* für I. und III, welche (analog dem weffe, welte ft. wëffe, wëfte) die ausfprache in *tete* verderbte. Das nach dem t bleibende oder wegfallende ftumme e in tête, tët ift nach einzelnen dichtern zu beftimmen, tet für tete niemahls anzunehmen. Wie muß außer dem reim bei Wolfr., in den Nib. etc. gefchrieben werden? wahrfcheinlich tët, apocope des e fcheint diefen dichtern geläufig, fie wagten fie aber noch nicht gegen Veld. und Hartm. autorität in den reim aufzunehmen; auffallend meidet auch Conr. in der fchmiede fein tete zu reimen, das er im troj. kr. und dem fchwanr. mehrmahls anbringt; war er früher unfchlüffig? und achtete er das tëte der älteren meifter, welches doch feiner mundart widerftand?
— Die übrigen formen des praet. lauten ohne zu fchwanken II. fg. *tæte* (nicht tätest, fchon alth. tâti); pl. I. *täten*, II. *tätet*, III. *täten*; praet. conj. *tæte*, *tæteft*, *tæte*; pl. *tæten*, *tætet*, *tæten*; Veld. gibt (nach f. 458) dem conj. keinen umlaut *dâde* (En. 6ᵃ 21ᵃ) ft. tete. Tadelnswerth tët für tæte Ernft 15ᵃ 37ᵃ 56ᵇ altd. w. 2, 140. Part. praet. *getân* (tân nur Boner [f. nachtr. Adelung 2, 237.])

5) *haben* behält unverkürzte formen in der bedeutung tenere, nach zweiter fchwacher, praef. habe, habeft, habet; praet. habete (Parc. 59ᵇ Mar. 62.) oder habte. Das auxiliare hingegen wird gewöhnlich fyncopiert, im praet. durchgängig. Praef. ind. bei den ältern duldet noch den pl. *haben*, *habet* oder *habt*, *habent* neben *hân*, *hât*, *hânt* (Hartm. und Wolfr. meiden noch hânt im reim, nicht aber hân und hât); der fg. lautet überall: *hân*, *hâft*, *hât* (nicht mehr habe oder haben, habeft, habet, auch kein hebet, hebt analog dem alth. hebit f. 880; beft fûr hâft a. Heinr. 497. Bon. 83. 45. het f. hât Wigal. 850. 10574. gebühren den copiften; *heit* f. hât reimt nur Ulr. Trift. 35. 127: breit, ftreit). Praef. conj. unverkürzt: *habe*, *habeft*, *habe*; *haben*, *habet*, *haben*; Herborts *hâ* (habeamus) : dâ, jâ (23ᵃ 36ᵃ) ift unrein und Bon. 15, 11. hein (habeamus f. heigen? oder habemus f. hân?) : klein gehört noch weniger hierher. — Die zuf. ziehung des praet. zeigt fich fehr verfchieden; a) befte und ältefte form ind. I. *hâte* (entfprungen aus alth. hapta f. 880. oder contrahiertem habete) II. *hâteft* (bâtôft Barl. 9. 46. rührt vom abfchreiber; merkwürdiger *hæte* Karl 116ᵃ nach irriger analogie von tæte) III. *hâte*; pl. *hâten*; conj. umlautend (nach analogie zweiter anom.) *hæte*, *hæteft* etc. bei Hartm. (a. Heinr. 207ᵇ) Walter 101ᵃ

Flecke, Stricker (Karl 3ᵇ). β) für ind. und conj. brauchen *hɐte*, pl. *hɐten* etc. Wolfr. (u. Tit. 19.) vf. der klage, Gotfr. und Conr. (schmiede 252. 262. schwanr. 55. 80. 93.) γ) *hête*, *hêten* gleichfalls für ind. und conj. Reinh.; [hêter: Peter Servat. 151;] *hête* bloß für den conj. Wolfr. (Parc. 126ᵃ); *heite*: entseite bei Ulr. (Trist. 2321.) bezweifle und andere ich in hête: hête (vgl. oben f. 947.) [heite: seite Karaj 39, 24. 40, 10]. δ) *hiete*, *hieten* für den conj. Cindr. 53ᵃ Bit. 77ᵃ [hiete schon in den Windb. pf. hieten: bieten pfaffenl. 623. biete (haberet) jüngel. 727. 857. 1216. hiet (haberet) liederf. 1, 463. du hiete (habuisti) wie riete Diem. 178, 25.]. Alle von α-δ angegebnen formen sind klingend, tadelhafter die folgenden stumpfen: ε) *hêt* für ind. und conj. Conr. (troj. und schwanr. 68. 74.) Frib. Lohengr. Ernst; ohne stummes e *hêt* nur in dritter perf. (troj. 75ᶜ 95ᵇ 149ᵃ) in erster stets hête; der pl. *hêten* selten (Ernst 32ᵇ Lohengr. 75). ζ) *hêt* für III. sg. Wirnt häufig. Lohengr. Turl. [hêt warnung 911.] η) *hiet* für III. sg. Lohengr. 19. Ottoc 472ᵃ 559ᵇ 613ᵃ 616ᵃ [f. nachtr.] etc.; außer dem reim Wigal. 2453. 3411. θ) *hat* für den ind. Flore 2930. Ernst 27ᵃ 28ᵃ Kolocz 168. 319. — Nähere angaben liefert Lachm. ausw. IX. X; man sieht, daß die besten dichter schwanken, z. b. Wolfr. bald *hɐte*, bald *hête*, Conr. neben *hɐte* auch *hête* und *hêt* gebraucht; einzelne, wie Hartm. Gotfr. Stricker bleiben sich gleich. Wirkte das praet. von tuon auf die behandlung des von haben ein (wie sich denn täten und hâten, tæten und hæten begegnen) so wird es verwundern, daß fecit und habuit nie auf einander reimen. Ein beweis, wie lange die sprache ursprüngliche formverschiedenheit nachfühlte und beide wörter auseinander hielt, tôt und hêt zeigen sich, aber nicht bei denselben dichtern; Conrad konnte sein tete nicht mit hête, Hartm. tête nicht mit hâte binden! Wirnt hätte etwa tête: hête wagen dürfen, wenn man ihm ausnahmsweise hête (Wigal. 7715: machmête?) nachgeben will. — Bei einem der rede so geläufigen worte ist es aber einleuchtend nothwendig, den gebrauch im reim (und einschnitt) von dem freiern außer dem reim zu unterscheiden. Schon die früheren dichter, welche noch nicht wagen, hêt, hête, hêten stumpf zu reimen, verschmähen diese formen mitten im verse durchaus nicht, ja sie waren ihnen bereits die üblichsten, daß gerade darum die klingenden hâte, hɐte, hête so selten gereimt werden. Hartm. reimt im ganzen Iw. kein hâte und nur einmahl 30ᵇ hɐte, Rudolf im ganzen Barl. kein hâte; ohne zweifel kommen in diesen gedichten unzählige hêt und hête, untermischt mit einzelnen hâte, hɐte vor, welche nach guten hss. mehr nach dem metrum zu bestimmen sind. Auch in den Nib. wird dem stumpfen reime hêt, hête ausgewichen. der einschnitt gewährt hête (171. 391 etc.), wenigstens nach den hss., denn an sich wäre hæte gleich zuläßig. Außer dem einfchnitt kommen genug hēt, hēte vor, hēten (Lachm. rec. 195.) deutlich 40. 8178. Wirnt verfuchte zuerft ein ftumpfreimiges hēt durch abfchneidung des tonlofen e zu gewinnen, Conrad, indem er die kurzen formen reimte, griff beffer durch. Man wird jedoch in der mitte des verfes jedem dichter außer den kurzen nur folche lange formen zugeben dürfen, die er durch den reim bewährt, z. b. Hartm. kein hēte und Wolfr. kein hāte.

6) *gân* und *ſtân* f. 944. 945.

7) *fchwache verba mit langem voc. vor w, j und h* laßen ſich reinlicher fondern, als im alth., müßen aber obgleich nicht eigentlich anomal, ihrer kürzungen und umlaute wegen hier erörtert werden. α) *mit w*; neutra oder intranf. zweiter conj. leiden weder fyncope noch umlaut: grâwen, grâwete; ėwen, ėwete; fêwen, fêwete; fchouwen, fchouwete; touwen (rorefcere); trouwen, trouwete neben trûwen, trûwete; zouwen (procedere, feſtinare klage 3031. En. 11ᵃ; vgl. alth. zawên oben f. 879.); [ouwen (defluere) ouwete Nib. 6300, houwen, houwete, houte Gudr. 73ᵃ] ruowen, ruowete (Wigal. 153. Nib. 182.) [ruowte Wh. 423, 15], zuweilen der inf. ruon (oben f. 405.) nicht das pract. ruote; ein neutr. bâwen, bâwete oder bouwen, bouwete mufſ näher geprüft werden, gewöhnlicher ſcheint biuwen, wie ſich auch triuwen für trûwen findet; fniwen (ningere) fniwete wäre denkbar (Gudr. 4876. fneibte f. fnîte?) die mittelh. ſprache zieht fnîen, fnîte (Wilh. 2, 94ᵇ) gefnît (Parc. 108ᵃ) vor (M. S. 1, 28ᵇ klingend befniget). Tranfitiva erfter conj. lauten un und fyncopieren: bediewen, bediete, bediet (f. 405.); kein hîwen noch hîen, hîte aufzuweifen, aber gehît (oben f. 345. Maria 76.); fchrîte (clamavit livl. chr. 69ᵃ) [Parc. 22105. 22172. 22233. Ernſt 39ᵇ 50ᵃ Georg 6ᵃ] gefchrît (Parc. 55ᶜ); [vrîen (liberare) Triſt. 123ᵇ] drŏuwen (minari) drŏute, gedrŏut, zuweilen drŏn, drŏt (minatur Frig. 8ᵇ) kaum drôte, aber gedrôt (a. Heinr. 205ᵃ); ſtŏuwen, ſtŏute (Wilh. 2, 100ᵇ) ſtrŏuwen (fpargere) ſtrŏute; tŏuwen (mori) tŏute; vrŏuwen (laetificare) vrŏute; bezŏuwen (parare im Tit.: vgl. goth. táujan) bezôute (?); [vŏuwen, rewen (cribrare) Pfeiffer myſt. 1, 370, 36. vlŏuwen kl. 855] biuwen (colere, aedificare) biute [biute : geriute a. Heinr. 263]; [kriuwen (kauen) mile. 1, 123. fchiuwen : riuwen ausgb. 32ᵃ liuwen (fuere) liute : liute Ernſt 35ᵃ befiute Karl 117ᵇ liute pf. Ch. 7592. Diut. 3, 51] erniuwen (renovare) erniute (Ernſt 21ᵇ) [Der umlaut ſcheint nicht immer nöthig (f. 951) Gudr. 42ᵃ touwen (mori) : vrouwen (feminas).] Näher auszumitteln, ob neben dem umlaut zuweilen das pract. rückumlaute, drŏute, ſtrŏute, bûte (vgl. a. Heinr. 199ᵃ)? [ſtoute Diem. 87, 18] Syncope des pract. kommt vor, z. b. vrŏun : tŏun (Parc. 61ᵃ) ſchwerlich biun f. biuwen. — β) *mit j*: blæjen, dræjen, kræjen,

II. *anomalien der mittelhochd. conjugation.*

mæjen, fæjen, fchræjen, wæjen [uæjen, fpræjen (fprüben): læjen (brennen?) Mart. 190ᶜ fprouw f. fpræte Ublands volksl. 7. dræjen? ſtugen. vgl. degete Diut. 1, 359.]: bluejen, hruejen, gluejen, luejen, muejen, nuejen, ruejen (vgl. oben f. 435. 436) [fich vruejen (inane fürgere) cod. vind. 428. nr. 62. überfruejen (fuperare dolo?) Mart. 159ʳ 161¹ cf. 126ᵇ 289ᵃ gruejen (virere)] lauter neutra, doch alle nach zweiter conj. mit gekürztem praet. bald mit umlaut (wæte Parc. 37ᵇ Wilh. 2, 100ᵇ kuete Parc. 46ᶜ fchræte Triſt. 50ᵇ Herb. 57ᵃ 44ᵇ 60ᵈ næte Triſt. 21ᵉ fæte : ftæte Wilh. 3, 405ᵇ; bluete troj. 24ᵇ Wigal. 424. gluete Barl. 297.) bald rückumlaut (dräte M. S. 1, 28ᵇ wäte Flore 16ᵇ 25ᵇ troj. 175ᵇ 180ᵇ am. 7ᵃ fpräte Reinfr. 166ᵃ näten Wilh. 2, 88ᵇ muoten : luoten Barl. 375. ruoten : muoten Reinfr. 211ᵃ). Der conj. iſt in beiden fällen dem ind. gleich und lautet entw. blæte oder bläte; inf. und praeſ. können auch gekürzt werden, gewöhnlich mit umlaut blæn, dræn, mæn, fæn; hlæt, wæt; hlænt, wænt (Parc. 53ᵇ 39ᵃ Wilh. 2, 13ᵃ 66ᵇ Wilh. 1, 98ᵃ Triſt. 58ᶜ 88ᶜ) bluen, muen (M. S. 2, 109ᵃ Georg 57ᶜ) feltner rückumlautend (wät : gät Georg 38ᵃ muon : tuon Wilh. 3, 163ᵇ) [fpuon (fuccedere) Diut. 3, 69. Lanz. 4398. 5887. fundgr. 1, 392. wie ruon]; das part. praet. lautet meiſtens nn (genæt, gedræt, gewæt Parc. 4ᵇ 39ᵃ 54ᵇ erbluet Wilh. 2, 160ᵃ). Verwerflich iſt die ſchreibung hleien, weien oder feigen, meigen, neigen (M. S. 2, 13ᵃ troj. 10ᵇ 19ᵇ 116ᵃ) d. h. nie auf Achtei in zweien, beien, zeigen, veigen reimend. — γ) fchwache verba mit h nach langem wurzelvoc. (beiſpiele f. 438.) ſtoßen das h nicht im praet. aus, vgl. ſmæhete : wæbete Wilh. 2, 3ᵃ, drœhete (fragravit) bœhete (torruit) fchiuhete etc. [aber wæhen, wähte (: gähte) Parc. 25ᶜ und Herb. 63ᵇ hat das praet. bēte f. bæhete] inf. und praeſ. laſſen manchmahl die kürzung zu, z. b. verfmân M. S. 1, 49ᵇ bæn : dræn (torquere Parc. 101ᶜ). — δ) mifchungen: fchiuwen f. fchiuhen oben f. 404; Heinr. v. niſſen reimt 1228. 1457. ziuhet : muehet f. muejet; fprèwete, wêwete f. fprète, wêle = fpræte, wæte Herb. 15ᵃ 107ᵃ; diefer dichter fetzt 110ᵈ ruejeten (remigabant) 105ᵃ das part. geruoret (f. 435. note) M. S. 2, 150ᵇ ſteht modern. [p. p. gedrân, gebäwen f. oben zu 935.] —

8) fchwache verba *mit der bildung -ew* ſtoßen das e nach l, r und kurzem voc. nothwendig aus, als: folwen, velwen, gerwen, verwen; nach t darf es hleiben oder ausfallen, z. h. verwitewen, verwitwen Nib. 8860. Praet. falte, valte, garte, varte; für garte häufige belege, die andern find mir nicht vorgekommen, aber kaum zu bezweifeln; verwitewen macht verwitwete, fchwerlich verwitte (fchatte f. fchatete iſt hinkende vergleichung, feit es nicht mehr fchatewen fondern fchaten heißt) [muſ. 2, 43 außer reim varwete. Wigal. 6822 relwete].

II. *mittelniederl. conjugation.* 889

9) bringen, *brâhte*, [II. fg. brâhteſt, zuweilen bræbte f. nachtr. a. Tit. 162. Parz. 524, 15] brâhten [branbten kchr. 296, 9 Diem.]; conj. bræhte, bræbten; part. bräht (nicht gebräht); denken, *dâhte*, dâhten; dæhte; gedäht; dunken (: trunken troj. 74ᵇ) *dûhte*, dûhten; diuhte; [in alem. urkunden dunbte für dûhte (: dûnbti freib. urk. nr. 68 (a. 1303) p. 170. dunhti nr. 151 (a. 1333) 213 (1353) dunkti nr. 173 (a. 1339) 180 (1342)] gedûht; wûrken (beßer als wirken, im reim nur auf lûrken in der ſchmiede) *worhte*, worhten; wôrhte; geworht; vûrhten, *vorhte* (goth. faûrhta, alth. voruhta) vorhten; vôrhte; gevorht [p. p. ervorbten Triſt. 13099]. Der conj. umlaut entſpricht der zweiten anom.

10) *vrâgen* geht regelmäßig fchwach nach zweiter, praet. *vrâ-* 970 *gete*, vrâgte; ſpur anderer formen iſt im ſubſt. *vrêge* (nicht vrâge) : wêgr Flore 27ᵃ (vgl. 17ᵃ 22ᶜ vrâge) in Herb. *frêget* (rogatis) gefrêget (rogatum) 52ᵈ 114ᵈ aber außer reim, endlich in dem bei Ottoc. hâußgen *freit* (rogat, rogatis) im reim z. b. 470ᵇ 485ᵃ 501ᵇ 511ᵃ 548ᵇ etc. was nach der analogie treit an das neuh. fragen, frûg gemahnt; aber nirgend ein mittelh. vruoc.

Mittelniederländiſches verbum.

praef. ind. -e   -es   -et   pl. -en   -et   -en
conj. -e   -es   -e   -en   -et   -en

1) praeſ. ſtarker und ſchwacher conj. fließen in dieſem paradigma zuſammen und nur das praet. ſcheidet beide. 2) ind. und conj. gleichen ſich, bis auf die abweichung der III. fg., völlig. 3) die mittelh. regeln vom tonloſen und ſtummen e ſind hier unanwendbar; apocope gilt (anlehnungen abgerechnet) niemahls, der wurzelvoc. ſey lang oder kurz, es heißt *nême* (ſumo) *têre* (conſumo) wie *vrieſe* (gelo); eben ſo wenig ſyncope vor dem -n, es heißt *têren*, nicht *têrn*, ſelten vor dem -s. Nur vor dem -t darf das e wegfallen, aber auch bleiben, man findet *têrt* neben *têſtet*, *ſpaert* neben *ſparet*, *ghêſt* neben *ghêvet*. 4) durch inclination wird das -t zuweilen in d gewandelt, als *bêſdi* ſtatt hevet bie, *driſdi* ſt. drivet ghi.

Mittelniederländiſche ſtarke conjugation.

praet. ind. I. III. fg. gibt die bloße abgelautete wurzel, ohne flexion; pl. praet. ind. und das ganze praet. conj. flectieren wie das praeſ. -en, -et, -en; -e, -es, -e; -en, -et, -en; merkwürdig aber geht II. fg. ind. praet. nicht auf -e, ſondern auf. fallend mit dem conj., auf -es, aus, belege: *faghes* (vidiſti) *ſcrêves* (ſcripſiſti)

890 II. *mittelniederl. starke conjugation.*

Maerl. 2, 130. groeves (fodifti) Rein. 351. [quames Potter 2, 3438.
dedes (facores) 2, 1926. wondes (voluifti) 2, 3437. fleifes (dor-
miifti) fpreges (loquutus es) Moue forfch. 1, 144. verwons (fupe-
rafti) Floris 1164. f. verwounes. waers (fuifti) M. 3, 286. Walew.
9234. baets (rogafti) f. bates. bods (obtulifti) Maerl. Käftn. G':
gods.] — Einzelne conjugationen:

I. valle (cado) vël (: wël Maerl. 3, 229.) vëllen (: ghefëllen 1, 52.
2, 78.) vallen (viel 3, 223. 225. vielen 1, 285. viele : fiele Rein.
338.); houde (teneo) hëlt (: tëlt), ghewëlt 1, 141, 149, zuweilen
hilt : ghewilt 3, 43.) hilden, houden; andere wie foute (fale
condio) fëlt oder filt, filten, fouten kann ich nicht belegen;
part. ghevouden Huyd. op St. 2, 576.; banne (interdico) bën (?)
binnen (?) bonnen (1, 203. 222. 255.); [hien (bannte) Rofe
10604. 11191. fpanne, fpien Ferg. 5587. Potter 1, 901.] ganghe
(3, 347.) ghinc, ghinghen, ganghen; hanghe, hinc, hinghen,
hanghen (1, 54.); vanghe, vine, vinghen, vanghen (für ganghen,
vanghen gewöhnlicher: gaen, vaen, vgl. Stoke 3, 35.) — Un-
organifche übergänge aus fiebenter conj. hierher find: ftape
(gradior) ftiep (Stoke 2, 82.) hëffe (tollo) hief (Maerl. 1, 81.
83. 360.) hieven, heven: befëffe (intelligo) beflief (3, 247.) [Lanc.
7913. 5436. Maerl. 3, 247: lief] befieven, beftëven (1, 217.) wafle
(crefco) wies (1, 16, 66. 2, 124.) [Floris 540. verwies Floris
1169. 1934. Karel 2, 4377. 3801] wake (vigilo) wiec (2, 210.
226. 3, 134.) [ontwiec : fiec Lanc. 12842. 11318] vermuthlich
bake, part. baken (3, 344.) [fciep f. fcoep Rofe 10317. ftiet f.
ftoet? Maerl. b. Käftn. 30b]. —

II. hëte, hiet, hieten, hëten; feëde, fciet, fcieden, feëden; vrëfche,
vriefch, vriefchen, vrëfchen (Stoke 1, 265). —

III. lôpe, liep, liepen, lôpen; roepe, riep, riepen, roepen; houwe,
hieu, hiewen, houwen; flôte, ftiet, flieten, flôten [vloeke vliek
(faiflök) belg. muf. 1846, 53]. —

IV. flape, fliep, fliepen, flapen; late, liet, lieten, laten (keine
kürzung des laten in laen); verwate (maledico) verwiet (1, 13.)
verwieten, verwaten (1, 61.); rade, riet, rieden, raden; blafe,
blies, bliefen, blafen. —

VII. male, moel (3, 195.) moelen, malen; vare, voer, voeren,
varen; fcape, fcoep, fcoepen, (Stoke 2, 459. mit der var. fciep-
pen, vgl. ftape conj. I.) fcepen (Maerl. 1, 204.); grave, groef,
groeven, graven; ebenfo fcave: lade, loet (3, 23.) loeden, laden;
wade (tranfeo) woet, woeden (Stoke 3, 126. 127.) waten; draghe,
drocch, droeghen, dreghen (1, 453. Rein. 301.) dwaghe (abluo)
dwoech, dwoeghen, dweghen (2, 184.) flaghe, floech, floeghen,
fleghen (1, 452.) ghewaghe (memoro) ghewoech, ghewoeghen
(3, 247.); lache, loech (1, 80, 106.) loechen, lachen (?); ftan-
den (üblicher flaen Stoke 3, 35.) macht bald ftoet (1, 207.
2, 388. Rein. 302.) bald ftont (2, 297.) pl. ftonden, ftanden

(oder ſlaen) fwëre (juro) hat im praet. fwoer (Rein. 312.) im part. auch XI. gheſworen (Rein. 328, 348.) [vlaghe, vloech, vleghen, inf. vlaen (infra p. 980) ontploec (entfaltete) Jezus 28. 77. 239. Karel 1, 1166. heſſer entplös nach IX. ontſenec (raubte) Floris 2220. ſcoer: voer Rofe 13803. Auf e die p. p. gheſcepen, gedreghen, ghedweghen, ghevleghen, gheſleghen.]

VIII. dwine (perco 1, 74.) dwën, dwënen, dwënen; feïne, feën, feënen, feënen; grïpe, grëp, grëpen, grëpen; nïpe (vellico) nëp, nëpen, nëpen (Rein. 281.) blïve, blëf, blëven, blëven; drïve, drëf, drâven, drëven; clive (ſcanda 1, 461.) ſerive, ſerëf, ſerëven, ſerëven; wriwe (frieo) wrëf (1, 435.) wrëven (2, 214.) wrëven; rite (disrumpo) rët, rëten, rëten; finite, ſnët, ſnëten, ſnëten 3, 33.); ſplite (findo) ſplët, ſplëten, ſplëten; onthide (exſpecto Stoke 1, 488.) onthët (2, 112.); lide(tranſeo) lët (2, 223. 3, 233.) leden, leden (3, 162.); mide; ride (equito) rët, rëden, rëden; ſnide; ſtride (pugno) ſtrët (1, 9. 358.) ſtrëden, ſtrëden; verriſe (ſurgo) verrës (2, 7.) verrëfen, verrëſen (2, 162.) criſche (vociſero) crëſch (1, 334.) crëſchen, crëſchen; ſtrike, ſtrëe, ſtrëken, ſtrëken (1, 181.); fwike, ſwëe, (Stoke 3, 45.) ſwëken, ſwëken; wike (recedo); ghelike (ſimilis fim) [gelëe Lanc. 23494. 24190]; nighe, nëch, nëghen (1, 73.) nëghen (1, 290.); ſwighe (taceo) ſwëch, ſwëghen, ſwëghen; tighe (? tie, arguo) tëch (1, 308. 435.) tëghen (Rein. 348. 370.) [fine, fën (finio finivi, ceſſo ceſſavi) Walew. 454. 8680. 8872. ghefinen, ghefën Limb. 2, 1174. 12, 352. noch andere belege gibt de Vries in de Jagers archief voor taalkunde Amſt. 1847. 1, 61—63. rine (tango) gherën Roſe 1817. mehr belege in Jagers archief 1, 65 ff. ſipe (madeo) ſëp (Ferg. 737. 5240) pl. ſëpen Verwijs p. 17, 192. ſuive, ſuëf Clignett 224. kive, këf Potter 4, 854. crët (clamavit) Lanc. 46588. drëſch(clamavit)Walew. 546. blëe (blickte) Lanc. 23647. geerëch (adeptus fum) Lanc. 2279.]. —

IX. drûpe (ſtillo) drôp, dropen, dropen; crûpe (repo) crôp (2. 106.) cropen (1, 424.) cropen; fûpe, fôp (1, 276. 452.) fopen, fopen (1, 210.) ſûpe, ſôp, ſopen, ſopen; ſchûve, ſchôf, ſchoven (1, 285.) ſcoven; ſerûve (torqueo) ſerôf, ſeroven, ſeroven (3, 40.); ſtûve (Stoke 2, 419.) ſtôf (1, 444. Rein. 286.) ſtoven, ſtoven; giete, gôt, goten, goten; verdriete, verdrôt, verdroten, verdroten; [crieden oder crûden, crôt Reinaert profa 86. 87 wo croet f. croot wie 92, 1 ſeoet f. ſcoot. croet Roſe 14103 crôt Lanc. 39308. 46587.] vererete (expello?) [l. vereriede (f. 991)] verêrôt (1, 426.); ſciete, ſcôt (1, 264.) ſcoten, ſcoten; vliete (fluo) vlôt; biede, bôt, boden, boden; verlieſe, verlôs, verloren, verloren; kieſe, côs, coren, coren; vrieſe (gelo) vrôs, vroren, vroren (1, 419. wofür aber 1, 394. vorſen); lûke (claudo) lôc (2, 214.) loken (2. 187.) loken (1, 5.); rûke (exhalo) rôc; bûghe (flecto) bôch, boghen, boghen; bedrieghe (decipio); lieghe (mentior) lôch (2, 78.) loghen, loghen; lûghe (ligo) fòch (3, 78.) foghen, fnghen; vlieghe (volo 2, 468.) vlóch, vloghen, vloghen; vlie (fugio) vlô, vloen, vloen (3, 339.) [vlouwen (floben) Lanc. 26762. ghevlouwen Ferg. 2005] nnd aus X. hierher übergehend plien (folere) pliet (folet) part. gheploghen (1, 265.) ploen (Maerl. 3, 339.) blûwe, brûwe (1, 160.) rûwe werden lieber gefchrieben blouwe, rouwe nnd machen das praet. blau (1, 174.) brau, rau (3, 28.) part. blouwen (Rein. 321.) brouwen (Rein. 338.) rouwen. [vlieden, vlòt, vloden Rein. 4670. 4801. ontplûken, ontplôc Rofe 3538. ontploken Jezus 239. Beatr. 335. Helu 1968. 2549. (franz. déployer) dûken, dôc (Ferg. 196) doken, ghedoken Ferg. 105. Rofe 2800 (fich niedertauchen, bûcken) Clignett p. 270. Maerl. 3, 236. fpòch (fpie) Rein. ed. Will. 7368. verfpau (verfpie) Maerl. 3, 346. wohin gehört das feltfame beblo Rofe 6227 beraubte? fteht es für beblau von bluwen? wohin halscnok Karel 2, 2003? gibts ein knieken, knòk?] —

X. ghêve, gaf, gaven, ghêven; clêve (haereo) claf (2, 219. außer reim) claven, clêven; wêve, waf (2, 52.) waven, wêven; ête, at, aten, êten; verghête; mête, mat, maten, mêten; fitte, fat (3, 73. aber 3, 39. fèt : mèt vielleicht fat : mat zu beßern?) laten, fêten; bidde, bat, baden, bêden; têrde (calco f. trêde) tart (Rein. 291. Maerl. 1, 242. 392. 2, 244.) (pl. tarden, part. ghetêrden finde ich auch nicht; wohl aber inf. tërden Rein. 358., nicht tarden, wie Huyd. z. St. 1, 525. fchreibt); löfe, las, lafen, lêfen; ghenêfe, ghenas, ghenafen, ghenêfen; wêfe, was, waren, wêfen; brêken, fprôken, trêken, wrêken gehen in XI. über, merkwürdig bleibt aber ftêken in X, fowohl das einf. ftêke (trudo) ftak (1, 11, 266.) ftaken (1, 143. 3, 4.) part. ftêken (1, 323. 466. 2, 176. Rein. 370. 372.) als das comp. ontftêke (incendo) ontftak (1, 222. 322.) ontftaken, ontftêken (1, 286. 2, 160.); ligghe (jaceo) III. fg. häufig lêghet (2, 365. 428. Stoke 1, 38. Rein. 348.) lach, laghen, lêghen; plêghe (foleo) III. plêghet (1, 243. 2, 428. 475.) plach, plaghen (Stoke 3, 297.) plêgben (daneben häufig den inf. plien 2, 285. 398. III. pliet 1, 243. 2, 90. 399. 475, part. gheploen. nach verführender analogie von vlien, vliet, ghevloen; doch nie das praet. ploen, vielmehr immer plach, plaghen) (geplogen Maerl. 3, 286. geploen 339.]; wêghe, wach (Stoke 2, 21.) waghen, wêghen; fien (videre 2, 355.) fie (video) fiet (videt 1, 332.) fach (vidi, Rein. 312.); pl. fnghen, part. ghefien (1, 99. Rein. 362.); ghefcien (accidere) geht fchwach, praet. ghefciedc [gefcie für gefciede Stoke 1, 115. 390. — clagen? (: lagen) Maerl. Käftn. 48b auch Maerl. 2, 40 clach, alfo von cleghen, vgl. das fubft. gheclach.] —

XI. bêle, hal, halen, holen; ebenfo bevêle; ftêle; nême, nam, namen, nomen, zuweilen im inf. nomen f. nêmen (1, 110.) analog dem comen, come, quam, quamen, comen; ftêne (gemo) ich finde nur zweimahl das praet. ſtan (2, 242. Rein. 301.) nicht ſtanen, noch part. ſtonen; bēre, bar, baren, boren; beghēre (appeto) begar, begaren (2, 80. 3, 76.) begoren (nur der pl. praet. belegbar); ſcēre, ſcar, ſcaren, ſcoren; tēre, tar, taren, toren; brēke, brac, braken, broken (2, 19. Rein. 347.); ſprēke, ſprac, ſpraken, ſproken (1, 133.); trēke, trac, traken (1, 310. Rein. 300.) troken (1, 453.); wrēke, wrak (Stoke 1, 370.) wraken (Maerl. 1, 19.) wroken (2, 27. 36.); [ſtēken (ſtillare) lac Rein. 808. Potter 4, 338.] ſtēke bleibt in X, doch ſtehet auch der pl. praet. ſtoken 2, 174ᵇ. —

XII. ſwëlle, ſwal (2, 219.) ſwollen, ſwollen; hëlpe, halp, holpen, holpen; dëlve, dalv, dolven, dolven (1, 301); ſmëlte, ſmout, ſmouten; ſwëlte (eſurio 3, 388.); ontgëlde (rependo) ontgout, ontgouden (1, 277.) ontgouden; ſcëlde (increpo) ſcout, ſcouden, ſconden (3, 72. Stoke 1, 16. 3, 151.); bëlghe, balch, bolghen, bolgheu; ſwëlghe, ſwalch, ſwolghen, ſwolghen (1, 321. 3, 248.); climme (aſcendo) clam (2, 133. 181.) clommen, clommen (2, 62); crimpe, cramp (Rein. 319.) crompen; beghinne, began, begonnen, begonnen; ebenſo rinne, ſpinne und winne; binde, bant, bonden, bonden; prinde (prehendo) prant (1, 202. 307. 2, 287. 3, 38.) pronden (Rein. 287.); ſlinde; vinde; drinke, dranc, dronken, dronken; ſinke (3, 188.); dwinghe, dwanc, dwonghen, dwonghen; wringhe (torqueo) wranc (Stoke 3, 127.) wronghen, wronghen; clinghe; ſinghe; ſpringhe; wërpe, waerp, worpen, worpen; verdërve, verdaerſ, verdorven, verdorven; ſtërve, ſtaerſ, ſtorven, ſtorven; wërde, waert, worden, worden; [verbërren, p. p. verborren, combuſtus. Marg. 5, 381. 10, 266. 12, 656.] — dërſche (trituro) darſch (3, 195.); vëchte, vacht; vlëchte, vlacht (3, 202.) ſind mir im pl. praet. ungewis.

Anmerkungen zu den ſtarken conjugationen.

1) *vocale:* a) der hochd. wechſel zwiſchen ë und i conj. X. XI. XII. gebricht, es heißt ghëven, ghëve, ghëves, ghëvet, hëlpen, hëlpe, hëlpes, hëlpet etc. Durchgängiges i haben bidden, ſitten, nur im part. bëden, ſëten; neben ligghen (jacere) ſcheint lëgghen gültig; plëghen und plien ſchwanken (bemerkenswerth plëghen te plienê 3, 197.); ſien, ſie, ſies (3, 181.) ſiet leidet kein ê und macht ſelbſt das part. gheſien, ie entwickelte ſich aus dem alten ëh (vgl. geſcien und vlien) iſt alſo in plien ſ. plëghen unorganiſch. — β) im pl. praet. und part. conj. VIII. IX. ſind i und u durch ê, o gleichmäßig verdrängt; auch im praet. XII. beſteht kein u mehr, wohl aber im praeſ. i vor m und n; dieſes binden, bonden iſt inconſequent, da es entw. binden, bunden oder bënden, bonden heißen ſollte. — γ) im praeſ. conj. IX. haftet ie nur vor ling., dagegen gilt ú vor lab. und gutt. (ausg. driegben, vlieghen und vlien). — δ) *umlaut* fehlt durchaus, weshalb

praet. ind. und conj. in II. sg. und im ganzen pl. zuf. fallen;
auch im praef. VII. conj. heißt es vares, varet, nicht vôres,
vôret; bemerkenswerth ist das ë im part. dieser conj. vor gh
in drêghen, dwëghen, flëghen ſt. draghen etc. dem angelſ.
drägen, þvägen, flâghen (ſ. 896.) altn. dreginn, þveginn, fle-
ginn (ſ. 913.) vergleichbar. — α) die vertauſchung des ab-
lauts oe mit ie (ſliep, ſriep?, bief, belief, wies) gemahnt ans
mittelh. ier (? für uor) und bluonden ſ. blienden (ſ. 941.) vgl.
neuh. mieder, mittelh. muoder. — β) die verwandlung des o
in ae vor rp, rf, rt (waerp, ſtaerf, waert), des old in oud
(houden, ghehouden; gonden, ghehouden) gründet ſich auf
erörterte lautgeſetze dieſer mundart, ſtört aber den ablaut.
Wer ſollte denken, daß vonden, gonden (mittelh. vunden,
gulten), wiederum vallen, houden (mittelh. vallen, halten) der
nämlichen conj. folgen? — γ) noch größere ſtörung in den
ablaut bringt die vom ausfall oder zutritt eines flexionsvocals
abhängige verlängerung oder kürzung des wurzelvocals. Jene
hat ſtatt in der III. ſg. oder II. pl. vor dem t, ſetzt aber vor-
aus, daß die wurzel mit einfachem conſ. ſchließe, z. b. aus
varet, wävet wird vaert, weſt. Gleiche wirkung kann in 1.
III. praet. ſg. ein angelehntes pron. haben, z. b. waeſt ſt. waſ
het. Wurzeln mit doppelconſ. behalten aber den kurzen voc.
auch bei ſolchen ſyncopen und anlehnungen, z. b. dëlſt (nicht
dëlſt) ſ. dëlvet und ſwalt (nicht ſwaelt) ſ. ſwal het, weil ſwal
von ſwëllen ſtammt. Die kürzungen urſpr. langer wurzel-
vocale bei nachfolgendem flexions-e ſind bedenklicher, aus-
genommen nur im hauptfall, d. h. des ae in a; ſo ſieht im pl.
praet. X. XI. gaven, namen (nicht gaeven, naemen) und im
praeſ. IV. (im grund fällt ſie dadurch ganz zur erſten) ſlape,
late (nicht ſlaepe, laete). Analoge kürzungen des i, ö, û
habe ich nicht angenommen; noch unannehmbarer wären ſie
bei oe, ie, wiewohl vêl, hine, ſtont ſ. viel, hiene, ſtoet ange-
ſchlagen werden dürfte und daß ghelopen (alſo nicht ghe-
lôpen) auf ontſlopen reimt (Maerl. 2, 301). Wie ſehr ſich
das niederl. verhältnis des a, ae vom hochd. des a, â ent-
fernt, iſt augenſcheinlich, vgl. waſ, waeſt, waren, mhd. wap,
wabez, wâben.

2) *conſonanten*: α) gem. vereinfacht ſich auslautend, clam ſ.
clamm, vêl ſ. vêll von vallen. β) vëllen weicht vom mhd.
vielen ab, ſtimmt aber zum altn. fêllo (? fêllo) angelſ. fêollon
(ſ. 899.); doch gilt vielen daneben. γ) auslautend nur
p. t. c. ſ, ch, kein d, gh v, welche auch inlautend bei ſyn-
copiertem e in jene übertreten, z. b. bët, lach, gaf, wranc,
ſtaerf, balch (mhd. bët, lac, gap, ranc, ſtarp, balc) lëcht.
geſt ſ. lëghet, gôvet; unwandelbar bleiben die tenues, z. b.
grêp, rët, brac (mhd. greif, reiz, brach). — δ) inlautend
fallen wurzelhaftes t und d vor dem t der flexion bei ſyn-

II. *mittelniederl. schwache conjugation.*

copiertem e weg, z. b. hêt (vocatur) rît (equitat) schiet (jaculatur) luet (finit) sit (sedet) bit (rogat) biet (offert) wæt (transit) vint (invenit) statt hêtet, rîtet, schietet, lutet, sittet, biddet, biedet, wadet, vindet; in der II. pl. praet. finde ich volle form satet, atet Reim. 310. — ε) wechsel des s und r: verliesen, verlôs, verloren; ebenso kiesen, vrielen; wêsen, was, waren. — ζ) das inlautende h mangelt in slaen, dwaen, sien, vlien, aber die praet. sloech, dwoech, sach pl. sloeghen, dwoeghen, sâghen entwickeln den kehllaut, nicht vlô, vloen. — η) elision des n in stoet neben stont, pl. nur stonden, nicht stoeden.

3) *schwache praesentia* haben: sweeren, hessen, besessen, bidden, sitten.

4) *gaen* und *staen* besitzen auch hier doppelte form. a) gewöhnlich lautet der inf. gaen, staen (: saen, sluen Maerl. 3, 171.); III. praes. gaet, staet (: daet, raet 3. 171. 182. Reim. 280. 353.); part. begaen (3, 172.) ghestaen (Reim. 296.); imp. gane (2, 140. 157.) staut. — β) seltner III. praes. stêt (: wêt, hêt, swêt 1, 126. 2, 241. Reim. 352.) ghêt (: hêt Stoke 1, 48.); doch den inf. ghên, stên finde ich nicht. Im reim auseinander steht immer die ae-form. Die I. praes. lautet gae, stae (Reim. 310. 351.) die praet. ghinc, stont, stoet sind vorhin angegeben (bisweilen auch stêt, dwêt f. staet, dwaet; Huyd. op St. 3, 178. 179.).

Mittelniederländische schwache conjugation.

praesensflexionen, wie die starken, außer daß sg. imp. nicht auf die bloße wurzel ausgeht, sondern -e bekommt; die flexionen des praet. ind. und conj. sind: -ede, -edes, -ede; pl. -eden, -edet, -eden. Da aber das ableitungs-e vor dem d in der ersten conj. immer, in der zweiten gewöhnlich wegfällt, so entspringen daraus theils für den wurzelvocal, theils für die wurzelconsonanz, theils für das d der flexion folgende veränderungen: 1) von einf. consonanz der wurzel gefolgt wird a zu langem ae, vgl. wanen, waende; maken, maecte; saden, saedde, vermuthlich auch ê zu ê: deren, dêrde. 2) v und gh der wurzel werden zu f und ch, gleich als lauteten sie aus: scraven, scraefde; vraghen, vraechde; auch lgh, rgh za lch, rch, doch ngh zu ne: volghen, volchde; sorghen, sorchde; minghen, mincte. 3) das flexivische d wird nach wurzelhalter ten. p. t. c. jedesmahl zu t, desgl. sobald sich ngh zu nc gewandelt hatte: dröpen, dröpte; haten, haette; vaken, vaecte; linghen, lincte; ebenso nach vereinfachtem ss: cussen, custe. 4) nach l. m. n. r und vereinfachtem ss bleibt d ungestört; voelen, voelde; noemen, noemde; soenen, soende; voeren, voerde; kennen, kende; ebenso nach d. s. s (aus v) ch (aus gh): dieden, diedde; senden, sendde; wiśen, wiśde; peinsen, peinfde; mërfen, mêrfde; laven, laefde; jughen, jaechde; nur das aus p entfpringende ch hat kein d nach fich, weil eben diefe verwandlung ans t bedingt war, alfo cöpen (emere) cöchte, nicht cöchte. 5) nach ft. cht fchwindet das flexivfilbe t: vaften, vafte; wachten, wachte f. vaftte, wachtte; nach tt, dd ift es gleichviel, vereinfachung der gem. oder fchwinden des t, d der flexion anzunehmen: fëtten, fëtte; quëdden, quëdde. 6) man prüfe genauer, ob nicht ftatt der unter 4. angenommenen diedde, fëndde zuweilen diede, fënde vorkomme? wenigftens Maerl. 1, 200. 332. 3, 283. reimt blëude (ft. blëndde): fcënde, fëude (ft. fëndde): ënde; voede (ft. voedde): boede. 7) aus dd kann bei nochmahliger contraction wiederum ten. werden, nämlich in II. pl. Rein. 282. meslëttene (feluxiftis cum) ft. meslëddet hem, verfchieden von meslëtene (feducitis cum) ft. meslëdet hem. [Da diefer dialect gern inlautendes d wegwirft, fo findet fich make f. makede (faceret) leve f. levede (viveret, vivebat) gefeie f. gefciede (zu 839) meerre f. meerde, behoeve f. behoevede u. f. w. mehr beifpiele noch bei Huyd. op St. 1, 115. 116. 117. en merken (merkede ca) Verwijs 12, 48. fe fe (feide fe) 17, 196.] — Für die contraction des praet. gilt das bei der ftarken conj. gefagte, z. b. fenet (novet) tft (proficifcitur) ftehet für fendet, fidet.

Erfte fchwache conjugation.

Die fcheidung von der zweiten läßt fich beinahe nur hiftorifch ermitteln, da α) fyncope des praet. auch meiftens in zweiter β) kein lebendiger um- noch rückumlaut in erfter gilt; nur die alten umlaute e, nunmehr zu ë geworden, beftehen fort, vermögen aber nicht im pract. das reine a zurückzunehmen, gleichviel ob die wurzelfilbe kurz oder lang ift, z. b. ëren (arare) ërde; wënden, wëndde. γ) practifch fallen die meiften ê in die erfte, die meiften ä in die zweite; doch können auch die zu a verkürzten ae in der erften ftehen, z. b. wanen (opinari) — Beifpiele von verbis erfter conj.: fpëlen (ludere) fpëlde. bêlen (funare) bôlde, voelen (fentire) voelde. noemen (nominare) noemde. roemen (jactare, parafituri Rein. 351.) gömen (obfervare) gömde. wanen (putare) waende. mënen (idem) mënde. hônen (deridere) hônde. dëren (nocere) dërde [Rein. 903. daren nach II.] ôren (arare) ôrde. nëren (fervare) nërde. këren (vertere) kërde. lëren (docere) lërde. fcaren (rumpere) fcôrde. hôren (audire) hôrde. vuren (evirare) vurde*). ftieren (gubernare) ftierde. voeren (ducere) voerde. drüpen (inftillare) drüpte. groeten (falutare) groette. lêden (ducere) lêdde, ghereden (praeparare) dieden (fignificare) döden (interficere) dödde. hoeden (cuftodire) boedde. voeden

---

*) Maerl. 3, 324. angelf. avyran, aviran (1.ye fchrjbt afyran) alth. arwiran (caftrare) T. 100. vgl. ar-wir, ar-wir (fpado, euinnenter) pl. doc 242ᵃ monf. 356. [es heifst alth. arvarnen, arfaran Graff 3, 668].

II. mittelniederl. zweite schwache conjugation. 897

(alere)' voedde. lûden (fonum excitare) lûdde. tôghen (oftendere) tôchde. tëllen (narrare) tëlde. kënnen (noscere) kënde. blënden (coecare) blënddo. ênden (finire) êndde. fcênden (contumelia aff.) fcêndde. fënden (mittere) wënden (vertere) lingken (elongare) lincte. mingken (miscere) mincte. glichinghen (permittere) schërmen (tueri) fcërmde. bërnen (cremare) bërnde f. brënnen, brënde (das daneben vorkommende brande 1, 157. 3, 226. hat den inf. branden) fëtten (ponere) fëtte. lëtten (impedire) lëtte. nutten (uti) nutte. quëdden (falutare) quëdde. fendden (quatere) fcudde. cuffen (ofculari) cufte. trôften (confolari) trôfte. dëcken (tegere) dëcte. mëcken (attendere) mëcte. wëcken (excitare) wëcte. lëgghen (ponere) und fëgghen (dicere) machen leide, feide f. lêchde, fëchde. flichten (fundare) flichte. (nôpen, nôpte (ftimulare) oder nopen, nopte? Hoflm. bruchft. p. 22. bêten (defcendere) drêgen (minari) dregede und drêchte Maerl. 3, 252. Rein. 774. wërnen (denegare) Rein. 190. voppen, vôpte Rein. 963.] — Einigemahl erfcheint das alte ableitungs-i verfteinert, frjen (arare) Maerl. 2, 28. hërghen (vaftare) Stoke 1, 362. [varuwen (colorare) praet. varnde Walew. 10707. vgl. varnlôs Lanc. 30936. 31678.]

Zweite schwache conjugation.

fyncopiert wird immer nach einfachem l. m. n. r. t. d. f.; niemahls nach ll. rr.; fchwankend fyncopiert oder nicht (doch überwiegend letzteres) nach p. v. w. k. gh. mm und nn. Beifpiele: dalen (occidere, labi) daelde. halen (accire) haelde. talen (loqui) taelde. verfamen (congregare) verfaemde. fcamen (vereri) fcaemde. tamen (decere) taemde. rûmen (cedere) rûmde. lûmen (faltare) manen (hortari) maende. fpanen (lactare) wênen (plorare) dienen (fervire) wonen (habitare) rûnen (fufurrare) ftûnen (niti) ghebaren (geftire) ghebaerde. fparen (parcere) fpaerde. vervaren (timere) vervaerde. êren (honorare) êrde. lâven (recreare) lavede und laefde; ebenfo: fcaven (difcedere) fcraven (fculpere) bêven (tremere) lêven (vivere) fnôven (titubare) [vielmehr fneven, mhd. fnaben, alfo aus fnavian] loven (laudare) rôven (fpoliare); côpen (emere) côchte, fchwerlich côpede; hopen (fperare) hopede oder hôpte, nicht hochte; haten (odiffe) haette. bêten (defcendere) bêtte. paden (femitare) paedde. faden (fatiare) faedde. fcaden (nocere) ghefladen (concedere) gheftaedde; tiden (proficifci) [Maerl. 2, 134. 214. 352. Huyd. 3, 390.] tîdde [Maerl. 2, 25. 133. 274. ghetît (profectus) 2, 326.] jaghen (venari) jaghede und jaechde; ebenfo: behaghen (delectari) vaghen (mundare) vraghen (interr.) doghen (tolerare) poghen (ftudere); craken (ftrepere) crakede und cracete; ebenfo: graken (dilucefcere Stoke 2, 497.) maken (facere) naken (appropinquare) gheraken (pertingere) fmaken (guftare) vaken (dormitare) waken (vigilare) befêken (commingere Rein. 278.) fmêken (adulari) vlouken (maledicere); callen (blaterare) callede. ghefëllen (fociare) ghefëllede. dammen (aggcrarc) dannede. minnen (diligere) minnede, feltner minde. erren errare) errede. mërren (morari) mërrede. porren, porrede; danken, danete. volghen (fequi) volclde. cranken (infirmari) cranete. peinfen (cogitare) peinſde. veinſen (ſimulare) veiuſde. forghen (curare) forchde. baſſen (latrare) baſſede. vaſten (jejunare) vaſte. taſten (palpare) taſte. hëſchen (exigero) hëſchede und hëſte (3, 210.) ebenſo vrêſchen (faudo percipere) achten (attendere) achte. wachten (exſpectare) wachte. [ganſen (ſanare) gnnſte Maerl. 2, 359. Huyd. op St. 1, 569. ruſten (quieſcere) Maerl. 2, 394. ruſte.] — Bildungen mit -el, -em, -en, -er kürzen ihr pract. beſtändig, als: wimpelen (velare) wimpelde; wandelen (mutare) wandelde; neſtelen (nidum aedificare) Rein. 350. nivelen (interficere) Maerl. 1, 105. 307. knielen (genuflectere) knielde; feilen (navigare) feilde; ontſaremen (miſereri) ontſaremde oder ontſaernde; reinen (pluere) reinde; lachteren (increpare) lachterde; ſëkeren (ficnnare) ſëkerde; ſeltner ſind andere bildungen, z. b. mëtſen (lapidem caedere) mëtte.; hëlſen (ſalutare) 1, 275; mêrſen (augeri) mêrſde (1, 157. 200.) minken (minuere) minkede (2, 225.)

Anomalien der mittelniederländiſchen conjugation.

1) *effe* vierſtämmig: α) III. praeſ. ind. fg. *is* (: ghewës Rein. 293.) ſelten *is* (Maerl. 1, 136. 915.) nie ëſt, iſt. — β) inſ. *fin* (Rein. 302.); pl. praeſ. ind. I. *fin* II. *ſit* III. *fin*; praeſ. conj. *ſi*, *ſis* (1, 319.) *ſi*; *fin*, *fit*, *fin*; part. pract. *ghefin* (Maerl. 3, 244.). — γ) I. pract. fg. *bëm* (: bëm Rein. 305. und auch außer reim: ic bëm, ic bëmt, mhd. ich bin, bën ic) II. *bëſt* (: liſt, Rein. 351.). δ) inf. *wëſen*; pract. *was*, *wares*, *was*; *waren*, *waret*, *waren*; part. pract. *ghewëſen* (Maerl. 3, 245.) wofür *ghewëſt* nur außer reim vorkommt (3, 334.); ſin und wëſen, ghefin und gewëſen ſtehen in denſelben quellen nebeneinander [badde ghefin Karel 1, 350. ghewëſt 1, 834. ghewëſen 1, 1329], doch überwiegen wëſen und ghewëſen; vgl. Huyd. op St. 1, 449.

2) α) *moet*, *moetes*, *moet*; pl. *moeten*; pract. *moeſte*. β) *wët*, *wëtes* (2, 183.), *wët*; pl. *wëten*, *wët*, *wëten*; pract. *wiſte* (Rein. 344. Maerl. 2, 222.) [p. p. ghewëten Floris 40.] γ) *döch*, *doghes*, *döch*; *doghen*; *dochte*. δ) *mach*, *moghes* (2, 128.) mach; *moghen*; pract. *mochte* II. pl. *mocht* (f. moehtet Rein. 282.) [auch f. mochte. Roſe 12839. 13014. 13103. Karel 1, 321. 230. Walew. 1855. 1867. 3910.]; part. pract. *ghemoghen* Rein. 325. [Lanc. 24828. 23316. Walew. 9744. overmoghen Roſe 628. vermogen Karel 1, 1130. 1147.] ε) *ſal*, *ſules* (?) *ſal*, pl. *ſulen*, *ſult* (neben ſont) *ſulen* [ſelen Maism. 150ᵃ etc. Roſe 13497 : beveſen. Cliguett 132. van den boute 234. Karel 1, 435. 514. Lanc. 29976.]: pract. *ſulde* neben *ſoude*. ζ) *an* oder *jan* (Huyd. op St. 3, 309. 310.) onnes, an, pl. onnen;

praet. *onfte*; ebenfo veronnen und wanconnen (beide invidere). *can*, *connes*, *can*; *connen*; praet. *confte* [can f. confte Rofe 13074. Karel 1, 365] inf. connen (1, 440.). 0) *dar*, *dorres*, *dar*; pl. *dorren*, *dorret* (Rein. 348.) *dorren*; praet. *dorfte* (Huyd. op St. 3, 429.) [ghedorren Rofe 1596. 11546.]. 1) *daerf* (auch dërf gefchr.) *dorves*, *daert*; pl. *dorven*; das praet. finde ich nicht [auch dorfte Stoke 3, 430. bedorfte Elopet p. 334. 335.]

3) *wille*, *willes* (?) [wils Maerl. 2, 337. wout (vis) Maerl. Knftn. 28ᵇ (: fout) Maerl. 2, 276. 3, 253.] *wille*, pl. *willen*; praet. *wilde* [wilds (voluifti) Maerl. 3, 286] und daneben in denfelben quellen *woude*, doch erfteres öfter, zumahl aufser reim; im reim beide auf hilde, milde, foude, goude etc.; *wouts*, *fouts* (velles, deberes 1, 340.) fteht f. woudes, foudes.

4) *doen* macht das praef. *doe*, *does*, *doet*; pl. *doen*; praet. *dëde* (: mëde, fëde, ftëde Rein. 283. 353. Maerl. 3, 230. 247.) *dades*, *dëde*; pl. *daden*; praet. conj. *dude* (3, 210); part. praet. *daen*.

5) *hëbben* macht das praef. I. *hëbbe* II. *hëves* oder *hëfs* III. *hëvet* oder *hëft* [heift Walew. 3422. hevet 3424.]; pl. I. *hëbben* II. *hëbt* (nicht hëbt) f. hebbet, III. *hëbben* [ebfi f. hebben fi Maerl. 3, 258. hebfi 289. hebwi (habemus) 260. hebfte (habes) Potter 4, 1068. 1136.]; man merke die verfchiedenheit der III. fg. von II. pl. (welche perfonen in der regelmäfsigen conj. immer gleichlauten) fie rührt daher, dafs II. III. fg. ungeminierte, alle übrigen perf. gem. form befitzen, in genauer einftimmung mit dem angelf. (f. 908.). Das praet. heifst *hadde* (f. habde). —

6) *bildungen mit w, j, h*: α) das w bleibt im praet. ftehen: dauwen (rorefcere) dauwede; bouwen (colere) bouwede; fcouwen (videre) verduwen (opprimere) verduwede (1, 331. 2, 230.); vernuwen (renovare) fcuweu (vereri) fpuwen (fpuere). — β) das j wird zu i (vgl. oben f. 483.): bloejen, bloeide; unnejen; faejen; waejen; bloejen, bloeide; gloejen (candefcere) moejen (fatigare) roejen (remigare) fcoejen (calceare) fcoeide (Rein. 359.) vloejen (fluere) etc. die quellen fchreiben im praet. lieber blaide, vloide. — γ) h ift allenthalben unterdrückt: verfmaen (contemnere) verfmade (3, 210.) vlaen (excoriare) vlade (merkwürdig das ftarke part. praet. ghevlaen oder ghevlëghen nach conj. VII. Huyd. op St. 2, 359. 583.) ghefcien (contingere) ghefeiede; lien (fateri, nie auf ghefcien reimend, fondern auf abien, occafien, philofophien, toverien ſi 1, 136. 139. 200. 347.) praet. liede (1, 162. 255.); wien (confecrare) wiede; nien (hinnire) niede (1, 195.); gheroen (quiefcere, : doen 2, 209.) roede.

7) brinqhen, *brochte*; dënken, dinken (cogitare) *dachte* und *dochte*; dunken (videri) *dochte*; wërken, *wrochte* [wrachte Floris 1530],

900   II. *neuhochddeutfches verbum.*

part. ghewracht (1, 124.); focken (quaerere) *fochte*; rocken (curare) *rochte*; vruchten (timere) *rrochte* (2, 421.) duchten (timere) *dochte*; dochte kann viererlei bedeuten: cogitavit, videbatur, timuit und proluit (von doghen) vgl. Huyd. op St. 1, 361. 2, 364. 3, 98. 168. 379.

Das *mittelenglifche* verbum übergehe ich diesmahl, bemerke nur die fortdauer des angelf. höht (f. 898.) und äxle (909.), jenes lautet *hiht* (oder hight, ungut hihte, highte) z. b. Triftr. 99. 100. fowohl für nominabar als promifi (Triftr. 105. wo falfchlich bihigh ft. bihight) zuweilen fürs part. promiffus (Triftr. 117.) vgl. Tyrwhit zu 1016. C. T. Für ivit ficht bald *yôde* (: flôde, gêde Triftr. 98. 106.) bald yêde, gêde (: manhêde, dêde etc. ibid. 100. 110.). [the sy *tocón* (zerkein) Alifaundre 573. (vgl. 785 flôn, agf. flân). *cuvfte* f. caught. Amis and Amil. 2455.] —

Neuhochdeutfches verbum.

Vorbemerkungen: 1) da die kurzfilbigkeit der wurzeln verfcherzt ift, kann von wegfallendem ftummem e in einfachen wörtern keine rede feyn. 2) das tonlofe e wird (anlehnungen und metrifche elifionen abgerechnet) niemahls apocopiert: ich nême, füre, mâle (molo) mâle (pingo) etc. auch nicht fyncopiert vor -n: nêmen, fâren, mâlen; wohl aber vor -ft und -t, nämlich a) ohne ausnahme in II. III. praef. fg. ftarker form, fobald vocalwechfel eintritt, z. b. hältft, hält; færft, fært; wirfft, wirft; trittft, tritt; ræthft, ræth; nicht: færeft, wirfeft, hälteft etc. β) gewöhnlich in denfelben perfonen ftarker form ohne folchen vocalwechfel: heißt, gießt, fcheint; ausg. nach wurzelhaftem t, d: bieteft, bietet; reiteft, reitet; meideft, meidet; und nicht bietft, biet. γ) gleichgültiger darf es in II. III. praef. fchwacher form, fo wie II. pl. praef. und praet. ftarker bald bleiben, bald wegfallen: löbeft, löbet neben löbft, löbt. Fühlbar wirft man in der III. fg. lieber aus, in II. pl. lieber nicht, es heißt eher ihr löbet, als er löbet; auch die II. fg. und pl. conj. hegt das e: du gêbeft, dieneft; ihr gêbet, dienet. — 3) von fyncope des e im praet. fchwacher conj. näheres dort. — 4) in mehrfilbigen bildungen -el, -em, -en, -er, -ig hat die flexion noch ftummes e, welches bei -el, -er richtig fyn-, nicht aber apocopiert wird, z. b. ficheln, klingeln, ändern, wundern; fichelft, änderft; fichelt, ändert; hingegen: fichele, ändere (wie oben f. 753. dunkele, mägere) ftatt: fichel, änder. Tadelhaft wäre fichlen, wundren; fichlet, wundret; erlaubt ift: fichle, wundre. Bei den bildungen

II. *neuhochd. verbum. starke conjugation.*

-em, -en bleibt das e der flexion, man verstößt das der ableitung: åthmen, widmen, zeichnen, regnen (nicht regen, analog dem dat. pl. regen, pluviis, ft. regenen); die mit -ig behalten beides den vocal der flex. und abl. z. b. schædigen (nicht schædgen). — 5) die flexionsconfonanten beider formen find im praef. dieselben, wie im mittelh., außer daß in III. pl. nunmehr *-en* statt des mhd. *-ent* eintritt, folglich I. und III. pl. ganz zuf. fallen. Hiervon macht felbft das anomale find (funt) nicht eigentlich ausnahme. [Im 16. jh. noch oft thůnd (faciunt und facimus); bei Hans von Wildek (1516) noch oft -nt: werdent, ko- rent, fůchent.] ¹)

Starke conjugationen.

im praet. die bedeutende abweichung vom mittelh., daß II. fg. nicht mehr auf -e mit umlaut, fondern auf *-eft* ohne umlaut, ausgeht [etwa wie in der decl. die gen. dat. fg. fem. hende, tæte aufgegeben find; — Gryphius i für ie: lif: ergrif Leo 1, 410. fil: wil 1, 520. liſ: biſ 2, 313.]; einzelne conjugationen: I. falle, fiel, fielen, fallen; halte, hielt, hielten, halten; hange, hieng, hiengen, hangen; fange, fieng, fiengen, fangen; das praet. gieng, part. gangen hat ein unorg. praef. gehe, gehft, geht, inf. gehen (ohne zweifel aus mhd. gên, geſt, get entfprungen); [wielt II. Sachs I, 458ᵃ. auffallend hiendlen f. handelten Herberft. ed. Karaj. 103. 126. 134. fpalte, fpielt noch Teuerd. 59, 32. Reblun 163. irry (iere) araret weisth. 1, 40. p. p. gefalzen. verfalzen. gebannen Simpl. 2, 386. erwappen Becherer p. 23. — anfulen f. auflelen Garg. 268ᵃ] — II. da fcheide nach irriger analogie in VIII. übergeht [das p. p. befcheiden noch als adj. neben befchieden], fo bleibt das einzige: heiße, hieß, hießen, heißen. [heifchen, hiefch Knifersb. bibl. 82ᵇ·ᵉ hiefchen Bange 138ᵇ haft du brav geheifchen? Goethe 8, 149.] — III. haue, hieb [hiu K. fch. der pen. 82ʳ], hieben, hauen; laufe, lief, liefen, laufen (lof f. lief Katzmair 81. H. Suchs 1, 169ᵇ 97ᵈ uber lief 171ᵃ luſſo (currerel) faftn. 266, 18. verloſſen Oberon 3, 26. 9, 47. 50. kamen loſſen Spee trutzn. 45. eingeloſſen 65. geliſſen Plater 36 und ofter]; rufe, rief, riefen, rufen; fchrote, fchriet; ftoße, ftieß; [p. p. gebauwen Fifchart geiftl. lieder p. 114. gerauene fache Golth. erz. 2, 174. kaufe, kief unorg.] — IV. fchlåfe, fchlief, fchliefen, fchlåfen; ebenfo: bråte [brut f. briet rockenph. 3, 58]; råthe; laße (ohne contraction); blåfe; [fahe; hahe; ftrafe, ftrief Schårtlin p. 51. Th. Platter 42. dial. Maria E 4ᵃ F 3ᵃ. micken = machten Firmenich 1, 399ᵇ vgl. gemachen f. gemachet bei Hugo v. Montfort (anf. des 15. jh.) Berl. jb. 7, 312. 313. 314.] — VII. måle, målft, målt; praet. veraltet, part. noch målen; die praet. ftund,

---

¹) Merkwürdig: da fpielt und lacht und fungen wir. Günther b. Wackernagel 2, 500.

ſtunden, part. ſtanden bildeten (analog dem gieng, gangen) auch der mhd. kürzung ſtên, ſtêſt, ſtôt ein falſches praeſ. ſtebe, ſtebſt, ſtebt, welches allmählig mit neuem irrthum den ablaut a der zehnten conj. (ſëhen, geſchëhen) herbeiführend die nebenform ſtand, ſtanden zeugte, wo nicht die verderbnis von bunden, ſturben (conj. XII.) in banden, ſtorben ein ſtunden f. ſtunden, folglich ſtand f. ſtand nach band, ſtarb veranlaſste: färe, für, fären, füren; ſchwœre geht in XI. über [ſchwur noch richtig irrg. der liebe 284]; gräbe, grub, gruben, graben; hebe, hub, huben, haben in XI. ſchwankend [p. p. erhoben neben adj. erhaben]; ſchaffe, ſchuf, ſchufen, ſchaffen; läde, lud, luden, laden; waſche, wuſch, wuſchen, waſchen; backe, buk, buken, backen [ich buch II. Sachs 1, 347ᵈ]; ſchläge, ſchlüg, ſchlügen, ſchlagen; wachſe, wuchs, wuchſen, wachſen. (ſchaden, ſchůd Frey cap. 50. Frank weltb. 232ᵇ; wůt II. Sachs 1, 348ᵇ; bnd f. badete (wie hxl f. ladete) Wickr. im Albr. von Halb. 132ᵇ; verjungen froſchm. Oo 3ᵇ; mülen Kl. red. 1565, 329ᵃ; ungelaſchen B. Waldis 371ᵇ kalb gar ungelachſen 88ᵃ greulich ungelachſen II. Sachs II. 3, 120ᵈ; verſchaben Waldis 208ᵇ abgeſchaben Simpl. 251.] — VIII. kann in zwei claſſen getheilt werden 1) vor ten. und aſp. haben praet. und part. kurzes i und geminierte conſonanz: greife, griff, griffen, griffen; keife; kneife; pfeife; ſchleife; gleite, glitt, glitten, glitten; reite; ſchreite; ſtreite; (inconſequent auch ſchneide, ſchnitt, ſchnitten und leide, litt, litten); beiße, biß, biſſen, biſſen; befleiße; reiße; ſcheiße; ſchleiße; ſchmeiße; bleiche, blich, blichen, blichen; gleiche; ſchleiche; ſtreiche; weiche. [kreiße, kriß (parturio) Adelung; kreiſſen, p. p. kriſſen II. Sachs 5, 344ᵇ 352ᶜ; preuß. begleiten, beglitt: p. p. geglitten Opitz p. 267 der troſtged. mit treben beſigen (befallen) Wickram und Lorich 426ᵇ mit blut beſigen 431ᵇ ein veſper wol eingelitten (geläutet) Garg. 246ᵃ bedillen (von bedeuten) franz. Simpl. 2, 395. 382.] 2) bei vocaliſch ſchließender wurzel, ſodann vor liq. med. und ſpir. langes i (geſchrieben ie): ſchreie, ſchri, ſchrien, ſchrien [ſchrier (ſchrie) II. Sachs I. 5, 529ᶜ IV. 3, 70ᶜ ſchrauen (ſchrien) Plater 94. Senkenb. fol. 4, 694.]; ſpeie, ſpi, ſpien, ſpien; ſcheine, ſchin, ſchinen, ſchinen; bleibe, blib, bliben, bliben; reibe; ſchreibe; treibe; meide, mid, miden, miden; ſcheide, ſchid, ſchiden, ſchiden (dieſes unorg. aus II. hierhergerückt, durch vermengung des ie mit i) [im adj. beſcheiden (modeſtus) noch das alte part. über, jetzt abweichend vom part. beſchieden]; preiſe (celebro) pris, priſen, priſen (ein fremdes wort, das ſich aus der ihm gebührenden ſchwachen form: praet. preiſete, part. gepreiſet hierher eindrängte) weiſe (monſtro) wis, wiſen, wiſen (gleichfalls org. ſchwach, praet. weiſete); ſchweige, ſchwig, ſchwigen, ſchwigen; ſteige; gedeihe, gedih, gediben, gediben [neben dem p. p. gediehen noch als adj. gediegen]; leihe; zeihe. (ſchneien, ſchnye (ſchneite) Simpl. p.601. geſchnien Amadis 311; freien, gefrien Sam. Müllers chron. von

Sangerhausen 73. 83. 195. 206 gefrichen Wickr. und Lorich 322;
bekleiben, beklieb, beklieben; ich hab kriegen (gekriegt) Sir. 29,
34; er hunt grinn (gegreint) Grübel. — Refte des alten fing.
praet. angreiff Luther 5, 53ᵃ ergreiff 61ᵃ fchmeis 54ᵃ fchreib u. a.
abbeiß II. Sachs 2, 4, 5ᵇ fchneid noch zeitvertr. p. 1.] — IX.
wiederum zwei claffen: 1) vor alp. kurzes o und gem. (das
einzige beifpiel von ten. folgt unorganifch der zweiten claffe
biete, bôt, bôten ftatt bott, botten, wogegen umgekehrt fiede,
fott, fotten f. föt, föten gilt): lchliefe, fchloff, fchloffen, fchloffen;
triefe, troff, troffen, troffen; fnufe, foff, foffen, foffen; diefe, doff,
doffen, doffen; verdriefte; fliefe; giefe; fchiefte; fchliefte; krieche,
kroch, krochen, krochen; rieche. 2) vor med. und fpir. langes
ô: fchiebe (verfcheubt (fchiebt) erzfehrein 15ᵇ], fchôb, fchôben,
fchöben; fchniebe neben fchnaube (anhelo) fchnôb, fchnôben;
ftiebe neben ftaube; fchrmbe (nicht fchriebe) fchrôb, fchrôben,
fchröben; erkiefe, erkôr, erkôren, erkôren; verliere, verlôr, ver-
lôren, verlôren; friere, frôr, frôren, frôren; biege, bôg, bôgen,
bôgen; fliege; fchniege; lûge, lôg, lôgen, lôgen; trûge oder
triege, trôg, trôgen, trôgen; fauge, fôg, fôgen, fôgen; fliehe, flôh,
flôhen, flôhen; ziehe, zôg, zôgen, zôgen [wir zohen von leder
Felfenb. 1, 47; rawe (rente) Opitz nuhi 2, 191. p. p. verbrauen
Schweinichen 1, 337. vorgeblauen 2, 23.] — X. gebe [II. Sachs
noch geit f. gibt, begeit f. begibt], gûb, gâben, gêhen; (wêbe in 9ʷⁱ
XI. überg.); bitte, bât, bâten, bôten; trête, trât, trâten, trêten;
effe, âß, âßen, effen; freße; vergeße; melfe; litze, fäß, fäßen,
feßen; lêfe, lâs, lâfen, lêfen; genêfe [man fagt: er liefet, lieft
aber kaum: er geniefet, genieft, fondern geneft, obwohl genâs
und p. p. genefen]; von wêfen nur wâr, wâren, wêfen übrig,
kein praet.; lige, lâg, lâgen, lôgen; (pflege und wêge in XI.
überg.); gefchehe, gefchâh, gefchâben, gefchôhen; fehe, fâh [man
findet im 17 jh. und in der erften hälfte des 18 oft fahe f. fah;
felbft Vofs II. 14, 293 braucht fahe], fâhen, fêhen; [p. p. ver-
wegen. knetten (geknetet) Burc. Waldis 206ᵃ gekneten rocken-
phil. 3, 17. kam ich auch daher gekneten faftn. 818. nunkknetten
faftn. 261, 23. praet. knat II. Sachs 1, 531ᵃ; in mundarten noch
das p. p. gegefen (fermentatum) liefl. Hnpel p. 73.] — XI. 1) mit
bleibendem a im praet.: hôle praet. fchwach, part. noch ftark
bôlen; ftêle, ftâl, ftâlen, ftôlen; befêhle, befâhl, befâhlen, be-
fôhlen (ft. befelche, befalch etc.); nême, nâm, nâmen, nommen;
komme, kâm, kâmen, kommen; gebære, gebâr, gebâren, gebôren;
berfte, barft, barften, borften; treffe, trâf, trâfen, troffen; drefche,
drafch, drâfchen, drofchen; breche, brach, brâchen, brochen;
fpreche und fteche ebenfo; räche, praet. fchw., part. rochen;
erfchrecke, erfchrâk, erfchrâken, erfchrocken. (fechen, fach, ge-
fochen Steinbach 1, 473. gebolen (geworfen) fr. Simpl. 2, 390.
gezommen: genommen Seukenb. fel. 4, 685] 2) nachftehende aus
X. und VII. ber gedrungene fchieben o auch in den fg. praet.:

webe, wôb, wôben, wôben; pflüge, pflôg (neben pflâg und pflêgte) pflôgen, pflôgen; wäge, wôg, wôgen, wôgen; erwæge, erwôg etc.; fechte, focht, fochten, fochten; flechte, flocht, flochten, flochten; schwære (juro) schwůr, schwören (neben schwůr, schwâren) schwören; bebe, bôb, hôben (neben hůb, hůben) hôben; gære (fermentesco) schwære (ulcero) praet. schw., part. stark: gören, schwören: erlösche, losch, loschen. [schere, schor, bei Luther schur: beschur 2 Sam. 14, 26.] — XII. 1) mit bleibendem a im praet. sg., welches zugleich, mit ausnahme von *wurden*, den pl. einnimmt: helfe, half, halfen, holfen; gelte, galt, galten, golten; schelte, schalt, schalten, schollen; schwimme, schwamm, schwammen, schwommen; beginne, begann, begannen, begonnen; rinne; spinne, sinne (cogito) [besinnest f. besonnest. sänftensel D 3ᵇ]; binde, band, banden [schon Felsenb. 1, 83], bunden; finde [funden Felsenb. 2, 527]; schwinde, winde; finke, sank, sanken, sinken; stinke, trinke; dringe, drang, drangen, drungen; klinge; gelinge; ringe; singe; springe [sprungen Felsenb. 2, 511. ich sprung 2, 515]; schlinge; schwinge; zwinge [zwungen Felsenb. 1, 82]; wirre hat mit schwachem praet. nur das part. worren; verderbe, darb, darben, dorben; sterbe; werbe; werfe, warf, warfen, worfen; werde, ward, wurden (nicht warden) worden; berge, barg, bargen, borgen; [hank (hinkte) Herberstein 118. karn H. Sachs IV. 3, 70ᶜ schank (schenkte) Conr. v. Weinsb. 16. Garg. 260ᵃ scherren, schirrt, geschorren: verschirrt Opitz 1, 133. verschorren (verscharrt) Opitz mihi 1, 47. Harnisch 264.] — 2) mit u oder o auch im sg. praet. quelle, quoll [quall Felsenb. 2, 503. froschm. oft], quollen, quollen, belle; schwelle; schalle (st. schelle) scholl, schollen, schollen; schmelze, schmolz, schmolzen, schmolzen; melke, molk [malk Keisersp. omeiß 12ᵇ malke Ismene p. 13], molken, molken; dinge, dung, dungen, dungen [glimme, glomm (glam J. Böhme Aur. 155), glommen, glommen; klimm, klomm, klommen, vgl. beklommen; p. p. zerschmollen (zerschmellet) Albertini narrenh. 229. Winkelfeld 300; ich habe mir gemolden Eckensteher; verschrumpen maul unw. doct. 746; eingesunken froschm. Hb VIIIᵇ; aufgedunsen. aufgetrunsen. bair. verwunschen. gewunken schuldb. 31. zerphlunsen Kaisersb. brosaml. 51ᵇ verzwunzen Lazarillo p. 101. der und nicht lang verzwunzen sein. Grobian. 149ᵇ mongen, imc mongen (gemengt, eingemengt) Kuhn westf. sagen 2, 243. 244. gesorsen saltn. 261, 7.]

Anmerkungen: 1) (*vocale*) α) im verhältnis des e zu i praef. ᵃᵉˢ ind. sg. die wichtige änderung, daß pers. I. e und kein i bekommt, folglich mit I. praet. conj. zus. fällt: gebe, nême, werde¹); II. und III. behalten i: gibst, nimmst, wirst, gibt, nimmt, wird; (desgl. sg. imp. gib, nimm; ausg. *werde* st. wird) [werde z. b.

---

¹) H. Sachs sagt noch ich iß (edo) II. 4, 5ᵃ ich gib II 4, 27ᶜ ich bring II. 4, 29ᶜ ich sicht III 3, 10ᵇ brich ich II. 4, 23ᵇ.

Felſenb. 2, 404. werde wie ein rebe! hohelied 2, 17]; offenbar
miſchte ſich die analogie des unl. a ein bitten, lägen, ſitzen
bewahren das i überall, ebenſo plur. praet. conj. VIII. und prae-
ſentia conj. XII. vor m und u. — 3) das o iſt vorgerückt und
gilt nicht bloß im part. praet. ſondern auch pl. praet. conj. IX.;
ferner im part. praet. XII. vor mm, nn; n bleibt nur vor nd,
ng, nk. — 4) ie und eu verhalten ſich zwar im ſg. praeſ. ind.
conj. IX. wie e und i in X. XI. XII., d. h. auch hier darf nicht
I. z. b. kreuche ſondern nur II. III. kreuchſt, fleußt, kreucht
lauten. Allein dieſe eu-form ſtirbt aus und wird mehr von dich-
tern gebraucht, als in proſa, wo man kriechſt, kriecht vorzieht.
Einige haben im praeſ. au für ie, andere ſchwanken zwiſchen
au und ie, andere fehlerhafter zwiſchen ie und ü (lügen, trügen)
— 5) umlaut gilt a) in II. III. praeſ. ſg. ind. I. IV. VII. des a
in ä, â in æ, als: falle, fällt; ſchläfe, ſchlæſt; füre, fært; auch
vor lt, halte, hält (ſt. hältet) natürlich aber nicht in den ſchwach-
gewordenen ſalte, ſaltet; ſalze, ſalzet; dem ſtarken ſchaffſt, ſchafft
mangelt er gleichfalls. b) au und ú in conj. III. meiden den
umlaut, haue, haut; rüfe, rüft, nicht heut, rüft; ö hingegen hat
ihn: ſtöße, ſtœßt. c) das praet. conj. lautet a in ä, â in æ, u in
ü, o in ö, ô in œ um: bunden, bände; gäben, gæbe; wurden,
würde; ſtunden, ſtände; füren, füre; troffen, tröffe; böten, bœte
[aber man ſagt noch ſtärbe, erwärbe (vgl. würde), nicht ſtärbe,
erwärbe wie bände, ſpänne, ſände, tränke.] — z) aus vernich-
tung der alten kürzen erwächſt dem ablaut großer ſchade; conj.
I. und IV. fallen zuſammen; augenſcheinlich leiden die verhält-
niſſe der achten und neunten. Welch ein abſtand der formen
ſtreiten, ſtritt, ſtritten; triefen, troff, troffen von den mhd. ſtriten,
ſtreit, ſtriten; triefen, trouf, truffen! Die praet. ſg. mid, ſtig,
troff laßen ſich nach der buchſtabenlehre den mittelh. meit, ſteic,
trouf gar nicht vergleichen, aus meit hätte ein neuh. meid (wie
aus leit, dolor, leid) aus trouf aber trauf (wie aus louf lauf)
werden müßen. Sollte durch mid ſtatt meid zuſ. troffen mit
dem praet. meide verhütet werden? dieſer grund paßt nicht zu
troff, kroch, weil trauf, krauch wohl unterſchieden geweſen wären
von triefe, krieche. Ich erkläre die ſache ſo: die nunmehrige
gleichheit der langgewordenen plurale böten mit dem ſg. bôt
und der ſg. gâb, näm mit dem pl. gâben, nâmen (wobei wieder
die analogie von hieng, hiengen; für, füren anfechtung) verleitete,
nicht nur den pl. miden, bögen auf den ſg. mid (ſt. meid) bög
(ſt. bang) anzuwenden, ſondern noch fehlerhafter nach ſtritten,
troffen, krochen ſogar den ſg. in ſtritt, troff, kroch zu kürzen.
Überhaupt iſt *gleichheit der ablaute im ſg. und pl.* allmählig
durchgedrungenes princip der neuh. conjugation, woraus theils
die pl. nach den ſg. (band, banden; bôt, bôten) theils die ſg.
nach den pl. (mid, miden; ritt, ritten; troff, troffen; gâb, gâben;
wôg, wôgen; quoll, quollen; ſchmolz, ſchmolzen und ſelbſt dung,

dungen) herfließen. Eintönigere, ungefchmeidigere geftaltungen gegenüber dem früheren organismus; fchwankende oder doppelte formen (band, banden; dung, dungen; pflûg, pflûgen neben pflôg, pflôgen etc.) in natürlich gleichem verhältnis. Von jenem zuf. treffen des fg. und pl. macht in der regelmäßigen conj. *ward, wurden* einzige ausnahme, obfchon neben ward die fehlerhafte form *wurde* (beßer wäre wurd, wie dung) angenommen ift (und im 16 jh. z. b. Bocc. II. Sachs oft warden für wurden]; mehrere zeigen fich bei den anomalien: mag, mœgen; kann, können; weiß (nicht wiß, wie riß, biß) willen; darf, dürfen, wo man die analogie nicht mehr fühlte; (vgl. noch brach, brächen; drafch, dräfchen?). — 2) (*confonanten*) alle confonanzverhältniffe find weit einfacher, als im mittelh., d. h. in- und auslaute vollkommen gleich. Inlautende geminata und med. bleibt auch auslautend; t ift die einzige vorkommende tenuis, auslautend faft bloß im fg. imp. (reit, ftreit, biet) da der fg. praet. geminiert (ritt, ftritt) ausgenommen bôt, bât, trât. Vor dem -t der III. fg. praef. wird das wurzelhafte t ausgeftoßen in hält¹), rœth (= ræt, oben f. 525.) ft. hältet, ræthet (II. pl. aber haltet, ræthet, nicht halt, rath); in tritt, bietet, reitet (nicht trit, biet, reit) muß es bleiben. In einigen fällen hat inlautende gem. die alte vocalkürze gerettet: nimmft, nimmt; kommen, kommt, kommft, kommt; genommen, gekommen; ritten, geritten; fotten, gefotten; wie man fieht unficher, da kein nemme, nemmen (= komme, kommen) fondern nême, nêmen befteht, noch weniger im praet. kamm, namm (f. kâm, nâm). Bei andern fyncopen der II. III. fg. fchwankt die ausfprache zwifchen gibt und gîbt (giebt auf liebt reimend); gibt ift dem hebt, grebt etc. analoger. Die mittelh. ff und zz (treffen, fchaffen, eszen, biszen) entfprachen dem neuh. ff und ß (wofür in eßen, bißen eigentlich eßßen, bißßen fteben müße, was auch die unorg. fchreibung eſſen, biſſen zu erreichen fucht), der vocal bleibt bald kurz (fchaffe, fchafft' eße, ißßt, ißt; biß, bißen) bald wird er lang (trâf, âß) auch vor ch fchwanken länge und kürze: brach oder brâch etc. — r ftatt f dringt aus den pl. wâren, frôren, kôren, verloren in die fg. wâr, frôr, kôr, verlôr (begreiflich nach gleichheit der ablaute), von da in die praefentia: friere, verliere (doch noch kiefe, nicht kiere). — h, welches in fchlägen völlig verdrängt ift, dauert in leihen, zeihen, fliehen, fehen, gefchehen ohne einmengung des g; ziehen aber bekommt im praet. letzteres: zôg, zôgen. — 3) (*einmifchung fchwacher form*): fchwœren (f. fchwœren oder fchwæren; wie mundartifch öpfel, möufch f. äpfel, epfel, meufch) hêben, bitten, fitzen; fg. imp. fchwœre, hêbe, bitte, fitze

---

¹) Gleich diefem hält ift gilt und fchilt f. giltet, fchiltet. Diefe contraction findet fich nicht bei fchwachen verbis, es heißt z. b. waltet, fchaltet, faltet, meldet: auch fpaltet (findit) faltet, obgleich gefalten, gefpalten.

II. neuhochd. schwache conjugation.

[nicht selten sind schw. imp. fliehe! siehe! lasse! (lasse war analogie?) bleibe treu! Goethe werke 1, 291. ausg. von 1815 vergesse mich nicht! kann man anders sagen als entscheide? Luther: Ruth 2, 9 trinke; 5 Mos. 3, 27 steige; 16, 1 halte.]. Viele verba, die im mittelh. noch stark conjugierten, gehen nunmehr schwach; einige haben neben starkem part. praet. ihr praet. geschwächt oder schwanken zwischen schwach und stark, z. b. mälte, backte, pflegte, wirrte, bellte [im marianischen rosengarten 2, 137 sogar: bindete, sinckte. — Die gemeine aussprache und manche bücher des 16. 17. 18 jahrh. hängen dem starken praet. ind. ein -e an, namentlich: sahe, kame, namic und sturbe (f. starb, wie wurde f. ward); es ist die rückumgelautete conjunctive form. Doch Mich. Behaim und H. Sachs schreiben nicht allein kaime, name, sondern auch vande (f. vand) nicht vunde. Simpl. und Philander stets in I. und III. praet. ein -e: hielte, liefe, riethe, gienge, kame, lase, sande, bate, fuhre, griffe, sehliche, sosse, molke, sonne (f. sann) vgl. flache, brache Fleming 499.]

Neuhochdeutsche schwache conjugation.

Die flexionen der praet. sind den mittelh. völlig gleich und es bliebe wenig anzumerken, wenn nicht theils das system der kürzungen des ableitungsvocals noch mehr entstellt worden wäre, theils der rückumlaut aufhörte. Die einzelnen ausnahmen: kannte, nannte, brannte, sandte, wandte kommen kaum in betracht, schon gelten (nicht kennte, aber) nennte, brennte, sendete, wendete daneben und die analogen rannte, trannte, pfandte, schwandte, schandte sind unzulässig, man sagt: rennte (vielmehr rannte], trennte, pfändete, schwendete, schändete. Um so viel mehr in allen übrigen: gällen, gällte; kämmen, kämmte; engen, engte; senken, senkte; decken, deckte etc. [Älter satzte. 10 ehen p. 166. 172 und überall, noch Chr. Weise. entsatzte ich mich Leipz. av. 2, 144: noch fast allgemein bis ins 18 jh. forchte oder furchte (timebam) unterschieden. vom praet fürchte; druckte 10 ehen 29. ruckte Felsenb. 2, 90. markte (von merken) 3, 377. zatte (von zetten) Hildebrand 68. ernart sich Plater 60. abzwackte wol von abzwecken, hernach sagte man abzwacken; getrannt (für getrennt) Günther 287.[1])] Ein unterschied erster und zweiter conj. läßt sich nicht mehr durchführen; alle vormahls kurzsilbigen beider conj. sind jetzt langsilbig. Das praet. aller schwachen verba wird in der regel syncopiert: nären, närte; legen, legte; drähen, drähte; salben, salbte; minnen, minnte etc. die volle form: närete, legete, salbete etc. klingt gezwungen feierlich. Eine zahlreiche ausnahme machen aber die verba, deren wurzel mit t, d, tt, lt, nt, rt, st, ft, cht, dt, ld, nd, rd schließt [f. nachtr.], sie stellen, statt der wohllautenden mittelh. syncope, gerade den

---

[1]) Ausdehnung des umlauts: schwächen, mhd. swachen, säumes, mhd. sûmen.

II. *anomalien der neuhochd. conjugation.*

ableitungsvocal wieder her, gleichviel ob fie früher der erften oder zweiten conj. zugehörten, als: wâten, wâtete; hüten, hütete; leiten, leitete; laden, lâdete; rêden, rêdete; retten, rettete; fchütten, fchüttete; falten, faltete; renten, rentete; härten, härtete; beften, heftete; leiften, leiftete; liehten, liehtete; tödten, tödtete; melden, meldete; wunden, wundete; morden, mordete [p. p. ausgekundfchaft Felfenb. 2, 455. ausgearbeitet fell. hebamme 707.]. Die fprache hat das bewußtfeyn ihrer alten, großen mittel eingebüßt; fie ftrebt nach deutlichkeit und wohllaut, erreicht aber nur eine ängftliche, nur einen befchränkten; ladte, redte, rettete, endte fchien ihr zu hart, latte, rette, ente zu gewagt, lâdete, rêdete, rettete, endete blieb einzig ausweg. Selbft dem fante, wante fügte fchreibung ein d hinzu; bemerkenswerth ift auch, daß diefe ausnahmeweifen rückumlaute auf den ind. eingefchränkt find, ihr praet. conj. heißt kennte, brennte, nennte, fendete, wendete, nicht kännte, nännte, fändte, wändte. Das praet. conj. fchwacher form lautet niemahls um, außer in den anomalien. Bildungen mit *d, er, ig* ftoßen e vor dem -te regelmäßig aus: fchmeicheln, fchmeichelte; figeln, figelte; wundern, wunderte; fchædigen, fchædigte; die mit *em, en* lieber das bildungs-e und behalten jenes: âthmen, âthmete; rêgnen, rêgnete (nicht âthemte, rêgente) [albernen (drüpere) ungewißenh. apotheker 110; — bildungen mit -*ez* ftoßen das e allenthalben in inf. und praet. aus, als: lechzen, lechzte, fchluchzen, fchluchzte etc. nicht mehr lechezen.].

Neuhochdeutfche anomalien.

1) effe vierftämmig a) III. praef. fg. ind. *ift*. β) inf. *feyn* (= fein); ind. pl. *find, feyd* (feid, f. feit) *find* [weftr. pl. bin, bin, bin Riehl pfälzer 287, wann zuerft: wir find? II. Sachs 1, 233ᶜ fein wir 230ᵃ feind wir. Fumhoam (1727) 2, 4 wir fein. 2, 62 wir feind. 2, 88 fie fein]; conj. *fey, feyft* [fchweiz. feigifcht Corr. prof. 140], *fey; feyen, feyet, feyen*; imp. *fey, feyet*; kein part. praet. gefeyn. γ) I. fg. ind. *bin* II. *bift*. δ) kein inf. wêfen, kein imp. wis, nur die formen des praet. *wâr, wârft, wâr*; pl. *wâren* [wafen (fuimus) II. Sachs I, 422ᵃ: bafen 231ᵈ (eraut) 441ᵇ watfen II. 4, 53ᵇ; waft (luiftis): faßt Km nr. 1.]: conj. *wærre*; part. *gewêfen*.

2) *muß, innft*, muß; pl. *müßen*; praet. *mufte*; conj. *müße*; praet. *müßte*. β) *weiß*, weißt, weiß; *wißen*; praet. *wufte*; conj. *wiße*; praet. *wüfte*. γ) *mag, magft*, mag; *mögen*; praet. *mochte*; conj. *möge*; praet. möchte. [auffallend das mundartliche moer, moerft, moer für mag, magft, mag (kuhländch. p. 408) vgl. das krain. moru, morem f. mogu, mogem.] — δ) *foll, follt, foll; follen*; praet. *follte*; conj. *folle; follte* (nicht *föllte*). — ε) *kann, kannft, kann; können*; praet. *konnte*; conj. *könne*; praet. könnte. — ζ) *darf*, darfft, darf; *dürfen*; praet. *durfte*;

II. *anomalien der neuhochd. conjugation.* 909

conj. dürfe; dürfte. — *anm.* a) die inf. und plur. ind. lauten um: müßen, mœgen, können [hat kundten = können. Alberus wider Witzel II 4ᵇ kunft = gekonnt Neumann weistb. 85. 100], dürfen; follen bleibt (nicht füllen). b) alle part. praet. fchwach: gemuft, gewuft [weniger gewißt, aver mehr gekonnt. Lennig 45], gemocht, gefollt, gekonnt, gedurft. c) das mittelh. tar [getar leben Keiſersb. felenparad. 106ᶜ thar II. Sachs 1, 232ᵃ dar Luther br. 4, 616. 5, 340. düren und p. p. durſt 3, 2. thurſten oder kundten. pred. Luthers ed. Bindſeil p. 39] iſt ausgeſtorben; taugen und gönnen geben regelmäßig fchwach: tauge, taugſt, taugt; taugen; taugte; [taug f. taugt Burk. Waldis 179ᵇ entl. chym. 779. Opiz mihi 2, 215. Simpl. p. 464. Chr. Weiſes 3 klügſte leute p. 86] gönne, gönnſt, gönnt; gönnen; gönnte [gan, vergan hat noch Burk. Waldis 49ᵇ Aimon q 4ᵇ auch froſchmeuſeler G vᵃ gan (gönnt) G rᵃ gans (gönnts) Hen. Eckſtorm (1592) vergan (miegönnt) p. p. vergunnt (vergönnt) Neumann 104. 107].

3) wollen; *will*, willſt [wilft ſ. willſt noch bei Gellert 3, 316. 326: erſtillt. Goethe 57, 111. thu was du wilt. unw. doct. 742.] will; *wollen* (wellen Wallenſteins briefe 136]; praet. *wollte*; conj. wolle; praet. wollte (nicht wöllte) [wolde, wonde weistb. 3, 857. 860. wutten (wollten) 3, 170]; part. gewollt.

4) *thůn;* thůe, thůſt, thůt; thůn [wir thund II. Sachs 1, 230ᵃ], thůt, thůn; praet. *thât*, thâteſt, thât; *thâten*; conj. thůe wie der ind.; praet. thæte; part. gethân. Dichter brauchen in gewiſſen füllen *thæt*, für 1. und III. praet. ind. (das mhd. tæt) [vorhin thæt ich wie ſie thæte Fleming 496. thâteſt (feciſti) Schuppius 903].

5) *haben;* habe, haſt, hat; haben, habt, haben; praet. *hatte*; conj. habe, häbeſt, habe; haben, habet, haben; [in der Schweiz noch für den conj. heige etc. Stald. dinl. 130] praet. hätte; [p. p. Keiſersb. felenpar. 101ᶜ 102ᵈ 104ᶜ hat gehabt f. gehabt (nach erhaben von heben)] lauter feſte formen, keiner kürzungen mehr fähig. Fürs concrete tenere gilt: halten.

6) gehen, ſtehen vorhin ſ. 982.

7) von den mhd. verbis mit w. j. h ſind manche ausgeſtorben; die gebliebenen haben entw. h (niemahls j und w) oder den bloßen vocal; verfchiedene ehdem ſtarke ſind letztern beigetreten: a) blæhen. kræhen. mæhen. næhen. fchmæhen. drähen. wêhen. ſtehen. blühen. brühen. glühen. mühen. ſprühen. drühen. β) bauen. brauen. kauen. blâuen. drâuen. freuen. reuen. fcheuen. ſtreuen. ſæen. — Die bildungsſilbe -ew dauert nur in verwitwen, in befchatten iſt fie untergegangen, in värben, gerben, fälben zu b geworden der wurzel eingewachſen.

8) bringen, *brachte*, gebracht; denken, *dachte*, gedacht; dünken, *dauchte* (däuchte), fehlerhaſt fetzen einige däucht im praeſ.; wirken und fürchten gehen regelmäßig fchwach: wirkte, fürch-

tete [im Fuuhooin immer furchte, befurchte; p. p. geforchten Jucundiffimus p. 82].
9) *frágen*; fräge, frägft, frägt; *frägte*, gefrägt: einige bilden ein mundartifches fräge, frägft, frägt; praet. *fräg*; frägen, doch kein part. gefrägen ¹).

Neuniederländifches verbum.

Die flexion gefchieht, wie in der vorigen periode, nur daß a) das -e der 1. fg. praef. wegfällt, im conj. aber erhalten wird; b) II. fg. praef. und praet. (aus gründen der fyntax, nicht der form an fich) abgefchafft worden ift; doch bleibt fg. imp. [häufig ziednar! (voyez)]. Die wiederum abweichende behandlung der wurzelvocale richtet fich nach der buchftabenlehre.

Starke conjugationen.

I. val, viel, vielen, vallen; hond, bield, bielden, bouden; zout, fpouw (findo) vouw (plico) machen das praet. fchwach: zoutte, fpouwde, vouwde, behalten aber das part. zouten, fpouden, vouden; hang, hing, hangen; vang, gewöhnlicher vå, ving, vangen; gå (nicht mehr gange) ging, gangen; hef, hief, heven; was, wies, waffen; wafch, wiefch, waffchen; has (latro) bekommt zuweilen unorg. bies ft. bafte, inf. baffen. [fciep, bies. Tuinman oude fprekw. p. 22]. — II. hèt, fchied, praet. fchwach hëtte (zuweilen noch hiet) fcheide, part. ftark hèten, fcheiden; eifch, éfch, eifchen. — III. lóp, liep, lópen; roep, riep, roepen; bouw, hieuw, houwen; brouw (braxo) praet. fchwach brouwde, part. brouwen; ftôt, ftiet, ftôten; unorg. hierher rückend: word (fio) wierd, worden und mundartifch noch andere aus XII. (f. unten). — IV. flåp, fliep, flåpen; låt, liet, låten; råd; brád; blås; blies, blåzen. — VII. vår, voer, våren; zwër (juro) zwoer, zworen; gráf, groef, gráven; dråg, droeg, drågen; flå (f. flåg) floeg, flågen; unorganifch jåg und vråg, praet. joeg, vroeg, neben dem richtigern jågde, vrågde, part. praet. gejågt, gevrågt (nicht gejägen, gevrågen); umgekehrt find von mal, lad, hak, lach die ftarken praet. moel, loed, hoek (hiek) loech den fchwachen målde, ládde, bakte, lachte gewichen, die part. aber ftark geblieben; ftå (f. ftand) hat ftond, part. geftån; von wåjen (flare)

---

¹) *Niederdeutfch* (holfteinifch, hamburgifch). Groth entfteht allen fchwachen praet. in 1 und 3 fg. das -de: hee (hat) hoe (hot) lee (litt) pl. heden, hoden, leden; mägen (mögen) hat mach (mochte) machen (mochten), weten (wifern) was (wufte) wuften, miten (mifeen) mus (mufte) muften, denken dach (dachte) dunken dúch (duchte) bringen broch (brachte) föken fõch (fuchte). — Höchft merkwo (wehte); ein wind wo (vaivô) nd. lied 16 jh. Waitz Wullenw. 2, 343. affcharf van fcharfen. ibid.

II. neunniederländische starke conjugationen.

behauptet T. Kate¹) noch ein ſtarkes praet. woei, wofür meiſtens wâide gilt. — VIII. bezwin (animo deficio); grin, grên, grênen, grênen; quin (langueo); ſchin; grip, grêp, grêpen, grêpen; nip; ſlip; blif, blôſ, blêven, blêven; drif, kif, (rixor); riſ (raſtro colligo); ſchriſ; ſliſ (amylo ſubigo); wriſ; bit, bêt, bêten, bêten; drit (merdo); krit (ploro); rit; ſchit; ſlit; ſnit; ſplite; wit (imputo); glid, glêd, glêden, glêden; lid (patior); belid (conſiteor); mid; benid (invideo); rid; ſchrid; ſnid; ſtrid; pris (laudo) pres, prêzen, prêzen; ris (ſurgo); wis (monſtro); hiſch oder his (trochlea ſuſtollo); blik, blêk, blêken, blêken; ſtrik; wik; bezwik; hig (anhelo) hêg, hêgen, hêgen; krig; mig; nig; rig (ligo); ſtig; zwig (taceo); ſchwankend dig, did, die (proficio); ſpig und ſpie (ſpina) auch nach IX. ſpuig, ſpûw (pip, pêp; kwiten (s acquitter) gequeten; in einer amſterd. flugſchrift von 1688 mehrmals: het hollandſe eſquadre heeft ſig ſo couragieus gequeten (= geſchlagen); vid, vêd, vêden (odio proſequor) führt zwar T. Kate 2, 480 an, es ſcheint aber zweifelhaft, unorganiſch und kaum vorfindlich; kiken, kêk (ſchaute) Hoffm. lieder 136. 153.] — IX. druip, drôp, drôpen, drôpen; kruip; ſluip; zuip; kluſ, klôſ, klôven, klôven; ſchuif; ſuuiſ; ſluiſ; giet, gôt, gôten, gôten; verdriet; niet; ſchiet; vliet (fluo); fluit (ſitulo); fluit (claudo); ſnuit (mungo); ſpruit; bied, bôd, bôden, bôden; vlied (ſugio); zied (bullio); kies, kôs und kôr, kôzen und kôren; verlies, verlôr (nicht verlôs) verlôren; vries, vrôs und vrôr, vrôzen und vrôren; duik, dôk, dôken, dôken; luik; riek und ruik, rôk, rôken, rôken; bedrieg, bedrôg, bedrôgen, bedrôgen; lieg; vlieg; zuig; tûg (traxi) part. getôgen hat kein praet.; krui (trudo) krôi, krôjen, krôjen (früher kruid, krôd, gekroden; ſchuilen, ſchôl, geſchôlen (latere); pluis, plôs, pluizen (tegere)? mundartiſch]. — X. gêf, gâf, gâven, gêven; wêf hat nur noch das ſtarke part. wêven; êt, ât, âten, gêten; vergêt; mêt; vrêt; ſit, ſât, ſâten, ſêten; trêd, trât, trâden, trêden; bid, bâd, bâden, bôden; lôs, lâs, lâzen, lêzen; genês; wês, wâs (ſeltner wâr), wâren, wêzen; ſtêk macht jetzt auch ſein part. mit o nach XI. (Kilian und Hoofd geben noch geſteken, vgl. T. Kate p. 565.) lig, lâg, lâgen, lêgen; zie (video) zig oder zach, zâgen, zien. — XI. ſtâl, ſtâl, ſtôlen, ſtôlen; berêl; nêm, nâm, nâmen, nômen; kom, quâm, quâmen, kômen; von bêr, bâr iſt nur das part. bôren übrig; brêk, brâk, brâken, brôken; ſprêk; ſtêk; wrêk hat nur das part. wrôken ſtark; plêg, plâg, plâgen, das part. plôgen veraltet; folgende haben das o aus dem part. ins praet. dringen laſſen, gehen alſo in XII. über: verhêl, verhôl, verhôlen; ſchêr, ſchôr (nicht ſchoer) ſchôren, ſchôren; zwêr (ulcero) zwôr (nicht zwoer, was jumvi heißt) zwôren, zwôren; wêg (libro) wôg, wôgen, wôgen. — XII. zwêl,

---

¹) Auch die gewöhnlichen grammatiken ſetzen neben waaide auch noch woei an, aber zu ſtâien kein zoei, nur ſtâide.

II. *neuniederländische schwache conjugationen.*

zwol, zwollen, zwollen; help, holp, holpen, holpen; delf, dolf, dolven; fmelt, fmolt, fmolten; geld, gold, golden; fcheld, fchold, fcholden; melk, molk, molken; von belg nur das part. verbolgen übrig; zwelg, zwolg, zwolgen; glim (candeo) glom, glommen; klim (fcando); zwem (nato); krimp (contrahor); [berimpen, p. p. berompen. weim. jb. 1, 127;] begin, begon, begonnen; rin oder ren; win; bezin; bind, bond, bonden; fliud; vind; wind; [fchind, fchond, gefchonden;] zend, zond, zonden; blink, blonk, blonken; drink; klink (corroboror); fchenk (infundo); fchrink (marceo); flink (diminuo); ftink; zink; zwenk (labo); ding, dong, dongen; dring; dwing; fpring; wring; ziug; werp, worp, worpen; bederf (corrumpor) bedorf, bedorven; kerf [kerven, gekorven. Huyd. proeve 2, 394. 395.]; fterf; werf (verto); zwerf (vagor); berft, borft, borften; berg, borg, borgen; und aus XI. hierher eingetreten: tref, trof, troffen; trek, trok, trokken; vecht, rocht, vochten; vlecht, vlocht, vlochten; die auf lp, lv, rp, rv, bilden zumahl flamländifch das praet. (nicht aber part. praet.) mit dem ablaut ie: hielp, hielpen; dielf, dielven; wierp, wierpen; ftierf, ftierfen; part. holpen, dolven, worpen, ſtorven, unterfcheiden fich alfo nur durch das e im inf. von conj. III., welcher worden (fieri) gänzlich zufällt, obgleich zuweilen noch werd, word f. word, wierd vorkommt. —

Anmerkungen: 1) wie im neuh. gilt *gleichheit des ablauts für fg. und pl. praet.* nur daß hier in XII. das o pl. den fg., im neuh. meiſtentheils das a fg. den pl. eingenommen hat (neuh. fing, fang, fangen; neunniederl. zing, zong, zongen). 2) im praef. verdrängt e das i hin und wieder auch vor m und n (zwem, ren, zend, fchenk). 3) die unorg. übergänge aus VII. in I. haben nun andere aus XII. in III. zur feite, obgleich die urfache beider verfchieden war; in hief, wies verwechfelte fich ie mit ee, in wierp, kierf waltete einfluß des rp, rf auf das a (mnl. waerp, caerf; altfrief. werp, cerf; angelf. vearp, cearf). 4) bemerkenswerth in XII. fmolt, fmolten; gold, golden; fchold, fcholden ft. der mnl. fmout, fmouten; gout, gouden; fchout, fchouden; man fetzte flexionsdeutlichkeit über das feinere lautverhältnis, ließ aber doch bouden neben dem praet. hield beftehen. 5) geminierter conf. wird auslautend einfach, v, z zu f, s, hingegen verauslauten d und g; bei fyncopen des flexionsvoc. inlautend daffelbe zu beobachten: valt, fchrift ft. vallet, fchrivet. 6) t und d fallen vor dem t der flexion weg, z. b. fluit (claudit) f. fluitet.

Neuniederländifche fchwache conjugation.

die vertrauliche rede fchneidet bei gangbaren wörtern zuweilen das ganze *-de* praet. ab, z. b. *zei, zou, wou, kon* f. zeide, zoude, woude, konde; in der regel aber bleibt *-de*; einige fetzen alle perf. des plur. praet. gleich, nämlich auf *-den*, andere endigen I. III. auf *-den*, II. auf *-det*, welches fowohl der II. pl. praef. als

II. *neuniederländifche anomalien.*

der II. pl. praet. ftarker form auf -et (nicht -en) angemeßner
fcheint; vgl. T. Kate p. 551. (II. pl. -de: dat gy wandelde (wan-
deltet) Euphues 347. vgl. of gy opgevoedt waare geweeft. Eu-
phues 354.] Das ableitungs-e fällt überall weg, alfo auch da,
wo noch ein mittelniederl. -ede galt. Dagegen befteht die der
hochd. mundart mangelnde vortheilhafte abwechfelung zwifchen
-de und -te immer fort. Nach l. m. n. r. b (aus bb) d. g. f
(aus v) w und s (aus z) bleibt -de; nach p. t. k. f (aus ff) ch
und s (aus ff) folgt -te. Jede gem. wird einfach; entfpringen-
des dd, tt und felbft ft, cht bleibt. Beifpiele: fpêlen, fpêlde;
ftellen, ftelde; râmen, râmde; kammen, kamde; wênen, wênde;
minnen, minde; êren, êrde; warren, warde; krabben, krabde; 993
lâden, lâdde; redden, redde (fehlerhaft reddede); zâgen, zâgde;
eggen, egde; lâven, lâfde; bouwen, bouwde; râzen, râfde; —
kôpen, kôpte; ftoppen, ftopte; groeten, groette; zetten, zette
(fehlerhaft zettede); râken, râkte; drukken, drukte; blaffen, blafte;
pochen, pochte; kraffen, krafte; verquiften, verquifte; wachten,
wachtte. [Andere beifpiele bei Bilderd. p. 302.] Für legt (ponit)
zegt (dicit) pflegt leit, zeit; für legde (pofui) zegde (dixi) leide,
zeide (gekürzt zei) zu ftehen; kôpen macht kôcht f. kôpte. Bil-
dungen mit -el, -em, -en, -er, -ig, als: fneuvelen, âdemen, rêge-
nen, wonderen, mâtigen haben im praet. fneuvelde, âdemde, rê-
gende, wonderde, mâtigde.

Neuniederländifche anomalien.

1) effe vierftämmig a) III. praef. fg. ind. is. β) inf. zin;
ind. pl. praet. zin, zit, zin; praef. conj. zi, zi; pl. zin, zil, zin;
pl. imp. zit; kein part. geztn. γ) I. praef. fg. ind. ben; die ver-
trauliche fprache erlaubt fich nach den unorg. pl. l. bennen
II. beut III. bennen (etwa nach analogie von ren, men pl. ren-
nen, mennen). δ) inf. wêzen; praet. was, pl. wâren; imp. wês,
pl. wêft; part. gewêft neben gewêzen. — 2) a) moet, pl. moeten;
praet. mocft part. gemocten. β) wêt; wêten; wift; gewêten.
γ) mâg; môgen; mocht; gemocht. δ) zal; zullen; zonde, ge-
kürzt zou. ε) kan; konnen; konde, gekürzt kon, zuweilen noch
koft; gekonnen, gekoft. ς) durf, pl. durven nimmt das urfprüng-
lich zu derren gehörige praet. dorft an; — deugen geht im
praef. regelmäßig I. deug III. deugt, pl. deugen; praet. docht. —
3) willen (velle) wil, pl. willen; praet. wilde und in gemeiner
fprache woude, gekürzt wou; part. gewilt. — 4) doen; I. doe,
III. doet; pl. doen; praet. dêd, pl. dêden; part. gedân. — 5) heb-
ben; I. heb III. hêft; pl. hebben, hebt, hebben; praet. hadde;
part. gehad. — 7) drâjen, drâide; ebenfo: krâjen, nâjen, mâjen,
blâjen, wâjen, zâjen; vlôjen (blandiri); bloejen, groejen, moejen,
roejen (remigare), vloejen; [verfoejen (ignominia afficere) broejen.
fproejen (Rethor. p. 200. 201) vernôjen.] lôjen (corium parare)
gôjen (projicere) rôjen (metiri); h kann nicht inlauten, wohl

aber w: bouwen, fchouwen etc. und als bildungs-w in verwen.
— 8) hrengen, *brocht*; denken, *docht*; dunken, *docht*; werken, *wrocht*; zocken, *zôcht*. — 9) vrâgen, praet. *crowg* neben *crâyde*, part. gevrâgt.

Neuenglifches verbum.

große befchränkungen der flexion: 1) conj. fällt mit ind. zuf. 2) die drei perf. des pl. fowohl praef. als praet. find der erften perf. fg. immer gleich, diefe aber ift es dem inf., d. h. letzterer hat fein -n gänzlich verloren; fcheinbare ausnahme machen chriften, follen, lighten, threaten etc., deren -en bildung, nicht flexion ift (angelf. criftnian, altn. kriftna). 3) felbft das -e der flexion entbehren inf., imp., 1. fg. und 1. Il. III. pl.; es heißt bind (nectere, necte, necto, nectimus etc.) fall (cadere, cado, cadimus etc.) hear (audire, audi, audio, audimus etc.) und nach doppelter conf. oder auslautend einfacher gem. gilt das ohne ausnahme; nach urfpr. einfacher conf. bleibt zuweilen e a) durchgängig nach v, s, z: grave, fhave, give, drive, move, love, weave, reave, leave, rife, raife, chôfe, frêze, vrêze etc. β) nach ap, ip, op: ape (nachäffen) ftripe, gripe, hope, nicht noch ep, cap, ip: crêp, flêp, leap, ftrip. γ) nach at, it, ot: hate, bite, write, note; nicht nach ët, öt, it, ut: mët, tôt, flit, fhut. δ) nach ak, ik, ok: make, fhake, take, ftrike, ftroke; nicht ëk, eak: lök, fpeak. ε) nach ad, id, od: lade, chide, bide, nicht nach ëd, ead, oad: brëd, knead, load. ζ) ebenfo nach liq. denen n, l, r vorhergehen: file, lame, come, wane, fhine, fpare, fnore etc. nicht aber in: fël, fëm, dream, moan, hear u. dgl. η) nach th bleibt faft immer e: bathe, writhe, clôthe, wreathe, doch ftehet ſëth. Man fieht leicht, daß alle diefe bleibenden -e keine überrefte der alten flexion find, vielmehr unorganifch angenommene fchreibweife, da fie auch dem flexionslofen ftarken fg. imp. (come, fhine) und fogar dem ablautenden ftarken praet. beigelegt werden, deffen I. III. fg. eben fo wenig flexion gebührt, vgl. fhîne, fhône; come, came; rive, rôve etc. ftatt der offenbar richtigeren formen: fhôn, cam, rôf, folglich ftehn auch die praefentia ihr fhîn, com, rif und die flexion mangelt fo gut als in fall, bind, hear. — 4) II. fg. praef. und praet. hat -ft oder -eft, alfo gab das ftarke praet. (wie im neuh.) den alten vocalausgang auf: fhôneft (fuftifti) fangft (cecinifti) augelf. feine, funge. — 5) III. praef. hat -s, -es ftatt des frühern -th angenommen: fhînes, fings, hopes, hears etc. doch fchreibt man noch bath (habet) neben has, raineth f. raines etc.

Einzelne ftarke conjugationen.

I. fall, fell, fallen; hold, held, holden. — II. ausgegangen. — III. draw, drew, drawn; blow, blew, blown; ebenfo crow; grow;

II. neuenglische starke conjugation.

know; throw; snow; schwaches praet. haben hew (f. how) mow, sow; hewed, mowed, sowed, doch noch starkes part. hewn, mown, sown (known), agf. cnaven]; beat, beat, beaten kann als übergehend in X. angesehn werden, wogegen slay, slew, slain aus VII., fly, flew, flown aus IX. hierher gerückt ist. — IV. let, let, let; dread (angels. ondraedan) geht schwach. — VII. stand, stôd, stôd; shake, shôk, shaken, ebenso forsake, awake, and take; wax, wôx, waxn; shave, grave, lade praet. schwach shaved, graved, laded, part. stark shaven, graven, laden. — VIII. shine, shône, shône; drive, drôve, driven; ebenso: strive; strive; thrive; smite, smôt, smitten; ebenso: shite; write; chide, chôd, chidden; ebenso: abide; ride; stride; writhe, wrôthe, writhen; rise, rôse, risen; shide (absondere) p. p. hidden; stride; thwite (findere, scindere) p. p. thwitten hat Chaucer Rose 933. im sinn von gehobelt] merkwürdig, daß einige auf ite, ide ihr praet. nicht ablauten, sondern nur das i kürzen: shite, shit st. shôt, ebenso: bite, bit statt bôt, zuweilen chid st. chôd; sind bit, shit, chid schwache formen f. bit't, chid'd? oder ist, wie im neuh. biß, ritt die kürzung aus dem part. eingedrungen? — IX. crêp, crêp oder crope? crept (st. cropen); shôt (st. shêt) shot, shotten; sêth, sod, sodden: chûfe, chofe, chofen; frêze, froze, frozen, die kürzungen shot, sod wie bit. chid in VIII. und wie das neuh. schoß, sott zu erklären? — X. give, gave, given; eat, eat und ate, eaten; sit, sate, sate; bid, bad, bidden; lie, lay, lain; se, saw, sên. — XI. steal, stôle und stole, stolen; come, came, come; forbear, forbare und forbore, forbore; shear, share und shore, shore; tear, tare und tore, tore; swear, sware und swore, swore; wear, wore, wore; cleave, clove, cloven; heave, hove, hoven; weave, wove, woven; get, got, gotten; forget, forgat und forgot, forgotten; tread, trode, trodden; break, brake und broke, broke; speak, spake und spoke, spoke. — XII. swell, swelled (f. swoll) swoln (f. swollen); help, holp, holpen; melt, melted (f. molt) molten; swim, swam, swum; spin, span, spun; begin, began, begun; win, wan, won; run (st. ran) ran, run; cling, clang, clung; ebenso: sling, ring, sing, spring, sting, string, swing, wring; drink, drank, drunken; ebenso: shrink, sink, slink, stink; bind, bound, bound; find, grind, wind desgleichen; burst (st. berst) burst, bursten; stick, stack, stuck; dig, dug, dug (neben digged); [knit (nectere) p. p. knit (bei Chaucer)] fight, fought, foughten; — wie bei bound, burst, fought der n-laut aus dem pl. in den sg. drang, so schwanken auch span, clang, sang, sank etc. in spun, clung, sunk etc.; bei run und burst verbreitet er sich selbst ins praes.; hang behält sein s im praes. (nach conj. I.) macht aber praet. und part. nach XII. hung, hung. [Noch mehr starke verba Herefordshire prov. words p. 121. Moor's Suffolk words p. 59.] — *Anmerkungen*: 1) die verwirrung der ablaute zeigt und erläutert sich von selbst. 2) alle verba in VIII. IX mit kehllaut nach dem wurzelvocal find untergegangen. 3) ſchwach geworden nachſtehende mit p nach dem wurzelvocal: crêp, crept; wêp, wept; ſwêp, ſwept; flêp, flept; lêap, lêapt. 4) das praet. quath (dixit) f. quath dient auch als praeſens, hight (promiſius) nur als part. praet. (vgl. f. 981.) [provinz. auch praet.]

Schwache conjugation.

das praet. bildet die ſilbe -ed, welches aber bei ſyncopiertem e meiſtens in -t verwandelt wird; -ede oder -te finden keine ſtatt, das einzige made abgerechnet, ſofern man es aus makedo erklären darf [vgl. Hare im philol. muſ. 1, 657 ff.]. Die vocal und conſ. verhältniſſe im fall der ſyncope ſind zwar den angelſ. (f. 904. 905.) analog, doch mit beträchtlichen abweichungen: 1) nicht alle verba können das e ausſtoßen; in der regel gehören die ſyncopierenden in die alte erſte, die nicht ſyncopierenden in die alte zweite conj. z. b. es darf nur ſpare, ſpared; thank, thanked; beg, begged; live, lived etc. heißen. Im fall der ſyncope bleibt 2) d nur in den vocaliſch ſchließenden lay, laid; ſay, ſaid; ſhoe, ſhod; ſodann in bear, heard; ſell, ſold; tell, told. 3) zu t wird es α) nach l, m, n: dèal, dèalt; fèl, felt; dwell, dwelt; ſpell, ſpelt; ſpill, ſpilt; ſmell, ſmelt; drèam, drèamt; lèan, lèant; mèan, mèant; lèarn, lèarnt; burn, burnt. β) nach p und k: crêp, crept; kêp, kept; flêp, flept; ſwêp, ſwept; wêp, wept; lèap, lèapt; rèap, rèapt; dip, dipt; flip, flipt; tip, tipt; whip, whipt; crack, crackt; knock, knockt. γ) nach f (aus v) gh (aus k, ch) und ſ: lèave, loſt; rèave, reft; ſèk, ſought (etc. f. anomalien); loſe, loſt; kiſſ, kiſt; miſſ, miſt; bleſſ, bleſt. 4) für -ded entſpringt bloßes d: blèd, bled; brèd, bred; fèd, fed; ſpèd, ſped; lèad, led; rèad, read; ſprèad, ſpread; ſhed, ſhed; hide, hid. 5) für -ted bloßes t: mèt, met; ſet, ſet; hit, hit; knit, knit; ſhut, ſhut; cut, cut; für -rted, ſted, ſted bloßes -rt, -ſt, -ſt: ſmart, ſmart; hurt, hurt; girt, girt; liſt, liſt; coſt, coſt; caſt, caſt. 6) für -dded, -nded nicht ld, nd, ſondern wiederum lt, nt: geld, gelt; gild, gilt; build, built; bend, bent, ebenſo: lend, rend, ſend, ſpend, ſhend, wend. — 7) die unter 4. und 5. genannten, wofern ſie kurzen vocal haben, vermögen praet. und praeſ. nicht zu unterſcheiden, welches auf einige ſtarke verba wie let, let eingewirkt haben mag. — 8) lange vocale des praeſ. kürzt das praet.: ê in e; ia in en (oder ea) und e; î in i; gegenſatz zu der mittelniederl. verlängerung bei ſolchen ſyncopen; mit rückumlaut hat dieſer wechſel nicht zu ſchaffen. — 9) wohl aber ſind fold, told die fortgeführten angelſ. rückumlaute fealde, tealde von ſellan, tellan; quell hat quelled, nicht quold. — 10) bildungen mit -l, -m, -rn, -er, -ſ kürzen das -ed im praet. nicht: ramble, rambled; wittle, wittled; rain, rained; threaten, threatened; ſlumber, ſlumbered; thunder, thundered; cléanſe, cléanſed etc.

II. *fchwedifches verbum.*

Anomalien der neuenglifchen conjugation.

1) eſſe hat nur drei ſtämme: a) praeſ. I. *am* II. *art* III. *is* pl. *are.* β) praet. *was, waſt, was*; pl. *were* und zuweilen praet. conj. *were, wert, were*; pl. *were.* γ) inf. und imp. *be*; part. praeſ. *being*, praet. *bên.* — 2) a) kein praeſ. *môt*, das praet. *muſt* gilt zugleich fürs praeſ. β) *wot* (f. wôte) pl. wot zuweilen *wit* für ſg. und pl. praet. *wiſt*; kein *not, niſt.* γ) das praet. *ought* bedeutet zugleich das verlorene praeſ. δ) *may, mayſt, may*; pl. *may*; praet. *might.* ε) *ſhall, ſhalt, ſhall*; pl. *ſhall*; praet. *ſhould.* ζ) *dare*, praet. *durſt.* η) *can, canſt, can*; praet. *could.* — 3) *will, wilt, will*; praet. *would*; zu nill kein nould. — 4) *dô*; praeſ. dô, doeſt, does; pl. dô; praet. did; part. *done.* — 5) *have*; have, haſt, has (hath); pl. have; praet. *had.* — 6) *gô*; gô, goeſt, goes; pl. gô; praet. *went* (vom ſchwachen verb. wend entlehnt) part. praet. *gone* [yond (ire) dauert als eignes wort; yewd, yod (ivit) Ray North country words p. m. 68]. — 7) buy, *bought*; work, *wrought*; ſêk, *ſought*; think, *thought*; bring, *brought*; catch [franz. chaſſer, it. cacciare, wofür aber ſonſt chaſe], *caught*; reach, *raught*; teach, *taught*; fraight, *fraught.*

Schwedifches verbum.

allgemeine regeln 1) im ſg. praeſ. und praet. fallen alle drei perf. ſtets zuſammen. 2) praeſ. ſg. endigt auf -r, welches altn. nur für II. III. geltend (f. 912.) jetzt auch I. ergriffen hat [merkwürdig in II. ſg. bei anlehnendem du in der volkſ. zuweilen -es ſtatt -er: folkv. 3, 108. 109. höresdu. känsdu. ſêsdu.] — 3) I. pl. praeſ. und praet. endigen auf -e. 4) II. pl. praeſ. und praet. auf -en (was man aus angelchutem ni erklärt). 5) III. pl. praeſ. und inf. gehen beſtändig auf -a aus. 6) die altſchwed. ſprache gab II. praet. ſg. -ſt [altſchwed. hiolt (tenuiſti) ſeele und leib 243] und I. pl. praeſ. praet. -om, welches -om noch heute imperativiſch gebraucht wird [im Anegar viliom, ſkulom, ſorom etc.]. 7) vom conj. dauert nur in ſtarker conjug. das praet., außerdem ſcheint die III. ſg. imp. -e aus dem conj. übrig.

Starke conjugation.

praeſ. ind. ſg. -er	-er	-er	pl. -e	-en	-a
praet. ind. ſg. ...	...	...	pl. -e	-en	-o
praet. conj. ſg. -e	-e	-e	pl. -e	-en	-e
imp. ſg. —	...	-e	pl. -om	-en	-e

I. faller, föll, fölle, fallen; baller, böll, hölle, hällen; får, fick, finge, fången, inf. fä; går, gick, ginge, gången, inf. gå, imp. gack. — II. bêter, bêt (ueben bette) bête, hêteu. — III. löper, lopp, lupe, læpen; hugger, högg, högge, huggen. — IV. gråter, græt, græte, graten; later, læt, læte, laten. — VII. gåler, gol, gůle, gålen; får (f. fårer), for, före, fåren; fvær (f. fværer) fvör, pl. fvůre, part. fvåren (nach XI.); ftår, ftod, ftode, ftåden, inf. ftå, imp. ftatt; fkåper, fköp, fköpe (neben fkåpade) fkåpen; græfver, gröf, gröfve, græfven; hæfver, höf, höfve, hæfven; dråger, drög, dröge, drågen¹); gnåger, gnög, gnöge, gnågen; tvåger oder tvår, tvådde f. tvög, tvågen; flår, flög, flöge, flågen; dœr, dög neben dödde, döge; lær, låg neben ledde, löge; väx hat växte, im part. vuxen; unorg. fallen aus X. hierher: væfver, vöf, vöfve, væfven; vræker, vrök, vröke, vræken; væger, vög, vöge, vægen. — VIII. fkiner, fkèn. fkèue, fkinen; griper, gröp, gröpe, gripen; kulper; piper; blifver, blöf, blöfve, blifven; drifver; klifver; rifver; fkrifver; biter, böt, böte, biten; fliter; lider, lèd, lède, liden; glider; gnider; rider; fvider; vrider; fkriker (clamo) fkrök, fkröke, fkriken; fviker; viker; niger, nèg, nège, nigen; ftiger; unorganifch: tiger (fileo) tög, töge, tögen oder tigen (vgl. aum. 4. zur dän. ftarken conj.) — IX. dryper, dröp, dröpe, dråpen; kryper; niuper; fuper; klyfver; klöf, klöfve, klnfven; bryter, brœt, bröte, bröten; fyter; ginter; knyter; ninter; ryter; fluter; fkinter; fkryter; fnyter; tinter; tryter; binder, bœd, böde, båden; finder; ttryker, ftrœk, ftröke, ftrůken; ryker; flyger, flœg, flöge, flågen; fnyger; linger, lœg, löge, lögen; föger; aus XII.

schwanken hierher die prœt. flunker und tiunger; bisweilen wird pract. pl. dem fg. gleichgefetzt: flœte, rœte, flœge etc. — X. drœper, dröp, dröpe, drœpen; gifver, gåf, gåfve, gifven²); fofver. fof, fofve, fofven (fo får fve, fva, fvå); æter, åt, åte, æten; fræter. fråt, fråte, fræten; förgæter, förgåt, förgåte, förgæten; mæter, måt, måte, mæten; fitter, fatt, fåte (zuweilen fåte) fèten und fatten; bèder, båd, både, bèden; qvæder, qvåd, qvåde, qvæden; læfer, lås, låfe, læfen; ligger, låg, låge, lögen; lèr, fåg, låge, part. fchw. fedt. — XI. ftœler, ftål, ftåle, ftålen; bœr (f. bœrer) bår, båre, båren; fkœr (f. fkœrer) fkår, fkåre, fkåren; in kommer, kom, komme, kommen entfpringt ko aus qve, qva, qvå, wie bei fofva in voriger conj.; får ftålen, båren etc. zuweilen ftålen, båren; nèma (difcere) ift veraltet, vgl. förninama in XII. XII. gåller, gall, gulle, gullen; finåller; hiålper, halp, hulpe, hulpen; ftiålper, fvålter, fvalt, fvulte, fvulten; vålter; gålder, gald, gulde, gulden: finner, fam, funne, finnmen; und unorg. förninmer (percipio) nam, numme, nummen; dimper (endo) damp, dumpe, dumpen; brinner, bran, brunne, brunnen; finner; hinner (arripio, pertingo):

---

¹) Får draga. taga (tager, tög, tagen) ift die kürzung drå-, ta prœf, drar, tar in der poefie erlaubt; drar Frithiof 45. tan 38. desgl. f. blifva bli (ibid. 109) blir.

²) Man fagt häufig gè f. gefva. Tegner Frith. 34 ge dig : ledig. ger (do, das, dat) auch 66 (petere) Frith. 11.

II. ſchwediſche erſte ſchwache conjugation.

fvinner; vinner; ſliuter (vacillo) ſlant, ſlunte, ſlunten; binder, band, bunde, bunden; ſiunker, ſank, ſunke, ſunken; ſlinker (uegligenter ambulo); klinger, klang, klinge, klungen; ſpringer; ſtinger; tvinger; ſunger, ſang (zuweilen ſöng nach IX.) ſunge, ſungen; unorg. bånger (pendeo) haug, hunge, hungen; ſpiärner, ſparn, ſpurne, ſpurnen; vårper, varp, vorpe, vorpen; vårſver, varſ, vorſve, vorſven; varder, vard, vorde, vorden; flipper, ſlapp, ſluppe, ſluppen; ſpritter, ſpratt, ſprutte, ſprutten; dricker, drack, drucke, drucken: ſpricker; ſticker; räcker, rack, rucke, rucken; briſter, braſt, bruſte, bruſten. — *anmerkungen*: 1) der altnord. umlaut (ſ. 917.) hört völlig auf, namentlich auch im praet. conj., es heißt för (ivit) före (iret) bunde (ligabant) bunde (ligaret) etc. 2) der wechſel zwiſchen y, iu (geſehr. ju) und û in conj. IX. entſpricht nicht dem altn. (ſ. 918.) ſondern erſcheint willkührlicher feſtgeſetzt. 3) gem. bleibt auslautend, doch nnn, nn werden einfach; fehlerhaft ſchreiben einige ſtatt des aus ld, nd entſpringenden ll, nn auslautend lt, nt, als: höllt, hant ſ. höll, hann (vgl. anm. 2. zur dän. ſtarken conj.) 4) ſchwaches praet. verrathen umlaut, haftendes i der wurzel, geminierte conſonanz und eingerückter j: hæfja, ſværja, bedja, ſittja, liggn, lö (ſ. leja) dœ (ſ. dœja). 5) der ablaut neigt ſich zur gleichheit des ſg. mit dem pl. und namentlich gilt ſkön, ſköne in VIII. durchgängig; ſtet, ſtate in IX. zuweilen; doch unterſcheiden ſich drœp, drûpe in VIII. dråp, dråpe in X; bår, bår in XI; gall, galle in XII. Seit der unorg. verlängerung drupe, dråp, bår liegen nur dieſe û, å, dem œ, å in drœp, drupe, båre ungleich näher, als die kurzen und langen vocale des altn. draup, drupum; bar, bårum; daher auch das vordringende å in den ſg. åt, fråt nicht befremdet vgl. altn. ât ſ. 914. 6) im ſg. praeſ. werden zuweilen inlautende conſ. ſyncopiert, als: bær ſ. bærer; blir ſ. bliſver etc.

Schwache conjugation.

das praet. wird durch *-de* oder *-ade* gebildet, wonach ſich noch beide conjugationen ſcheiden; keine derſelben vermag, wie die ſtarke form, das praet. conj. auszudrücken.

Erſte ſchwache conjugation.

tæl-jer	tæl-jer	tæl-jer	bränn-er	bränn-er	bränn-er
tæl-je	tæl-jen	tæl-ja	bränn-e	bränn-en	bränn-a
tål-de	tål-de	tål-de	brän-de	bräu-de	brän-de
tål-de	tål-den	tål-de	brän-de	brän-den	brän-de

1) der ableitungsvocal wird im praet. ſtets gekürzt; etwas anders iſt das aus g entſtandene j in ſölja, ſöljde; ſörja, ſörjde; rœja, rœjde etc. welches viele tadelnswerth auf verba ausdehnen, deren j aus i ſtammt, z. b. ſkiljde, hœljde, tæljde ſt. des richtigen ſkilde, hölde, tålde. — 2) bei der kürzung bleibt *-de* nach

II. *fchwedifche zweite fchwache conjugation.*

l, m, n, r, f, d, g, wird aber zu *-te* nach p, t, k; für ndde, lite, ntte, ſtte, ltte, ſteht nde, lte, nte, ſte, lte; ſchwierigkeit machen l und n, wonach der gebrauch zuweilen *-te* duldet, z. b. mæla, mælte; rœna, rœnte; mêna, mênte, nach verſinfachter gem. imner de: fälla, fälde, bränna, brände. — 3) ehmals kurzſilbige wurzeln haben theils ableitungsvocal im praeſ. theils rückuml. im praet. behalten. Jenes nur nach liq. t. d (færja, værja, qvælja, trølja, dœlja, hædja, ſkilja, fæmja, tæmja, vænja, ærja, ſmerja, værja, ſmœrja, ſpœrja, hvättja, ſättja, glædja, ſtædja, rædja, ſtædja) nicht nach p. f, k, g, f (kræfva, qvæfva, täcka, fæga, läggn) früher fchrieb man kræfja, dæſja, jetzt allmählig auch fätta, hvätta. Rückumlautende praet. ſind: qvälde, välde, tälde, dölde, tände, vände, fnärde, värde, fmörde, fpörde, fatte, hvatte, gladde, ſtadde, rodde, ſtödde, krafde, qvafde. ſkilja hat fälde (nicht fälde, vgl. ſ. 923, altn. feldi, nicht faldi) fæga und lägga: fåde, låde, ærja (arare) ærde. Des ä, ö in qvälde, tände, dölde etc. bin ich unſicher, vielleicht hat ſich in verkürzter fyncope die kürze qvalde, tamde, dokde etc. fortgepflanzt? — 4) urſprünglich langſilbige haben weder j im praeſ. noch rückumlautendes praet., beiſpiele aus der großen menge folcher verba: mæla, mælte; drœma, drœmde; rœna, rœnte; lœra, lærde; hœra, hœrde; fylla, fylde; bränna, brände; välta, välte; tölja, följde (ſt. följga, följgde); fända, fände; blänka, blänkte; hänga, hängde; lörja, lörjde (ſ. förga, förgde); dœpa, dœpte; œfva, œfde; lœſa, lœſte; dœfva, dœfde; blœta, blœtte; ſtœta, ſtœtte; ſprida, fpridde; fœda, fœdde; blœda, blœdde; lœſa, lœſte; kyſſa, kyſte; fœka, fœkte; åka, åkte; lœka, lœkte; æga, ægde; wiga, wigde; bygga, bygde etc.

Zweite fchwache conjugation.

| kall-ar | kall-ar | kall-ar | kall-ade | kall-ade | kall-ade |
| kall-e | kall-en | kall-a | kall-ade | kall-aden | kall-ade |

beiſpiele: 1) einfache: tala; kalla; ſlamma; måna; banna; ſvara; dara; ropa; baſva; båta; båda; vifa; krfa; nœka; tacka; fråga; faſta; kaſta; fkriſa; vackta etc. 2) bildungen mit -l, -n, -r: famla; chriſtna; bvitna; drunkua; ſvinna; hamra; bullra; undra. 3) mit k, g, ſ: blidka; fnidka; älfka; ſtådga; rœnſa etc. — *anmerkungen*: α) die neuere ſprache ſchwankt immer häufiger zwiſchen beiden conj., d. h. ſie ſtrebt die vollere form des praet. -ade zu kürzen und erlaubt ſich z. b. nœkte ſ. nœkade, brükte ſ. brukade, tälte ſ. tålade (von tala, verſch. iſt tœljde für tälde oder tälde von tœlja) tiente ſ. tiemde etc. [vgl. ſv. folkviſor 2, 38 tappade. 43 tappte. 2, 47 ſpelade und ſpelte] woraus allmählig auch im praeſ. nœker tiener ſt. des richtigeren nœkar — tienar hervorgeht. Bemerkenswerth ſteht in ſolchen kürzungen t (und nicht d) nach l und n (nicht alſo tålde, tiende). β) feltner ſind verba aus erſter in zweite getreten, vgl. döla, dolade; børja, bœrjade; trœnja (tendere) tænjade etc. — γ) imp. fg. zweiter conj. lautet -a, dem inf. gleich: kalla. ällika!

Anomalien fchwedifcher conjugation.

1) *eife* zweiftämmig: α) praef. *er, er, er*; pl. *ere, aren, ero*; altfchwed. *äft* f. *ær* in 11. fg.: *arom* f. *ære* in 1. pl. — β) inf. 1002 *eäro*; praet. *vär, vär* (altfchw. vaft [feele und leib 64]) *vär*; pl. *väre* (altfchw. värom) *väven, vävo*; praet. conj. *väre*. — 2) a) *eet, vete; rifte.* β) *mä*; mäge; mätte. γ) *fkal*; fköle; *fkulle.* [Gutalag al för fkal, ulu för fkulu. Schlyter p. 295] δ) *kan*; kunne; kunde. anm. *œger* (habeo) geht regelmäßig nach zweiter fchw. praet. *œgde* (nicht ätte) [altfchw. à habeo, habet. aghu habent. atte habuit. inf. ögha. noch heute landfch. äga, ätte]: *törs* (audeo) hat im praef. beftändig paffivifches -s, praet. *torde*; *mäfte* gilt wie im engl. f. debui und debeo und im altfchw. ein jetzt ausgeftorbenes *mände* für das altn. man und mundi [in den volkal. noch oft mände oder monde]. — 3) *rill*, pl. *rilja*: praet. ville. 4) *häfra* [auch bä Tegner Frith. 68]; praef. har, pl. häfre; praet. *häde*. — 5) *gierra*, praet. giorde. — 6) bringa, *bragte*; tänka und tycka haben regelmäßig tänkte, tyckte. — 7) vocalifch endende wurzeln, fofern fie nicht ftark conjugieren (wie flä, gä, fä, tvä, ftä, dœ, lö, fſ) folgen α) meiftens der erften fchwachen, werfen aber alle flexionsvocale des praef. weg, als: fä (ferere) fär (fero) fä (ferimus) fän (feritis) fä (feruut) fl. fäs, fäer, fäe, fäen, fäa; praet. fadde; ebenfo: nä (appropinquare) när, nädde; fpä (vaticinari); fké (fieri) fkèr, fkèdde; di (lactare) dir, didde; bö (habitare) bör, bödde; grö (virere); rö (remigare); fkö (calcare); fnö (torquere); fpö (fellinare); trö (credere); dœ (mori) dœr, dœdde (neben dög); flrœ (fpargere); brŷ (vexare) brŷr, brŷdde; flŷ (fugere) flŷr, flŷdde; [tŷ (inere).] β) wenige nach der zweiten und ganz regelrecht, ohne kürzung der flexion: fpèa (irridere) fpèar, fpèade; *tœa* (rorefcere) tœar, tœade. γ) mehrere fchwanken zwifchen j und g: bœja (flectere) bœjer, bœjde oder bœga, bœger, bœgde; ebenfo plœja (arare) rœja (reprehendere); farja (mundare) farjar, farjade oder farga, fargar, fargade; fnœja (ningere) fnœjar, fnœjade oder fnœga etc.

Dänifches verbum.

Die dänifche fprache unterfcheidet den fg. vom pl. (ftrenge nur im praef.; wogegen im praet. fchwacher form überall, im praet. ftarker oftmahls beide numeri gleichlauten) das praef. vom praet., nicht mehr conj. vom ind., nicht mehr die drei perfonen untereinander (vgl. anm. 8. zur ftarken conj.); praef. fg. endigt ftark und fchwach auf -er, -er, -er; pl. auf -e, -e, -e (alfo mit dem inf. zuf. fallend). Das ſtarke praet. hat im ſg. unflectierten ablaut, im pl. -e; das ſchwache im ſg. und pl. -de, oder -te, oder -ede.

Starke conjugationen.

I. falder, faldt, faldt, falden; holder, holdt, holdt, holden; faaer, fik, fik, fangen; gaaer, gik, gik, gangen, inf. gaae, imp. gak, neben dem neueren gaae. — II. hedder, héd, héd, ohne part. praet. — III. løber, løb, løb, løben; hugger, hugg, hugg, huggen. — IV. græder, græd, græd, ohne part. praet.; lader (ſino) iſt durch verwechſlung des organ. aa mit å in VII. eingetreten. — VII. galer, goel, goele, gålen; fører, foer, foere, føren; ſvärger, ſvoer (und ſoer) ſvoere, ſvøren; ſtaaer, ſtód, ſtóde, ſtanden, inf. ſtaae, imp. ſtåt, neuer ſtaae; gräver, gròv, gróve, gråven; låder (ſino) lód, lóde, låden; dråge, drög, dröge, drågen; ebenſo tåger und morg. jåger; lér (rideo) loe, loe, part. lét; ſlauer, flög, flöge, fluaen. — VIII. griner, gréu, gréne, part. ſchw.; triner (gradior) ebenſo; ſkinner geht ganz ſchw.; griber, gréb, grébe, grében; kniber; piber; ſliber; bliver, blév, bléve, bléven; driver; river; ſkriver; glider, gléd, gléde, glédon, ebenſo: gnider; rider; ſkrider; ſtrider; ſvider; vrider; bider; ſlider (doch machen beide letztere, deren d dem ſchwed. t, deutſchen g entſpricht, kein ſtarkes part., ſondern ſchwaches: bidt, flidt); ſkriger, ſkrég, ſkrége, ſkrégen; ſnlger (repo); kiger (inſpicio); ſtiger; ſviger; viger. — IX. kryber, krœb, krœbe, krœben; klyver, klœv, klœve, klœven; byder, bœd, bœde, båden; bryder; flyder; gyder; lyder; nyder; ſkryder; ſkyder; ſnyder; ſyder; fortryder; gyſer, giœs, giœs ohne ſtarkes part. praet. gleich den beiden folgenden ſnyſer; nyſer; kyſter, kiœs, kiœs, kyſen (bedeutet aber nicht wåhlen, ſondern in ſchrecken ſetzen, terrere, vgl. Roſenvinges gamle domme I. 161]; fryſer, frœs, frœs, fruſſen oder froſſen; fyger, fug, fæge, fægen oder fygen; ebenſo ryger; ſtryger; flyger und lyger ſchwanken in ſlyver, lyver; praet. flœi, lœi, flœi, lœi, part. flœjen, lœjen; ſynger und ſynker ſtreifen aus XII. hierber. — X. dræber geht ſchwach; give, gåv, gåve, given; ſöver, ſöv, fòve, fòven; æder, aad, aade, part. ſchwach; træder, traad (neben traadte) part. ſchwach; béder, båd, både, béden; kvæder, kvåd, kvåde, kvæden; gider, gåd, gåd, giden; ſidder, fåd, fadde, ſidden; ligger, laae, laae, liggen; ſer, faae, faae, ſén; være (eſſe) hat nur das praet. vår, våre, part. været; læſer (lego) geht ſchwach, praet. læſte. — XI. ſtiæler, ſtiål, ſtiåle, ſtiaalen; bær (f. bærer) bår, båre, baaren; ſkiær (f. ſkiærer) ſkår, ſkåre, ſkaaren; ſtatt köme, forneme gilt komme, fornemme nach XII. — XII. hiälper, hialp, hialp, hiulpen; ſkiålver, ſkialv, ſkialv, ſkiulven; giälder, giald, giald; ſmälder, ſmald, ſmald, beide ohne ſtarkes part.; fornemmer, fornam, fornam, fornummen; binder, bandt, bandt, bunden; finder; rinder; ſpinder; ſvinder; tvinder; ſtinker,

II. *dänifche ftarke conjugation.*

ftank, flank, ftunken; fynker, fank, fank, funken; hänger, hang, hang, ohne ftarkes part.; fpringer, fprang, fprang, fprungen; tvinger; klinger; fynger, fang, fang, fungen; flipper, flap, flap, fluppen; träffer, traf, traf, truffen; drikker (nicht drinker) drak, drak, drukken; flikker; knäkker, knak, knak, knukken; bräkker; fmäkker; fpräkker; träkker; briller, braft, braft, bruften; tärfker, tarfk, tarfk, torfken. — *anmerkungen:* 1) folgenden praet. der vier erften conj. mangelt aller ablaut: faldt, holdt, læb, hugg, graed. 2) die wurzeln ld. nd in I und XII werden im praet. auslautend und unorganifch zu ldt, ndt: faldt, holdt, bandt, fandt etc.; nur halb analog ift das fchwed. höllt, hant f. höll, han. — 3) der ablaut des fg. bleibt überall im pl. (altdänifch noch in XII. der pl. fprunge etc. in I. ginge, finge Bloch §. 519. 530.) ja, der pl. praet. gibt fogar fein flexions-e auf und lautet dem fg gleich, nothwendig nach den conf. verbindungen in conj. I. XII., willkürlich nach einfachen conf. d. h. man darf gröbe oder gröb; fkåre oder fkår; gröve oder gröv als pluralform brauchen; in laae, faae hat fich ungedreht das flexions-e des pl. verhärtet in den fg. eingeführt, daß letzterer eigentlich laa, faa lautet folgt aus dem anomalen maa, pl. maae. — 4) oe vor l und r ftatt ö (f. 560.) erinnert uns mittelb. uo, ue, mittelniederl. oe; and. luor, fuor, entfpricht dem altn. ät, lå, fä und fchw. åt, låg. flg; das in ftial, ftiaalen; hialp, hiulpen unorganifch einge- fchobne i hat mit dem ablaut nichts zu thun; gar kein ablaut ift das au in taug (tacuit) [auch tuv] von tie, es ftammt mit apocopiertem -de aus dem org. fchwachen praet. þagdi von þegja (altfchwed. tagde, neufchw. tég von tiga) wie das part. taugt beftättigt. vgl. oben f. 561. Aber tavs, taus f. tagfe. Die beffere form tiede gilt daneben. — 5) fchwache praefentia an umlaut, i für e, gemination und ableitungs-j (g) erkennbar: hedder (altn. heitir), fvärger, lär, dær, fidder, ligger. 6) fchwache praet. neben ftarken: galede, fårede, jägede, grinte, trinte, klingede etc. neben goel, foer, jög. grön, trön, klang. 7) noch häufigeres fchwanken zwifchen ftarkem und fchwachem part. praet., zumahl in VIII und IX. — 8) das altdän. verleiht der II. praet. fg. hin und wieder die flexion *-ft*, als: fikft, tögft, ledft, blevft, forift, gavft, hialpft (Bloch §. 548.)

Dänifche fchwache conjugation.

praef. täll-er   pl. täll-e   praet. täl-te   pl. täl-te
bränd-er   brän-de   bränd-te   bränd-te

1) der vocal vor dem -de, -te praet wird ftets fyncopiert, un- organifch das aus diefem voc. im praef. entfprungne g beibe- halten in välgte, fölgte, dülgte, fpurgte ft. välte, fälte, dülte, fpürte, åhnlich dem fchwed. misbrauche: fkiljde, hæljde, tæljde. — 2) bei der fyncope bleibt *-de* nur nach vocal und einfachem

II. *dänische schwache conjugation.*

b, v, g der wurzel (ſtræbde, krævde, hàvde, lågde, fågde) wird aber in allen übrigen fällen zu -te, namentlich nach liq. ten, d und ſ; valgde, ſtrakde, tänkde, viſde (Bloch 493. 497.) ſt. des allein richtigen valgte, ſtrakte, tänkte, viſte iſt unzuläßige neuerung; vielleicht darf auch nach b -te folgen: raabte, ſtræbte ſt. raabde, ſtræbde. Das harte ndte (ſendte, bräudte) wird nicht in nde oder nte gemildert; für lte, ſte aber, ſtatt der milderung lte, ſte, unorg. übertritt in die zweite conj. vorgezogen, z. b. välte, vältede, fäſte, fäſtede (ſchwed. vältа, välte; fäſta, fäſte) ähnlich dem neuh. källtete, dürſtete (mittelh. kelte, durſte). —
3) urſprüngl. kurzſilbige wurzeln geben auch hier ſpur des ablcit. vocals im praeſ. α) durch gemination des conſ. (wie im altund mittelh.) als: tälle, ſkille, hylle, tämme, rünne, ſmörre, fätte, räkke, rükke; altn. telja, hylja, ſkilja, temja, venja, ſinyrja, letja, rekja, vekja; welche gem. im praet. vereinfacht wird: tälte, ſkilte, tämte etc. β) durch verhärtung in g (nur nach l und r) als: vælge, fälge, dölge, värge, ſpörge; altn. velja, felja, dylja, verja, ſpyrja. γ) manche ganz parallele wörter zeigen keines von beiden, z. b. qvæle, altn. qvelja, woraus eben ſo gut hätte qvælle oder qvälge werden dürfen; glæde, altn. gledja etc. —
4) rückumlaut im praet. bewahren folgende urſpr. kurzſilbiger tälte, tämte (?), vänte, fatte, räkte, ſträkte, väkte, fmörte, lågde, fågde (oder mit kurzem a: talte, rakte, fmörte?); auffallend ſelbſt jene mit in g verhärtetem j (d. h. dem urſprünglichen, rückuml. hindernden i): valgte, folgte (ſchwed. falde) dulgte, ſpurgte, doch nicht vargte, ſondern värgte, welches (wie das ſchwed. tæljde, hœljde, nicht täljde, böljde) allerdings richtiger ſcheint. — 5) urſpr. langſilbigen gebührt weder gem. noch verhärtetes g, noch rückuml.; doch findet ſich ausnahmsweiſe tadelhafte gem. (römme, altn. ryma) ſchwerlich jenes g, denn in folge, förge iſt g organiſch (altn. fylgja, fyrgja); tadelhafter rückuml. in fulgte (nach der analogie von dulgte eingeführt) nicht ſurgte, ſondern förgte; beſſer wäre fölgte (ſchwed. följde, förjde). —
6) beiſpiele: mæle, mælte; före, förte; vende, rendte; brände, brändte; föde, födte; föge, fögte; ſpiſe, ſpiſte etc.

Zweite ſchwache conjugation.

Das praet. behält *-ede*; beiſpiele: 1) einfache: tále, formåne, tiene, ſvåre, bande, knurre, både, kaſte, knåge, takke etc. —
2) bildungen l, m, n, r etc. famle, tumle, rædine, uabne, undre, elſke etc. — *anm.* α) die neuere ſprache, beſonders der dichter, kürzt viele -ede in -te (nach erſter conj.) z. b. tiente, elſkte f. tienede, elſkede: allgemein kaldte f. kaldede (ſchwed. kallade). — 3) die grammatiker nehmen auch den imp. lg. zweiter conj. ohne flexions-e an, z. b. tål, kaſt etc. wofür altdän. tåle, kaſte; doch den bildungen mit -l, -m, n, r muß das -e bleiben: handle,

aabne, vondre; ohne grund erklärt Bloch §. 544. folche formen für undänifch.

Anomalien dänifcher conjugationen.

1) *effe*: a) *ér, êr* (altd. eft [D. V. 1, 11. 12. heft]) *êr*; pl. *êre*. β) inf. være; praet. *vâr, vâr* (altd. varft) vàr; pl. våre. —
2) a) *efd*; pl. vide; praet. *vidfte*. β) *maa* pl. *maae*; praet. *maatte*. γ) *fkal* pl. fkulle: praet. *fkulde*. δ) *kan*, kunne; *kunde* (nicht kunte, oder knudte, weil hier *nd* dem altn. *nn* entfpricht; vgl. f. 883. alth. konda, nicht konta). *anm. ejer* oder *eier* hat *ejede*, nicht mehr das alte aatte [wie z. b. Nyerup digtek. 1, 5]; *tør*, pl. tœr, praet. *turde*; ebenfo *bør*, pl. bœr; *burde* beide regelmäßig nach erfter fchw., nur daß der pl. nicht tœre, bœre lautet; im altdän. noch häufig *mon*, *monne* (alta. man, mundi) [du monne DV. 1, 58. 66. monne du 1, 81]. — 3) *vil*, ville; *vilde*. — *hâvr*; praef. bâr; pl. hâve; praet. *hâede*. — 5) *giøre*; praef. giør, praet. *giôrde*. — 6) bringe, *brayte*; *tänke* regelmäßig tänkte, tykkes, tykkedes. — 7) a) nach erfter fchwacher: fkê, fkêde; fnê (ningere) fnêde; dœ, dœde. β) die meiften nach zweiter: naae, uaaede; faae, faaede; bőe, bőede; rőe (remig.) rőede; fnőe, fnőede; grőe, grőede; tőe (lavare) tőede; ftrœe, ftrœede; tœe (rorefc.) tœede; flye, flyede u. a. m. γ) bœje, bœjede; feje; plœje etc.

Von den participien.

Das gegenwärtige buch behandelt die bildung und declination, das vierte die bedeutung und conftruction der participien. Auch ihre bildung könnte, wie die der gefteigerten adjective, ins dritte buch zu gehören fcheinen; doch als flexionen des verbums angefehen fallen fie der conjugation anheim. Sämmtliche deutfche fprachen erkennen zwei *participia*, eins der gegenwart und eins der vergangenheit. [Spur eines part. praet. act. auf *us*: goth. bêrufjôs (parentes) die geboren habenden, vgl. litth. -ufios Mielcke 140.]

I. *bildung des participium praefens:*

fie gefchieht durch die filbe -*and*, wozu gefchlechtskennzeichen und flexionen der decl. treten; 1) in der goth. ftarken conj. bleibt diefes *and* ungetrübt, in der fchwachen mifcht es fich mit dem ableitungsvoc. nämlich in der erften gilt *j-and*, in der zweiten -*ônd* (für ô-and), in der dritten *and* (f. âi-and); beifpiele: biudanda, nafjands, falbônds, habands. — 2) alth. ftark -*ant*, fchwach *j-ant* und -*ant* (f. j-ant), *ônt* (ô-ant) *ênt* (ê-ant); beifp. pintantêr, nerjantêr, falpôntêr, hapêntêr; feit dem 9. jahrh.

fchwanken die *ant* in *ent*. — 3) altf. *-and* oder *-end*, fchwach *j-and, j-end, önd*; z. b. bindand, nerjend, manönd. — 4) angelf. *-end*: bindende, nerjende, fcaltigende. — 5) altnord. *-and*: bindandi, teljandi, kallandi. — 6) mittelh. *-end* [*-ent*: riufchent Walth. 65, 14] gewöhnlich mit tonlofem oder ftummem e, welches letztere nach der regel ausfällt (holnde, bernde, klingelnde; nicht aber videlnde, kobernde; ausnahmsweife noch tieftoniges *-ant, ànde, ènde, unde* (beifpiele f. 367. 957.); vielleicht entfprach hut, ünde dem alth. ônt (alfo fchon alth. vriunt f. vriônt, goth. frijônds, wie vfant goth. fijands?) doch wird es auch wörtern der erften conj. gegeben, vgl. Ernft 16ª wuestunde; unde. Höfifche dichter vermeiden den tiefton, ftatt: videlênde Nib. 7982. lieft E. L: vil videlende. Zu merken die (mögliche, nicht nothwendige) abforption des participialen *-en* a) wenn lange wurzelfilbe mit n fchließt, als: weinde (f. weinende) Parc. 28ª [kl. 333]; dienede (f. dienende) Nib. 2176. [Ulr. Trift. 919]; arnde (f. arnende) Tit. X. 190; β) wenn die bildungsfilbe *-en* kurze wurzelfilbe vor fich hat, z. b. regende, legende, neben regenende, legenende; geht lange wurzel vorher, fo ift die ausfallung nothwendig, z. b. offende, wapende (ft. offennde). γ) nach kurzer wurzel auf *-n* kommt fie vor z. b. mande f. manende, fendez M. S. 1, 5ª 2, 144ª fenender 1, 74ª, doch nicht im reim [vgl. fenedære Trift. feneden f. feuenden a. Tit. 3. 88.]. δ) bedenklicher fcheint fie nach kurzer wurzel auf l und r, wo das ftumme e nothwendig wegfiel, z. b. hèlde, fpilde, wèrde f. hèlnde, fpilnde, wèrnde? und ließe fich brëhtiu (ft. brëhtin aus përnhtju, oben f. 938.) aus brëhendin, brëhnendin deuten, indem hd zu ht geworden wäre? [klagde f. klagende kl. 332]. s) unleugbar ift tönde (moribundus) f. tönde, tönwende Parc. 18ʳ 55ᵇ 70ᵃ: vröude gereimt. — 7) mittel- und rennniederl. *-end*. — 8) im mittelengl. beginnt *-end* in die adjectivifche bildung *-ing* zu fchwanken, welche letztere bald vorwiegt und im neuengl. jenes *-end* völlig verdrängt hat. — 9) neuh. *end*, aber nie mehr tieftonig; *-nd* nur in den fällen, wo noch ftummes e dauert, nämlich bei bildungen mit l und r: klingelnd, wundernd; die mit m, n fyncopieren ihr bildungs-e: äthmend, rëgnend. Keine verkürzung leiden: weinend, dienend, warnend etc. [In Henneberg (Reinw. 2, 13) fchlafening, wüthening etc. ftampfening (ftampfend) Ortl. diftinct. 238. färning 258. fließening 286. rafing (rufen zeugend) ibid. in Heffen kochening (kochend).]

II. *bildung des participium praeteriti.*

doppelt nach dem unterfchiede ftarker und fchwacher form. Die *ftarke conjugation* wirkt es durch die flexion *-an, -in, -en*, womit jedoch häufig *ablaut* verbunden ift; ich habe bei aufzählung der einzelnen ftarken verba jedesmahl zuletzt die geftalt des part. pract. angegeben. Aus diefen angaben fieht man, daß die reduplicierenden conjug. ihrem part. praet. reduplication entziehen, folglich beſtändig den vocal des praef. laſſen; glaublich reduplicierte es aber in älterer zeit, fo daß für faihans, haitans, aukans, flêpans ein faifahans, haihaitans, aiaukans, faiflêpans beſtand. Wie aber für faians und lêtans? faifôans, lailôtans oder faifaians, lailêtans? Ulphilas ohne redupl. hat erweiſlich fáians Marc. 4, 16. und lêtans Luc. 16, 18. (wo leitans, nach dem wechſel zwifchen ei, è; f. 36.) nicht fôans, lôtans, weshalb mir faifaians, lailêtans wahrfcheinlicher vorkommt. Alle fpäteren fprachen, wo ein fcheinbarer ablaut ia, ie, iu, ê das praet. der fechs erften goth. conj. formt, geben dem part. praet. den vocal des praeſ.; ihn beſitzt auch das part. praet. der ſiebenten und zehnten durchgängig: farans, lifans, woraus vielleicht ein älteres reduplicierendes princip diefer conjugg. gefolgert werden darf, ein faifarans, lailifans und daraus ein praet. ind. faifôr, lailas? Das e ſtatt a im part. ſiebenter vor kehllauten, welches die angelf. altn. und niederl. mundart entwickelt, muß als unorg. abweichung betrachtet werden. Die vier übrigen conjugg. drücken die vergangenheit auch am part. durch ablaut der wurzel aus und zwar die eilfte verleiht ihm eigenthümlichen, vom ablaut des ind. verſchiedenen (nunans, nomanêr); die achte, neunte, zwölfte laſſen ihm den des plur. praet. (gripans, gutans, bundans, vaúrpans). Man merke, daß das part. praet. überall kurzvocalifch iſt, außer, wo es in reduplicierender conj. das ân, ái, ê des praeſ. beſitzt. Soviel vom ab- oder nichtablaut des part. praet.; was die hinzutretende flexion betrifft, fo lautet ſie 1) goth. -ans: abweichend fcheint nur fulgin κρυπτόν Matth. 10, 26. Marc. 4, 22. Luc. 8, 17. gafulgin κεκρυμμένον Luc. 18, 34. 19, 42. von einem oben f. 842. nicht angeführten filgan, falg, fulgn, davon nur II. praet. fg. affalht ὑπάρυψας (für falgt, wie alht f. aigt) aus Luc. 10, 21. nachzuweifen ſteht; von der adj. bildung -eins iſt diefes -ins verfchieden, fo wie der ſtamm filgan von fillan, commendare, part. fullhans; vgl. das altn. fêla in conj. XI. 2) alth. an (giwagon O. I. 3, 72: wizagôn ſteht dem reime zu lieb f. giwagan; verſchiedenemahl ſetzt O. -inns f. -ans, als: gihaltinu IV. 29, 32. giwêbinu IV. 29, 28; doch 28, 16. ſteht giwêbann) welches allmählig zu -en wird, N. braucht entfchieden -en (bei T. fchrinen viele -en affimilation, z. b. 244. erhabênen, während unflectiert erhaban, nicht erhaben gilt, wiewohl der text fchwankt, z. b. 185, 12. worphanemo, nicht worphenemo). [Merkwürdige apocope des -an in káz f. kêzan, vgl. gl. monſ. 342. ungâzêr (incoenatus), und kitrêt ſt. trêtan. gl. monſ. 413 kitrêt wafo.] — 3) das mittelh. -en fyncopiert fein e nach den bekannten grundfätzen (varn, korn, boln, born); neuh. unterbleiben diefe fyncopen mit der ſtummheit (vâren, kôren, bôleu, bôreu) [gâz f. gêzzen: Parc. 14500 ungûz er gienc. 153ᵇ ſi habent gnuoc dâ gâz (: drâz) a. w. 3, 172 hei er gâz. 180 het gâz : vrâz.

928 *II. bildung des particip. praeteriti.*

fundgr. 104, 10 gáȥ habint. Wigal. 9963 ungâȥ. Wigam. 28ᵃ baȥ : het gáȥ. v. d. minne 468 nnderlâȥ : dû hâſt gȧȥ. hohelied mihi p. 170 ich hân gȧȥ. frauend. 336, 19 ô daȥ ich mit in het dâ gȧȥ. 338, 14 ob man hete gȧȥ (: faȥ). 336, 23 haben gȧȥ (: daȥ); *genua* f. genêſſen Laur. c. v. d. r. 300 (: naȥ): *getrët* und *gewët*: Parc. 32ᵇ was ûȥ getrët : hete gewët. 54ᶜ zetrët was. 168ᵇ wart getrët : gewët. Wilh. 2, 4ᵇ getrët und übertäiten. Georg 8ᵇ ertrët : gewët. (33ᵃ ertrëten : gewëten)]. — 4) altn. -*inn* (f. inr) niemahls -*ann*; weil kein umlaut folgt (alinn, fallinn, lätinn, rumiun etc. nicht elinn, felliun, laetinn, rymiinn; denn ekinn, dreginn, fenginn haben andern grund) morganifch und dem -idh f. adb (f. 912.) analog. — 5) angelf. -*en*, ob zunächſt aus -*an* oder -*in* entfpringend? läßt fich nicht beſtimmen, doch erſteres als wahrfcheinlicher anzunehmen. — 6) niederl. engl. fchwed. dän. -*en*.

Das part. praet. *fchwacher conj.*¹) wird, analog dem pract. ind. durch ein hinzugefügtes d oder t gebildet: 1) goth. d, das aber auslautend und vor s zu þ wird, der vorausſtehende ableitungsvocal leidet keine weglaſſung: nafiþs, brannida, falbóþs, habâiþs; fem. nafida, brannida, falböda, habâida; neutr. nafiþ oder nafidata, brannib oder brannidata etc. — 2) alth. t, ans- und
1010 inlautend, neriter, falpöter, bapêter. Der ableitungsvoc. iſt in den beiden letzten conj. unauswerflich, desgleichen bei kurzfilbigen wurzeln der erſten: nerit, neriter, nerites, neritaȥ, felit, feliter etc. Schwierigkeit machen langfilbige: a) J. duldet auch hier keine auswerfung des i, es mag flexion hinzutreten oder nicht: 342. 395. chidhechidju, dhecbideró; 347. chilmeigidju; 354. 361. 365. chitendidan; 358. chideiliden; 363. chinôwidju; 378. chichundidju; chibrëvidô; 388. arflougidëm; 391. chiwîhidô; 404. chimeugidé; 406. chifaugidu. β) ſtrengalth. bei K. und N. folgende regel: der abl. vocal bleibt, wenn das participiale -t anslantet, fällt aber weg, fobald decl. flexion hinzutritt, feine fyncope zieht dann, was rückumlaut und confonanten betrifft, diefelben folgen nach fich, die oben beim fyncopierten praet. ind. angegeben find. Es heißt demnach piwemmit, kipremmit, kiderrit, kitëzit (K. 45ᵇ) kimeſſit, (N. p. 263ᵇ, 15.) kireſſit, kiſtrecchit, kirihtit, kivilfit, kivnllit, kiwilhit, kitröfſit, kiteilit, kifuohhit, kituomit (nicht piwamt, kiprant, kidart, kifuxt, kiſtrabt, kiriht, kivilt, kivult, kiwibt, kitröft, kiteilt, kifuoht); hingegen piwamtêr, kiprantêr, kidartêr, kinaſtêr, kiraſtêr, kifaxtêr (K. 27ᵇ N. 44, 17.) kiſtrahtêr, kirihtêr etc. (nicht kiprennitêr, kideritêr, kiſtrecchitêr, kirihtitêr etc.) und fo bei allen andern flexionen: kiprantes, kiprantemu etc. Ein kifaxt, kizalt, kivalt, kifcant,

---

¹) Part. praet. der anomala: goth. ſkalds, munds, kunþs, mahts; nhd. gemufst, gewollt, gedurft, gefollt, gemocht (nicht mehr als adj. wie noch Fleming 382 die gefollte feli, debitum tempus); ahd. doht (valens) chund (notus) aber ungilorranea (inaufſ) gl. virgil.

II. *bildung des particip. praeteriti.*

kiwant, kidnet wäre fo unzuläßig als ein kifezitaz, kivellitaz, kiwenditaz, kidecchitaz (kizelitaz etc. möglich, fogar üblich K. 27ᵇ 49ᵃ, wegen org. kurzfilbigkeit, zellan = zeljan analog weljan, unanalog vellan; part. kiwelit, kiwelitaz; kivellit, kivaltaz.): doch als feltne ausnahme *farfalt* mifc. 1, 4. [bei N. gibt es wohl mehr folcher ausnahmen: Ärift. 67. ift kefazt, ift ausgehaft.] γ) T. folgt zwar im ganzen derfelben regel, d. h. es ftehet gifullit, ziteilit, zifpreitit, gifentit, bitheckit, arwelzit etc. und gifultén, zifpreitté, gifantö (13, 21.) bithactes (44, 18.) arwalzian etc.; allein da in diefem denkmahl noch manche praet. ind. unfyncopiert vorkommen (oben f. 873.) z. b. wátita, fongita, heldita, mifgita, bruogita, antlingita, gihengita etc. pflegen auch die flectierten part. folcher verba das i zu behalten; giröftites 231, 2. erbruogite 217, 4. giheldítemo 208, 6. gimifgitan 202, 3. giwátitan 196, 7. 244, 1. gifezitn 25, 1. 45, 4. gewentite 39, 8. giweigité 44, 1. girimitn 44, 21. etc. gifelit 158, 6. gifelitn 67, 8. (neben dem praet. falta) erklärt fich aus der alten kurzfilbigkeit; formen wie gizalt, gifalt, giwant gelten im T. fo wenig, als ftrengalth. [giwant T. 67, 9. 138, 1. erchompt 172, 5. giruort 117.] — δ) auch O. beobachtet meiftens den ftrengalth. grundfatz, z. b. irfullit, gifnagit, gizelit (II. 21, 87.) gimeinit, bicleibit, irongit und irfultaz, gifnagté, gizaltér (I. 11, 18.) gimeintan, bicleiptaz, irongtaz etc. geftattet fich aber einigemahl *ginant* III. 22, 101. *gizalt* III. 22, 38. für gimennit, gizelit; daß er V. 25, 172. *bithekitaz* und nicht bithaetaz fchreibt, ift keine abweichung, fondern er behält in diefem worte das org. einfache k theken (nicht thecken, ftrengalth. decchan, dacta) weshalb das praet. thekita lautet. — ε) den anomalen praet. prâhta, dâhta, worhta entfpricht ein ftets (d. h. auch ohne flexion) fyncopiertes part. *prâht, kidâht* (K. 22ᵇ 26ᵃ) *kirorht* [auch dem praet. chnâta das part. *chnât*; biknât O. II. 6, 93]; auffallend gilt neben dâhta das part. *kidenchit* (bithenkit O. I. 1, 45. II. 11, 103; gedenchot N. 57, 10.) nicht kidâht (mittelh. gedâht) [gidâhta (conceptam) monf. 386]; wie wohl davon die mir nicht gegenwärtige flectierte form lautet? kidauhtes (wie kiwanhtes von wenchan), kidâhtes oder kidenchites? [kepramhotér (redactus) K. 29ᶜ] — ζ) bildungen mit l, m, n, r haben ftrengalth. nach der regel verkürztes part. mit unverkürztes ohne flexion, z. b. kinekilit (clavatus) kinidirit (humiliatus) kinakaltes (clavati) kinidartes (humilinti) kizeihhauit (fignatus) kizeihhantjn (fignata) etc.; bei T. kommt wie das praet. nidarita, fibarita, fo das part. fornidarité 39, 2. gifibirité 64, 3. vor. — 3) die mir zugänglichen bruchftücke der altf. E. II liefern das fchwache part. praet. beinahe nur unflectiert; daß in zweiter conj. das ô, in erfter bei kurzfilb. das i nicht ausfalle, verfteht fich. Langfilbige haben es unflectiert meiftentheils: giwendid, ginâhid, gihrôrid, gifuogid, giwégid, giwlenkid, gimengid, gifullid, gifendid, ginôdid etc.; bemerkenswerthe aus-

930 II. *bildung des particip. praeteriti.*

nahmen find *gifald* (nicht gifelid) *gitald* (nicht gitelid) *gifôht* (nicht gitôkid) und *giwarht* (nicht giwirkid); flectiert: fartaldê etc. — 4) angelf. bleibt das ô zweiter conj. und bei kurzfilb. das ë erfter durchaus: langfilbige behalten es in der regel, wenn keine flexion, werfen es aus, wenn flexion zutritt, z. b. gecêmed, gelæded, gefêted, gemenged, gefended, gebärned etc. gen. gecêndes, gefettes, gelæddes etc. dat. gecêndum, gebärndum. Ausnahmsweife fyncopieren es auch außer der flexion a) die ea rückumlautenden: *gefrald, getêald, grecêahl, gecêaht, gefrâht*; desgl. *gefîed* (dictum) Beov. 128. ß) die anomalen part. *broht, boht, rorht, poht, puht, gefuht, geroht.* γ) fchwankend find wurzeln mit t und d: ältere quellen haben: gefeted (Beov. 128. Cädm. 3.) gelênded (Beov. 70.) gelæded; fpätere gefett, gefent, gelæd etc. — [4') ultfriel. thruchflâht (durchftoßen) Emf. 4. 6. U. kert (gekûrzt) ibid. 6. —] 5) altn. bleibt wiederum das a zweiter conj. nothwendig (kalladhr); das i erfter fällt bei kurz- und langfilbigen weg. vgl. taldr, tamdr, brendr, deildr. Man merke a) kurzfilbigen läßt die Edda im nom. mafc. und neutr. noch häufig i: talidhr, hulidhr, dulidhr, tamidhr, baridhr, varidhr, bakidhr, lugidhr, talit, varit etc. wobei nur der umumlaut auffällt; find es überbleibfel aus einer früheren zeit, die (gleich dem goth.) noch keinen umlaut kannte? denn organifch ift hier i und dasfelbe welches im inf. telja, berja aus talja, barja zeugt; um fo vielmehr follte es telidhr, beridhr, dylidhr zeugen. ß) im nom. neutr. kurzfilbiger hat fich das i auch noch heute bewahrt: talit, hulit, ftuuit, tamit, barit, varit etc. die fich zum mafc., wie kallat zu kalladhr verhalten, d. h. f. talidht, kalladht ftehen (f. 737.): da nun das part. praet. ftarker conj. im neutr. gleichfalls auf -it (f. -int) ausgeht, begreift fich, warum viele fchwache verba erfter conj. aus folchem neutr. unorganifche formen -in, umgekehrt part. ftarker conj. formen -d entwickelten (oben f. 307.). Rafk ftellt für folche zweiformige part. eine mifchdeclination auf (§. 194. 248.): ich zweifle, daß fich aus alten denkmählern ein galda (incantatam) göldum (incantato) oder ein talinn (numeratus) talinu (numerati) ergebe ft. der organifchen formen galin, gölnum und talidhr, talidhs. Allmählig aber reißt die doppelform ein. γ) langfilbigen, deren neutrum bloßes -t, kein -it befitzt, fehlt alle verfuchung zu diefer doppelform, vgl. brendr, brent; rûmdr, rûmt; hvattr, hvatt; gladdr, gladt. — 6) mittelh. tragen fich folgende abänderungen der früheren einrichtung zu: a) kurzfilbige fyncopieren das ableitungs-e nicht nur in erfter, fondern auch zweiter conj. nothwendig nach l und r: gewelt, gefchelt, gehert, gefpört; gefpilt, gezilt, gewërt, gefpart; nach andern conf. meiftentheils, das part. geht hier ganz analog dem praet. ind., namentlich auch in den formen geleit, gefeit (f. 947.) gereit, gekleit f. geklaget (f. 959.) gekleit f. gekleidet (f. 961.). ß) langfilbige zweiter conj. behalten in der regel ihr e, als: gehëret,

II. bildung des particip. praeteriti.

gewâget, gemachet, geminnet, gefellet etc. inzwifchen ftcht ausnahmsweife genaht f. genachet Flore 9ᶜ troj. 60ᵃ 116ᵃ 169ᵃ altd. w. 2, 89; gewaht f. gewachet Ben. 144; anderwärts gemêrt f. gemêret etc. Bei zutretender flexion wird die fyncope zuläfsiger, z. b. gehêrte Parc. 52ᵃ 78ᶜ. γ) bei langfilb. erfter conj. ift zwar immer noch der unflectierte fall von dem flectierten zu unterfcheiden und a) für letzteren kürzung zu behaupten, folglich mit rückuml. und conf. beftimmung des praet. ind. z. b. gebrnnter, gefuzter, geracter, gerihter, gevulter, geteilter etc. nicht: gebrennter, gefetzeter etc. belege: verfcharter (? verfcherter), getoufter u. Tit. 64. 76; bewandem, geribtiu, gefagtem, geluptem, gewihtiu, verkôrtem, gerihtem Parc. 46ᶜ 54ᵃ 67ᶜ 70ᵃ 116ᵇ 122ᵃ 126ᵇ 143ᵃ; geteilter, gedrucktem Kl. 1785. 1956. 3178; geracten, gezartem, zevuortem Wigal. 158. 182 etc. Überhaupt find folche declinierte part. unhäufig und im Trift. wo ihrer gerade mehr vorkommen, als in andern gedichten, findet fich auffallend die unverkürzte form, vgl. 49ᶜ gefenketem 51ᵃ zeflücketem 56ᵃ erwünfchete 67ᵃ gehertete 86ᵃ gelimeten (doch 6ᵇ 85ᵇ gelimten) 88ᶜ gegelletem 114ᵃ gefüpprter etc. geftattete diefe Gotfr. mundart? oder ift gefunctem, zefluctem, erwunfchte etc. zu emendieren? (betouweten 4ᵇ, verweifete 13ᵇ, getageten 28ᵇ, gewarneten 39ᵇ etc. gehören der zweiten conj.) wie ich a. Heinr. 199ᵇ erbeiteten iu arbeiten (exercitum) ändere. Alle belege ftehen aufserhalb des reims. b) der weit häufigere unflectierte fall duldet volle und gekürzte form, fo oft bei der kürzung ein conf. verfchwindet, namentlich in wurzeln- mit ll, mm. un. rr. pp. tt. nd. rt. bt. ft. ft. und einfachem t, es kann heifsen: gevellet, geftellet, geftillet, gevüllet, gekemmet, gebrenuet, zetrennet, genennet, erkennet. überzinnet, gefperret, gefuppet, gerettet, gewendet, gefchendet, enzündet, gegürtet, entnihtet, erliuhtet, gebettet, gemaltet, getroftet, behuetet etc. aber auch: gevalt, geftalt, geftilt, gevult, gekant, gebrant, zetrant, genant, erkant, überzint, gefpart, gelupt, gerat oder geret, gewant, gefchant, enzunt, erliuht, gegurt, entniht, gebaft, gemaft, getröft, behuot; auf dialectifcher verfchiedenheit beruht diefe doppelgeftalt nicht, beiderlei part. ftehen hintereinander in denfelben gedichten und beide im reim (merklich fo, dafs gekürzte form mehr durch den reim herbeigeführt wird, volle aber waltet, wenn kein reim dazu zwingt, d. h. genant reimt auf lant, haut, nicht leicht auf erkant, wohl aber genennet auf erkennet [doch Parz. 470, 21 benant : bekant, neben 469, 5 erkennet : genennet];) gezellet ift dem gezalt gänzlich gewichen. Bei wurzeln ck und tz fcheint gedecket, gefetzet, gezücket, ergetzet etc. üblicher als gedact, gefazt etc. die faft kein reim enthält, doch Nib. 1537. geftrabt : naht und aufser reim (Trift. 2, 560. bedact Groote 664. bedecket); underfäzt Iw. 5ᵇ (fo auch cod. gifl. und pal.) über gefat f. gefetzet oben f. 415.; wo rückuml. im praet. ind. fchwankt, darf

932　II. *bildung des particip. praeteriti.*

er es auch im part. z. b. von gerettet ist beides geret und gerat (Herb. 46ᵃ 51ᵃ) richtige kürzung. ε) wenn durch die syncope kein conf. schwindet, hat das unflectierte part. unverkürzte form, obgleich das praet. ind. und selbst das flectierte part. kürzt: hierher wurzeln mit einfachem conf. (t abgerechnet) und den conf. verbindungen mpf, rb, nz, rz, eng, enk, rk, als: geteilet, geruemet, gesünnet, geneiget, eraiset, gedempfet, gewerbet, gestürzet, gesenket, gebenget, gemerket (nicht geteilt, geruomt, gesünnt, geneigt, erölt, gedampft, gewarpt, gestürzt, gesanet, gekanet). Ausnahme machen die part. gehört, gelert, gekert, gelöst statt und neben gehæret, geleret, gekeret, gelæset. δ) die part. neuter anomalie lauten beständig, flectiert oder unflectiert, verkürzt: brâht, gedâht (nie gedenket) gedûht, geworht, ervorht. — ε) dasselbe gilt von langsilbigen bildungen mit l, n, r, als: geklingelt, gezeichent, gewundert, geklingelter, gezeichenter, gewunderter und da die mit en das en des part. praet. syncopieren, fallen hier beide part. fast zusammen, vgl. bezeichentin (signata f. zeichenetin) bezichendin (signans f. zeichenendin) zumahl auch ersteres bezeichendin geschrieben werden darf [belëhent Flore 33ᵇ bevestent Gudr. 40ᵇ grosseut Wigal. 8214.] — 7) *mittel-* und *neuniederl.* richtet sich das part. praet. nach dem praet. ind. — 8) ebenso *neuhochd.* vgl. geuært, gelégt, gedrâht, gesalbt, verzinnt etc. aber: gewütet, gehütet, geleitet, geladet, geredet, gerettet etc. [also -et nach t und d] gekannt, genannt, gesandt, gewandt neben gesendet, gewendet ['wie das genant oder genennet werden mag' a. 1598. Rommel 6, 364. gedaucht, bedaucht. durchlaucht f. durchleuchtet. wolbestalt. gestalt in ungestalt, misgestalt. hochgelahrt. abgeschmackt neben geschmeckt. abgezwackt? — gewundert, geklingelt, aber gezeichnet, belehnt.]

9) *neuengl.* lauten part. praet. schwacher form und praet. ind. gänzlich gleich. — 10) im *schwed.* ist das sogenannte supinum, unterschieden von dem part. praet., unorganische entwickelung und Botin §. 86. sieht sehr unklar. Offenbar sollte zu den praet. välde, sände, blänkte, lekte, kallade das part. väld, sänd, blänkt, lekt, kallad, im neutr. väldt, sändt, blänkt, lekt (st. blänktt, lektt) kallatt lauten. Allein man sondert den fall ab, wo das unflectierte part. praet. mit dem auxil. hafva construiert wird, nennt es alsdann *supinum* und gibt ihm durchgängig blosses t, nämlich a) in schwacher form väit, sänt, blänkt, lekt, kallat unterschieden vom adjectivischen part. masc. väld, kallad, neutr. väldt, kalladt und nur in blänkt, lekt damit zuf. fallend. b) legt man auch starken verbis ein solches supinum mit der endung -it zu, welches wiederum von der adj. flexion -et abweicht. Dem masc. fallen, kopen, tagen, gripen, brüten, hunnen entspricht das neutr. fallet, löpet, tâget, gripet, brûtet, hunnet, wie dem masc. liten das neutr. litet (f. 755.) statt fallent, litent. Das supinum hingegen lautet: fallit, lopit, tâgit, gripit, brûtit, hunnit und wird,

II. *bildung des particip. praeteriti.*

von feinem unorg. urfprung abgefehn, zumahl wegen üblicher ausladung des hülfsworts hair, überaus bequem (mehreres in der fyntax). Überhaupt ift das fchwed. fupinum nichts als die neutrale form des part. praet. fchwacher und ftarker verba, die gar nicht auffallen würde, hätte fich nicht das alte i ftatt e darin verhärtet, und gälte nicht neben dem -it zugleich ein adjectivifches -et. — 11) *dänifch* gilt kein folches -it, vielmehr überall -et oder -t, folglich ift a) das urfprüngliche d der fchwachen form verloren, es heißt z. b. elfket (amatus) f. elfked, im neutr. elfket (amatum) f. elfkedt b) das neutr. part. ftarker verba lautet -et f. ent, als: tvunget, taget, hat aber unorg. zuweilen das masc. und fem. -en verdrängt, namentlich in VIII. grint, trint, bidt, fidt; in IX. gydt, lydt, nydt, brudt, fkudt; in X. ædt, fæt etc. wo man nicht, wie ich f. 1003. angenommen, diefe formen für übergänge in die fchwache conj. halten will. — Die bedeutende abweichung fchwed. und dän. participialform von der hochd. zeigen folgende beifpiele: fchwed. han är vnnnen, detta är vunnet, han har vunnit; dän. han er vunden, dette er vundet, han har vundet; er ift gewonnen (alth. ift kiwunnauér) dies ift gewonnen (alth. kiwunnanaʒ) er hat gewonnen; fchwed. han är älfkad, detta är älfkat, han har älfkat; dän. han er elfket, dette er elfket, han har elfket; hochd. er ift geliebt, dies ift geliebt, er hat geliebt. Die hochd. einrichtung ift zwar einförmiger, aber gehaltener, das männliche und neutr. kennzeichen find gleichmäßig abgelegt, im nord. nur erfteres, nicht letzteres.

Zum fchluße der lehre von bildung des part. praet. die frage: ift ihm die vorgefetzte *partikel ge-* (goth. *ga-*; alth. *ka-, ki-*; altf. *gi-*; angelf. *ge-*) (altengl. i. auch altf. ihekilod (geheechelt) Werduer reg. 231. niederd. bloßes e- ftatt ge-] wefentlich? An fich nicht (weshalb fie auch bei darftellung der ftarken conj. weggelaßen worden ift) theils weil fie einigen mundarten, der nordifchen namentlich, völlig fehlt, theils in den übrigen vor gewiffen participien, theils endlich meiftens unzuläßig ift, wenn bereits andere partikeln das verbum binden, z. b. ir-runnan, pi-fcoltan, vir-loran etc. Gleich den übrigen partikeln modificiert daher jenes ga-, gi- die eigentliche bedeutung des zeitworts und gleich ihnen kommt es nicht bloß dem part. praet., vielmehr der gefammten erfcheinung deffelben zu. Auf welche weife folche modification eintrete, ift im folgenden buch abzuhandeln; hierher gehört der fatz: daß allmählig da, wo der finn des verbums unverändert beftehen foll, fo folglich die übrigen tempora diefer vorfilbe ermangeln, fie fich an das part. praet. drängte und ihm feit abfchleifung der flexionen gewiffermaßen unentbehrlich wurde. In der regel find die meiften verba ihrer fähig, zuweilen felbft, wenn fchon andere partikeln vorftehen (az-ki-varan, in-ki-puntan etc.; näheres anderswo); hauptaugenmerk verdienen diejenigen verba, welche das gi- von ihrer unzuf. gefetzten form immer oder zuweilen abweifen. 1) im goth. finde ich folgende part. praet. ohne *ga*-: haldans, fáians, háitans, fráifans, praíbans, taúbans, quipans, vaúrpans und die fchwachen: vagiþs, aliþs, valiþs, rôdiþs, dáupiþs, manviþs. 2) alth. heizan (vocatus T. 13,1.) quëman, vuntan [belege über chomen und funden bei Stalder dial. p. 157. 158.], wortan; die fchwachen: prähl, fcantêr [wuntane Hild. luzzan K. 38ᵃ phinôt gl. brab. 953ᵃ fô feaffaniu T. 5, 7. fô fcaffaneru 5, 12. fô fcaffanên 145. rehtfeitigôt 64, 14. ans fi hangan 94. curzite (breviati) 145. avurprunganêr hymn. ad mat. 2, 3. friflôt N. 33, 1. chriuzigôt 42, 1. frëzzen 79, 14. preitit monf. 365. rihtet Otblo 419.] 3) angelf. weit mehrere: bäten (vocatus, aber gehäten promiffus) hladen, hafen, fcëacen, fcepen, fcofen; dropen, boren (portatus, aber geboren ontus) comen, funden [liden (profectus) togen (ductus)] etc. und die fchwachen: cenued, vëaht, þëaht [broht, væpned]. 4) mittelh. läzen oder lân, gëben (Wigal. 275. 405.) vrëzzen (Karl 28ᵇ) komen, troffen, vunden, worden [f. nachtr. liden Alex. 4758] aber geheizen; die fchw. brâht, vreifchet (Maria 87. Parc. 69ᶜ) krônet (Parc. 4ᵃ) [f. nachtr.] tän f. getän oben f. 966. [teilet Diem. 81,17. leckel Kleinh. 636. kleidet Gudr. 16ᵇ geftet (comptus) MS. 2,195ᵃ küffet 2,188ᵃ vorht (gefürchtet) 2, 144ᵇ fteinet (altn. fteindr) troj. 55ᵇ vgl. Stëurdlant chart. Sithienfe p. 80. 158. 160-163. decket Eracl. 2206. chruciget Mone 8, 428. reit (politus) f. geveit, geregel. livl. 51. — wiede folt (geweihte falz) Weffel p. 15. brodede gefimle Goff. 54, 5. 63, 25. 86, 17. 93, 12. bleket garn 104, 96.]; andere wie niuwe-flifien (Nib. 1617.) niuwe-born, vol-mëzzen (M. S. 1, 103ᵃ) alt-fprochen (Karl 28ᵃ) etc. müffen fchon als zuf. fetznngen betrachtet werden. [4ᵃ) mnl. lêden (praeteritus) Maerl. 2, 162. gode volen (befolen) Beatr. 1024. Rein. 3320. duvel volen. lekenfp. gl. 662.] 5) neuhochd. leidet die fchriftfprache keine weglaßung des ge-, außer in worden (abftract genommen; concret: geworden); es heißt: gelaßen, gegëben, gefunden, gebracht etc. [kommen noch in herkommen, willkommen. doppelt f. gedoppelt. bracht Fleming 85. brochner zepter. H. Sachs (Göz 2, 26.) braten (gebraten) id. hamfter hat mich bißen Goethe 8, 149. flohene freuden 57, 132; rechtfchaffen f. recht gefchaffen Schade 2, 31. 34. frifchbacken, hausbacken. brantwein. Doppeltes ge- in gegeßen.] 6) umgekehrt ift die vorpartikel im neuengl. verfchwunden; mittelengl. fteht zuweilen noch ye- oder bloßes y-, i-.

III. *declination des participium praefens.*

fie ift entw. adjectivifch oder fubftantivifch. I. (*adjectivifche decl.*) 1) goth. nach der regel des comparativs (f. 756.) nur fchwach, nicht ftark: gibanda, gibandei, gibandô; der einzige nom. fg. mafc. ftehet auch ftark: gibands (oder ift er dann als

II. *bildung des particip. praesens.*

ein subst. anzusehn?) — 2) alth. gilt beides starke und schwache form, jene aber nach zweiter decl. d. h. unflectiert endigt der nom. auf -i: këpanti, këpanti, këpanti; flectiert këpantêr, këpantju, këpantaz (st. këpantjêr, këpantjaz) [merkwürdig farîhantjan, praestolantem Diut. 1, 266ᵇ pl. f. quexantes fr. Matth. 25, 9, 11.] etc. Schwach: këpanto, këpanta, këpanta (st. këpantjo, këpantja, këpantja). — 3) altf. gêbandi, wie im alth., nur tritt in der flexion das j häufiger vor, z. b. flâpandjes oder flâpandeas (dormientis) ¹⁰¹⁷ gnornondjê (moerentes) bûaudjun (habitantibus). — 4) angels. stark: gifende, gen. gifendes; fem. gifende, gen. gifendre etc. schwach: gifenda, fem. gifende etc. — 5) altn. nur schwach, wie im goth., und gleich dem comp. (f. 758.): gifandi, gifandi, gifanda; auch der starke nom. masc. unzuläßig. — 6) mittelh. nach alth. regel, mit den durch die zeit herbeigeführten veränderungen der adj. decl.: gëbende und gëbender etc. — 7) neuh. gëbend (wie reich für riche etc.) und gëbender. — 8) in den übrigen sprachen nach maßgabe der frühern regel und der adj. flexion. — II. (*substantivische decl.*) gilt nur fürs masc. 1) goth. nach der anomalie menôþs (f. 610.): frijônds (amicus) fijands (inimicus) garda-valdands (paterfam.) nasjands (salvator); gen. frijôndis oder frijonds? dat. frijônd, nasjand Luc. 1, 48. acc. fijand Matth. 5, 43. valdand Matth. 10, 25; nom. und acc. pl. frijônds Matth. 5, 47. fijands Matth. 5, 44. [básitands (vicinos) Marc. 1, 28. Luc. 7, 17. (vicini) Luc. 1, 58. vgl. bijands in bijandzuhþan (ulterius)] 2) alth. gehen die subst. vriunt, viant, wîkant, hëlfant, heilant [scephant creator hymn. 24, 1¹)] (wie mânôt selbst) regelmäßig nach decl. 1. (f. 613.) vgl. die pl. friuntâ O. II. 8, 94. fianta I. 12, 4. fiendâ N. 5, 9. fiendô gen. pl. N. 88, 43. dat. fg. -e: heilante O. I. 7, 12. hëlphante O. V. 25, 13 etc. Zu wundern wäre nicht, wenn andere alth. quellen auch den anomalen nom. pl. vriunt, viant darböten [so thun es: J. 376 dhea fiant.] — 3) altf. finde ich beides, anomale und regelmäßige decl., bald den pl. wâpen-bërand (armigeri) bald wigandôs (bellatores) (Hel. 116, 22 neben wigand 160, 17 (plur.) friund Lscombl. 6, 8. thene lêriand (praeceptorem) 120, 10. hëlmbërand 23, 9. fiund (inimici) 113, 9.] — 4) angels. lautet der nom. sg. -nd (verfch. vom adjectivischen -nde): frëond, fëond, vëaldend, hælend, nergend, vigend etc.: der pl. theils anomal dem nom. sg. gleich (wie hâledh f. 647.) zumahl in zuf. setzungen: fold-bûend (terricolae) ymb-sittend (accolae) hëlm-bërend (galeati) sæ-lîdhend (navigatores; Hild. scolidantô, adjectivisch) gar-vigend (bellatores) vgl. Beov. 136. 137. 170. 187. 196. 208. und mit umlaut frŷnd, fŷnd (Rask p. 30.); theils regelrecht mit dem pl. -as, als: vëaklend,

---

¹) Vgl. nomina propria wie werdant, valdant, ritant, rêtant, verrant, frodant (u. fuld. 2, 231) ruhhant (not. san. wirceb.) thromt (u. fuld. 2, 76. ihrzans Neug. trnant, dromt cod. lauresh.) wielant, vgl. 2, 342.

vëaldendas. [acc. fg. rêfende? Beov. 92. 742. fvinfigende fvêg C. 66, 8. umraende exon. 380, 28.] — 5) altn. geht der fg. beiländig fchwach, fällt alfo mit dem adjectivifchen zufammen, z. b. frændi (amicus) fiandi, bûandi (rufticus) zuf. gezogen böndi, dômandi (judex) etc. Der pl. hingegen declinicrt fubftantivifch anomal: nom. acc. -ndr (zu dem goth. -nds ftimmend) gen. -nda, dat. *-ndum; als: frændr, findr, bændr, vêgendr, dômendr, lefendr etc. (Rafk §. 122.); fiandi pflegt gleich andi (fpiritus) den pl. auch regelmäßig zu bilden: fiandar, andar. Der umlaut brendr, dômendr vergl. fich dem in fedhr, brædhr, menn, fœtr f. 663. [Warum Sæm. 20ᵇ breftandi boga, brennandi loga, 21ᵃ lifciandi herra neben ginanda ulfi, flingauda fleini? Munch fetzt auch breftanda etc. desgl. F. Magn.] — 6) mittelb. ift (wie fchon althd.) der gebrauch fubft. part. praef. eingefchränkt; ich finde nur vriunt, rient, wigant, vâhant, welche regelmäßig flectieren, heilant (Maria 9.) pl. vriunde, viende, wigande; doch crfteres macht zuweilen den anomalen pl. vriunt Parc. 45ᵇ Nib. 639. 2118. 5607. 7727 [Servat. 2810. Walth. 74, 10. Freid. 40, 25. 41, 6.] — 7) neuhochd. freund, feind [der böfer feiandt. Nieferts hexenpr. p. 75. feienden weisth. 2, 324. feinaden 3, 842.], heilaud regelmäßig, pl. freunde, feinde; andere dauern nur in eigennamen, als: weigand, völund, wieland.

IV. declination des participium praeteriti.

diefe gefchieht in allen deutfchen fprachen adjectivifch, beides nach ftarker und fchwacher form, z. b. goth. haldans, haldana, haldanata; haldana, haldanô, haldanô; alips, alida, alidata; alida, alidô, alidô etc. und fo in den übrigen, ganz nach der erften adj. decl. Zu bemerken ift bloß 1) die in altnord. bisweilen unorganifch entwickelte doppelgeftalt des part. praet. auf -n und -d (f. 1012.) verurfacht eine aus beiden gemifchte decl., indem man vor confonantifch beginnenden flexionen der n-form, vor vocalifchen der d-form den vorzug gibt, z. b. tamin, tamin, tamit; gen. tamins, taminnar, tamins; dat. tömdum, tamini, tömdu; acc. tamiun, tamda, tamit; pl. tamdir, tamdar, tamin; gen. taminna, taminna, taminna; dat. tömdum, tömdum, tömdum; acc. tamda, tamdar, tamin; die fchwache decl. hat folglich lauter d-formen: tamdi, tamda, tamda etc. Diefe einrichtung ift dem wohllaut günftig, aber wider die natur des unterfchieds ftarker und fchw. conj., daher auch den älteften quellen nur tamdr, tömd, tamt, gen. tamds, tamdrar, tamds; dat. tömdum, tamdri, tömdu; acc. tamdan, tamda, tamt etc. hingegen: galinn, galin, galit; gen. galins, galinnar, galins; dat. gölnum, galinni, gölnu; acc. galinn, galna, galit etc. gemäß fcheint, vgl. edd. fæm. 256ᵃ lamdan, mutilatum (nicht laminn). — 2) im altf. fcheint affimilation des vocals der participialen endung fehr felten, und etwa in kipantan, kipantenêr, kipantenes zuläßig, aber kein kipautonô

II. *bildung des participialen adverb.*

f. kipuntanô; noch weniger kimanetêr f. kimanôtêr, fondern die ê und ô fchw. conj. ftehn unverletzlich. Daß bei langfilbigen erfter fchw. mit der decl. kürzung des ableitungs-i eintrete (kiteilit, kiteiltêr, kiteiltes; kifezit, kifaztêr, kifaztes etc.) verfteht fich nach f. 1010. — 3) mittelh. ift auf das ftumme oder tonlofe e in der flexion ftarker part. praet. bedacht zu nehmen, wobei die regel der adj. eigen und eben (f. 747. 749.) eintritt; es heißt demnach: gevangen, gen. gevangens, dat. gevangenme und fchwach: der gevangen, des gevangen, dem gevangen, den gevangen etc. fchwach decliniert lauten alle langfilbigen unveränderlich, vgl. gevangen Parc. 50ᵇ Wigal. 24, 410. gevallen Parc. 68ᵃ befcheiden Parc. 69ᵃ verborgen Iw. 11ᵃ 15ᵇ befcholten: molten Wilh. 2, 189ᵇ geworfen Parc. 44ᵃ; kurzfilbige müßen das e der flexion behalten z. b. gelëgen, gen. gelëgenes, dat. gelëgenem und fchw. der gelëgene, der gezogene, der verlorne (: zorne Parc. 47ᶜ) etc. Nach diefen grundfätzen wäre: diu gevangene Parc. 50ᵇ der betwungene Parc. 53ᵇ die gevangenen Trift. 137ᵃ in gevangen, betwungen; geladen (onuftum) Parc. 82ᵇ geriten Parc. 130ᶜ in geladenen, geritene zu beßern. [fchw. part. praet. der unverzaget: beklaget Wilh. 2, 48ᵇ der unverzagete: fagete 54ᵃ 109ᵃ 133ᵃ 145ᵃ 147ᵇ der unverzagte: bejagte MS. 1, 147ᵇ; der baz gekleidet Gudr. 18ᵃ] — 4) neuh. bleibt das ftumme e überall, z. b. der gefallene, geworfene, geladene, berittene, gen. gefallenen; eher darf das bildungs-e fyncopiert werden: gefallne, gefallnen.

V. *bildung des participialen adverbiums.*

Im alt- und mittelh. (allen übrigen mundarten mangelt die form) bildet fich aus beiden participien mittelft der endung -o ein eigenthümliches participiales adverbium. Man darf diefes -o weder für den adjectivifchen dativ noch inftr. neutr. halten, welche auf -emu und -ô endigen, vielmehr ift es genau das nämliche o, wodurch auch andere adverbia aus fubft. und adj. geleitet werden. Da nun diefes alth. -o im goth. -a lautet (analog dem fchwachen nom. mafc. alth. -o, goth. -a), müfte ein paralleles goth. adverbium gleichfalls auf -a endigen. 1. *das adverbium des part. praef.* findet fich bei J. K. und hauptfächlich N., feltner bei O. und T.; vgl. folgendo, predigôndo, bauhnendo, lëogando J. 355. 372. 393. 394; [gëne pflûgifôuto fr. theot. 33, 7. mendento gengit 13, 44. nendanto 35, 26.] hôrendo, flôzonto, farnuanênto, farfûmando K. 17ᵃ 25ᵃ 40ᵃ; anaftantando gl. jun. 191. erquiccento gl. wirceb. 981ᵇ; buhôndo, irreffendo, rîchefondo, chëdendo, tonerôndo unde blëcchezendo, biegendo, tnoudo, bëtôndo unde jëhendo, uendendo, wunderôndo etc. N. 12, 5. 13, 1. 28, 10. 70, 11. 76, 19. 78, 5. 79, 12. 80, 11. 88, 25. 101, 9. 106, 26. 118, 162. 170, 171. 125, 4. 135, 1. [flâfendo atemôn unwizzeudo N. Bth. 166. febendo, hôrendo, ftinchendo, fmechendo, crîfendo N.

938 II. *bildung des participialen adverb.*

Ar. 77. gieng pluomóndo N. Cap. 88.] und anderwärts mehr; bei O. nur mamménto (placide) III. 19, 40. 26, 59. IV. 23, 66. aſſimiliert ſt. mummënto von mamméu (mitelœre); bei T. nur bibento 60, 8. Im mittelh. iſt es ſeltner und ſchwerer zu erkennen, weil *-ende* mit andern flexionen des part. praeſ. zuſ. trifft; in folgenden beiſpielen liegt es klar vor: blůende Nib. 3796. fláſende M. S. 2, 183ᵇ unwizzende Parc. 60ᵇ 184ᵃ al-weinende Parc. 168ᶜ (alſo auch 185ʳ 185ᵃ) [Benecke zu Iw. 531. 777. 4678. der win ſprangende gèt Haupt 7, 408. daz viur wadelende vlouc Lanz. 5306. unwizzende Maurit. 1411. unwizende ſtriten. eine cap. rubr. im Tit. im was ſines ſwertes gehilz, dort vallende, abe geſprungen (dort beim fall) Frib. Triſt. 2171. der lipnar gèt im wurgende in Renn. 15156. ſò mac er wigelônde gan MS. 2, 108ᵇ. wirt gefragt ſitzende (im ſitzen) weiſth. 3, 829. nicht anders dafür haltende Phil. von S. 618. lacheto ſagende franz. Simpl. 2, 305. ſchrie ſagende 2, 313. that wartende 2, 314. erwachende. 7 chen 240. häufig bei Ettner. anlachende P. Gerhard 9, 8. er träumt wachende Leſſing 3, 67. ſterbende 2, 421. geben reitend weg 1, 233. überzeugend dar thun. ſelbſtredend.] — II. *das adverbium part. praet.* iſt noch ſeltner, wird auch nur vom part. ſtarker und nicht ſchw. [? ungiſergōt (gratis) T. 170, 6. (nicht ſergòto) ungeſculdet fluogen ſie mich N. 108, 3. ingibeſtit intricate doc. 220ᵇ unvirwânet Reinh. 865. unverwânde (inopinato) altd. bll 1, 364. unverdienet Nib. 115, 4. M. S. 2, 147ᵇ 209ᵃ Triſt. 9707. ungedienet Parc. 15264. ungeſmeichet Wh. 2, 192ᵇ unverzaget (intrepide) 9ᵇ unbekant 54ᵇ der (gen. pl.) ungezalt 115ᵇ ungeruemet ſprochen M. S. 2, 259ᵃ unbeſorget 141ᵇ ungeſchouwet kouſen 227ᵃ ungenazt MSII. 3, 241ᵃ unverdâht Freid. 146, 9. unkuuſt Berth. p. 45. unwiderſeite (ohne widerſagt zu haben) Königshofen p. 825. geſchwůpte voll Schelmufsky 1, 20. gegrůbbelte voll 2, 13. unverhofft, unerwartet, unbewuſt, geſetzt (poſito, ſuppoſé)] conj. gebildet: chiholono (aſſ. ſt. chiholono) J. 365; [unpilipono (indefinenter) miſc. 2, 289. unirdrozzeno N. 26, 4. 76, 6. 102, 11. ferbolno 26, 5. inblandeno (difficulter) N. Bth. 202.] oſſono, oſſano (inſofern oſſan für das übrige part. eines verlorenen verb. gelten kann): vergëbeno N. 36, 21. 43, 18; mittelh. verholne a. Tit. 152. [Parc. 1475ᵇ. 14774. Wilh. 2, 207ᵃ Roth. 26ᵇ Triſt. 136ᵃ holne Servat. 2200] vergëbene Parc. 107ᵇ Flore 74ᵃ troj. 70ᵃ 89ᵇ Friged. 5ᶜ. [unverborgen Parc. 155ᵇ ungelâſen lac Wilh. 2, 62ᵃ. unervorhten Mai 22, 2, 148, 14. unbevohten lirl. 47ᵇ 71ᵇ unverdrozzen Wilh. 2, 165ᵃ unverkorn Parc. 152ᵇ unveruomen Wilh. 2, 139ᵃ ungeſprochen a. w. 2, 56. ungeſtriten Wigam. 1800.] — Bemerkenswerth ſetzt die neuh. ſprache beiderlei adverbien in den genitiv am und ſagt: eilends, zuſehends, ſchweigends, und vergëbens (das iſländ. forgëfins, ſchwed. forgälves, dän. forgiäves ſind aus dem hochd. geborgt) [hernachgehends, folgends, ſchlafends (?) unverſehens, unbeſehens. verſtoleus Simplic. vogelneft 283. unverfchuldes amgb. 11ᵇ trabends (im trabe) pol. colica 198. lachens Günther 579. nnl. volgens, blijkens. — nhd. mundartifch: fchlafender, ligender Schm. §. 874. 1006.]

Vom infinitiv und feiner declination.

Daß die gewöhnliche flexion des inf. -an laute, im frief. nordifchen, englifchen (im hochd. nur mundartifch) das n abfalle, wurde f. 910. 912. 931. 994. 998. gelehrt. Liegt in diefer flexion ein urfprünglicher accufativ, fo hält fie wenigftens mit den übrigen formen des acc. nicht durchgängig fchritt; zwar der alth. acc. mafc. ftimmt zu dem -an, doch der goth. und angelf. acc. -ana, -ne fügt einen weitern voc. zu und der altn. cafus behauptet das im inf. apocopierte -n.

Der deutfche inf. hat die *bedeutung der gegenwart*, nicht der vergangenheit, er kommt daher auch mit der form des praef. überein: α) in ftarker form zeigt er weder redupl. noch ablaut, ausnahmsweife haben ablaut die inf. zweiter anomalie. β) in fchwacher conj. fchiebt er nie d oder t ein. γ) bei dem unterfchied, welchen einige ftarke conj. zwifchen voc. des fg. und pl. praef. ind. machen, gebührt dem inf. ftets der abgefchwächte voc. des plur. (oder des praef. conj. überhaupt), nicht der voc. des fg. praef. und namentlich der II. III. fg.; alfo alth. chiofan, këpan, bëlan, ftërpan, nicht chiufan, kipan, hilan, ftirpan etc. Ganz irrig fetzen einige neuh. quillen (fcatere) erlifchen (extingui) ft. quellen, erlöfchen; bloß II. III. praef. ind. kann hier den intranf. begriff quillt, lifcht vom tranf. löfcht (extinguit) fondern; und wer möchte ein fchmilzen (liquefieri) vom fchmelzen (liquefacere) zu fcheiden wagen, da felbft kein brinnen (ardere), vielmehr nur brennen (für ardere und comburere) zuläßig ift.

Gleichwohl gibt es bemerkenswerthe fpuren eines ausgeftorbenen *inf. praeteriti*. Die verba zweiter anomalie haben nicht nur überall im inf. abgelauteten wurzelvocal, fondern auch im altn. *feulu*, *munu* die flexion -u, ftatt -a (f. 926.) welchem feulu, munu ein goth. fculun, munun entfprechen würde. Allein es heißt gamunan Luc. 1, 72. vitan Marc. 7, 24. kunnan Marc. 4, 11. Luc. 8, 10. Joh. 14, 5. nach deren analogie (und nach dem part. praef. aigands, ôgands etc.) ich f. 851. die übrigen unbelegbaren inf. môtan, fkulan etc. aufgeftellt habe. Altnord. werden fogar den fchwachen praet. fkyldi, mundi parallele inf. *fkyldu*, *mundu* gefunden (Rafk §. 251.) z. b. edd. fæm. 242. 243.; vielleicht ftehen zuweilen regelmäßige ftarke praeterita infinitivifch, wie *föru* (iviffe) *ftôdhu* (ftetiffe) vgl. Egilsfaga p. 104. —

II. *declination des infinitivs.*

Gesetzt der inf. wäre ein eigentlicher acc., der sich dann auch nominativisch als subſtantiv brauchen ließe (wovon näher in der ſyntax), ſo fragt es ſich nach dem entſprechenden gen. und dativ? Dieſe beiden caſus ſind in der alt- und mittelh., der dativ in der altſ., angelſ. und mittelniederl. ſprache häufig anzutreffen, zweifelhaft im goth., den nordiſchen mangeln ſie gänzlich. 1) die altb. form lautet für den gen. *-annes*, für den dat. *-anne*, welches ſich in den ſchw. conj. zu *-jannes* (-jennes, -ennes) *-ônnes, -énnes*; *-janne* (-jenne, -enne) [ſ. nachtr. fehlerhaft ſcheint O. I. 1, 150 z'irretunne] *-ônne, -énne* geſtaltet (keine vocalkürzung -onnes, -onne; ennes, enne, da noch N. ausdrücklich hier ô und é ſchreibt) z. b. plâtannes, chouſennes, topônnes, vrâkènnes; varanne, teilenne, machônne, fiſcônne, ſcamênne etc. [Statt -nne ſelten -n: O. I. 2, 31 in themo wâhen ſ. wâhenne. Ein dat. pl. ſcheint troſtizannum (conſtillationibus) Diut. 1, 505ᵃ.] — 2) altſ. dativ: faranne, bîdzeanne, adômjenne, tholônne etc. [Seltſam das zweite i in der eſſener beichte: ſueriannias (pejerandi) liagannias (mentiendi) cuſſiannias (oſculandi) helſiannias (amplectendi) dat. aber flôkanna (maledicendo) bôtianna (emendando); die and. pſalmen (ed. Hagen) haben nach te kein -nne, ſtets -ne.] — 3) angelſ. faranne, réceanne, gefremmanne etc. — 4) mittelh. gilt zwar noch *-ennes*, *-enne* (mit tonloſem e, ſonſt reimte wohl -ènne klingend und würde auf denne, tenne, henne zu reimen gewagt) wenn lange wurzelſilbe vorhergeht, z. b. midennes, vindennes, ſchëltennes, weinennes; waltenne, bietenne, machenne, tuonne etc. Bei kurzer wurzelſilbe wird e ſtumm (alſo auswerflich) und n für nn geſetzt, alſo *-enes*, *-ene* z. b. lëſene, ligene, ſagene, gëbene, dolne (a. Tit. 152.) werne etc. Freilich ſcheint nn nach tonloſem e ſchwer auszuſprechen (vrâgeune, wie vrâgende, ſtärker als ſagene, ſagende, ſchwächer als vrâgènne, vrâgènde) iſt aber unentbehrlich, da auf bloß einfaches n folgendes e wegfallen müſte, d. h. für midenes, waltene würde nothwendig midens, walten ſtehen¹). Nach dieſen grundſätzen iſt die ungenaue ſchreibung der hſſ. öfters zu berichtigen, z. b. M. S. 1, 108ᵃ lies gëbene, 62ᵇ 65ᵃ lëbene, Parc. 135ᵃ lîdenne; 189ᵇ dienennes (ſt. dieus); M. S. 1, 62ᵃ ſprëchennes etc. — 5) mittelniederl. durchgehends *-ene* oder *-ne*, ohne rückſicht auf länge und kürze der wurzelſilbe, z. b. lëvene (Rein. 285. 291.) ſingheue (Rein. 280.) doene (Rein. 287.) varene oder yaerne, erreue oder ërne etc. vgl. Huyd. op St. 3, 219. — 6) neuh. hört die form an auf, der gen. bekommt bloßes *-s*, meidens, frägens, lâdens;

---

¹) Statt oder wenigſtens neben midennes, mideone wird ein midens, miden zuzugeben ſeyn, denn Wilh. 2, 83ᵇ mit ſehen : jëhen; 96ᵃ ze ſprëchen : rëchen; 117ᵃ nâch dem weinen : meinen; 179ᵇ von dem ſchallen : erwallen; Parc. 92ᵃ ze warten : ſparten; 167ᵇ nennen : zerkennen; 128ᶜ ze behalten : walten; Wigal. 283 verharmen : armen; MS. 1, 126ᵃ vor helleheizem walten; Parz. 294, 10 fwigens; M. S. 1, 62ᵃ ſprëchens alt.

II. *allgemeine vergleichung der conjugation.*

der dat. ift ohne flexion: meiden, frägen (wie zeichen, figno; rîgen, pluviû) [deutſcher ſchlemmer, Magdeb. 1588. K 8ᵃ: müde bin ich von ſeufzendë: meiner ſëel ift angſt bang und weh (im plattd. orig. ſuchtendë: we)]. Allein aus dem alten *na* und der vorgeſetzten praep. *ze* hat ſich durch verwechſelung mit *nd* (wie niemannes zu niemandes wurde) ein unorganiſches, adjectiviſch declinierbares participium auf -nd mit paſſiver bedeutung allmählich entwickelt: ein zu leſender (legendus) zu gëhender (daudus). Vielleicht ift es noch zeit, dieſe unnatürliche, ſteife bildung ganz aus der ſprache zu verweiſen. —

Ulphilas, hat keinen gen. *-andis*, *ônnis*; meldet einen dat. *-anna*, *önus* mit der praep. du zu verbinden und ſetzt den baaren inf. z. b. du ſaihvan, du ŭihtrôn etc. (wie alth. und mittelh. zi lonân, ze ſëhen etc. doch umgekehrt ſeltner, conftruiert wird); nur Luc. 14, 31. ſcheint du viganna (ad pugnandum) zu ſtehen.

Allgemeine vergleichung der conjugationen.

I. erwägung der ſtarken conjugation.

Sämmtliche ſtarke verba der zwölf hauptabtheilungen ſtellt folgendes verzeichnis zuſammen (α goth. β alth. γ altf. δ angelf. ε altn. ζ mittelh. η mittelh. θ neuh. ι neuniederl. κ engl. λ ſchwed. μ dän.): 1) β vallu, γ fallu, δ fealle, ε fell, ζ valle, η valle, θ falle, ι val, κ fall, λ faller, μ falder. 2) β wallu, γ wallu, δ veälle, ε vell, ζ walle. 3) α falta, β haizu, ζ halze. [3ᵇ) ζ ſmalze] 4) β walzu, ε velt, ζ walze, λ välter. 5) α halda, β haltu, γ haldu, δ heälde, ε halte, ζ halte, η houlte, ι hond, κ hold, λ håller, μ holder. 6) α valda, β waltu, γ waldu, δ veälde, ε veld, ζ walte. 7) α gaſtalda [δ ſtälde]. 8) β ſpaltu, ζ ſpalte. 9) β ſcaltu, ζ ſchalte. 10) α falpa, β valtu, [δ fëalde] ζ valte. 11) ζ halſe. [11ᵇ) δ lcalce?] 12) δ venlce, ζ walke. 13) ζ banne, 10ᵐ η banne? [13ᵇ) ζ danne, dien?] 14) β ſpannu, δ ſpanne, ζ ſpanne. 15) γ anſcanne? 16) β plantu, γ blandu, ε blend, ζ enblande. 17) ζ vlanze? 18) α falta, β våhu, γ fåhu, δ fô, ε få, ζ våhe, η vanghe, θ fange, ι vå, λ får, μ faaer. 19) α hahu, β båhu, γ håbu, δ hô, ε hångi, ζ håbe, η hanghe, θ hange, ι hang. 20) β kaaku, γ gangu, δ gonge, ε geng, ζ gâu, η ganghe, θ gehe, ι gô, λ går, μ gaaer. 21) β aruſ ζ arſ 22) γ ſvepu, δ ſvåpe, ε fveip, ζ ſweife. 23) α håila, β heizu, γ hêtu, δ håte, ε heiti, ζ heize, η hête, θ heiße, ι hêt, λ hêter, μ hedder. 24) α môita, β meizu, ζ meize. 25) α ſkâida, β ſceitu, γ ſkêdu, δ ſkâde, ζ ſcheide, η ſcêde, θ ſcheide, ι ſcheid. 26) α frûïſa. 27) β zeiſu, ζ zeiſe. 28) ζ eiſche, vreiſche, η vreſche, ι eiſch.

29) α áika, β gihu, ζ gihe. 30) a láika, ð láke, ε leik, ζ leiche. 31) α hláupa, β blaufu, γ hlôpu, ð hleápe, ε hleyp, ζ laufe, η lôpe, θ laufe, ι lôp, λ læper, μ læber. 32) β hruotu, γ hrôpu, ð hrêpe, ζ ruofe, η roepe, θ rûfe, ι roep. 33) β houwu, ð heáve, ε hôgg, ζ houwe, η houwe, θ haue, ι houw, λ hugger, μ hugger. 34) ð grôve, κ grow. 35) ð hlôve. 36) ð rôve. 37) ð fpôre. 38) ε bý. 39) β nûwu ζ zeruûwe: vgl. nûa f. 926. 40) α fluuta? β fiôzu, ζ fiôze, η ftôte, θ fiôfe. 41) ð beáte, κ beat. 42) β pluozu? ð onhlôte, ε blœt. 43) γ ôdu? ð eáde? ε eydb? 44) β fcrôtu, ζ fchrôte, θ fchrôte. 45) ε eys. 46) α áuku, γ ôku? ð eúce? ε eyk. 47) β vluohhu, γ flôku. 48) α flêpa, β flâfu, γ flâpu, ð flæpe, ζ flûfe, η flape, θ fchlâfe, ι flâp. 49) α láia. 50) α fúia, ð fáve. 51) α váia [nd. wô = vaivô (ad p. 989) nnl. woei (p. 990)]. 52) ð blâve, κ blow. 53) ð cnâve, κ know. 54) ð crâve, κ crow. 55) ð hrâve, κ draw. 56) α lôta, β làzu, γ lûte, ð læte, ε læt, ζ làge, η late, θ lafle, ι làt, κ let, λ láter, μ láder. 57) α grêta, ð grœte, ε grœt, λ grâter, μ græder. 58) β varwâzu, ζ verwâze, η verwate. 59) β râtu, γ râdu, ζ rædlu, ι ràte, η rade, θ rathe, ι ràd. 60) γ andrâdu, ð oudrœde, ζ entràte. 61) β) prâtu, ζ bràte, θ bràte, ι bràd. 62) β plûtu, ε blæs, ζ blûfe, η blafe, θ blâfe, ι blâs. 63) α flêka. 64) α tëka, ð tæce, ε tek, λ tâger, μ tâger [lek, tager iu die folg. conj.]. 65) ζ bûge. 66) [ð ale] ε el. 67) ð gale, ε gel, λ gâler, μ gâler. 68) ε kel. 69) β malu, ε mel, ζ mal, η male, θ mâle. 70) α us-aus. 71) β fpanu, γ fpanu, ð fpane, ζ fpnn. 72) α flanda, β flantu, γ flandu, ð flaude, ε flend, ζ flân, η flae, θ flêhe, ι flâ, κ flaud, λ flâr, μ flaaer. 73) α faru, β varu, γ faru, ð fare, ε fer, ζ var, η vare, θ fâre, ι vàr, λ fâr, μ fârer. 74) α fvara, β fuerju, ð fverige, ε fver, ζ fwer, η fwere, θ fchwœre, ι zwêr, κ fwear, λ fvær, μ fvàrger. 75) α fkapa, β fcafu, γ fkapu, ð fcape, ε fkep, ζ fchaffe, η feape, θ fchafle, λ fkôper. 76) γ flapu, ð flape, η flape. 77) α graba, β krapu, γ grabu, ð grafe, ε gref, ζ grabe, η grave, θ gràbe, ι gráf, κ grave, λ grœfver, μ gràver. 78) β fcapa, ð fcafe, ε fkef, ζ fchabe, η fcave, κ fhave. 79) ε hnef. 80) ε kef. 81) α hafja, β heffu, γ hebbju, ð hebbe, ε hef, ζ hebe, η heffe, θ hêbe, ι hèf, λ hæfver. 82) β iufeffu, γ anfebhju, ζ eufebe, η beleffe. 83) β hlatu, ð hlade, ε hledh, ζ lade, η lade, θ lâde, κ lade, μ lâder. 84) β watu, ð vade, ε vedh, ζ wate, η wade. 85) α frahja. 86) α rahja. 87) α fkahja [ζ fchade, fchuod]. 88) β wafcu, ζ wafche, θ wafehe. 89) α faka, β fnhhu, γ faku, ð face, κ fake. 90) ð bace, ζ bache, η bake, θ backe. 91) ε ek. [91ʰ) ε klek] 92) γ fkaku, ð fcace, ε fkek, κ fhake. 93) ð vace, η wake, κ wake. 94) β lraku, γ dragu, ð drage, ε dreg, ζ trage, η draghe, θ tràge, ι dràg, λ drâger, μ dràger. 95) β naku, ζ nage, λ guâger. 96) ζ bebage? 97) θ tràge, ι vrâg. 98) ι jûg, μ jâger. 99) α flaha, β flahu, γ flahu, ð flëahe, ε fla, ζ flahe, η flaghe, θ fchlâge, ι flâ, λ flâr, μ flaaer. 100) α tvahu,

II. *allgemeine vergleichung der conjugation.* 943

β duahu, γ thuahu, δ þvĕahe, ζ twahe, η dwaghe, λ twåger. [100ᵇ) δ flĕahe. η vlughe.] 101) ʒ lahu? γ lahu? δ lĕahe. 102) β kiwahu, ζ gewuhe, η ghewaghe. 103) α hlahja, β hlahhju. γ hlahu, δ hlĕahhe, ε hlæ, ʒ lache, λ lêr, μ lêr. 104) ε dey, λ dœr. 105) ε gey. 106) ε flæ. 107) ε klæ. 108) α vahīja, β wahſu, γ wuhſu, δ vēaxe. ε vex, ζ wahſe, η waſſe, ϑ wachſe, ι was, κ wax, λ vāx. [108ᵇ) β liunu, ζ eutliune.] 109) ʒ rinuu. 110) ι bezwhu. 111) α keinu, ʒ chinu, γ kinu, ζ kiue. 112) α ſkeiua, β ſeinu, γ ſkinu, δ ſeine, ε ſkin, ζ ſchiue, η ſcine, ϑ ſcheine, ι ſchin, κ ſhiue, λ ſkiner. 113) β hrinu, γ hrinu, δ hrine, ζ herine. 114) δ dvine, η dwine. 115) ʒ ſuive, ζ ſwine. 116) ε hviu. 117) ε gin. 118) ζ grine, ι grin, μ griner, vgl. ε hrin. 119) ζ quine, ι quin. 120) μ triner. 121) α greipu, β kriſu, γ gripu, δ gripe, ε grip, ζ griſe, η gripe, ϑ greiſe, ι grip, κ gripe, λ griper, μ griber. [121ᵇ) ζ glitſe.] 122) ʒ fliſſu, ζ fliſe, ϑ ſchleife, ι flip, μ fliber. 123) ʒ piwiſu. 124) ε ſvip. 125) ζ pfiſe, ϑ pfeiſe, λ piper, μ piber. 126) η nipe, ι nip, ϑ kneiſe, λ kniper, μ gniber. 127) ϑ keiſe, ι kiſ. 128) α dreiha, β dripu, γ drību, δ driſe, ε driſ, ζ tribe, η drive, ϑ treibe, ι drif, κ drive, λ driſver, μ driver. [128ᵇ) ε priſ.] 129) β chlipu, γ clibu, ζ klibe, η clive, λ kliſver. 130) β pilipu, ζ blibe, η blive, ϑ bleibe, ι bliſ, λ bliſver, μ bliver. 131) ʒ ſcripu, γ ſkrihu, δ ſeriſe, ζ ſchribe, η ſcrive, ϑ ſchreibe, ι ſcriſ, κ ſhrive, λ ſkriſver, μ ſkriver. 132) ʒ ripu, ε rif. ζ ribe, η wrive, ϑ reibe, ι wriſ, λ riſver, μ river. 133) α ſveiſu, δ ouiviſe, ε ſviſ. 134) ε priſ, κ thrive. 135) κ ſtrive. 136) ζ beſchibe. 137) α ſpeiva, β ſpiwu, γ ſpivu, δ ſpive, ζ ſpie. 138) β ſeriu, ζ ſchrie, λ ſkriker, μ ſkriger. 139) ʒ griu, ζ glie. 140) α heita, β pizu, γ bitu, ε bit, ζ bize, ϑ beiſſe, ι bit, κ bite, λ hiter, μ biber. 141) α ſineita, β ſnizu, δ ſnite, η ſmite, ϑ ſchneiſſe, ι ſnit, κ ſnite. 142) α veita, β wizu, ζ wize, ι wit. [142ᵇ) δ huſte, ε hnit.] 143) β vlizu, δ flite, ζ vlize, ϑ fleiſſe. 144) ʒ rizu, γ writu, δ vrite, ε rit, ζ rize, η rite, ϑ reiſſe, ι rit, κ write. 145) β ſlizu, δ ſlite, ε ſlit, ζ ſlize, ϑ ſchleife, ι ſlit, λ ſliter, μ ſlider. 146) γ giwitu, δ gevite. 147) δ vlite, ε lit. 148) ζ glize (vermuthlich eins mit 147). 149) ζ ſchize, ϑ ſcheiſſe, ι ſchit, λ ſhite. 150) [ζ ſplize,] η ſplite, ι ſplit. [150ᵇ) ζ ſplize.] 151) ε drit, ι drit (auch niederdeutſch.] 152) ι krit. 153) α beidu, ʒ pitu, γ bidu, δ bide, ζ bite, η bide, κ bide. 154) ʒ ritu, δ ride, ε ridh. ζ rite, η ride, ϑ reite, κ ride, λ rider, μ rider. 155) β ſeritu, γ ſkridu, δ ſeride, ζ ſchrite, ϑ ſchreite, ι ſchrid, μ ſkrider. 156) ʒ ſtritu, ζ ſtrite, ϑ ſtreite, η ſtride, ι ſtrid, κ ſtride (?) μ ſtrider. 157) γ glidu, δ glide, ζ glite, ϑ gleite, ι glīd, λ glider, μ glider. 158) γ hlidu, δ hlide. 159) δ eide, κ chide. 160) [ʒ kuitu,] δ guide, λ gnider, μ gnider. [160ᵇ) twide v. ad p. 937.] 161) ζ ſprite. 162) ξ brite. 163) ζ ſchite. 164) α leipa, β lidu, γ lithu, δ lidhe, ε lidh, ζ lide, ϑ leide, ι lid, λ lider. 165) α ſneipa, β ſuidu, γ ſnithu, ε ſuidh, ζ ſnide, ϑ ſchneide, ι ſnid. 166) ʒ midu, γ mithu, [δ midhe] ζ mide, η nide, ϑ meide, ι mid. 167) δ

944   II. allgemeine vergleichung der conjugation.

vridhe, ʒ ride? ꞉ writhe, λ vrider, μ vrider. 168) ꞉ fvldh, λ fvider, μ fvider. 169) ꞉ qvidh. 170) ʒ nide. 171) α reiſn, β riſn, γ riſu. δ riſe, ꞉ rîs, ʒ riſe, η rîte, ι ris, κ riſe. 172) ʒ brîſe. 173) ϑ preiſe, ι prîs. 174) ϑ weiſe, ι wîs. 175) ꞉ riſt. 176) η eriſche, ϑ kreiſche. 177) ι hîſch. 178) β thihhu, γ thiku, δ ſvîce, ꞉ ſvîk, ʒ ſwîche, η ſwike, ι bezwik. λ ſvîker, μ ſvîger. 179) β ſlihhu, ʒ ſliche, ϑ ſchleiche. 180) β kirihhu. 181) δ blîce, ꞉ blik, ϑ bleiche, ι blîk. 182) ꞉ vîk, ʒ wiche, η wîke, ϑ weiche, ι wîk, λ vîker, μ vîger. 183) ʒ geliche, η gelîke, ϑ gleiche. 184) ʒ ſtrîche, η ſtrîke, ϑ ſtreiche, ι ſtrîk. 185) ʒ tiche. 186) ι kîk, μ kiger. [186ᵇ) gige, geie, gigen.] 187) α hneiva, β hnîku, γ hnîgu, δ hnîge, ꞉ hnîg, ʒ nîge, η nîghe, ι nîg, λ nîger. 188) α ſteiga, β ſtîku, γ ſtîgu, δ ſtîge, ꞉ ſtîg, ʒ ſtîge, ϑ ſteige, ι ſtîg, λ ſtîger, μ ſtîger. 189) β ſîku, γ ſîgu, δ ſîge, ꞉ ſîg, ʒ ſîge. 190) δ mîge, ꞉ mîg, ι mîg. 191) ʒ krîge, ι krîg. 192) ʒ ſwîge, η ſwîghe, ϑ ſchweige, ι zwîg. 193) λ tîger, μ tîer. 194) ι hîg. 195) α leihva, β lîhu, γ lîhu, δ lîhe, ʒ lîhe, ϑ leihe. 196) α teiha, β zîhu, δ tîhe und têö, ʒ zîhe, η tîghe, ϑ zeihe. 197) α þeiha, β dîhu, γ thîhu, δ þêö, ʒ dîhe, ϑ deihe. 198) α þreiha. 199) β intrîhu, δ vrîbe und vrêö, ʒ rîbe (?). 200) δ ſîhe und ſêö, ʒ erſîhe (?). 201) ʒ erwîhe (?). 202) α huimpa, λ nimper. [202ᵇ) ι ſchnîl.] 203) β ſlinfu, ʒ ſliuſe, η ſlûpe, ϑ ſchlieſe, ι ſluip. 204) β ſûſu, ꞉ ſŷp, ʒ ſûſe, η ſûpe, ϑ ſauſe, ι zuip, λ ſûper. 205) β triuſu, ꞉ drŷp, ʒ triuſe, η drûpe, ϑ trieſe, ι drnip, λ drŷper. 206) δ erêöpe, ꞉ krŷp, η erûpe, ι kruip, κ crêp, λ krŷper, μ krŷber (vgl. 261.). 207) α hiuſa, γ hiuſu. 208) β chliupu, γ kliuſu, ꞉ klŷf, ʒ kliube, ι kluif, λ klŷver, μ klŷver. 209) β ſcinpu, δ ſcëöfe, ʒ ſchinbe, η ſchûve, ϑ ſchiebe, ι ſchuif. 210) δ dëöſe (vgl. 262). 211) δ rëöſe, ꞉ rŷf. 212) ʒ ſtûbe, η ſtûve, ϑ ſtiebe, ι ſtuif. 213) ϑ ſchniebe, ι ſnuif. 214) ϑ ſchraube. 215) α ſnîva, μ ſnîger. 216) β chiuwu, δ erêöve, ʒ kiuwe. 217) β hriuwu, δ hrêöve, ʒ riuwe, η rouwe. 218) β pliuwu, ʒ bliuwe, η blouwe (vgl. 410.). 219) β priuwu, δ brêöve, ʒ briuwe. 220) α giuta, β kiuzn, γ giutu, β gŷote, ꞉ gŷt, ʒ giuze, η giete, ϑ gieße, ι giet. λ ginter, μ gŷder. 221) α niuta, β niuzn, γ niutu, δ nêöte, ꞉ nŷt, ʒ niuze, ϑ nieße, ι niet, λ niuter, μ nŷder. 222) α þrinta, β driuzn, ʒ driuze, η driet, ϑ drieße, μ trŷder. 223) β dinzn, ʒ dinze, ϑ dieße. 224) β hlinzu, ꞉ hlŷt. 225) β rinzu, ʒ riuze. 226) β ſlinzu, ʒ ſliuze, ϑ ſchließe, ι ſluit, λ ſlôter. 227) β vliuzu, ꞉ ſlŷt, ʒ vliuze, η vliete, ϑ fließe, ι vliet, λ flŷter. μ flŷder. 228) γ griutn? 229) δ brêöte, ꞉ brŷt, λ brŷter, μ brŷder. 230) δ ſcëöte, ʒ ſchinze, η ſciete, ϑ ſchieße, ι ſchiet, κ ſhot. λ ſkinter, μ ſkŷder. 231) ꞉ hnŷt, μ knŷter. 232) ꞉ hrŷt, λ rŷter. 233) ꞉ lŷt, μ lŷder. 234) ʒ ſprinze, ϑ ſprieße. 235) η eriete? 236) ι ſluit. 237) ι ſnuit, λ ſnŷter, μ ſnŷder. 238) λ tinter. 239) λ ſkrŷter, μ ſkrŷder. 240) biuda, β piutu, γ biudn, δ bêöde, ꞉ bŷdh, ʒ biete, η biede, ϑ biete, ι bied, λ binder, μ bŷder. [240ᵇ) η eriede, ι krnid.] 241) β hliutu, γ hliudu. 242) ꞉ rŷdh.

II. *allgemeine vergleichung der conjugation.* 945

243) a hnýdh. 244) β fiudu, ð lĕödhe, ε fýdh, ζ fiude, θ fiede, ι zied, κ feth, λ finder, μ fýder. 245) α drinfa, β trinfu, γ drinfn. 246) α kiufu, β chinfu, γ kiufu, ð eĭöfe, ε kýs, ζ kinfe, η eiefe, θ kiete, ι kies, κ chofe, μ kýfer. 247) α linfu, β linfu, γ linfu, ð lĕöfe, ζ liufe, η liefe, θ liere, ι lies. 248) ð fĕöfe, ε frýs, ζ vriefe, η vriefe, θ friere, ι vries, κ frĕze, λ fevfer, μ frýfer. 249) ð hrĕöfe. 250) β gýs, μ gýfer. 251) ζ niufe. 252) λ fnýfer, μ 1027 fnýfer. 253) α krinůa. 254) ε lýft. [254ʰ) ι pluis.] 255) α luka, β liuhlu, γ lůku, ð lůee, ε lýk, ζ liuche, η luke, ι luik. 256) β riuhlu, γ rinku, ð rĕöce, ε rýk, ζ rinche, η růke, θ rieche, ι ruik, λ rýker, μ rýger. 257) ð fmĕxee. [257ʰ) l'liuke (glutio): verfloken (deglutitus) Eccard chr. luneb. 1353.] 258) ε ftrýk, λ ftrýker, μ ftrýger. 259) ε fýk, λ finker, μ fýger. 260) ζ kriuche, θ krieche (vgl. 207.). 261) ι dnik (vgl. 211.) 262) α binga, β piuku, ð bĕöge, ζ binge, η būghe, θ biege. 263) α liuga, β liuku, ð lĕöge, ε lýg, ζ linge, η liegbe, θ liege, λ linger, μ lýver. 264) β loku, ð lůer (it. lůge), ε fýg, ζ lůge, η lůghe, θ lunge, ι zuig, λ finger. 265) β triuku, ð drĕöge? ζ tringe, η drieghe, θ trůge, ι drieg. 266) β vlinku, ð ficöge, ε flýg, ζ vlinge, η vlieghe, θ fliege, ι vlieg, κ fly, λ flýger, μ flýver. 267) ε finýg, ζ fnuinge, θ fchmiege, λ finýger. 268) ε tygg. 269) α tinha, β ziuhu, γ tiuhu, ð tĕöhe, ζ ziuhe, θ ziehe. 270) α plinha, β vliuhu, ð ĕöhe, ζ vliube, η vlie, θ fliehe, ι vlied. 271) ι krui? 272) β trifu, ð drēpe, ε drēp, ζ triffe, θ treffe, λ drmper, μ drawber (und daneben unorg. träffer). 273ª α gibu, β kipu, γ gilu, ð gife, ε gēf, ζ gibe, η ghēve, θ ghe, ι gēf, κ give, λ gīfver, μ gīver. 274) β wipu, ð vēfe, ε vēf, ζ wibe, η wēve, θ wēbe, ι wēf, κ wenve. 275) ð fvēfe, ε fēf, λ fōfrer, μ fōver. 276) η cleve, κ cleave. 277) α ku, β izu, γ itu, ð ēte, ε ēt. ζ izze, η ēte, θ ete, ι ēt, κ eat, λ æter, μ æder. 278) α frita, β vrizu, ð frēte, ζ vrizze, θ frelle. 279) α gita, β kizu, γ gitu, ð gite, ε gēt, ζ gizze, η ghēte, θ gete, ι gēt, κ get, λ gæter, μ gider. 280) α mita, β mizu, ð mēte, ε mēt, ζ mizze, η mēte, θ mede, ι mēt, λ mæter. 281) α fita, β fizu, γ fittu, ð fitte, ε fit, ζ fitze, η fitte, θ litze, ι zit, κ fit, λ fitter, μ fidder. 282) α bidja, β pittu, γ biddu, ð bidde, ε bidh, ζ bite, η bidde, θ bitte, ι bid, κ bid, λ bēder, μ bēder. 283) α truda, β tritu, ð trēde, ε trēdh, ζ trite, η tērde, θ trēte, ι trēd, κ tread, μ træder. 284) α m-vida? 285) β chnitu, enēde, ζ knite. [285ʰ) β gitu (evello).] 286) ð brēde? 287) α qvipa, β quidu, γ quithu. ð evēdhe, λ qvæder, μ kvæder. 288) α vipa, β witu, ζ wite. 289) β ftridu, ζ ftrite. 290) α lifa, β lifu, γ lifu, ε lēfe, κ lēs, ζ life, η lēfe, θ lēfe, ι les, λ læfer. 291) α nifa, β uifu, ð nēfe, ζ nife, η nēfe, θ nēfe, ι nes. 292) α vifa, β wifu, γ wifu, ð vēfe, ζ wife. 293) β chrifu. (293ʰ) β gifu, ζ gife, θ gære (v. no. 330) v. ad p. 861. 938.] 294) α brika, β prihbu, γ briku, ð brēce, ζ briche, η brēche, θ breche, ι brēk, κ break, μ brækker. 295) α rika? ε rēk? (ζ riche] μ rækker? 1028

II. *allgemeine vergleichung der conjugation.*

296) α vrika, β rihhu, γ wriku, δ vrèce, ζ riche, η wrēke, θ räche, ι wrēk. 297) β fpribhu, γ fpriku, δ fprēce, ζ fpriche, η fprēke, θ fpreche, ι fprēk, κ fpeak. 298) β fihhu, γ fiku, ζ fiche, η ftēke, θ ftēche, ι ftēk (vgl. 417.) 299) β fuihhu? 300) ε lēk. 301) ζ triche? η trēke, ι trēk, μ trākker. 302) ζ fcbricke? θ fcbrecke. 303) α liga, β liku, γ liggu, δ liege, ε ligg, ζ lige, η liggbe, θ lige, ι lig, κ lie, λ ligger, μ ligger. 304) α vigu, β wiku, ε vēg, ζ wige, η wēghe, θ wige. 305) β phliku, γ pligu, ζ pflige, η plēghe, θ pflēge, ι plie. 306) δ liege, ε pigg. 307) α fraiba, ε frēg. 308) α faihva, β fihu, γ fihu, δ fēo, ε fē, ζ fihe, η fie, θ fēhe, ι zie, κ fē, λ fēr, μ fēr. 309) β vihu, δ fēo. 310) β fcihu, ζ fchihe, θ fchēhe. 311) β vnihu (vgl. no. 252.) [ζ pfnihe? vgl. ζ. 407.] 312) ζ brihe? 313) α filu, β filu, γ filu, δ ftēle, ε ftil, ζ ftil, η ftēle, θ ftēle, ι ftēl, κ fteal, λ ftialer, μ ftialer. 314) β hilu, γ hilu, δ hēle, ζ hil, η hēle, θ hēle. 315) β quilu, γ quilu, δ cvēle, ζ kil. 316) β tuilu, ζ twil. 317) β fuilu. 318) α niuua, β ninnu, γ nimu, δ nimme, ε nēm, ζ nim, η nēme, θ nēme, ι nēm, λ nimmer, μ nemmer. 319) α qvima, β quimu, γ cumu, δ cume, ε kēm, ζ kom, η come, θ komme, ι kom, κ come, λ kommer, μ kommer. 320) α tima, β zimu, ζ zim. 321) ε fvēm? 322) ζ fim. 323) ζ fchim? 324) η ftēne. 325) α bairu, β piru, γ biru, δ bēre, ε bēr, ζ bir, η bēre, θ baere, ι bēr, κ bear, λ baer, μ baer. 326) α tairu, β ziru, γ tiru, δ tēre, η tēre, κ tear. [326*] quiru v. ad 861.] 327) β fciru, δ fcēre, ε fkēr, ζ fchir, η fcēre, θ fchēre, κ fhear, λ fkaer, μ fkiaer. 328) β fniru, ζ fwir, θ fchware. 329) β dniru (v. 430.). 330) ζ gir, η ghēre (?) θ gaere (f. no. 293*] 331) κ wear? 332) β hillu, ζ hille. 333) β pillu, ζ bille, θ belle. 334) β fcillu, ε fkell, ζ fchille, θ fchalle. 335) β fuillu, δ fvēlle, ε fvēll, ζ fwille, η fwelle, θ fchwelle, ι zwel, κ fwell. 336) β willu, ζ wille. 337) α gēll, ζ gille, λ gāller. 338) ε hvēll. 339) ζ fmēll, λ fmāller, μ fmālder. 340) ζ drille. 341) ζ knille. 342) ζ quille, θ quelle. 343) α hilpa, β hilfu, γ hilpu, δ helpe, ζ hilfe, η hēlpe, θ helfe, ι help, κ help, λ hiälper, μ hiālper. 344) β tilpu, γ dilbu, δ dēlfe, ζ tilbe, η dēlve, ι delf. 345) δ gēlpe. 346) ε fkēlf, μ fkiālver. 347) λ ftiālper. 348) α vilva. 349) α fvilta, γ fuiltu, δ fvēlte, ε fvēlt, η fwēlte, λ fwālter. 350) β fmilzu, δ mēlte, ζ fmilze, η fmēlte, θ fchmelze, ι fmelt, κ melt. 351) α gilda, β kiltu, γ gildu, δ gilde, ε gēld, ζ gilte, η gēlde, θ gelte, ι geld, λ gālder, μ giālder. 352) β fcildu, ζ fchilte, η fcēlde, θ fcbelte, ι fcbeld. 353) δ maēle, ζ milke, θ melke, ι melk. 354) [δ fēlee] ζ filke? 355) β pilku, γ bilgu, δ bēlge, ζ bilge, η bēlghe. 356) β fuilku, δ fvēlge, ζ fwilge, η fwēlghe, ι zwelg. 357) α filha (vgl. oben f. 1009.) über ein davon verfchiedenes filga?) β vilhu, γ filbu, ε fēl, ζ vilbe, η vēl, θ fehle, ι vēl. 358) ζ dilbe? [358*] γ thrimmu] 359) β primum, ζ brimme. 360) β fuimmu, ζ fwimme, θ fchwimme, ι zwem, κ fwim, λ fimmer (vgl. 322.). 361) [δ grimme] ζ grimme. 362) ζ klimme, η climme,

II. *allgemeine vergleichung der conjugation.* 947

ι klim. 363) ζ limme. 364) [ζ glimme, θ glimme] ι glim. 365) α trimpa. 366) β limfu, δ limpe. 367) δ rimpe, ζ riupfe. 368) ζ dimpfe, λ dimper. 369) ζ klimpfe. 370) ζ krimpfe, η crimpe, ι krimp. 371) α brinna, β prinnu, γ brinnu, δ birne, ε brënn, ζ brinne, λ brinner. 372) α ginna, β kinnn, γ ginnu, δ ginne, ζ ginne, η ghinne, θ ginne, ϰ gin. 373) α linna, β linnu, δ linne, ζ linne. 374) α rinna, β rinnu, γ rinnu, δ irne, ε rënn, ζ rinne, η rinne, θ rinne, ι rin, ϰ run, λ rinner, μ rinder. 375) α fpinna, β fpinnu, δ fpinne, ε fpinn, ζ fpinne, η fpinne, θ fpinne, ι fpin, ϰ fpin, λ fpinner, μ fpinder. 376) α vinnu, β winnu, γ winnu, δ vinne, ε vinn, ζ winne, η winne, θ winne, ι win, ϰ win, λ vinner, μ vinder. 377) β chlinnu. 378) β finnu, ζ finne, θ finne, ι zin. 379) ζ trinne? 380) δ flinte, ϰ flint, flint. 381) λ flinter. 382) α binda, β pintu, γ bindu, δ binde, ε bind, ζ binde, η binde, θ binde, ι biud, ϰ bind, λ binder, μ bindrr. 383) α vinda, β wintu, γ windu, δ vinde, ε vind, ζ winde, θ winde, ι wind, ϰ wind, μ vinder. (383ᵇ) δ binde.] 384) β ferintu, ζ fchrinde. 385) β flintu, ζ flinde, η flinde, θ fchlinge, ι flind. 386) β fuintu, δ fviude, ζ fwinde, θ fchwinde, λ fvinner, μ fvinder. 387) ε brind. 388) ζ drinde? 389) ζ fchinde. 390) δ grinde, ϰ grind. 391) η prinde. 392) ι zend. 393) μ tvinder. 394) ϰ finja, β vindu, γ finde, δ finde, ε finn, ζ vinde, η vinde, θ finde, ι viud, ϰ flud, λ finner, μ finder. 395) α binja, λ hinner. 396) β pinfa, β dinfu, ζ dinfe. 397) α drigka, β trinbn, γ drinku, δ drince, ε dreck, ζ trinke, η drinke, θ trinke, ι drink, ϰ drink, λ dricker, μ drikker. 398) α figqva, β finhu, ε föck, ζ finke, η finke, θ finke, ι zink, ϰ fink, λ finnker, μ fynker. 399) α fligqva, β flinhu, δ flince, ε flöck, ζ flinke, θ fliuke, ι flink, ϰ flink. 400) ε bröck. 401) δ evince. 402) δ fcrince, ι fchrink, ϰ fhrink. 403) δ fvince, ι zweuk. 404) ζ hinke. 405) ζ winke. 406) ι bliuk. 407) ι klink. 408) ι flink, ϰ flink, λ flinker. 409) ι fchenk. 410) α bliggva (f. 219.) 411) α figgva, β finku, γ fingn, δ finge, ε fyng, ζ finge, η finghe, θ finge, ι zing, ϰ fing, λ finnger, μ fynger. 412) β drinku, γ thringu, δ bringe, ζ dringe, θ dringe, ι dring. 413) β duinku, γ thningu, ζ twinge, η dwinghe, θ zwinge, ι dwing, λ tvinger, μ tvinger. 414) β prinkn, δ bringe. 415) γ fpringn, δ fpringe, ε fpring, ζ fpringe, η fpringhe, θ fpringe, ι fpring, ϰ fpring, λ fpringer, μ fpringer und daneben fpräkker. 416) γ fuingu, δ fvinge, ζ fwinge, θ fchwinge, ϰ fwing. 417) δ cringe. 418) δ flinge, ε fling, ϰ fling, λ flinger, μ flinger und daneben flikker (vgl. 299.). 419) δ vringe, ζ ringe, η wringhe, θ ringe, ι wring, ϰ wring. 420) δ binge, θ dinge, ι ding. 421) ε fyng. 422) ζ klinge, η clinghe, θ klinge, ϰ cling, λ klinger, μ klinger. 423) ζ linge, θ linge. 424) ε fling. 425) ϰ firing. 426) ϰ ring. 427) β chirru, ζ kirre. 428) β fcirru [ζ fchirre.] 429) β wirrn, γ wirru, ζ wirre, θ wirre. 430) ε þvërr (vgl. 330). 431) δ mëorne. 432) [β fpirnu,] δ fpëorne, ε fpiru, λ fpiärner. 433) α vairpa, β

948 II. *allgemeine vergleichung der conjugation..*

wirſu, γ wirpu, δ vèorpe, ε vêrp, ζ wirfe, η wêrpe, θ wörfe, ι werp, λ vůrper. 434) β ſhirſu. 435) α hvaírba, β huirpu, γ huirbu, δ hvëorſe, ε hvërf, ζ wirbe, θ werbe, ι werf, λ vårfver. 436) α ſvairbu, β ſuirpu, γ ſuirbu, ε ſvërf, ζ ſwirbe, ι zwërf. 437) β ſtirpu, δ ſtëorſe, ζ ſtirbe, η ſtërve, θ ſterbe, ι ſterf. 438) δ cëorſe, ι kerf. 439) ζ dirbe, η dërve, θ derbe, ι derf. [439ᵇ) β ſirzu. 439ᶜ) β ſuirzu.] 440) ε ſnërt. 441) α gairda. 442) α vaírþa, β wirdu, γ wirthu, δ vëordhe, ε vërdh, ζ wirde, η wörde, θ werde, ι word, λ varder. 443) [β ûrtu] ε ſvërdh? [ſërd, ζ ûrte.] 444) α þaírti. 445) γ ſhirku, δ ſvëoree. 446) α baírga, β pirku, δ bëorge, ε bërg, ζ birge, θ berge, ι berg. 447) ζ twirbe? 448) ε ſlöpp, λ ſlipper, μ ſlipper. 449) ε dëtt. [449ᵇ) ε krëtt (ad p. 916)] 450) ε ſprëtt, λ ſpritter. 451) β prittu, ε brügd. [ζ britte. 451ᵇ) hriſpu (v. ad 861)] 452) β prittu, γ brittu, δ bërſte, ε bröſt, ζ briſte, θ berſte, ι berſt, κ burſt, λ briſter, μ briſter. [452ᵇ) β tiſtu?] 453) ε guëſt. 454) β driſku, δ þörſre, ζ driſche, η dörſche, θ dreſche, ι derſch, μ tärſker. 455) β liſku, ζ liſche, θ löſche. [455ᵇ) β niſcu? goth. hniſqva?] 456) κ dig. 457) μ knåkker. 458) μ ſmåkker. 459) λ ſpricker (vgl. 415.). 460) β vihtu, δ ſëohte, ζ vihte, η vëchte, θ fechte, ι vecht, κ fight. 461) β vlihtu, ζ vlihte, η vlechte, θ flechte, ι vlecht. 462) ζ dihte. —

Bemerkungen:

1) hierunter befinden ſich nach ungefährem überſchlag gegen 130 gothiſche verba, 225 alth., 120 altſ., 200 angelſ., 160 altn., 265 mittelh., 150 mittels., 160 neuh., 170 neuniederl., 80 engl., 120 ſchwed., 110 däniſche; manches wird ſich aber ergänzen und berichtigen laßen. Vollſtändig und ſicher über- ſchauen wir bloß das feld der heutigen ſprachen, von den älteren am genauſten die, welche den meiſten quellenvorrath darbieten, folglich die mittelhochd., altn. und angelſ., unge- nauer iſt unſere kenntnis des alth., noch weit beſchränkter die des goth. Bei vergleichung des goth. mit dem neuh. zähle ich etwa 74 ſtarke verba, welche jenes mit dieſem ge- mein hat; folglich läßt der heutige beſtand von 160 auf un- gefähr 280 als damahliges eigenthum der goth. mundart ſchließen. Kämen die goth. denkmähler dem mittelh. gleich, ſo zweifle ich nicht, würde die zahl der goth. ſtarken verba über 300 gehen, davon wir alſo noch nicht die hälfte kennen. Daß alle mundarten ſämmtliche wurzeln oder von ſämmtlichen ſtarke form beſeßen hätten, iſt gar nicht anzunehmen, wohl aber progreſſiviſcher untergang theils der wurzeln, theils der ſtarken form. Unſere hochd. ſprache hat jetzt aber die hälfte der ſtarken verba, die ſie im 9ten jahrh., weit über ein drittel derer, die ſie noch im 13ten handhabte, verloren.

2) für erkenntnis und ſcheidung der dialecte wird das verzeich- nis lehrreich, ſein vortheil aber ſpränge mehr in die augen,

II. *allgemeine vergleichung der conjugation.*

wenn ich auf dreifachem raume hätte tabellarisch ordnen können. Man würde dann überblicken, welche verba durch alle mundarten ziehen (z. b. 274. 278. 282 etc.) welche durch die meisten und bei welchen sich goth. hochd. sächs. und nord. dialect scheidet (auffallend beschränkt ist z. b. im nord. die reihe ik, 295-303, im engl. die reihe iuk, ing 256-268 etc.). Dieses auszuführen gehört nicht in die flexionslehre, einige beispiele: der goth. hochd. und sächs. stamm braucht für den begriff frangere 295, der nord. 230; jene für dormire 48., der nord. 276, obgleich der angels. auch breótan und svéfan, der hochd. die verwandten bröheln (ein alth. priuzu, próz voraussetzend) und entweben kennt. Unnordisch sind z. b. 248. 263. 306. 315. 345. 353. 437 etc.; eigenthümlich nordisch z. b. 259. 260. 340. 448 etc. Manchmahl folgt dasselbe verbum verschiedner conjugation und hier möchten noch einige getrennt aufgestellte zuf. fallen, z. b. 330 mit 430, vornämlich wenn gewiße conf. dabei unwesentlich scheinen, 148 mit 149 (vlite, glize), 312 mit 253 (snyfer, vnihu vgl. oben f. 318. 416.); beachtenswerth ist die aphärese des f im angels. und engl. mëlte 351; prittu und brëgd 451 habe ich nebeneinander gesetzt, vielleicht berühren sich brëde (287) und brite (162) von welchem bloß das part. gebriten üblich scheint (Trist. 5ᵃ 18ᵇ Vrib. 7ᵇ troj. 92ᵃ 129ᵇ 184ᶜ); ohne zweifel entspringt das hochd. krieche (261) aus kriefe (207) und beleuchtet den übergang zwischen ch und f (f. 589, vgl. f. 466. 493. 504.), gleicherweise gehört duik (262) neuh. tauche zu dûfe (211) neuh. taufe. Einigemahl sind bei ganz gleicher form die bedeutungen abgewichen, z. b. 436. das goth. fvairba heißt detergo, das mittelh. fvirbe volvor, das altn. fvërf diminuor, das niederl. zwerf vagor; 399 das goth. ftigqva und nord. ftöck ruo, das hochd. und sächs. ftinhu, ftince exhalo (ganz versch. ist 418 ftinge, pungo); 131. das hochd. ferípu exaro, das angels. ferífe confitentem abfolvo (altn. skrifta); 266 das hochd. triuku fallo, decipio, das angels. dréóge ago, patro, patior (altn. drýgi, exerceo) etc. Der verba, welche in späteren mundarten stark geben, in früheren schwach giengen, gibt es wenige, vgl. 98. jage, 175. weife, 392 zend, 409 schenk etc. ihnen liegt misverständnis zum grunde (so mag das neuh. weife, wie aus verweiße, verwiß, mittelh. verwize, verweiz entstehen) oder sie sind gar fremden ursprungs z. b. 174. preife, 391 prinde.

3) unsichere, mit andern zuf. fallende und unorganische abgerechnet, dagegen die wörter zweiter anomalie hinzugefügt, bleibt die zahl von fünfthalbhundert ftarken verbis d. h. eben so viel wurzeln, welche durch tiefe verbreitung und leitung in alle theile der sprache, noch immer die eigentliche kraft derselben ausmachen. Nimmt man an, daß mehrere hunderte verloren worden sind, seyen nun die wurzeln ausgestorben

950   II. *allgemeine vergleichung der conjugation.*

oder ableitungen übrig, fo wird nicht befremden, wenn ich
hiermit behaupte: jedes verbum unferer fpraebe ftcht mit
einer ftarken conjugationsform in urfprünglicher beziehung.
Eine menge von fubft. adj. und fchwachen zeitwörtern er-
kennen das verhältnis der ablaute und beftätigen das frühere
vorhandenfeyn der ftarken form. Weilen die fubft. grap (lu-
nnlus) gruohe (fovea) auf das verbliebene graben, gruop;
das adj. zam (manfuetus, decens) keinen (domare) auf zâmen,
die fubft. tranc (n. potio Nib. 8004) trunc (m. potus, hauftus
a. w. 3, 15) trenken (potum praebere) auf trinken, tranc etc.
So find fchlüffe von ähnlichen formen auf verlorene fchon
durch die analogie des verfahrens, oft durch die ausdauer
der formen in verwandten mundarten gerechtfertigt. Ich
begnüge mich mit einigen beifpielen untergegangener goth.
und alth. verba nach ordnung der conjugationen. Gothifche:
I. fpalda (findo) fpáifpald; III. háns (caedo) háiháu; háua,
háibán (altn. bió); ftáuta, ftáiftáut hätte ich erft hier und
nicht f. 841 anführen follen, da fich das praet. aus Ulph.
nicht beweifen läßt; báuta (tundo, verbero) báibáut, vgl.
angelf. beáte. IV. réda (fuadeo) ráiréd oder nach VI. ráiród?
V. hlóa (virco) háiblón? róa (remigo) ráiró? VII. ga-daba
(evenio Marc. 10, 32) gadóf, denn das adj. heißt gadófa (con-
veniens); dags (lueco) dôg, nach dem fubft. dags (dies, lux)
und den adj. ahtáudôgs, fidurdôgs, desgl. dem altn. dœgr
(femiffis diei naturalis) VIII. vleita (video) vláit; leifa (fe-
quor) láis, lifum (vgl. oben f. 91) IX. das f. 842 aufgestellte
linga nicht aus Ulph. belegbar, auch mag der eigentliche
begriff nicht mentior feyn, fondern celo, tego, wie das ab-
geleitete fchwache linga, liugáida (nubo d. h. tegor, vgl.
nubes tegumentum) verräth; briva (poenitet me) hráu, bri-
vum (wie fhivum); liuda (cresco) láup, vgl. jugga-láups (ado-
lefcens) und das alth. liut (populus); linha (luceo) láuh, laú-
hum, laúhans folgt ans liuhap (lux, vgl. dux mit taúho) und
laúhmnni (fulgur, altn. liomi) aus linhtja (λαμπα Matth. 5, 16
alth. liuhtn und laúhatja ἀστράπτω Luc. 17, 24. alth. lobizu).
XII. tilga (vigeo) talg, tulgum nach dem adv. tulga (valde)
und dem fchw. tulgjan (firmare). — *Alth.* beifpiele: I. halzu,
hialz gehört aus f. 858 hierher und heißt nicht claudum
reddo, fondern etwa debilis fum, die quellen liefern bloß
halz (claudus) und arhelzu, arhalzta (debilito). III. pôgu,
plaz (collido, tundo) angelf. beáte, vgl. ana-pôz (incus); die
anomalen wáhan, fáhan, pluohan (f. 885. 886) hatten früher
ftarke praet. wiô, fiô, pliô, desgl. varnúwan (oben 934) var-
nlâ. VII. chaln (frigeo) chuol nach den adj. chuoli und chalt
(chal-t) vgl. altn. kel; [taln (humilis fum) tuol nach tal (vallis)
und dem fchweiz. tuele (vertiefung) vgl. altn. adj. dœll (hu-
milis, valleftris) das wäre alth. tuoli; alth. tuola (vallicula)

II. allgemeine vergleichung der conjugation.

gl. monſ. 322.] ſtalu (ſedeo?) ſtuol, nach ſtuol (ſedes, thronus) und ſtal, ſtales (? locus); die ſubſt. ruoni (faina) tuom (judicium) das adj. zuomi (vacuus) weiſen auf die drei ſtarke verba ramu, tamu, zamu, aus deren praeſ. keine ableitung übrig ſcheint [hanu, huon nach huno (gallus) und thoz huan O. IV. 13, 70. 16, 64. 66.]; das ſchwache hruoran auf hraran, hruor (wie vuoran auf varan, vuor); die ſubſt. vatar (genitor) und vuotar (alimentum) auf vatu (? gigno) vuot, vgl. das angelſ. fêdan (nutrire, alth. vuotan) — zu inuotar, pruodar kein paralleles wort mit a, denn die lat. mater, frater haben langes a, das eben dem uo entſpricht; vgl. ſ. 592. —; paz (melius) und puoza (emendatio, melioratio) gehören zuſammen [vaku, vuok (altn. feg, fög) nach vakar (pulcer) altn. fagr und kivunki (aptus) vuokan (aptare) altn. fœgja (polire)]. VIII. pilu, peil, pilumês? vgl. ſ. 389. note; ſilu, ſeil, ſilumês? vgl. ſeil ſ. 621. ſlo ſ. 625., limu, leim, limumês? vgl. lîm, das kittende und leim, das klebende; bizu (caleo) heiz, hizumês; luizu, fuciz, ſuizumês; plihhu, pleih, plihhumês [ſinidu, fineiſ, ſinidumês vgl. ſmid faber, giſmide opus fabrile.] IX. iufu (? pateo) ouſ, ufumês, oſanêr, nach oſan, apertus, detectus; tiufu, touſ, tufumês, toſanêr nach tiuſ (profundus) und touſl (immerſio); niutu (vincio) nôt, nutumês, notanêr, wovon nôt neceſſitas, eigentl. vinculum. X. ſpihu, ſpah, ſpahumês nach dem adj. ſpahi, ebenſo zihu, wihu nach zahi, wahi. XI. zilu, zal, zalumês nach zil (ſcopus vgl. goth. tils aptus, bonus) und zala ordo (numerus); [ſeilu, ſeal, ſealumês vgl. ſceljan (decorticare) ſcala (cortex) ſcirnu, ſcarn, ſcanumês, ſcomaner (ſchon ſ. 939. vermuthet); krimu, kram, kramumês, kromanêr; dinu, winu ſ. oben ſ. 85. XII. ſtillu (quieſco) ſtal, ſtullumês, ſtollanêr nach ſtulla (hora, modus, momentum, pauſe) und ſtilli (quietus); ſtimpſu, ſtampf, ſtumpfumês, ſtumpfanêr nach ſtampf (tudes) und ſtumpf (contuſus, hebes); eben ſo ſcimpfu; [dinku, danc vgl. kidanc und dunken; linku, lanc oder hlinku? plintu, plant, pluntumês vgl. altn. blindr, blandr, blandinn.] ſtinku (pungo) ſtanc, wovon noch ſtuncniſſi (compunctio); dirru (torreo) dar, durrumês, dorranêr, wovon derran, darta und durri (aridus) vgl. goth. þairſa, þars [ſpirru, ſpar, ſpurrumês, ſporran vgl. ſperren (claudere) und ſparre; ſcirnu, ſcarn, ſcurnumês vgl. ſcërn (ſcurrilitas) ſcêrno (ſcurra) altn. ſkarn (lutum) agſ. ſcëarn (ſtercus); chirnu, charn, churnumës, chornau vgl. korn, kërno.] etc. — Im altn. laſſe man ſich nicht durch ſcheinbar ſtarke participialformen, wie aldinn (annoſus) barinn (contuſus) beininn (oſſicioſus) nakinn (nudus) vaninn (aſſuetus) etc. dergleichen Biörn in menge anführt, zu voreiligem ſchluß auf ſtarke conj. verleiten, da ſie unorganiſch ſür aldr, beindr, bardlır, naktr, vandr ſtehen (vgl. ſ. 1012. 1018). Deutlich erhellt dies z. b. aus œſinn (verſutus) ſt.

œſ-dr, kein org. ſtarkes part. praet. kann œ haben. Selbſt das f. 915. beigebrachte arinn (aratus) mag eher = ardhr von erja, ardhi ſeyn, als zu einer ſtarken form gehören.

4) meine abtheilung in zwölf conjugationen iſt vielleicht tadelhaft. Vorerſt könnten die ſechs vorderen, d. h. alle reduplicierenden unter *eine* claſſe gebracht werden, zumahl die fünfte und ſechſte faſt nur im goth. anſtreten, in der dritten aber doch auſſer dem herrſchenden vocal án (alth. ô) ein ô (alth. no) zugelaſſen werden muſte. Auch die zahl ſämmtlicher reduplic. wörter würde der zahl einer der folgenden conj. ziemlich gleich ſtehen. Ich wollte durch genaue trennung der vocallaute, da auch unter den ſechs letzten claſſen keiner verſchiedene zukommen, die ſchärfe der noch nicht abgeſchloſſenen unterſuchung fördern und erwog zugleich den in V. VI. mit der redupl. verbundenen ablaut. Wider die ſonderung von VII. VIII. IX. XII. wird ſich wenig erinnern laſſen; bedeutender iſt der anſchein, daß X und XI. zu einander fallen, deren einziger unterſchied auf dem i und n (ô und o) des part. praet. beruht, indem theils in VII. VIII. IX. liq. und mutae gleichen ſchritt halten, theils aus X. allmählige übergänge in XI. ſtatt finden. Hieſſ es mittelb. gewöben ſt. des neuh. gewoben, angelſ. vrécen ſt. des alth. kirobhan; ſo könnte es auch früher goth. nimans, ſtulans ſt. numans, ſtulans geheiſſen haben. Da inzwiſchen die buchſtabenlehre kein u (o) ſtatt i ê vor liq. zur regel macht, es nur ausnahmsweiſe zuläſſt (vgl. ſ. 82. 85); da ferner, wenn in XI. wie in X. der vocal des part. dem des praeſ. gleich ſtünde, auch für das praeſ. dieſelben übergänge in u (o) entſpringen müſſen, dergleichen ſcheinbar in kommen, ſofa eintreten, wo ich lieber ko, ſo aus dem u, v in quê, ſvê herleite (wichtiger wäre das analoge gaúrda ſ. gaírda aus goth. XII. conj.); da endlich in unſerer älteſten mundart, der goth., die ſcheidung der part. ſtulans, numans von den praeſ. ſtila, nima klar vorliegt; ſo habe ich die durchführung der trennung vorgezogen. Die zahl der verba in X. und XI. zuſammen würde übrigens der in den einzelnen VIII. IX. XII. ziemlich gleichen, wiewohl auch VII. eine viel geringere zuſteht. Will man ſich die fragliche vereinfachung der abtheilung gefallen laſſen, ſo erwachſen ſtatt zwölfe ſechs conj. nämlich I. wäre I-VI; II ; VII; III : VIII; IV : IX; V : X und XI; VI : XII. —

5) es iſt beachtungswerth und für die geſchichte ausſterbender ſtarker form wichtig, daß, während in conj. VII. bis XI. einſache muta jeder art die wurzel ſchlieſſen kann, nicht jede liquida vorzukommen pflegt. Ich will nunmehr die bereits ſ. 839. gemachte bemerkung näher ausführen. In IX. findet gar keine liq. ſtatt, wenn man von ſpäteren übertritten des ſ in r wegſieht; in XI. faſt nur l, m, r, höchſt ſelten n

II. *allgemeine vergleichung der conjugation.*

(no. 325; vgl. man, munum f. 852.) in VII. nur l, u, r, kein
m; in VIII. faſt nur n, ſelten m (no. 110. 111.) kein l und r;
vorzeiten mögen jedoch in VII wurzeln -*am* (vgl. rumu, tamu,
zamu f. 1033. und ſubſt. wie pluoмo, muoma) in VIII. wur-
zeln -*il* (vgl. pilu, filu f. 1034. und ſubſt. wie heil, meil, teil,
ile, vile etc.) geſtanden haben, in VIII. häufigere -*im* (vgl.
heim, feim etc.) in XI häufigere -*in* (vgl. dinu, winu etc.
f. 1034). Schwieriger iſt -*ir* für VIII, weil die ſprache nur
wenige wurzeln wie vira (celebratio) giro (vultur) beſitzt.
Für IX ließen ſich -*ium* und -*iun* aus pouin, trounu, ſouin,
kouma etc. lön, ſröni, vröno etc. folgern, bedenklicher ſind
wiederum -*iul* und -*iur* (abgeſehn von dem ſpätern -ier aus
-ies). Da aber wurzeln, wie fūl, vūl, mūl, gūl etc. ſūr, ſeūr,
mūra etc. unerklärlich, d. h. auf keinen ablaut zurückführbar
wären (vgl. oben f. 838, ß.), wenn es nicht ein noch zur zeit
dunkles verhältnis zwiſchen iu und ū gäbe, (aus dem auch
das ſchwanken des lauts vor mutis in neunter conj. herzu-
leiten iſt, vgl. fūſu, lūka, fūce no. 205. 256. 265, zumahl im
ſchwed. f. 999.): ſo ſcheint ſich auch jene lücke zu füllen.
Dann würden gleichfalls rūm, chūmo, rūna, zūn etc. auf verba
dieſer conj. weiſen.

6) laute und ablaute der conj. IX. und XII. haben einige ana-
logie, vgl. das goth. iu, áu, u, u mit i, a, u, u (f. 837) näm-
lich inſofern man iu, áu aus ir, ar deuten, im pl. pract. und
part. aber u für ur nehmen wollte. Wie alſo (no. 216,) ſniva,
ſnáu, ſnivum (f. ſnuvum) müſte ginta, gáut aus givta, gavt
gedeutet werden? Dieſer anſicht ſteht allerdings viel ent-
gegen, günſtig wäre ihr etwa das goth. bliggva, blaggv (nach
XII.) gegenüber dem alth. pliwu, pliuwu, plou (nach IX.)
und das goth. bagms (oben f. 73.) ſt. des alth. poum, panm,
da doch die goth. mundart anderwärts an vor m verträgt
(vgl. gáumjen, alth. konman); vielleicht ſind dann die alth.
ſŷng, ſaung; ſück, ſauck etc. (alth. ſinku, ſanc; ſuhn, ſanh)
anders als f. 616 zu betrachten?

7) verba eilfter conj. mit m geneigen zur gemination der liq.
und treten damit in die zwölfte; ſo wird aus mittelh. komen,
gekomen nemh. kommen, gekommen, wiewohl im pract. kâm,
kâmen (nicht kamm, kammen) in XI verbleibt, die ſchwed.
und dän. fornemma; fornemme (ſt. nema) gehen ganz über,
pract. fornamme (ſt. näme). Nicht unwahrſcheinlich gebärten
no. 360-364 früher einmahl zu conj. XI, vgl. 322 und das
ſchwache gremen, gremte (freilich neben gremmen, gramte,
oben f. 874) weiſt doch auf grëmen, gram zurück.

8) es iſt f. 839 geſagt worden, daß die ſtarke form nicht noth-
wendig wurzeln beſaße, ſondern auch ableitungen beſaßen
könne. Dieſe unterſuchung greift in das innerſte der wort-
bildungslehre und darf hier nur angerührt werden. Geſetzt,

954   II. *allgemeine vergleichung der conjugation.*

daß jede wahre d. h. einfache wurzel, mit einfacher confonanz
fchließe, fo erfcheinen die verba erfter und zwölfter conj.
fämmtlich als ableitungen. Practifch mag man jedoch auch
zufammengefetzte wurzeln annehmen, d. h. deren ableitungs-
mittel fich mit der wurzel felbft verwachfen hat und nicht
weiter klar zu löfen ift. In wilde (ferus) hund (canis) ver-
mögen wir die fortbildung der wurzel nicht nachzuweifen,
wohl theoretifch wil-d-r, hun-d (vgl. can-is) zu ahnen; die
verhärtung bilde (imago) erklärt fich uns aber hiftorifch aus
pil-ad-i. Nun fcheint es zwar, als wenn in folchen zuf. ge-
fetzten wurzeln möglichkeit des ablauts eben durch die ver-
härtung der bildung erft bedingt werde; allein diefer anficht
ftehen alth. formen entgegen. Die alth. mundart (auch die
altf. vgl. f. 209.) hegt den bildungsvocal überhaupt getreuer,
als die gothifche, fie gewährt z. h. nouh wäfan, mordar, wo
letztere vēpn, maurþr fagt; fie fetzt aber auch ft. des goth.
filha, falb, fulhun: hairga, barg, baúrgun; hvairba, hvarb, hvaúr-
bans hinundwieder und affimilierend: vilihu, valah, vuluhun;
piriku, parac, purukun: huiripu, huarap, huorpanēr, in ent-
fprechenden fubft. miluh (lac) pērac (mons) puruc (urbs) vē-
heta (pugna) etc. Alfo nach l, r und h pflegt der bildungs-
vocal zu haften, kaum nach m und n, ein vinidu, vanand ft.
vindu, rand wäre fo unerhört, als hunad f. hund (doch vgl.
hanaf, fēnef, neub. hauf, fenf). Die formen pērac, parac,
purue ftehen aber gleich den goth. baírga, barg, baúrga im ab-
lautsverhältnis und es erwachfen zweierlei annahmen: a) entw.
die individualität des ablauts in conj. XII. wird durch den
haftenden bildungsvoc. nicht gehindert oder β) der alth. dia-
lect fchiebt nach falfcher analogie einen ungehörigen bildungs-
voc. zwifchen. Für letzteres fpräche theils die unerweisslich-
keit des bild. vocals nach m und n (kein limifu, lamaf, finiku,
fanac, da doch limfu, finka mit vilhu, pirku gleich ftehen;
allein fpäter herrfchen auch vilhe, birge und das erlöfchen
des vocals fcheint nur nach m und n eher begonnen zu haben,
als nach l und r.) theils das unftatthafte eines vocals zwifchen
den gem ll, mm, nn, rr in derfelben conj. (allein vielleicht
entfpringen mm und nn aus m und n? nach bemerkung 7.;
rr aus rs, wirru, dirru aus goth. vaírfa, þaírfa und für wirfu,
dirfu wäre wirifu, dirifu denkbar; ll kann fich auf mancherlei
wegen entwickeln, vgl. f. 123. und von den no. 833-843 ge-
nannten ll ift kein einziges gothifch). Hält man fich an die
annahme α, fo wäre als grundfatz aufzuftellen: der ablaut er-
zeigt fich auch an wurzeln, denen bildungstriebe zugetreten
find und erfährt dann gewiffe modification, gleichviel ob der
bildungsvoc. bleibe oder wegfalle. Die modification bezieht
fich auf den pl. praet., ftatt des ō der wurzeln -il, -im, -in,
-air (ftēlun, nēmun, bērun) geben die bildungen -ilp, -imp,

II. *allgemeine vergleichung der conjugation.*

-ins, -sirp, -airg etc. dem pl. den ablaut des part. (hulpun, baúrgun; alth. hulufun, hulfun, purukun, purkun und nicht hêlpun, bêrgun, alth. hâlnfun, parukun). bêlpun, bêrgun, hâlfun, pârkun widerstritte dem f. 54. aufgestellten sprachgesetz; hâlufun, pârukun zwar nicht, sind jedoch nirgends nachzuweisen. Noch fragt es sich nach den einfachen stämmen solcher ableitungen: hört bair-g-an zu bair-an? fordert kriump-an ein krim-an? fin-g-an ein fin-an (vgl. can-ere)? setzt jedwedes abgeleitete verbum starker conj. eine starkformige wurzel voraus? ohne zweifel, wiewohl die einfache wurzel ausgestorben seyn kann. Merkwürdig, wenn vairſan (alth. wĕridan, wĕradan?) genau zuf. hienge mit vifan, wĕfan und aus vifpan, wĕfadan entfpränge? die goth. pallive -nd wage ich, weil d von þ abſteht, nicht zu vergleichen, inzwiſchen ift das lat. feri offenbares paſſivum zu fuo, fui. Das alth. fêr (vulnus, dolor) ſcheint mit foraka (cura, dolor) verwandt, lautete nun fêr goth. fâis (oben ſ. 91.), ſo würde fáizgan durch die verwandlung in fairgan und den ablaut faúrg das fubſt. faúrga (alth. foraka) erklären. Weiſt das alth. fporo (calcar) die einfache wurzel zu no. 432, ſo beſtätigt ſich das ſchwache n (gen. fporin) als bildungs- (nicht flexions-) mittel (ſ. 817).

5) wenn mit allmähliger unterdrückung der confonanzen in den ſechs erſten conjug. unorganifche diphthongen *ia*, *ea*, *iu*, *ia*, *iu*, *ie*, *ê* aus der alten reduplication entſtanden ſind (ſ. 103. 104. 108. 230. 837. 863. 917.): könnte man verſucht werden, für das *uo*, *ô* ſiebenter conj. eine gleiche erklärung zu geſtatten. Was die ſpätern ſprachen in I-IV. entwickelten, zeigt es auch die goth. in VII.? Für eine parallele zwiſchen ie und uo ſcheinen allerdings die übergänge zu ſprechen, vgl. iar, ier (aravit) neben vuor (ivit); blnonden ſ. blienden (ſ. 941.); ſtiep, bief, wies ſ. ſtoep, hoef, woes (ſ. 971.) und gerade in VII. iſt, wie in den reduplicierenden, dem pl. praet. der vocal des ſg. praet. zuſtändig (ſ. 838.). Bedenklich bleibt inzwiſchen die erklärung des uo, ô an ſich ſelbſt aus einer redupl., da es nicht wie ia aus ia, ein deutlich wird und noch größeres gewicht hat der einwand, daß die wortbildung kein ſubſt. oder adj. mit dem aus redupl. erwachſenen *ie* zulaſſe (denn das erſt neuhochd. wort hieb iſt unorganiſch) während eine menge ſubſt. und adj. den ablaut ô uo (ſchon im goth.) führen. Oder wieſe dies nur auf eine viel früher erfolgte verhärtung? ſollte man nicht weiter gehen, allen und jeden ablaut ſelbſt der übrigen ſtarken conj. aus anfänglicher reduplication leiten? Die wahrſcheinliche unurſprünglichkeit langer vocale iſt oben ſ. 331. berührt worden und wenn das part. praet. itans, lifans gleich baldans den voc. des praef. führt (ſ. 1008), ſo darf auch ètum, lèfum mit baibaldum ver-

956   II. *allgemeine vergleichung der conjugation.*

glichen werden. Welche urfache fcheidet aber den pl. êtum, lêfum vom fg. at, las, während zu jenem pl. der fg. haihald ftimmt? vielleicht diefelbe, welche auch in fchwacher form den pl. nafidêdum, falbôdêdum länger fchützt, den fg. nafida, falbôda früher kürzt; wie nafida f. nafdida (?) ftünde folglich at, las f. êt, lês? ließe fich ein f. 844. und f. 914 vorfchnell verworfenes goth. frêt (= êt) altn. ât (fchwerd. ät, dän. aad) [mhd. âz, nicht ng, denn l. s. 2, 37] wird gefchrieben auß was = âg in diefem codex, vgl. 2, 477 huntauß 475 gaut: fpaut (gât: fpât)] nicht berückfichtigen? erfchiene, wozu die fpätere fprache auf ganz andern wege wiedergelangt, die gleichheit des ablauts im fg. und pl. (f. 986.) als das urfprüngliche? Ich häufe hier mehr fragen und zweifel, als ich jetzt fchon beantworten und löfen kann; doch fcheint mir im voraus gewis, daß das wefen des deutfchen ablauts nicht in dem hohen klang zu fuchen ift; diefe verfchiedenheit der vocale muß aus einer anfänglichen, finnlich-bedeutfameren wortflexion entfpringen, fey fie nun der redupl. ähnlich oder nicht.

1040   *II. erwägung der fchwachen conjugation.*

Die fchwache form ift ohne zweifel jünger als die ftarke*) a) weil letztere mannigfaltig, erftere einförmig ift; β) nur die ftarke reine wurzeln enthält, die fchwache ableitung vorausfetzt; γ) weil fremde wörter der fchwachen, nicht der ftarken form fällig werden; ausnahmen höchft felten und an fich tadelhaft (preifen von preis, franz. prix) δ) die ftarke allmählig ab-, die fchwache zunimmt; wenn fich das edlere getriebe jener verstutzt, wirrt und räthfelhaft erfcheint, dient die feftere, äußere handhabe diefer leicht zur erhaltung und herftellung der verlorenen ordnung.

Jedes fchwache verbum beruht wefentlich auf zwei ftücken 1) auf einer durch die vocale i, ô und âi gewirkten ableitung, von welcher im folgenden buch nähere rede feyn wird. Man merke α) diefe ableitungsvocale verwachfen mehrfältig mit den flexionsvocalen, woraus ei ftatt ji (f. 847.) ô ftatt ôa, ôi (f. 849.) u ftatt âin, âi ft. aji (f. 850) entfpringt. β) fpäter fchwindet das ableitende i und ein tonlofes e vertritt ô und ê. γ) daher gewinnen manche fchwache verba den falfchen fchein unabge-

---

*) Wenn ich benennungen wähle, welche fchon bei der haupteintheilung des nomens vorkommen, fo behaupte ich gar nicht, daß mit ftark und fchwach beidemahl genau derfelbe begriff verbunden werden müße. Von redupl. und ablaut weiß die ftarke decl. nichts, weil das nomen kein verhältnis der zeit beachtet und dem eingefchobnen n fchwacher decl. mangelt die beftimmte beziehung aufs praet., welche dem eingefchalteten d fchwacher conj. eigen ift. Ich fuchte nach einem namen der nicht unbehülflich wäre und der fache wenigftens etwas abgewänne. Daß in decl. wie in conj. die ftarke form die ältere, kräftigere, innere; die fchwache die fpätere, gebundnere und mehr äußerliche fey, leuchtet ein.

II. *allgemeine vergleichung der conjugation.*

leiteter, z. b. das mittelh. haden, hantflagen, [knie-vallen, vuoz-vallen, manec-valten, veder-flagen kolocz 118, plattd. köp-flagen (mercari) altn. knupflaga, nhd. hei-rathen, her-bergen, be-willkommen] minnen wird den ftarken verbis laden, tragen, winnen ähnlich (alth. padôn, hantflakôn, minnôn) und neuh. fällt fogar der inf. rathfchlägen mit fchlägen (mittelh. rätflagen und flahen, flân) zufammen, fo daß unhiftorifche fprachlehrer nicht begreifen, warum jenes im praet. rathfchlägte, diefes fchlûg bekommt. δ) zu einer vergleichung der ableitungstriebe i (ei), ô, âi bei dem verbum mit den in der flexion des nomens waltenden i, ei, ô, âi (vgl. f. 811. 812.) ift der jetzige ftand unferer fprachforfchung noch nicht gerüftet. — 2) beruht der begriff des fchwachen verbums auf der durch änßerliche und erft nach dem ableitungsvocal eintretende zuthat ausgedrückten vergangenheit. Da diefes praet. als eigentliche flexion betrachtet werden muß, verlangt es hier nähere unterfuchung: α) im goth. lautet der fg. -da, [und -þa in kunþa (unþa) = altn. kunni, unni, ahd. chonda, onda, agf. cudhe, udhe, nhd. konde kunde, erbonde erbunde; der grund des kunþa, unþa liegt im nu: dies an bewahrt das th] der pl. -dêdum, das part. þs, gen. -dis (f. 845. 1009) in allen übrigen mundarten ftimmen fg. pl. und part. überein, alth. -ta, -tamês, -têr; altf. -da, -dun, -d; angelf. -de, -don, -d; altn. -dha, -dhum, -dhr (nach Rafks anficht; beffer wohl -da, -dum, -dhr). Abänderungen, welche durch fyncope des ableitungsvocals in diefer flexion entftehen können, gehen uns hier nichts an. β) der goth. fg. -da entfpricht dem alth. -ta, fächf. -da, angelf. -de etc. aber der goth. pl. (fammt dem davon geleiteten fg. und pl. praet. conj.) befitzt eine ganze filbe mehr, -dêdum würde ein alth. -tâtumês, ein altf. dâdum etc. fordern. Nur in einer einzigen ftelle K. 18ᵇ erlofôtâtun (impegerunt) ft. erlofôtan, wofern richtig gelefen und ein erlofôn (impingere) glaublich ift (wie wenn erlofô oder das dafür zu fetzende wort nee. pl. fem. wäre und der überfetzer impegerunt in ictus dederunt aufgelöft hätte? vielleicht erdrôzô oder erdftôzâ tâtun?) gleich daneben fteht auch plâtun, frâhetomês etc. γ) hat fich tâtun in -tun, -dâdun in -dun abgefchliffen, könnte uns auch der goth. pl. -dêdun einen älteren vollftändigeren fg. weiffagen; wie aber lautete diefer? Die form dêdun an und für fich gemahnt an têdun, trêdun alth. pâtun, trâtun und diefe antworten genau dem vermutheten -tâtun, welches gerade praet. pl. des anomalen tuon ift (f. 885). δ) keine unter allen anomalien des verbums ift dunkler, als tuon, dôn, dem goth. und nord. dialect mangelt es merkwürdigerweife. Der Gothe überfetzt muzu mit tâujan (alth. zawjan, mittelh. zöuwen) welches dem alth. tuon gar nicht verwandt ift; der altn. ausdruck für denfelben begriff lautet gera (alth. karawan). Allein im goth. hat fich das fubft. dêds und dêdja (alth. tât und tâto) im altn. dâd erhalten, zum zeichen, daß das verbum diefen

II. *allgemeine vergleichung der conjugation.*

fprachen nicht fremd fey. Die vollftändigen formen der hochd. fächf. und frief. anomalie find nicht wohl mit einander zu vereinbaren: der alth. inf. tuon entfpricht dem angelf. dôn, doch das alth. part. kitân nicht dem angelf. gedôn; altf. lauten zwar, wie im angelf., praef. und part. mit demfelben vocal duan und giduan, nur diefes ua paralleliſiert ſich weder dem alth. uo, noch angelf. ô, weil es alsdann uo oder ô heißen müfte. Die altf. mundart befitzt auch gar kein diphthongifches ua; wahrfcheinlich iſt dû-an, gidû-an zu lefen, d. h. das a zur flexion zu nehmen, wozu das altfrief. dûa ſtimmt, wo aber das part. dên lautet. Das alth. praet. tâtun, fg. têta, altf. dâduu, dêda vergleichen fich; zu têta, dêda paſt der angelf. fg. dide, nicht der pl. didon (gewöhnlich gefchrieben dyde, dydon); welcher pl. iſt nun organifcher? die angelf. fprache hat in achter conj. den pl. ablaut i (bidon, glidon) die alth. in zehnter â (pâtun, trâtun), doch zu keinem von beiden ſchickt fich der fg. dide, têta (ſt. des erforderlichen dûd und tât) gefchweige der inf. dôn, tuon (ſt. didan, titan oder tâtan). Ebenfowenig darf man dôn, tuon fchwachformig annehmen, theils weil die analogie von bûan, bûde, gebûn (f. 910.) dôn, dôde, gedôn oder von fpuon, fpuota (f. 866.) tuon, tuota, kituon fordert, theils ein wort, das zur erklärung der fchwachen form dienen foll, nicht fchon felbſt das fchwache kennzeichen des praet. an fich tragen kann. Dazu tritt, daß die II. fg. wenigſtens im alth. völlig der ſtarken conj. gemäß tâtî lautet, nicht tâtôs, wogegen wiederum das altf. dêdôs, angelf. dideſt abſticht. Um den inf. diefer anomalie mit dem praet. und das praet. mit der ſtarken conj. in einklang zu bringen, möchte man reduplication, etwa nach dritter conj. annehmen, aus einem goth. dôan, praet. dâidô, pl. dâidôun, part. dôans müſte fich allmählich dâida, dida, pl. dêdun; alth. têta, tâtun entfaltet haben? aber dann wäre, das bedenkliche folcher veränderungen abgerechnet, ein fubſt. dêda (alth. tât) aus reduplicativer form erwachfen, was f. 1039. geleugnet wurde? und warum entfernt fich das fchwache part. praet. fo entſchieden von jenem part. kitân, gedôn? ſtatt kifalpôtêr, gefêalfod wäre kifalpôtâuêr, gefêalfodon zu erwarten? — a) bemerkenswerth und bis jetzt unerklärt fcheint mir das abweichende verhältnis der goth. formen Iddja, Iddjêdun (f. 854.) wo der plur. des zweifachen d ermangelt; die ſtellung des ableitungs-j weiſt das vorausgehende dd nothwendig der wurzel zu und Iddjêdun ſtünde wohllautshalber für Iddidêdun? — ζ) wie es fich immer verhalte (weiteres unten, fremde fpr. no. 7.), ein zuf. hang des hülfsworts thun mit dem praet. fchwacher conj. fcheint mir ziemlich ausgemacht und wird durch den auxiliarifchen gebrauch des engl. did (we did falve = falbôdêdum) beſtärkt.

II. *allgemeine vergleichung der conjugation.* 959

III. *erwägung der flexion.*

Die flexion ift fchon f. 835. 836. im allgemeinen characterifiert worden; nähere erläuterungen find erft jetzt möglich. Redupl. und ablaut waren, wie wir gefehn haben, unterfcheidendes merkmahl der ftarken, ableitungsvoc. und eingefchaltetes d, t der fchwachen conjngation, in der eigentlichen flexion dienen confonanten, um das verhältnis der perfonen, vocale, um das der zeit und modalität auszudrücken.

1) (*confonanten*) *die erfte perfon fg.* endigt in der regel ohne confonanz, ausgenommen α) im alth. praef. ind. zweiter und dritter fchwacher conj. auf -*ôm*, -*êm* (fpäterhin -ôn, -êu, gegen das 13. jahrh. allmählich ausfterbend). β) gleichfalls auf -*m* im alth. gâm oder gêm, ftâm oder ftêm, tuom oder tôm und pim (f. 868. 885. 881.) woraus wiederum fpäter gân, ftân, tuon, pin erwächft; mittelh. beharren gân, ftân (gên, ftên) tuon, hân, bin (f. 944. 965. 966. 962.) ob noch andere? vgl. f. 945. 958.; neuh. nur bin, volksmundarten fetzen -en auch anderwärts (Schm. §. 906.). γ) im goth. findet fich das einzige ïm (f. 851.); angelf. das einzige eom, beom (f. 909.) altn. das einzige êm (f. 925.) altf. außer bium, binn auch noch ftên und dôn neben dôm (f. 890. 894.). δ) fchwed. und dän. durchgehends auf -r. Letztere ausnahme ift offenbar unorganifch, nämlich das -r aus der zweiten perf. vorgedrungen; das -m (-n) der übrigen ausnahmen fcheint hingegen die uralte allgemeine flexion der erften perf. anzuzeigen und nicht bloß ein goth. falbôm, habáim oder habam, fondern auch ein háitam (voco) baítium (vocem) baíbaítum (vocavi) zu verrathen. Vergleichbar ift das dem dat. fg. abgefallene -*m*, neben dem dat. pl. -ms ft. des fpätern -m (oben f. 808). — Die *zweite perf. fg.* flectiert in der regel confonantifch, ausgenommen im alth. mittelh. altf. und angelf. (nicht über niederl. und neuh.) ftarken praet. ind., wo fie bloßen vocal befitzt. Die confonanz fchwankt zwifchen -s (nord. -r) -ft und -t, nämlich α) -s herrfcht im goth. alth. altf. und niederl. praef. ftarker und fchwacher, fodann im praet. ind. fchwacher (nicht ftarker, außer im niederl.) endlich im praet. conj. ftarker und fchwacher form, ihm entfpricht das nord. -r. β) *ft* findet fich angelf. ftatt des goth. -s, alth. nur zuweilen (entfchieden bei N.) mittelh. in der regel (und -s ausnahmsweife) neuh. überall, felbft im ftarken praet. ind. γ) -*t* im goth. und altn. ftarken praet. ind., mit übergängen in -*ft*, *zt* nach lingualen der wurzel (f. 844. 919. 920.) alfo auch in môft, voift, nicht in fkalt, waut, kant (f. 852.) altn. reizt, fkalt, mant, kannt (f. 920.) alth. nur in den anomalen töht, maht, fcalt, darft, weift, muoft, anft, chanft, tarft, wohin man auch pift (f. 881.) rechnen kann; ebenfo altf. wêft, magt (? maht)

II. *allgemeine vergleichung der conjugation.*

fkalt, kanſt, biſt; angelſ. môſt, väſt, mëaht, fcëalt, dëarſt, canſt (neben duge, durfe, cunne, nnne); mittelh. muoſt, weiſt, maht, folt, ganſt, kanſt, tarſt, darſt (zuweilen wilt neben wil) biſt; neuh. überall -ſt, namentlich auch: mägſt, follſt, darfſt, willſt. Da dem goth. t alth. z parallel iſt, wäre für das goth. fkalt, kant ein alth. fcalz, chanz zu erwarten (vgl. tvâinîtiguuu mit zueinzuc, falt mit falz) die verhärtete form fcalt darf daher den nberbleibfeln eines früheren t.ftatt z (f. 154. 155.) beigezählt werden; in maht, darft blieb das t, weil es die verbindung ht, ft überall bewahrt (f. 154.); für chant, tart erfcheint chanſt, tarſt, wie fchon im goth. praet. daârhta, alth. torſta und choutta neben chonda, altſ. kunſta oder konſta (vgl. das goth. fubſt. anſts, alth. anſt und chnuſt). — Es iſt fchwer zu fagen, welche von beiden confonanzen, das -s oder -t hier urfprünglicher fey? ob fie unter einer ältern zuſ. fallen (etwa dem -þ)? altn. ſtehen -r und -t noch weiter ab; das -ſt für -s fcheint fpätere, vielleicht ans inclination des pronom. erklärliche verderbnis, aber verfchieden von der entwickelung des -ſt ſtatt -t im ſtarken praet. Die goth. fprache kennt keine berührung der auslaute -s und -t (z. b. die part. us, alth. ur, fcheidet fich rein ab von nt, alth. ûz) und nur inlautend wird villa ans vilda, andavleizns ans andavleitns (?); auf die vermuthung eines älteren -þ führt theils das -þ in II. pl., theils das pronomen þn. Nach dem unbetonteren flexionsvocal könnte die ausfprache -þ dem -s genähert haben (vgl. engl. raineth, raines) während auch betontem wurzelconf. -þ zur tennis -t wurde (gräipt ſt. gräiþþ) oder begegnete þ dem þ dritter perſon? — Die *dritte perf. ſg.* behauptet confonantifchen ausgang nur im praef. ind., hat ihn aber aufgegeben im praet. conj. fowohl als im praet. ind. und conj. Jener conf. iſt ein goth. -þ, alth. -t, altſ. -d, angelſ. dh; abweichend ein altn. -r, welches fich auf doppelte weife deuten läſſt, entweder als vorgedrungen ans der zweiten perfon, oder wie dort aus dem þ felbſt entfprungen. Für letzteres fpricht das dem altn. êr parallele angelſ. und frief. is, mittelnl. ës, nennl. is, engl. is (goth. iſt und altſ. iſt) verfchieden von der zweiten perf. angelſ. ëart, engl. art, mnl. bëſt (goth. ïs, altſ. is neben biſt, alth. piſt). In diefem anomalon bezeichnet alfo -s bald die zweite, bald die dritte perfon und wiederum -ſt beide (vgl. das altfchw. äſt f. 1001.) — Die *erſte perf. plur.* lautet in praef. und praet. ind. und conj. einftimmig goth. -m, alth. -mês und -m, fpäter -n, mittel- und neuh. -n, altn. -m, alt- und angelſ. -n, doch in diefen beiden dialecten mit merkwürdiger ausnahme des praef. ind., deffen erfte perf. hier der zweiten und dritten gleich -d und -dh bekommt. Das goth. -m fcheint fich zu -mês, wie der goth. dat. pl. -m zu einem älteren -ms zu verhalten (f. 808 und 856.); der f. gall. T. fchreibt ver-

II. *allgemeine vergleichung der conjugation.*

schiedentlich im praet. ind. -*umês* st. -*umês* (95 sähunmês, 152 gâbunmês, quâmuumês, balôtunmês, vermuthlich fehlerhaft, neben dem richtigen weritumês 95, thiouôtomês 131 etc.; 145 steht durch ähnlichen fehler fragêntun st. fragêtun). Kennzeichen der *zweiten perf. pl.* ist, gleich der III. sg., goth. -þ, alth. -*t* etc., nur daß es hier überall, auch in praet. und conj. herrscht, dort auf praes. ind. eingeschränkt war. Einige alt- und mittelh. mundarten haben -*nt* statt -t (s. 857. 932.) wodurch II. und III. zus. fallen. — Nähere prüfung bedarf, ob in einigen (Stalder's dial. p. 128. nach der hs. berichtigten?) stellen bei K. 17ᵇ hôrêtir (audiatis) rigitir (habeatis) tuêtir (feceritis) -*ir* bloße inclination des pron. zweiter perf. oder -*tir* wirkliche alte, dem -mês des I. pl. parallele flexion sey? Letzternfalls hätte sie nur im conj. ausgedauert, -*r* wäre aus -*s* entsprungen und bezeichnete den pl.? Wie in I. pl. ein älteres goth. -*ms* wäre in II. pl. ein älteres goth. -*þs* zu folgern? — Die *dritte perf. pl.* hat, analog der III. sg., im praet. conj., praet ind. und conj. bloßes -u, im praes. ind. hingegen goth. -*nd*, alth. -*nt*, alts. -*d*, angels. -*dh* (für ndh. vgl. s. 244.); altn. bloßen vocal und dem inf. gleichlautend. — Anmerkungen zu den sechs personen: α) flexionsconsonanten entstellen und verlieren sich leichter, wenn der modus oder das tempus andere unterscheidungszeichen besitzt. Darum wirft der conjunct. und das praet. ind. consonanten weg, die dem praes. ind. unentbehrlich sind. β) die starke form besitzt wesentlich dieselben consonanten, welche die schwache; ausnahme machen a) II. sg. des goth. und altn. starken praet. ind. auf -t, neben dem schwachen auf -s und -r; im alth. alt- und angels. stellt sich analog der bloße vocal des starken dem -s und -st des schwachen entgegen. b) I. sg. des alth. schwachen praet. auf -m und einiger anomalen verba. Vermuthlich waren in früherer zeit diese verschiedenheiten nicht da, sondern alle II. sg. endigten gleichförmig, alle I. sg. auf -m. Die längere dauer des -m in zweiter und dritter schwacher alth. erkläre ich daher, daß die alth. salpô, hapê gefahr gelaufen hätten, sich mit dem conj. salpô, hapê zu verwirren, während prennu und prenne, so wie im goth. überall háita, nasja, salbô, haba von háitán, nasjáu, salbáu (?) habáu getrennt waren darum blieb dort salpôm, hapêm. — γ) auch dem praet. mögen ursprünglich dieselben cons. in allen personen eigen gewesen seyn, welche das praet. besitzt; abgewichen sind allmählich a) III. pl. praet. hat -u statt -nd, allein gleiches -u zeigt sich in III. pl. praes. conj. b) I. und III. praet. ind. starker und schw. form geben den cons. auf, weil sie eintretende redupl. ablaut und eingeschaltetes d kenntlich genug macht; von den pl. háiháitum, sôrum, nasidêdum; háibaitun, sôrun, nasidêdun darf man aber auf einen älteren sg. háiháita, sôra — nalda (und noch früher

962   II. *allgemeine vergleichung der conjugation.*

háiháitam, foram, nafidam?) háiháitiþ, fôriþ, nafidiþ fchließen (vgl. fremde fpr. no. 6. anm. a.) c) III. fg. praet. conj. apocopiert den conf., daſſelbe thut aber auch praef. conj. — δ) der urfprüngl. conj. wird fich von dem ind. in den perfonencauf. eben fo wenig unterfchieden haben; die fpäteren abweichungen find γ, α, c angeführt. — α) zur beſtätigung meiner anficht gereicht die progreſſion des verderbniſſes in einzelnen, zumahl jüngeren mundarten. Im altſ. angelſ. altfr. und engl. fallen alle drei perf. des pl. praet. und praet. ſtets zuſammen, d. h. die flexion -d, dh der dritten dringt in II. und I. vor; im alt- und mittelh. zeigt nur ausnahmsweife II. das nt von III., niemahls I. (f. 932. nachzutragen, daß mittelh. II. pl. praet. einigemahl -en ſtatt -et erhält, welches aus III. praet. wie -ent aus III. praef. vordringt; beleg troj. 380ᶜ feiten (dixiſtis): leiten (polluerunt) oder wäre ein leiteut f. leiten annehmbar?). Die drei perf. des fg bleiben im heutigen engl. und niederl. getrennt, wogegen fchwed. und dän. die fing. perfonen auf. fallen, die pluralen im fchwed. noch gefchieden werden. Neuh. verfließt weder fg. noch pl. in feinen perf.. wohl aber lautet das -nt der mittelh. III. pl. praef. nun gleichfalls -n.

2) (*vocale*) die in der flexion vorkommenden vocale ſtehen theils vor dem weſentlichen conf. der perſon. flexion, theils nach demſelben. Letzteres im goth. -áium, -áina, -eima, -eina, (dual. -áiva, -eiva ſo wie in allen paſſivflexionen) und alth. -mês; vergleichbar den nominalflexionen -ana, -ûzê. Der erſte und gewöhnliche fall iſt uns hier wichtiger, auf ihm beruht urfprünglich das verhältnis der zeit und des modus. α) (indicativus, kurzer vocal) im praef. herrſchen a und i, im praet. a und u; 1) praeſens; i der II. III. fg. bewährt der eintretende, a der drei pl. perſonen der mangelnde alth. umlaut, altn. iſt das i von II. III. fg. ausgefallen, doch der umlaut geblieben, das goth. und altn. i der II. pl. ſcheint unorganiſch, angelf. gilt e (= ê) für i, das a beſteht. Altn. hat auch die 1. pl. praet. u nebſt umlaut, fällt alſo mit dem praet. zuſammen; daß hier a richtiger und älter ſey, läßt ſich nicht zweifeln und wird durch den analogen vordrang des u im alth. und altn. dat. pl. -um ſtatt des goth. -am (f. 810. 812.) beſtätigt. Schwieriger noch iſt es, den vocal der 1. fg. zu beurtheilen: goth. -a, parallel dem -a des weibl. nom. fg. erſter ſtarker decl.; alth. und altſ. -u, parallel dem nämlichen caſus bei adj., vermuthlich früher bei ſubſt.; angelf. -e, während gerade jene caſus des nomens -u behaupten; altn. apocopiertes -i, aber mit nachwirkendem umlaut, unparallel dem apocopierten u, welches der umlaut des nom. fg. fem. verräth. Reſultat: für III. ſtimmen alle ſprachen, fg. -i, pl. -a, für II. die meiſten fg. -i, pl. -a; I. fchwankt,

II. *allgemeine vergleichung der conjugation.*

organisch scheint sg. -a, pl. -a. In der schwachen conj. verdunkelt sich diese einrichtung durch zwischentritt des ableitungsvocals, und zwar auf verschiedene weise. Das ableitende i schadet dem a und u der flexion nicht, sondern wandelt sich vor ihnen in j (nasja, nasjam, nasjand, nerju, nerjum, nerjant); auch dem i der flexion schadet es nicht bei kurzer wurzelsilbe (nasjis, nasjiþ) und verschwindet lieber selbst (alth. neris, nerit, st. nerjis, nerjit); bei langsilbigen verschmelzen beide i zu ei oder î (branneis, branneiþ; alth. prennis, prennit). Das ableitende ô zehrt alle flexionsvocale auf (s. 849.) ebenso das ableitende ê im alth. (s. 879.) nicht ái im goth., welches zwar -i in sich aufnimmt, von -a hingegen selbst verschlungen wird (s. 850). — 2) praeteritum; die drei perf. des pl. haben durchgreifend u (angels. o) in starker wie in schwacher form, weil hier keine berührung des durch das eingeschaltete d, t getrennten ableitungsvocals möglich ist; dieses bestärkt daher den schluß auf die einerleiheit der vocale des starken und schwachen praef. Der sg. gewährt nirgends u, vielmehr in I. III. schwacher form a, welches in starker abgeworfen erscheint; nasida leitet auf báitáits, föra st. háiháit, för; für unorganisch halte ich die altn. unterscheidung zwischen -a erster und -i dritter perf., umsomehr, als letzteres keinen umlaut wirkt. II. sg. besitzt in schwacher conj. goth. ê, alth. und alts. ô, angels. ein ungewisses e, altn. unorganisches i (ohne umlaut); II. sg. starker conj. goth. und altn. zwischen dem cons. der wurzel und dem t der flexion gar keinen vocal, ebensowenig in den anomalien scalt, scëalt etc. der übrigen sprachen. Die gewöhnliche alth. alts. angels. flexion dieser person ist hingegen bloß vocalisch -i, -e (= ê) mit umlaut. — 3) (conjunctivus) herrschende vocale sind: di (ê) im praes., ei (î) im praet. 1) praesens: goth. haben alle perf. di, ausg. I. sg. áu, in schwacher form bleibt ái nach dem abl. vocal i unverletzt, wird aber von ô verschlungen, in dritter conj. verschlingt es den ableitungsvocal (-áu, -áis etc. s. ajau, ajáis); alth. gilt ê in allen perf. des pl. und II. sg., unsicher sind die e in sür I. III. sg.; auch in der schwachen form besteht das flexivische ê neben dem ableitenden i, ô und ê, wiewohl nicht in allen denkmählern (s. 875. 879.). Die wahre beschaffenheit der angels. -e des conj. praes. bleibt ungewis; im altn. erscheint kurzes i, das aber auf eine frühere länge deutet (s. 913), im gegensatz zur syncope des i in II. III. sg. ind., d. h. gefir (des) verhält sich zu gefr (das) wie in älterer zeit geseir (des) zu gefir (das). 2) praeteritum; goth. II. sg. I. II. III. pl. ei, I. sg. jáu, III. sg. i; alth. II. sg. I. II. III. pl. î, I. III. sg. i. Die schwache conj. stimmt, wie im ind., völlig zur starken, weil keine collision zwischen vocal der abl. und flexion möglich ist. — γ) spätere mundarten verdünnen a, i, u, ê, î, selbst die

II. *allgemeine vergleichung der conjugation.*

bei mischung der ableitung und flexion beſtandenen ô, ê in ein bloßes e, auffallend zumahl iſt das mittelh. -e der I. ſg. praeſ. ind., während im analogen nom. ſg. adj. fem. -iu haftete; man merke 1) die ſchwediſche ſprache allein wahrt noch einzelne a und o, geſchieden von e. 2) umlaut gilt im mittel- und neuh., nicht im ſchwed. und dän. 3) das mittelh. ſtumme e haftet in conjunctivflexionen feſter (ſ. 929. 930) gleichergeſtalt das neuh. tonloſe (ſ. 982); unverkennbares nachgefühl der alten länge. Auch das neuh. ſcheint (lucet) ſcheinet (lucetis) (ſ. 981) hängt ſicher zuſammen mit dem alth. ſcînit und ſcînat; vgl. das vorhin angeführte altn. gêfr und gêfir. 4) neueren ſprachen fällt die einbuße der vocalunterſchiede in den flexionen deſto ſchwerer, da ſich zugleich conſonanzunterſchiede verwiſcht haben, vgl. das mittelh. leitet (ducit, ducitis, duxiſtis) alth. leitit, leitat, leittut. —

3) die flexion des imperativus, infinitivus, und der participien bedarf keiner beſonderen erläuterung.

4) ein *dualis* zeigt ſich bloß im goth. (ſ. 840) und bloß für die erſte und zweite perſon, dieſer iſt die conſonanz -ts characteriſtiſch, jener im conj. -r, im ind. ſcheint die ſpirans v mit dem vocal gemiſcht, -ôs, -u etwan aus -vas, -vu entſpringend? obſchon die ſprache ſonſt -vn, vu leidet (ahva, manvu alth. aha) vgl. inzwiſchen fidur und fidvôr (ſ. 60.). Die vocale ſtimmen zu der characteriſtik der pluralflexion, praeſ. conj. ái, praet. conj. ei, praet. ind. u, praeſ. ind. I. ôs aus vas? II. ats (nicht its, alſo ein früheres ap II. ind. ſtatt ip beſtätigend). Die dualflexionen ſind in allen übrigen ſprachen ausgeſtorben, ſelbſt in ſolchen, denen die zweizahl im perſönl. pron. geläufig bleibt (ſ. 780. 814.), namentlich auch bei Ottocar. Nur ſüddeutſche gemeine volksmundarten (dieſelben, welche ez, tiz gebrauchen, ja andere, welchen das duale pron. bereits mangelt) erhalten noch formen wie: gêbts, hâbts, thûts, bringts [Schottky volksl. p. 261. vgl. p. 46. 51. ſaufts! gebts! ſtampfts!] etc. beides für duale und plurale bedeutung, ſo daß wie beim pron. die eigentliche pluralflexion häufig verdrängt worden iſt. Man muß übrigens das -ts in gêbts etc. nicht dem goth. -ts, ſondern dem goth. -t gleichſetzen, denn das goth. -s iſt völlig davon geſchwunden (hláuts, vlits = lôß, antlitz) oder entſpräche hochdeutſchem -r (ſvarts = ſchwarzer); alt- oder mittelh. würde dieſer dualis këpaz (oder këpazêr?) gêhez gelautet haben. Die ſchreibung -ts in gêbts, hâbts drückt folglich den zet-laut aus, kein tß und ich trete Schmellers anſicht, welcher §. 910. ſtatt der dualflexion ein der pluralendung -t ſuffigiertes pronoun annimmt, nicht bei. Ein ſuffixum -s für II. pl. iſt aus keiner deutſchen mundart zu beweiſen und daß einige volksdialecte bei vorſtehendem

II. allgemeine vergleichung der conjugation.

eſt, ðs die pluralform -t ſetzen (z. b. eÞ lèbt; andere aber: eÞ lèbts) verſchlägt nichts.

5) die goth. *paſſivflexion* (ſ. 855.) beruht wie es ſcheint weſentlich auf der activflexion angehängten vocalen (ind. -*a*, conj. -*ái*) keine perſon geht conſonantiſch aus, jede hat aber zwei vocale, einen vor, einen nach dem conſ. Der vorſtehende vocal lautet durchgängig im ind. *a*, im conj. *ái*, zu welchen ſich der ableitungsvoc. ſchwacher form wie im activum verhält. Den verfall der paſſivflexion bezeugt α) ein gänzlicher mangel des praet. β) die einförmigkeit der vorſtehenden vocale, a und ái. da im praeſ. act. a und i, áu und ái gelten. γ) die einförmigkeit der conſonanzen: I. und III. fallen überall zuſammen, im pl. ſogar I. II. III.; das -aza, áizun der II. ſg. ſcheint aus II. ſg. act. -is, -áis zu erwachſen; -ada, -áidáu aus III. ſg. act. -iþ, -áiþ (welches frühere -áiþ als III. ſg. conj. durch -áidáu offenbar bewieſen wird); -anda, -áindáu aus III. pl. act. -and. Die form der dritten perſon hat ſich auch in die erſte ſg., in die beiden erſten pl. gedrängt; galt wohl für 1. ſg. ein älteres -ama (háitama, vocor) pl. -amſa (háitamſa, vocamur) für II. pl. -ada (háitada, vocamini und dann in III. ſg. háitida vocatur)? Parallelen zur unorg. gleichheit der drei plur. perf. geben der alt- und angelſ. pl. praeſ. und praet. activi ab, zu der von 1. III. ſg. der einförmige ſg. des ſchwed. oder dän. act. — In keiner andern mundart vermag ich das goth. paſſ. ſicher nachzuweiſen; *sillada* gl. doc. 210ᵇ (flagellatur?) ſteht zu einzeln, ſollte auch alth. eigentlich *villata* heißen; auffallend iſt *suzara* (pluitur) gl. zwetl. 128ᵇ von nazên (madere)? vielleicht *nazata*? denn -ara könnte nur der zweiten perſ. (goth. -aza) zukommen; beide lesarten ſind verdächtig und die älteſten überſetzungen (J. K.) löſen jedes lat. paſſ. in umſchreibung auf.

6) unſere ſprache entbehrt einer flexion für das *futurum* (ſ. 835.); Ulphilas trägt das griech. fut. durch das goth. praeſens über, gleicherweiſe gibt in J. K. T. das lat. fut. ein alth. praeſens; lange hernach wird erſt die früher ſeltene umſchreibung durch auxiliaria (wovon buch IV. weiteres) allgemein. Bemerkenswerthe unterſcheidung eines eigenthümlichen futurums bietet das angelſ. beo, bist, bidh (ſ. 909.) da fürs praeſ. bereits ēom, ēart, is vorhanden iſt und über allen zweifel gehoben wird das hohe alter dieſes verhältniſſes durch die vergleichung der zunächſt liegenden litth. und ſlav. ſprache (litth. eſmi, ſum; búſu, ero; lett. eſmu, ſum; buhſchu, ero; ſlav. jeſm', ſum; budu, ero; böhm. gſem, ſum; budu, ero). Dem goth. und nord. dialect gebricht in der erſten anomalie der ſtamm dieſes fut. gänzlich, der alth. und altſ. beſitzt und mengt ihn mit dem praeſenſtamm: pim, piſt, iſt; bium, biſt und is, iſt; nur der angelſ. beſitzt und ſondert beide voll-

ständig, man darf z. b. Beov. 105. 106. nicht is für bidh, noch weniger 228. bidh f. is setzen (einigermaßen analog scheint diefer ausgef. unterscheidung zwischen êom und béo freilich die alth. zwischen pim und wifu; vgl. fremde spr. no. 8.). — Da verschiedene fremde sprachen ihr futurum mittelst s bilden, so bin ich wohl auf den gedanken gerathen, daß die alth. bildung *-isôn* mit einer alten futuralflexion zuf. hängen möge, vgl. lustisôt luxuriabitur gl. monf. 355. hêrresôt, dominabitur N. 71, 8; sie müsse dann allmählich zur vollständigen verbalform geworden seyn, als welche sie in unsern frühsten quellen, daher auch des praet. sähig, erscheint (kimeitisôtun, increverunt, gl. monf. 326. rihhisôta, regnavit T. 11, 3. etc.)

IV. bedeutung der verbalflexion.

Bei dem nomen mislang die erklärung der casus aus suffixion der späterhin äußerlich waltenden praepositionen und pronomina (s. 834). An dem verbum läßt sich ebensowenig das wesen der redupl. und des ablauts aus späterer umschreibung des praet. deuten; mehr anschein gewann die ableitung des d schwacher form von einem eingewachsenen oder suffigierten auxiliare, welches neuere mundarten wirklich und mit ähnlicher wirkung außenher zu dem stamm construieren (s. 1042.); denkbar wäre auch der verwuchs anderer hülfsverba, zumahl des verbums seyn, etwan um stufen der vergangenheit oder den begriff der zukunft auszudrücken; allein die deutsche sprache gewährt keinen solcher fälle. Eine bedeutung der vocale, welche die differenz des conjunctivs vom ind., des praes. vom praet, des goth. pass. vom act. ausdrücken, getraue ich mir nicht nachzuweisen, sie birgt sich in tiefes dunkel gleich derjenigen, welche vocale beim genus und numerus des nomens haben mögen. Aber die personenkennzeichen, d. h. consonanten der verbalflexion scheinen bündige vergleichung mit dem persönlichen pronomen, dessen verhältnisse ja gerade dem begriff des zeitworts einverleibt werden sollen, zuzulassen [Schlegel leugnet das gegen Bopp ind. bibl. 1, 124.] Es wird dadurch wirklich etwas erklärt und einzelne züge des ungeschlechtigen pron. bieten sich überraschend her; untreffendes müssen wir aus dem verderbnis der ächten gestalt theils der pronomens, theils der verbalflexion, welche undenkliche zeit lang jedes auf eignem weg, ohne nachgefühl anfänglicher einigung fortgeschritten sind, zu verständigen suchen. Bald läßt sich das pron. (dessen schwierige anomalie s. 813. bemerkt worden) aus dem verbum, bald das verbum aus dem pron. ahnen; sehr begreiflich bleibt die dritte person am dunkelsten, deren geschlechtsloses pronomen sich zumeist änderte, einzelner casus verlustig ward, bisweilen völlig ausgieng; das geschlechtige pron. dritter pers. leidet aber keine beziehung auf verbalflexionen. Die kennzeichen der beiden dritten personen -d und -nd bleiben

II. *allgemeine vergleichung der conjugation.* 987

mir durch das deutsche pron. unaufgehellt. Fügsamer ist das -m der 1. fg.; führen lupêm, fulpôm, gâm. tuom, pim, auf ein älteres pintam ft. pinta (goth. binda) fo mag îk, ih, altn. êk (parallel dem gekürzten biud, ek, vebo) die stufungen ibhu, ih-kam, îkam nachweifen: aus dem pintamês 1. pl. folgere ich ein früheres meis ft. reis, alth. die stufen meis, mîs, wis, wir. Das þ zweiter perf. stimmt unverkennbar zu þu und läſst ein älteres þjus ſtatt jus (altn. þêr neben êr) muthmaßen. Endlich berühret fich die dualeonf. v. und ts mit den pron. formen vit und jut (früher juts?) [und dem anlaut der zweizahl tvai.] Die betrachtung urverwandter fremder fprachen wird diefe wahrnehmungen unterſtützen helfen [f. 1061. Hierbei find die pronominalfuffixa an partikeln zu erwägen (Schm. §. 723) und felbſt hinter andern pronom. wo befonders das st für du wichtig wird (Schm. §. 722: man hört auch in der Wetteran, Heſſen: denſte willſt f. den du, wolte kannſt f. wo du).]

Anlehnung lebender pronominalformen an lebende verbalflexionen iſt etwas anders, hat aber zufällige ähnlichkeit dadurch, daß die fyntax das pron., welches fchon abgefondert ausgedrückt iſt, zu inclinieren geſtattet, gerade wie das fuffigierte daneben noch leiblich geſetzt werden darf, z. b. J. 346 ih antlûhhu (wo nicht antlûhhu zu leſen?) für ih antlûhu oder antluhub allein (auffallend Hild. wilihub f. wiljub?) Ebenſo durfte es heißen fowohl pintamês, als wir pintamês; fowohl binden als wir binden. Die anlehnungen abzuhandeln, iſt hier nicht ort und ſtelle, ihre verſchiedenheit von jenen fuffixen folgt daraus, daß mehrerlei pronomina incliniieren können, fuffigiertfeyn nur die ungefchlechtigen. Weder in bandich (ligavi) noch bander (ligavit) ſteckt ein fuffix, d. h. uralte perfonenflexion, ja es kann das lebendige pronomen zu dem todten d. h. fuffigierten, obendrein angelehnt werden, z. b. biſtu, hâttu, mahtu f. biſt dû etc. Ungenau ſtellt folglich Rafk §. 276. die II. praet. lêzt (ſiviſti) d. h. wirkliche flexion mit der incl. lêtk (fivi) zuſammen und man kann nicht conjugieren I. lêtk, II. lêzt, III. lêt, fondern nur: I. lêt, II. lêzt, III. lêt; lêtk aber iſt der II. lêztu parallel, welches freilich foviel bedeutet als das bloße lêzt. Beiſpiele mannigfalter anlehnungen aus volksmundarten find bei Schmeller §. 717-720. und Stalder p. 125. 126.; ein alth., unentſchieden, ob fuffigiertes oder inclinisrtes pron. enthaltender fall wurde vorhin berührt.

V. *erwägung einiger anomalien.*

Die urfache der meiſten anomalien iſt f. 851. angezeigt; häufiger verbrauch nützt die formen gewiſſer verba ab und zugleich ihre bedeutfamkeit, indem er die ſinnlichen eindrücke des begriffs zu leerer allgemeinheit verflüchtigt. Die conjugation kommt aus dem gleiſe und gleichfam bewuſtſeyn ihrer vollen entfaltung und da allgemeine begriffe näher liegen, als befondere, fo ge-

968   II. *allgemeine vergleichung der conjugation.*

wähnen sich verschiedene wortstämme zueinander und bilden mischformen, deren unregelmäßigkeit in der sicheren übung gar nicht empfunden wird. Dieselben ursachen bewahren aber auch vor dem allmähligen verderben, welchem die regelmäßige conjugation ausgesetzt ist und in der anomalen flexion sind, wenn schon einzelne und stückhafte, spuren des höhern alterthums zu finden. Ein klares beispiel liefert die erste anomalie, in deren vermengung überreste einer sonst ganz verlorenen früheren scheidung des futurum vom praes. zu entdecken waren (f. 1051). [Merkwürdig mangelt im goth. und nord. der ahd. dritte stamm (vgl. unten f. 1065) im alts. und ags. ist er da, aber ohne das r in pirum (oben f. 881). Vgl. Leo bei Haupt 3, 182. 183.]

1054   Die wichtigste aller anomalien ist die zweite; hier hat die bedeutung des praet. die eigentliche form des praes. weggedrängt, hernach mit zuziehung des hebels schwacher conj. ein neues praet. aufgebracht. Ich *weiß* will ursprünglich sagen: ich habe erfahren, ich *kann* ursprünglich: ich habe gelernt, ich *mag* ursprünglich: ich habe die kraft erworben und ebenso laßen sich die übrigen deuten. Zuweilen noch im mittelh. steht z. h. *kan* der bedeutung und construction zufolge als ein wahres praet. und nicht als praes., häufiger gilt *began* völlig soviel als begonde und von ihm währt auch das wirkliche praef. beginne fort. — Für die geschichte des ablauts darf nicht übersehen werden, daß sich in diesen anomalien einige pluralvocale wider die regel sträuben, namentlich das goth. magum, munum, skulum, daúrum (f. 852.) worüber ich nichts befriedigendes zu sagen wüste. Hat aber der buchstabe der anomalie die vermuthung des alterthums eher für, als gegen sich, so gewinnt die f. 1035. vorgetragene ansicht durch skulum keine bestätigung, vielmehr ließe das part. skulans, nuuans auf einen pl. praet. skulum, numum schließen, baurans auf baurum (= daúrum) und meine trennung der XI.ten conj. würde gerechtfertigt. Zu dem pl. u scheint selbst das von hilan (celare) abgeleitete huljan (occulere) zu stimmen.

VI. vergleichung fremder sprachen.

Die bei der declination verglichenen sprachen bieten auch hier lehrreiche beziehungen zu der deutschen, meistentheils ist ihre conjugation vollständiger und feiner gebildet; ich gehe nicht darauf aus, sie im ganzen zu schildern, vielmehr nur herauszuheben, was sich mit der deutschen einrichtung berührt.

1) *reduplication* herrscht im sanskrit und griech. regelmäßig durch beinah alle verba, im latein sehr beschränkt (es mögen nur einige zwanzig reduplicieren); in den slav. und lett. sprachen treffe ich keine spur davon. 1. (*consonant*); im sanskr. wird die anlautende liq. ten. und med. der wurzel wiederhohlt, asp. aber in med. gesetzt: lilisha (minui) mamarda (confregi) nanarda, tutôpa (percussi) tatâpa (luxi oder arsi)

dudhûſha (interfeci);• lautet die wurzel mit doppeltem conſ. an, ſo wiederhohlt ſich bloß der erſte: ſuſvâpa (dormivi) taträſa (timui) von den wurzeln: liſb, ſvard, uard, tup, tap, dhûſh, ſvap, tras. Im griech. eben ſo: λέλυχα, μέμυχα, νένηχα, πέπωκα, τέτευχα, κέκαυκα, ῥίβηκα, ἔδδηχα, γέγωνα; nur wird ῥ umgeſetzt: ἔῤῥωκα (ſt. ῥέρωκα) und aſp. zur ten. als: πέφυκα, τέθηκα, κέχυκα, von doppelconſ. aber entw. bloß die erſte wiederhohlt: μέμνημαι, πέπνευκα, πέπτηκα, τέθλακα, κέκλημα, γέγραφα, oder gar keine und nichts als s vorgeſetzt: ἔψαλκα, ἕζωκα, ἔφθορα, ἔσπακα, ἔσβηκα, ἔσκληκα, ἔστρωκα (ſtatt πέψαλκα, ὅζωκα, πέφθρρα, σέσπακα, σέσβηκα, σέσκληκα, σέστρωκα?) Beiſp. lat. reduplication: memini, momordi, peperi, pupugi, tetigi, totondi, cucurri, cecini, didici, merkwürdig aber darf (wie im goth.) aſp. und doppelconſ. wiederholt werden: fefelli, ſpoſpondi (nicht pefelli, oder ſoſpondi) alth[d]. ſeiſeidi von feindo. [Die gewöhnliche form ſpopondi, ſeicidi muß auf ein früheres ſpoſpondi, ſeiſeidi bezogen werden, das auch hſſ. haben, vgl. ſeiſeidi Priſcian. Krehl I, 490 not. Einige ſchreiben auch ſpepondi, ſececidi vgl. Struve. Die form ſpoſpondit ann. moiſſac. Pertz 1, 293. ſogar ſpoſpondens ſ. ſpondens; ſpoſpondit braucht der überſetzer der Niala z. b. pag. 21. ſpoſpondit ibid. p. 194. 235. auch im nucleus latin. Haſn. 1738. p. 1650 ſteht ſpondeo, ſpoſpondi; ferner ſpoſpondit Ditm. merſeb. 224. ſpoſponderit Leyſer p. 407 v. 251. ſpoſponderunt eb. a. 1214. Wig. 5, 47. ſpoſpondiſſe chron. corbej. a. 936.] II. (vocal); a) das ſanſkr. und griech. haben in der reduplicationsſilbe ſtets kurzen vocal, der wurzel mag kurzer oder langer eigen ſeyn, vgl. die angeführten dudhûſha, τέτευχα, πέπωκα etc. im latein richtet ſich die quantität nach dem vocal der wurzel, mithin: cecidi, pepuli etc. aber: caecidi. b) das ſanſkr. läßt die qualität des wurzelvocals beſtehn: mamarda, liliſha, tutôpa (von ſvard, liſb, tup) und ebenſo das latein: pependi, fefelli, didici, momordi, totondi, popoſci, cucurri, tutudi; denn cecini, cecidi, memeni d. h. dieſe e ſind umgelautete a (cano, cado, pango) und pepuli ſteht ſ. papuli oder pepeli (vgl. pello mit πάλλω). Im griech. hat die redupl. ſilbe beſtändig einförmiges ε, τέτυπα, μέμυχα, nicht τύτυπα, μύμυχα, wozu das einförmige goth. ái ſtimmt (fáifah, táitôk, ſáizlêp nicht faſah, tôtôk, fêzlêp) nur daß es allerwärts lang, das griech. ε kurz iſt; oder ſollte man faiſuh, faiſalp, hingegen háiháit (wie caecidi) láilôt ſchreiben? oder auch haiháit, lailôt (wie πέπευκα)? III. die ind. und griech. redupl. ergreift auch das part.; die lat. mangelt dem part. (vgl. momordi, morſus; peperi, partus; pupugi, punctus etc.) wie ſie dem goth. fabaus, háitans etc. gebricht. —

2) *ablaut.* a) ſanſkr. verbs mit wurzelhaftem kurzem vocal und

einfachauslautender confonanz erhalten im fg. praet. neben der reduplication einen ablaut (welche veränderung indifche grammatiker *guṇa* benennen annals p. 35), nämlich a wird zu â, i zu ê, u zu ô; dual. und pl. behalten den wurzelvocal; z. b. tatâfa (tinui) tutópa (percufſi) tutópitha (percufliſti) tutópa (percuffit) pl. tutupima (percuffimus) tutupa (percufliſtis) tutupus (percufferunt); und wurzeln mit kurzem a und einf. conf. nach demfelben befitzen weiter die eigenheit, daſs ſie nur in I. III. fg. reduplicieren, in II. fg., im ganzen dual und pl. hingegen ſtatt der redupl. den ablaut ê nehmen, beifpiele: tatâpa (arſi) tépitha (arſiſti) tutâpa (arſit) tépima (arſimus) tépa (arſiſtis) tépus (arferunt) (ſtatt tutâpa, tutâpitha, tutâpa; pl. tutupima, tutupa, tutupus) von der wurzel tap; ebenfo von frap, tras: I. faſvâpa, tutâpa; II. fvépitha, tréſitha; III. faſvâpa, tutâpa; pl. l. fvépima, tréſima etc. Jener vocalwechſel im fg. und pl. erinnert deutlich an die verſchiedenheit des ablauts im fg. und pl. deutſcher conj. und noch merkwürdiger die gleichfetzung des pl. mit der II. fg. gegenüber der I. III. fg. an die ahth. und angelf. weife I. las II. laſt III. las; pl. I. laſumes, II. lâſut, III. laſun, wozu felbſt die in deutſcher und ind. ſprache eintretende abſtumpfung der flexion von I. III. fg. ſtimmt. Neuer grund für die zuf. ziehung des ablauts aus früherer redupl. form. — β) einige lat. verba haben im praet. langes ê, welches offenbar ablaut, kein umlaut iſt (umlaut ändert nie die quantität des vocals, nur die qualität, z. b. annus, perennis; hâlo, anhélo) namentlich: capio, cêpi; ago, êgi; frango, frêgi (nicht ſtatt frengi, vielmehr frango ſt. frugo, vgl. das fubſt. fragor); fucio, fêci; jacio, jêci; lego, lêgi; emo, êmi; venio, vêni (pl. praef. venſmus, praet. vônimus); edo, êdi; fedeo, fêdi; daſs ê uns zuſammenziehung früherer redupl. entſprang, beſtätigt pango (wie frango f. pago) pepigi, woraus ebenwohl hätte pêgi werden können (vgl. compingo, compêgi) und dieſelben wurzeln haben redupl. oder ablaut in verwandten ſprachen, vgl. cêpi mit hôf, frêgi mit brak, êdi mit at (oder êt?), vêni mit qvam, lêgi mit λέλογα, fûgi mit πέφευγα etc. Dem ê analog beurtheile man die â, î, ô, û der praet. fâri, fcâbi, vici, vôvi, môvi, fôdi, fûgi, rûpi von farco, fcabo, vinco, voveo, fodio, fugio, rumpo. γ) griechiſchen ablaut gewähren vorzüglich der zweite aoriſt und das zweite praet. (das fogen. praet. med.) welche beide tempora gerade zu den älteſten ſprachformen gehören, meiſtens aur primitiven zuſtehen (Buttm. p. 377.). Der nor. 2. wandelt das a, αι, η, ει, ευ des praef. in kurzes a. ι und υ, als: τρέπω, έτραπον; πταίρω, έπταρον; λήθω, ἔλαθον; λείπω, ἔλιπον; φεύγω, ἔφυγον; das praet. 2. liebt hingegen langen vocal: φεύγω, πέφευγα; λήθω (ἔλαθον) λέληθα; θάλλω, τέθηλα; λείπω (ἔλιπον) λέλοιπα; πείθω, πέποιθα; είκω, ἔοικα; φρίσσω, πέφρικα; τύπτω, τέτυπα (wie das ind. tutópa);

II. *allgemeine vergleichung der conjugation.*

ausnahme macht ο ſtatt des ο und ε praeſ.: κόπτω, κέκοπα; δέρκω, δέδορκα; λέγω, λέλογα; τέμνω, τέτομα, vielleicht galt ein früheres ω, wie noch in πέπτωκα von πίπτω (vgl. mit τέτοκα von τίκτω). Zuweilen lautet auch das erſte praet. ab, z'u: κλέπτω, κέκλοφα; πέρπω. πέπομφα. Völligen parallelismus dieſer ablaute mit den deutſchen bewährt ſogar die einſtimmung der wurzeln, z. b. in λείπω, λέλοιπα, ἔλιπον; φεύγω, πέφευγα (oder παρῴγα) ἔφυγον, goth. leiba, láif, libum; pliuhu, pláuh, plaúhum, denn daß ich den deutſchen pl. mit dem gr. aor. 2. vergleiche, thut nichts, indem die verſchiedenheit unſerer ablaute im ſg. und pl. möglicherweiſe aus urſprünglich feinerer, allmählig verflossener tempuseintheilung herrühren kann. Ebenſo verhält ſich νέμω, ἔνεμον (ungebräuchlich, aber zu ſchließen aus ἔκτανον) νένομα (früher νένωμα?) zu nima, nam, nêmum, nur daß hier umgekehrt der ſg. dem aor. 2, der pl. dem praet. zur ſeite tritt. Übrigens laufen im griech. redupl. und ablaut nebeneinander, wie im ind. tutópa, tatrâſa und goth. láilôt, táitôk. — δ) ſlav. ſprachen erkennen keinen ablaut, ſie bilden in dieſem ſtücke einen gegenſatz zu der ind. griech. lat. und deutſchen. Auch die litth. nicht; doch im lett. ſinde ich von den praet. welku, telpu, ſteegu, zehrtu etc. die praet. wilku, tilpu, ſtiggu, zirtu angegeben. —

3) *andere bildungsmittel* zeigen ſich in anfügung der drei ſpiranten ſ, v, h zwiſchen wurzel und flexion. α) die lat. ſprache bildet ihre wenigſten praet. mit red. und abl., über hundert dagegen entſpringen durch eingeſchaltetes -s: vulſi, fulſi (ſt. fulgſi) funſi, demſi, manſi, hauſi, gesſi (ſt. haurſi, gerſi?) ſculpſi, glupſi, nupſi (ſt. glubſi, nubſi) miſi, quaeſi, riſi, luſi (ſt. mitſi, quaeſſi, ridſi, ludſi) arſi, torſi (ſ. ardſi, torcſi) ceſſi (ſt. cedſi) luxi, duxi (ſt. lucſi, ducſi) auxi, texi, linxi (ſt. augſi, tegſi, lingſi) vexi (ſt. vehſi) etc. [Die langobardiſchen urkunden haben ſogar: offerſit ſ. obtulit, coperſit ſ. coperuit, compreinſit ſ. comprehendit, oſtenſit ſ. oſtendit, empſerit ſ. emerit cupit. a. 808 (Georg. 738) einſi ſ. emi ch. a. 839 bei Villanueva 10, 234.] Alle ſolche bildungen ſtehen dem griech. fut 1 und aor. 1. parallel, vgl. inflexi mit λέξω, plexi mit πλέξω, ſcripſi mit γράφω, conflſus mit παίω und der form, nicht der wurzel nach repo, repſi, nubo, nupſi, laedo, luſi mit λείπω, λείψω, θλίβω, θλίψω, σπεύδω, σπεύσω etc.; in abgeleiteten mit ε, α, ο bleibt der verlängerte vocal zwiſchen dem σ und der wurzel: φιλήσω, τιμήσω, χρυσώσω, welches im lat. praet. nie geſchieht. Der begriff des futurums geht leicht in den des aoriſts über, beide drücken das bewegliche der zukünftigen oder erfolgten handlung im gegenſatze zu der ſtändigkeit des praeſ. und praet, wo die handlung ſicher geſchieht oder geſchehen iſt, aus. Vergröberter ſprachgebrauch mengt aber praeſ. und futurum ſo wie praet. und aoriſt, die früher geſchiedene form

wendet sich bald dahin, bald dorthin. Es kann daher nicht
befremden, wenn wir die bildung s im lat. aufs praet., im
lett. aufs futurum eingefchränkt fehen, vgl. die littb. praef.
fukû, penû, laikau, jetzkau, fut. fukfu, penefu, laikifu, jetzkófu;
lettifch fteht -fchu ft. des litth. -fu, z. b. eefehu (ibo) gafehu
(fervabo). Im fanfkr. erfcheint das bildende -s bei dem dritten
praet., z. b. afrauſham (audivi) alêkſham (fimilis fui) atåpſam
(luxi) avâkſham (vexi) von den wurzeln fru, lih, tap, vah;
alſo mit augment und ablaut verbunden, bisweilen durch einen
vocal von der wurzel gefchieden, als: avâdiſham (loquutus
fum) atopiſham (percuſſi) von vad, tup. Zugleich aber ge-
währt das fanſkrit auffchluſs über den urſprung des eingefüg-
ten -s (Bopp l. c. p. 54-56.) es iſt das eingewachſene hülſs-
verbum âſmi und kommt ſelbſt inwendig reduplicierend vor,
z. b. ajâſiſham (ivi); nicht anders wird das ind. futurum durch
anfügung des hülfsworts erzeugt (Bopp p. 49.) z. h. dâſjâmi
(δώσω) taniſhjâmi (extendam). Die deutſche ſprache bedient
ſich dieſes -s in der conj. nirgends, beſitzt es aber vielleicht
noch in wortbildungen (vorhin f. 1051.) und inſofern wäre
rexi mit dem altb. rihhiſô nicht außer dem vergleich? ſollte
auch wahſu (crefco) hierher gehören, um ſo mehr als es auxi-
liariſch für werde gebraucht wird, das fut. auszudrücken? —
β) das gewöhnliche bildungsmittel des latein. praet. iſt -v,
(mit häufigem übergang in -u) beiſpiele: amâvi, delêvi, do-
cui (ft. docêvi) audîvi, colui, tremui, flêvi, nêvi etc. Verſchie-
dene praeſentia verſetzen die wurzel mit unorg. conſonanten,
z. b. paſco, noſco, fueſco, creſco (ft. pâo, nôo, ſuêo, crêo?)
cerno, ſperno, ſterno (ft. cero, ſpero, ſtero? vgl. tero, trivi;
fero, ſevi) ſino, lino (ft. fio, lio?) was der regelmäßigkeit der
praet. pavi, novi, ſuevi, crevi, crevi, ſprevi, ſtravi, ſivi, levi
nichts benimmt. Ob dieſes -v mit dem kennzeichen -b des
lat. fut. und imperf. gemeinſchaft habe? ob es auch aus ein-
gefügtem hülfsverbum ſtamme? bleibt hier unuterſucht, da
ſich weder im deutſchen, noch in den übrigen verglichenen
ſprachen ein analoges bildungsmittel offenbart. — γ) die alt-
ſlav. ſprache zeugt ihr praet. durch angefügtes ch (Dobrowſky
inſtit. p. 383.) als: pich (bibi, πέπωκα) vedoch (duxi) pletoch
(plexi) pafuch (pavi) mogoch (potui) pekoch (pinſui), in den
heutigen mundarten iſt aber dieſe form ausgeſtorben, nur in
der ſerbiſchen nicht, wo ſich doch die aſpirata mehr dem h
nähert[1]). Im einſtimmenden griech. erſten praet. wird die
reine ſpirans noch deutlicher, nach Buttm. §. 97. p. 421. iſt

---

[1]) Vuk io piſn. p. 54. 64. 75. 88. 92 ſchreibt bich, karach, orach, bivach etc.
in der grammatyka LVII. LIX. LXII aber bij, igra, ora; aber auch altböhmiſch
genug ſolcher einf. praet. Dobr. p. 176. 310 und rukopis kralodw. altpolniſch
Handtke p. 237. altruſſ. Puchm. 177. Im ſerb. ſind zwei ſolcher einf. praet, auch
im altſlav. (Dobr. nennt das zweite iterairum 522. 527. 536. 563. 564.)

II. *allgemeine vergleichung der conjugation.* 973

nämlich α als eigentliches kennzeichen dieses tempus anzunehmen, das sich mit lab. und gutt. muta der wurzel vereinigt in die asp. wandelt, nach liq. aber, und zwischen zwei vocalen zu k wird, als: λείπω, τύπτω (it. τύπω) τρίβω, γράφω; λέλεφα, τέτυφα, τέτριφα, γέγραφα; πλέκω, λέγω, τεύχω; πέπλεχα, λέλεγα, τέτευχα; σφάλλω, έσφαλκα; φαίνω, πέφαγκα; παίρω, πέπαρκα; τίω, τέτικα; πνέω, πέπνευκα; die ling. muta sollte zu b werden, allein hier drängte sich das vorherrschende k ein: πείθω, πέπεικα; κομίζω, κεκόμικα. Ich glaube auch das litth. kennzeichen des praet. j hierher rechnen zu müssen, weil diese mundart weder h noch ch besitzt, vgl. penejau (alui) jeszkójau (quaesivi); im deutschen weiß ich nichts ähnliches. —

4) die vergleichung fremder sprachen bestätigt ferner, daß sich manche conjugations- oder andere bildungsmittel verhärten und den einfachen wortstamm durch zwischengeschobene consonanzen entstellen. So ergreift die redupl. des lat. bibi (von der wurzel bio, griech. πίω, slav. piju) das praes. bibo und das praes. gigno entspricht dem gr. praet. γέγονα; auf ähnliche art verhält sich das praes. deplo zu dem -pli des praet. vgl. das gr. δέφω von δέπω; δέφω erwächst aus dem fut. δέψω eines verlorenen δέπω etc. folglich könnte das goth. vahfja aus vah-fja oder vah-isa gedeutet werden (vorhin f. 1058.). Nicht selten enthält bloß das praes. den eingemischten conf., während das praet. die ächte wurzel bewahrt, z. b. im lat. crefco, nofco, vergleichbar dem goth. flanda, flöp. Daß die deutsche erste und zwölfte conj. lauter unreine wurzeln begreife, wurde f. 1037. behauptet; in vlihtu gehört das t fo wenig zum ftamm, als im entsprechenden plecto, das praet. plexi (plecfi) zeigt ihn rein, gleich dem gr. praes. πλέκω, das deutsche verbum führt -t im praet. fort (vlaht, vluhtun), viele andere griechische haben es aber im praes. als: τύπτω, πίπτω, ῥάπτω etc. Die siebente und neunte ind. conj. fügt der wurzel n und ná ein, z. b. runádhmi (circumfcribo) rundhmas (circumfcribimus) fternûti etc. von den wurzeln rudh, fter, womit fterno, ftravi und unfer ftreuen zu vergleichen ift; gerade fo verhalten fich fpirn und fporo (f. 1038.); τέμνω, τεμῶ (temno, temfi) σπένδω, σπείσω; findo, fidi; fundo, fudi; tungo, tetigi (goth. teka, táitôk); fraugo, frêgi (brikan, brak) etc. und vermuthlich ift im deutfchen binda, ftanda, gagga etc. der nafallaut unwurzelhaft, folglich in den alten praet. batt, ftôd, geck etc. weniger ausgeftoßen, als unvorhanden: finfan, vindu wäre buchftäblich das lat. peto (auch der finn trifft fich in der bedeutung convenire, fuchen; die wörter peto und bidja, alth. pittu berühren fich nicht). Selbft das -d muß der wurzel ftandn abgefprochen werden, wie das alth. praef. ftâm, das lat. fto, flav. ftoju lehren; die erweiterte form ftanu drückt ein altflav. futurum aus (Dobrowfk. p. 375.). —

974 II. *allgemeine vergleichung der conjugation.*

5) fragt es sich nach der anwendung des unterschieds *starker* und *schwacher form* auf die fremden sprachen, so muß er etwas anders als im deutschen gefaßt werden. Goth. redupl. gebührt nur der starken conj., nie der schwachen; die lat. redupl. ist meistens zeichen starker conj. (und momordi, totondi ließe sich auf ein früheres mordo, tondo st. mordeo, tondeo beziehen); die griech. hingegen reicht durchs ganze verbum und steht auch allen ableitungen mit s, α, ο zu, welche den deutschen schwachformigen ableitungen mit i, ô, ái antworten. Auf analoge weise durchdringt das bildungsmittel -s, das sich im lat. auf starke, unabgeleitete verba einschränkt, wiederum die ganze griech. conj., ein ποιήσω, τιμήσω, μαθήσω wäre unlateinisch, ein πεποίηκα, τετίμηκα, μεμάθηκα unlateinisch und undeutsch. Doch der ablaut, folglich das zweite praet. und der zweite aorist scheint nur griech. starker form eigen, schwacher entzogen (Buttm. p. 412. 426.) d. h. die formen ἔτυπον, ἔφυλον, τέτυπα, πέφιλα, wiewohl in vielen sprachlehren aufgestellt, sind ungriechisch. Hieraus ergibt sich, daß der begriff schwacher conj. in die beschränkung, welche abgeleitete verba erfahren, zu setzen, die besonderheit dieser beschränkung aber für jede sprache eigens auszumitteln sey. Nach historischer abstufung scheinen sich die mittel schwacher conjug. immer mehr verringert zu haben. Übrigens liegt die große ähnlichkeit der deutschen ableitungsvocale i, ô (altn. á) ái (alth. ê) mit den lat. i, a, e, den griech. ε, ο, α, sodann ihrer verfließung in die flexionsvocale am tage und erstere soll im folgenden buche näher abgehandelt werden. Die mannigfalte verfließung vergleiche man in ferio, feris, ferit, ferimus, feritis, feriunt mit alth. perju, peris, perit, perjamês, perjat, perjant; foro, foras, forat, foramus, foratis, forant mit altnshorn, borar, borar, borum, boridh, bora; pifco (wofür pifcor gebräuchlich) mit alth. viscôm; sileo, siles, silet, silemus, siletis, silent mit goth. fila, filais, filaip, filam, filâip, filand; taceo mit goth. paha; habeo, habes, habet, habemus, habetis, habent mit alth. hapêm, hapês, hapêt, hapêmês, hapêt, hapênt; δοκέω, δοκεῖς, δοκεῖ, δοκοῦμεν, δοκεῖτε, δοκοῦσι mit goth. þugkja, þugkeis, þugkeiþ, þugkjam, þugkeiþ, þugkjand; σιγάω, σιγᾷς, σιγᾷ, σιγῶμεν, σιγᾶτε, σιγῶσι mit alth. suîkêm, suîkês, suîkêt, suîkêmês, suîkêt, suîkênt.

6) *perfonenkennzeichen.* a) *consonanten*; sichtliche einstimmung mit den deutschen sprachen (1. sg. -m.) sanskr. praes. adai (edo) pâmi (impero); adjâm (edam) pâjâm (imperem); erstes praet. apâm (imperabam); das zweite praet. hat -m verloren, tutôpa (percussi); drittes praet. adâm (ôdi) asrausbam (audivi); fut. dâsjami 'dabo') — griech. praes. nur bei den verbis auf -μι; λάωμι, τέλημι, bei den übrigen -ω: τύπτω, φιλέω; opt. διδοίην, πιλαίην (st. μ, welches in dieser sprache auslautend

II. *allgemeine vergleichung der conjugation.*

beſtändig zu ν wird) τύπτωμι; imp. ἔτυπτον; aor. 2. ἔτυπον (beidemahl -ον für -ομ) die übrigen tempora apocopieren: τέτυφα, τέτυπτα, ἔτυψα, τύψω. — lat. apocopiert in lego, legi, amabo; beibehalten in legebam, legeram, legam, legerem, legiſſem, ausnahmsweiſe auch im praeſ. ind. ſum, inquam. — litth. und lett. apocopiert im praeſ. praet. und fut. der gewöhnlichen verba: ſukù, ſukan, ſukſiu etc. behalten aber im praeſ. derer auf -mi: eſmi (ſum) eimi (eo) dûmi (do) demi (colloco) etc. lett. eſmu (ſum) eemu (eo) dohmu (do) — flav. weggeworfen, das praeſ. hat -u: vedu (duco) volju (eligo), das praet. -ch: vedoch (duxi) volich (elegi) mazach (unxi); ausg. auch hier jeſm' (ſum) dam' (do) vjem' (ſcio) imam' (habeo) Dobr. p. 537; die [ſerb. und] krain. [überhaupt die ſüdſlaviſche] mundart hat aber das -m im praeſ. noch durchgängig, die böhm. und poln. zuweilen behalten, die ruſſ. nicht. — (II. ſg. -s) ſanſkr. pâſi (imperas) pâjâs (imperes) apâs (imperabas) afrauſhis (audiviſti); nur das zweite praet. hat -tʰ: tutōpitha, mamarditha, tèpitha, treſitha. — griech. τύπτεις, δίδως; ἔτυπτες; τέτυφας; ἔτυψας; τύψεις etc. — lat. legis, legebas, legeras, leges, legas, legeres etc. nur das praet. ind. hat -ſt: legiſti, ſumſiſti, unaviſti — litth. und lett. apocopiert: ſuki, ſukai, ſukſi; dûdi (das) etc. nur eſſi (es) behauptet den conſ. — flav. praeſ. -ieſch: vedeſchi (ducis); praet. ohne conſ. und mit abwerfung des ch: vede (duxiſti) voli (elegiſti) pi (bibiſti) — (III. ſg. -t) ſanſkr. pàti (imperat) atti (ſt. adti, edit) pàjat (imperet) adjàt (edat) apât (imperabat) adàt (edebat) tutôpa (percullit) — griech. ſtets abgeworfen τύπτει, δίδωσι, ἔτυπτε, τέτυφε, ἔτυψε, τύψει — lat legit, legebat, legit, legerat, leget, legat, legeret etc. — litth. weggeworfen: ſuka, ſuko, ſuks etc. nur eſti behält das -t. — flav. praeſ. vedet (duxit) gonit (pellit); praet. der II. ſg. gleich. — (I. pl. -m) ſanſkr. admas (edimus) pâimus (imperamus) adjâma (edamus) pâjâma (imperemus) apâma (imperabamus) tutupima — griech. τύπτομεν, ἐτύπτομεν, τετύφαμεν, ἐτύψαμεν, τύψομεν — lat. legimus, legebàmus, lègimus, legèmus, legàmus, legerèmus — litth. ſukame, ſukome, ſukſime — flav. praeſ. vedem, gonim; praet. mazachom (unximus) vedochom (duximus) — (II. pl. -t, -th) ſanſkr. attha (ſt. adtha, editis) pàtha (imperatis) adjàta (edatis) pàjata (imperetis) apàta (imperabatis) tutupa (percuſſiſtis) gr. τύπτετε, ἐτύπτετε, τετύφατε, ἐτύψατε, τύψετε — lat. legitis, legebàtis, lègiſtis, legetis, legàtis, legerètis — litth. ſukatè, ſukote, ſukûte. — flav. maſſheti (ungitis) mazaſta (unxiſtis) vedete (ducitis) vedoſta (duxiſtis) — (III. pl. -nt, -s) ſanſkr. adanti (edunt) pânti (imperant) adjus (edant) pâjus (imperent) apân (imperabant) tutupus. — gr. τύπτουσι, διδῶσι, ἔτυπτον, τετύφασι, ἔτυψαν, τύψουσι — lat. legunt, legebant, lègèrunt, legent, legant, legerent. — litth. ſuka, ſuko, ſuks. — flav. maſjut (ungunt) mazachu (unxerunt) vedut (du-

976 II. *allgemeine vergleichung der conjugation.*

cunt) redochu (duxerunt). — β) die *flexionsvocale* liegen außer
aller vergleichung. — *anmerkungen*: a) wichtig ist die ein-
stimmung der ind. I. und III. sg. praet. mit der deutschen,
theils darin, daß beide perf. zuf. fallen: tutôpa, tutôpa, wie
táitôk, táitôk, nafida, nafida, theils daß die flexionsconf. man-
gelu, weshalb ein vermuthetes I. táitokam, nafidam III. táitô-
kip, nafidip (f. 1046) weil schon im fauskr. I. tutôpam, III.
tutôpat bloße muthmaßung ist, in eine uralte zeit zurückfällt.
Auch τέτυρα, τέτυρε find ohne conf., scheiden fich aber vo-
calisch; legi hat den conf. nicht, hingegen legit; slav. fällt
III. nicht mit I, fondern mit II. zusammen: vede, vede. —
b) gleichmerkwürdig erscheint der abstand des conf. der II.
sg. praet. von dem der II. sg. praes. Wie im goth. greipis
und greipt, alth. krifis und krifi, entfernt fich päü von tutô-
pitha, legis von legifti; vedeschi von vede; doch τύπτεις
ftimmt zu τέτυρας. Die verschiedenheit beider ist also auch
im deutschen (f. 1043. 1044.) uralt, und der versuch fie zu
vereinigen fehr gewagt. — c) wie im deutschen III. pl. praes.
-nd, praet. aber -n zeigt, zeigt auch das ind. praes. -nt, das
praet. -s, das flav. praes. -ut, das praet. -u; wogegen griech.
beide -s, lat. beide -nt befitzen; das verhältnis des -s zu
dem -nt, fo wie des -ut zu dem deutschen -nd, nt wird unten
num. 10. besprochen werden. — d) der längere haft des -m
I. praef. sg. im krainischen und serb., während es im altslav.
und ruß. fast verschwindet, vergleicht fich dem alth. -êm, -ôm,
welches im goth. und nord. fehlt. Daß aber auch in mund-
arten, wo es regelmäßig apocopiert wird, die anomalen asmi,
dadâmi etc. εἰμί, εἰμι, ἵστημι, φημί, οἴδωμι etc.; sum, inquam;
efmi, eimi, dûmi; jefin', daun', iuuan etc. fortdauern, entspricht
genau dem goth. im, altn. êm, alth. pim, gêm, ftêm, tuom,
welche verba fich dadurch den griech. auf μι parallelifieren.
Diefer ähnlichkeit wegen find denn auch die wurzeln εἰμί
(dor. ἠμί f. ἐσμί) faufkr. afmi, litth. efmi, flav. jefm', lat. sum,
goth. im für identisch zu halten; weiter eἰμι, lat. eo (conj.
eam) litth. eimi, lett. eemu, alth. gêm, gâm (vgl. das goth.
gagga dem lett. praet. gahju und iddja dem flav. idu, bôhm.
gdu, krain. idem); endlich δίδωμι, lat. do (conj. dem, praet.
dedi) litth. dûmi, alth. tuom (praet. têta, welches wie dedi,
dadâmi, und δίδωμι reduplicativifch; das goth. d in dêdun
und alth. t in tâtun gehört unter die ausnahmen der lautver-
schiebung f. 590.) felbft das verfließen der bedeutungen geben
und thun läßt fich nachweisen. Nicht unwahrscheinlich ent-
springt aber das flav. futurum ftanu (ftabo) aus ftam' (fto)
wie noch das ruß. dam' nicht do, fondern dabo bedeutet, das
griech. εἶμι nicht eo, vielmehr ibo (Buttm. p. 555.), das an-
gels. bêo nicht fum, vielmehr ero (oben f. 1051). Die ge-
mifchte und alterthümliche form folcher anomalien eignete

II. *allgemeine vergleichung der conjugation.* 977

sich zu seineren tempusbeziehungen, man vgl. f. 854. den unterschied zwischen iduja und gaggida. —

7) der *dualis*, welcher allen deutschen schriftsprachen mit ausnahme der goth. gebricht, blüht im sanskr. und griech., hat im lat. keine spur gelaßen, besteht im altslav. und krain., ist aber im russ. böhm. poln. serb. ausgestorben, endlich mangelt er im lett. und lebt im litth. fort. Wo er besteht, kommen seine kennzeichen zu den f. 1049. aufgestellten; I. hat sanskr. v, II. th, III. t; praes. pávas, páthas, pátas; praes. conj. pajáva, pajátam, pajátam; praet. apáva, apátam, apátam; tutupiva, tutupathus, tutupatus. Im griech. mangelt I. durchgehends, II. und III. haben beide -τον, -την und trennen sich nur zuweilen durch den ton der penult., praes. τύπτετον, τύπτετον; imp. ἐτύπτετον, ἐτυπτέτην; praet. τετύφατον, τετύφατον; aor. I. ἐτύψατον, ἐτυψάτην etc. Litth. praet. I. sukawà, II. sukata, III. suka; praet. sukowa, sukota, suko; fut. suksiwa, suksita, suks. Slav. praes. 1. jesva, II. jesta, III. jesta; praet. bjechova, bjesta, bjesta; beispiele altpoln. duale gibt Bandtke §. 278. —

8) die bei der ersten anomalie historisch nothwendige scheidung dreier und vierer stämme vereinfacht sich durch betrachtung der fremden sprachen, welche insgesammt hier nur zwei stämme verbinden. Im sanskr. lautet die abstracte wurzel as, die concrete *bhù*; von ersterer rührt das praes. asmi, asi, asti; pl. smas, stha, santi, offenbar f. asmas, astha, asanti; praes. conj. sjàm, sjás, sját; pl. sjáma, sjátu, sjus, wiederum f. asjàm; fut. sjàmi, pl. sjàmas (f. asjàmi, asjàmas). Griech. εἰμί, εἰς, ἐστί; ἐσμέν, ἐστέ, εἰσί; lat. sum, es, est; sumus, estis, sunt; conj. sim etc. also die mit s anlautenden perf. sür erim, efumus, esunt, esim etc. fut. ero (für eso) erimus (f. esimus) etc. [vgl. O. Müller in Hugos zeitschr. 6, 420 ff. aber escit etc.]; litth. esmi, essi, esti; pl. esme, este, esti; slav. jesm', jesi, jest'; pl. jesmi, jeste, sut' (f. jesut); den übergang des s in r bewährt das lat. ero, eram und das litth. yr neben esti (altn. ër statt des goth. ist). Hiernach wird man die goth. formen im, is, ist; sjum, sjup, sind leicht in die ursprünglicheren herstellen: isum, isup, sind oder isam, isip, isind? und im goth. (f. 851.) im alth. (f. 881.) etc. fällt der stamm a zu ʒ. Die zweite wurzel zeugt im sanskr. das nebenpraesens bhavámi (maneo) bhavasi, bhavati etc. im griech. φύω, lat. fui; litth. praet. buwau; fut. busu; slav. praet. bjech; fut. budu, pl. budem etc. und ihr entsprechen das alth. pim, angels. beo etc. Ohne zweifel ist aber auch der vierte deutsche stamm visan der wurzel bhù zuzuführen, der abweichung des v, w von dem b, p in beo, pim unerachtet, da auch das ind. bh, slav. litth. b hier ins gr. φ, lat. f. übergieng, und nach Bopps scharfsinniger muthmaßung (annals p. 59.) selbst das

-b, -v der lat. flexionen dabo, dabam, amavi aus dem eingewachsenen hülfswort zu erklären ist. Dieses vorausgesetzt läßt sich in unserm deutschen praef. visa, wisu ein ursprüngliches futurum erkennen, das dem lith. busu entspricht, sich aber frühe zum praet. verhärtete und den ablaut vas, vêsun zeugte; vairþa ist schon f. 1038. aus viſþa geleitet und mit fio verglichen worden. —

9) auffallende parallelen zu der zweiten deutschen anomalie gewähren folgende beispiele: sanskr. vêda, vettha, vêda; pl. vidmas, vittha, vidanti vergleicht sich dem deutschen ablaut in váit, váist, váit; vitum, vituþ, vitun, hat auch im fg. völlig praeteritivische flexion (tutôpa, tutôpitha, tutôpa) im pl. aber praesentische; das gr. οἶδα, οἶσθα, οἶδα; ἴσμεν, ἴστε, ἴσασι (dor. ἴσαμεν) rechtfertigt meine ansicht (f. 1057.) der identischen ablaute αι : οι : ι = goth. ei : ái : i, denn οἶδα ist praet. 2. von εἴδω, wie λέλοιπα von λείπω und ἴσμεν hat hier sogar den regelmäßigen pl. οἴδαμεν verdrängt (Buttm. p. 568.). Slav. gilt neben dem praef. vjem' (scio) praet. vjedjech (scivi) vjedje (seit) zugleich vjedje für die bedeutung des praef. scio (Dobr. p. 539.). Lat. haben novi, odi, coepi, memini form des praet., bedeutung des praef., ebenso die gr. ἄνωγα (jubeo) πέπυμαι (possideo, goth. áih) ἀμφιβέβηκα (tueor) u. a. m.

10) zu dem deutschen part. praes. stimmt das indische auf -*an* (gen. *-antas*) *-anti*, *-at*; griech. auf -*ων* (gen. -*οντος*) -*ουσα*, -*ον*; lat. auf -*ens* (gen. -*entis*); lith. auf -*as* (mit gestrichnem a, im acc. *-anti*) fem. *-anti*; das griech. fem. -*ουσα* verhält sich gerade wie die III. pl. -*ουσι* zu einem früheren -*οντι*, -*οντι*, wie das sanskr. -*us* der III. pl. einiger temp. und wie das lith. -*as* st. -*ans*, -*anta*, lat. -*ens* st. *ents*. Dem lat. griech. -*t* hätte freilich in wurzeln ein goth. -þ und hochd. z zu entsprechen, das leichtere verhältnis der flexionssilben begründet wieder eine ausnahme von der lautverschiebung. Im goth. hat sich zwar -þ in der III. sg. und II. pl. parallel dem lat. -t gehalten, hingegen gilt -nd st. -nþ für das lat. -nt; im hochd. richtig -nt = goth. nd, aber auch -t und nicht -d (= goth. þ). Alles dieses findet ebenso bei dem lingualleut des lat. part. praet. pass. statt, das dem deutschen part. praet. schwacher form identisch ist; man halte auditus, amatus, deletus zu háusiþs, minnôþs, habáiþs, gen. háusidis, minnôdis, habáidis und hiernach alth. hôritêr, minnôtêr, hapêtêr. — Wichtiger als eine gestörte oder abnorme succession des zungenlauts bleibt die abweichung beider sprachen darin, daß das lat. part. auf -t von allen verbis, das deutsche nur von den schwachen gebildet werden kann, wogegen der starken form ein anders part. praet. auf -*an* eigen ist, welches im lat. mangelt. Diese form -*ans*, -*anr* berührt sich mit der sanskr. und griech. medialen und passiven auf -*anas* und

II. *allgemeine vergleichung der conjugation.*

-μενος. — Der deutfche infinitiv auf *-an* läßt fich nur dem griech. *-ειν* und *-εναι, ἔναι* vergleichen, der ind. inf. endigt auf *-tum*, der perf. auf *-ten, -den*, der flav. und litth. auf *-ti*, eigenthümlich der lat. auf *-re*; hier fchwebt noch manche dunkelheit.

11) in keiner der verglichenen fprachen, fo wenig als im goth. und altn. (f. 917.) findet ein dem ahd. (f. 864.) ähnlicher vocalwechfel des fg. und pl. praef. ftatt. Zwar ändern fich im lat. die wurzelvocale a in e und i, o in i bei compofitis, z. b. gradior, ingredior, capio, accipio; emo, redimo; teneo, retineo etc., allein diefe, wiewohl fchwankend durchgeführte änderung beharrt nunmehr in allen praefensformen, es heißt fo gut redigo, redigimus, als ago, agimus, teneo, tenemus, tenere; contineo, continent, continere etc. In den romanifchen fprachen entwickelt fich hingegen eine auffallende analogie zu der ahd. einrichtung, indem gewiffe verba im ganzen fg. und in der III. pl. praef. das in I. II. pl. und im inf. bleibende e zu i und ie, das o zu ue (uo) werden laßen, vornämlich im fpanifchen, z. b. medir; mido, mides, mide; medimos, medis, miden; negar, niego, niegas, niega; negamos, negais, niegan; dormir; duermo, duermes, duerme; dormimos, dormid, duermen etc. feltner im ital. (Fernow §. 286.) und franz. (tenir; tiens, tiens, tient; tenons, tenez, tiennent und ebenfo contenir, contiens, contenons). Über das provenzal. f. Raynouard p. 308. 310. Schwerlich ift hierbei weder einfluß des hochd. auf das romanifche, noch des rom. auf das hochd. anzunehmen, da nicht nur die III. pl. abweicht, fondern auch die wirkfame analogie des umlauts a in e allen rom. mundarten mangelt; immer bleibt aber die zuf. treffende richtung beider fprachen merkwürdig. Sie greift nur im roman. weiter um fich und zeigt fich auch außerhalb der conjugation, z. b. im fpan. fuente, bueno, ital. buono, cuore, altfranz. cuens (ft. comte) franz. bien etc. ftatt der lat. formen fons, bonus, cor, bene — unrichtig ift zum theil die beziehung diefes uo auf ô (oben f. 112.) cor, corpus haben kurzes o, langes nur ŏvum, ital. uovo; auffallend nuoto fürs lat. nato. — Endlich ftreifen gewiffe confonantwechfel zumahl der franz. conj. im fg. und pl. praef. an jene vocalunterfchiede, z. b. mouds, mouds, moud, pl. moulons, moulez, moulent; bois, bois, boit; buvons, buvez, boivent etc. wobei fich jedoch manches auf anderm wege geftaltet hat, deffen erörterung nicht hierher gehört.

Nachtrag.

3, 27. vgl. die angelf. rune *stáin* für *st.* — 9, 7. über das verhältnis der halbvocale zu den fpiranten f. den nachtr. zu f. 580. — 9, 28. folglich kann kein umlaut auslauten, wohl aber in der letzten filbe ftehn, welches immer den ausfall des umlautzeugenden vocals vorausfetzt. — 12. anlaut, inlaut, auslaut brauche ich von vocalen, wie von conf. — 14, 1. peto ift nicht bidja (vgl. f. 1060.) — 15, 28. hier wird dem heutigen Niederfachfen mehr als billig ift zugetraut; er fpricht auch grépen (rapuerunt) und gáteu; vgl. die note f. 545. — 16. find zweifilbige auf zweifilbige mit bloßer rückficht auf den auslaut nicht ftumpfreimend? — 21. feitdem hat Hofmann accentuierte bruchftücke Otfrieds forgfältig herausgegeben. — 22, 17. der hier und weiter verfchiedentlich (z. b. 40, 34.) angenommene fatz von der tonlofigkeit langer filben und vocale fcheint höchftbedenklich; mehr darüber im dritten buche bei den vocalen der bildungsfilben. — 29, 25. qvaþit ift unerweittliche hypothefe, vgl. f. 844. 1048. — 29, 27. das beifpiel *ap* ift fchlecht gewählt, und diefe form nie mittelh. auslaut, in der compofition aptrunnic, apkot mag es vorkommen. — 30, 3. die hier und f. 374. zu allgemein geftellte regel habe ich im zweiten buch allmählig befchränkt, vgl. f. 745. 929. — 31. von verunftaltung zuf. gefetzter wörter wären viele beifpiele anzuführen, die inter]. armau entfpringt aus arm-man. Das neuh. bietet manche wörter dar, wo der erfte theil den fchein der wurzel, der zweite fchein tonlofer bildungsendung annimmt, vgl. nachbar, nachber, aus nachbûre; wimper aus wint-brâ; eimer, zûber, aus alth. einpar (einpar) zuipar, d. h. ein oder zweiträgiges gefäß; bieder aus biderbe; albern aus alwære; [kirfpel in urkunden des 13. 14. 15. jahrh. f. kirchfpil; mittich f. mittwoche; kirmes f. kirchmeffe; imbs, immes, inis f. in-biz; wingert aus weingarte; kofper Bon. 69, 55 ft. koftbære; urlig ibid. 70, 1, 47 ft. urloue; felzen f. feltfæue; urthel f. urtheil (urtel fchon Parz. 97, 16 b); vorthel f. vortheil; dreizen f. dreizehn; adler aus adel-ar; barfes, barbes aus barfuß; hampfel aus handvoll; herbrig aus herberge Bon.; femper f. fenthar; momper f. muntporo vgl. anm. zu f. 386.] begreiflich find eigen- und ortsnamen zumcift folchen änderungen unterworfen und werden der übertragung felbft in verwandte mundarten unfähig; wer ahnt in der ausfprache des engl. fouthampton ein hochd. fûd-heim-zuun (angelf. fudhâm-tûn)? — über den *hiatus* herrfchen in der neuhochd. dichtkunft verworrene anfichten, welche fich auch als undeutliche zeigen werden, fobald man die gefchichte unferer poefie ftudieren will. — 32, 24. *zum* nicht bäufigſt, vielmehr ſelten (Nib. 1575. E. L. 2494. E. L. 3511. G.). — 34, 11. ſo wie 38, 5 eine müßige, wo nicht ſchieſe bemerkung, da ſich die griech. ſchreibung ἄβραμ, χριστός und ἀβραάμ, χριστός: danach richtet, ob das wort am ſchluſſe oder in der mitte eines ſatzes ſteht. — 43, 12. in πορφύρα iſt o kurz. — 44, 39. l. vorkommt und das goth. a = lat. o iſt (nach ſ. 35). — 45, 12. gatáih, pl. gataíbun (ſ. 841). — 46, 8. doch ſteht zuweilen goth. u (oder û) für gr. o, neben aú, als: Neh. 16, 17, 19. alpiſtulans, Phil. 1, 25. apaúſtulu und ſo wechſeln diabaúlus und diabulus. — 52, 11. merkwürdig Luc. 7, 37. alabalſträun (ἀλάβαστρον) da ſonſt nirgends alabalſter ſ. alabaſter ſteht, doch hat D. Cange alabauſtrum; ferner a für u in balſan (μύρον) balſanis, balſana, Luc. 7, 37, 38. Joh. 11, 2. 12, 3. — 53, 12. talzjan aus tal-ſ-jan? — 53, 18. munda heißt munþa, doch ſcheint nd urſprünglicher (vgl. ſ. 853). — 55, 16. aber páida nuſſchluß ſ. 397.; plinſjan ſcheint das ſlav. plaſati ſo wie plats das ſlav. plat (Dobr. inſt. p. 117.) — 57, 11. die vergleichende conf. tabelle blieb aus mangel an raum hernach weg. — 59, 11. ſchlt ugkis, uggkis. — 63, 30. aſneis, aſilus. — 64, 3. *us*-aſſimiliert ſich mit r in der compoſition, als: urrinnan, urreiſan, bleibt aber vor *kr*, als: usbriſjan, ushramjan; jenes *rr* auch ſ. 74. nachzutragen. — 67, 19. im verhältnis von azgô zum angelſ. aſce, altn. aſka, alth. aſca (O. aſga) mittelb. aſche liegt etwas unregelmäßiges. — 67, 24. *zd* : *rt* erläutert den bairiſchen volksdialect (Schm. §. 631.) der jedoch auch goth. *rd* in *ſcht* wandelt, z. b. bard, vanrd in haſcht, wouſcht. Die urſache, warum die alth. *rt* im goth. bald *zd*, bald *rd* haben, bleibt zu ergründen, ſie ſcheint in verwandten griech. und lat. wörtern bald *rt* (vgl. hortus mit garde) bald ςθ zu fordern (μισθός, goth. mizdô) vgl. nachtr. zu ſ. 128. — 68 note, vgl. nachtr. zu 177. — 73 note. wäre das alth. floum (colluvies O. V. 1, 42.) das griech. φλέγμα ſ. pituita, lat. flemen, plemen, ſo ſtände ein goth. þlagms nach bagms zu erwarten; wenn nun die alth. formen *-oum, -aum* (vgl. ſ. 1036) auf ein früheres *-agam* deuten, poum auf pagam, worin pag wurzel, *-am* bildung, ſo ſcheint es minder verwegen, das lat. fagus mit bagms, poum zu vergleichen, nur blieb in bagms unverſchobner kehllaut, während in bôka, puocha regelmäßige lautverſchiebung waltet. — 79, 4. nach dieſer regel ſoll auch 83* n², pê nur den urſprung aus *i* erläutern, nicht die wirkliche ausſprache anzeigen; im angelſächſ. habe ich mir in unbetonten flexionen das ê zur verdeutlichung der umlaute häufig erlaubt, hätte aber lieber e ſetzen ſollen. — 81, 37. ferner: gërſta (hordeum) girſtin (hordeaceus), rëht, girihti; ſlëht (laevis) ſlihtan (laevigare); vërah (vita) virihi (viventium genus) u. a. m. — 88, 4. N. âſōn (nili) führt Füglift. dial. p. 265. an, wenn es aber zu aſheis gehört, muß afon geſchrieben werden. — 88, 8. l. ſcrato, vgl. ſ. 341. — 89, 8. bei K. 23ᵇ aabtunga. — 91, 9. vgl. ſ. 121.

— 94 note. das ô in bifcôf wird durch pifcouf noch nicht bewiefen; mittelh. entfchieden bifchof; vgl. f. 444. — 95 note. auch weſſobr. hat ô (in côt, côtlîb) für das gemeinalth. uo. — 97. zuzufügen: farſûman (negligere) chûfe (caſtus). — 103. 105. dem aus alter redupl. entfpringenden in, ie wäre z. b. das verfchrumpſte franz. jeune aus dem lat. jejunus vergleichbar. — 108. vgl. das angelf. gebßöde convenientia, conjunctio, idioma; bei O. kann daher githiuti ebenfalls idioma, fermo vulgaris f. plebejus feyu, wie ϰοινς das gemeine, private im gegenſatze zum edeln, öffentlichen ausdrückt. — 115. ἄπνα find nicht tonlofe, fondern ganze wörter, in denen nur tiefton iſt. Von den goth. fyncopierten bildungsvocalen ausführlicher im dritten buch. — 116. hochd. volksmundarten, denen bereg, fcharef, hauef etc. gemäß iſt, f. bei Schm. §. 504. 637. und vgl. f. 1037. — 122, 3. fonderbar das vorbrechende r in T. fuortren (pafei) f. fuotren. — 122, 5. vgl. fl und fr im finobara bei T. mit dem altf. frnobra, angelf. fröfor. — 122, 6. fllorinju Q. I. 20, 11. ft. firlorunjn. — 123. in galla (bilis) fcheint II. alt, in kinlla (pera T. 44, 6.) unorganifch, vgl. das angelf. cavel, cavl (corbis, fporta). — 123, 26. von rr find zu wenig beifpiele gegeben, vgl. harra (faccus) furro gl. Jun. 184. — 125. beizufügen zu ns: hanfa (cohors) T.; zu rs zbrs (penis); zu rz chērziſtal (candelabrum) churz (brevis). — 126 note. die goth. asdingi erfcheinen bei Lydus (de magiſtratibus, ed. Fuſs, Lugd. bat. 1812. p. 248.) als ἄσδιγγοι, die ſtelle lautet: οὐν τοῖς ἐνδόξοις τοῦ ἔθνους, οὓς ἐκάλουν ἀστίγγους οἱ βάρβαροι; auch Jornandes fchreibt aſtingi (ed. lindenbr. p. 97. 102.) und Dio Caſſius lib. 71. (Reimar. 1185, 96. 1186, 8.) ἄσδιγγοι; da ſie unter Gothen, Vandalen und Marcomannen vorkommen, bezeichnet der name keinen volksſtamm, fondern wie auch Lydus fagt, die claſſe der edeln, kann alfo leicht mit art (genus, nobilitas) znf. hängen. Das fd des Dracontius iſt dem ſt der übrigen vorzuziehen, nicht uneben vergleicht ſich das gr. ἐσθλός. [Maßmann gegen Heſſter rhein. muf. für jurispr. 2, 367-370] — 126 note. über pfērt vgl. f. 334. — 131, 5. dies wird f. 381. 398 etc. zurückgenommen. — 148, 16. wohl kein übergang, vielmehr zwei verfchiedne wörter, da die gl. ker. beides arowingon und erdhincun liefern; übrigens fchreibt N. árdingûn (Füglift.); mehr davon bei den adv. — 149, 41. fa f. 407. nachgeholt; inlautendes ps in klipfl (rixae) gl. doc. ſt in ſtiltôn (gemere) vgl. f. 414. — 154 note 1. mehr belege zu kurz und knrt f. 413. note; beizufügen find wintar (f. 394.) und fcalt (f. 1044.). — 155, 6. auch eitar (venenum) gehört hierher, angelf. átor, altn. eitr. — 157** organifcher hätte O. dôt (mortuus) und dôd (mors) gefchieden, parallel dem angelf. leád und deádh, engl. dead and death, neuh. tôdt (f. tôt) und tôd. — 159, 3. merkenswerth die med. in katludit K. 16ᵇ vgl. altn. ſtodh (fulcrum). — 166. hier waren die inlautenden f genau zu fammeln; merkwürdig hafinôn (ſubnervare) und das zu 68, 4.

nachtrag.

berührte âſûn (niti; gebraucht N. ûs, trabs für ans?) — 167, 2. das *sie* geht zu weit, ausnahmsweiſe ſtehen -e und -ʒ gereimt, vgl. ſ. 414. — 171, 13. vitida und mótida ſind unſtatthaft, vgl. ſ. 853. — 175, 20. unbegreiflich iſt mir die form ſuorga (cura, triſtitia) bei O. und T.; weil aber O. keinen diphth. uo hat, ſondern ua, ſo muſſ es für ſworga ſtehen; vgl. ſ. 1038. über dieſes wort. — 177. das merkwürdige adv. umbi-kirg (circumcirca) O. IV. 27, 42. V. 3, 30, wenn es dem lat. circa verwandt iſt, muß den ſ. 68. beigebrachten goth. wörtern zugefügt werden; ſpäterhin herrſcht in bezirk, zirkel der lingual- ſtatt des gutt. lauts. — 180 note. ob auch anomalien der formenlehre mit der heiligkeit des namens zuſ. hängen? z. b. der lat. voc. deus ſt. dee (Schn. form. p. 65.). — 182, 25. 4) wechſel zwiſchen g und h, ſowohl in ſtarker conj. (vgl. ſ. 427. 867.) als in andern wörtern, z. b. ſtéga (aſſentatio) gl. monſ. 376. ſt. ſtéha (ſ. 90.); ſuëhur (ſocer) ſuigar (ſocrus) goth. ſvaihra und ſvaihrô; ſlac (ictus) ſtatt ſlah, goth. ſlahs Joh. 18, 22. — 185, 16. 3) *ch* für goth. media, namentlich bei J. in der vorſilbe *chi-*; im weſſobr. fr. (mit runenſchrift) chafregin, chaworahtos, chorehâpi, chawurchanne neben ſorgip und galaupa; gl. monſ. 404. chartôm ſkarninên, cardis (? virgis) ferreis. Haben hier unkundige ſchreiber das ſtrengalth. k (= goth. g) mit dem k (= goth. k) weicherer mundarten verwechſelt und in die aſp. geſteigert? [chipe-rât n. pr. Neug. nr. 14 (a. 744); auch chipu in den runennamen.] — 187, 29. berichtigt ſ. 434. — 201. O. und T. haben beide ſtörro (ſ. 390.) beide wonên, firmonên (ſtrengalth. wanên, varmanên), beide wollemês (ſ. 884, ſtrengalth. wëllemês) etc. weichen aber in manchem ab, z. b. O. hat auch wëſſa, T. nur wëſta (ſ. 882.); O. megi, T. mugi (ſ. 882.); O. biſmëron, T. biſmurôn; O. dougno, T. tougolo; O. frumen, T. fremen, O. quâtun, T. quâdun (ſ. 867.) u. a. m. — 211, 23. ſpunſja, vgl. ſ. 259. 260. — 226, 19. fëld (campus) feëld, fëldan, hölpan (ſ. 239.). — 228, 28. miſchung des ɡ mit y in ſyllan etc. (ſ. 904.) vergleichbar dem alth. wechſel zwiſchen c und u in vreman und vruman (ſ. 869.). — 258, 24. ich errathe nicht, warum für die med. ɡ außer der einfachen rune gifu noch eine zuſ. geſetzte gâr vorkommt, da auch das altn. geir wie giôſ (alth. kêr wie kipu) anlautet; oder ſtützt ſie Raſks weicheres g vor e, i, y; härteres vor a, o, u, â etc.? — 259, 19. ausfall des inlautenden g vor d ferner in lude, ſæde (ſ. 905.) broden (ſ. 898.) vgl. das mittelb. leite, ſeite. — 277. noch neufrieſ. *ſk* ſtatt des niederl. *ſch*. — 307, 4. grunur (fundus). — 316, 25. auch in II. ſg. praet. (ſ. 919.) — 316, 17. vgl. 1032, 1. — 326, 33. vgl. ſ. 916. 1036. — 331, 26. nicht bei zuſ. ſetzungen ohne contraction, es heißt z. b. zwivalt, dri-valt (nicht zwi- dri-). — 332, 4. doch wohl marin, nach uralter ausſprache des von jeher bekannten namens. — 336, 15. l. honec. — 336, 28. ſchon Karl 35ᵃ amis 304. opfer: kopfer.

1072 — 339, 3. dies ô ist im neuhochd. ergötzen, fchwæren, lœwe, löfchen; und im 17. 18. jahrh. findet man nachböhmen, fchröcklich, wölfch etc. — 340, 11. M. S. 2, 146ᵃ dûr (adv.) : vûr. — 341, 22. âmen M. S. 2, 137ᵃ Maria 112. Flore 59ᶜ; jedoch amen Ernſt 33ᵃ. — 344, 30. her: mêr ſteht Karl 1ᵃ (nicht ᵇ) nur in der inhaltsanzeige, die nicht vom Stricker iſt. — 344 note. Dohr. infinit. p. 233. — 345, 20. Lachm. ausw. VIII. rāvit. — 346, 35. troj. 37ᵃ verfchuldet fchwerlich Conr. den reim. — 347. hôchen (lpirare) hû lieber interj. irridentis, fragm. 25ᶜ liederfal 155. — 349, 23. das geleugnete ou kann fich in fremden wörtern durch aufflöfung des v in u zuweilen ergeben, vgl. lauria M. S. 2, 15ᵃ, wizlau, niclaufes a. Heinr. 203ᶜ darf aber dem deutfchen ou nicht gleichgefetzt werden, denn lourin wäre nach f. 353. unerlaubt; laurin ift aus lâvrin (wie tâvriân im Parc.) zu leiten [auch hat Aventin Larein d. i. lârein, vgl. En. 8867 Laurcine (: eine) cod. caff. Larcine; ebenfo tauler aus tâveler, tâvelære]. — 351, 3. ier: fchier M. S. 2, 41ᵇ. — 351, 20. vielleicht Georg 32ᵇ und Flore 41ᵇ hie: hie zu fetzen? — 352, 5. nicht ſtets, zuweilen wird es -je (f. 779). — 353, 12. hemiufeln (illinere): iufeln (favillâ, Frifch 411ᵇ) fragm. 40ᵃ; oder mûfelen: ûfelen? — 353 note. urlogen (certare) a. w. 3, 66. — 354, 2. diefelbe ſtelle fragm. 45ᶜ gamâhiu : piu (wahrfcheinlich apulien, altfranz. la puille, pouille (vgl. f. 779). — 355, 8. man lieſt beſſer vröun, dröun, gevröut; vroun im reim nur kolocz 146. — 357, 6. kürzungen des ou in o find überhaupt häufiger, vgl. das zu f. 353. nachgetragne urlogen und ebenfo urloben Karl 30ᵃ 31ᵇ. — 357, 4. im Tit. herzelöude : befchöude, verwechfelung des öu mit oi. — 359, 10. Georg 13ᵇ vlugen ſt. fluogen zu beſſern. — 361, 26. die ausnahme bezieht ſich auf den haftenden laut i, nicht auf den ton, denn -ic und -ifch find mittelh. unbetont, -igen und -ifche kommen zuweilen vor (beifpiele f. 24. und 368). — 365 ᵃ ob diefe anficht grund hat, oder keinen? gehört ins dritte buch. — 366, 9. in ſtumpfem reim vor anlautendem conf. kann niemahls æ, œ, ue, iu (uml. des û) ſtehen, wohl aber é, ô, û vor liquiden, hinter denen ſtummes e der flexion apocopiert ift, z. b. hér, tûr; ô wird doch kaum ſo vorkommen. — 368, 37. in iſt praep. (goth. ìn, neuh. in) ìn aber adv. (goth. inn, neuh. ein). — 368. 369. die fälle e und ë find wichtig genug, um zu vollſtändigeren beobachtungen zu reizen; einiges wird ſich dann anders beſtimmen. — 373, 17. wörter wie manic, namen (nomine) im reim ſtets einſilbig, können außer dem reim allerdings zwei filben zählen, vgl. anm. zu f. 507. —

1073 379. hier hätte auch liepſte f. liebeſte M. S. 2, 16ᵇ und ähnliches bemerkt werden können, was zu dulden, nicht aber einzuführen iſt. — 382, 15. andere beifpiele find f. [424 und] 487. nachgeholt, vgl. enkêgen Parc. 52ᶜ und anderwärts enpran (exarſit). — 386, 17. in verfchiedenen fremden wörtern wird l bald gelaßen, bald unterdrückt, welches nicht immer aus der fchwankenden originalform zu erklären (f. 444. note), zuweilen als dichterfreiheit zu betrachten ift. Gotfr. reimt ifôl : tôt, ifôte : rôte etc. aber auch ifolt : golt, ifolde : moralde (Trift. 90ᵃ·ᵇ· 62ᵃ). Die meiften dichter fagen pliût, hliût (Wigal. h. v.) Wolfr. fagt plîalt Parc. 56ᵃ 75ᶜ, Herbort 69ᵃ hltalt M. S. 2, 63ᵃ fteht coucafals ft. des üblichen coukefâs (kaukafus) wo nicht coukelfas zu lefen, wie im Otnit gñikelfâs, was die vorr. zum heldenbuch fogar in glockenfachfen entftellt hat. vgl. den nachtr. zu 52, 11. über alahaltîrâun und das niederl. *out* ftatt *olt*. — 392, 17. vgl. neuniederl. keurig, aushändig; ftatt frimure lieft cod. pal. femure. — 395, 33. noch im 13. jahrh. hanef. — 400, 6. füver M. S. 2, 19ᵃ·ᵇ· (alth. ûpar, fûbar) [ûlf, ûlve M. S. 1, 81ᵃ 2, 135ᵃ citoven : des fiures fchroven (acc. fg.) mart. 69ᵈ] — 403, 17. pl. praet. fchrien ift unerweiflich und nur fchrien oder fchriuwen oder fchrirn zuläffig (f. 936). — 410, 9. merkwürdig reit, reite f. redet, redete (f. 959). — 416, 1. wohl kruefelin. — 417, 10. nach f. 679. zu berichtigen. — 418, 3. der nom. ift roten, gen. rotenes (nach fegen f. 669.) alth. rotan, gl. hlaf. 79ᵃ. — 420'''' fo wenig als in willehalm, irmenfchart das deutfche wilihelm, irmengurt. — 422, 31. Türheim erlaubt fich guns (f. gunft) : uns Wilh. 3, 236ᵃ 362ᵇ Trift. z. 185; vgl. den wechfel zwifchen -s und -ft in der zweiten perf. (f. 932. 933). — 429, 29. allerdings fwëlch, fwëlbes (f. 940). — 430, 3. auch das buchftabenfpiel in der ftrophifchen einleitung zu Gotfr. Trift. (Grootes ausg. p. 3. vgl. 403.) um den namen dieterich zu verewigen, denn in der fünften ftrophe ift: tiure und in der neunten: chanft zu lefen; cunft oder kh für ch verwerfe ich; (wenn das g der erften ftr. auf goifrit deutet, könnte das t der eilften, wo tribe zu lefen, ganz einfach ı tihtere ausdrücken, mit diefen zwein ftrophen fchloß er den namen deffen, für den er das werk unternommen, ein). — 432, 5. vielmehr ine, mine ohne verlängerung? doch vgl. das engl. I. — 433, 21. dachte f. dûhte kommt auf Bodmers rechnung. — 434, 18. l. jâcop : lop M. S. 2, 123ᵃ jâcobe : lobe amis 321. nicht jûde, fondern jûde (alth. judeo f. 777.) jûden : rûden g. fchmiede f. 238. — 435, 10. die ftelle 1074 1785 fteht bei Köpke 81, 10, aber mit anderer lesart. — 438, 6. rihe, gedibe, zihe find falfch, es heißt rige, dige, zige (f. 943). — 443. über maftricht und ûzricht vgl. f. 775, note. — 444. auch declinieert: vërn f. vrouwen. — 448, 11. vancnus auch hei Ulr. v. Tbürh. — 448, 16. diefes draft mehrmahls in Laßbergs liederf.: fchaft, haft, kraft, z. b. f. 459. 464. 465. vgl. Schm. §. 398. — 449, 5. die ftelle 207ᵇ lautet im cod. pal. ûz der heiden ô ein priefter grâ. was darunder meifter dâ; der copift wollte das unhochdeutfche tilgen. — 449, 26. wahrfcheinlich nicht von Stricker, auch nicht das 450, 33. angeführte gedicht. — 452, 5. Schmeller drückt dies hair. oa mit *ae* aus (§. 146. 147.) — 464, 48. wie im mittelniederl. (f. 500.) für den auslaut nach vocalen *ch* ftatt *g* anzunehmen, mithin fach (vidit) : dach (dies) etc. zu fchreiben, dann aber auch noch weiter die im mittelniederl. auslaut bleibende tenuis iu ch zu wandeln fordern beinahe reime wie: vlouch : rouch, ouch : louch, bêch : wêch Eu. 25ᵃ 28ᵃ 40ᵇ? wollte man vlouk : rouk, ouk : louk, bek : wek, fo bleibt fak (f. fag, vidit) : dak bedenklich. — 497* mittelh. veiʒ (M. S. 2, 192ᵃ); Iw. 3892. fcheint der fuperl. veifte (contr. aus veiʒifte, wie græſte, lefte f. 415.) herzuftellen. — 518, 26. ferner: [bis (usque)] bin (lim) un- (partic. privativa) und nach der ausfprache vieler gebildeten: von, an, hin, es, das etc. unfern gegenden ift vőn, ǎn, hin geläufiger und Göthe reimt an: wahn, hin: ihn. — 522, 7. einige fprechen: gebûrt, fûrt. — 524, 36. widder (vervex) mittelh. wider, hingegen gefider, nieder, wieder, feder, leder u. s. m. — 525, 2. kein r nach au, eu, ei (f. 697). — 526, 38. bemerkenswerth das unorg. z in bageſtolz (coelebs) ft. bageſtalt (wie: alt, kalt) alth. hagiftalt, angelf. hägſteald; im mittelh. finde ich den ausdruck nicht. — 525, 23. falb. gerben. — 555, 31. mit diefer berührung des kehl- und zungenorgans find die *tl, tn, dl* bairifcher volksfprache ft. *kl, kn, gl* zu vergleichen (Schm. §. 475. 518.) — 565, 7. fteld, altn. fiall. — 568, 12. auch flavifch fkv. fchkv. Dobr. p. 164. 170. — 572. hier war der gegenfatz der liq. und fpiranten zu den mutis mehr hervorzuheben. Letztere wirken auf den ihnen vorſtehenden vocal felten, die einflüſſe des l, m, n, r, unter den fpiranten zumahl des h. kann man recht aus den volksmundarten kennen lernen. — 575, 9. doch nicht dem gemein-weſtphäl. dialect, welcher ick, iäk für ik, ics f. is (eſt), iatt f. et (id), ismm f. im (ei) diamm f. dem (illi) diarr f. der, hiärt f. hert, bärt (cor) u. s. m. zu hören gibt. Fallen nicht auch die mittelh. *ie* vor r und h (f. 351.) hierher? (vgl. *ie* vor r bei Schm. §. 275.). Vor r und h beginnt die verwandlung des i und u in ê und o, und reißt hernach allgemeiner ein: fo mag iu, ie ftatt i vor r und h anheben, dann um fich greifen. — 580. 581. das verhältnis der *halbvocale* v und j (f. 9.) zu den *fpiranten* v, f, h (f. 10.) liegt noch im dunkel, erſtens hat die lingualordnung gar keinen halbvocal, dann die gutturale einen von der fpirans h verfchiedenen halbvoc. j, endlich fragt es fich: ob der halbvocal v mit der fpirans v zuf. fällt? Ich habe diefes räthfel fchon f. 187. berührt. Zu beachten ift, daß fich halbvocale (d. h. vocale mit confonantifcher geltung) nur aus i und u entwickeln, nicht aus a, begreiflich nicht aus den unurfprünglichen e und o. Und da wiederum l und r zu u und i werden können, find fie halbvocaliſch in umgedrehtem finn, d. h. confonanten mit vocalifcher geltung. Hängt mit jener reicheren ausſtattung der kehllautsreihe zufammen, daß ihr zuweilen die afp. entzogen wird? — 583, 31. madidus, mador, goth. natjan, alth. naz. — 584, 15. nähme man eine *vierte* ſtufe an, fo würde der laut zur erſten ſtufe zurückkehren; dahin ließe fich etwa einzelnes rechnen, wie das zu f. 185. und 526. nachgetragene cb und z in chăpi, hageſtolz, welches aber morg. ausnahmen find; nie zeigt fich dergleichen in feſter, geregelter reihe. — 585 bis 588. zu den neun gleichungen folgen hier noch einige beiſpiele. I, 1. pallidus, litth. palwas, altn. fölr, alth. valêr; ſlav. poſt (jejunium) alth. vaſta; litth. paukſztis (avis) goth. fugls; ſlav. pſt (coactile) alth. vilz; ſlav. pjaſt (pugnus) altb. vûſt; πέρας, goth. férn. — 1, 2. nepos, alth. névo; ἀῆπος, alth. hof, hoves; copia, hûſo; ὁπλή, altn. höfr, alth. huof, buoves. — II, 2. litth. obolys, ruſſ. jabloko, altn. epli, alth. epfûli; ruſſ. obezjana (ſimia) böhm. opice, altn. api, alth. affo. — IV, 1. trituro, angelſ. þêrſce, alth. driſeu; tonitru, angelſ. þórſce, alth. driſeu; tonitru, angelſ. þunor, alth. donur; ſlav. trn, tern (ſpina) goth. þaúrnus, alth. dorn. — V, 2. καρδία, cor, cordis, haírtô, hêrza; radix, altn. rôt; hoedus, altn. geit, altn. geit, alth. keiz; madidus, alth. naz; χόνις, κόνιδος, altn. nit, alth. niz (ſt. hnit, hniz); nidus, ſlav. gniezdo, angelſ. neſt, alth. neſt; vielleicht nodus, goth. nati (aus knoten beſtehend) alth. nezi. — VII, 1. ἀῆπος, hof; copia, hûſo; crinis, hâr; cerebrum, hirni. — VII, 2. pulex (pulec-s) ſlav. blocha, alth. vlôh. — VIII, 1. ſlav. gnjetu (premere, depſere) altb. chnêtan. — VIII, 2. litth. nogas (nudus) altn. naktr, alth. nacchot. — IX, 1. hoedus (= hoidus) altn. geit. — 591, 22. im ſlav. anlaut herrſcht zuweilen die med. der zweiten oder dritten ſtufe, zumahl in den verbindungeu bl, br, gn, gr, als: blocha (pulex) brat (frater) bronja (lorica, Dobr. p. 115.) alth. prunja; gnida (κόνις, κόνιδος Dobr. 195.); graditi (cingere, goth. gaúrdan) etc.; dem deutſchen *kl, *kn* begegnet *chl, chn* z. b. chvila (mora) bvila; chljev, bleiв n. a. m. — 591, 24. pilnas, plenus, ſlav. pln, poln. — 593, 18. dies beiſpiel iſt verſchen, δάκρυ und lacrima haben beide kurzes a, das lang werden darf. — 593, 26. der participialendung wegen iſt prudens doch lieber aus providens zu leiten. — 594. bei einer vergleichung der vocale und der farben ſtillt a mit weiß, i mit roth, u mit ſchwarz zuſammen. — 603, 4. friuþva (amor). — 604. 12. vgl. das altn. fem. eyſa (cinis ignitus) 604, 29. friſahts (ὑπόδειγμα) Ioh. 13, 15 ein bedenkliches wort. — 605, 22. bei daúbts entſcheidet das adj. mikilo Luc. 5, 29. fürs fem. — 608, 6. blijn (tabernaculum) [gehört nicht hierher]. — 608, 28. ſtaírô (στεῖρα). — 610, 10. guþ (Deus) hat im nom. kein -s, vgl. nachtr. zu 180 note. — 612, 8. O. aſſimiliert daher wolkonon IV. 19, 108. ſt. wolkanun. — 612, 24. ſpêr gehört unter die neutra. (f. 621.) — 615, 2. ſcatu (umbra) ritu (tremor). — 614, 46. vridoo (vridô) K. 17ᵇ gen. pl.? da im text pacis ſtcht? — 615, 40. wiſ, wiſſ (dux)? O. IV. 31, 51. wiſſ, duces? nach dem altn. viſir ſollte man wiſſ, pl. wiſſa nach decl. 2. ſchließen. — 617, 29. bei N. 34. 10 naſa, gen. naſô. — 618, 22. nicht zu überſehen iſt, daß bei K. ſtatt -unka, -unga, der nom. -*unc* ſtehet: ſcauwunc 51ᵇ (mit dem adj. diſu) arnunc 57ᵇ ſamanunc 57ᵇ alle übrigen caſus aber nach dem ſchema gebeu, gen. arnungâ, dat. arnungu, acc. arnunga etc.;

auch J. 363. 366. fetzt den nom. baubnunc, der aber, nach dem
dat. dhêmu baubnuuge 370 zu fchließen männlich zu feyn fcheint,
wogegen 357. 351 der acc. fg. baubnunga wieder weiblich ift.
Angelf. bildungen -nug folgen der vierten decl. (f. 643.), haben
folglich im nom. auch keinen vocal. — 618, 28. auch bildungen
mit -ar, wenigftens T. 7, 4 fluobra (confolationen). — 620, 2.
lîh (corpus, figurn) O. IV. 35, 62. — 621, 31. var (trajectus) O.
III. 8, 16. — 622, 26. auf diefe dativkürzung *hûs* war mehr ge-
wicht zu legen, vgl. ze apkutjâ *hûs* gl. monf. 405. zi thêmo
druhtines hûs O. II. 4, 104. 11, 8. [zi thêmo gotes hûs II. 3, 47.
in hûs T. 94.] in dem hûs N. 54, 14. ze dinemo hûs N. 5, 8.
dagegen: iu pluoftar-hûfe gl. monf. 402. (vgl. nachtr. zu f. 680.)
— 623, 16. meri-minni (fyrena) — 624, 31. vielleicht hâcho ft.
baccho? —. 625, 1. varmuno (contemptor) — 626, 42. vgl. auch
chêlum, funnuun K. 20ᵃ 24ᵇ fuarzûn mifc. 1, 19. — 626, 44. viel-
leicht im nom. fg. zunkâ? vgl. f. 820. — 630, 9. auch der pl.
mafc. gibruader (fratres) O. II. 24, 18. IV. 28. 29. und pl. fem.
gifufter (fororos, mit vorftehendem thiô) O. III. 24, 109. —
630, 21. ohne zweifel lautet auch der nom. pl. naht, beleg ift
mir nicht zur hand. dat. pl. nahton O. IV. 7, 182. — 630, 48.
analog fchwankt *liut*, mafc. O. III. 6, 62. IV. 3, 1. pl. thiô liuti
III. 10, 48. dagegen fem. thiô zua liuti III. 10, 48. W. 4, 4. daz
liut neutr. aber 6, 11. finen liut. [dei liuti (pl. neutr.) fr. or. 2,
941. 943. mhd. diu liute Nib.] — 631. über einfchiebung des -o
in bairifchen mundarten Schm. §. 856-858. — 665, 36. der pl.
gire M. S. 2, 207ᵃ (vgl. f. 461. das citat aus Veld.), gewöhnlich
gebt es fchwach, vgl. nachtr. zu 681. — 666, 5. oder kamp,
kambes Wig. 188. Karl 54ᵇ M. S. 2, 171ᵃ (vgl. f. 389.) — 666, 11.
über liut vgl. nachtr. zu 686. — 666, 14. mattes oder mates?
keines im reim, aber außer reim mates M. S. 1, 137ᵃ. — 666, 19.
roch ift neutr. — 666, 27. fmuc nicht das neuh. fchmuck, orna-
tus, fondern anfchmiegen Ben. 223. 243. — 667, 4. twêre und
getwêre ift neutr. (liederf. 385. liebez zu lefen) — 667, 6. ein-vir
(coelebs) liederfal 452. — 667, 6. vent zu ftreichen, vgl. nachtr.
zu 682. — 667, 41. mândl Georg 37ᵃ Wigam. 13ᵃ — 667, 46. l.
fchuoch; fchuo nur Mor. 52ᵃ 55ᵇ — 667, 52. der pl. die fal ftehet
doch Karl 23ᵃ — 668, 2. diefe zeitbeftimmung hat ihr beden-
ken, zumahl ich fchou f. 672. die *älteften* Nib. bff. ausnehmen
muß; allerdings meiden die beften dichter folche pl. im reim. —
668, 9. ftahen: haben Parc. 126ᶜ — 668, 14. beftändig nicht, an
fac, fecke ift kein zweifel (vgl. zu 671.); auch ftebe als aus-
nahme erweiflich, M. S. 2, 134ᵇ ftehen : gêben. — 671, 20. koch,
koche? in Wilh. 3. reimt kochen (coquis) : gefprochen, köche
außer reim Wigal. 8859. — 671, 22. hanen-krât fem. En. 11ᶜ 20ʳ.
— 671, 27. fuc, fecke a, w. 3, 191. M. S. 2, 108ᵇ gudr. 77ᵇ. —
672, 27. wegen Parc. 30ᵇ halte ich für keinen fyncopierten dat.
pl. curribus, fondern den inf. wegen (agere, movere). — 674, 7.

nachtrag.

malhe geht fchwach. — 674, 19. kël geht fchwach und fällt nach
f. 684, von dort aber mûl hierher (dat. mûl M. S. 1, 112ᵃ). —
674, 37. nicht fo felten und genauer zu unterfuchen, goum ft.
goume Parc. 85ᵇ M.S. 2, 83ᵇ Ernft 29ᵃ 32ᵃ 49ᵇ Wigam. 11ᵃ; vurch
(ft. vurche) troj. 60ᵇ Parc. 34ᵃ Wilh. 2, 38ᵇ Georg 37ᵇ liederf. 377.
buoz, koft, tioft fcheinen häufiger, als die volle form, vermuth-
lich ift auch wìs (Parc. 119ᵃ) daffelbe mit wîfe; vgl. zu f. 618.
aber -unc ft. -unka. — 676, 30. brûfte gewis feltner als bruft,
fchon der goth. anomalie halben. — 677, 6. ræte in diefen be-
legen ift bald dat. fg. bald gen. pl. — 677. anm. 3. einige, we-
nigftens Hartm. brauchen das e im gen. und dat. nie (Lachm.
ausw. XXIII, 2, 13.), der Stricker hat nie den gen. und dat.
krefte. — 679, 27. fchapèl tieftonig. — 679, 38. mark Wigal. 189.
246. — 680, 13. hiv nimmt faft niemahls -e an (vgl. zu 622.)
nur zuweilen Parc. 176ᶜ troj. 6ᵇ 152ᵇ gudr. 22ᵇ, vielleicht nach
umftänden der fyntax. — 680, 18. l. eier (f. 436). — 681, 2. l.
öle oder öl; aber œre (forulen) — 681, 22. kleinœte Parc. 90ᵇ
kleinöt Wigam. 22ᵃ. — 682, 33. mâge (propinquus), nur im fchwa-
chen pl. mâgen Maria 164. lit. 39ᵇ gudr. 27ᵃ 31ᵇ 37ᵃ 41ᵇ; weit
üblicher ift mâc, pl. mâge. — 683, 28. das alth. chriftâno ift irr-
thum, nämlich das wort adjectivifch chriftâni (f. 727.; exh. hat
außer diefem nom. den acc. chriftânan, dat. pl. chriftânêm; die
fchw. form hätte chriftâno mittelh. chriftæne (nacht. zu 748.)
offenbar nach dem lat. gebildet; hingegen heidanêr ein alth. adj.
gl. monf. 336. gen. pl. heidanêrô gl. monf. 340. und deutfche bil-
dung (goth. haiþns) alfo weder heidâni noch heidæne möglich.
Die fchwache form des adj. wurde aber fubftantivifch gefetzt,
J. 348. dher heidheno (ethnicus) und daraus fcheint im mittelh.
ein doppeltes fubft. entwickelt, theils heiden, gen. heidens (Parc. 1079
22128.) ftark, theils heide (Parc. 177ᵇ˙ᶜ) gen. heiden fchwach,
außer welchen die adjectivifche verwendung fortgilt. Neben
chriften, das fich ft. chriftæne eindrängte, weiß ich kein chrifte.
— 684, 14. l. krœje (f. 968). — 686, 10. veter, fchmiede 275.
bruoder (fratres) Wilh. 2, 203ᵃ troj. 169ᵇ fwëfter (fororum) Wilh.
2, 127ᵇ; gebruoder (fratres) Parc. 34ᵃ weniger gut gebruoder 78ᵇ;
gefwëfter (forores) meift. alex. 143ᵇ. — 686, 40. hier war auch
burc gen. dat. burc, pl. burge (nicht bürge), vgl. f. 610. 630;
dann die anomalie von liut zu bemerken, welches im fg. neutr.,
im pl. mafc. ift, ein nom. fg. der liut unerweiflich. — 724, 19.
krim nach der analogie des altfächf. erweiflichen grim angefetzt
und danach f. 744. ein mittelh. grim; doch die mittelh. beftimmt
vorhandene form grimme macht auch ein alth. krimmi wahr-
fcheinlicher. — 726, 36. miti wird hier unaufgegeben genannt,
727, 30. geleugnet? letzteres ift ganz richtig, mit erfterer be-
hauptung wollte ich nur das allgemeine paradigma erläutern, zu
dem ich hier ein anderes wort hätte auslefen follen. Setzt man
breinjèr, breini und zeile 36. breini, fo gilt alles dort gefagte.

— 744, 22. über grim vgl. nachtr. zu 724. — 744, 33. l. ſtump, ſtumbes, denn nirgend reimt es auf drum, vrum; tene (ſiniſter). — 748, 17. z. b. die ſ. dicke : blie a. Heinr. 198ª ſpiz ſ. ſpitze fragm. 26ᵇ : gliz. — 748, 34. chriſtlœne Flore 3ª 5ª 12ª 14ᵇ 20ª doch vorwiegend ſubſtantiviſch gebraucht. — 749, 46. im reim daz zam Wilh. 2, 80ª ſonſt ſetzen die alten dichter lieber diu lame, der lobeſame etc. — 760, 27. der acc. fem. ein ſcheint nicht gut, iſt in guten hſſ. ſelten, im reim nur Parc. 91ª Maria 128; auch der nom. fem. reimt wenig, Wigal. 201. M. S. 2, 226; häufig der vom. maſc. und neutr.; eine ſ. einiu M. S. 2, 182ª fragm. 40ᶜ. — 761, 24. alſ. gen. pl. tueio. — 762, 21. auch der mittelh. fg. wird vſinf haben, nicht vunf, weil hier das û durch verwechſlung mit dem organ. i entſpringt; vûnfte reimt auf künfte Wilh. 2, 178ᵇ. Das einzige beiſpiel von miſchung des i und û im mittelh., während im angelſ. i und y leicht verſchwimmen, im neuh. zuweilen ie aus mittelh. uo entſpringt, (nieder, liederlich). — 763, 37. das ê in -zêe deutet den urſprung aus i an, hat aber keinen ton mehr; hier oder ſ. 414 wäre der übergang des z in ʒ zu erwähnen geweſen, welcher bei der zahl drizec (: vlizec, flizec reimend) eintritt, alle übrigen decaden behalten z. Die ſache begreift ſich nach ſ. 412. 413. leicht. —
— 776, 22. wohl beſſer wormez (b. Leichtlen wormetz). — 782, 19. M. S. 2, 22ᵇ miner ſelben, doch verdächtig. — 787, 19. Wolfr. hat noch meiſtens ime (: nime), im jedoch Wilh. 2, 64ª; Conr. Rud. haben im. — 787, 26. vgl. inne (ime) M. S. 2, 203ᵇ altmeiſterg. 44ᵇ. — 792, 41. dém : geuêm Parc. 142ª. — 792, 43. dén : ſin reimt Wilh. 1, 39ᵇ 66ª 133ª; den läßt ſich, wegen undenkbarkeit des umlauts, nicht wohl annehmen, obgleich auch dên (goth. þana, altn. þann) unorg. ſcheint. — 796, 49. in einem hſ. paſſionale reimt dis (hujus) : is (eſt). — 808, 16. beſſer erklärt ſich wohl dings, zeugs etc. ſyntactiſch als der von beigefügten interrog. abhängige genitiv; aus waß dinges wurde: was für ein dinges, endlich: das dinges. Entſcheidend iſt auch, daß niederdeutſche mundarten niemahl: dinget ſagen, wohl aber: wat vör en dinges, alſo offenbare genitivform. — 816, 10. man kann auch das heutige: mit alle dem, mit nichten für überreſte des alten inſtr. (mit allû, mit nihtû?) anſehen. — 842, 27. rika beruht bloß auf rikis Rom. 12, 20. — 844, 12. frêt (dann auch êt?) iſt leicht richtig vgl. ſ. 1039. — 844, 31. hier auch hneivan, ſpeivan, bliggvan, figgvan anzuführen. — 844, 40. auch rahjan und hlahjan. — 854, 17. faúrhtjan, faúrhta ſt. faúrhtida kommt zwar nicht vor, folgt aber aus aller analogie und dem ſubſt. faúrhtei (timor). — 858, 22. über halzu vgl. 1033. — 859, 29. pahhu, puoh, part. chipahhan (gl. monſ. 383.). — 860. rîdu (torqueo) reit, ritumês, ritanêr? vgl. ſ. 936. — 860, 6. die bedeutung des hochd. riſan (cadere, delluero) ſcheint dem ſächſ. und nord. riſan, riſa (ſurgere) ſchroff entgegengeſetzt; im goth. iſt die letztere bedeutung mit dem

compoſ. ur-reiſan (ſt. us-reiſan) verbunden, der C. A. gewährt
nirgends das einfache reiſan und ſo ſteht noch angelſ. ſtets a-riſan
(ſurgere) welches dem alth. ur-rîſan parallel wäre, wovon jedoch
nur das ſubſt. urriſt (reſurrectio) (T. 7, 8. 209, 5. ſcheint ur- [1044]
reiſti zu ſtehen?) übrig iſt. Beide wörter könnten daher ein*
ſeyn und wie riunan das niederfließen, ur-rinnan das aufſtei-
gen (oriri) ausdrückt, ebenſo riſan und urriſan ſich verhalten,
nur daß der hochd. dialect jene, der ſächſ. und nord. (mit
weggeworfener partikel) dieſe bedeutung feſthielt. — 864, 20.
oder gehört das hier im ſinn gehabte irwigan (confectus) der
gl. monſ. zu irwihan (conficere) nach VIII? — 867, 34. N. auch
ſchon lit (jacet). — 868. N. gân (∞) gänge (cam) vgl. Füglift.
bei Stalder p. 161; der alth. imp. lautet: kanc. — 869, 49.
ſpœjan, ſpenita (ſollicitare) gl. monſ. 327. — 869, 49. perjan,
perita (terere, verberare, percutere) gl. monſ. 337. — 870, 41.
hier iſt das praet. conj. preuti, prentis etc.; (oder pranti, prau-
tis) ausgelaſſen. — 871, 13. helzan (debilitare) halzta O. V. 23,
281. gl. jun. 201. — 871, 15. ku-huemman (maculare) ſchreiben
gl. hrab. 966ᵇ — 871, 21. lenkan, lancta (protrahere). — 871,
33. hecchan, hahta (pungere) vgl. gl. monſ. gihacter (percuſ-
ſus). — 871, 56. irran, irta (impedire). — 876, 3. ridôu (tre-
mere) N. 2, 11. — 876, 25. ſcarpôn (concidere) gl. monſ. 329.
— 877, 12. prähhôn (proſcindere) gl. monſ. 334. — 886, 36.
vorahtan, vorahta. — 920, 20. die I. ſg. praeſ. heiti (vocor) iſt
ſchwach, doch hat der inf. heita, nicht heitja. — 932, 2. gé, bringe
liederſal 488. — 932, 56. rites : ſtrites Parc. 37ᵇ ſtindes : geſindes
Wilh. 2, 28ᵃ vgl. f. 945. — 933, 14. wahrſcheinlich iſt es gar kein
imp., da auch bei ſchwachen verbis z. b. leſchâ-leſch, kérâ-kêr
gebildet wird, nicht leſchâ-leſche, kérâ-kere. — 934, 39. neuwen
bei H. Sachs f. molere, tundere. — 934, 43. geloffen : offen liederſ.
244. — 936, 38. inf. ſchiben liederſal 157. — 937, 23. Wilh. 2.
(nicht 1), 5ᵃ lieſt cod. pal. geſweich. — 938, 34. für bréhtiu M.S.
1, 3ᵇ ſteht in der hſ. (nach Kaßmann) und bremer abſchr. lichtiu.
— 940, 33. Lachm. ausw. 303. unterſcheidet zwei formen: wirren,
war, gewurren und wërren, war, geworren. — 944, 39. ſtcit:
gemeit meiſterg. 23ᵃ (in der nämlichen ſtrophe ſtât : rât). — 947, 17.
reit außer reim Triſt. ed. Groote 2506. f. reget (ſt. regte). — 953,
10. unleugbar iſt ſuont (f. ſuonte) : ſtuônt Wilh. 1, 129ᵃ. —
958, 18. auch M. S. 1, 9ᵃ ich gedenken : krenken. — 963, 5.
wille fragm. 33ᶜ liederſ. 242. — 963, 20. gewiſt liederſ. 239. —
966, 8. tân, liederſ. 113. 310. 379. — 969, 38. unorganiſch in [1087]
II. ſg. ſtatt brähteſt zuweilen die ſtarke form brahte M. S. 2,
148ᵇ (wo breht). — 967, 4. hict, liederſal 463. — 987, 56. mit
dieſem einfluß des t vergl. die f. 873 angeführten praet. aus T.
— 1016, 25. mittelwahſen (ſtatura humilis) ſprochen, altſprochen
liederſ. 161. 302. — 1016, 27. krônet auch liederſ. 367. 378. 522.
vgl. gekrônet Nib. 2830. 2839. Barl. 335. (301. gekrœnet nach

erster conj.) — 1021, 9. T. einigemahl *-enna* st. enne, z. b. 85. 87. zi nëmenna, ëzzenna, der alte dat. *-a* st. des spätern *-e* (s. 612). — In dem verzeichn. 1022-1030. hat der setzer, ohne daß ich es gleich merkte, einige fehler meiner bezifferung berichtigt, so daß nun verschiedene nach der hf. gemachte citate auf den folgenden blättern nicht mehr genau treffen; man schlage die vorher oder nachstehende nummer auf und wird sich zurecht finden.

---

www.ingramcontent.com/pod-product-compliance
Lightning Source LLC
Chambersburg PA
CBHW051239300426
44114CB00011B/804